ESPLENDOR Y OCASO
DE LA DINASTIA WINDSOR

Donald Spoto

ESPLENDOR Y OCASO DE LA DINASTÍA WINDSOR

Javier Vergara Editor
Buenos Aires / Madrid / Quito
México / Santiago de Chile
Bogotá / Caracas / Montevideo

Título original
THE DECLINE AND FALL OF THE HOUSE OF WINDSOR

Edición original
Simon & Schuster

Traducción
Aníbal Leal

Diseño de tapa
Verónica López

Fotografías de tapa
Four By Five

© 1995 Donald Spoto
© 1996 Javier Vergara Editor S.A.
Paseo Colón 221 - 6° - Buenos Aires - Argentina

ISBN 950-15-1630-X

Impreso en la Argentina / Printed in Argentine
Depositado de acuerdo a la Ley 11.723

Esta edición se terminó de imprimir en
VERLAP S.A. Comandante Spurr 653
Avellaneda - Prov. de Buenos Aires, Argentina,
en el mes de julio de 1996

A Mary y Laurence Evans,
con profundo y sincero afecto

Índice

AGRADECIMIENTOS

A lo largo de los tres años consagrados a la investigación y la composición, aproveché la generosidad, la bondad y la cooperación de muchas personas.

El personal de las siguientes bibliotecas demostró un inconmovible espíritu de colaboración, y aquí debo saludar a sus miembros y rendir mi homenaje a las instituciones públicas y privadas que los sostienen: la Biblioteca de Londres, la Biblioteca Británica, la División Periodística de la Biblioteca Británica en Colindale, la Biblioteca de la Universidad de Reading (Inglaterra), las Bibliotecas de Investigación de la Universidad de California en Los Angeles y la Biblioteca Pública de Beverly Hills.

En el Museo Imperial de Guerra, en Londres, Alan Williams demostró un espíritu singular de colaboración conmigo y con mi ayudanta londinense en la investigación, Erica Wagner.

En el Palacio de Buckingham, el Palacio de Saint James y Clarence House, debo agradecer a los siguientes caballeros sus diferentes gestos de cortesía: el comandante Richard Aylard, R.N., secretario privado de Su Alteza Real el Príncipe de Gales; el brigadier Miles Hunt-Davis, representante de Su Alteza Real el duque de Edimburgo; Kenneth Scott, Representante de Prensa de Su Majestad la Reina; y el finado sir Martin Gilliat, secretario privado de Su Majestad la Reina Madre Isabel.

Cuando comencé el trabajo, consulté de inmediato a mi amigo y colega, el autor Robert Lacey, que ha publicado —entre otros libros importantes— varios volúmenes acerca de miembros de la familia real. Muy amablemente me orientó hacia personas y lugares que de no haber sido por su ayuda yo habría ignorado.

Algunas entrevistas que tuvieron especial importancia por supuesto fueron fundamentales, y he contraído una deuda con las siguientes personas, por su paciencia, sus ideas, su colaboración y su guía. Como se desprende claramente del texto, cada una de ellas mantiene una relación original con el relato; también cabe afirmar que todas tienen derecho a mi admiración tanto como a mi gratitud: Cleveland Amory, Michael Bloch, Sarah Bradford, lady Colin Campbell, David Emanuel, Elizabeth Emanuel, Angela Fox, John Grigg, Nicholas Haslam, Kenneth Rose y Philip Ziegler.

En Hulton Deutsch, Sandra Greatorex trabajó de manera infatigable para Popperfoto.

11

En Simon & Schuster de Nueva York, Michael Korda —un amigo de muchos años— me trajo la idea de este libro, y en verdad le estoy profundamente agradecido por su orientación, su aliento y su constancia (sin hablar de las innumerables comidas y cenas), que jalonaron el camino hasta la publicación. Su colega Chuck Adams también estuvo comprometido en la vida del libro, y así en cada etapa tuve la fortuna de contar con la atención, las percepciones y la camaradería de estos dos hombres. Maggie Lichota desplegó las cualidades especiales de la compiladora; su mirada sagaz y sus comentarios juiciosos mejoraron mucho el texto. Ningún autor en cualquier otro lugar puede tener mayores razones para alegrarse y sentirse agradecido ante la presencia de este equipo editor. También con referencia a Simon & Schuster, debo agradecer a Rebecca Head y Cheryl Weinstein, que ayudaron resolviendo importantes detalles cotidianos.

En las oficinas londinenses de Simon & Schuster, Nick Webb y Carol O'Brien fueron los primeros que tuvieron fe en el libro y comprometieron a su autor; después, Helen Gummer se incorporó a la tripulación y orientó la publicación británica hasta el momento crítico. Su cortesía —así como sus aportes editoriales— siempre fueron oportunos.

Aprecio de modo igual el apoyo entusiasta y cordial de mi editor francés, Renaud Bombard, de Presses de la Cité, París. Y en Munich, Hans-Peter Übleis, de Wilhelm Heyne Verlag, siempre fue el presentador más cordial y atento de mi obra para beneficio de los lectores alemanes.

Abner Stein y Octavia Wiseman, mis representantes literarios en Gran Bretaña, me apoyaron desde el primer momento; son personas prudentes, serenas y reflexivas y siempre ejercieron una influencia equilibradora sobre mi persona y el proyecto.

Más cerca de mi casa están las oficinas de la Agencia Literaria Elaine Markson, durante diecisiete años mi base segura en muchos sentidos. Es difícil encontrar un modo original de honrar con palabras a mi querida amiga Elaine: la atención que prodigó en beneficio de mi persona y mi carrera, su fe y su afecto constantes, son cualidades de inconmensurable valor. Ofrezco una sencilla y afectuosa palabra: gracias, con la esperanza de que ella comprenda la profundidad de mi gratitud. Y los colaboradores de Elaine —Tasha Blaine, Sara DeNobrega, Elizabeth Stevens, Geri Thoma y Sally Wofford-Girand— están siempre allí, a mi disposición, listos a ofrecer un pronto y cálido aliento, una atención minuciosa al detalle y una paciencia infinita. ¡Qué sistema destinado a apoyar la vida de un escritor!

Igualmente puedo considerarme afortunado por la colaboración cotidiana de mi ayudante de investigación Greg Dietrich, que de un modo o de otro se las arregla para equilibrar todas las cosas.

Desde el comienzo ("¡Hombre afortunado!"), tuve la suerte de contar con la colaboración de Erica Wagner, mi ayudanta de investigación en Londres y mi "compiladora interna". Atravesaba Londres, de hecho vivía en las bibliotecas y los archivos, rastreaba oscuros documentos y fotografías, leía constantemente, redactaba resúmenes, señalaba los temas importantes que merecían más consideración; y a todo esto agregaba el beneficio suplementario de su amistad. No exagero si afirmo que, sin la inteligencia vivaz de Erica, sin sus agudas percepciones y su alegría, este libro sencillamente no existiría. Todo lo que tiene de bueno le debe algo a su agudeza y su iniciativa.

En vista del constante apoyo de su amistad, también deseo registrar mi agradecimiento a John Darretta, Lewis Falb, Ed Finegan, Fred McCashland, Irene Mahoney, Gerald Pinciss, Charles Rappleye, Kirtley Thiesmeyer y al doctor Graham Waring. La vida sería mucho más pobre sin ellos.

En la página de las dedicatorias aparecen los nombres de Mary y Laurence Evans. Cuando los conocí, hace seis años, apenas había comenzado a trabajar en una biografía de su gran amigo Laurence Olivier. La ayuda concreta y la orientación cotidiana que me ofrecieron tuvieron inestimable valor, y su precencia y benévola influencia —sobre Olivier y sobre mi propia persona— pueden percibirse y apreciarse a lo largo de ese libro. Desde aquel día hasta ahora, mi vida se ha visto enriquecida por la calidez de sus opiniones, su humor, su empatía y su constante buen ánimo. No importa lo que los libros de historia y los folletos turísticos nos digan: Laurie y Mary Evans son lo mejor que Inglaterra puede ofrecer. Son mis amigos generosos y sinceros, y por lo tanto a ellos, con agradecida devoción, dedico este libro.

26 de marzo de 1995

D. S.

Los reyes son como las estrellas: salen y se ocultan,
y gozan de la veneración del mundo entero,
pero no descansan.

SHELLEY, *Hellas*

Cuando la gente ya no venere la monarquía, nos
verá como a sus iguales; y en ese momento se habrá
esfumado la ilusión.

LUIS XIV

Ninguna monarquía puede aspirar
a verse libre del escrutinio.

REINA ISABEL II

PREFACIO

Las figuras reales y otras estrellas
1994 a 1995

Una familia en el trono es una idea interesante.
WALTER BAGEHOT, *The English Constitution* (1867)

En una benigna noche de noviembre de 1994, un millar de celebridades, admiradores y miembros destacados de los medios se apiñaron frente a un teatro de Century City, esa valiosa parcela de la propiedad inmobiliaria de Los Angeles que fue otrora el fondo de la Twentieth Century-Fox, una de las legendarias fábricas hollywoodenses de sueños. La ocasión era el estreno mundial de una película, *El Frankenstein de Mary Shelley.*

Jack Nicholson mostró su invitación con letras en relieve y pasó al vestíbulo del teatro. Como de costumbre, su ancha sonrisa profesional en cierto modo era un gesto al mismo tiempo amable y amenazador; sus lentes oscuros representaban una defensa frente a los flashes y los reflectores. Le ayudaron a atravesar un cordón de seguridad para reunirse con la auténtica estrella de la velada, un inglés que no tenía nada que ver con *Frankenstein*, pero que interpretaba un papel muy importante fuera de la pantalla, en la comedia musical más larga del mundo. Jack estrechó la mano del visitante y le auguró una cálida bienvenida a California.

—Me encanta una buena película de terror —dijo el hombre, que era el heredero del trono británico: Su Alteza Real, el príncipe Carlos Felipe Arturo Jorge, Caballero de la Jarretera, Caballero del Cardo, Caballero de la Gran Cruz de la Orden del Baño, Consejero Privado, Príncipe de Gales, Conde de Chester, Duque de Cornwall, Duque de Rothesay, Conde de Carrick, Barón de Renfrew, Lord de las

17

Islas y Gran Mayordomo de Escocia. De acuerdo con la costumbre, generalmente se lo mencionaba sólo como el príncipe Carlos o el Príncipe de Gales.

Jack dijo a su vez que a él también le encantaba una buena película de terror y que había actuado en alguna. Después los dos hombres entraron lentamente en el teatro, guiados por la policía y los guardaespaldas que les abrieron paso a través del apiñamiento de los fanáticos de las celebridades, los fotógrafos y los periodistas de televisión armados de micrófonos y grabadores.

Antes el príncipe Carlos había bebido té con la princesa del *pop*, Barbra Streisand y le había dicho que él era su gran admirador. Ella había contestado que decirlo representaba una gran amabilidad de su parte. Se sentían muy felices conversando esas dos megaestrellas que tanto se admiraban mutuamente.

Una noche, mientras el príncipe estaba en Los Angeles, Diana, la esposa de la cual estaba distanciado, Su Alteza Real, la Princesa de Gales, cenaba en una casa de campo en Berkshire, Inglaterra. El anfitrión era Elton John, y entre los invitados se encontraban Sylvester Stallone, Richard Gere y George Michael. "Sly y Gere provocaban constantemente la risa de Diana —de acuerdo con la versión de otro invitado—. Era evidente que ella estaba pasándola maravillosamente bien."

Dos semanas después de su regreso de Los Angeles, a fines de noviembre, Carlos asistió a una celebración de beneficencia en Londres. Shirley Bassey cantó *I Want to Know What Love Is* y arrojó una rosa roja al príncipe. El besó la flor y la puso en el ojal de la solapa, mientras la multitud se desbordaba. Pocos días más tarde, Carlos mostró su propio modo de identificarse con las cuestiones espinosas. Visitó una feria rural en Surrey, conoció a Marvin ("Banana King"), escuchó a John el Pescadero Cantor, bebió una pinta de cerveza Young's en Ye Dog & Bull y probó unas anguilas en la parada de los mariscos. Algo más fácil que jugar polo, un deporte que a los cuarenta y siete años ha debido abandonar después que sufrió varias dolorosas caídas del caballo.

A semejanza de antepasados recientes que fueron Príncipes de Gales antes de ascender al trono (su tío abuelo el rey Eduardo VIII; su bisabuelo el rey Jorge V; y su tatarabuelo el rey Eduardo VII), la única ocupación de Carlos en la vida es hacer tiempo hasta la muerte de su progenitor el soberano; una situación que sobrelleva toda clase de oscuras cargas psicológicas. La costumbre y la constitución le impiden la acción política directa o la formulación de declaraciones en ese sentido, de modo que puede hacer poco más que cultivar aficiones inofensivas, manifestar trivialidades y mantener relaciones amorosas más o menos clandestinas.

Por desgracia esta ociosidad ha sido inevitable, pues en un exceso de celo frente a sus propias obligaciones la Reina lo trató exactamente como la reina Victoria trató a su hijo mayor, que en vista de la situación se convirtió en un príncipe *playboy*. Al impedirles un entrenamiento práctico en el cargo de cara al futuro y prohibirles la dignidad de una profesión regular, ambas madres condenaron a sus hijos a una cortés inutilidad. El resultado fue idéntico en ambos casos. Los príncipes envejecieron pero no maduraron. "No me opongo a rezarle al Padre Eterno" —dijo el hijo de Victoria (más tarde Rey) en la época (1897) en que ella cumplió las Bodas de Diamantes—. Pero seguramente soy el único hombre que en este país tiene que cargar con una madre eterna."

Sin duda Carlos concibió pensamientos análogos. Como se le negó todo lo que podía parecerse a una responsabilidad profesional, se convirtió en un vagabundo que atravesó la vida sintiéndose relativamente solo y aislado, jugando al polo, arreglándose las mangas y la corbata y —como muchos hombres en esas circunstancias— apartándose de un matrimonio sin amor y una vida ociosa para recaer en la sólida comodidad de su amante casada. "Las mujeres lo adoran —dijo lord Charteris, amigo cercano de la Reina y uno de los secretarios de la soberana durante veinticinco años—. Carlos es un hombre muy encantador, cuando no se muestra quejicoso."

Según se vio, la actitud quejicosa tuvo un carácter asombrosamente público. El 29 de junio de 1994 dijo durante una entrevista televisada que se había mostrado infiel a su esposa porque su matrimonio estaba "irremediablemente destruido". De sus tareas, Carlos había dicho en 1983: "Sentía constantemente que debía justificar mi existencia". A lo cual uno podría contestar: "Bien, consígase otro empleo". Sus sentimientos más profundos no habían cambiado en el curso de los años; pero si antes él los había compartido sólo con su único verdadero amor, Camilla Parker Bowles, ahora —qué diablos— se franqueaba con el mundo entero.

Y así, a fines de 1994 se publicó una biografía muy extensa del Príncipe, un trabajo autorizado por él y que abundaba en largos fragmentos de sus cartas y sus diarios, un material con el cual sin duda se propuso justificar su existencia y mejorar el nivel de su popularidad. Carlos narró la historia de su niñez solitaria con padres lejanos y distantes y un matrimonio que fue perversamente desgraciado desde el primer momento. Nunca amó a su esposa, y ahora lo dijo, humillando tanto a la mujer como a los infortunados hijos, los príncipes Guillermo y Enrique: "¿Cómo *pude* llegar a semejante desastre?" se quejó. "Muy fácil, si uno conoce la técnica", podrían haber respondido sus antepasados franqueando las fronteras del tiempo y la historia.

Y entonces, como respondiendo a una señal, se anunció que el señor y la señora Parker Bowles se divorciaban, una actitud por la cual el pueblo de Gran Bretaña "hará y hace responsable" [a Carlos], dijo nada menos que el venerable Harold Brooks-Baker, director del *Burke's Peerage*, y por sí misma esta acción "perjudica las posibilidades de continuidad de la monarquía". Ahora al fin el imprevisible Príncipe de Gales estaba en condiciones de fugar con su amante y renunciar a la herencia y la primogenitura, y de hacer sólo Dios sabía qué. "Mi querido primogénito es el asno más grande de todo el mundo", dijo la reina Carolina, esposa del rey Jorge II, acerca de su hijo el Príncipe de Gales. "Deseo con todo mi corazón que salga de todo eso." Tales podrían haber sido los sentimientos de Isabel II a principios de 1995.

"Por supuesto [Camilla] es el amor de toda la vida [de Carlos] —continuó diciendo lord Charteris con serenidad—, y el divorcio del príncipe y Diana limpiará la atmósfera. Sucederá antes más que después." Lo mismo debía suceder, en apariencia, con el divorcio del príncipe ("Randy Andy") Andrés, Duque de York, uno de los hermanos menores de Carlos, cuyo matrimonio con la exuberante Sarah Ferguson terminó en el escándalo. ("Muy sencillamente —dijo lord Charteris—, la duquesa de York es una mujer vulgar. Es vulgar, vulgar, vulgar, y eso es todo." Ciertamente.)

¿Los divorcios de Carlos y Camilla determinarían que más tarde se unieran en matrimonio? Obligado por la actitud tradicional de la Iglesia, que prohíbe el divorcio y el nuevo matrimonio, ¿el Arzobispo de Canterbury aprobaría ese paso? Al llegar el momento definitivo, ¿depositaría la corona sobre la cabeza de semejante Rey; y un momento más tarde, sobre la cabeza de Camilla Shand Parker Bowles Windsor? La misma semana que se anunció el divorcio Parker Bowles, la Cámara de Obispos de la Iglesia de Inglaterra examinó el espinoso asunto del divorcio y el nuevo matrimonio. ¿No era el momento de considerar un cambio en la fórmula tradicional? ¿Acaso los matrimonios no se habían desplomado? De hecho, ¿no se habían disuelto incluso antes de que se sintiera la influencia de terceros?

En este sentido, corresponde decir algo a favor de Eduardo VIII, que en 1936 antepuso sus propios deseos a la herencia del reinado y abdicó antes de su coronación con el fin de desposar a la divorciada norteamericana Wallis Simpson. La rapidez de su decisión (por compleja que fuese la motivación) por lo menos impidió una crisis constitucional. Pero el actual Príncipe de Gales parece dispuesto a dar largas.

Las noticias acerca del Príncipe y la Princesa de Gales y sus íntimos no eran diferentes de los artículos sensacionalistas acerca de Mick y Bianca Jagger (o de Mick y Jerry Hall), o acerca de Richard Gere y Cindy Crawford, o de Lyle Lovett y Julia Roberts; todos ellos estrellas de otra clase asediados por la publicidad.

Diana tuvo sus propios momentos de inquietud a fines de 1994, cuando un hombre llamado James Hewitt afirmó que había sido su amante. Hewitt era capitán en un regimiento de la Caballería Metropolitana de la Reina y se ocupaba sobre todo de las obligaciones ecuestres; durante cinco años (de 1986 a 1991) Hewitt y la Princesa de Gales brincaron como personajes salidos de una novela de D. H. Lawrence. El relato de la relación, publicado con la cooperación de Hewitt, originó la desaprobación, pero no un desmentido de Diana o del Palacio de Buckingham. "No comprendo cómo esto puede continuar", dijo uno de los consejeros privados de la reina, al referirse a Hewitt, a Parker Bowles y compañía. "La Familia Real está convirtiéndose en el hazmerreír del mundo entero."

Esa misma noche, Diana deslumbraba a París. Vistiendo una refulgente prenda de espalda escotada con lentejuelas y un gran corte lateral mostrando la pierna, la protagonista favorita de las tapas de las revistas mundiales tuvo a toda la prensa internacional compitiendo para obtener fotografías. La cena que siguió fue servida, en una suerte de acierto irónico, en el Salón de las Batallas. "Atrae el interés dondequiera que va, y no importa lo que haga", dijo la anfitriona, Anne Giscard D'Estaing, ex primera dama francesa.

Diana parece ser una mujer de buena voluntad, pero su vida ha carecido de objetivo y, cuando no asiste a una función de caridad, origina la impresión de que es una mujer que padece una alarmante falta de rumbo y de propósito. Visita a su astrólogo personal, va a su gimnasio, se acerca en automóvil a su masajista, convoca a su especialista en acupuntura, se somete al hipnoterapeuta, se comunica con su aromaterapeuta. Acaricia los cristales y estudia las cartas zodiacales. Se somete al peinador todos los días, y después compra ropas. En su sala hay un almohadón bordado: "Si usted cree que el dinero no puede comprar el amor, es porque ignora a qué tienda debe acudir". Pero es también, de acuerdo con todos los datos, una madre abnegada. Lleva a sus hijos a practicar esquí y a Disney World (pero sólo después de conseguir la necesaria autorización de la Reina). En esos casos, ruega a la prensa que la dejen en paz. Pero después regresa a Londres y por ejemplo posa para la tapa de *Vogue* de 1994, con la participación de Patrick Demarchelier, uno de los fotógrafos de gran moda. Así, la Princesa de Gales simultáneamente mantiene un perfil elevado y llega a un público al que necesita y corteja.

El Príncipe y la Princesa de Gales invariablemente eclipsan a todas las restantes personas en todos los lugares que visitan. Todos quieren verlos, estar cerca, tocarlos, estrecharles la mano. Carlos y Diana son los miembros más visibles, más constantemente al alcance del público de toda la dinastía Windsor, de la Familia Real de Inglaterra, un linaje encabezado por el último monarca poderoso del mundo. Y los ritos y los privilegios que acompañan a la jerarquía real se remontan a más de un millar de años.

A semejanza de los restantes miembros de la familia, el Príncipe y la Princesa representan en público y en privado roles esplendorosos en un marco extraordinario, y sus vidas tienen todos los arreos de los protagonistas de un drama que se desarrolla. Exhiben títulos antiguos y la gente los trata con reverencia casi idolátrica. Sus programas están controlados meticulosamente por un nutrido equipo de expertos en relaciones públicas. A menudo tienen que usar trajes y sombreros originales, y sus vestuarios han sido preparados con cuidado y luego examinados y descritos por el periodismo para beneficio del público que espera. Todos sus desplazamientos están documentados paso a paso —poco importa si se trata de un breve traslado o si tienen que viajar al otro extremo del mundo— y se los sigue y se los fotografía, ante la posibilidad de que den un paso en falso para complacencia de los medios y emoción del público. Las figuras reales son las estrellas más fotografiadas del siglo, las celebridades definitivas. Son parte de una fábula interminable, y sus hechos positivos y negativos a veces resultan melodramáticos y en ocasiones son ridículos, a menudo patéticos.

El actual reparto de personajes está encabezado por la madre de Carlos, Su Majestad la reina Isabel II. Es la tataranieta de la reina Victoria.

Durante los primeros meses de 1995, la Reina estaba en su departamento contable, con asesores financieros y abogados, preparando una declaración pública que explicaba de qué modo gasta 20 millones de libras esterlinas del dinero de los contribuyentes, dedicados anualmente a las erogaciones incurridas en tres palacios (Buckingham, Kensington y Saint James), así como otras residencias reales (los castillos de Windsor y Balmoral, y Sandringham House). Esta situación es especialmente inquietante para muchos ciudadanos británicos que están en dificultades y carecen de empleo, precisamente porque la fortuna personal de la reina se calcula en 6.000 millones de libras esterlinas (aproximadamente 9.000 millones de dólares), que producen alrededor de 2 millones de libras esterlinas diarias en concepto de intereses.

El programa de Su Majestad incluye tareas como el bautizo de naves, la visita a los hospitales, el otorgamiento de recompensas, la inauguración de las sesiones del Parlamento, así como sonreír y saludar abundantemente a muchos extraños. Son tareas que ha ejecutado con admirable habilidad y paciencia durante más de cuarenta años. Las obligaciones ceremoniales de la Reina han inducido a mucha gente a creer que ella carece de poder en absoluto y que es simplemente una figura decorativa. En realidad, es mucho más que eso, y la idea de que carece de poder se ha convertido en un mito muy cómodo y poderoso que ayuda a apuntalar su considerable influencia.

En realidad, la constitución británica ha garantizado que el Soberano carezca de poder político directo. Pero su autoridad es formidable. Por ejemplo, tiene derecho de exigir que se la consulte en relación con todos y cada uno de los ministros del gobierno y de aconsejar y prevenirlos en la medida de sus propios deseos. Tiene derecho de invitar a cualquier miembro del Parlamento a formar gobierno y a convocar y disolver el propio Parlamento. En ciertas circunstancias, puede invocar la prerrogativa real y declarar el estado de emergencia. También puede movilizar una milicia o mandar las fuerzas armadas existentes, pues todos los hombres en servicio juran fidelidad personalmente a la Reina, no al país.

Pero hay otros elementos en su poder, y pertenecen a un género que se manifiesta sólo por el hecho de su cuna. Isabel Alejandra María Windsor *es* Su Majestad. Es el tipo de poder que deriva de la influencia social. Su posición en la cumbre de la sociedad subraya y refuerza a la aristocracia y perpetúa las distinciones de clase en Gran Bretaña. Por consiguiente, la Reina es la expresión viviente de un sistema esencialmente antidemocrático. A la luz de la tradición monárquica, la nación continúa soportando prerrogativas y privilegios heredados e inmerecidos, todos los cuales benefician a la Reina y a su familia sólo porque provienen de cierto tronco genético. Esta situación se refleja todavía mejor en la herencia de ciertos títulos, es decir los ducados, las baronías y la condición de par, todo lo cual incluye bancas en el Parlamento.

Un aspecto todavía más pertinente es que ahora se cuestiona seriamente la utilidad de la Reina para la nación. Es un factor maravilloso para la industria turística, y en las ocasiones oficiales la soberana ofrece un buen espectáculo al público. Pero, en efecto, la vida retorna a la normalidad con mucha rapidez. En enero de 1995 una encuesta masiva realizada en el pueblo inglés reveló que una mayoría creía que la monarquía estaba condenada y que no sobreviviría a la muerte de Isabel II.

Entrenada para cumplir su tarea desde la edad de diez años, cuando su padre prácticamente fue obligado a ocupar el trono, y que ella lo sucediera más tarde pareció inevitable, ha llegado a cristalizar en un papel que en otras condiciones ella misma no habría elegido. "Ojalá pudiera parecerme más a usted, pero por desgracia mi vida es de tal naturaleza que no puedo", dijo cierta vez a la esposa de un ayudante, y a menudo ha declarado que si le hubiesen permitido elegir se habría sentido muy feliz en el papel de una sencilla dama rural, conviviendo con sus caballos y sus perros. Algunos de sus ciudadanos de actitud más crítica y posición particularmente republicana la alentarían hoy a realizar ese tipo de vida. De su probidad personal, su consagración al deber y su sentido del honor no cabe la menor duda, pero uno puede decir lo mismo de muchas personas que se desempeñan en otras instituciones públicas y privadas.

La Reina cumplió sesenta y nueve años el 21 de abril de 1995 y lleva cuarenta y ocho años casada con un hombre cinco años mayor que ella. El príncipe Felipe ostenta el título de duque de Edimburgo, pero en su persona no hay nada que sea escocés. Es el hijo de un príncipe germanodanés que, por un capricho de las conveniencias políticas internacionales, se convirtió en figura de la realeza griega. Por su madre, Felipe es tataranieto de la reina Victoria... y primo lejano de su esposa.

Ha tenido que caminar cuatro pasos detrás de su esposa desde el día en que ella ascendió al trono, en 1952, a la edad de veinticinco años. En la coronación de su esposa, Felipe tuvo que prometer sumisión vitalicia a su mujer como soberana y esto (entre otras cosas) contribuyó a convertirlo poco a poco en un viejo áspero y mezquino que, de acuerdo con la versión de su hijo Carlos, ha sido un sujeto frío y prepotente con sus hijos. Desde entonces, las residencias del matrimonio fueron siempre el hogar de Isabel, la familia de ambos perteneció a la soberana, y la casa dinástica ostenta el nombre de Isabel, es decir Windsor, pese a los enérgicos intentos de Felipe para lograr que se la llame Mountbatten, que es la forma anglificada de su propio nombre alemán, Battenberg. A diferencia de la reina Victoria y su amado esposo el príncipe Alberto, Isabel nunca convirtió a su marido en el consorte oficial. "Soy una maldita ameba, ¡y eso es todo!", tronó cierta vez. Es decir, un hombre cuya vida no tiene forma ni estructura. Pero, según el rumor que circuló durante muchos años, no es un hombre desprovisto de significado para sus muchas amantes.

Lo que debe destacarse en una evaluación cualquiera de la persona o la familia real es la orientación o el sentido de sus actividades fuera del dormitorio, su preocupación por los demás, su integridad; en otras palabras, la vida interior y la fuerza de la persuasión moral (no sólo de la atracción sexual) que invariablemente acompaña el prestigio de ser una Alteza Real. En otras palabras, ¿cuál es el *significado* de una dinastía; en primer lugar, para las propias personas reales, y después para quienes ellas están llamadas a servir? En su forma más esencial, ¿acaso no es necesario merecer el honor?

El adulterio no debe ser la cuestión decisiva cuando se considera el valor del príncipe Carlos y su familia; después de todo, las aventuras y las intrigas divierten a muchas personas y no sólo a los Príncipes de Gales, y corresponden a una esfera de la experiencia humana que ha sido exaltada por el cine y la televisión.

Pero la seriedad del propósito en la vida en efecto *importa*, lo mismo que la sensibilidad a los sentimientos de Diana y los dos jóvenes Príncipes; sin hablar de la mera decencia. Carlos dijo en público a un hombre que informó al Príncipe que se había visto una vez con Diana: "Y vivió para contarlo, ¿no es verdad?" Entretanto, los condiscípulos de sus hijos se burlaban de los dos jóvenes Príncipes y aludían al amante de la madre. Ciertamente parecía que la Princesa de Gales mantenía ese tipo de relación. Su esposo no fue el primer Príncipe de Gales que anduvo en aventuras, pero Diana fue la primera Princesa que se quejó del hecho y le correspondió del mismo modo.

Incluso antes de que su marido se expresara públicamente, Diana dijo a la gente que se sentía muy desconsolada y que estaba atrapada en su vida conyugal con Carlos. "Por él mi vida se convierte en una auténtica tortura", dijo a una persona de su intimidad en diciembre de 1989. "¡Maldita sea, después de todo lo que hice por esta podrida familia!" Y después, con gran horror de sus parientes políticos, avanzó todavía más y reveló a la gente su situación, al cooperar (aunque fuese de manera indirecta) con un escritor que tenía acceso a algunos de los amigos de la propia Diana. Así en 1992 se publicó en el mundo entero una reseña asombrosamente franca de sus dificultades, con abudantes detalles acerca de accesos de anorexia y bulimia y de algunos groseros intentos de suicidio. El libro sugería: "Qué persona melancólica soy... cómo me maltratan, cómo abusan de mí, cuán profunda es mi soledad".

Y así el asunto ha cobrado un sesgo sombrío: la Princesa parece encerrada en una torre de marfil, aislada emocionalmente por los guardias palaciegos. Sin embargo, hay un problema. Como madre del presunto heredero, es necesario tratarla —incluso encauzarla— con muchísimo cuidado. La intriga es digna de la corte de Enrique II y su esposa distanciada, Leonor de Aquitania, en el siglo XII, con toda su secuela de conspiraciones y planes, estratagemas y ardides, campañas susurradas y *vendettas*. Los altibajos de la familia parecían extractos de una serie de confesiones triviales, pero del tipo que vemos en los espectáculos televisados.

En enero de 1995, por primera vez en la historia británica, casi el cuarenta por ciento de los ciudadanos británicos dijo que el príncipe Carlos jamás debería sentarse en el trono real, que era necesario abolir la monarquía y que ésta debía dejar el sitio a un jefe de Estado elegido de manera democrática. Este reclamo en favor de una república británica fue el más estridente escuchado desde los siglos XVII, XVIII y XIX.

Hoy nadie pide que se erija el patíbulo, pero algunos miembros del Parlamento, la prensa y el público en general están sugiriendo que debería remitirse al campo a la Familia Real, donde podrían cuidar de sus amados caballos y sus perros, dedicarse a la pesca del salmón y protagonizar sus asuntos amorosos a plena satisfacción. Más ciudadanos británicos que nunca —un buen setenta por ciento, de acuerdo con una encuesta— respondió por la afirmativa y dijo que la monarquía misma estaba pasada de moda y superada por la historia y que era absolutamente inútil; a menos que uno considerase el valor financiero del turismo, las ceremonias, el despliegue de banderas y todo el resto.

"La nación se ha vuelto como nunca contra el Príncipe de Gales —decía un artículo periodístico típico— y le imputa una serie de errores catastróficos que podrían provocar la caída de la Casa de Windsor en el siglo venidero."

"Una familia en el trono es una idea interesante —escribió Walter Bagehot, teórico político del siglo XIX—. Una familia real suaviza la política mediante el agregado oportuno de acontecimientos simpáticos y agradables." Bagehot continuaba diciendo que dicha familia atrae la atención del mundo porque refleja "el nivel de la vida común".

Bagehot no sospechaba qué común y vulgar podían llegar a ser las vidas de los personajes reales y hasta qué punto los acontecimientos podían transformarse en menos gratos y simpáticos. Los protagonistas se convirtieron en personajes no sólo excéntricos, con un mantenimiento costoso, sino directamente fuera de lugar e incluso (de acuerdo con la opinión de algunos miembros del gobierno británico) en una amenaza para la supervivencia de la propia Gran Bretaña. El único modo de ayudar a los Windsor a superar su pasado sería garantizar que en el futuro careciesen de poder o de influencia.

Mientras se escriben estas palabras introductorias, proliferan los nuevos rumores y sin duda pasarán de la condición de charla ociosa a la de verdades recién acuñadas. De acuerdo con estas versiones, el príncipe Andrés, segundo hijo de la Reina, no es en realidad hijo del príncipe Felipe, sino el "hijo de un amor" secreto de Isabel, el vástago que ella concibió con su gran amigo y administrador de los establos lord Porchester. Una "noticia" igualmente nueva es la versión de que el príncipe Eduardo es el hijo de la Reina con su servidor favorito y apreciado confidente, el finado Patrick Plunket. Mientras se pergeñan y difunden estas versiones, ¿quién puede decir lo que es invención y lo que es verdad?

En último análisis, no es necesario inventar nada cuando la verdad es mucho más dramática, como ha sucedido durante dos siglos. La prensa sensacionalista no necesita destruir reputaciones cuando los hechos históricos proyectan una luz muy viva sobre estas personas comunes con una historia de familia extraordinaria; una saga que se repite en una sucesión de asombrosas pautas.

Esta obra es un intento de examinar los azares de la soberanía de nuestro tiempo, los peligros de la idolatría, la ubicuidad de la hipocresía moral y la marcha inexorable de los medios. Es un intento de elaborar la crónica de una dinastía, sus antecedentes y sus fundamentos, su ascenso y su decadencia mientras se cubre con el manto de la celebridad, que es mucho más pesado que la responsabilidad monárquica. Es la historia de una familia que se ha convertido en un grupo formado por los principales astros del espectáculo mundial.

El árbol genealógico

1670 a 1837

¡Estoy más cerca del trono de lo que creía!
PRINCESA (más tarde reina) VICTORIA, a los once años

"Te ruego que abras tu amado corazón. No ocultes nada y dime incluso el detalle más menudo que te lleve a pensar mal de mí, para que pueda justificarme, pues estoy segura de que puedo hacerlo, ya que no he incurrido en ningún acto voluntario para merecer tu desagrado."

Así escribió la reina Ana a su íntima amiga Sarah, duquesa de Marlborough.

Las dos mujeres se habían conocido en 1670, en momentos en que Ana era una princesa torpe y tosca de cinco años, y Sarah una niña notablemente hermosa y segura, que tenía diez años. Durante mucho tiempo la intimidad entre ambas floreció, y hacia 1702, cuando ascendió al trono, Ana estaba tan enamorada de su poderosa y bella compañera que no adoptaba decisiones, grandes o pequeñas, sin consultar la opinión de Sarah. Incluso el matrimonio de Ana, determinado por consideraciones de carácter dinástico, debió ser aprobado por Sarah. Para expresar el carácter igualitario de esa relación íntima, la Reina ideó nombres afectuosos. Ella era "la señora Morley", y Sarah "la señora Freeman", y algunos historiadores llegaron a la conclusión de que formaban una pareja de enamoradas apasionadas. Entretanto los dos maridos estaban muy atareados cosechando los frutos de la manipulación política de la Reina por Sarah.

En su treintena, Ana soportó el mal estado de su salud y a pesar de muchos embarazos no tuvo hijos. Para garantizar que la corona inglesa jamás descansara sobre una cabeza católico-romana —pues si fallecía sin herederos habría pretendientes papistas que acechaban por doquier—, en 1701 se aprobó la Ley de Sucesión. Esta norma garantizaba que en adelante la sucesión real actuaría sólo en beneficio de los parientes protestantes.

En 1714, cuando Ana falleció a los cuarenta y nueve años de edad, hubo un momento de confusión antes de que se difundiera la sorprendente noticia. El nuevo Rey de Inglaterra era un pariente lejano, pero se trataba del único protestante disponible: un príncipe alemán de cincuenta y cuatro años de edad, llamado Jorge Luis de Hanover, biznieto del rey Jacobo I. Jorge se encontró en la extraña situación de que se lo llamase a ocupar el trono de un pueblo cuyo idioma ignoraba, y cuya cultura lo dejaba por completo indiferente. Con Jorge, una estirpe alemana se unía a la monarquía en la que permaneció desde entonces, desmintiendo cualquier pretensión realista de que hay sangre inglesa pura en el trono inglés.

El rey Jorge I provocó el desagrado de los británicos porque se apoyó en sus antiguos compinches hanoverianos, porque tuvo muchas y codiciosas amantes y por el tratamiento desconcertante que dispensó a la esposa de la cual estaba distanciado. Pero su terrible comportamiento tenía una ventaja, pues sin querer promovió el desarrollo de una monarquía constitucional. Además, como Jorge no hablaba inglés y no podía presidir las reuniones del Gabinete, dependía del astuto Robert Walpole, Primer Lord del Tesoro. Walpole se mostró tan eficaz en su tarea que fue el primero que exhibió el título de primer ministro.

El hijo de Jorge, llamado Jorge II (nacido también en Hanover), ocupó el trono a la muerte de su padre, en 1727, y tres años más tarde Sarah, Duquesa de Marlborough, de nuevo ingresó en el ámbito real. Su nieta favorita era una rubia esbelta y vivaz llamada lady Diana Spencer, que a juicio de Sarah sería una esposa perfecta para el hijo del rey, es decir Federico, Príncipe de Gales (el título tradicional asignado al hijo mayor del monarca). Pero, por razones políticas, Walpole rechazó la idea. Más tarde, Diana Spencer contrajo matrimonio con el Duque de Bedford y falleció de tuberculosis a los veintiséis años.

Esta muerte prematura determinó que Sarah casi enloqueciera de dolor, pero su fortaleza le permitió afrontar la prueba y así continuó siendo la mujer más poderosa de Londres. Desde Marlborough House, su residencia en Londres, Sarah dominaba la vida social en general y la vida de la familia Spencer en particular, así como había controlado la existencia de la reina Ana. El más intenso pesar de Sarah, cuando falleció en 1744, era que no había atinado a concertar una alianza entre el trono y su propia familia. Sólo mucho después se realizó finalmente el deseo de Sarah. En 1981 su descendiente, otra lady Diana Spencer, contrajo matrimonio con otro Príncipe de Gales, Carlos, hijo mayor de la reina Isabel II y heredero del trono.

El rey Jorge II contó con la valiosa ayuda de su esposa Carolina II, de formidable inteligencia, que miraba con tolerancia su constante infidelidad. Era una mujer culta y dotada de sensibilidad artística y también tenía sagacidad política, reconocía el brillo de Walpole e impidió que su esposo, menos capaz, lo despidiese. En este período hubo grandes progresos en la manufactura y la agricultura, un preanuncio de las grandes revoluciones del siglo XIX; por la época de la muerte de Jorge II, Gran Bretaña tenía la principal armada del mundo. Así comenzó la empresa de la colonización mundial y el dominio económico.

En definitiva, el Príncipe de Gales, que podría haberse casado con lady Diana, falleció antes de la muerte de su padre el Rey, y por lo tanto a Jorge II lo sucedió su nieto, que asumió el nombre de rey Jorge III. Fue el primer monarca hanoveriano que nació y se crió en Inglaterra, y reinó de 1760 a 1820. El "Campesino Jorge", como lo denominaban afectuosamente los ingleses, fue un puntilloso monarca constitucional, profundamente religioso y fiel a su esposa, la reina Carlota. Jorge la desposó seis horas después del primer encuentro y la tuvo atareada en su condición de madre de quince hijos. Pero a partir de 1811 su equilibrio mental fue tan frágil que designaron Príncipe Regente a su hijo, y este lo representó por el resto de la vida de Jorge III. Al parecer, Jorge III padecía la desusada dolencia neurológica denominada porfiria, que provoca delirios e ilusiones. Algunos eruditos ulteriores interpretaron su enfermedad como el efecto del envenamiento con plomo, y otros aceptaron la opinión contemporánea, en el sentido de que el monarca simplemente había perdido la razón.

Sea cual fuere la causa, Jorge III dio un paso histórico y decisivo para refutar ciertas versiones que entonces circulaban en el periodismo, a saber, que estaba demente. En 1806 designó a un hombre llamado Joseph Doan como cronista de la Corte. Su tarea consistía en visitar al Rey cuando se le ordenaba y después de un examen exhaustivo difundir versiones edificantes de la salud del monarca entre los distintos periódicos londinenses. Sobre los hombros de Doan y sus descendientes recaería en el siglo siguiente la poco envidiable tarea de ejercer lo que más tarde se denominaría "el control de averías". En este caso, la tarea era sobremanera dificultosa, pues el monarca se mostraba cada vez más enfermo.

El hijo del Campesino Jorge finalmente ciñó la corona como Jorge IV y reinó durante una década, desde 1820 hasta 1830. En secreto había contraído matrimonio con una joven católica en 1785, pero, como la Ley de Sucesión de 1701 impedía el matrimonio del monarca con una papista, esa unión ilegal fue anulada. Para pagar sus deudas, Jorge se vio forzado a desposar a una prima rica pero despreciada, a quien apartó de su propia coronación; con gran alivio de Jorge III, la dama falleció pocas semanas después. El Rey continuó divirtiéndose y obteniendo su placer con una legión de amantes.

Jorge IV se interesó poco por el gobierno, y así el Parlamento siguió su propio camino y promovió reformas importantes que reforzaron el derecho penal, promovieron el comercio y consolidaron la tolerancia religiosa. Su conducta perezosa, mendaz, intemperante y a menudo decadente distanció a muchos, aunque a algunos su personalidad les pareció inofensiva y simpática. Una dolencia hepática terminó con su vida a la edad de sesenta y siete años.

El único hijo de Jorge falleció al nacer, y por lo tanto la corona pasó a su hermano, que reinó con el nombre de Guillermo IV de 1830 a 1837. Aunque podía ser un hombre honesto, "Billy el Tonto" en general se comportó como un marinero que baja a tierra con licencia. Fue el padre de diez hijos ilegítimos concebidos con su amante, la actriz Dorothea Jordan. Más tarde, dos años después de la muerte de la mujer, se casó con la princesa alemana Adelaida de Sajonia-Meiningen.

Aunque la personalidad de Guillermo no era mucho más interesante que la de sus antepasados hanoverianos, su breve reinado se caracterizó por algunos cambios importantes. De mala gana, contribuyó a imponer la Ley de Reforma de 1832, que concedió el derecho de voto a más de medio millón de ciudadanos redistribuyó los escaños parlamentarios sobre una base más equitativa y desplazó una proporción todavía mayor de poder de la Corona y la aristocracia para concederlo a la ciudadanía industrializada.

Como no había un heredero legítimo en el momento de la muerte de Guillermo, la corona pasó a una persona que parecía tan gris y oscura como su antecesor: Alejandrina Victoria, sobrina de Guillermo, que había alcanzado la edad de dieciocho años. Poco antes de cumplir los once años, la jovencita había visto una reproducción del árbol genealógico: "Estoy más cerca del trono que lo que pensaba —dijo a su gobernanta alemana y, después, señalando su lugar en la estirpe real, agregó con solemnidad—: Yo seré buena". Y así sucedió... aunque no inmediatamente.

Capítulo Uno

Una familia numerosa y feliz
1837 a 1861

Alejandrina Victoria nunca usó su primer nombre de pila en la niñez y cuando asumió la condición de Reina la omisión cobró carácter oficial. Nació en el Palacio de Kensington, en Londres, el 24 de mayo de 1819, y tenía ocho meses de edad cuando su padre Eduardo, Duque de Kent, enfermó de un resfrío grave que se convirtió en neumonía. Después de doce días sometido a los cuidados de sus médicos, que aplicaron el remedio popular consistente en incisiones, sanguijuelas y ventosas, el duque de cincuenta y dos años murió desangrado el 23 de enero de 1820. "Los médicos ingleses os matan —rezongó lord Melbourne, primer ministro de Victoria, años después—. Los franceses os dejan morir." A la muerte del duque siguió seis días después la de su padre, el rey Jorge III, y así Victoria se acercó todavía más al trono.

La tutela de la niña estuvo a cargo de cuatro personas: su madre, la Duquesa de Kent, de origen alemán, que durante años no habló inglés; su tío, el príncipe Leopoldo de Bélgica; el capitán sir John Conroy, caballerizo (o ayudante real) de su padre y más tarde amante de la madre; y una preceptora, la baronesa Lehzen. De este grupo de cuatro personas, tres eran alemanas que no se interesaban mucho en la historia británica o la teoría constitucional. "Hasta que cumplí los cinco años —recordaba después Victoria—, había sido muy mimada por todos... *todos* adoraban a la pobre niña que no tenía padre." Su única relación con otras personas de su

31

edad era la que mantenía con su medio hermana Feodora (uno de los dos hijos de su madre en un matrimonio anterior); se casó cuando Victoria tenía nueve años y se fue a Alemania. A partir de ese momento, la niña llevó una vida bastante solitaria en un mundo de adultos.

La vida en el Palacio de Kensington se ajustaba a las normas de la tranquilidad, era ordenada y respetuosa, con esa peculiar combinación de amabilidad inglesa, sequedad hanoveriana y blandura de Coburgo. Educada para mostrarse regiamente cortés, la pequeña Victoria de todos modos insistía en sus preferencias. Por ejemplo, le desagradaban intensamente los obispos y había intentado evitar su compañía ("en vista de sus pelucas y sus *mandiles*"); una aversión que se prolongó hasta el fin de su vida. Tampoco soportaba de buena gana las represiones. "Cuando eres mala, consigues que yo y tú misma seamos desgraciadas", dijo su madre. "No, mamá —replicó la niña—. ¡Yo no, yo misma no, sino *tú*!" Cuando llegaba un preceptor y preguntaba a la madre si la niña se había comportado bien, la cautelosa respuesta era: "Sí, esta mañana ha sido buena, pero ayer hubo una pequeña tormenta". Victoria se apresuraba a corregir a su madre: "Dos tormentas: una al momento de vestirme y otra cuando me lavé". Cuando su profesor de música la reprendió: "Princesa, no hay camino real para llegar a la música. Usted debe practicar como todo el mundo", la alumna cerró el piano con brusquedad. "¡Vea! En todo esto no hay nada que me *obligue*." Los miembros de su entorno pudieron haber pensado que lo único que le faltaba era la coronación misma.

Pero su juvenil arrogancia tenía límites. "¡Cuántos años tengo! —escribió en su diario el 24 de mayo de 1837, al cumplir dieciocho años—, y sin embargo qué lejos estoy de lo que debería ser."

Cuatro semanas después, en la madrugada del 20 de junio, el rey Guillermo IV falleció de insuficiencia hepática. El arzobispo de Canterbury y el Lord Chambelán (jefe de la casa real) acudieron de prisa al Palacio de Kensington, donde a las seis de la mañana la Duquesa de Kent despertó a su hija y le comunicó la presencia de los caballeros. La muchacha se puso de prisa una bata sobre el camisón y descendió a la planta baja para recibirlos. Al ver que el grupo de hombres que estaba en el gran recibidor se inclinaba respetuosamente ante ella, Victoria comprendió que su doliente tío había fallecido y que ahora ella era la Reina de Inglaterra. Más avanzado el día, escribió en el diario que llevó con religiosidad durante casi sesenta años:

Ya que ha querido la Providencia asignarme este lugar, haré todo lo que pueda para cumplir mi deber hacia mi país. Soy muy joven, y quizá carezco de experiencia en muchas aunque no en todas las cosas, pero estoy segura de que muy pocas personas tienen mayor caudal de buena voluntad y más deseos reales que yo de hacer lo que es justo y propio.

El Consejo Privado confirmó el mismo día su ascenso al trono, y varios miembros observaron complacidos que ese momento separaba definitivamente las coronas de Gran Bretaña y Hanover, pues la ley sálica de ese reino alemán no permitía que se entronizara a una mujer. Aunque se trataba de una figura minúscula con su estatura de menos de un metro y medio, Victoria mostró al Consejo una presencia dominante. Sus ojos azules como de huevo de avestruz, el cutis de porcelana y los cabellos castaños claros perfectamente peinados eran rasgos que poseían atractivo suficiente para desarmar a los escépticos. "No sólo ocupaba su sillón —observó el duque de Wellington—. ¡También ocupaba la sala!" Casi de inmediato Victoria excluyó de toda intimidad con su nueva vida a su madre, a Conroy y a los amigos de estos; desconfiaba, y con razón, de sus intrigas y su desenfrenada ansia de poder.

La nueva Reina pronto manifestó a su pueblo y su gobierno una extraña mezcla de buen ánimo juvenil, reticencia y orgullo imperial. Eran los signos, como observaron sus biógrafos tempranos Sydney Lee y Lytton Strachey, de un temperamento fiero y un duro egocentrismo, y pronto el personal del Palacio de Buckingham (donde Victoria se instaló) se vio abrumado por normas de etiqueta bizantina. Las infracciones leves merecían miradas duras y altaneras correcciones emanadas de la diminuta Reina.

Su firmeza cristalizó después de la coronación, en julio de 1838. "La voluntad personal expresada en esos dientecillos proyectados y ese pequeño mentón hundido eran de un tipo más desalentador que lo que sugiere una mandíbula poderosa —escribió Strachey—; era una voluntad imperturbable, impenetrable... peligrosamente afín a la obstinación." Y la obstinación de los monarcas no es como la de otros.

Pero, a las pocas semanas de su coronación, Victoria comprobó que su vida era gris y no implicaba auténtica realización. Aunque le agradaban las formalidades de la Corte y rápidamente adquirió un firme sentido de su propia persona y su papel, se sintió hastiada con la interminable aprobación que como actitud rutinaria se ofrecía a la Soberana. La nación la adoraba, sobre todo en vista del contraste que ofrecía con sus predecesores inmediatos. Pero la adoración ofrecida desde lejos no era mucho consuelo para una joven de sangre ardiente. Su familia e incluso su primer ministro consideraron que debía casarse cuanto antes.

Precisamente con su primer ministro, el Vizconde Melbourne, Victoria estableció el primer vínculo adulto satisfactorio de su vida. Melbourne era un viudo apuesto y benévolo de cincuenta y ocho años; y un mentor político y paternal de la joven Reina. Asimismo, originó lo que fue quizá la primera reacción romántica de esta mujer frente a un hombre. Como no conocía el amor de un padre, estaba separada de las amistades humanas normales y con contactos sociales limitados, Victoria necesitaba un consorte tanto como un guía que la orientase a través de los vericuetos de la responsabilidad monárquica. Melbourne no sería lo primero, pero desempeñó admirablemente las funciones de guía orientador. Ese valioso cronista que fue Charles Greville sabía (lo mismo que la madre de Victoria) que los sentimientos de la reina tenían carácter "sexual, aunque ella lo ignora". Con respecto al primer ministro, llevaba una vida social plena (sobre todo con la mundana y bien nacida Elizabeth, lady Holland), y en realidad sus sentimientos cálidos por una mujer cuarenta años menor que él no eran más que los de un padre sustituto cuya hija entusiasta, que tanto lo adoraba, casualmente era la Reina del país. En todo caso, Victoria brilló en la compañía de Melbourne como no lo hizo con otras personas.

Pero con gran desaliento de Victoria una elección general determinó que Melbourne debiera ceder pronto el sitio a un nuevo primer ministro, sir Robert Peel, y a un nuevo gobierno; un cambio político que en modo alguno podía ser controlado por la reina. Incapaz de afrontar la perspectiva de un reinado sin Melbourne, por primera vez la Reina adoptó una actitud inconstitucional y manifestó su espíritu independiente en la notoria crisis de las Damas de la Cámara Real, en mayo de 1839.

Estas damas, tradicionalmente esposas de lores elegidas por la Reina en virtud de sus cualidades personales de dignidad, decoro y lealtad, la asistían en importantes funciones públicas. Como a principios del siglo XIX se creía absolutamente adecuado que el primer ministro rodease a la Reina con damas que simpatizaban con las opiniones políticas del propio funcionario, lord Melbourne y su gobierno proponían como candidatas a Damas de la Cámara Real a personas de su propio Partido Whig, esos predecesores muy expresivos del Partido Liberal, que estaban relacionados con los intereses industriales, el inconformismo religioso y la reforma política. Ciertamente el ambiente de Victoria era tan obstinadamente partidista que se aseguraba en los círculos londinenses, en los años 1838 y 1839, que "en el ámbito del Palacio de la Reina a un gato conservador ni siquiera se le permite maullar". Con la derrota de Melbourne en 1839, Victoria se vio obligada a convocar a Peel, el líder de la oposición y encomendarle la formación de un nuevo gobierno.

Pero a Victoria le desagradaba este gélido intelectual y cuando el primer pedido de Peel fue que las Damas de la Cámara Real representasen sus opiniones más que las de su predecesor, Victoria se opuso con firmeza. Insistió en que no podía aceptar una iniciativa que repugnaba a sus sentimientos. "La Reina de Inglaterra no se someterá a semejante engaño", escribió a lord Melbourne, y agregó que "los hombres de Peel desean tratarme como si yo fuera una muchacha, pero yo les demostraré que soy la Reina de Inglaterra." Como percibió con bastante acierto que no contaba con el apoyo de la Reina, Peel rehusó formar gobierno. Melbourne retornó al cargo, y fue evidente que Victoria sería una Reina muy capaz de expresarse y muy decidida. Pero su triunfo personal destruyó el último encanto que rodeaba a una joven Reina durante el año que siguió a su coronación, pues su actitud acentuó el resentimiento público contra la Corona. Las turbas londinenses le gritaron groseramente "señora Melbourne", mientras Victoria recorría en su carruaje las calles de Londres. "Entonces yo era muy joven —escribió varios años más tarde—, y quizá me comportaría de diferente modo si todo se repitiese."

Hacia el verano de 1839, Victoria manifestó una caprichosa irritabilidad que se expresó en la forma de hanoverianos accesos temperamentales, una impaciencia cada vez más evidente con los ministros, una suerte de adhesión desesperada a Melbourne o a los consejeros amables, sinceros y ancianos, cualesquiera fuesen, que él presentaba, y un súbito y alarmante aumento de su peso. Melbourne y Leopoldo, tío de Victoria (ahora rey de Bélgica), exhortaron a la joven a cumplir un sencillo programa de ejercicios constituido por caminatas cotidianas, no fuese que su figura rechoncha recayese directamente en la obesidad. Pero Victoria objetó que cuando caminaba se le metían piedras en los zapatos.

—Uselos más ajustados —replicó Melbourne.

—¡Se me hinchan los pies! —se quejó Victoria.

—¡En ese caso, camine más! —la exhortó Melbourne, el único que podía atreverse a contestar de ese modo.

—¡No! —exclamó la Reina.

—¡Sí! —rezongó Melbourne.

Entonces la voz de Victoria se convirtió casi en murmullo, y hubo el atisbo de una sonrisa.

—Doña María [la Reina de España] es muy obesa, y sin embargo ha realizado mucho ejercicio.

Lord Melbourne nada pudo contestar a esto. La discusión terminó, y lo mismo pudo decirse de todas las objeciones al peso de la Reina. Como Topsy, creció cada vez más, hasta su última enfermedad. Al momento de casarse, pesaba 82 kilogramos y, en vista de que medía menos de un metro y medio, era "un peso increíble para mi estatura", como escribió en su diario.

Ya se acercaba el momento de recibir ayuda; no para resolver los excesos dietéticos de Victoria y sus inclinaciones sedentarias, sino en relación con el tema más importante del amor. Antes de ser Reina, se había relacionado brevemente con su primo hermano el príncipe Francisco Augusto Carlos Alberto Manuel de Sajonia-Coburgo-Gotha, siempre conocido como Alberto, que era tres meses menor que Victoria. Había simpatizado inmediatamente con Alberto cuando ella tenía diecisiete años, pero, al llegar al trono y saber por Leopoldo (el casamentero original) que Alberto era un candidato elegible, se mostró renuente a sacrificar su independencia a cualquier hombre. Además, Victoria ahora desarrollaba una alegre vida social: visitas frecuentes al teatro, la ópera y el circo y cenas con los cortesanos (acompañadas por los acordes de los fatigados músicos) en el Palacio de Buckingham, hasta la una de la mañana. En vista de esta ronda de gratas actividades, al principio Victoria vaciló en ceder a lo que consideraba los reclamos del matrimonio y las molestias de la maternidad, vocaciones que le parecían restrictivas frente a una vida esencialmente caprichosa.

Pero, cuando ella y Alberto fueron presentados de nuevo en octubre de 1839, Victoria se enamoró en el acto, irremediable y apasionadamente. "Comprobé que [Alberto] había crecido y cambiado —escribió en su diario—, y lo veo más apuesto. Con cierta emoción contemplé a Alberto, que es *hermoso*." En efecto, era un hombre impresionante —con su poco más de un metro setenta, Alberto se imponía a Victoria—, y los cuadros contemporáneos, los primeros grabados y otros testigos que han dejado por escrito sus observaciones confirman la entrada del diario de Victoria:

> Alberto en realidad es encantador, y tan excesivamente apuesto, con ojos tan hermosos, la nariz exquisita y una boca bonita con bigotes delicados y patillas leves, muy leves; una hermosa figura, de hombros anchos y cintura angosta.

Era evidente que ningún detalle de la figura de Alberto había escapado a la mirada aguda de Victoria.

Los atractivos que la Reina veía en Alberto no eran meramente corporales. A diferencia de Victoria, tenía una amplia educación formal (impartida por preceptores en la Universidad de Bonn), que abarcaba las artes, ciencia, idiomas y música. Era buen pianista, organista, cantante y compositor, y también conocía de arte y arquitectura. En otras palabras, en nada se asemejaba a los monarcas hanoverianos, y a los ojos de Victoria representaba todo lo que ella ansiaba en un maestro, guía y compañero. Cinco días después del encuentro, ese mes de octubre, ella le propuso matrimonio, él aceptó y (de acuerdo con la flechada Reina) "se abrazaron y él se mostró *tan* bondadoso, *tan* cariñoso... y pareció tan feliz que realmente sentí que era el momento más luminoso de mi vida".

Del amor de Alberto a Victoria y la ulterior vida que compartieron no hay crónicas escritas equivalentes, pero, si la fidelidad como marido, la constancia como padre y la consagración como consorte asiduo son manifestaciones, puede afirmarse que la devoción de Alberto se equiparaba a la de Victoria. El 23 de noviembre se anunció el compromiso, y el 10 de febrero de 1840 se celebró el matrimonio en la Capilla Real del Palacio de Saint James, de Londres. Los dos novios tenían veinte años. Esa mañana, colmada de expectativas, ella escribió que la noche anterior era "la última vez que yo dormí sola".

Fue sin duda la unión de dos almas apasionadas, y cualquier imagen de la Reina como un lugar común cinematográfico de corte victoriano —una serie de oscuras represiones y una actitud de repulsión sexual— constituye una deformación completa de su carácter. "Yo y Alberto solos: fue TAN delicioso —escribió Victoria refiriéndose a su noche de bodas—, tan gratificante y asombrosa —en el Castillo de Windsor—; YO NUNCA NUNCA había pasado una noche así". Nunca imaginó que "podía ser tan amada... El amor y el afecto de Alberto originó en mí sentimientos de amor celestial y felicidad... ¡Me apretó entre sus brazos y nos besamos muchas veces! Su belleza, su dulzura y gentileza, en realidad: ¡no puedo agradecer bastante el hecho de tener semejante *Marido*! ¡Oh, fue el día más feliz de mi vida!". Agregaba significativamente que ella y Alberto "no dormimos mucho".

Antes de fines de marzo, la Reina estaba embarazada, "la UNICA cosa que *temo*", como había confiado a su diario tres meses antes. Y en el curso de su vida ulterior siempre temió el embarazo; aunque fue un temor que no la disuadió de engendrar nueve hijos, todos los cuales llegaron a la edad adulta. La apasionada joven que se entregó sin retaceos al lecho matrimonial pasó veintiún años alternando entre "los sufrimientos y los dolores y las angustias" del embarazo y los "goces de la entrega" durante ese lapso.

"Sin eso [el embarazo] —escribió a su primera hija, la princesa Victoria ("Vicky"), dieciocho años después—, ¡ciertamente representa una felicidad ilimitada si una tiene un esposo a quien venera! Pero nueve veces tuve que soportar un auténtico sufrimiento... y eso representó una dura prueba. Una se siente tan apremiada; es como si le recortaran las alas; de hecho, una es sólo la mitad de sí misma. Es lo que denomino el 'aspecto sombrío [del matrimonio]'." Con acentos que recuerdan mucho a una agitadora de fines del siglo xx, Victoria volvió a escribir después del nacimiento del primer hijo de Vicky, el futuro káiser Guillermo II de Alemania: "Ciertamente es demasiado difícil y terrible lo que tenemos que afrontar; y los hombres deberían adorarnos ¡y sin duda hacer todo lo posible para compensar aquello de lo cual son la única causa!".

Y así una dinastía germánica en Inglaterra se vio reforzada cuando Victoria contrajo matrimonio con su primo; la Casa de Hanover fue reemplazada oficialmente por la Casa de Sajonia-Coburgo-Gotha, y los descendientes de Alberto tendrían que exhibir el nombre de la familia, es decir Wettin. Alberto aprendió a hablar el inglés de modo fluido, un idioma que él y Victoria utilizaban tanto como el alemán; después de todos, ese era el primer idioma de Victoria y el acento correspondiente siempre tiñó suavemente el lenguaje de la soberana.

Al principio, Victoria reaccionó con lentitud ante la perspectiva de compartir el poder o la responsabilidad con su esposo. "En mi vida de hogar soy muy feliz —escribió Alberto a su antiguo amigo el príncipe Guillermo de Löwenstein tres meses después del matrimonio— pero la dificultad de ocupar mi lugar con la debida dignidad reside en que soy sólo el marido, y no el amo de la casa." En otras palabras, no tenía nada que hacer.

Finalmente el 21 de noviembre —por exhortación de Melbourne, y en el momento mismo en que Victoria comenzaba a dar a luz al primer hijo— se otorgó a Alberto de manera oficial acceso a las cajas oficiales y representó a la Reina en el Consejo Privado; Alberto también fue designado Regente, ante la posibilidad de que su esposa falleciera durante el parto. A partir de ese otoño, Alberto fue el secretario privado oficioso de Victoria, y cuando ella lo designó de modo formal Príncipe Consorte, en 1857, de hecho ya había sido cosoberano durante diecisiete años. Esta ampliación de su influencia por cierto se originó en el respeto y la devoción de la Reina. También derivó del hecho de que Alberto asumió obligaciones durante los nueve embarazos de Victoria y después, cuando, de acuerdo con la costumbre, ella se apartó por completo de la vida pública y se confinó principalmente en su dormitorio, más de un año en cada ocasión. Así, muchos se referían a una "Monarquía Albertina".

Gran parte de la vida inicial de los dos esposos y del trabajo conjunto sobrevino en el Palacio de Buckingham. Adquirido por Jorge III al Duque de Buckingham, fue remodelado por Jorge IV; Victoria fue la primera ocupante real cuando la soberana y su entorno se trasladaron a la residencia, a las pocas semanas de su coronación. El lugar no agradaba a Victoria, pero por lo menos era cómodo para sus ministros y para los festejos y entretenimientos londinenses. Pero con sus corredores interminables, estrechos y fríos, que comunicaban a más de seiscientas habitaciones, allí no había nada que indujese a organizar una agradable vida de familia; sobre todo después de un intento de asesinato en perjuicio de la Reina y del incidente de "Boy" Jones.

El 10 de junio de 1840, cuando el primer embarazo de la Reina estaba bastante avanzado, la soberana decidió salir a tomar aire con Alberto. "Apenas nos habíamos alejado del Palacio alrededor de setenta metros —escribió Alberto en un memorándum que describió vívidamente el incidente,

> cuando advertí en el sendero, a un costado, un hombrecito de aspecto mezquino, que sostenía algo que nos apuntaba, y antes que pudiese darme cuenta de qué se trataba, disparó un tiro, que casi nos aturdió a ambos con la explosión; había disparado apenas a seis pasos de nuestras personas. Victoria acababa de volverse hacia la izquierda para mirar un caballo, y por lo tanto no pudo entender por qué le zumbaban los oídos... Tomé las manos de Victoria y le pregunté si el miedo no la había conmovido, pero ella se echó a reír ante la sugerencia. Entonces miré de nuevo al hombre, que aún continuaba de pie en el mismo lugar, los brazos cruzados y con una pistola en cada mano... De pronto, de nuevo apuntó su pistola y disparó por segunda vez. Ahora Victoria también vio el disparo y se inclinó con rapidez, impulsada por mí."

El culpable resultó ser un desequilibrado de dieciocho años, que fue devuelto a un asilo. Por lo menos seis ataques más contra la Reina se sucedieron durante los años siguientes en Londres, con armas de fuego cargadas o descargadas, con garrotes o con objetos arrojados como proyectiles. Aunque en cada caso la Reina gallardamente continuó recorriendo la ciudad, los incidentes por cierto indujeron a la familia a salir de Londres. Alberto, susceptible a los accesos de agotamiento y depresión en los mejores casos, rara vez se sentía cómodo con la vida urbana, y él fue quien indujo a Victoria a trasladar la familia a una de las residencias reales —el Castillo de Windsor, el Castillo de Balmoral o la Residencia Osborne— siempre que ello fuera posible.

En otro incidente, la noche del 2 de diciembre de 1840, un joven de diecisiete años llamado Edmund Jones alegremente saltó el muro del palacio, entró por una de las ventanas, se sentó en el trono y después visitó varios apartamentos antes de que una de las niñeras de la pequeña princesa Victoria lo oyese y llamase a un paje. Según se comprobó, esta era la segunda visita de Jones al Palacio de Buckingham, pues la primera había terminado rápidamente antes de que él pudiese llegar al recinto interior. "Deseaba ver cómo vivían en el Palacio —declaró 'Boy' Jones, como se lo denominó en los anales de la tradición palaciega menuda—. Pensé que una descripción encajaría muy bien en un libro." Su exploración le mereció un breve período en la Casa Correccional y, después de otra visita sin invitación previa a la residencia real, un año más tarde, Jones fue embarcado. Todo esto encerraba una lección para el príncipe Alberto, que se propuso la ingrata tarea de mejorar la seguridad, una cuestión en la cual alcanzó escaso éxito. (Ciento cuarenta y dos años más tarde, como habría de comprobarlo la reina Isabel II, las cosas apenas habían mejorado.)

Con el tiempo Victoria, Alberto y sus hijos pasaron el mínimo tiempo posible en el Palacio de Buckingham, aunque la corte tuvo allí su centro oficial a partir de enero de 1841. El Parlamento asignó más de 175.000 £ para pagar las mejoras en el Palacio, y muchos de sus miembros, tan industriosos como la propia Victoria, por cierto no se sentían muy complacidos en vista de que los integrantes de la Familia Real con tanta frecuencia se ausentaran. La familia prefería Windsor, el más espacioso castillo habitado del mundo, ocupado en forma ininterrumpida desde que fue construido por Guillermo el Conquistador en el siglo xi; aquí Alberto modernizó las distintas granjas y supervisó las principales reformas exteriores e internas. Pero se sentían mucho más cómodos en el Castillo Balmoral, de Escocia, terminado en 1856. El valle y los bosques circundantes recordaban a Alberto los paisajes alemanes que él amaba, y Victoria prefería de lejos a los montañeses escoceses antes que a otra compañía cualquiera, excepto la de su propia familia. Igualmente distante estaba la Residencia Osborne, en la Isla de Wight, en el Canal de la Mancha, donde Victoria años después falleció. En una propiedad de casi quinientas hectáreas, el Príncipe Consorte colaboró con el renombrado arquitecto londinense Thomas Cubbitt, y entre 1845 y 1851 supervisó la construcción de la gran villa italiana. El diseño y la construcción de Balmoral y Osborne estuvieron sometidos totalmente a la supervisión del Consorte.

En cierto modo, la administración de las residencias reales por Alberto fue un emblema de la influencia que llegó a ejercer. Ciertamente no es exageración afirmar que todo el reinado de Victoria estuvo subordinado al espíritu de su esposo, tanto después de su muerte como antes. Hombre culto y sensible, tenía una ancha veta de melancolía alemana, y con este rasgo atemperaba la naturaleza impetuosa y apasionada de Victoria, le inculcaba las virtudes del orden, la disciplina y el trabajo esforzado, la confirmaba en una severa moral y acometía su educación en las artes, la historia y el gobierno. A causa de Alberto, las endebles prerrogativas de un trono inglés desacreditado en medida considerable, se vieron reemplazadas por una poderosa influencia política. Alberto, activo en las cruzadas nacionales y sociales contra la esclavitud, el trabajo infantil y el duelo, gracias a sus antecedentes europeos fue una figura igualmente valiosa para la Reina en el ámbito de las relaciones internacionales. Por ejemplo, las disputas con Prusia en 1856 y con Estados Unidos en 1861 se resolvieron en gran medida gracias a las hábiles negociaciones de Alberto. Los despachos del Foreign Office fueron reformulados de tal modo que no se escuchasen los ecos de los sables.

Pero es posible que su principal aporte a la historia política británica haya sido su insistencia en que el monarca permaneciese distanciado de los vínculos partidarios, con el fin de ser "*necesariamente* un político"; es decir, de modo que ejerciese una adecuada influencia política que sería tanto más eficaz precisamente a causa de su carácter no partidista. De esta manera, Alberto conformó el papel constitucional del monarca, pues creía que sólo Victoria podía comprender las auténticas necesidades de su pueblo e impulsar una visión desinteresada del bien común.[1]

Desde el punto de vista cultural e intelectual, sus aportes fueron no menos significativos. Alberto elevó los niveles de apreciación y educación artísticas de la nación mediante una proliferación de museos gratuitos y supervisó el enriquecimiento de la colección real de cuadros. En 1841 se lo designó presidente de una comisión de las artes, y su primera tarea fue supervisar la decoración de las refaccionadas Cámaras del Parlamento. En su carácter de músico dotado, fue un protector activo e influyente de los compositores: entre otros, Mendelssohn fue un visitante frecuente de la Familia Real. Hasta su matrimonio, los gustos estéticos de Victoria fueron sólidamente burgueses, pero Alberto modificó eso, y pronto se vio a la soberana aplaudiendo representaciones de *La flauta mágica* de Mozart con más entusiasmo que los entretenimientos baladíes a los cuales había estado acostumbrada. Como canciller de la Universidad de Cambridge, Alberto estuvo comprometido de manera directa en la actualización y ampliación tanto de sus currículos como del número de valiosos eruditos extranjeros visitantes. Victoria, que había recibido una educación mediocre, se sintió abrumada por las diferentes cualidades de su marido.

Sincero, inteligente y disciplinado, Alberto con el tiempo conquistó el respeto, ya que no el afecto, de los estadistas y los ciudadanos británicos; todavía existía una ancha franja de la población que miraba con suspicacia a un esposo extranjero. Su acento y su estilo alemán, sus actitudes austeras, su preferencia por las actividades intelectuales en detrimento de la vida deportiva, todo contribuía a su impopularidad; hasta que Alberto patrocinó con éxito y organizó personalmente la Gran Exposición de 1851, que duró seis meses y que fue la primera feria internacional del mundo y una celebración sin precedentes de más de cien mil productos de la Revolución Industrial. E incluso después de varios años de conflicto con el Palacio, en la década de 1850, lord Palmerston, primer ministro y por cierto un hombre no muy amigo de Alberto, tuvo que reconocer sus "cualidades extraordinarias y su sabiduría".

En una población nacional de veinte millones, seis acudieron a la Gran Exposición en el salón de Hyde Park, apodado Palacio de Cristal por sus trescientos mil paneles de cristal sostenidos por una estructura de hierro fundido.[2] Este acontecimiento por sí mismo fue un triunfo personal para Victoria y Alberto, y nacional para Gran Bretaña. No mucho después se utilizó por primera vez por escrito y en la conversación la palabra "victoriano", para expresar el renovado sentimiento nacional de realización y destino; así como el concepto de una vida de familia consagrada al deber como fundamento de la sociedad.

Y así la sociedad victoriana prosperó a partir de la década de 1850. Los salarios, los ingresos y las ganancias aumentaron, y fue una edad de oro tanto para la agricultura como para la industria; de todos modos, había grandes bolsones de pobreza y desocupación y una amplia disparidad en los privilegios que beneficiaban a los diferentes estamentos de la sociedad.

Victoria fue el primer monarca que adoptó actitudes sociales sólidamente burguesas; desconfiaba de la altanería aristocrática, creía en el decoro de la vida y defendía la santidad del deber. Aunque toda su vida se mostró libre de los prejuicios raciales y nunca fue sostenedora de las diferencias de clase, al mismo tiempo no actuó como cruzado de la democracia; bajo la guarda de Alberto asimiló las exigencias trascendentes de su posición y la misión casi divina confiada al Imperio. En su educación, siempre fue la alumna más dócil de su adorado esposo.

El Imperio se extendía ampliamente a través del mundo. El poder marítimo británico alcanzaba su culminación. Las.conquistas británicas eran especialmente audaces, y la economía mostraba su espíritu más aventurero, por ejemplo en el rápido crecimiento de los ferrocarriles, las fábricas y los canales. Y la propia Reina representaba a la nación como ningún monarca lo había hecho antes. Su gusto por la comodidad y su preferencia por una vida familiar tranquila y una existencia sencilla y ordenada armonizaba de modo perfecto con las aspiraciones y la imaginación precisamente de la gente que había posibilitado el ascenso de Gran Bretaña a la supremacía: una burguesía laboriosa. Después de todo, a principios del siglo XI al fin se consideraba respetable el comercio y se creía que un caballero podía trabajar sin avergonzarse. Los que se desempeñaban en una fábrica por primera vez podían elevarse a la categoría de grandes personajes con título que gozaban de tanta influencia (ya que no de igual prestigio social) que la nobleza terrateniente que durante siglos había gobernado a la nación. Así el poder económico que era la base de Inglaterra sufrió una transformación radical en el momento mismo en que la monarquía —y la actitud de la gente hacia ella— estaba cambiando también. El respeto por la Corona que Victoria y Alberto habían recuperado, en este sentido era quizás el elemento principal que mantuvo a Gran Bretaña al margen de la revolución de 1848, cuando las estructuras políticas de Europa entera se vieron conmovidas y se derrumbaron.

Tampoco cabe afirmar que la Reina, a pesar de su carácter autoritario y su provincialismo, no se interesara por el resto de Europa. En 1843 fue la primera figura real que realizó una visita oficial a Francia, donde un estadista se sintió impresionado por su "aire de dignidad, y mostró una expresión tierna, que inspiraba confianza"; eso a pesar del espantoso tocado... Se adornaba con geranios distribuidos aquí, allá y por doquier. Tenía las manos regordetas con anillos en cada dedo, incluso en los pulgares; en uno de ellos había un rubí de proporciones prodigiosas, [y por eso] tropezaba con dificultades al usar el cuchillo y el tenedor... e incluso más dificultades al quitarse y ponerse los guantes".[3] El exceso victoriano no afectaba sólo a los adornos hogareños.

Pero el período victoriano (quizá la única época que deriva su nombre de un monarca) también comenzó a significar una serie de características morales restrictivas: los buenos modales, el comportamiento respetable, el sentido del deber y la laboriosidad y un enfoque firme del trabajo esforzado. Para tomar prestada la expresión del gran dramaturgo Oscar Wilde, lo que importaba era ser honesto, aunque el propio Wilde (entre otros) criticó y satirizó los artificios de las clases altas, que con excesiva frecuencia elevaban las normas sociales a un nivel ridículo.[4] Pero no se formulaban estas objeciones contra la Familia Real, cuya vida doméstica comenzó con rapidez a devolver su brillo a una Corona gravemente manchada por el último siglo de extravíos monárquicos.

Recto y severo en el estilo de la corte alemana, Alberto se hizo cargo de la educación moral de su joven esposa, una mujer caprichosa y de intensa sexualidad, y él fue quien realmente formó su personalidad y la convirtió en la mujer que la leyenda nos describe. En muchos sentidos, Alberto era el personaje más severo y persuasivo, y antes de que pasara mucho tiempo su filosofía (fundada en una ética de la decencia sin una base específicamente religiosa) fue saludada por la Iglesia de Inglaterra y presentada a la nación entera como un elemento del estilo victoriano que venía a dar el tono. El enseñó a la Reina a preferir sólo la compañía de los individuos a quienes atribuía un carácter inmaculado, una norma social que antes a ella no le había interesado "en absoluto", de acuerdo con el Duque de Wellington. Y, sin embargo, el rigor aplicado por Victoria se atenía a una distinción que lo compensaba, pues Victoria detestaba el esnobismo y las pretensiones de la aristocracia, odiaba las divisiones de clase y se sentía sinceramente preocupada por los pobres y los desvalidos.[5] Victoria tenía escasa paciencia y poco tiempo para "la sociedad de las personas elegantes y disolutas", y el mero indicio de pomposidad en su propia familia desencadenaba su enojo: si su nieto, el Káiser de Alemania, a quien amaba mucho, continuaba adoptando "aires imperiales en privado tanto como en público, es mejor que no venga aquí", dijo en un período más avanzado de su vida.

El moralismo intenso de Alberto, inculcado por los preceptores en su niñez y reforzado por su propia gravedad en la adolescencia, tenía un origen aún más precoz. A semejanza de Victoria, se había visto privado de un progenitor en la niñez. Cuando tenía cinco años, su madre se vio desterrada de la casa a causa de su relación amorosa con un militar con quien más tarde contrajo matrimonio. Victoria y su Consorte se consagraron con solemnidad sin atenuantes a la creación de una vida de familia impenetrable al escándalo, y por lo menos hasta la madurez de su hijo mayor tuvieron éxito. El respeto que conquistaron puede resumirse de manera cómica en el comentario citado con frecuencia de una dama victoriana que al final de una representación de *Antonio y Cleopatra* de Shakespeare observó que el argumento era "¡muy distinto a la vida hogareña de nuestra querida Reina!".

En realidad, la casa real tenía muchos ocupantes nuevos, pues Victoria concibió nueve hijos entre 1840 y 1857. Aunque detestaba la gestación y no manifestó demasiado interés en sus retoños hasta que estos salieron definidamente de la etapa inicial, de buena gana se arriesgaba al embarazo para saborear los placeres del lecho de Alberto. Esta nutrida progenie no fue resultado del planeamiento, y en este sentido es importante recordar que la Iglesia de Inglaterra prohibía cualquier forma de control de la natalidad, excepto la abstinencia, así como la sociedad secular del siglo XIX creía que era la única alternativa respetable si se deseaban evitar los hijos. (Esa perspectiva contribuyó al elevado número de nuevas prostitutas que se dedicaron a cumplir sus funciones en relación con la burguesía.) Con respecto a Victoria y Alberto, no tenían mucha educación en las cuestiones reproductivas y se atenían a las órdenes de los médicos, que se oponían a la relación sexual en los días que seguían inmediatamente a la menstruación y que consideraban que el momento más seguro era en mitad del ciclo femenino. A la luz de tales consejos, la explosión demográfica —en el Palacio de Buckingham y en toda la nación— no puede sorprender.

Así sucedió que, poco después del nacimiento de su primer hijo, que fue la princesa Victoria (el 21 de noviembre de 1840), la Reina se sintió desalentada al enterarse de que de nuevo estaba embarazada. El 9 de noviembre de 1841 nació un varón al que se bautizó con los nombres de Alberto Eduardo; pero durante su vida entera la familia lo llamó Bertie. Su madre lo designó Príncipe de Gales ese mes de diciembre, y a la edad de cincuenta y nueve años ascendió al trono con el nombre de Eduardo VII. Antes de entregar el anuncio oficial del nacimiento, Alberto leyó el texto a su esposa: "Su Majestad y el Príncipe se encuentran perfectamente bien". La Reina echó hacia atrás la cabeza y rió de buena gana: "Querido —dijo—, ¡eso no sirve!"

—¿Y por qué no? —preguntó Alberto.

—¡Porque expresa la idea de que tú también has guardado cama [a causa del parto]!

Por sugerencia de la Reina, se modificó el boletín: "Su Majestad y el pequeño Príncipe están perfectamente bien".

Pero después del nacimiento del niño no todo fue motivo de agrado para la Reina. Victoria sufrió una grave depresión posparto, pues estaba convencida de que su persona era inútil e innecesaria; un sentimiento que quizás ella misma atrajo sobre sí al obtener los servicios de un ama de leche para el infante. Entonces riñó agriamente con Alberto, que insistió en despedir a la baronesa Louise Lehzen, gobernanta de la infancia de la propia Victoria y su confidente, en favor de una nueva niñera inglesa para los hijos, una mujer que no tuviese relación con la madre de Victoria y con la corte anterior. Según se vio, el conflicto provocado por esta cuestión fue ruidoso y agrio, y Alberto se retiró airadamente a sus habitaciones, perseguido por Victoria, que gritaba. Victoria golpeó la puerta de Alberto, mientras exclamaba: "¡Soy la Reina!", pero su única respuesta fue el desprecio representado por el silencio. No obstante, ella se asustó ante una *froideur* tan poco característica de su marido y se desplomó frente a la puerta, sollozando: "Por favor, escucha... soy tu esposa". Cuando dijo eso, la puerta se abrió, y Alberto se inclinó para alzar en brazos a su esposa. "Eso está mejor —dijo—, y además es la verdad... soy tu marido". Poco después Lehzen se marchó y a partir de ese momento Alberto fue el amo indiscutido de la casa real.

Hubo por lo menos otra conmoción en 1853, después que se diagnosticó hemofilia en Leopoldo, el cuarto hijo. La angustia de Victoria se expresó en un silencio hosco, seguido por una serie de discusiones mezquinas pero muy violentas que ella provocó con Alberto, y a las cuales seguían otros episodios de reticencia. Entonces Alberto escribió a su esposa una extensa carta, en la cual le exhortaba a expresar con franqueza su dolor y su angustia y abstenerse de alimentarlos en secreto. Fue una lección que ella asimilaría profundamente.

El tercer hijo, la princesa Alicia, llegó en 1843; debía ser la esposa de Luis IV de Hesse-Darmstadt, y fue la madre de Alejandra, que contrajo matrimonio con el zar Nicolás II.[6] El príncipe Alfredo, que fue el cuarto hijo, nació en 1844, y contrajo enlace con la gran duquesa María, hija del zar Alejandro II; entre sus descendientes hubo reyes y reinas de Rumania, Yugoslavia y Grecia. En 1846 nació la princesa Helena, que casó con el príncipe Christian de Schleswig-Holstein; en 1848, la princesa Luisa, que contrajo matrimonio con el noveno Duque de Argyll; en 1850, el príncipe Arturo, que desposó a la princesa Luisa de Prusia; en 1853, el príncipe Leopoldo, cuya esposa fue la princesa Helena de Waldeck-Pyrmont; y finalmente, en 1857, la princesa Beatriz, que casó con el príncipe Enrique de Battenberg (la hija de ambos contrajo enlace con el Rey de España). Así, con descendientes en casi todos los países del Continente, Victoria mereció el apodo que le asignaron incluso en vida de "Abuela de Europa".[7]

Sin embargo, la Abuela de Europa alimentaba un resentimiento muy definido ante ciertos aspectos de su situación. Cierta vez se quejó porque una mujer "es física y moralmente esclava de su esposo. Eso siempre está atravesado en mi garganta. Cuando pienso en una joven alegre, feliz y libre, y contemplo el estado quejoso y dolorido al que una joven esposa generalmente se ve condenada... ¡no es posible negar que aquí tenemos el castigo del matrimonio!". La reina Victoria no luchaba por el sufragio femenino (que le parecía una "tontería perversa y absurda"), pero eso no le impedía ver ciertos hechos concretos de la vida de la familia del siglo XIX. Si bien el confinamiento del embarazo era el "lado sombrío", el sometimiento de la mujer era un "castigo". Pero, pese a todos los inconvenientes y a despecho de las depresiones que acompañaban a sus embarazos, Victoria, Alberto y sus hijos constituyeron durante varios años una familia notablemente feliz y unida.

Por supuesto, existían los acostumbrados problemas originados en la disciplina de los niños, y en enero de 1847 Victoria y Alberto concibieron un plan relacionado con la educación de sus hijos. Hasta los seis años, su formación (francés, inglés, alemán e instrucción religiosa) estaba a cargo de una gobernanta. Después varios preceptores especiales les dictaban clases en temas más avanzados.

Se prestó especial atención a Bertie, heredero del trono. Por recomendación de su esposo, Victoria se distanció con toda intención de la relación emocional con el Príncipe de Gales, al parecer en la creencia de que así él maduraría con más independencia y adquiriría cualidades de liderazgo si no dependía del afecto materno. Pero, hacia los siete años, Bertie mostró una acentuada preferencia por el deporte en perjuicio del estudio. Intimidado por su padre, se vio afectado por un vergonzoso tartamudeo, que superaría sólo al cabo de varios años; este impedimento llegó a ser de hecho un rasgo de la familia, heredado por varios de sus hijos y nietos y superado con diferentes grados de éxito.

La Reina y su Consorte deseaban que Bertie fuese el perfecto heredero del trono, y con ese propósito organizaron un currículum intenso. Se trazó un horario riguroso y hubo informes diarios; pero el único resultado fue una monótona serie de fracasos infantiles y de escenas protagonizadas por los padres. Después, y por poco tiempo, se intentaron otros métodos. A los doce años, Bertie estaba sometido a la dirección de un profesor indulgente llamado Henry Birch, que creía que los largos paseos por el campo eran más eficaces para inculcar buenos hábitos de estudio que las sesiones especiales de matemática o historia. El sistema fracasó miserablemente.

Como era costumbre entonces, convocaron a un frenólogo, a quien se encomendó la tarea de estudiar las protuberancias de la cabeza del niño; se creía que el descubrimiento de un dramático mapa de su cuero cabelludo revelaría dónde estaban las mejores cualidades del Príncipe. Por desgracia, este examen resultó ineficaz; lo mismo pudo decirse de la dieta experimental ordenada por un médico, que abrigaba la esperanza de mejorar el intelecto y el temperamento de Bertie mediante un complicado plan nutricional.

Las muchachas demostraron la misma iniciativa, pero se manifestaron más flexibles y de lejos más inteligentes. Sin embargo, no resultó fácil educarlas. Cuando cierto doctor Brown se incorporó al personal de la casa, Vicky (designada Princesa Real al nacer), que entonces tenía seis años, oyó que su padre lo llamaba sencillamente "Brown", y manifestó en su trato la misma familiaridad. La Reina intentó con gesto inútil corregir a su hija, demostrándole la necesidad de una actitud más cortés: "Doctor Brown". En definitiva, amenazó a Vicky con enviarla a dormir si desobedecía otra vez. La ocasión siguiente que llegó el médico, la Princesa lo miró y dijo en voz alta: "¡Buenos días, Brown!" Al ver la expresión irritada en los ojos de su madre, Vicky se puso de pie y haciendo una reverencia agregó: "Y buenas noches, Brown, porque voy a acostarme".

La princesa Beatriz fue una persona por igual testaruda. Cierta vez, a la edad de dos años, deseaba en el almuerzo un postre especialmente abundante. "La nena no debe comer eso —dijo su madre con tranquilidad—, porque no es bueno para la nena". Al mismo tiempo que se sirvió una abundante porción, la niña continuó con actitud tranquila la alusión en tercera persona: "Pero, querida, a ella le agrada".

Su hermana menor Luisa, que contrajo matrimonio con el Marqués de Lorne (más tarde noveno Duque de Argyll), conmovió a la familia en un período ulterior, al separarse de su marido, en 1884. El había sido gobernador general de Canadá hasta el año anterior, y la pareja había actuado con admirable espíritu precursor en los ásperos Territorios del Noroeste. Después de un grave accidente de trineo, Luisa pasó su convalecencia en Europa, donde llegó a la conclusión de que su esposo la aburría mortalmente. Durante el resto de su prolongada y recuperada soltería, se consagró al arte y la educación.

Sobre todo Vicky y Beatriz llegaron a manifestar importantes cualidades intelectuales y artísticas. Vicky hablaba el francés y el alemán con fluidez cuando tenía seis años, y más tarde se destacó en diferentes disciplinas. Incluso después de casarse con el príncipe Federico Guillermo de Prusia y de convertirse en Princesa Coronada y luego en Emperatriz, persiguió sus intereses culturales y se convirtió en consumada pintora y escultora. Protectora de todas las causas liberales, se opuso a cualquier clase de autoritarismo, fundó escuelas para facilitar la educación superior de las mujeres y el entrenamiento de enfermeras. Vicky fue una hija sensible y abnegada y llegó a ser la madre de ocho hijos. Entre ella y su madre intercambiaron más de ocho mil cartas, una correspondencia que permitió conocer el verdadero carácter de su familia y su tiempo.

Con respecto a Beatriz, también brilló en los estudios y se distinguió como pianista y compositora; publicó varias obras con bastante elogio de la crítica. Pero su realización más perdurable fue el papel que representó como secretaria privada de su madre, una función que cumplió antes y después de su matrimonio con el príncipe Enrique de Battenberg y del nacimiento de sus cuatro hijos. Viuda a los treinta y ocho años, se consagró, después de la muerte de su madre, a la transcripción de los 111 volúmenes de los diarios de la Reina. Ella misma malogró su propio intento, pues Beatriz —más victoriana que Victoria— consideró que el lenguaje franco e incluso picante de su madre no era digno de una reina y suprimió lo que a su juicio eran comentarios inadecuados. Varias décadas después, la reina Isabel II muestra a los visitantes que llegan al Castillo de Windsor algunas páginas de los diarios expurgados y manifiesta su pesar personal porque Beatriz se tomó excesivas libertades con el estilo de Victoria, e incluso, en un exceso de celo, envió al fuego algunos originales.

El placer que los padres hallaban en la relación con las hijas se vio más que contrapesado con su decepción con el joven Príncipe de Gales. Un monarca reinante no había producido un heredero desde el primer hijo de Jorge III, ochenta años antes, y por lo tanto el nacimiento de Alberto Eduardo en 1841 indujo a muchos a abrigar cierta esperanza en la continuación de la monarquía, la institución a la cual Victoria y Alberto se habían dedicado con tanta firmeza. Pero esto representaba un optimismo inmoderado. A pesar de las ambiciones de los padres en relación con el futuro Rey y el intento de ambos de imponer un riguroso control disciplinario a la vida de Alberto Eduardo, el joven no atinó a desarrollarse intelectual y moralmente hasta alcanzar un nivel que, aunque fuese de manera remota, se ajustase a las normas de Alberto y Victoria.

Como a juicio de la Reina la aristocracia era una entidad terriblemente depravada, parecía inconcebible que Bertie asistiese a la escuela al igual que el hijo de cualquier caballero. Según ella razonaba, la fraternización igualitaria apartaría todavía más de su condición real a Bertie. Y por lo tanto se lo mantuvo en el hogar, con preceptores privados, donde sus lentas reacciones y su indiferencia recibían muy pocos correctivos, fuera de los ponderados sermones que su padre le propinaba con regularidad. A la edad de veinte años, Bertie era un muchacho simpático, desenvuelto, amable y atolondrado, que al parecer tenía pocas cualidades recomendables, excepto su linaje. A causa de su frivolidad, la Reina rehusaba confiarle responsabilidades cívicas, sociales o ceremoniales. Y, como no se le imponían deberes, a medida que pasaba el tiempo se mostraba cada vez más irresponsable.

Si Victoria y Alberto los hubiesen percibido, en verdad había signos de algunas cualidades reales en su hijo. Se desempeñó bastante bien durante los breves períodos de concurrencia a Oxford y Cambridge, si bien su padre le prohibió que residiese con otros estudiantes y encomendó a varios escuderos y servidores la tarea de impedir que incurriese en actos de mala conducta. Sólo cuando el Príncipe de Gales fue enviado en una visita real a Canadá y Estados Unidos, durante el verano y principios del otoño de 1860, Bertie tuvo cierto grado de libertad. Vio elevadores de granos en Chicago, realizó compras en una feria rural de San Luis y bailó hasta pasada la medianoche en una fiesta en Cincinnati.

Ese año la fotografía hacía furor en el mundo entero —la Reina Victoria había enviado un fotógrafo oficial con la misión de documentar la Guerra de Crimea en 1856— y no exageramos si decimos que el Príncipe de Gales se convirtió en la primera celebridad mundial precisamente a causa de los fotógrafos. En el mundo entero la gente supo cómo se desarrollaba el heredero al trono de Inglaterra, qué aspecto tenía a medida que pasaban los años, cómo vestía. La familia de Bertie posó inmóvil en las largas sesiones que entonces eran necesarias. Pero Victoria era por naturaleza tímida y evitaba la cámara cuando podía. Bertie no tenía ese género de reticencia. Durante su viaje por Estados Unidos se vio asediado por los fotógrafos, de modo que el periodismo pudo tener respuesta a los interrogantes formulados por la gente: ¿Cómo vestía? ¿Era apuesto? ¿Cuál era el estilo de sus cabellos? En Pittsburg y Baltimore caminó con los ciudadanos por las calles empedradas; los periódicos habían hecho su trabajo y la gente rodeaba a Bertie. Por primera vez se prestó cierta atención a su seguridad, y en Washington y, Nueva York, Bertie debió permanecer en los vehículos. Después que trescientas mil personas se reunieron para vivarlo y acompañarlo en Manhattan, necesitó varias horas para recorrer los pocos kilómetros que mediaban entre el muelle y el Hotel Quinta Avenida. Allí fue recibido con calidez por los políticos y el público; y las noticias acerca de este episodio complacieron a sus padres, hasta que Bertie volvió a Londres con un vestuario norteamericano un tanto heterogéneo y un puro norteamericano en la boca.

En enero de 1861 Bertie llegó a Cambridge, donde nada menos que Charles Kingsley, Profesor Regius de Historia Moderna, comprobó que el joven príncipe formulaba "preguntas muy inteligentes". El padre de Bertie lo envió ese verano a pasar diez semanas agregado a los Granaderos de la Guardia, cerca de Dublín. Allí el príncipe Alberto fijó a su hijo un imposible régimen de entrenamiento en el campo: ascender desde la condición de soldado raso un grado por semana, lo cual por supuesto excedía la capacidad de Bertie. De todos modos, consiguió estar a la altura de las exigencias de una actriz en ciernes y seguidora del campamento militar, llamada Nellie Clifden, una dama local de virtud fácil que estaba tan familiarizada con el cuartel que por mera rutina podía encontrar en la oscuridad el camino que llevaba a la cama de cada hombre. Las cartas de Alberto que exhortaban a Bertie a pensar en la perspectiva de desposar a una princesa del Continente fueron cortésmente ignoradas; el príncipe respondió que él se casaría sólo por amor. De todos modos, aceptó conocer a la princesa Alejandra, de origen danés, que entonces aún no tenía diecisiete años. Quizá porque Bertie estaba embobado con la áspera Nellie, no llegó a sentirse impresionado por una mujer asombrosamente bella como Alix (como la llamaban sus íntimos); en todo caso, regresó a Cambridge y de tanto en tanto se vio con Nellie en Londres.

Ese otoño de 1861, la noticia de la aventura del joven Príncipe no llegó a oídos de Victoria, pero sí a los de su padre, que por cierto se sintió ofendido y redactó una carta a Bertie. Alberto escribió que por chanza ya se denominaba Princesa de Gales a Nellie. Sin duda pronto estaría embarazada con el hijo de Bertie, y este sería convocado ante el tribunal para explicar "¡los repugnantes detalles de tu liviandad!". La cólera de Alberto estaba dirigida no sólo a lo que consideraba la inmoralidad de su hijo, sino también al posible daño que se infligiría a la monarquía en momentos en que los recuerdos de los hanoverianos todavía estaban vivos y las voces democráticas se escuchaban cada vez más estridentes en todo el país.

Alberto mismo estaba enfermo y agotado a causa del exceso de trabajo y una sucesión de preocupaciones tanto familiares como nacionales; había soportado considerables perturbaciones gástricas desde octubre de 1860 y el dolor abdominal lo había torturado hasta el extremo del colapso nervioso ese mes de diciembre. También estaba fatigado por la necesidad de luchar contra las acusaciones injustas formuladas contra él durante la Guerra de Crimea (específicamente, que había intentado influir en el Parlamento en favor de los rusos) y ahora tenía que afrontar una carga doble, pues Victoria había iniciado varios meses de duelo después de la muerte de su madre, en el mes de marzo.

Además, el agravamiento de la hemofilia del príncipe Leopoldo, que tenía ocho años, lo torturaba; sobre Europa se cernía la amenaza de guerra en varios ducados alemanes; la Guerra de Secesión norteamericana amenazaba comprometer a Gran Bretaña, cuyas fábricas textiles necesitaban el algodón sureño. Al mismo tiempo, Bertie ponía a prueba su paciencia, y a fines de noviembre el propio Alberto decidió visitar a su hijo, que había regresado a Cambridge, con la vana esperanza de poner fin a la conducta escandalosa del muchacho.

Alberto regresó al Castillo de Windsor temblando a causa de los escalofríos y la fiebre, incapaz de tomar alimento o agua. Lo que fue todavía más alarmante, hacia principios de diciembre su lucidez a menudo se vio afectada. Alicia, su amada hija de dieciocho años, lo atendía lo mejor posible; Alberto se paseaba por las habitaciones de Windsor, trasladándose de un dormitorio a otro, hablando irracionalmente con Victoria y después durmiendo, para despertar por fin y mostrarse absolutamente razonable y coherente. La alternación de los estados de ánimo, del optimismo luminoso a los comentarios sombríos acerca de la muerte, asustó a la Reina y a sus hijos.

Finalmente los médicos del Príncipe diagnosticaron fiebre tifoidea, la cual según dijeron muy pronto pasaría; pero el martes 10 de diciembre todos sabían que la situación era grave. (Después los historiadores sugirieron que la enfermedad terminal fue una úlcera perforada, o con más probabilidad un cáncer de estómago.)

Victoria estaba casi paralizada por el miedo, pero permaneció sentada con su marido y acunó la cabeza de Alberto sobre su hombro. El jueves doce, Alberto dijo que escuchaba el gorjeo de los pájaros en Rosenau, la residencia rural de su familia cerca de Coburgo; después preguntó a Victoria acerca de algunos primos a quienes no había visto durante años. Luego, mientras Alicia lo atendía, preguntó si Vicky, que estaba en Berlín con su propia nueva familia, sabía que él había enfermado.

—Sí —replicó Alicia—. Le dije que estabas muy enfermo.

—Debiste decirle que estoy muriendo. Sí, estoy muriendo.

Y así era. El viernes trece, convocado por Alicia, Bertie se reunió con la familia. "La respiración era lo que alarmaba —escribió Victoria—. Era tan rápida. En la cara y en las manos tenía lo que llaman un color ceniciento, y yo sabía que eso no era bueno." Hacia las cinco de la tarde se publicó un boletín destinado a un público que hasta ese momento nada sabía y se informó a la Reina que su Príncipe estaba decayendo con rapidez. Entre accesos de llanto histérico, Victoria se sentó tranquilamente sobre el borde de la cama de su marido. Pero toda la confusión mental de Alberto pareció desvanecerse cuando se debilitó. Besó a su esposa, le apretó la mano y murmuró varias veces: *"Gutes Fraüchen... Gutes Fraüchen...* Mi buena y pequeña esposa...".

El 14 de diciembre Bertie, Helena, Luisa y Arturo se reunieron en silencio alrededor del lecho de su padre. Su amada Vicky continuaba en Alemania, Alfredo estaba en el mar y Leopoldo atendía su propia salud en la Riviera, mientras Beatriz —que sólo tenía cuatro años— se mantenía a distancia. Cuando la Reina advirtió que la respiración de su esposo de nuevo era muy rápida —un jadeo breve y desesperado— se inclinó sobre él. *"Es ist Fraüchen.* Es tu querida esposa", y le pidió un beso. Cosa notable, él reaccionó, la besó y después cayó hacia atrás. Victoria dejó sollozando la habitación. Poco antes de las once, el príncipe de cuarenta y dos años exhaló el último suspiro, y Alicia, serenamente y sin hablar, fue a buscar a su madre.

—¡Oh, sí, esto es la muerte! —exclamó la Reina, y su voz se elevó en un terrible gemido, cuando entró en la habitación—. ¡Lo sé, lo he visto antes!

Se desplomó sobre el cuerpo sin vida de Alberto, mientras pronunciaba su nombre y sus sobrenombres en inglés y en alemán. Durante los meses siguientes la Reina casi enloqueció de dolor, y su familia y los ministros temieron que protagonizara un descenso permanente hacia la locura. Según se vio, esta actitud expresó un pesimismo injustificado. Pero es cierto que Victoria fue arrojada a una dolorosa viudez, de la cual nunca se recuperó del todo, y que inició un estado de reclusión que no superó durante años. Usó luto completo por el resto de su vida.

Capítulo Dos

Bertie

1861 a 1871

Nunca pude verlo sin estremecerme.
La reina Victoria, refiriéndose a su hijo mayor
Alberto Eduardo ("Bertie")

"Este príncipe alemán —escribió Benjamin Disraeli cuando Alberto murió— , gobernó a Inglaterra durante veintiún años con una sabiduría y una energía que ninguno de nuestros reyes demostró jamás."

Como lo reconoció la propia reina Victoria, el fallecimiento de su bienamado Alberto pareció señalar el comienzo de un nuevo reinado. Comenzaba una viudez que duraría cuarenta años, un duelo duradero en una perpetua penumbra, prácticamente un reino de las sombras sin el Consorte en quien ella tanto confiaba.

La Era Victoriana según la concebimos debe más a la influencia de Alberto que a la de su esposa, pues él fue quien dio el tono determinante de los últimos sesenta años del siglo. Alberto sabía que la supervivencia de la monarquía después de los hanoverianos dependía de la identificación con las virtudes burguesas. Su criterio político salvó de la impopularidad a Victoria, porque sofrenó su temperamento a menudo violento, demostró la prudencia del deber y el deber de ser prudente. Por cierto, las virtudes predominantes de todos los monarcas respetados a partir de Alberto —la sinceridad de Jorge V, el coraje de Jorge VI, la digna responsabilidad de Isabel II— demuestran que la pauta establecida por Alberto fue bien asimilada por sus descendientes.

La Reina rehusó inaugurar el Parlamento de 1862 a 1865, y en este último momento tanto la prensa como el público miraban con profunda hostilidad este obstinado aislamiento. "Los fieles súbditos de Su Majestad se sentirán muy complacidos de saber que Su Soberana se dispone a interrumpir su prolongada reclusión", escribió *The Times*, ansioso de creer en la verdad de un falso informe en el sentido de que la Reina se disponía a reingresar a la vida pública en 1864. "Antes de que pase mucho tiempo, la Corte entera se recuperará de su animación suspendida... No somos un pueblo que acepte muchas cosas por mera confianza o que atribuya carácter real a lo que no puede verse... Los que se aíslan del mundo y sus obligaciones deben cesar de saber e interesarse". Seis días después Su Majestad publicó su réplica: "La Reina aprecia profundamente el deseo de sus súbditos de verla, y todo lo que ella *pueda* hacer para satisfacerlos en este deseo fiel y afectuoso lo *hará*". Pero insistía en que se rehusaría a participar en ceremonias públicas impropias de una viuda; aun si se trataba de una viuda que ya llevaba dos años de duelo. Por lo tanto, no era mera broma cuando se informó que alguien había fijado un anuncio en las puertas exteriores del Palacio de Buckingham: ESTAS AMPLIAS INSTALACIONES SE VENDEN O SE ALQUILAN; EL ULTIMO OCUPANTE SE HA RETIRADO DE LOS NEGOCIOS.

Victoria en adelante evitó a Londres siempre que le fue posible y prefirió el aislamiento de Osborne House o los castillos de Balmoral y Windsor. De hecho, pasó a lo sumo una semana por año en Londres durante los quince años siguientes. Afirmó que la razón de su retraimiento era la ausencia de su "querido esposo, cuya presencia por sí misma parecía una columna de fuerza". En septiembre de 1865 la revista satírica *Punch* publicó una caricatura de la Reina como Hermione, en *Cuento de invierno* de Shakespeare, a quien Perdita "como Britania ruega que abandone su condición de roca". Hacia 1869 sus ministros comprendieron que los ocho años de virtual aislamiento estaban perjudicando la imagen de la monarquía.

Aunque la Reina en efecto apareció de tanto en tanto durante las décadas de los sesenta y setenta (generalmente para descubrir un monumento conmemorativo de su marido), pareció que había renunciado a su deber monárquico formal, y por lo tanto constitucional, y por lo mismo hubo reclamos repetidos que le proponían abdicar en favor del Príncipe de Gales; incluso se reclamó la abolición de una monarquía que no hacía nada y su reemplazo por una república. Su biógrafo oficial, sir Sidney Lee, dijo de su negativa a inaugurar de manera oficial el Parlamento la mayoría de los años antes de 1874 y permanentemente después de 1886: "Su desafío ante esta costumbre tendió a debilitar la apariencia de dominio sobre la fuerza central de gobierno".

La reclusión —que con el tiempo adquirió una fachada hasta cierto punto intencionadamente melodramática— a menudo fue sencillamente una pantalla del letargo. Su inactividad persistió a pesar de los repetidos ruegos de sus hijos y su tío Leopoldo, el rey de Bélgica, en el sentido de que "los ingleses son muy personales; para continuar amando a la gente necesitan verla, e incluso hasta cierto punto tocarla". El Príncipe de Gales también insistía en que ella cumpliese ciertas obligaciones ceremoniales; y el secretario del Príncipe observó que si la Reina podía bailar con sus hijos y con un selecto grupo de ministros desde las diez de la noche hasta las dos de la madrugada en una fiesta en Balmoral —lo que hizo todavía en 1863— podía encontrar tiempo para asistir de tanto en tanto a una reunión en el Palacio de Buckingham. Su hija mayor Vicky, que entonces era Princesa Coronada de Prusia, redactó una carta firmada por sus hermanos y sus hermanas, exhortando a "nuestra adorada Mamá y nuestra Soberana" a mostrarse atenta a las amenazas a la monarquía misma que su aparente inactividad provocaba. Pero después les acometió una renuencia colectiva, y la nota nunca fue enviada.

En todo caso, la carta habría sido ineficaz. En su condición de dama que no tenía esposo, insistía Victoria, no podía pretenderse que agasajara a dignatarios extranjeros o afrontase compromisos formales. Pero, al adoptar esta posición, al parecer ella había decidido ignorar su vida como Reina antes de casarse con Alberto, es decir un período en que por cierto se mostraba activa tanto oficial como socialmente.

En otras palabras, había una actitud neuróticamente selectiva y obstinada en su retraimiento. El propio Alberto, que había ordenado construir el agregado arquitectónico del balcón ceremonial en el Palacio de Buckingham, se habría sentido abrumado ante la idea de que Victoria honraba su memoria aislándose en una suerte de duelo perpetuo. El fue quien prácticamente afirmó el concepto de una soberana que estaba por encima de la política partidista, una monarca que debía representar a todo el pueblo y utilizar la pompa como símbolo pertinente.

Pero sus lutos de viuda y su desaparición del ceremonial público y la vida social no expresaban indiferencia ante la vida del Imperio, ni podía afirmarse que sus actividades se limitaban a las salidas en familia, las bodas, los funerales, las excursiones al campo y los bautizos. Nunca eludió sus deberes rutinarios o las cuestiones sociales y políticas que reclamaban su consejo. Ciertamente, sus ministros estaban bombardeados por cartas de la Reina orientadas a impedir la intervención británica en el conflicto germanodanés acerca del futuro de Schleswig-Holstein. Escribía a los directores de las obras públicas recordándoles cuáles eran sus obligaciones; se mantenía en comunicación constante con el Foreign Office y examinaba todas las cajas con despachos, para estudiar los informes ministeriales y los comunicados acerca de los debates parlamentarios. En muchas ocasiones, leía, firmaba y comentaba hasta trescientos documentos. Su objetivo, según afirmaba, era "atenerse al plan del Príncipe, que era negarse a *firmar algo* hasta que hubiese leído y escrito anotaciones acerca de lo que había firmado".

Además, Victoria insistió en su derecho constitucional de que se la consultase con respecto a todas las cuestiones y designaciones diplomáticas, políticas y eclesiásticas importantes, e incluso triviales. Durante la crisis de 1877, cuando Rusia declaró la guerra al Imperio Otomano, asedió al Departamento de Guerra con diecisiete notas y telegramas en un solo día. En su viudez, la reina Victoria consideraba las responsabilidades políticas como cosas mucho más importantes que las ceremonias.

Cuando se trataba de sus primeros ministros, la Reina por cierto abusaba de sus derechos constitucionales. Molestó muchísimo al primer ministro William Gladstone, que ocupó su cargo cuatro períodos en el curso de quince años y cuya política afectaba a Victoria; la misma incluía la ampliación del derecho del voto y la autonomía irlandesa. Victoria consideraba que la actitud de Gladstone era condescendiente, y trató de evitar que fuese el encargado de formar gobierno. "La Reina no tiene el menor interés —afirmó alegremente— y más bien desea que se sepa que alienta en ella la mayor renuncia posibles a tomar [en serio] a este anciano medio loco y en muchos aspectos realmente ridículo." Cuando Gladstone llegó a su último período, en 1892, Victoria se mostró incluso más franca y escribió a su secretaria privada que "la idea de un hombre aturdido y nervioso de ochenta y dos años tratando de gobernar Inglaterra y su vasto Imperio con los miserables demócratas que lo secundan es bastante ridícula. ¡Parece una broma de mal gusto!".

Pero los políticos no se sentían muy complacidos con esta actitud; tampoco les agradó el episodio en que ella se desentendió del consejo de su primer ministro, y en 1868 eligió su propio candidato como nuevo arzobispo de Canterbury; o cuando ignoró al Departamento de Guerra y escribió directamente a los generales en 1885; y cuando, en 1894, desafió el consejo del Partido Liberal, que entonces era mayoría en los Comunes, y designó a lord Rosebery primer ministro, porque era "la única persona del gobierno a quien considero apropiada para el cargo."

Esto era peor que descortés; era una franca transgresión de las limitaciones constitucionales impuestas a la Soberana, y lo mismo podía decirse de su costumbre de informar en privado de las intenciones de Gladstone al líder de la oposición. Victoria escribía a sus primeros ministros acerca de todo lo que le desagradaba e insistía en que se demorasen los actos administrativos con el fin de que se pusiese consultarla. "En las cosas de la guerra y la diplomacia —ha observado un erudito—, ella creía que sus ministros eran los aficionados y ella misma era la profesional."

Tampoco cabe afirmar que la Reina estuviese por encima de utilizar la amenaza de abdicación para lograr que se oyese su voz. En 1877 Disraeli abrigó la esperanza de negociar un arreglo diplomático del conflicto entre Rusia y Turquía. Como se había mostrado violentamente antirrusa desde la Guerra de Crimea, veinte años antes, Victoria no estaba dispuesta (escribió a Disraeli) a "besar los pies de Rusia [ni] a participar en la humillación de Inglaterra... y prefería renunciar a su corona".

Cuando uno juzga que esos gestos son peligrosamente inconstitucionales, debe tener presente que en Gran Bretaña rige una constitución no escrita; ella está basada más en el precedente y la costumbre que en una manifestación codificada. La estructuración estándar de esa constitución basada en la tradición y del lugar en que residen los centros de poder reales y formales continúa siendo la obra de 1867 titulada *The English Constitution* [La Constitución Inglesa], escrita por un contemporáneo de Victoria, es decir Walter Bagehot, autor versátil y publicista que dominaba con fluidez la sociología, la economía y la banca.

Como explicó Bagehot, el monarca británico tiene tres derechos esenciales: el derecho de ser consultado, el de alentar y el de advertir. Si bien el monarca ya no dirige ejércitos ni preside Consejos de Estado, todavía continúa siendo un componente "dignificado" de gran importancia en el gobierno nacional, y esta dignidad origina y preserva la "reverencia de la población". El desempeño de la Reina como figura dignificada tenía un valor incalculable, insistía Bagehot, dado que en ella se concentraba la lealtad nacional y la obediencia, y el gobierno se veía fortalecido por la fuerza de la religión que respaldaba a la soberana. Más aún, su existencia aparta al primer ministro de la brillante función social que en otras condiciones podría amenazar su cargo, al convertirlo en una entidad tentadora para los advenedizos y los cortesanos. Como cabeza de la sociedad, el monarca —sobre todo en el caso de Victoria, insistía Bagehot— es el prototipo de la moral y representa lo que tienen de "místicos los reclamos [del gobierno], lo que se oculta en su modo de acción; lo que brilla a la vista". Por consiguiente, la ceremonia era importante, porque "la atención nacional se concentra en una persona que ejecuta actos interesantes". Lo que es incluso más significativo; la monarquía es también una suerte de disfraz. Gracias a su estabilidad, los auténticos gobernantes pueden cambiar sin que exista trastorno público.

Inspirándose en el ejemplo de Victoria y Alberto y sus hijos, Bagehot observaba que "una familia en el trono es también una idea interesante. Rebaja el orgullo de la soberanía al nivel de la vida común... Un matrimonio principesco es la formulación brillante de un hecho universal, y como tal atrae a la humanidad... Una familia real suaviza la política gracias al agregado oportuno de hechos gratos y simpáticos".

Pero, sobre todo, escribió Bagehot, "es necesario reverenciar a nuestra realeza, y si uno empieza a escarbar en ella no puede reverenciarla. Si existe un Comité Selecto sobre la Reina, el encanto de la realeza desaparecerá. Su vida depende de su misterio. No debemos permitir que la luz del día se vierta sobre su magia".

La consagración de Bagehot al ideal de la monarquía no lo cegaba a los peligros del aislamiento autoimpuesto de Victoria. "La Reina ha perjudicado casi tanto la popularidad de la monarquía con su prolongado apartamiento de la vida pública como lo hizo el más indigno de sus predecesores con su disipación y su frivolidad". Al público le importaba poco que ella pudiera ser esforzada y laboriosa y leyese todos los documentos públicos, entregados en las famosas cajas rojas; la gente buscaba la grandeza ceremonial de un soberano visible.

La sociedad se transformó mucho durante el reinado de sesenta y cuatro años de Victoria, y aunque ella ejerció escaso poder real, excepto en la elección a menudo *pro forma* de los miembros del Gabinete, por consejo de los primeros ministros, de todos modos influyó en la política pública. Por ejemplo, la Reina se sentía abrumada por las condiciones de vida de los pobres siempre que recorría lugares y se quejaba de esas situaciones a todos los que quisieran escucharla. Asimismo apoyó con energía la Ley de Minas de 1842, que prohibía el trabajo de mujeres y niños en las galerías, y desde ese momento siempre había manifestado de manera rotunda su apoyo a las diferentes leyes obreras que proscribían las jornadas de trabajo superiores a diez horas. En 1867 los trabajadores urbanos adquirieron el derecho de voto. Tres años después, los exámenes selectivos se convirtieron en la norma de ingreso en el servicio civil y se extendieron a todos los beneficios de la educación primaria gratuita. Victoria también consideraba con orgullo algunas causas favoritas, como por ejemplo la inauguración de las bibliotecas públicas gratuitas; en 1871 Oxford y Cambridge abrieron sus puertas a todos, al margen de sus creencias religiosas (hasta ese momento estaban limitadas a los miembros de la Iglesia Oficial).

Pero el primer ministro Benjamín Disraeli fue quien logró inducir a la soberana a regresar a la vida activa. Repitiendo una frase cómica de *Como gustéis*, el Primer Ministro observó que, "cuando se trata de la realeza, uno debe servir [la lisonja] a paladas". Realizó esta construcción psicológica con mucha habilidad, formando la argamasa con partes iguales de críticas y simpatía; mientras la convencía de que era tan poderosa como siempre, Disraeli eliminaba los últimos rastros de ese poder. Con brillante inteligencia, convirtió a una viuda recluida en un icono venerado, y pocos parecieron advertir la paradoja de una Reina-Emperatriz sólidamente burguesa.

El principal momento del retorno de Victoria al mundo fue sin duda su aceptación de su designación como Emperatriz de India en 1876 por el gobierno de Disraeli; después, se mostró mucho más asequible a la actividad pública que lo que sucedió en cualquier momento desde 1861. Disraeli no ideó este nuevo título porque él fuese un realista devoto; transformó a la Reina en símbolo del Imperio con el fin de que la gente se mostrase fiel a la Corona y no se ocupase de las tareas del gobierno. En otras palabras, la fidelidad al Soberano originó otra clase de elitismo. Recuperada del retiro por Disraeli, la reina Victoria se convirtió en la expresión viviente de la probidad personal y la grandeza imperial. Pero la devoción a una personalidad idealizada podía sobrevenir sólo cuando era evidente que la monarquía no representaba ningún papel en el gobierno, y sin embargo merecía cierto respeto personal. Esa fue la doble realización del Primer Ministro favorito de la Soberana.

El carácter personal y público de un monarca puede ser visualizado como la encarnación de las cualidades más veneradas en una sociedad dada. En el siglo XVI, el absolutismo de los Tudor enriqueció a la burguesía en ascenso, pero durante los dos siglos que siguieron se necesitó una monarquía constitucional para acabar con el conflicto religioso y consolidar la influencia cada vez más amplia de la riqueza comercial. Pero, en el siglo XIX, la autoridad real se vio al fin y definitivamente contrapesada por el ideal democrático; una realidad que ciertamente se vio favorecida por la impopularidad de los hanoverianos Jorge y Guillermo IV.

Por la época del fallecimiento de Victoria, el Imperio Británico tenía doble extensión que la que representaba en el momento en que ella ascendió al trono, e incluía el veintitrés por ciento de la superficie terrestre y el veinte por ciento de la población mundial. En la metrópoli se asistía a un sorprendente proceso de urbanización: en 1837 había cinco ciudades británicas con más de cien mil habitantes; en 1891 eran más de veintitrés. Y, al margen de una participación de tres años en la Guerra de Crimea, Inglaterra no intervino en ningún conflicto europeo importante desde 1815 hasta la Gran Guerra de 1914.

El imperialismo era el credo dominante y la meta de la nación y determinaba que el aspecto místico de la monarquía fuese incluso más importante. Victoria creía en él con todo su corazón, y hubo una analogía estrecha entre el ascenso del Imperio y la renovada popularidad de la Reina. Después de todo, la corona era un símbolo y descansaba sobre la cabeza de Victoria. Por consiguiente, se asistió a la paradoja de que hacia el fin de su reinado el poder real de la Soberana hubiese disminuido, mientras crecía su prestigio. Su actitud de abuela, su sentido del deber y la moral, las normas de virtud que ella representaba frente a otros, todos estos rasgos eran impresionantes sólo porque ante todo ella misma los vivía. Por lo tanto, conquistó la fidelidad de la burguesía e impidió que derivase hacia el republicanismo, como estaba sucediendo en otros lugares de Europa.

Pero estaríamos embelleciendo el panorama victoriano si atribuyésemos a la Reina la comprensión de las sutilezas constitucionales. Sucedía no sólo que manifestaba de buena gana su voluntad; además, en general se mostraba pasiva en referencia a los cambios que sobrevenían, pues carecía de la fibra intelectual o de la paciencia necesarias para entenderlas. Gracias a Alberto, las prerrogativas de la Corona habían aumentado entre 1840 y 1861; pero, después de la muerte del Príncipe Consorte, dichas atribuciones fueron rigurosamente supervisadas, como resultado de una severa vigilancia constitucional ejercida por los primeros ministros Disraeli, Gladstone y Salisbury.

Quizá el principal error de juicio de la reina Victoria, después de la muerte de su marido, se relacionó con su hijo mayor Bertie, Alberto Eduardo, Príncipe de Gales y heredero del trono. A causa de su convicción de que este Príncipe *playboy* era incapaz de alcanzar resultados serios en beneficio de la Corona y el país, Victoria se negó a compartir con él las responsabilidades reales, con la única excepción de algunas obligaciones ceremoniales y oficiales; nunca tuvo acceso a las cajas de los despachos o a los documentos, y mucho menos fue invitado a las audiencias ceremoniales. "Su Majestad —escribió Victoria al secretario de Interior,

> cree que sería muy inconveniente convertir al heredero de la Corona en Su representante general, y sobre todo mostrarlo con excesiva frecuencia al pueblo. Esta práctica situaría innecesariamente al Príncipe de Gales en la posición de competir, por así decirlo, en popularidad con la Reina. Nada... debe ser evitado con más cuidado.

Pero al proceder de ese modo, la Reina no permitía que su heredero adquiriese una preparación eficaz para la tarea que un día tendría que afrontar. Parte del motivo de su intransigencia era un resentimiento irracional, pues, cuando al fin se enteró de las actitudes licenciosas de Bertie, le imputó la responsabilidad directa de la muerte de su padre. Razonaba que, si esa conducta inmoral no hubiese requerido la presencia de Alberto en Cambridge, el Príncipe Consorte jamás habría enfermado y fallecido. Parece que esta reflexión fue poco más que la confirmación adicional de una antigua actitud de desconfianza frente a su hijo y del rechazo de la vida que él llevaba; en todo caso, por cierto la actitud era injusta y poco contribuyó a acortar la distancia que separaba a la madre del hijo y que había venido ampliándose desde la niñez. "Nunca puedo mirarlo, nunca lo miraré sin estremecerme", dijo Victoria. En ocasiones había encuentros agradables, pero cada uno siempre estaba en guardia en presencia del otro. Y, como ella prácticamente excluyó de su vida real a Bertie, este tuvo que encontrar una ocupación en la cual emplear su tiempo y una válvula de escape para dar salida a sus energías, con lo cual el Príncipe de Gales se convirtió precisamente en lo que ella temía, es decir un libertino, y su entrada desembozada en una vida consagrada al placer determinó que se mostrase aún más cauteloso en presencia de su madre.

Con su profundo respeto a su propia jerarquía, la reina Victoria por supuesto inspiraba cierto temor reverencial. Por otra parte, por naturaleza se mostraba tímida frente a otros; "infantilmente tímida", de acuerdo con la versión de una persona que a través de su casamiento se unió a la familia. En el curso de la conversación, la Reina tenía la costumbre de expresar vacilación encogiéndose de hombros y sonriendo con nerviosismo, lo cual revelaba las encías prominentes y los dientes pequeños. Excepto su cintura, todo en ella recordaba a una muñeca: era baja y regordeta, usaba vestidos de seda negra y se cubría con un gorro de encaje los cabellos canosos. Reunía una imponente dignidad y cierta sencillez doméstica. Cuando aumentó de peso, en la cincuentena y más tarde, Victoria llegó a parecerse a un ratón de campo un tanto obeso; pero esta figura ocultaba una benevolencia y una bondad auténticas que a medida que ella envejecía fueron cada vez más evidentes para su familia, especialmente para los nietos, a quienes adoraba.

La familia creció de prisa. Poco, más de un año después de la muerte de Alberto, se celebró el matrimonio previamente arreglado entre Bertie y la princesa Alejandra, hija del futuro Rey de Dinamarca y una mujer que tenía parientes reales en Europa entera; un hecho que a juicio de Victoria la convertía en la esposa ideal en vista de la futura expansión del Imperio.

Pero el Príncipe de Gales no se mostraba por completo indiferente. Ahora que la relación con Nellie Clifden era cosa del pasado, advirtió la belleza y el encanto de Alejandra. No mucho después de conocerse, lo que ocurrió en 1862, Bertie, alentado por su madre y los ministros de la Reina, propuso el matrimonio de modo debido.

Alejandra era no sólo una de las jóvenes europeas elegibles; también era una mujer de dieciocho años dotada de calidez y modestia considerables. Educada en circunstancias agradables pero un tanto duras, era una joven cuyos modales cultos atraían a Bertie. Elegante, compasiva e interesada en los pobres y el alivio del sufrimiento, Alejandra seducía a todas las personas que la conocían. Alta y esbelta, con los cabellos castaños, la piel marfileña y los ojos azules que parecían tornarse violetas al anochecer y a la luz de las velas, conservaba una irradiación y una dignidad permanentes hasta pasados los setenta años.

Bertie y Alejandra, de veintiún y dieciocho años, contrajeron matrimonio en la Capilla de San Jorge en Windsor, el 10 de marzo de 1863, hecho que fue celebrado por el Poeta Laureado Alfredo, lord Tennyson:

¡Alejandra, la hija del Rey del Mar venida de allende
\los mares!
Sajones y normandos y daneses estamos aquí,
¡Pero todos somos daneses cuando venimos a darte la
\bienvenida, Alejandra!

Jenny Lind, la famosa soprano llamada el "Ruiseñor sueco", cantó en la boda. Su interpretación del coral del finado príncipe Alberto, titulado *Este día, alegre es el corazón y la voz*, se vio interrumpido sólo por un gemido momentáneo de Guillermo, el ingobernable hijo de Vicky, un pequeño que entonces tenía sólo cuatro años. Cuando sus tíos le impidieron hacer más ruido, el niño los mordió en las piernas, arrojó al coro una joya que había hurtado y en general fue una verdadera molestia. Varias décadas después, cuando ya era el Káiser alemán, Guillermo provocaría aún más ansiedad a su tío Bertie.

Alejandra quedó embarazada antes de que se cumpliese un mes de matrimonio, y, en medio de su prolongado duelo, la Reina abrigó la esperanza de que los hijos representarían el fin de la juventud disipada de Bertie y el comienzo de una vida doméstica serena y estable. Las cosas no seguirían ese rumbo.

Después que los recién casados se mudaron a Marlborough House, Pall Mall, Londres, la residencia que había sido refaccionada, el primer hijo nació prematuramente el 8 de enero de 1864, y (por insistencia de Victoria) fue bautizado, lo mismo que su padre, con los nombres del abuelo. Segundo en la línea de sucesión, el príncipe Alberto Víctor Cristián Eduardo (en el hogar se le aplicaba el sobrenombre de Eddy) pesaba un kilogramo y medio y se mostraba enfermizo y apático incluso después de varios meses; la reina Victoria, partidaria tan fervorosa del matrimonio, comenzó a preguntarse si había elegido bien a la nuera. Si antes había pensado que Alejandra era "un alma apreciada, excelente y lúcida", ahora la Reina a veces vacilaba y se preguntaba si ella "valdría el precio que pagamos". Entretanto, al margen de su nueva paternidad, Bertie reanudó la vida turbulenta del *playboy*, dedicado al juego, a las cenas avanzada la noche, a las reuniones heterogéneas e infinitas, y a las travesuras con amantes en Inglaterra y el Continente, adonde viajaba con frecuencia, quizá tanto para desafiar a su madre como para buscar su propio placer. "Ciertamente han llegado a nuestros oídos lamentables historias de escándalos de personajes encumbrados —escribió la Reina a su hijo—, lo cual por cierto nos parece muy deplorable, y sobre todo por el modo en que (para usar un proverbio vulgar) 'lavan su ropa sucia en público'." Pero la Londres victoriana necesitaba una figura conspicua en la vida disipada, y no había mejor candidato que el Príncipe de Gales.

Durante un tiempo, Alix intentó con desesperación mantenerse en el torbellino de actividades sociales de su esposo. Al principio pareció que formaban una pareja armónica; a ninguno de los dos les interesaba nada que tuviese ni siquiera de manera remota elementos de altanería: preferían de lejos el vestuario y el entretenimiento a la cultura y la estética. Pero mientras a Bertie le encantaba jaranear todas las noches hasta el alba, Alix vivía para la calidez y la seguridad del hogar y los niños. Cada vez más intemperante y corpulento, él era un hombre alegre y disipado, un picaflor infatigable; ella era virtuosa y abstemia, un alma sencilla y franca. "A menudo pienso que su vida no es fácil —observó con razón la reina Victoria—, pero siente mucho afecto por Bertie... ¡aunque no está ciega!"

Por cierto, Alix estaba completamente al tanto de la inconducta de su marido, pero continuaba siendo una figura doliente, paciente y concienzuda. También era una persona indefinida y dispersa, ajena al mundo y muy desorganizada; sin duda, pecados veniales, pero de todos modos irritantes. Era una mujer espontánea, elegante, capaz de mostrar empatía y abnegada; pero, para un hombre activo como Bertie, que conocía sus propias deficiencias de educación y apreciaba la compañía de las personas inteligentes, sin duda era muy irritante compartir la vida con Alejandra. La idea que ella alentaba de una velada entretenida era una sucesión de juegos de salón en casa, pasatiempos que a él le parecían mucho menos excitantes que las noches tan costosas en los clubes Midnight, Garrick y Savage. A menudo Bertie escapaba a París para gozar de una semana de libertad. Como pareja, representaban todo lo contrario de lo que habían sido Victoria y Alberto.

A pesar de sus diferencias y la infidelidad de Bertie, este y Alix se profesaban profundo afecto y siempre se mostraban respetuosos uno frente al otro. Si el divorcio hubiese sido una alternativa para ellos (algo inconcebible en el caso de las figuras reales y bastante desusado en la sociedad culta), por cierto no habrían seguido ese camino.

Con respecto a la opinión pública acerca del Príncipe de Gales, la prensa tenía una actitud extrañamente variable. A veces se criticaba a Bertie, por entender que era un hombre carente de valor, un irresponsable (por supuesto, no se mencionaba su nombre, pero se hablaba de uno de "los de la Corte"); otras veces, se lo miraba con afecto precisamente porque todo esto constituía una sucesión de debilidades demasiado humanas. En todo caso, durante la década de los sesenta se consideró que su figura en general carecía de importancia; la marcha del progreso podía continuar desarrollándose sin su presencia.

Pero Victoria estableció un precedente. En 1864 designó al primer secretario de la Prensa Real, un hombre con dedicación plena y sueldo. Thomas Septimus Beard, de treinta y siete años, nieto de Joseph Doan (Cronista de la Corte del desventurado Jorge III), a partir de ese momento debía asistir a la reina Victoria siempre que ella estuviese en Londres, y, bajo la orientación de la Soberana, debía entregar reseñas aprobadas acerca de los temas reales, las que debían llegar a manos de los directores de los nueve periódicos principales de la ciudad. Con la designación de Beard comenzó la tradición que a fines del siglo xx ha culminado en la Oficina del Secretario de Prensa de Su Majestad la Reina; un equipo a quien se encarga la delicada tarea de representar la imagen real ante una prensa que tiene un apetito cada vez más insaciable por el más minúsculo mendrugo de noticias reales, y sobre todo de escándalos regios.

Bertie no fue la única ocasión en que se utilizaron las cualidades de Beard.

Había rumores de incorrección relacionados con la propia Victoria y, aunque nunca se los fundamentó, al parecer ella creyó que podían perjudicarla. Las murmuraciones se relacionaban con el servidor favorito de Victoria, el escocés John Brown, que había servido a Victoria y Alberto ya desde 1849. Siete años más joven que la Reina, comenzó cumpliendo la función de *"gillie"*, o guía de cazadores, cuando la pareja real visitaba la región montañosa de Escocia; hacia 1859 Brown era, a juicio de Victoria, "realmente un servidor perfecto". Apuesto y franco, ocupó un lugar especial en el afecto de la soberana después de la muerte de su esposo; una posición tan conocida por todos que durante un tiempo se creyó que la Reina había sido la amante de este hombre, o incluso que se habían casado en secreto; a menudo se la denominaba "la señora Brown".

Los que conocían mejor la intimidad del palacio sabían a qué atenerse. Sir Henry Ponsonby, secretario privado de Victoria, comprendía el valor de Brown y sabía por qué la Reina toleraba sus modales desusadamente bruscos y confianzudos: Brown era un servidor excelente, y su negativa a someterse al protocolo era un contrapunto refrescante al estiramiento y el respeto reverencial que impedían que la Reina mantuviese con otro varón una amistad estrecha. En una visión retrospectiva, la cálida adhesión de Victoria a Brown —y la de este a la soberana— sugieren que pueden haber estado enamorados, pero no hay un átomo de evidencia en el sentido de que alguna vez fuesen amantes. Cualquier expresión de intimidad, más allá de palabras o gestos sin carga erótica, habría sido totalmente inadmisible para ambos. Ponsonby escribió a su hermano Arthur que todos los que estaban cerca de la Reina sabían que Brown era "ciertamente un favorito —pero es sólo un servidor, y nada más— y lo que imagino que ha comenzado como una broma acerca de su servicio constante se ha deformado y se ha convertido en la calumnia de que la Reina se ha casado con él".

En realidad, Brown gozaba de un acceso directo sin precedentes a la Reina, lo que le permitía entrar en las habitaciones de la Soberana sin llamar, dirigirse a ella como *"wumman"* (mujer) con su acento estropajoso, y cuando ella le preguntaba si creía que estaba más obesa, decir sin rodeos: "Bien, creo que sí". Sus exhortaciones a Victoria con el fin de que permaneciera quieta mientras él le acomodaba la alfombra del carruaje o le ajustaba la cofia parecían signos seguros de familiaridad. "Vamos, mujer —le dijo en voz alta un día después de tocarle el mentón con un alfiler de sombrero—, ¿no puede mantener alta la cabeza?"

Su sinceridad y su franqueza abarcaban también a los hijos de Victoria y a los ministros. "¡No verá a su madre real hasta las cinco de la tarde!", gritó al Príncipe de Gales, que llegaba una hora antes con la intención de hacer una visita. Esa actitud era tan típica como su observación al general Henry Gardiner, que llegaba porque se le había concedido una entrevista y mientras caminaba hacia las habitaciones de la Reina preguntó cómo estaba la soberana y qué decía. "Bien —replicó Brown airosamente—, acaba de decir: 'Aquí está ese condenado Gardiner, y ahora meterá la nariz en todas partes'." Las demás personas, después de todo —incluso su propia familia—, trataban a Victoria como la Reina. Brown conquistó el afecto de Victoria porque sólo él (después de Alberto) la consideraba una *"wumman"*.

Brown también bebía mucho, y en definitiva su muerte se vio apresurada por una vida entera de consumo excesivo de alcohol. Pero incluso esta costumbre no irritaba a Victoria, pues Brown trabajaba largas horas a su servicio sin quejarse y a juicio de la Reina sin equivocarse, y mucho menos avergonzarla. Después de salir de las habitaciones de Victoria podía quedar tendido completamente borracho en un corredor del palacio, pero la Reina obviaba el informe correspondiente con su mano regordeta, pues John Brown estaba más allá de las críticas. En realidad, con él la Reina se consideraba libre para satisfacer su propia y ocasional afición a un trago al·final de la tarde, pues detestaba tanto el sabor como el rito ubicuo del té. Cierta vez, en que ella estaba resfriada y bebió una taza de té que Brown le había preparado, felicitó al servidor: era el mejor brebaje que ella había gustado jamás. "Bien, señora, así debe ser —replicó Brown, con voz neutra—. Le agregué un buen chorro de whisky."

Cuatro años después de la muerte de Alberto, la Reina trajo de Escocia a Brown con el propósito de que fuese su asistente personal en Londres, Windsor y Osborne, gesto que provocó los irritados celos de los cortesanos y de su familia. La familiaridad que Brown demostraba fue mal interpretada, y su proximidad constante poco apreciada, incluso cuando Brown intervino valerosamente para salvar a Victoria de varios intentos de asesinato. Así, es muy posible que la Reina pensara que, además de organizar los informes entregados a la prensa y referidos a Bertie, Septimus Beard sería útil suavizando la información acerca de Brown. Permaneció cerca de Victoria —en efecto, fue su amigo más íntimo— hasta su fallecimiento, que sobrevino dieciocho años antes que el de Victoria.

El segundo hijo de Bertie y Alejandra, bautizado con los nombres de Jorge Federico Ernesto Alberto, nació el 3 de junio de 1865. A su debido tiempo sería el Duque de York y el rey Jorge V. Desde el comienzo fue un individuo más sano y más despierto que su hermano mayor, el indiferente y neurasténico Eddy. Cuando los jovencitos se acercaron a la adolescencia, llegaron a ser buenos amigos. Georgie asumió el papel de jefe protector y dio un buen ejemplo de presteza y obediencia. Eddy ocupaba el segundo lugar en la línea sucesoria, después de su padre, pero nadie deseaba aludir a esta eventualidad cuando contemplaba los ojos vacíos de un muchacho que estaba creciendo pero no madurando; que miraba fijo, pero al parecer no veía; que se interesaba únicamente en él mismo (y que desde la adolescencia manifestó un interés casi devorador por el sexo), y que carecía por completo de personalidad. Por lo que se refiere a Georgie, su niñez apenas atrajo la atención pública.

Pero, aunque muchas personas compadecían a Alix y admiraban su paciencia, la familia que ella dirigía en general era considerada un grupo *infra dignitatem;* y ahora ya se hablaba tanto de su marido hedonista que los comentarios bien podían manchar a toda la Familia Real. Bertie parecía el príncipe inútil de una madre lejana.

La murmuración no se vio contenida por las circunstancias que rodearon un proceso trágico, poco antes de que Alix diese a luz a su tercer hijo, la princesa Luisa, el 20 de febrero de 1867. Confinada las últimas seis semanas con un grave ataque de fiebre reumática, Alix dio a luz a una hija sana pero no contó con el confortamiento de su marido, que ese día asistía a las Carreras de Windsor. La fiebre dejó a Alix con una cojera permanente y exacerbó su otoesclerosis congénita (pero hasta ese momento latente) una enfermedad progresiva del oído que en ese momento no tenía tratamiento y que pronto derivó en sordera total. Esta condición, que se agravó con rapidez, la aisló todavía más de la compañía de su marido y el círculo social de Bertie y la llevó a depender cada vez más, en sustitución, del amor que recibía de sus hijos y que a ellos les profesaba.

Como sucede con todas estas relaciones por defecto, su consagración, pese a toda su hondura y su sinceridad, no careció de problemas. Cuando Alix escribía a Jorge y terminaba la carta "con un beso muy grande en tu hermosa carita", él era un hombre de veinticinco años, barbado, comandante de una cañonera y perfectamente acostumbrado a otras atenciones femeninas. Aun así, enviaba sus respuestas, como siempre, a su "querida y tierna y amada madrecita", y firmaba la misiva diciendo "tu amante Jorgito". Quizá ninguna de las misivas que sobrevivieron a la era victoriana exhibió mayor abundancia de expresiones afectuosas. Y tal vez pueda afirmarse también que la bondad esencial de Alix y la áspera vida naval que permitía llevar a Jorgito impidió que la relación determinase entre ellos vínculos peligrosamente neuróticos.

La hija que siguió, la princesa Victoria (nacida el 6 de julio de 1868), permaneció en el hogar tanto tiempo, en el papel de confidenta, acompañanta y secretaria de su madre, que nunca realizó la experiencia del toma y daca normal de la vida social. Era una joven poco agraciada de gruesos párpados y dientes muy espaciados; se veía reprimida socialmente por su madre, que sin quererlo ahogaba a la niña y estorbaba los progresos de los pretendientes. Incluso después de la muerte de Alix, "Toria" estaba tan abroquelada en sus costumbres que permaneció soltera, muy apreciada por su hermano Jorge y sus sobrinos y sobrinas, pero solitaria y recluida tras los muros emocionales que ella no había levantado. Su hermana Maud, un año más joven, tuvo mejor suerte; su matrimonio la convirtió en Reina de Noruega. El último de los seis hijos de los Príncipes de Gales, el príncipe Alejandro, falleció al día siguiente de su nacimiento, en 1871.

Entretanto el padre de Georgie continuaba siendo la comidilla de la ciudad. Ahora era un hombre muy obeso aunque meticuloso en los detalles de su guardarropa, y contaba con la ayuda de su sastre, que disimulaba con elegancia su obesidad. Muy quisquilloso en relación con los más mínimos elementos del lujo y la elegancia, Bertie popularizó una serie de innovaciones sastreriles: el sombrero flexible, la chaqueta Norfolk, la chaqueta negra de etiqueta y la práctica de dejar desabrochado el último botón del chaleco; esto último se trataba más de una concesión a su corpulencia que a las normas de la elegancia.

Con la adquisición de Sandringham House en Norfolk, los Príncipes de Gales contaron con una residencia más privada que Marlborough House. Antes había sido una mansión rural fea y descuidada, adquirida a bajo precio por el príncipe Alberto no mucho antes de su fallecimiento. Estaba situada en medio de terrenos de caza notablemente fecundos, y poco después Bertie amplió con entusiasmo la propiedad y supervisó la reconstrucción integral de la casa. De todos modos, continuó siendo un lugar sombrío y severo, caracterizado por la abundancia de rincones oscuros, sobrecargado de vigas imitación Tudor, maderas de roble ahumadas y vidrieras emplomadas, rodeado por espesa vegetación, y salpicado por estatuas abandonadas y jardines de diseño escasamente imaginativo.

Por mucho que Bertie amase a Sandringham, ningún sitio podía retenerlo mucho tiempo. Su programa anual lo llevaba a Sandringham para practicar deportes en Navidad y durante todo el mes de enero, pero en marzo viajaba a París y las capitales europeas, volvía a Londres en junio y presenciaba las carreras en Goodwood y la práctica de la vela en Cowes (además de visitar los balnearios alemanes en junio, donde se sometía a cura después de meses de excesos culinarios). Pasaba el mes de agosto cazando perdices en Balmoral, antes de regresar a Sandringham. Allí se agasajaba alegremente a los invitados, se practicaban ruidosos juegos de salón; en la tradición de las toscas diversiones inglesas de las clases superiores, se organizaban rutinariamente las bromas pesadas más descaradas. Por ejemplo, más de una vez Bertie puso una langosta viva en la cama de un invitado; se servían pasteles navideños rellenos con mostaza caliente; un visitante que subiera por la escalera alfombrada tenía que andarse con cuidado, porque podía ser derribado por Alix y los niños, que se deslizaban sentados en bandejas de plata, gritando como indios, pues les agradaba contar con un sustituto invernal de un tobogán. No se creía que nada de todo esto fuese impropio del comportamiento real.

Y así continuaba la rutina, prácticamente sin modificaciones, durante los años que Bertie pasó como Príncipe de Gales y como Rey. Viajes interminables, incesantes aventuras amorosas, cacerías y tiroteos indiscriminados, concurrencia a restaurantes caros y a entretenimientos baratos; todo esto definía la vida del hombre que de ningún modo parecía adaptado al papel de monarca.

De no haber sido por Alix, que por el contrario tenía muchos de los rasgos necesarios para convertirla en Reina Consorte ideal, las murmuraciones del desafecto público dirigidas contra su esposo se habrían convertido en verdadero clamor después del escándalo Mordaunt. Harriet Mordaunt, una dama de sociedad un tanto nerviosa e inestable, mantenía relaciones con la Familia Real desde hacía años. Era una Moncrieffe, hija de una familia que vivía cerca de la Reina en Balmoral. En 1866, a los dieciocho años, Harriet contrajo matrimonio con sir Charles Mordaunt y dos años después dio a luz un hijo ciego. "Charlie, no eres el padre de ese niño", le anunció Harriet muy pronto con los ojos llorosos. Según se comprobó, ella no estaba del todo segura de la identidad del hombre que había engendrado al infortunado infante, pues Harriet agregaba que había estado bastante atareada el primer año de su matrimonio acompañando a una serie de hombres del ambiente social del Príncipe de Gales... en realidad, también al propio Príncipe.

Como si hubiese deseado crear una situación todavía más melodramática, sir Charles se asomó al escritorio de su esposa y allí descubrió cartas que le había enviado Bertie. Aunque se trataba de esquelas tediosamente inocentes, como las que podían provenir de un antiguo condiscípulo, Mordaunt decidió representar el papel del marido deshonrado y creer en los reniegos de una esposa sin duda demente, que hablaba de sí misma como si hubiera sido la cortesana más grande desde Madame de Pompadour. Acusado esta vez equivocadamente de la actividad ilícita en la cual había llegado a ser muy eficaz, el Príncipe de Gales fue citado al tribunal durante el caso de divorcio de Mordaunt, donde tuvo un desempeño muy digno. La pobre lady Harriet no pudo atestiguar desde su celda en un asilo para dementes, y el caso fue rechazado. Después Bertie quedó en libertad de entretenerse en un casino de juego prusiano, sin la presencia de Alix. Pero el público formuló un juicio independiente, y, después del regreso del Príncipe, hubo desagradables observaciones arrojadas al rostro de los Príncipes de Gales cuando aparecían en Ascot y en el teatro; por el contrario, la gente lanzaba vivas a Alix cuando ella se aventuraba sola.

Hubo reacciones idénticas en el público londinense cuando conocieron las acusaciones (también en 1871) formuladas tranquilamente por la mujer denominada con razón lady Veleta en la Tempestad, una de las amantes de Bertie. El marido alcohólico e insano la dejó sin un centavo, y a ella no le pareció impropio amenazar con la revelación pública del "lamentable secreto" de su relación con el Príncipe de Gales, a menos que este le entregase "los fondos requeridos para afrontar gastos necesarios y pagar la discreción de los criados". Su Señoría recibió una casa de campo en Ramsgate, pero pronto, como la esposa del pescador, apareció de nuevo en Londres y pidió al secretario del Príncipe dinero para solventar "los gastos de dos casas y los criados suplementarios". Finalmente la mujer se calmó, y desapareció en una merecida oscuridad.

También fue necesario enviar una pequeña suma a la familia de la finada Giulia Barucci, que había calificado con franqueza su propia vida como la de "la prostituta más grande del mundo", y entre cuyos clientes se contaban varias testas coronadas europeas. A diferencia de las misivas neutras que había enviado a Harriet Mordaunt, el Príncipe había escrito cartas que su propio representante consideraba "de naturaleza delicada". Las cartas fueron compradas por una suma razonable.

Estas cuestiones escandalosas, unidas a la persistente ausencia de la vida pública de la reina Victoria, determinaron que incluso los miembros conservadores del Parlamento se alzaran en las cámaras, condenando a una indolente e irresponsable Familia Real. Asimismo, cada vez con mayor frecuencia, se reunían muchedumbres en Hyde Park que reclamaban a voz en cuello el fin de la monarquía y el establecimiento de una República de la Gran Bretaña.

Victoria, impertérrita y animosa, creía con razón en la inocencia de su hijo frente a las acusaciones de Harriet Mordaunt y lamentaba que se lo acusara públicamente. De todos modos, la Reina consideraba que las críticas formuladas en el primer caso eran razonables en vista de lo que había sucedido con los casos segundo y tercero. Entonces el primer ministro William Gladstone sugirió que podía emplearse provechosamente a Bertie en algún cargo administrativo en Dublín; según escribió Gladstone, "una oportunidad admirable para aportar al Príncipe la ventaja de una formación política que, sin que pueda culpársele en absoluto, hasta ahora no ha podido recibir". Pero para la Reina, Irlanda no estaba "en condiciones de ser materia de experimentos". Además, en una carta a su Lord Canciller, lamentó

> la imprudencia [de Bertie] que lo perjudicará de manera inevitable a los ojos de la burguesía y las clases bajas; lo cual debe ser lamentado profundamente en estos tiempos, en el que las clases altas, que llevan una vida frívola, egoísta y de búsqueda del placer, hacen más que nadie todo lo posible para fortalecer el espíritu de la democracia.

A juicio de la reina Victoria, lo único que era peor que el espíritu de la democracia habría sido un ejército prusiano en Kensington Gardens. No alentaba en ella el espíritu de la tiranía o el absolutismo, pero de todos modos asignaba a la palabra "democracia" su propia connotación del temido dominio de las masas díscolas. Y nada le parecía más amenazador que la aristocracia disoluta, en vista de sus antepasados hanoverianos; es difícil discrepar con ese juicio de Victoria.

Como si Victoria quisiera recordar al público la figura de su amado Alberto, que no tenía paciencia con los descarriados o los aristócratas, muchas de las salidas públicas de la Reina fueron excusas para evocar la figura de su finado consorte. La Reina inauguró el Royal Albert Hall en 1871 y, cerca de allí, cinco años después, el recargado Albert Memorial. El monumento conmemorativo era una construcción lujosa que alcanzaba una altura de casi sesenta metros y estaba adornado con cristal, jaspe, ónix y mármol.

Con su espíritu cada vez más democrático, la prensa londinense también redoblaba los tambores. "Incluso los más firmes partidarios de la monarquía", decía un típico editorial periodístico,

> menean la cabeza y manifiestan su ansiedad cuando se preguntan si el sucesor de la Reina exhibirá el tacto y el talento necesarios para mantener a la realeza erguida y fuera del arroyo. Por consiguiente, cuando el pueblo de Inglaterra lee cierto año en sus periódicos que el futuro Rey aparece de manera destacada ante el tribunal en que se ventila un divorcio y en otra ocasión es el centro de atención de una mesa de juegos alemana o de un salón público, no puede sorprender que los rumores acerca de la salud de la Reina estén ocasionando sentimientos de angustia y aprensión.

En medio de este caldero en que ardían las quejas públicas y privadas, el destino intervino, casi al borde de la tragedia, pero en definitiva de modo auspicioso. Diez años después que el padre enfermara, según se creyó en un episodio fatal de fiebre tifoidea, su hijo se vio afectado por la misma enfermedad, en noviembre y diciembre de 1871. Delirante, sacudido por los accesos y debatiéndose para respirar, Bertie, que entonces tenía treinta años, estuvo varias semanas a un paso de la muerte. Las campanas en las iglesias y las catedrales londinenses estaban preparadas y en las tiendas y las oficinas gubernamentales se sacudía el alcanfor de las colgaduras negras, mientras la Reina se turnaba con Alix para mantener una vigilancia afectuosa, atenta y aterrorizada junto al lecho del enfermo.

Pero para asombro de todos el Príncipe se recuperó, un episodio que fue celebrado con un servicio de acción de gracias en San Pablo. Durante varios meses los clamores anteriores en favor de una república se vieron desplazados por los repetidos coros que entonaban la letra del *Dios salve a la Reina*.

Capítulo Tres

Doncellas y amantes
1871 a 1901

¡Las pruebas de la vida comienzan con el matrimonio!
REINA VICTORIA

No fue hasta 1886, cuando su amigo Archibald Rosebery fue designado secretario del Foreign Office, que el Príncipe de Gales —que entonces tenía cerca de cuarenta y cinco años— recibió por primera vez copias de varios despachos secretos que le revelaron algunos aspectos del gobierno. Se dio este paso sin conocimiento de la Reina, que continuó desautorizando cualquier participación de su hijo en las obligaciones oficiales, y por consiguiente cualquier preparación práctica para el trono.

Bertie había conseguido la aprobación de su madre en relación con su comportamiento durante una visita de dos meses a la India en 1876, ocasión en que condenó el prejuicio racial de los oficiales británicos, que trataban a los indios (según escribió a su madre) "con brutalidad y desprecio". Además, el modo de tratar a los líderes nacionales resultó promisorio. Pero otra calumnia desagradable acompañó el viaje, y la misma anuló pronto la admiración de su madre.

Lord Randolph Churchill (padre del joven Winston) amenazó a Alix y a Bertie con la humillación pública después que lady Aylesford, que antes había coqueteado de manera inocente con Bertie, se convirtió en amante del hermano de Churchill, mientras lord Aylesford participaba en la gira real por India. En un intento de acusar al Príncipe de Gales de haber sido el promotor de la relación, por haber presionado a Aylesford induciéndolo a unirse a la gira (con lo cual intencionadamente dejaba el campo libre para el intento de seducción), Churchill llegó al extremo de enfrentar a la pobre Alix en el propio salón de la dama. Todo esto en definitiva quedó en nada, y los Príncipes de Gales salieron del episodio más populares que nunca; pero no antes de que el asunto comprometiese de modo directo a Su Majestad, que vio a su hijo vindicado sólo después de bastante angustia.

De manera que Bertie casi siempre aparecía vinculado con algún episodio desagradable, vínculo que pareció justificado a juicio de Victoria cuando de un modo franco y flagrante el príncipe tuvo su primera amante estable, la bella y ambiciosa Lillie Langtry. Protagonista de un matrimonio desgraciado, una actriz que no tenía mucho talento pero sí un seductor encanto, durante más de una docena de años fue reconocida como la favorita del enamorado Príncipe de Gales. Bertie y Lillie viajaban juntos, aceptaban invitaciones a pasar el fin de semana en casas de campo y cenaban en público; Alejandra soportaba paciente todo el episodio, en parte porque sabía que sus objeciones no la llevarían a ninguna parte, y en parte porque no deseaba avergonzar a su marido o avergonzarse ella misma. Con una comprensión que sin duda se originaba en una auténtica devoción, la Princesa de Gales desautorizaba cualquier crítica contra Bertie o Lillie. Ante los hijos se refería a su esposo sólo en los términos más afectuosos, y con típica magnanimidad invitó a Lillie a cenar con su familia en Marlborough House.

En un aspecto importante, tanto la Corte como el público soportaron a las amantes del Príncipe con más tolerancia que la que demostraron frente al círculo social más amplio de Bertie. Les parecían fascinantes los actores, los norteamericanos, los banqueros judíos, los millonarios que habían triunfado gracias a sus propios esfuerzos; es decir, todas las personas a las que se consideraba residentes marginales de la sociedad culta, aunque los aristócratas y algunos políticos no veían con buenos ojos a esta clase de gente. Pero el Príncipe se atenía a su propio juicio y creía que era un absurdo esnobismo preferir a las clases superiores antes que el encanto, el talento o el dinero. En este sentido, estaba contribuyendo a la idea moderna de que debía respetarse a la gente por lo que hacen, no por lo que heredan.

Las relaciones de Bertie con toda clase de personas trasuntaban una auténtica compasión por la condición de los pobres. El 22 de febrero de 1884 pronunció su primer discurso en la Cámara de los Lores. Al recorrer algunos de los peores barrios bajos de Londres, se sintió abrumado por el espectáculo de los niños hambrientos vestidos con harapos temblando en los portales y los edificios sin calefacción, muchos de ellos enfermos o moribundos a causa del hambre y el frío. "La condición de los pobres —dijo al Parlamento— es vergonzosa". Por supuesto, no podía promover cambios en la legislación, pero podía criticar y alentar, y el Príncipe de Gales, que ahora tenía más de cuarenta años y trataba de encontrar su lugar en la historia y en la sociedad, estaba decidido a aprovechar sus posibilidades.

Entretanto, por mucho que prefiriese aislarse del público, su madre no podía ignorar "los cambios y las oportunidades de esta vida terrena"; una de las muchas frases que continuaron grabadas en su memoria y que había leído en el Libro de Plegarias. En 1878, a los cincuenta y nueve años, la Reina se convirtió en bisabuela, cuando Charlotte, hija de Vicky, a su vez tuvo un vástago. Pero, a partir de ese año, al parecer recayeron sobre la Casa de Sajonia-Coburgo-Gotha más tragedias que alegrías. La princesa Alicia, segunda hija de la Reina, que había asistido con afecto a Bertie cuando estuvo enfermo de fiebre tifoidea, perdió a su hijo de tres años en un lamentable accidente y a su vez sucumbió a los efectos de la difteria a los treinta y cinco años. La depresión se abatió de nuevo sobre la Reina al morir su hijo hemofílico Leopoldo y su gran amigo y consejero Disraeli. De salud frágil y a menudo obligado a llevar una existencia marginal a causa de la hemofilia, Leopoldo fue a descansar a la Riviera en 1884. Cayó por la escalera de un hotel y falleció como consecuencia de una hemorragia a la edad de treinta años. Después de Alicia, Leopoldo era el segundo de los hijos de Victoria que desaparecía antes que la madre. Después el esposo de Vicky, emperador de Alemania, falleció de cáncer a la garganta.

Pero la muerte de John Brown, después de treinta y cuatro años a su servicio, fue el hecho que más destrozó a la Reina después del fallecimiento de su esposo.

En marzo de 1883, Brown cayó enfermo con una grave infección y falleció después de estar en coma; su sistema inmunológico estaba comprometido por años de trabajo constante y alcoholismo. "Esta mañana falleció mi buen y fiel Brown —escribió Victoria en su diario el veintinueve de marzo—. Me siento terriblemente conmovida por esta pérdida, que elimina a una persona tan abnegada y consagrada a mi servicio y que hizo tanto por mi bienestar personal. Es la pérdida no sólo de un servidor, sino de un auténtico amigo." Victoria envió una corona con esta dedicatoria: "Un tributo de amor, agradecimiento, amistad y afecto eternos al amigo más sincero, al mejor y el más fiel. Victoria. R. & I."[1]

Como observó uno de los biógrafos de Victoria, Brown "no sedujo a mujeres, no aceptaba sobornos, vivía únicamente para la Reina". Y al referirse a los celos de la familia de Victoria en vista de la abnegada familiaridad que John Brown demostraba a la Soberana, el ayudante de Bertie, sir William Knollys, escribió lo siguiente: "Supongo que toda la Familia se regocijará ante su muerte, pero creo que es muy probable que estén demostrando miopía". Podría haber agregado que ese no era el caso de la Reina. Sin importarle el desprecio y la burla de las mentes pequeñas, ella había aceptado una amistad rica y sincera, y, cuando escribió la nota necrológica para *The Times*, sin duda quiso que el mundo supiera que el corazón de la Reina no era inmune al amor.

Cuando llegaron sus Bodas de Oro, a la edad de sesenta y ocho años, en el verano de 1887, Victoria se había ganado el respeto y el afecto de toda la nación. Decenas de miles de personas se alinearon a ambos lados del desfile, vivando a la Reina y sosteniendo estandartes con la leyenda "¡Cincuenta años no significan nada!" y "¡Nuestra buena soberana... no necesita cambiar!". La figura minúscula y regordeta despreció el armiño, el carruaje de gala y una corona imperial y prefirió su cofia blanca, un sencillo vestido negro y un viaje en un landó abierto. Para la multitud ahora ya no era, al fin, una viuda dolorida, recluida y distante, que descuidaba sus obligaciones públicas como monarca; muy al contrario, Victoria era la madre de todos. Demostraba familiaridad y una actitud accesible, pero al mismo tiempo era la personalidad integrada que representaba los logros de la nación, los ideales de la virtud doméstica, el deseo de mostrarse simultáneamente grandiosa y hogareña. Ella misma era la Inglaterra Imperial.

Por mucho que el Imperio dependiera de su marina, Victoria no le atribuía mucha importancia como preparación para el trono. Sentía que los marinos llevaban una vida demasiado estrecha y que eso originaba en ellos un chauvinismo grosero y extremista. Escribió astutamente: "El mismo tipo de vida rigurosa que los jóvenes soportan a bordo de un barco de guerra es precisamente la existencia que no concurre a formar un Príncipe refinado y amistoso", revelando en la frase un agudo sentido de los hombres y los monarcas.

Por consiguiente, Victoria no se sintió complacida cuando Bertie incorporó a sus dos hijos a esa rama del servicio real. Cuando Eddy y Jorge tenían respectivamente dieciséis y quince años, iniciaron un período de tres años a bordo del HMS *Bacchante*, acompañados por su preceptor, el reverendo John Neale Dalton. Por orden explícita de Bertie, Dalton no demostraba excesiva severidad académica; el Príncipe insistía en que sus hijos no se verían sometidos a los ásperos rigores de su propia niñez. Por consiguiente, se impartió a Eddy y a Jorge nada más que una educación privada muy casual. Ciertamente la enseñanza de todos los temas formales era inferior a la del escolar campesino más limitado. Aprendieron mucho más acerca de temas como el tatuaje. En Japón los hermanos consiguieron que les dibujasen en los brazos dragones impresionantes y temibles, un tema mucho más desarrollado después en Jerusalén.

En la marina, Eddy se mostró tan incompetente que en 1883 su padre lo transfirió al Trinity College, de Cambridge, donde protagonizó un fracaso por igual lamentable; sin duda porque apenas sabía leer. Torpe de lenguaje y modales, Eddy también era disléxico, padecía sordera parcial, se mostraba inerte y letárgico. Pasó dos años inútiles en la universidad, donde la única impresión que suscitó parece haber sido la que se manifestó en un grupo de apuestos jóvenes que le profesaban una adhesión romántica. Así, por un sesgo irónico del destino, Bertie se encontró repitiendo la actuación de *su propio padre*, y con el mismo objetivo: así como Alberto había ido a reprender a Bertie, que estaba en Cambridge, ahora Bertie se trasladó furioso y retiró del colegio a Eddy.

El infortunado simplote fue enviado después nada menos que al ejército, donde no supo responder a las órdenes más elementales y mucho menos dirigir a sus compañeros. En 1890, cuando tenía veintiséis años y había retornado a la vida civil, Eddy fue designado por su abuela Duque de Clarence y Avondale. Los pasatiempos que lo entusiasmaban continuaban siendo el sexo y con menor asiduidad, el polo. Parecía demostrar un encanto lánguido y seductor frente a las jóvenes... y no sólo a las jóvenes, porque al menos una vez se vio comprometido en una incursión de las autoridades a un notorio burdel homosexual de la calle Cleveland. Pero es posible que el encanto tuviese más relación con su jerarquía y sus prerrogativas reales que con cualquier atracción auténtica en el papel de Lotario, aunque esa inclinación seguramente no requería talentos mentales especiales o actitud social. En todo caso, hacia 1890 su salud ya estaba deteriorándose. El cognac francés y los cigarrillos turcos estaban cobrándose su precio; padecía graves ataques de gota, y por lo que se sabe contrajo todas las enfermedades venéreas conocidas por los médicos.

"Prefería francamente el placer a cualquier forma de trabajo", escribió un historiador; en ese sentido, era hijo de su padre. También heredó una actitud que se inclinaba de manera flagrante hacia la indiscreción. Su abuela deseaba que se casara con una princesa alemana, y Eddy le correspondió cumpliendo su deber y enamorándose de su prima hermana, la hija de la princesa Alicia, también llamada Alix. En una actitud sensata ella lo rechazó, se casó con el Príncipe Coronado de Rusia, más tarde zar, y en compañía de su esposo y sus hijos afrontó un destino terrible en 1918. Al cabo de pocas semanas de la negativa de Alix, Eddy estaba cortejando a la princesa Helena de Orléans, hija del conde de París (pretendiente del trono de Francia), y le propuso que renunciara a su catolicismo romano para permitir el casamiento; los padres de Helena y el Papa frustraron ese romance.

Entretanto, a Jorge le iba mejor, por referencia al carácter, ya que no a la inteligencia. Cuando alcanzó la edad adulta, medía sólo un metro sesenta y cinco centímetros, tenía cabellos castaños claros, ojos muy azules y una sonrisa tímida. Sus actitudes carecían de seguridad y su lenguaje de convicción, pero tenía un sentido del humor agudo y franco, que se manifestaba sobre todo en las bromas que propinaba a sus compañeros. Uno de sus méritos consistía en que era tan capaz de recibir como de dar.

Jorge era puntual, pulcro, confiable y serio, que a menudo es lo mejor que puede decirse de la descendencia masculina de Victoria. La inspiración que alimentaba estas costumbres respetables respondía al hecho de que su preceptor constantemente le presentaba el modelo de la abuela, en cuya presencia Jorge sentía al mismo tiempo calidez y respeto; reconocía que la monarca estaba separada de la vida común y corriente y al mismo tiempo en cierto modo participaba en ella. Jorge también sentía gran parte de este respeto por su padre, el hombre que un día sería su señor feudal y su Soberano. Y la escrupulosa atención de Bertie a los detalles del guardarropa y las ceremonias oficiales subrayaba a los ojos de Jorge la naturaleza grandiosa del destino de su padre.

En las cosas más gratas, estaba su madre, a quien siempre profesó un afecto profundo, expresado profusamente; el mismo sentimiento que ella tenía hacia su hijo. En el tono de las cartas sobrecargadas que intercambiaban, Jorge se inspiró en Alix, cuya devoción llegó a ser cada vez más benévola y posesiva y más sofocante a medida que pasaban los años.

Pero el amor a la madre no impidió que Jorge explorase otras experiencias. Aunque su vida sexual nunca fue tan laxa como la de Eddy, las entradas de su diario correspondientes a 1892 revelan que por esa época mantenía a una amante en un piso de Suthsea. Y otra vivía en Saint John's Wood, Londres; era una mujer que compartía el lecho alternativamente con ambos hermanos. "Es extraordinaria", escribió entusiasta Jorge en su diario. Pero su verdadero amor estaba en otra parte, y parece que nunca lo consumó. Julie Stonor, hija de una dama de compañía de Alix, adoraba al Príncipe, y Jorge estaba flechado por ella. Pero era plebeya y católica, dos impedimentos insuperables en aquel momento. "Así están las cosas —escribió Alix con simpatía a su hijo—, y lamentablemente es una situación bastante triste para ambos, mis dos pobres niños. Sólo deseo que ustedes puedan casarse y ser felices, pero por desgracia temo que tal cosa es imposible."

A los veinticinco años, Jorge tenía un carácter imperturbable y grave, determinado por los años que había pasado en la marina; diez años más tarde, esta continuaba siendo su profesión. "Su temperamento, sus prejuicios y sus afectos, sus hábitos de pensamiento y conducta, su visión total de la vida —escribió su biógrafo— se formaron y moldearon" durante los años que pasó a bordo del *Britannia* y el *Bacchante*. En otras palabras, era un joven miembro de la realeza, leal y sobrio, pero al mismo tiempo carecía del intelecto de su abuelo y el encanto de su padre. Pero, a semejanza del Rey, tenía un carácter áspero, y así, después de varios meses de plácida afabilidad, podía estallar y pronunciar un discurso terrible acerca de alguna cuestión secundaria. "La vida en el mar —observó otro cronista— originó en él opiniones absolutas, cierta manía por el orden y la puntualidad y una actitud social rígida que disimula sus sentimientos íntimos de desconfianza y su estrechez. También ha adquirido una consagración profunda al deber y una sólida fe en la superioridad británica, el rasgo que la reina Victoria tanto detestaba en un príncipe."

Si hemos de hablar con franqueza, corresponde decir que la mente de Jorge era tan pequeña como las habitaciones que prefería; no sobrecargadas pero pulcras, limpias y evocativas de los camarotes de a bordo, las instalaciones que siempre recordaba con tanto afecto. A lo largo de la vida sus únicas diversiones consistieron en coleccionar sellos y de tanto en tanto jugar al polo y al billar. Como la mayoría de las figuras reales (aunque no siempre fue el caso de quienes las desposaron), evitó los libros como si estuvieran contaminados con un germen letal. Todavía en 1891, cuando tenía veintiséis años, sus cartas y sus diarios no contienen una sola referencia a los acontecimientos políticos domésticos o internacionales. Pero nadie creía que eso fuese un impedimento muy grave. A fines del siglo XIX, la Familia Real no se veía convocada con tanta frecuencia como después para participar en las funciones y las ceremonias cívicas. Incluso así, se observaba satisfacción pública general aun cuando uno de los miembros que no pertenecían a la línea sucesoria directa del trono seguía una carrera poco sugestiva sin destacarse. Después del Príncipe de Gales, el grisáceo Eddy era el heredero, pero esas preocupaciones no inquietaban a nadie, porque Victoria a los setenta y dos años se mostraba muy animosa, y Bertie a los cincuenta parecía infatigable.

Pero a fines de noviembre de 1891 Jorge enfermó gravemente de fiebre tifoidea. Victoria y Alejandra reaccionaron ante la situación con un sentimiento de pánico casi desordenado. Habían pasado exactamente treinta años desde la muerte del príncipe Alberto, y veinte desde la enfermedad casi fatal de Bertie. No hubo un momento de tranquilidad para nadie en Sandringham hasta que el príncipe Jorge quedó fuera de peligro, para Navidad. De hecho, esa temporada de vacaciones y hasta entrado el nuevo año, hubo una serie de hechos dramáticos que afectaron y afligieron a la familia: un compromiso, una muerte súbita y un cambio en la línea sucesoria.

Al cabo de tres semanas, el futuro de la monarquía británica se había modificado definitivamente.

El 7 de diciembre de 1891 *The Times* anunció el compromiso de Su Alteza Real el príncipe Alberto Víctor, duque de Clarence y Avondale, hijo mayor del Príncipe de Gales, con la princesa Victoria María de Teck, una joven a quien él había conocido desde la niñez. La unión, concertada por las madres de los dos jóvenes y aprobada con entusiasmo por la reina Victoria, no fue impuesta a nadie: de hecho, Bertie (a semejanza de Alix) aclaró a todos sus hijos que deseaba que ellos mismos eligiesen a sus respectivos cónyuges.

A pesar de toda su debilidad de carácter, Eddy reconocía la fuerza contraria en otros y sintió los atisbos del amor por María. Ella oyó el llamado del deber. "Me sorprendió mucho que Eddy me propusiera matrimonio —escribió en su diario, agregando con típica sangre fría—: Por supuesto, contesté aceptando. Los dos somos muy felices." Lo mismo podía decirse de ambas familias, pues la joven era prima segunda de la Reina.

Se consideraba a la princesa Victoria María la cónyuge ideal de un heredero real, y una apropiada Reina Consorte futura. Era elegante y atractiva, una joven grácil de ojos color azul porcelana muy vivaces, un cutis límpido, la cintura esbelta y una sonrisa tímida que suscitaba la impresión simultánea de que en cualquier momento podía sentirse maravillosamente divertida y de que poseía una suerte de modesta nobleza. Lo que era más importante, tenía un carácter muy firme.

Nunca vulgar, le encantaba reírse y cuando se sentía divertida reía sin afectación ni falsa dignidad. Tenía una memoria sorprendente y gran capacidad de observación, y así rara vez olvidaba los detalles de todo lo que veía o escuchaba. Esa predisposicón le creó un rasgo que se acentuó con la edad: siempre tenía razón, lo cual era una virtud mucho más atractiva en un personaje real que un individuo menos augusto. Su apostura erguida, su majestuoso comportamiento y los cabellos castaños dorados determinaban que pareciese más alta de lo que era en realidad, de poco más de un metro sesenta centímetros de altura, una ilusión que se reforzaba con las tocas, las tiaras y los tacones altos. Incluso en la veintena exhibía el tipo de peinado alto que sería usual en ella y que llevaría hasta la tumba: recogido firmemente en las sienes, con una trenza detrás y un marco de flequillo sobre la frente.

La princesa Victoria María fue sucesivamente Duquesa de York, Princesa de Gales, Reina de Inglaterra y Emperatriz de la India, y finalmente fue la Reina Viuda. Su vida abarcó los reinados de seis monarcas, y en esta saga fue quizá la influencia individual más importante que se ejerció sobre la familia a la cual se incorporó por casamiento. Por lo tanto, debemos examinar brevemente la historia personal de Victoria María Augusta Luisa Olga Paulina Anges de Teck, siempre llamada May por su familia.[2]

Nació el 26 de mayo de 1867 en la misma habitación del Palacio de Kensington que vio nacer a la reina Victoria, su prima segunda. El bisabuelo de May era el rey Jorge III y su abuelo era hermano del padre de Victoria. May era hija de padres alemanes pobres, a quienes podría considerarse miembros menores de la realeza. Su padre, nacido en Viena, era el príncipe Francisco de Teck, un hombre sombrío, nervioso y tímido, el hijo empobrecido del duque de Württemberg y un hombre emocionalmente inestable después de un ataque sufrido cuando estaba en la cuarentena; su madre, nacida en Hanover, era una mujer alegre, imperiosa, extravagante y enormemente obesa, la princesa María Adelaida de Cambridge (la "Gorda María", como la denominaban al parecer con sincero afecto quienes la conocían), y su abuelo fue Jorge III. A pesar de la carga representada por un esposo enfermo y difícil y una bolsa que estaba casi siempre vacía, María Adelaida tenía un humor animoso congénito.

Unica mujer de cinco hijos, May aprendió pronto a comportarse con tacto y diplomacia en un mundo de varones. Con el ejemplo de su madre vio cómo una mujer fuerte y decidida podía manejar a un hombre inestable y desordenado; así tuvo ante los ojos el ejemplo de María Adelaida cuando contempló la posibilidad del matrimonio con un individuo disipado y de mal carácter.

"Mamá, ¿realmente crees que puedo aceptar esto?", preguntó claramente a su madre después del compromiso con Eddy, cuando poco a poco se enteró de más cosas acerca de la vida disipada de su prometido. La madre contestó que por supuesto podía. ¿No veía cómo su propia madre había manejado a un hombre débil? May por cierto mostró su sujeción al deber al aceptar la exhortación a poner su talento y su vida al servicio de la Familia Real. Después de todo, se la había educado de modo que reverenciase y apoyase al trono, que a su vez era el sostén de la aristocracia. Al mismo tiempo, en su caso había muchos elementos de la historia de Cenicienta. Era la hija de un noble condenada a una pobreza elegante, cuya situación ahora variaría; llegaría el momento en que sería la Reina. Es posible que el matrimonio con Eddy pareciese inquietante, pero, como decía mamá, era al mismo tiempo manejable y desbordaba ventajas. May saldría de inmediato de la oscuridad.

May continuó desarrollándose en su intelecto y su cultura a través de la vida, aunque su educación siguió un curso irregular. A los cuatro años realizó su primera visita al Continente y comenzó a recibir lecciones de alemán. A los dieciséis, también hablaba con fluidez el francés y aprendió italiano cuando la mala suerte afectó las finanzas de la familia, la obligó a salir de Inglaterra y se instalaron en una *pensione* florentina. Durante este período, May adquirió su interés de toda la vida por el arte y la colección de antigüedades, una afición que en aquel momento no exigía grandes sumas. También se convirtió en lectora apasionada, aunque sobre todo de la novelística de categoría intermedia. (Vio por primera vez *Hamlet* y leyó a los grandes novelistas rusos apenas unos años antes de su propia muerte.)

"Ultimamente he pasado todas mis tardes yendo a los museos —escribió—. Cuánto se aprende y recoge; y es mucho más agradable que ir a beber té y chismorrear." Sin embargo, corresponde decir que su interés principal en el arte era la iconografía real; retratos y miniaturas, que describían a las familias reales inglesas de los siglos XVIII y XIX. "Generalmente podía identificar las marcas más conocidas de porcelana inglesa —de acuerdo con la versión de su biógrafo— y en los muebles reconocía los trabajos de Hepplewhite o Chippendale; pero jamás compró un buen cuadro en el curso de su vida."

A May le desagradaban las discusiones analíticas; en general era una mujer de su tiempo; es decir, no le interesaban las causas sociales ni la miseria general de Inglaterra, comparada con las cuales las apreturas económicas de su familia parecían una forma sibarítica del lujo. Sin embargo, gracias al compromiso activo de su madre en las causas caritativas —un rasgo que María Adelaida compartió con su amiga la princesa Alejandra—, May aprendió la vaciedad de la mera simpatía verbal por los oprimidos, y en su vida ulterior la preocupación que demostró por los pobres sugiere que nunca olvidó la condición modesta de la primera parte de su vida. Cuando era niña, ayudó a su madre en el trabajo voluntario con las viudas y los hijos de los soldados, personas que carecían de pensiones y propiedad y se amontonaban en lamentables viviendas públicas. Este trabajo y sus visitas a los niños sin hogar fueron la base de su bien documentada preocupación ulterior por la vivienda, los hospitales y las obras de beneficencia concretas. Podía distinguir entre el sentimiento falso y la preocupación sincera tan prestamente como observaba la diferencia entre un sofá estilo Regencia y un sillón jacobino.

Razonable, segura de sí misma y laboriosa, cuando era una joven adulta May fue una compañera solitaria de su madre extravagante y alegre, una afectuosa excéntrica de quien May deseaba diferenciarse todo lo posible. Como María Adelaida era una charlatana irrefrenable, su hija se mostraba taciturna y adquirió la costumbre de leer; como María Adelaida era una mujer de porte abundante, de ánimo estridente y espontánea tosquedad, su hija cultivó el estilo contrario, manteniendo una dieta rígida y al principio recibiendo sus lecciones de danza y canto en actitud timorata, no fuese que ella también pudiera parecer ordinaria, torpe y escasamente atractiva. Pero le agradaba bailar y con el tiempo pudo hacerlo con libertad; también cantaba con buen ánimo en las ocasiones grupales adecuadas. May también era meticulosa, ordenada y disciplinada, mantenía un diario detallado y enumeraba con cuidado las citas, las tareas y los catálogos de sus posesiones.

De acuerdo con las costumbres de su tiempo, May vestía prendas insoportables, abundantes en almidón, alambres y ballenas. Estas restricciones reforzaban su sentimiento de torpeza y determinaban que pareciese formidable cuando en realidad era bastante tímida y amable; también le confería a su postura una dignidad realmente regia.

Su reticencia, según dijo May años después, respondía al carácter gárrulo de su madre, "y, por supuesto, en nuestros tiempos se criaba a los niños de modo que se los viese y no se los escuchara. El método tenía sus ventajas: aprendíamos mucho escuchando a nuestros mayores: sólo cuando salíamos acompañados se suponía que —¡repentinamente!— debíamos brillar de inmediato en el curso de una conversación muy animada".

De regreso en Londres, después de la excursión por Europa, cuando tenía dieciocho años, May fue puesta bajo la tutela de una dama alsaciana que le enseñó literatura, historia y economía, disciplinas todas en las cuales la joven se destacó.

Sentía un amor especial por la historia de la monarquía inglesa y podía recitar la estirpe real desde Egberto hasta su más remoto descendiente en tiempos de Victoria. Era, según la describió la reina Victoria, "una joven especialmente hermosa, tan discreta y sin embargo hermosa y criada muy cuidadosamente y es tan razonable. Ha llegado a ser muy bonita". También tenía el comportamiento exquisito de una figura real, majestuosa, fría e imperturbable.

Esta era, por lo tanto, la dama joven y atractiva que había sido presionada para entrar en la Familia Real y comprometerse con el príncipe Eddy en diciembre de 1891, con la esperanza de que lo encauzara por el buen camino. Pero ella vacilaba cada vez más, y, a medida que la fecha de la boda, en febrero de 1892, se acercaba irremisiblemente, sus sospechas se agravaron, pues temía que en relación con Eddy hubiese muchos esqueletos en los armarios reales.

No necesitaba preocuparse. Al llegar la Navidad, una epidemia de gripe asoló Inglaterra. Invitaron a May a reunirse con la Familia Real en Sandringham, para unas vacaciones que se prolongarían hasta el 8 de enero, cumpleaños de Eddy. Pero al llegar ese día el Príncipe estaba gravemente enfermo, tenía fiebre alta, deshidratación, anorexia y demencia. Durante décadas se afirmó que era influenza, pero todos los signos apuntan a los perjuicios acarreados por la sífilis. El 12 de enero el infortunado joven no podía reconocer a nadie y gritaba histéricamente acerca de sus romances. Alejandra se sentaba con valor sobre el borde de la cama durante horas, sosteniéndole la mano, enjugándole la frente y observando con terror cómo sus labios y las uñas adquirían un tono ceniciento. Ella, de quien todos creían que se derrumbaría ante la enfermedad de un ser amado, se mostró más fuerte que nadie, no se separó ni un momento de la agonía de su hijo e infundió fuerzas a todos los restantes.

Las defensas de Eddy colapsaron: le fallaron los riñones, sus pulmones se llenaron de líquidos y en la madrugada del 14 de enero comenzó a morir lentamente de neumonía. Jadeando aterrorizado durante cada aspiración, consiguió durante un momento recuperar una dolorosa lucidez, lo que le permitió reconocer a la familia y manifestar, quizá por primera vez, el amor que sentía por ellos. Ciertamente, cuando llamó a su madre y entre sollozos se disculpó por todo lo que había hecho para lastimarla, pareció que una suerte de inocencia infantil se reinstalaba en este pobre doliente. A las 9.35 de la mañana, el pobre príncipe Alberto Víctor, duque de Clarence y Avondale y presunto heredero del trono, murió después de siete horas de agobiador sufrimiento. Tenía veintiocho años.

En marzo de 1892 los Teck —Francisco, María Adelaida, May y los varones— fueron a visitar a sus amigos en Cannes, con la esperanza de recuperarse plenamente de los brotes de influenza y de la tristeza del funeral de Eddy. Según se vio, la familia de los Príncipes de Gales estaba en un lugar cercano, Cap Martin, con la misma finalidad, y el veintinueve, el príncipe Jorge, que ahora estaba en la línea sucesoria directa, envió una nota a May comunicándole que él y su padre la visitarían. Los jóvenes expresaron cortésmente las mutuas condolencias, y, cuando se informó el episodio a la reina Victoria, esta tuvo una idea. A los veintisiete años, era hora de que el nuevo y presunto heredero encontrara una esposa adecuada. Después de un respetable intervalo de duelo, ¿por qué Jorge y May no podían continuar donde Eddy se había retirado de manera tan brusca e inconveniente?

La idea cobró aún más fuerza en la mente de la Reina después que otra candidata decidió no competir; una prima de Jorge que tenía diecisiete años, la princesa María de Rumania (hija del tío de Jorge, Alfredo, y su esposa, que fue la hija del zar Nicolás I). En cambio, María decidió desposar al príncipe Fernando de Hohenzollern, y más tarde se convirtieron en el Rey y la Reina de Rumania. Como se vio, la unión de Jorge y María no habría sido auspiciosa. "Missy", como la llamaban, era una rubia voluptuosa y sensual que parecía irresistible a muchos hombres. Antes de que pasara mucho tiempo, se convirtió en una persona melodramáticamente fantasiosa, concentrada en sí misma hasta el nivel de la comedia. Entre sus extraños hábitos estaba la inclinación a dejar notas en diferentes habitaciones de su palacio; las mismas decían: "María de Rumania; una de las mujeres más maravillosas del mundo. Una mujer así nace una en un siglo".

El casamiento con la prometida del hermano tenía un precedente en el caso del matrimonio de Enrique VIII con Catalina de Aragón, que se había casado por poco tiempo con Arturo, hermano de Enrique. Pese al final infortunado de esa unión, el enlace de Jorge con May podía ser alentado sin incurrir en falta. Y así Victoria, que ahora era una experta en estas cuestiones, comenzó por nombrar Duque de York a Jorge esa misma primavera, pocos días después de sugerirle que May podía ser una esposa adecuada. A Jorge no le pasaba inadvertido el encanto de la joven y ahora aceptó con bastante facilidad la idea; sin embargo, parecía poco delicado darse prisa o realizar un anuncio público demasiado repentino. Con respecto a May, al principio se sintió insultada y avergonzada por la idea; seguramente sintió que era una pieza de porcelana en una subasta. Pero durante el verano y el otoño de 1892 llegó a simpatizar con su primo y representó su papel con más calor. Hubo una diligencia discreta ante la madre; María Adelaida llamó a su hija, y se envió a la Reina una respuesta favorable. La dolorida novia pronto, y con razón, consideró que Jorge era mejor candidato que su finado hermano.

Si parece que todo este episodio se desarrolló con un espíritu razonable, sin mucho sentimiento, la razón es que así se acostumbraba. En 1892 —no sólo en los círculos ingleses reales, sino también en las familias norteamericanas cultas— el amor (y con mayor razón la pasión) rara vez parecía una condición decisiva de las uniones. Si una pareja con el tiempo mostraba afecto mutuo, se consideraba que esa cuestión era un accidente agradable. Pero el destino de un clan y la ampliación de su influencia mediante la producción de una progenie sana eran los factores dominantes cuando se trataban de injertar ramas adecuadas en los árboles genealógicos y concertar uniones favorables. Y así comenzó un noviazgo oficioso en 1892 y principios de 1893.

Fuera de los súbitos estallidos de un carácter áspero con los criados o consejeros (un rasgo de familia tan antiguo como sus antepasados hanoverianos), Jorge no era propenso a las manifestaciones emocionales. Con respecto a May, no se mostraba apática, pero su timidez determinaba que pareciese distante. "Sin embargo —escribió su biógrafo—, estaba consumida por una sola pasión abstracta que gobernaba su vida y determinaba toda su conducta: era su pasión por la monarquía británica." El hecho de que desposara a un futuro rey le aportaba no tanto una ambición personal como un sentido de obligación reverente y la expectativa de una vida sacrificada. Para una persona como May, no podía haber mayor bendición, pero esta convicción se manifestaba en una acción serena y discreta, de modales impecables.

May conocía los peligros de la exageración del protocolo. "Lamento mucho mostrarme todavía muy tímida contigo", escribió a Jorge no mucho antes de la boda.

Traté de evitarlo el otro día, pero lamentablemente fracasé. ¡Estaba enojada conmigo misma! Es tan estúpido mostrarse tan estirada cuando estamos juntos y en realidad no hay nada que no pueda decirte, excepto que te *amo* más que a nadie en el mundo, y eso no puedo decírtelo personalmente, de modo que lo escribo para aliviar mis sentimientos.

"Gracias a Dios", replicó Jorge el mismo día, con pasmoso desprecio por un sentido de la puntuación que nunca poseyó,

ambos nos comprendemos, y creo que es realmente innecesario para mí decirte cuán profundo es el amor que te profeso mi querida y que he sentido crecer cada vez más y más fuerte cada vez que te veo; aunque yo pueda parecer tímido y frío.

Después y siempre, ambos preferirían escribir antes que expresar sus sentimientos. A juzgar por todas las versiones conocidas, eran dos personas incapaces de expresarse cara a cara prácticamente con nadie. "El ocultaba sus verdaderos sentimientos tras una fanfarronería marinera —de acuerdo con la versión de un cronista— y ella los suyos tras una imperturbabilidad antinatural."

A los ojos de épocas ulteriores, que atribuyen tanta importancia a la expresión sin inhibiciones (y pública) de todos los matices de la emoción y la opinión, es posible que esta pareja semeje acartonada y aburrida. A diferencia de sus padres, ciertamente eran personas reprimidas, y ese rasgo de carácter les provocaría problemas involuntarios cuando también ellos se convirtieran en padres. En parte, su reticencia derivaba del formalismo de la sociedad victoriana y los requerimientos concomitantes de la relación culta. En parte correspondía a la veta inglesa común. Uno sencillamente no expresaba con franqueza ningún sentimiento en forma muy entusiasta. (La reina Victoria, agobiada por el dolor cuando Eddy enfermó, escribió simplemente en su diario que el hecho de que el joven se ausentara de las festividades navideñas era "irritante".) Las palabras fervorosas o los gestos animados podían ofender la sensibilidad ajena; la expresión desnuda del sentimiento era el estilo del plebeyo mal educado.

Puede suponerse de manera errónea que la prensa contemporánea adoptaría una actitud uniformemente respetuosa y aduladora frente a la Familia Real, y sobre todo deferente en relación con el presunto heredero y su preferida. Pero ese no fue el caso. El mismo día que se anunció el compromiso (3 de mayo de 1893), el *Star* publicó con gozo la invención de que Jorge, cuando estaba apostado en Malta, tres años antes, había contraído matrimonio en secreto con la hija de un oficial naval británico. "Oye, May —dijo Jorge entregándole el diario esa tarde, mientras bebían el té—, después de todo, no podemos casarnos. Ahora me entero que tengo esposa y tres hijos." Mediante el sencillo recurso de ignorar el rumor infundado y continuar cumpliendo sus planes, la pareja en efecto desmintió la versión. Pero volvería para molestarlos; aunque los secretarios de prensa de Victoria cortejaban el favor de los periodistas, la proliferación de los periódicos estaba desencadenando una batalla por los lectores. Estaban desdibujándose los límites del respeto y el buen gusto; sin hablar de la verdad.

La boda de Jorge y May se celebró en medio de un clamoroso regocijo público, un día de intenso calor, el 6 de julio de 1893, en la Capilla Real del Palacio de Saint James. Una gran multitud afluyó a Londres para ver a los recién casados —ahora eran el Duque y la Duquesa de York— y vivar a la reina Victoria, que sonreía y saludaba con timidez desde su carruaje abierto. El Príncipe y la Princesa de Gales también fueron vivados ruidosamente: Bertie, el pecho ancho y la figura elegante, con el uniforme de su regimiento, y Alejandra, bella y melancólica como una heroína de Chejov. María Adelaida era una contraparte abundante y terrenal, y su frágil marido casi desaparecía con tanta pompa y demostraciones. Jorge, apuesto e imperturbable, con su barba pulcramente recortada y los ojos azules que evitaban la mirada de su prometida, vestía el uniforme azul de capitán de la marina. May relucía con su vestido de seda blanca, con una cola de brocado de plata. En el cortejo de la prometida estaba la pequeña Alicia de Battenberg, la prima segunda de Jorge que entonces tenía ocho años. Un día sería la madre de Felipe, esposo de la reina Isabel II.

Se evaluaron los regalos de boda en la cifra de 300.000 £; más de 4 millones de libras esterlinas (6 millones de dólares) según los niveles de un siglo después. Pero para Jorge nada era más preciado que los 1.500 valiosos sellos que recibió para su amada colección. May, que no estaba acostumbrada al esplendor personal signado por la gran riqueza, ahora debía supervisar una clase diferente de catálogo: un vestuario extravagante y una profusa cornucopia de joyas preciosas. En Londres sus apartamentos eran las habitaciones recientemente refaccionadas pero todavía grisáceas y oscuras de York House, en el Palacio de Saint James.

Jorge, a quien siempre agradaba todo lo que le recordase los camarotes de los barcos, no formulaba quejas.

Al principio, pasaban más tiempo en los terrenos de Sandringham, en la fea villa llamada Cottage York. La elección de esta residencia estuvo a cargo del príncipe Jorge, a quien encantaba la propiedad; la misma fue arreglada de modo debido por Alejandra, que se sentía muy satisfecha ante la idea de que su hijo viviera cerca. Este arreglo fue una gran desilusión para May, que encontró que su primer hogar había sido preparado sin más trámite por otras manos y que trató de soportar la situación con su donaire habitual. Amuebladas siguiendo instrucciones de Alix por servidores que habían recorrido varias tiendas importantes pero desprovistas de carácter, las habitaciones parecían atestadas de muebles oscuros y pesados y miniaturas elegidas por la Princesa de Gales. Nada de todo esto interesaba mucho a Jorge, a quien sólo satisfaccía repasar su colección filatélica.[3]

Su padre Bertie, el Príncipe de Gales, combatía su propia indolencia con un auténtico torbellino social, una serie de aventuras más o menos discretas y la tendencia a jugar con temeridad. Pero ese no era el carácter de Jorge, que miraba severamente los amoríos de su padre y según parece decidió consagrarse a una vida de fidelidad sin tacha. Su concepto de la diversión se apoyaba en los sellos y en la idea de salir a cazar patos; en otras palabras, la vida de un caballero rural poco imaginativo y poco aventurero. Con respecto a sus cualidades oficiales como heredero del trono, no fueron muchas las cosas que llamaron la atención de su secretario. Una boda real en Copenhague, una función en Liverpool, una visita oficial a Irlanda; poco más se les exigió durante el tiempo que estuvieron en York. Excepto los nacimientos de los tres hijos mayores, había pocas cosas que ocupasen el tiempo de May; hasta el momento en que amplió sus responsabilidades y recibió otros títulos, se sintió frustrada y a veces inútil.

Y así May, que disponía de mucho más tiempo de ocio que lo que habría deseado, se consagró a la tarea de redistribuir los muebles y aligerar la atmósfera de las habitaciones sombrías y atestadas, una tarea que para ella era un desafío y no una carga. Siempre ansiosa de mejorar su mente así como su entorno, May se describía ella misma con acierto: "Me agrada la energía y hacer y ver cosas, pero el modo en que la gente malgasta su tiempo y su vitalidad haciendo cosas *absolutamente inútiles* me enfurece". Cuando posaba para su retrato, alguien le leía; si le peinaban los cabellos, escribía o dictaba una carta; si tenía una hora libre, abría un volumen de historia británica.

Las intenciones que movieron a Alix a preparar el Cottage York sin duda eran positivas y sus sentimientos sinceros. "Ruego a Dios que conceda a ambos una vida prolongada y feliz juntos —escribió a Jorge—, y que cada uno haga feliz al otro y nos conforten y sean una bendición para el país." Pero ya había signos de la clásica interferencia de la suegra, en este caso sobre la base de su terror (sin duda inconsciente) de perder al único hijo que aún tenía, de sentirse incluso más aislada por el abandono que por la sordera que padecía. "Hay un lazo de amor entre nosotros —escribió Alix—, el de la madre y el hijo, y nada puede debilitarlo o conferirle un carácter menos imperioso; y nadie puede interponerse ni lo hará nunca entre mi persona y mi querido hijo Jorgito." Si su nuera hubiese leído esto podría haberse estremecido. "Las pruebas de la vida *comienzan* con el matrimonio", había escrito la reina Victoria, sin alegría pero quizá con cierta prudencia intencional a May cuando ella se comprometió con Eddy. Era lo que la joven duquesa de York ahora estaba aprendiendo.

"A veces pienso —escribió May a Jorge un año después del matrimonio,

> que poco después que nos casamos no gozábamos de bastante intimidad y no teníamos oportunidad de aprender a comprendernos mutuamente con tanta rapidez como lo habríamos hecho en otras circunstancias, y esa situación originaba muchos pequeños roces que podrían haberse evitado. Mira, ambos somos terriblemente sensibles, y una palabra apenas más alta que otra dicha por uno al otro inmediatamente ofendía y temo que ni tú ni yo nos apresuramos a olvidar esas cosas."

Con respecto a las sugerencias referidas a la decoración, May era una mujer contenida pero con ideas claras. Jorge escribió —se intercambiaban notas casi a diario— que "mi querida Madre hoy comió conmigo... y después movió los muebles de la sala, lo cual por cierto permite tener mucho más espacio, y creo que todo parece mucho más bonito". Respuesta de May: "Me alegro mucho que la 'querida Madre' tratase de arreglar nuestra sala, tiene tan buen gusto... [pero] casi no valía la pena perder tanto tiempo arreglando eso cuando después habrá que cambiarlo".

En esos tiempos más reservados, los detalles concretos de los "pequeños roces" y "las palabras más altas que otras", es decir los episodios a los cuales May se refería, no aparecen explicados, pero es difícil que tuviesen que ver con la disposición de las sillas y las mesas. Es muy factible que ella tuviese en cuenta las interminables interrupciones de su suegra. Atolondrada pero admirablemente animosa, Alix fastidiaba a May con sus incesantes sugerencias y su participación en la vida de lo que a juicio de Alix era su familia grande. Alix no se inquietaba ante la perspectiva de alternar con un nutrido grupo de parientes o una hija o dos y algunos animalitos domésticos. Lo que algunos entendían que era el distanciamiento de May y su incapacidad social, con más frecuencia era una paciencia hostil frente a la invasión de sus parientes políticos. Antes de la Navidad de 1893, May supo que estaba embarazada, y Alix apareció en escena y aportó el consejo de un pelotón entero de enfermeras. Una ofensiva presidida por tan buenas intenciones podía llevar a la locura incluso a un alma endurecida.

La Reina no se entrometía de ese modo. "Cada vez que te veo —escribió a May—, te amo y respeto más y me siento tan agradecida porque Jorge tiene semejante compañera... que lo ayuda y lo alienta en su difícil situación." Ciertamente se estableció un *rapport* profundo entre las dos mujeres, sobre todo porque Victoria comenzó a padecer las dolencias propias de la edad: iba camino de los ochenta años y el el reumatismo la inmovilizaba y sufría de cataratas incipientes, una enfermedad que finalmente la dejó casi ciega. May siempre consolaba a Victoria, y la anciana dama respondía con verdadero afecto, como si May fuese su propia hija. "Siempre fue tan buena conmigo y una excelente amiga y consejera", escribió después la Duquesa de York. Quizás era la capacidad de la reina Victoria para prodigar amistad sin entrometerse lo que originaba el afecto de May.

Cuando el año 1893 tocaba a su fin y se informó a Jorge del embarazo de May, él descubrió por su esposa sentimientos más profundos que los que había percibido antes. Cuando le propuso matrimonio, Jorge escribió:

Te profesaba mucha simpatía, pero no mucho amor, pero vi en ti a la persona a quien podía amar más profundamente, para lo cual era suficiente que retribuyeses ese amor... Intenté comprenderte y conocerte, y con el resultado feliz de que ahora sé que en efecto te *amo*, querida muchacha, con todo mi corazón, y simplemente estoy *consagrado* a ti... *Te adoro, dulce May.*

Tales sentimientos como de costumbre quedaron confinados al papel; como sucedió más tarde con sus hijos.

El primero nació el 23 de junio de 1894 en White Lodge, Richmond Park, una de las residencias reales y el hogar temporario de los Teck cuando nació May; más tarde fue la sede de la Royal Ballet School. A más de quince kilómetros de Kensington y cerca del Castillo de Windsor, la casa era una pesadilla victoriana: sus habitaciones estaban atestadas de muebles pesados e informes, protegidos con fundas; los suelos estaban salpicados con un exceso de mesas ocasionales cubiertas con esteras turcas; las paredes adornadas con sombríos retratos de familia y turbios paisajes; los espacios ocupados por sillones con pedrería y estorbados por complicados taburetes y lámparas. Cualquier lugar vacío aparecía adornado con palmeras en sus macetas. Quizá mal podía extrañar que el primer hijo de los Duques de York pareciera nervioso y deprimido desde el momento en que abrió los ojos.

Las felicitaciones de Victoria a los Duques de York llegaron acompañadas por el pedido de que se bautizara al varón con el nombre del finado Consorte de la Reina; precisamente como *su* primogénito bautizado Alberto, y el primogénito que a su vez *él* tuvo también llamado Alberto. Pero así como Bertie y Eddy jamás usaron el nombre de Alberto, también Jorge y May decidieron que el niño sería bautizado Eduardo, en recuerdo del finado y lamentado Eddy.

"Tonterías —replicó Victoria—, el *verdadero* primer nombre de pila del hermano de Jorge era Alberto." Protestó sin éxito, aunque los jóvenes padres accedieron con el siguiente hijo.

Y así, con la presencia del príncipe Eduardo Alberto Cristián Jorge Andrés Patricio David de York —llamado siempre David por su familia—, ahora existían tres Presuntos Herederos al trono de Gran Bretaña en línea descendente: después de Victoria estaban Bertie, Jorge y Eduardo. A diferencia de su padre, su hermano y su sobrino, este varón fue Presunto Heredero al nacer. "A las 10 de la noche May dio a luz un hermoso varoncito", escribió en su diario el Duque de York. "Imagino —dijo el sujeto de estas expresiones cuando tenía setenta años— que fue la primera y la última vez que mi padre se sintió inspirado como para pensar en mí exactamente en esos términos." Con el tiempo, Eduardo sería Duque de Cornwall, Príncipe de Gales, el rey Eduardo VIII y finalmente Duque de Windsor.

El niño fue elogiado prematuramente por la prensa y el gobierno, pero esa no fue una actitud universal. Keir Hardie, primer miembro laborista de la Cámara de los Comunes y luchador incansable por la paz, el cambio social, el sufragio femenino, el seguro social y la reforma del sistema de vivienda para ayudar a los pobres, se puso de pie en los Comunes y trazó un panorama extrañamente profético que reflejó su hostilidad al privilegio real.

> Se acepta la premisa de que el niño recién nacido será llamado un día a reinar sobre este Imperio, pero hasta ahora ciertamente no tenemos modo de saber cuáles son las calificaciones que justifican su desempeño en esta función. Desde la niñez en adelante, veintenas de sicofantes y aduladores rodearán a este muchacho y se le enseñará a creer que es un fruto superior de la creación. Se trazará una línea divisoria entre él y la gente sobre la cual un día tendrá que reinar. A su debido tiempo y siguiendo el precedente que ya ha sido establecido, se lo enviará a recorrer el mundo y probablemente habrá rumores de una unión morganática, y el final de todo será [que] el país tendrá que pagar la factura.

El discurso fue saludado con gritos de: "¡Vergüenza!" y "¡Orden!". Pero, más tarde, algunos saludarían y recordarían al orador como un vidente, incluso el sujeto de sus observaciones tendría que admitir, después del hecho, que "las profecías de Keir Hardie fueron desagradablemente exactas".

Antes de que Eduardo cumpliese los dos años, nació un hermano: en el Cottage York, el 14 de diciembre de 1895, aniversario de la muerte del Príncipe Consorte, May tuvo un segundo varón. Esta vez los padres cedieron al deseo de Victoria de que el niño fuese bautizado Alberto Federico Arturo Jorge. Más tarde recibiría de su padre el Rey su propio título anterior, el de Duque de York; May había aportado ahora a la Familia Real dos herederos en dos años, un logro admirable cualquiera fuera la norma que se aplicase para medirlo.

Con el nacimiento del príncipe Alberto, ahora vivían simultáneamente un monarca y cuatro futuros reyes de Inglaterra, que ocuparían el trono hasta 1952: Victoria aún reinaba y la sucedería su hijo Bertie (con el nombre de Eduardo VII, 1901-1910), su nieto Jorge (el quinto monarca de ese nombre, 1910-1936), su biznieto Eduardo (como Eduardo VIII, 1936) y su biznieto Alberto (como Jorge VI, 1936-1952). Jorge y la familia de May volvieron a crecer en 1897, con el nacimiento de la princesa María (más tarde Princesa Real); el príncipe Enrique, después Duque de Gloucester, en 1900; el príncipe Jorge, después Duque de Kent, en 1902; y el príncipe Juan, que nació en 1905 y falleció en 1919.

El Duque de York era básicamente un marino profesional, un hombre simple de gustos sencillos, disciplinado y meticuloso, y hasta cierto punto un rigorista. Lamentablemente, pese a la esencial buena voluntad que lo animaba en la relación con sus hijos, desde el punto de vista psicológico o emocional no poseía, para ser padre, mejores condiciones que las que adornaban a May para ser madre. En esta cuestión todas las versiones muestran unanimidad, y podemos repasar desde las memorias de sus hijos a los biógrafos autorizados y no autorizados y a las anécdotas recordadas por los parientes y los testigos oculares. Jorge fue criado en condiciones tales que se le inculcó un sentimiento exaltado de su lugar en una familia especial; a nadie se le permitía, ni en las actitudes ni en el lenguaje, manifestar una familiaridad impropia; la prohibición valía incluso para sus propios hijos. Por cierto, su esposa tenía un lugar en su corazón, pero incluso ella estaba fuera del círculo mágico de su destino.

Por su parte, May de buena gana se veía como la primera servidora del futuro monarca, que gozaba de la bendición de cumplir la voluntad de Jorge y tenía el privilegio de depararle felicidad. El era el mundo de May, e incluso los niños ocupaban un lugar subordinado en ese ámbito. "Siempre debo recordar —dijo más tarde May— que su padre es también su Rey." Los hijos crecieron con tal respeto reverencial a sus padres —y de hecho con un sentimiento de terror frente al padre— que era imposible que floreciese un sentimiento cálido.

Por una parte, siempre debían mantener su distancia. "A pesar del indudable afecto que nos profesaba a todos —escribió Eduardo algunos años después—, mi padre prefería a los niños en abstracto, y su concepto del lugar de un niño pequeño en un mundo de adultos se resumía en la frase: 'Los niños deben ser vistos, no oídos'." Los pequeños, pensaba el padre, eran entrometidos y ruidosos grumetes, mientras que él era el capitán. Se imponía la disciplina consiguiente más o menos de acuerdo con la misma tradición naval, generalmente en la biblioteca del padre. Si los varones llegaban tarde a la hora del té con sus progenitores, se los reprendía; si hablaban demasiado alto o demasiado bajo se los enviaba a la cama sin cenar; si los zapatos no estaban bien lustrados, tenían que renunciar a los privilegios de la hora de juego; si una niñera o un preceptor informaba una falta de decoro o una tarea mal realizada, el culpable perdía privilegios y se le aplicaba el bastón. La biblioteca de papá, provista de armas de fuego más que de libros, se convirtió en el "lugar de admonición y reproches", según recordaba Eduardo.

A veces el Duque de York llevaba a pescar a sus hijos y les enseñaba a cazar y a jugar cricket, pero él era siempre el superior, siempre el maestro severo, de enfoque rígido, firme en sus expectativas de obediencia inmediata, inflexible en las normas que determinaban la conducta, el atuendo y el orden apropiados. Lo que era quizá más desconcertante para un niño, la expresión generalmente alegre o una desusada tarde de risas y juegos podía cambiar de un momento al siguiente para dar paso a una fiera cólera ocasionada por una infracción menor; un momento después el padre podía extender la mano para acariciarle los cabellos y hacer una broma. Los niños siempre estaban alertas, siempre inseguros y nunca sabían qué lugar ocupaban en el afecto de papá.

Pero el vestidor de la madre era diferente de la biblioteca del padre. Aquí no se los reprendía sino que se les enseñaba. Todas las noches, antes de la cena, le acercaban a los niños y, mientras se sentaban en sillitas distribuidas a los pies de la madre, ella les leía, les mostraba libros de imágenes, explicaba fragmentos de historia inglesa, les relataba anécdotas de los años que ella había pasado en Europa y les enseñaba ganchillo y el tejido de tapices, un pasatiempo que Eduardo transformó en una auténtica habilidad y llevó consigo hasta la edad adulta. Era una cultura informal y de esa práctica los pequeños aprendieron mucho.

Esos períodos vespertinos con mamá sin duda eran agradables para los pequeños, divertidos y, en el estilo azaroso y acrítico de May, estimulantes del intelecto. Pero la tarea podría haber estado a cargo de cualquier niñera cordial, pues se la ejecutaba sin el menor atisbo de calidez personal o compromiso con la vida de los niños. May no era muy diferente con sus hijos que con el esposo: las expresiones cálidas quedaban limitadas a las ocasionales notas manuscritas. A semejanza de Jorge, la lengua le fallaba cuando llegaba el momento de elogiar o formular manifestaciones cariñosas. Nunca fue una mujer demostrativa en el plano emocional y no realizó el menor intento de comprender la mente infantil; así ninguno de ellos podía recordar abrazos, palabras amables o besos. De acuerdo con Vicky, la hija mayor de la Reina, May carecía de "la ternura apasionada por los pequeños que a mí me parece tan natural". Si el marido se mostraba impaciente y poco imaginativo, May era simplemente una figura distante. A decir verdad, no había crueldad franca en el hogar de los York, pero tampoco había calidez manifiesta.

Debe recordarse que gran parte de todo esto era simplemente el estilo de la clase alta victoriana en todo el Imperio. Los padres y los hijos hacían vidas separadas (se creía que ese sistema era más saludable para todos los interesados) y se encomendaba rutinariamente a los niños al cuidado de los criados y los lacayos; así los descendientes se mantenían en los límites de horario de sus padres, durante una hora a fines de la tarde, y después se los despachaba con el fin de que cenaran y se acostasen. Para los niños del matrimonio York la distancia era todavía mayor: papá siempre aparecía acompañado por un criado, mamá por una dama de compañía. Por lo tanto, todo lo que se relacionaba con el vínculo entre el progenitor y el hijo rezumaba tacto, era formal, artificial y desprovisto de emoción. En este sentido, Jorge y May eran diferentes a sus propios padres: Bertie y Alix se habían complacido haciendo travesuras con sus hijos y sorprendiéndolos con premios especiales, y María Adelaida (ya que no el doliente Francisco) solía reír y jugar con su hija tan seria. "Le pregunté —dijo una confidente de May— si nunca iba a sentarse sobre el borde de la cama [de Eduardo] y charlaba con él como una madre con su hijo y me contestó que no podía hacerlo."

Tan distanciados estaban Jorge y May de las realidades cotidianas de la vida de sus hijos que necesitaron años antes de saber que la niñera de Eduardo y

Alberto, cierta señora Green, era literalmente una sádica. Incapaz de tener sus propios hijos, había sufrido un colapso cuando el marido la abandonó. La señora Green, de modo simultáneo, miraba con hostilidad a los hijos de la pareja real y los quería para ella misma, y así llegó a concebir celos patológicos de los padres. Con el propósito de volcar a los varones contra la madre, asociando la figura de May con el sufrimiento, la señora Green retorcía y pellizcaba los brazos de Eduardo antes de enviarlo todas las noches al vestidor de la madre. Así el niño entraba gimiendo de dolor, lo cual era inaceptable para el padre, que esperaba encontrarse con un pequeño y equilibrado subalterno naval, y para su madre, que se sentía inquieta ante cualquier despliegue de emociones. De este modo, por supuesto se despedía al niño por considerarlo impresentable y el pequeño tenía que regresar en el acto a los brazos de la temible señora Green, que lo cubría con besos de bienvenida. Eduardo estaba creciendo dominado por una grave confusión acerca del carácter del afecto de los padres y de lo que podía esperar de sus representantes. El bibliotecario real Owen Morshead dio en el clavo cuando dijo: "La Casa de Hanover, como los patos, produce malos progenitores. Pisotean a sus crías". Se hizo eco de sus palabras el secretario real Alec Hardinge, que consideró "un misterio por qué Jorge... que era un hombre tan bueno, se mostraba tan brutal con sus hijos".

Su hermano menor Alberto (a quien, como a su abuelo, siempre se lo llamaba Bertie) tampoco afrontó una situación mejor. Si el inteligente y activo Eduardo padecía los resultados de la excesiva atención de los servidores, Alberto —dolorosamente tímido y afectado por una alarmante lentitud mental— se veía sistemáticamente ignorado durante sus primeros años. La perversa señora Green lo alimentaba de manera irregular con comidas mal preparadas y así antes de la adolescencia Alberto ya estaba padeciendo las consecuencias de una dispepsia crónica que pronto se agravaría para dar paso a úlceras pépticas. "Realmente ya no sé qué hacer —decía una entrada en el diario de una niñera subordinada, Charlotte Bill—. Hoy, la señora Green me arrancó de las manos el plato del príncipe Alberto que contenía su almuerzo y observó que 'ya tuvo bastante por hoy', lo cual por cierto no era así. El pobrecito se debilitará." Finalmente Charlotte —más tarde llamada "Lala" por los niños— quebró su silencio temeroso e informó a los York acerca de su superiora; la señora Green fue despedida inmediatamente. Al día siguiente Lala Bill empezó a reformar la nursery real.

No parece sorprendente que, en vista de la falta de compañeros de juego, de las características de distancia emocional de los padres y de esta experiencia temprana con una niñera psicótica, los dos varones padecieran una tensión nerviosa constante. El pobre Alberto contrajo un tartamudeo grave que le impedía entablar siquiera fuese una conversación sencilla sin realizar un esfuerzo heroico y afrontando una vergüenza humillante. Aterrorizado ante la posibilidad del rechazo, todavía en la adolescencia Alberto a menudo se sentaba en una habitación oscura antes que pedir a un criado que encendiera el gas. Y no dio ningún indicio de que poseyera rasgos notables.

Los dos muchachos se sentían muy aliviados cuando recibían la visita de los Príncipes de Gales o iban a verlos; los dos abuelos los mimaban mucho. Bertie "podía mostrarse tan malhumorado y un partidario tan firme del protocolo como su hijo —escribió el biógrafo de Eduardo—, pero con sus nietos se mostraba casi tan indulgente como consigo mismo". Y Alejandra creaba situaciones reideras, proponía juegos y les prodigaba los abrazos que tanto ansiaban los niños. La adoraban, y odiaban el momento en que partían.

El Príncipe de Gales nunca se había mostrado tan complaciente consigo mismo como durante el crepúsculo del reinado de Victoria. Sus aventuras con Lillie Langtry y otras ya eran historia, pero en 1898, cuando tenía casi cincuenta y seis años, Bertie se mostraba tan travieso como un escolar. Ese año inició un romance con Alice Keppel, y esa relación duró hasta la muerte de Bertie. Con sus veintinueve años, ella tenía la belleza y el refinamiento de la *belle idéale* de toda la vida de Bertie. Calmaba el temperamento irritable de Bertie, lo agasajaba con generosidad pero como correspondía a su rango (el marido de la dama era un espectador paciente, pero en realidad era poco lo que podía hacer), lo acompañaba en las breves vacaciones y a menudo se la acomodaba intencionadamente al lado de estadistas importantes en las cenas, con el fin de que informase acerca de las opiniones de estos personajes o incluso (era una mujer encantadora) con el propósito de extraer información confidencial que era decisiva para el Príncipe. Los detalles de la relación no son conocidos por los historiadores, e incluso los biógrafos de Eduardo se han visto frustrados por la ausencia de escenas y anécdotas específicas. Después de todo, la relación se desarrolló con absoluta discreción, y la prensa jamás llegó a mencionarla. De todos modos, gran parte de la sociedad londinense estaba al tanto de la intriga. Pero era imposible profesar antipatía u hostilidad a Alice Keppel. Su influencia era muy provechosa para el Príncipe, y eso incluso Alix tenía que reconocerlo.

Aunque no se prestaba atención a sus aventuras, la posición de Bertie como heredero del trono inglés atraía la atención. Príncipe de Gales, personaje elegante de la sociedad, amante del teatro y ciudadano de los cabarets de Londres y París, continuaba imponiendo las modas masculinas. Los hombres de todas las clases trataban de imitar lo mejor posible algunos de sus atuendos: una chaqueta de seda negra, los pantalones de colores claros, los botines de paño gris plata, las botas lustradas, el sombrero siempre inclinado en un gesto atrevido, los guantes de cabritilla y el bastón de marfil. En su condición de árbitro de la moda era el blanco principal de las figuras del *music-hall* como Vesta Tilley (más tarde lady de Frece), la famosa personificadora de interpretaciones masculinas. En escenarios londinenses, con elegantes ropas masculinas de etiqueta, cantaba

> Soy Burlington Bertie
> Me levanto a las diez y media
> Y me acerco pausadamente al Strand

y el teatro se venía abajo con las alegres risas y los aplausos. Todos sabían a quién se refería.

La fama de Bertie había crecido con el paso de los años, a causa de la proliferación internacional de fotografías, que no sólo documentaban sino que ahora, acompañadas de ensayos, también interpretaban y creaban un mito. Se organizaron cuadros de familia como si hubiera sido desfiles, con fondo artificial (a veces exótico), complicados atuendos, plantas y árboles, flores y poses melodramáticas y fiestas de fin de semana en casas de campo con un grupo sentado sobre el césped. Desde el momento de su ascenso, Bertie supervisó de manera astuta a un grupo de fotógrafos de corte aprobados oficialmente y reclamó el derecho de reproducción de todas las fotos de su propia persona y su familia. Bertie siempre fue su mejor gerente de publicidad.

Con respecto a las restantes mujeres de su vida, trabó una relación distinta pero por igual profunda con Agnes Keyser, una formidable enfermera de cuarenta y siete años de edad, que usó su fortuna heredada para fundar y administrar en persona un sanatorio destinado a oficiales militares en su mansión de Grosvenor Crescent. Era una dama soltera, bella, generosa y prudente; se convirtió (y así fue el biógrafo más reciente de Bertie) en su "parte niñera, parte madre e íntima confidente". Hacia el fin de su vida, Agnes Keyser reconfortó mucho a Bertie y le aportó muchos buenos consejos en cuestiones médicas y personales. Pero no atinó a convencer al Príncipe de que redujese el consumo excesivo de tabaco, que incluso entonces ella consideraba letal. La amistad entre ellos, sin las complicaciones del sexo (que al parecer carecía por completo de interés para Agnes), fue la más estrecha intimidad no romántica de Bertie, y por cierto la más edificante.

Hacia 1897, no existía en el Imperio una persona más admirada que la reina Victoria, la monarca que había protagonizado el reinado más largo de la historia inglesa. Había alcanzado la cumbre de su popularidad, como lo demostraron a los ojos de todos las celebraciones de su sexagésimo año en el trono. El 22 de junio un desfile asombroso la aclamó y por inferencia rindió homenaje al Imperio Británico. Una procesión realizada en un carruaje abierto la llevó de Westminster a la Catedral de San Pablo y después a los distritos más pobres que se extendían al sur del Támesis. Por doquier se oían vivas ensordecedoras; la figura regordeta, vestida con ropas oscuras, saludaba y sonreía a todos con timidez. "¡Qué buenos son conmigo! —exclamaba ella constantemente—. ¡Qué buenos son!"

Rodeada de sus hijos y nietos, ella era ciertamente la Madre del Reino, el símbolo viviente de la Madre Patria a quien rendían homenaje los primeros ministros de las colonias y sus ciudadanos. Los fuegos artificiales, las fiestas, los desfiles y los servicios religiosos desbordaron los calendarios locales de todo el mundo durante varias semanas. "Desde el fondo de mi corazón agradezco a mi pueblo bienamado —escribió Victoria en un telegrama enviado a todos los territorios británicos del mundo—. ¡Que Dios los bendiga!"

Conmovida por ese desborde de afecto, la Reina detalló en su diario sus sentimientos acerca del 22 de junio:

> ¡Un día inolvidable! Creo que nadie jamás ha recibido una ovación como la que me ofrecieron, cuando recorría esos diez kilómetros de calles. La multitud era en verdad indescriptible y su entusiasmo realmente maravilloso y profundamente conmovedor. Los vivas eran ensordecedores, y todas las caras parecían expresar auténtica alegría.

La era que recibió su nombre de la Reina asistió a más cambios que cualquier etapa precedente en la trama de la vida cotidiana. Ahora había bicicletas y automóviles de motor, había llegado la electricidad, los discos fonográficos, la fotografía, el cine, las ametralladoras, los ferrocarriles y los vapores, los teléfonos, el telégrafo, el correo eficiente y la anestesia.

A lo largo de sesenta años revolucionarios y a pesar de la disminución inexorable de su poder y su influencia como monarca, Victoria había sido un tótem viviente de la estabilidad nacional, una experiencia quizá desconocida en la historia del mundo. Victoria por sí sola colmó y satisfizo la imaginación de su pueblo; ella había convertido a la monarquía en una entidad respetable en el curso de más de seis décadas de lealtad y decencia: la monarquía no como poder político sino como institución de familia. Por sí sola había restablecido el brillo de una corona manchada y definido las normas del comportamiento real que permitirían juzgar a sus descendientes. Si la honestidad y la sinceridad, el deber y la dignidad son algunos de los rasgos distintivos del buen carácter, la reina Victoria fue por cierto un ser humano admirable y elevó a la monarquía al ámbito en que gozó de un merecido respeto. En ausencia de esas virtudes, es fácil comprender que un siglo después su progenie determinó el colapso de dicha institución.

Sin embargo, en sus Bodas de Diamantes, se subrayó más la existencia del Imperio Británico: el más dilatado y rico que el mundo hubiese visto jamás, y que continuó ampliándose. Además, Inglaterra dominaba los mares, un hecho que parecía garantizar por el momento la invulnerabilidad del Imperio. En 1897 nadie podía prever que en el espacio de dos años este Imperio llegaría a ser tan dilatado que resultaría casi imposible defenderlo y administrarlo. De todos modos, Gran Bretaña encabezó la arrebatiña por el poder en Africa, ansiosa de asegurar lo que el canciller alemán Otto von Bismarck denominó "un lugar bajo el sol".[4]

A pesar de la leche gratuita distribuida durante la Semana del Jubileo, de los desfiles y el sentido de orgullo imperial, en las calles de Londres se manifestaba escasa preocupación por los detalles del Imperio. No podía existir ese sentimiento. Era la ciudad más grande del mundo, con casi seis millones de residentes, pero más de dos millones vivían en abrumadoras condiciones de pobreza. Los mendigos inundaban las calles, las chozas sórdidas carecían de combustible y había poco alimento; los niños se cubrían con harapos y diarios, los padres borrachos abandonaban a sus familias, medio millón de hombres carecían de salarios regulares y el trabajador promedio ganaba (de acuerdo con los valores de un siglo después) menos de siete dólares semanales. Es posible que Britania gobernase las olas en el exterior, pero un número muy elevado de ciudadanos británicos estaba naufragando en su propio país.

Durante las décadas de los ochenta y los noventa —en realidad, desde principios de los setenta— Victoria gozó de buena salud y pudo disfrutar de los viajes. Se dirigía con regularidad a Biarritz en primavera, a Suiza o España parte del verano y agazajaba en Windsor, Balmoral, Cowes u Osborne. La viuda había abandonado definitivamente su luto en 1889 cuando invitó a los grandes actores Henry Irving y Ellen Terry a representar escenas de *El mercader de Venecia* en Sandringham; después, en una actitud que chocó a sus cortesanos, los convidó a cenar a su mesa. Ahora que Alberto ya no vivía, Victoria cultivó el gusto por el drama teatral y gozó del atrevimiento de la comedia de George Grossmith, titulada *How Ladies of the Future Will Make Love* (Cómo harán el amor las damas del futuro), que le provocó cataratas de carcajadas cuando fue representada respondiendo a una de sus órdenes.

Por cierto, no era una anciana austera ni temible. Sus hijos, los nietos y los criados con frecuencia representaban piezas teatrales improvisadas para la Soberana en Balmoral y Osborne House, y cuando asistía a estos espectáculos reaccionaba con tanto placer como el niño más pequeño. "Es extraordinario —escribió su nieto— cómo complacen a la abuela esas cosas menudas... Tales representaciones le interesan y agradan muchísimo."

En medio de toda la grandeza de Victoria y su dilatado Imperio, ella no era una mera observadora pasiva; visitaba los hospitales, pasaba revista a los soldados en Inglaterra durante la Guerra de los Boers y distribuía medallas en más ceremonias que nunca. Si antes lord Melbourne le había enseñado a interpretar el disenso como una manía extremista, ahora de buena gana prestaba oídos a quienes defendían a los pobres y los dolientes. Del mismo modo, Disraeli asumía los deberes imperiales de Victoria y prodigaba halagos a la soberana y la convencía del acierto de la actitud según la cual Inglaterra debía "afrontar la carga del hombre blanco". Las opiniones de Disraeli coincidían perfectamente con las de Victoria. Pero, incapaz de comprender a los que se oponían a Disraeli y que reclamaban una reorganización del sistema de clases y un nuevo socialismo, de todos modos demostraba una compasión natural que mezcló su creciente confusión con la piedad y suavizó sus últimos años con nuevas honduras de humanidad que nunca se habían manifestado en la superficial Reina joven o en la matriarca retraída.

En último análisis, hacia 1900 Victoria era una paradoja. Obsesionada por su respeto reverencial a la monarquía pero personalmente humilde, prefería una cofia de encaje a una corona y un carro tirado por asnos a un carruaje de gala. Severa en la Corte, donde no admitía que la ignorasen, frente a su personal y a los visitantes en Escocia y en Osborne aparecía como una dama amable, que no se imponía a nadie, recompensaba la más pequeña amabilidad y nunca olvidaba el cumpleaños de los más humildes. En sus últimos años, la Reina y Emperatriz fue en todo sentido una mujer que se caracterizó por la grandeza de su corazón y la simpatía. Gran parte de todo esto sucedió, como siempre, en momentos en que soportaba la tortura del sufrimiento: el 30 de julio de 1900, poco antes de cumplir cincuenta y seis años, su hijo Alfredo, duque de Edimburgo y Sajonia-Coburgo-Gotha, falleció de cáncer de la garganta. Pocos meses antes, el hijo distanciado de Alfredo se había suicidado. Después de las muertes prematuras de Alicia y Leopoldo, el súbito fallecimiento de su tercer hijo sumió a Victoria en una profunda depresión. "Todo esto ha originado una terrible impresión —escribió en su diario—. Ruego a Dios que me ayude a tener paciencia y a confiar en El."

Alumna de Alberto hasta el fin, Victoria consagraba su habitual y meticulosa atención a los detalles de los documentos de Estado y las cajas de despacho; e imponía su derecho a ser consultada, el derecho a alentar y el derecho de prevenir; en resumen, a menudo asumía el derecho de estorbar y obstaculizar a sus ministros. Con su familia se mostraba más paciente y menos imperiosa: "Las respuestas y las observaciones ásperas sólo consiguen irritar y dañar —escribió a Bertie, que deseaba sermonear con severidad al káiser Guillermo II (nieto de Victoria y sobrino del propio Bertie)—. Es necesario evitar con cuidado esas tácticas en el caso de los Soberanos y los Príncipes. Los defectos de Guillermo provienen de su carácter impetuoso (así como del engreimiento); la calma y la firmeza son las armas más poderosas en tales casos".

En junio de 1900 cumplió ochenta y un años; cojeaba tanto que necesitó una silla de ruedas y las cataratas limitaban su visión, de modo que incluso las gafas le servían de poco. Las damas de compañía perdían la voz leyéndole en voz alta las montañas de documentos oficiales y las cartas de los parientes, y los secretarios se agotaban redactando las extensas y agudas respuestas que la Reina les dictaba. El deber, la dignidad, la sencillez y la vitalidad la acompañaron hasta el final.

Todas las noches en el Castillo de Windsor preparaban las ropas de su amado príncipe Alberto, limpias y planchadas para el día siguiente, como si Victoria esperase que él regresara de una excursión al Paraíso y abrigara la esperanza de encontrarlo en los corredores, para retornar con él a la bienaventuranza; un futuro en el que ella creía con todo su ser. Y todas las mañanas renovaban el agua en la jofaina dispuesta junto a la cama de Alberto, como si Victoria pudiese provocar el retroceso del tiempo. También en Osborne se sentía por doquier la presencia de Alberto; había fotografías y recuerdos de Alberto en todas las habitaciones. Dondequiera que durmiese, la Reina tenía una fotografía de su esposo sobre la cama; una imagen de su cabeza y los hombros, una expresión serena y compuesta en la muerte, esperando en silencio y con afecto el reencuentro con Victoria.

Finalmente la prolongada separación se acercó a su fin.

Desde febrero de 1900, a la edad de ochenta años, Victoria comenzó a flaquear, y hacia el verano incluso ella debía reconocer en su diario: "Ahora descanso a diario, lo que según se cree me conviene, aunque significa una pérdida de tiempo". Hacia el mes de octubre, lord James, canciller del Ducado de Lancaster, observó que la Reina "había perdido mucho peso y se había encogido hasta el extremo de parecer la mitad de la persona que había sido. Al parecer, también su espíritu la había abandonado". Su Señoría acertaba, pues la Reina, normalmente regordeta, con una triple papada desde los treinta y tantos hasta sus Bodas de Diamantes en 1897, ahora pesaba menos de treinta y cinco kilogramos y parecía tener el cuerpo de una adolescente enfermiza. Pidió perdón a su amada hija la princesa Vicky, porque ahora era "una pobre vieja, y casi no soy yo misma".

Se sentía agotada y a veces su memoria se confundía, pero con la fatiga llegó la incapacidad concomitante de los ancianos para dormir. Hacia fines de 1900, Victoria dependía de una dosis generosa de cloral a la hora de acostarse; pero, por desgracia, su cuerpo comenzó a habituarse a la sustancia. "Tuve una noche desagradable —observó en su diario el 11 de noviembre—, y ninguna bebida me permitió conciliar el sueño, pues el dolor me mantuvo despierta. Cuando me levanté me sentía muy fatigada e indispuesta... No pude hacer nada en la mañana entera. Descansé y dormí un poco."

"No me sentí bien —escribió en su diario el 9 de diciembre—, aunque dicen que estoy mejorando." Sin embargo hasta la última semana de su vida, a pesar de que se agravó su reumatismo, su capacidad visual disminuyó con rapidez y padeció una indigestión crónica que la obligó a convertirse en un ser prácticamente anoréxico, se impuso la sucesión acostumbrada de obligaciones. Hacia mediados de diciembre estas tareas eran una tortura, pues a esa altura de las cosas su incapacidad para comer prácticamente la despojaba de toda su energía y constituían una carga para su sistema circulatorio. La salud de Victoria también sufrió la angustia provocada por la Guerra Boer y sus listas de bajas.

La Navidad de 1900 en Osborne fue un momento signado por el frío, la atmósfera gris y el desánimo, a pesar de los intentos de los criados de adornar las habitaciones privadas de la Reina. "Me siento muy melancólica, porque veo muy mal", escribió, ahora casi totalmente ciega a causa de las cataratas. Su depresión se acentuó todavía más cuando le informaron de la muerte de su íntima amiga lady Jane Churchill, que había caído víctima de un ataque cardíaco en Nochebuena. También la entristeció mucho la noticia de la muerte de un nieto militar, el príncipe Cristián Víctor, víctima de la fiebre en Africa del Sur. Lo que era todavía peor, habían diagnosticado un cáncer terminal en la columna vertebral a su amada hija Vicky, la emperatriz Federica de Prusia.

Poco antes de la Noche Vieja, una sucesión de ásperas tormentas de invierno se abatió sobre la Isla de Wight, y Victoria no pudo realizar sus excursiones vespertinas en carruaje, o siquiera fuese en silla de ruedas. "Empieza otro año —escribió en su diario al día siguiente—, y me siento tan débil y enferma que lo inicio con tristeza." Sin embargo, el sábado 12 impresionó a uno de sus ministros, que observó que la voz de Victoria era "clara como de costumbre, y la Soberana no mostraba el más leve signo de que su inteligencia hubiese decaído". Al día siguiente, dictó la última entrada en un diario que había comenzado a la edad de trece años; el martes 15 de enero su médico sir James Reid, que observó una parálisis facial parcial sobre el costado derecho y el deterioro del lenguaje, percibió que la Reina estaba sufriendo una serie de pequeños ataques.

El káiser Guillermo II, nieto mayor de Victoria, llegó desde Berlín en el momento mismo en que los hijos de la Reina estaban reuniéndose, una asamblea que a ella le habría molestado mucho en un mínimo instante de lucidez. Había dicho que tener a los parientes rodeando su lecho de muerte en efecto sería "terrible... Insistiré [en que] si estoy muriéndome eso no debe suceder nunca. Es espantoso". Refiriéndose siempre a sí misma en tercera persona cuando hablaba o escribía como Reina, había explicado un cuarto de siglo antes que "la Reina desea que nunca se la engañe acerca de su estado real" cuando estuviese demasiado enferma para impartir instrucciones. Y su médico había aceptado que nunca daría dicho paso; pero el sábado diecinueve Victoria le dijo que deseaba "vivir un poco más", pues aún tenía que "arreglar cösas".

Ese fin de semana tormentas más feroces barrieron la isla, el viento aulló alrededor de la Torre de la Bandera y la Torre del Reloj en Osborne, la lluvia golpeteó sobre los grandes ventanales y el fuego no pudo contrarrestar el frío húmedo que prevalecía en el pequeño dormitorio de Victoria. El domingo 20 de enero, tuvo a lo sumo conciencia intermitente, pero el lunes pareció reaccionar y pidió que su amado perro pomerania, llamado Turi, fuese llevado a su cama, donde lo palmeó y acarició. Poco antes del mediodía, llegaron el Príncipe de Gales y el Káiser, y esa noche, cuando Victoria despertó, mantuvo una afectuosa conversación con Bertie. Cuando Bertie salió, volvió el médico, y a este le sorprendió que la Reina le tomase la mano y repetidas veces la besara; pero entonces comprendió que en su ceguera ella lo confundía con el hijo.

El martes 22 de enero era evidente que Victoria se acercaba a la muerte. Reid emitió una declaración pública —"La Reina está decayendo"— que inspiró al Duque de Argyll, yerno de la Reina, la alusión involuntariamente irreverente en el sentido de que "los últimos momentos fueron como los de un barco de tres puentes que se hunde. A cada momento parece rehacerse y después se hunde".

La numerosa familia —incluso los nietos, traídos de Londres y de allende el Canal— entraban y salían de la pequeña habitación, pero el Káiser permaneció constantemente, lo mismo que Alejandra, Princesa de Gales y esposa de Bertie. Alix se mostró especialmente atenta, lo mismo que los hijos de la Reina, es decir

Bertie, Arturo, Helena, Luisa y Beatriz. En la lejana Prusia, Vicky, que ya no podía caminar, lloraba en silencio y rehusaba que le aplicasen calmantes, porque deseaba mantenerse alerta en estado de vigilia por su madre moribunda.

A partir de las cuatro de la tarde, cuando comenzó a sentir que respiraba con dificultad, el Káiser y James Reid la sostenían, uno de cada lado. La tormenta se había alejado de Whigt, y una luz grisácea se filtraba por las ventanas estrechas. En cierto momento, sus criadas habían tratado de que se sintiera más cómoda, y Victoria se movió, diciendo con mucha ternura en vista de la labor fatigosa que ellas debían ejecutar: "Mis pobres muchachas —le oyó murmurar su hija Luisa—: No quiero morir todavía. Necesito arreglar varias cosas".

Hacia el final, el rostro de Victoria se mostró bastante hermoso a su propio modo. Expresaba escaso dolor y el gesto en general era sereno. Le agradaba que le sostuviesen la mano y sabía cuando no lo hacían. Durante la última hora este postrer confortamiento estuvo afectuosamente a cargo de Alejandra y Luisa. Pocos minutos antes de su muerte, recordaría más tarde Reid, los ojos de la Reina se volvieron hacia la derecha y se clavaron fijamente y, aunque estaba ciega, pareció que contemplaba un cuadro referido al sepulcro de Cristo, puesto sobre el hogar. Randall Davidson, obispo de Winchester (y más tarde arzobispo de Canterbury), se acercó para elevar unas pocas plegarias y leer uno de los himnos favoritos de Victoria, *Guíame, bondadosa Luz*, de John Henry Newman.

> Guíame, bondadosa Luz, entre las sombras que me envuelven,
> Alumbra mi camino;
> La noche está oscura, y estoy lejos de mi hogar;
> Continúa guiándome...
> No siempre fui así, ni rogué que tú
> Me condujeras de la mano;
> Me agradaba elegir y ver mi camino; pero ahora
> Continúa guiándome...

Cuando Davidson llegó a las palabras

> Y con la mañana esas caras angelicales sonríen
> Las caras que desde entonces hace mucho yo amo, y que
> \después perdí

el cambio de expresión de Victoria demostró que al fin comprendía el significado de estos términos.

La Reina pronunció las últimas palabras cuando abrió los brazos a su hijo y heredero: "Bertie", murmuró suavemente, tomándole la mano y besándola, como si todo el antiguo rencor y las décadas de desconfianza se hubiesen disipado, como se había fusionado la nieve el fin de semana y como si ella fuese la primera que rendía el debido homenaje a su hijo, ahora el nuevo monarca de Inglaterra. El le besó la mejilla e inclinó la cara hasta ponerla al lado de la de Victoria, sobre la almohada.

A las 18.20, la larga luz diurna del invierno estaba decayendo, y en la habitación ensombrecida encendieron unas pocas velas y una lámpara. Esa tarde el tiempo se había suavizado, y ahora, después de las tormentas, los cedros de los jardines cuidadosamente diseñados del príncipe Alberto parecían tan exuberantes como en medio del verano y los prados relucían con un verde muy intenso. En la semipenumbra, no había ni rastros de la atmósfera sombría de mitad del invierno. Podía escucharse bajo el dormitorio de la Reina el chapoteo suave de una fuente. Precisamente a las 18.30 la cara de Victoria, que había estado tensa a causa de la parálisis, se aflojó y recobró la calma.

CAPÍTULO CUATRO

La década eduardiana

1901 a 1910

¡Buen hombre, no soy una fresa!
EDUARDO VII, cuando un criado derramó crema sobre los pantalones reales

Luisa, hija de la reina Victoria y Duquesa de Argyll, tenía un humor jugue-tón que su madre por cierto habría apreciado. Mientras se arrodillaba junto a sus hermanas Beatriz y Helena, en el mausoleo de Frogmore, durante la conmemora-ción del aniversario de la muerte de la Reina, una paloma voló sobre la capilla.

—El espíritu de nuestra querida mamá —murmuró Beatriz piadosamen-te—. No cabe la menor duda.

—No, estoy segura de que no es su espíritu —replicó la princesa Luisa.

—Sin duda es el espíritu de nuestra querida madre —insistió Helena.

—No —dijo Luisa con tranquilidad—. El espíritu de nuestra querida ma-dre jamás habría arruinado el sombrero de Beatriz.

El Príncipe de Gales —el nuevo rey Eduardo VII— tenía un eficaz sentido del humor y festejó la anécdota cuando se la relataron. Pero al principio de su reinado no tenía muchos motivos para sonreír. Después de esperar tanto tiempo entre bambalinas, Alberto Eduardo finalmente recibió la convocatoria: a los cin-cuenta y nueve años se sentó en el trono del Imperio.

Su madre había reinado casi sesenta y cuatro años, y la gran mayoría de los cuarenta y un millones de ciudadanos existentes en Gran Bretaña en 1901 no había conocido otro monarca. En su condición de gobernanta constitucional sin autoridad ejecutiva o judicial, no había tenido atribuciones legales, pero su influencia era enorme. El Imperio había difundido sus propios valores remitiéndose a los sencillos elementos de su virtuosa Reina y Emperatriz, y había extendido su poder económico y militar al amparo de la imagen amplia y mítica de la Soberana. Victoria había marcado con la impronta de su personalidad una época que ostentaba su nombre y el estereotipo ahora resonó como una auténtica verdad: una época desaparecía con ella.

Y otra comenzó con su hijo. Al principio, pareció imposible concebir la vida de la gente común sin la anciana imperiosa y ácida, generosa y amable. Pero las cosas cambiaban de prisa. La sobria frugalidad de Victoria al cabo de pocas semanas se convirtió en un recuerdo antiguo, mientras el nuevo monarca infundía a la Corte inglesa un espíritu de gozoso lujo. Algunos sospechaban que el goce quizá no durase, y la sensación de la presunta brevedad acentuaba el sabor; y su carácter acerbo se vio aumentado porque muy pronto sobrevino una gran guerra.

Al día siguiente de la muerte de la Reina, una catarata de artículos extensos y santurrones en *The Times* apareció acompañado por un ensayo que expresaba acentos precautorios. Mientras se reconocía pro forma que como Príncipe de Gales el nuevo Rey "nunca había fallado en su deber hacia el trono y la nación", el editor del periódico adoptaba después un acento de retórico pulcro y precavido. "No fingiremos diciendo que no hay nada en su larga carrera que aquellos que lo admiran y respetan desearían que fuera de otra manera." La alusión era bastante clara. Uno pensaba en los escándalos en los que Bertie aparecía en diferentes dormitorios y alrededor de las mesas de bacarat; el hombre disipado que avergonzaba a su madre precisamente porque esta no le permitía otra cosa que perfeccionar el papel de Príncipe Encantado y *Playboy*.

Una cosa fue evidente en lo inmediato. En París y Viena los que podían permitírselo danzaban acompañándose con los compases intensos y embriagadores de *la belle époque*. Bertie, que apreciaba mucho el lujo y el refinamiento del Continente, trajo a Inglaterra esa "hermosa época". Pareció que casi de la noche a la mañana el estilo real pasó de la serenidad al sensacionalismo, del negro victoriano al bermellón de Bertie. La monarquía sería ahora una institución social y no una entidad moralmente persuasiva. Regresó la pompa y con él un espíritu completamente distinto del que representaba Victoria.

La finada Reina había rehuido la sociedad, condenado las carreras de caballos como una actividad indigna, se había mantenido fiel a su esposo fallecido y había evitado las imposiciones de la modernidad. En este último aspecto, los automóviles eran un ejemplo apropiado: "Máquinas horribles —dijo Victoria—, que tienen un olor excepcionalmente desagradable". En esta opinión no estaba sola, pues la mayoría de las personas respetables desdeñaban la nueva forma de transporte, por entender que era apropiada sólo para los manirrotos.

En cambio, el nuevo Rey escapaba del hastío, necesitaba diversiones constantes y compañías sugestivas, era aficionado a las carreras, practicaba el adulterio sin la menor vergüenza y abrazaba todo lo que fuera nuevo, especialmente el automóvil. Eduardo y Alix a menudo fueron vistos cuando viajaban en un Daimler descubierto, él fumando un cigarro, haciendo sonar la corneta de cuatro notas que llevaba fijada a una puerta y saludando con su sombrero blando a los sorprendidos aldeanos de Norfolk o Sussex. La velocidad era un aspecto esencial del asunto: "¡De prisa! ¡De prisa!", exhortaba a su chófer, mientras la esposa apretaba a uno de sus perritos sobre el regazo y rezaba pidiendo que llegaran a destino sanos y salvos. El Rey fue el único promotor de la aceptabilidad social del coche, pues hacia 1903 también fue dueño de un Mercedes-Benz y un Renault, todos pintados de rojo inglés oscuro y con el escudo de armas real grabado sobre una portezuela.

No perdió tiempo en anunciar que las cosas se ajustarían a un estilo nuevo e independiente. Al día siguiente de la muerte de Victoria, Bertie llegó de prisa a Londres para cumplir las formalidades de la reunión de entronización con el Consejo Privado; esta ceremonia se había celebrado hacía tanto tiempo, que fue necesario consultar las firmas en vista de la falta de un cortesano vivo que actuase como testigo ocular. Por supuesto, la coronación tendría que esperar un período decente de duelo público. Pero esa mañana —el 23 de enero de 1901— Frederick Temple, arzobispo de Canterbury, presidió el juramento de la soberanía. Y entonces, con gran asombro de todos, el nuevo Rey anunció que, a pesar de las muchas virtudes de su finado padre, deseaba que se lo conociera por su segundo nombre, y no aceptaba, como lo había deseado su madre al bautizarlo con el nombre del padre, que lo llamasen rey Alberto I. Por consiguiente, fue presentado ante Londres y el mundo como Su Majestad, lord Eduardo, por la Gracia de Dios, el Séptimo de ese nombre, Rey y Emperador. No deseaba el nombre alemán, ni la asociación con una severa dinastía teutónica.

"El factor alemán —dijo cierta vez Victoria—, debe ser apreciado y mantenido en nuestro hogar bienamado." En este sentido, la había conmovido el matrimonio de Vicky con el Príncipe Coronado de Prusia, y también se había emocionado con las muchas uniones de sus hijos y nietos con herederos teutónicos (Jorge con May, entre ellos). Pero pese al hecho de que Eduardo VII apenas tenía una gota de sangre inglesa en sus venas —sus padres provenían ambos de linajes completamente alemanes— pronto afirmó su condición del más inglés de los monarcas. La Casa de Hanover oficialmente ya no existió; la nueva denominación dinástica fue Sajonia-Coburgo-Gotha, es decir la correspondiente al padre del nuevo Rey. Rara vez un sencillo cambio de nombre ha marcado de manera tan clara una modificación del estilo y el propósito nacional. Pero a pesar del carácter inglés que en adelante distinguiría a la monarquía, "Sajonia-Coburgo-Gotha" era sin duda teutónica y se necesitaría una guerra para eliminarla de las costas inglesas.

Aunque Eduardo medía sólo un metro sesenta y cinco centímetros, en cierto modo se imponía a todos los que lo rodeaban.[1] De noble apostura, siempre perfectamente vestido y pulcro, irradiaba autoridad, al margen de que usara un traje de calle, un uniforme militar o vestiduras reales de gala. En su condición de cálido anfitrión, que amaba la risa y un buen cigarro, hablaba un alemán y un francés impecables, conseguía que los príncipes y los plebeyos se sintieran cómodos, y —por mucho que respetase la rigidez del protocolo y las normas del buen vestir y el comportamiento— impresionaba por el estilo y reconfortaba por la impresión de indolencia que trasmitía su cuerpo macizo. Su encanto, de acuerdo con un contemporáneo,

> llegaba a las alturas del genio... Lo *determinaba*. Con una presencia digna, un perfil apuesto y un estilo cortesano, nunca olvidaba decir una palabra al visitante más humilde, al servidor o a un funcionario oscuro... no excluía a nadie. La observación adecuada, la frase seria expresiva y la broma divertida, acompañada por una risa gorgoteante con un amigo íntimo, determinaba que todos se sintieran complacidos en cuanto lo observaban.

Estas cualidades, sumadas a lo que un cronista denominó "una auténtica bondad de corazón... [y] la lealtad y la generosidad hacia sus amigos", aportaron a Eduardo VII mucha admiración y en poco tiempo el amor de un pueblo que consideraba que los defectos del Rey por cierto eran demasiado humanos. También se mostraba paciente con los defectos ajenos. Cuando un servidor por accidente derramó crema sobre él, durante el desayuno, Eduardo lo miró y dijo: "Buen hombre, no soy una fresa". Y los que tuvieron la buena suerte de conocerlo, cualesquiera fuesen las circunstancias, llegaron a comprender por lo menos algunas de las razones por las cuales su Reina, la magnífica Alejandra, nunca cesó de adorarlo, sin importarle el costo. Pero su influencia en los asuntos políticos era en el mejor de los casos una ilusión cuidadosamente alimentada, fomentada por el encargado de prensa del Palacio de Buckingham, cuyas obligaciones ahora incluían el refuerzo positivo de la imagen del Rey así como la necesidad de desviar la atención orientada hacia sus amantes.

El 14 de febrero de 1901, el Rey y la Reina afrontaron un frío cruel para protagonizar un desfile prolongado y lento, pues Eduardo se proponía demostrar su estilo de monarquía. Victoria no había presidido la inauguración de las sesiones del Parlamento durante los últimos quince años de su vida, pero Eduardo insistió en que había llegado el momento apropiado para demostrar las diferencias de los respectivos estilos. En adelante habría pompa y por eso ordenó que se preparase el carruaje ceremonial dorado, guardado desde la muerte de su padre cuarenta años atrás, así como las prendas ceremoniales más lujosas para él y Alix. Majestuosamente revestido de carmesí, el ancho pecho recargado de medallas y cintas, el Rey se presentó en público; la sorprendente Alejandra estaba a su lado, reluciente con sus diamantes, las perlas y el vestido de satén. Eduardo aparentaba su edad; podía haberse creído que Alix era su hija. Ella no había envejecido en absoluto; incluso a corta distancia, tenía la piel suave como alabastro, los ojos luminosos, la expresión firme pero benigna. Nadie creía que pudiese tener más de treinta y cinco años.

El rey Eduardo decretó que los lores debían usar distintivos de oro en esta ceremonia inicial y sus prendas más finas de armiño, seda y terciopelo. Exactamente dos semanas después el Rey viajó con sencillez y sin ostentación a Berlín, para reconfortar a su hermana moribunda Vicky. No debía haber recepción oficial, nada que distrajese la atención; era un hombre que casualmente desempeñaba la función real, visitando a una hermana amada que precisamente era Emperatriz Viuda. Poco importaba que los políticos de Inglaterra y Alemania estuviesen mirándose con hostilidad y suspicacia crecientes; esta era una visita rigurosamente de familia. Del episodio no quedaron registros, pero del amor que los unió toda la vida no hay la menor duda. El rey Eduardo regresó en silencio a Inglaterra, sin detenerse a pasar un alegre fin de semana en París o Deauville.

Por ostentosas que fuesen sus apariciones públicas en Londres, Eduardo parecía no olvidar nunca en privado que la lujosa presentación de su persona era nada más que eso. No tenía la mística reverencia de su madre por la monarquía y tampoco separaba a la corona de la persona que la ceñía. Por cierto, en él había una evaluación inexorablemente honesta de su propia persona como hombre, cualesquiera fuesen sus responsabilidades. Así como Victoria expresaba tímida gravedad con la forma que confería a sus labios, Eduardo parecía siempre al borde de la sonrisa y sus ojos azules se mostraban de modo invariable curiosos, alegres, seductores y atentos. Tolerante, desprejuiciado, dispuesto a aceptar la gente de todas las categorías y posiciones sociales en su propia confianza (y a todas las mujeres en su vida amorosa), Eduardo no disponía de tiempo para las hipocresías de los cortesanos. Cuando uno de ellos lo elogió porque había enviado un mensaje cálido a un hombre que era un miembro difícil y extremo del Parlamento, el rey tuvo un acceso de cólera: "¡No me comprende! ¡Soy el Rey de *todo* el pueblo!". Y así era, si bien él se vanagloriaba todavía más de ser el epítome del caballero rural inglés, un hombre que se mostraba especialmente sereno en Sandringham, con sus rifles, sus perros y su ganado. Allí jugaba con sus nietos, que le tiraban de la barba y cabalgaban sobre su espalda; allí también los hijos de la señora Keppel eran bien recibidos y nunca se los reprendía cuando llamaban a Eduardo "Pequeño Rey". Victoria siempre había tenido buenas intenciones, pero su timidez natural y su sentido de que era la reina desalentaban los abrazos excesivamente afectuosos de los niños.

Con respecto a sus deberes y prerrogativas reales, es cierto que, como a Eduardo se le había negado el menor entrenamiento, carecía de la costumbre y por lo tanto de la capacidad para concentrarse en los papeles que se amontonaban sobre su escritorio. Pero eso no lo llevaba al descuido; simplemente creó su propio estilo, prefiriendo reunir en bloque a sus ministros, o a uno de ellos mientras bebían una copa o paseaban por los jardines del palacio. Lord Esher, uno de los más íntimos confidentes de Eduardo, recordaba que

> la escena en Marlborough House durante las primeras semanas del reinado de Eduardo contrastó profundamente con todo aquello a lo que estábamos acostumbrados. Eduardo se mostraba accesible, amistoso, casi familiar, franco, sugestivo y receptivo, desechando la ceremonia pero sin pérdida de la dignidad, con capacidad de decisión, pero nunca obstinado o imperioso... Permitía a los que tenían acceso a él que fumasen en su presencia... Uno podía entrar sin anunciarse en la habitación, y si así lo deseaba salía del cuarto con una reverencia al Rey y volvía cuando lo deseaba. El continuaba interrogan-

do, dictando y decidiendo. Parecía que su memoria nunca lo traicionaba... La impresión que me daba era la de un hombre que, después de largos años de inacción forzosa, de pronto se sentía libre de restricciones y gozaba de su propia libertad.

Como pronto lo aprendieron sus primeros ministros (Salisbury, Balfour, Campbell-Bannerman y Asquith), las décadas de estudio irregular del Rey no lo habían convertido en un ser superficial que ignorase todas las cosas relacionadas con el trono. Poseía un don natural de estadista, sus viajes lo habían familiarizado con la personalidad de diplomáticos importantes, sus dones lingüísticos le facilitaban la comunicación con los diplomáticos internacionales, y su encanto lograba lo que el formalismo rígido y exagerado de muchos miembros del gabinete no podían obtener (a diferencia de sus cuatro sucesores, Eduardo podía hablar de manera atractiva y clara en público sin apelar a un discurso preparado). Herbert Asquith, que no era amigo del Rey y a menudo representaba el papel de adversario, reconoció que en Eduardo

el deber hacia el Estado siempre ocupaba el primer lugar. No había mejor hombre de negocios... Dondequiera estuviese, no importa cuáles fuesen sus preocupaciones, en las transacciones oficiales nunca había retrasos, nunca rastros de confusión y jamás demoras evitables.

Quizá precisamente porque Victoria le había negado toda participación en los asuntos oficiales, Eduardo se mostraba muy sensible cuando sus ministros lo ignoraban. De acuerdo con sus propias palabras, ese Rey no sería "una mera 'máquina de firmar'". Sabía bien que sus tareas eran principalmente ceremoniales; poner piedras fundamentales, otorgar medallas a los veteranos, hablar en actos municipales, fomentar la beneficencia. Pero hacía todo esto con tan alegre desenvoltura que en cierto modo parecían las actividades propias de un rey más que la de un embajador privilegiado de buena voluntad, que era en lo que estaba convirtiéndose.

Con respecto a las relaciones de Inglaterra con el resto del mundo, los acontecimientos demostraron con claridad que Gran Bretaña ya no podía regodearse de manera acrítica en su espléndido aislamiento, sobre todo después del tratado impuesto a Africa del Sur por Londres al final de la Guerra Boer, en 1902. La mayor parte de la simpatía europea se había manifestado contra el Imperio durante ese conflicto que duró tres años. La reclusión de los sudafricanos blancos (la mayoría de origen holandés) en campos de concentración no ganó aliados para los británicos y tampoco se los consiguió mediante un fantástico despliegue de poder militar del Imperio, cuando medio millón de soldados británicos inundaron Africa del Sur. "En la actualidad se habla demasiado del Imperio", dijo el Rey pocos años después a Richard Haldane, ministro de Guerra, quien seguramente imaginó a Victoria retorciéndose en su tumba. Mucho más católico por el temperamento y la perspectiva, Eduardo en el fondo del corazón era un ciudadano del mundo. París era su segundo hogar y el Rey se enorgullecía de sentirse cómodo en cualquier lugar de Europa. Por lo menos pasaba en el Continente tres meses cada año.

No dedicaba este tiempo al ocio y las vacaciones, sino a la promoción, por insistencia del Gabinete, de los intereses comerciales británicos, y a las reuniones con estadistas, soberanos y ministros —reuniones durante las cuales no podía promover ninguna acción (mucho menos hablar públicamente sobre cualquier asunto político)—, pero como un Juan Bautista diplomático, podía preparar el camino para un personaje más importante que llegaría después, un ministro o miembro del Gabinete. Como escribió el primer ministro Balfour, "Su Majestad hacía lo que no estaba al alcance... de ningún ministro, de ningún gabinete, de los embajadores. Gracias a su personalidad, y sólo a su personalidad, comunicaba a la mente de millones de individuos del Continente el sentimiento amistoso del país [Inglaterra]".

Desde que Guillermo IV firmó la Ley de Reforma de 1832, se había observado una declinación progresiva del poder del monarca inglés, proceso promovido por el ascenso de la democracia y por las leyes del Parlamento, y subrayado por un primer ministro tras otro. Pero mientras Victoria a veces actuaba al margen de sus privilegios constitucionales, su hijo se mostró mucho más circunspecto. Comportándose de modo invariable de acuerdo con el consejo ministerial, mantuvo relaciones amistosas con ministros de todos los partidos y fijó la pauta de una monarquía constitucional moderna más rigurosa; en pocas palabras, consiguió ampliar la base social de la realeza sin degradarla, lo cual es muy distinto que ser un embajador. Mucho después se acuñó la frase referida a la era eduardiana, pero fue el propio Eduardo quien en efecto convirtió a la monarquía en instrumento de lo que más tarde se denominaría "las relaciones públicas". Y en este sentido fue un hábil manipulador de la prensa y se ocupó de que los periodistas asistieran a las ceremonias públicas, sonriendo incansable para las fotografías, que entonces exigían que el sujeto posara largo rato en total inmovilidad, e instruyendo a sus secretarios con el fin de que convocasen a un director de periódico que deseara escuchar una declaración real y compartir una broma con el rey.

La reputación de Eduardo, como si hubiera sido un ministro eficaz con su correspondiente cartera, ciertamente ha sido exagerada, y se basa sobre todo en la visita extraordinariamente exitosa y muy publicitada a Francia realizada en 1903, un viaje complementado por los esfuerzos de los dos países para formar una alianza histórica. Pero otras cualidades políticas le fueron muy útiles en la propia Gran Bretaña, sobre todo en su papel de director de esplendorosas ceremonias domésticas. Alix, que amaba la intimidad de Marlborough House, temía mudarse a los apartamentos tétricos y sombríos del Palacio de Buckingham. El Rey, que se veía en el centro de la vida social de la nación, insistía en que el palacio era la única residencia apropiada para la Familia Real. Exploró los corredores y ordenó trabajos de pintura; se asomó a las habitaciones deshabitadas, vio que había sólo tres cuartos de baño para seiscientas habitaciones y ordenó la instalación de tuberías nuevas, instalación eléctrica, un sistema de calefacción y fontanería. Se instalaron cortinas y alfombras nuevas, se procedió a colgar lámparas, se trajeron cuadros retirados de los depósitos. Si debía crearse un escenario distinto para la monarquía, el protagonista principal exigía ambientes coloridos y redecorados. Cuando vio que todo esto era inevitable, Alix adhirió con típica elegancia también a este tipo de actividad. Ordenó diseños florales donde antes sólo habían existido lanas oscuras y se tapizaron las paredes con alegres colgaduras para iluminar las habitaciones penumbrosas.

Pero el matrimonio también sufrió ciertas modificaciones quizás inevitables. Después de casi cuarenta años, hubiera sido difícil esperar un romance apasionado entre Eduardo y Alix, y eso al margen de la existencia de las amantes reales. Pero no cabe duda de que la tenaz infidelidad de Eduardo, que se mantuvo invariable durante el reinado, entristeció e irritó a Alix, tanto más cuanto que hacia 1901 ella estaba prácticamente excluida de todos los aspectos de la vida de Eduardo. El Rey viajaba al exterior cinco o seis o diez veces al año, durante varias semanas, en misiones imprecisamente diplomáticas o por vacaciones, con un pequeño séquito o con dos ayudantes, y Alice Keppel en el papel de acompañante. En su ausencia, Alix se retiraba a Sandringham o a Dinamarca y visitaba a su propia familia.

Además de la consagración a sus nietos y a los pequeños animales domésticos, la Reina continuó trabajando en beneficio de importantes programas de caridad. Angustiada por la situación de los desocupados, creó un fondo destinado a ayudarlos, aportándoles ayuda financiera y entrenamiento laboral. Tampoco puede afirmarse que su bondad fuese meramente impersonal e institucional. En la Navidad de su primer año como Reina, Alix se preparaba para la acostumbrada fiesta de los criados en Sandringham, ocasión en que la Familia Real ofrecía un pequeño regalo a cada miembro del personal de la casa. En medio de la agitación, Alix advirtió la presencia de un lacayo que miraba con tristeza por una ventana; pronto supo que había perdido a los padres, era soltero y se encontraba completamente solo en el mundo. "No puedo tolerar que nadie se sienta solo en mi casa cuando llega la Navidad", dijo Alix, y pasó la tarde con el hombre, bebiendo sidra caliente y combatiendo esa soledad particularmente acerba de la festividad con su calidez directa y su fluida camaradería. Más avanzada esa velada, buscó de nuevo al hombre y sin ningún gesto de afectación le ofreció como regalo unos gemelos de oro en un estuche de cuero. "Este es mi regalo personal para usted —le dijo—. Pero por supuesto, esta noche además podrá retirar del árbol uno de los regalos acostumbrados."

En un aspecto importante, la Reina era la Consorte eduardiana ideal. Físicamente hermosa, inspiraba las fantasías de los artistas y los poetas jóvenes y deslumbraba a las personas invitadas al Palacio de Buckingham o a una ceremonia real. Sin embargo, todos sabían que ella prefería con mucho el tranquilo anonimato de Sandringham, donde podía entretenerse interminablemente con sus nietos y sus perros. Pero, cuando se la llamaba a cumplir con sus obligaciones públicas, refulgía. Incluso el sobrino de su esposo, el arrogante y espinoso Káiser, no podía desconcertarla. "Willy, querido —le decía cuando al fin él guardaba silencio después de pronunciar un extenso discurso contra Inglaterra—, me temo que no he escuchado una sola palabra de todo lo que has dicho."

Alix nunca habría hablado de ese modo a sus nietos, los cuales en 1901 eran siete. Aquellos a quienes veía con más frecuencia y mimaba eran los cuatro nacidos hasta ese momento de la unión de May y Jorge: Eduardo, de siete años; Alberto, de seis; María, de cuatro; y Enrique, de uno.[2]

Cuando el rey Eduardo veía a sus amados nietos, no podía imaginarlos usando insignias y armiño, pues tenía la convicción inconmovible de que la monarquía no sobreviría a su hijo Jorge; "el futuro último Rey de Inglaterra", como decía con expresión neutra. Formulaba este juicio no porque despreciara las cualidades de su hijo, sino porque entendía que la realeza era una realidad cada vez más obsoleta, que no soportaría el avance inevitable de la democracia. En ese sentido, sin duda subestimó el conservadurismo fundamental del pueblo británico, sin hablar del Parlamento, cuyos miembros (lo mismo que su electorado) consideraban al monarca no sólo como el portador de ciertas tradiciones nacionales coloridas y costumbres antiguas, sino también como el centro de una suerte de orgullo racial relacionado con el Imperio.

Pero al margen de sus sospechas acerca de las perspectivas futuras del trono, Eduardo insistió en entrenar a Jorge para la función real; no habría repetición del descuido de Victoria. Desde la primera semana de su reinado, Eduardo compartió los documentos oficiales con su hijo, que a los treinta y cinco años mucho necesitaba que se lo alentase y ayudara a encontrar su lugar en la vida. Impresionado por el desempeño al parecer sin esfuerzo de sus obligaciones por el padre, Jorge también se mostraba tímido frente al Rey, porque desaprobaba profundamente sus infidelidades con Alix. Eduardo sentía esa reprobación y, con el fin de reforzar los elementos que deseaba inculcar en Jorge, sensatamente designó a sir Arthur Bigge (más tarde lord Stamfordham) secretario privado de su hijo.

Una crónica de Jorge y May desde el momento de su matrimonio hasta el ascenso del padre de Jorge al trono no constituye un material de lectura fascinante. En esencia, la vida de un caballero rural era ordenada y serena, y no se veía turbada por otras responsabilidades que la crianza de los niños; un proceso en todo sentido enormemente grisáceo. "A cada momento bendecía su buena suerte en el matrimonio —escribió uno de sus primeros biógrafos—, y sólo pedía que se le permitiera gozar del mismo y de los sencillos placeres de la vida doméstica" en el Cottage York, de Sandringham, donde un día era muy parecido a otro. Por las mañanas cuidaba sus jardines, o se dedicaba al deporte o a los asuntos financieros;

almorzaba con su esposa; trabajaba en su colección de sellos por la tarde y (en la temporada correspondiente) cazaba faisanes; visitaba a los niños antes de cenar, después leía con la esposa y se retiraba temprano; quizá después de una partida de billar con un servidor, que aportaba el episodio más excitante de la jornada.

Pero si este programa se ajustaba a los deseos de Jorge, May lo consideraba tedioso. La vida intelectual de May no conseguía el alimento necesario, nada ni nadie aprovechaba sus energías y de sus parientes políticos no obtenía calor ni aliento. "Ahora, trata de hablar con May durante la cena —dijo la princesa Victoria, hermana de Jorge, a un invitado, con peculiar malicia; y después agregó con gesto burlón—: aunque ya se sabe que es terriblemente tediosa." Por supuesto, no podía decirse tal cosa de May, pero la persona que formulaba esta opinión, lo mismo que otros miembros de su familia, alimentaba sospechas con respecto a la timidez de May, interpretada a menudo como arrogancia o falta de inteligencia. Incluso Alix, generalmente un modelo de cortesía, a menudo ignoraba a May, aunque sin duda eso se relacionaba con su convicción materna, inconfesa (y por cierto una actitud que no era desusada) en el sentido de que nadie era mejor que ella para su querido Jorgito.

Después del fallecimiento de sus padres, May se sintió más separada que nunca de su pasado y la reserva constante de su esposo la indujo a refugiarse en una concha dura y distante que muchos interpretaron como una actitud regia. "Cuando era una niña, se había mostrado tímida y reservada —escribió su amiga más antigua, Mabell, condesa de Airlie—, pero ahora su timidez había cristalizado de tal modo... [que] ya comenzaba a formarse la dura costra de la inhibición que poco a poco la cubrió, ocultando la calidez y la ternura de su propia personalidad."

Con mucha mayor intensidad que Alix, May padecía la tendencia real a distanciar a los que se incorporaban a la familia por vía del matrimonio. El candidato al matrimonio con un miembro de la familia, de acuerdo con la Ley de Matrimonios Reales de 1772, debe conseguir el consentimiento del soberano; en general (pero no siempre) un mero formalismo. Pero una condición que crea desde el comienzo una suerte de sutil sometimiento, un escrutinio real del candidato destinado a determinar la conveniencia. Y precisamente porque el carácter mismo de la realeza supone que se diferencia de los mortales comunes y corrientes, los que salvan el obstáculo y llegan al matrimonio, descubren que el recorrido ulterior a menudo está sembrado de obstáculos que impiden la aceptación total. Por cierto, fue lo que sucedió con la princesa May, a pesar de que era descendiente de Jorge III; sería incluso más evidente para las esposas que debían llegar un siglo después. De modo que, a los treinta y tantos años, May se encontró desocupada, hastiada y deprimida. La Guerra Boer sólo temporariamente le había ofrecido ciertos propósitos en la vida: visitaba los barcos hospitales y asumía algunos de los deberes de Alix; pero después su embarazo (del príncipe Enrique) excluyó cualquier semblanza de vida pública.

Por consiguiente, es posible que un resentimiento discreto e implícito determinase que May, una mujer de temperamento artístico y naturalmente generosa, pareciese un tanto severa. "Tiene una actitud muy fría y dura y distante en sus modales —dijo Vicky, la hija mayor de la reina Victoria—. Cada vez que uno la ve tiene que romper de nuevo el hielo."

Hay ciertos indicios, aunque de ningún modo concluyentes, según los cuales precisamente por esta época la necesidad que sentía May de una vida espiritual la indujo a rezar y asistir con regularidad a los servicios de las iglesias católicas romanas del West End siempre que estaba en Londres; y así, realizaba contribuciones regulares para adornar de flores los altares; e incluso se afirmó que había sido recibida en la Iglesia en una ceremonia secreta pero formal. Esto último es muy improbable, pues habría amenazado la misma aceptación de la familia que ella buscaba con desesperación. Lo que es más importante, la conversión habría despojado a sus hijos del derecho a la sucesión si (como era la condición acostumbrada en la Iglesia Católica) May los criaba en esa religión. En definitiva, la conversión al catolicismo habría alienado al esposo y en efecto perjudicado a la Familia Real, y el sentimiento de obligación de May con la Corona estaba arraigado muy profundamente. Incluso si hubiesen existido modos de evitar estos callejones sin salida, habría sido imposible que no quedasen asentados en los registros históricos; se habrían transferido sencillamente sus sentimientos de fidelidad y sin pérdida de la intensidad o la integridad.

Pero no cabe duda de que la Iglesia de Roma la atraía. Después de todo, había pasado los años impresionables de la adolescencia en Florencia, y se había sentido cómoda en la imponente grandeza de las grandes catedrales y en la serena oración de las pequeñas capillas. May era una visitante tan frecuente a una iglesia londinense que llegó a conocérsela como "La Dama de las Rosas", por su costumbre de entregar monedas al sacristán con el propósito de que comprase flores. Las tradiciones, las grandes liturgias antiguas, la disciplina y las restricciones impuestas por Roma sin duda atrajeron mucho la personalidad de May; y la importancia atribuida a la capacidad redentora del sufrimiento, concentrada en el carácter central de la Cruz, seguramente encontraban eco en la experiencia de la propia May, que la llevaba a sentirse rechazada y proscrita.

En vista de la incomodidad que experimentaba con sus parientes políticos, no resulta sorprendente que, a las pocas semanas del ascenso al trono de Eduardo, Jorge y May emprendieran un largo viaje; que provocó en ella un vivo entusiasmo. May consiguió transmitir ese sentimiento a su esposo, que no estaba por completo seguro de que podría representar el papel de delegado del Rey. A pesar de las aprensiones que él experimentaba, el Gabinete adoptó una actitud firme, y así Jorge y May visitaron varios dominios. El 16 de marzo los Duques de York iniciaron lo que fue en esencia una gira de relaciones públicas, durante la cual representaron a la Corona, en tanto que símbolos de un Imperio unificado.[3]

"Todos los diarios comentan la sonrisa que ella ofrece —escribió lady Lygon, que los acompañaba—; está teniendo un *succès fou* y conquistando opiniones valiosas." Y lograba este resultado a pesar de los mareos, el calor y el frío intensos, y la obligación de estrechar la mano de hasta tres mil personas en una sola tarde. Como en el caso de Alix, su preferencia natural habría sido llevar una vida más interesante, pero se sacrificaba por el marido, representando un papel predestinado, y su sentido de responsabilidad evocaba virtudes de cuya existencia ella misma no tenía idea. "Sólo denme la oportunidad —dijo May, convirtiendo su amor a los paisajes en una ventaja para el trono—, y haré las cosas con la misma eficacia que cualquiera. Después de todo, ¿por qué no?" En cierto sentido, ella, su suegra y la reina Victoria eran mucho más valerosas y tenían más recursos que los hombres de la Familia Real. También se les concedía un número mucho menor de compensaciones. En su caso, una era coleccionar: May regresó al hogar con maletas atestadas de miniaturas, artefactos, cuadros, artículos para el hogar y centenares de recuerdos ofrecidos por los gobernadores y sus respectivas esposas. Muy poca proporción de este botín fue abandonada en el curso de los años.

En el caso de Jorge, la gira de ocho meses fue un modo de ponerse a prueba y entrenarse. Se desempeñó admirablemente en las ceremonias y la confianza en sí mismo aumentó mucho, todo esto mediante el sencillo recurso de inaugurar escuelas y hospitales, poner piedras fundamentales, asistir a recepciones y pasar revista a soldados, obligaciones reales de carácter rutinario que desde su tiempo han cambiado poco. En todo caso, el sentido anticuado de sus obligaciones que alentaba en Jorge —fomentar, como él decía, el sentimiento de "lealtad hacia la Corona que no existía hace pocos años"— apenas resultaba compartido por sus distintos anfitriones, que ya se habían internado mucho por el camino de la independencia democrática y no podían sentirse conmovidos por las pretensiones imperiales de Londres. Pero a semejanza de su padre, para Jorge la Casa de Sajonia-Coburgo-Gotha era una suerte de encumbrado asunto de familia, que debía autoperpetuarse como agente principal de Gran Bretaña.

Durante este largo viaje, los hijos quedaron en Sandringham, al cuidado de los abuelos, que los malcriaron desvergonzadamente, lo cual sin duda fue un cambio muy grato después de la temible señora Green. El rey Eduardo les permitía empujar trocitos de mantequilla, como caballos de carrera, a lo largo de las costuras de sus pantalones, y rugía de placer cuando los niños proclamaban al ganador; la reina Alejandra les servía la comida que ellos deseaban y les permitía permanecer levantados hasta tarde, en total control de la casa, hasta que los niños (y los criados) se desplomaban agotados. Eduardo, que ahora ocupaba el segundo lugar en la línea sucesoria del trono, después de su padre, era un niño vivaz y dominante, el capitán sin miedo en los juegos militares y navales que se desarrollaban en las habitaciones de los niños. Aún existen breves películas de la familia en las cuales Eduardo manda a su pequeña banda de subordinados, armados con fusiles de juguete: Alberto, muy tenso, evita la cámara siempre que puede; María, también tímida, le sigue plácidamente los pasos. Sólo el infante, el príncipe Enrique, estaba eximido de la conscripción. Los fragmentos de celuloide mudo no revelan quizás el factor más inquietante: el empeoramiento del tartamudeo de Alberto, que lo avergonzaba y molestaba a todos los que trataban con él, y su tendencia a los súbitos accesos de cólera y a los ataques de llanto.

Así pasó el verano de 1901, un momento prolongado de despreocupación que muy probablemente fue el período más satisfactorio de la vida de Alix desde que ella había criado a sus propios hijos. Pero para el rey Eduardo fue un intervalo sombrío. Después de una amarga lucha que terminó con un período de varios meses de dolorosa paraplejía, a consecuencia de un cáncer en la columna vertebral, su hermana Vicky, Emperatriz Viuda de Prusia e hija mayor de la reina Victoria, falleció el 5 de agosto, a la edad de sesenta años. En el curso de los años, Vicky se había mantenido siempre cerca de su hermano, prefiriendo de lejos su política liberal a la ostentación y el ruido de sables de su propio hijo, el Káiser. También conservó su relación íntima con los más refinados círculos literarios y científicos de Berlín, y nunca renunció a la lucha por los derechos de la mujer al voto y a la educación superior. Vigilante y valerosa hasta el final, Vicky había insistido con su propia vocación como escultora y poco antes había completado su última pieza: una terracota que representaba una cabeza de Cristo, que miraba al mundo con infinita benignidad y que pronto sería colocada sobre las tumbas de los padres en Frogmore.

Pero el Rey no disponía de mucho tiempo para el duelo. Regresó del funeral en Potsdam para encontrarse con una montaña de informes provenientes de las colonias y ahora dictó respuestas a cada gobernador general, y largas cartas de gratitud y felicitación a su hijo y su nuera, por el evidente éxito que habían alcanzado. También se dispuso a realzar el modo de vida de Jorge y a ampliar sus obligaciones como Heredero del trono. En primer lugar, el Rey ordenó que se preparasen tres residencias para Jorge y May: Marlborough House, en Londres; Abergeldie, un pequeño y sombrío castillo cerca de Balmoral; y Frogmore, una casa de estilo georgiano, mucho más alegre, próxima al Castillo de Windsor.

Entonces, cuando Eduardo cumplió los sesenta años (una semana después que los York regresaron, el 1 de noviembre), designó Príncipe de Gales a su hijo de treinta y seis años. Escribió: "Al designarte hoy 'Príncipe de Gales y Conde de Chester'",

no sólo te estoy confiriendo antiguos títulos que yo ostenté 59 años, sino que deseo demostrar mi aprecio por el modo admirable en que has cumplido en las Colonias las arduas tareas que te encomendé... Dios te bendiga, querido muchacho y sé que siempre puedo contar con tu apoyo y ayuda en los pesados deberes y la posición responsable que ahora ocupo. Tu siempre amante Papá, Eduardo R. I.

La designación determinó el aumento de tareas de Jorge. El rey Eduardo rompió de una vez para siempre con cualquier semejanza con el estilo monárquico de su madre y abrió las cajas rituales de despacho con el fin de que el Príncipe las examinase. En las largas tardes de invierno, padre e hijo discutían los últimos debates en los Comunes; las murmuraciones de la Cámara de los Lores; los informes diplomáticos del Continente; el movimiento nacionalista cada vez más vigoroso en Africa del Sur a pesar de la victoria británica en la Guerra Boer; y un tratado inminente con Japón destinado a proteger los intereses mutuos de ambos países en China y Corea. El Rey sabía que revelar a su hijo los asuntos reservados era la mejor preparación para una eventual sucesión. El monarca era un personaje por completo impotente, pero no carecía de influencia y la fuerza de dicha influencia provenía, como Eduardo bien lo sabía, de la información que manejaba. En su caso, el Rey de pronto había tenido que compensar años enteros de ociosidad forzosa como Príncipe de Gales; no permitiría que su hijo soportara el mismo aislamiento provocado por la inacción.

La coronación del rey Eduardo VII y la reina Alejandra finalmente se realizó el 9 de agosto de 1902, después que el Rey se repuso de una apendicectomía que exigió postergar seis semanas la fecha original. Eduardo mandó llamar a los jóvenes Eduardo y Alberto antes de trasladarse del Palacio de Buckingham a la Abadía de Westminster. Ostentoso con sus insignias reales, percibió las expresiones sobrecogidas e impresionadas de sus hijos, sonrió y dijo: "¡Buenos días, niños! ¿No soy un anciano de aspecto cómico?" Y al oír esto los tres no tuvieron más remedio que reír juntos.

Pero cuando llegaron los lacayos para escoltar al Rey y a su Consorte hasta el carruaje dorado, Alix no aparecía por ninguna parte. Por fin, Eduardo la encontró frente a su mesa de tocador, disponiendo las últimas hileras de perlas y dando los toques finales a su peinado. Eduardo extrajo un reloj y lo señaló: "Mi querida Alix, si no vienes inmediatamente, ¡no serás coronada Reina!" La obligó a bajar la escalera y partieron.

La primera coronación en Inglaterra en sesenta y tres años por cierto fue sublime; tuvo toques de carácter medieval y mostró una solemnidad deslumbrante. La Duquesa de Marlborough, es decir la norteamericana Consuelo Vanderbilt, fue una de las personas que sostuvieron el dosel de Alix y solía recordar cómo

> las trompetas resonaban, el órgano enviaba cascadas de notas y el coro entonaba los hosannas triunfantes... [Estaban] los funcionarios de la Corte con sus varas blancas, los dignatarios de la Iglesia con sus magníficas vestiduras, los portadores de las insignias reales... la hermosa Reina, y después el Rey, solemne y regio.

La congregación estaba inmóvil como las aguas de un lago cuando se proclamó al "Muy Alto, muy Poderoso y muy Excelente Monarca, Eduardo Séptimo, por la Gracia de Dios, del Reino Unido de la Gran Bretaña e Irlanda y de los Dominios Británicos allende los Mares, Rey, Defensor de la Fe, Emperador de India".

En efecto, todo parecía en realidad grandioso. Eduardo era la personalidad social en la que se concentraban las tradiciones pasadas y la identidad actual de Inglaterra. A pesar del nuevo tono que traía al palacio, propugnaba la continuidad, la estabilidad en medio de los vientos variables de la política. Tampoco necesitaba ser un gran estratega militar, un hábil diplomático o un seductor jefe de la sociedad, le bastaba simplemente *ser*; heredero de una línea sucesoria de la familia, considerada en general (pero de modo equivocado) una línea ininterrumpida durante mil años. La paradoja era que el hombre exaltado tan solemnemente ese día de agosto —esa figura baja y pesada, calva y barbada, rodeada de obispos, pares, una esposa radiante y una vasta multitud de súbditos leales— en muchos aspectos importantes estaba sometido a su propio Parlamento.

Por espléndida que fuese la ocasión, también demostraba que la era victoriana ciertamente había dejado el sitio a la eduardiana. Por orden del Rey, una sección próxima al altar mayor había sido reservada para Lillie Langtry, Sarah Bernhardt, Jennie Churchill (madre de Winston), Alice Keppel y otro reducido grupo de favoritas reales. En una actitud menos polémica, de regreso en el palacio, cinco horas después, Alix como de costumbre resumió la conjunción de mágico esplendor y sencillez humana de la jornada: se negó a limpiar de su entrecejo el óleo con el que había sido ungida y después permitió alegremente que los niños usaran su corona.

Al margen de Alice Keppel, quizá ninguna relación con el Rey expresó la nueva era mejor que la que mantenía la gran Sarah Bernhardt. La actriz había representado escenas en presencia de la reina Victoria y por consiguiente fue invitada a conocer a Eduardo cuando él era Príncipe de Gales; siguió después una relación ardiente (aunque esporádica). "Acabo de regresar de una visita al Príncipe de Gales —escribió la Bernhardt una tarde al administrador, cuando regresó de las habitaciones privadas de Eduardo y llegó tarde a un ensayo con la compañía teatral—. Es la 1.20 y no puedo ensayar a esta hora. El Príncipe me retuvo desde las once en adelante." En realidad, la sociedad londinense conocía la relación: "Es un escándalo ofensivo", escribió lady Cavendish en su diario.

El Rey y la actriz solían intercambiarse regalos (entre otros, cachorros), y siempre que la Bernhardt estaba en Inglaterra, ofrecía funciones regias en Windsor, Sandringham o Londres, donde ambos compartían momentos de intimidad. Cierta vez que ella representó *La Sorcière* mientras él se encontraba en París, Eduardo telefoneó para concertar un encuentro y preguntar acerca de la hora de la representación. Como no reconoció la voz del monarca, ella inquirió: "¿Quién es? —y cuando él se identificó, la Bernhardt dijo, conociendo su afición a las cenas prolongadas antes de la función—: Oh, para usted, sir, a las nueve".

Pero Eduardo no siempre se limitaba a permanecer con el público; de hecho, le agradaba mucho representar papeles estáticos en las piezas de la Bernhardt. Su favorito era el cadáver en el primer acto de *Fedora*, de Sardou, donde la Bernhardt entraba y se enteraba del asesinato de su esposo. Ella abría las gruesas cortinas de brocado de la alcoba montada en escena, veía el cuerpo y exclamaba: "¡Mi Vladimir, mi esposo!", y se arrojaba sollozando sobre el muerto. En 1883 el "cadáver" era nada menos que el Príncipe de Gales, que perversamente cambiaba de posición de una noche a la siguiente, de modo que la Bernhardt encontraba los pies donde esperaba ver la cabeza y viceversa. Cierta vez él amontonó algunos juguetes musicales bajo su ropa y cuando ella apoyó la cabeza sobre el cuerpo, en los últimos pasajes de la escena, oyó algunos chillidos que desconcertaban por lo cómicos.

Se declaró feriado público ese Día de la Coronación y hubo festivales en los parques, se distribuyó leche en forma gratuita y se quemaron fuegos artificiales. Pero el regocijo pasó muy pronto y de nuevo resultaron muy visibles las más duras realidades de la vida cotidiana. En ese momento más de un millón de personas en Inglaterra y Gales vivían de la beneficencia y se calculaba que un tercio de la población estaba por debajo del nivel de la pobreza; otro problema era el nivel inferior de la salud pública. En 1902 el Parlamento no tenía absoluta idea acerca del modo de abordar estos problemas.

También se cernían amenazas internacionales sobre la nación y la más grave provenía precisamente del káiser Guillermo II, sobrino de Eduardo. Las relaciones con Alemania nunca habían sido fáciles. La propia Vicky detestaba el militarismo prusiano y se sentía humillada por los desbordes chauvinistas de su hijo. Los hanoverianos habían perdido posiciones durante la Guerra Austroprusiana de 1866 y más tarde las simpatías de Eduardo por Francia en la Guerra Francoprusiana enconaron más la actitud de Alemania hacia Inglaterra. También en el plano personal las diferencias entre el sobrino y el tío eran muy grandes: si Eduardo se mostraba siempre cortés, amable, gregario y completamente consagrado a la concordia internacional, Guillermo se exhibía tosco, altivo y belicoso. Tampoco puede suponerse que el deporte ayudase mucho. Jorge había perdido la copa de yachting de la Reina a manos de Guillermo, en la regata de Cowes celebrada en 1893 —lo cual ya era bastante desagradable—; pero Guillermo además aprovechó el acontecimiento como una demostración de fuerza de la naciente marina alemana.

A lo largo de 1902 y 1903 el Rey y el Príncipe de Gales, con la aprobación del Gabinete del primer ministro, trató de afrontar los insultos y los actos intimidatorios del Káiser. En los documentos oficiales provenientes de Alemania, se afirmaba que los ministros británicos eran "tontos sin remedio"; y el Káiser sostuvo en una cena celebrada en Berlín que el Rey era "un demonio... ustedes no se imaginan hasta dónde llega su maldad". Todo esto no era más que retórica, pero no cabía decir lo mismo de lo que presagiaba. El crecimiento sin control de la marina alemana era alarmante para Europa entera, y ahora fracasó el intento de constituir una alianza y firmar un pacto relacionado con el dominio de los mares. Hacia 1904 el almirante John Fisher, Primer Lord del Mar, dijo con franqueza al Rey que Alemania era la principal amenaza para Gran Bretaña. En vista de un conflicto posible, se construiría una flota de nuevos buques de guerra, llamados *Dreadnoughts*, equipados con cañones tan poderosos que todas las armas anteriores resultarían anticuadas.

Por lo demás, Eduardo tenía buenas relaciones con las potencias del Continente. En abril de 1903 se convirtió en el primer monarca inglés que visitó Roma en más de mil años (desde Aethelwulf, padre de Alfredo el Grande), y mientras se encontraba en esa ciudad fue el primer jefe titular de la Iglesia de Inglaterra que visitaba al Papa; en este caso, a León XIII, de noventa y tres años, que entonces estaba viviendo los últimos meses de su papado. El primer ministro Arthur Balfour, temeroso del fanatismo protestante anticatólico, había desaconsejado al Rey que realizara la visita. "Tonterías", dijo Eduardo. Como Príncipe de Gales se había reunido tres veces con Pío IX, el papa precedente; rehusó ceder al prejuicio, y para colmo ofender a sus súbditos católicos. Cuando se reunieron, Eduardo encantó al papa León, un hombre frágil pero cauteloso, que a su vez elogió la tolerancia del monarca frente a los católicos (que habían gozado de derechos civiles en Inglaterra sólo desde la época de Victoria).

Roma fue la última de las visitas triunfales celebradas ese año; el Rey fue igualmente bien recibido en Portugal, Italia y Francia. En París sus virtudes sociales nunca tuvieron tanto éxito y después de su visita se crearon las sólidas bases de la llamada "Entente Cordiale" de 1904, una frase francesa acuñada por el propio Eduardo.

Entre otros problemas, se resolvieron dos especialmente decisivos; por lo menos en parte como consecuencia de que Eduardo insistió ante su propio gobierno, sencillamente para conseguir el objetivo, porque el asunto comenzaba a irritarlo: se reconocieron los derechos de Francia en Marruecos, lo mismo que los de Gran Bretaña en Egipto. (No por casualidad, este episodio agrió todavía más al káiser Guillermo, que tenía pretensiones en Marruecos.) El Rey, que hablaba un francés impecable y en Francia firmaba "Edouard", partió de París entre sonoras aclamaciones de *"Vive le Roi!"* y *"Vive l'Angleterre!"*. Entre marzo y septiembre de 1903 había recorrido alrededor de trece mil kilómetros en cinco países. Esta experiencia lo convirtió en una de las principales celebridades mundiales.

Con la fama llegó la manifestación de un prestigio general de Eduardo. Fue el primer jefe de Estado que recibió un mensaje irradiado por el inventor Guglielmo Marconi, que lo dirigió al Rey desde South Wellfleet, en Cape Cod, Massachusetts. Después de ofrecer "en nombre del pueblo norteamericano los saludos y los deseos más cordiales", Marconi recibió una respuesta inmediata: "Le agradezco con la mayor sinceridad —dijo Eduardo—. Retribuyo sinceramente los saludos cordiales y los sentimientos amistosos que usted ha expresado... y de todo corazón deseo la mayor prosperidad para usted y su país".

En su propio país, la vida del Rey tuvo características por igual peripatéticas. En ese momento tenía un programa anual fijo. Por Navidad y el Año Nuevo estaba en Sandringham, y en enero y febrero volvía al Palacio de Buckingham para asistir a la inauguración oficial del Parlamento y a distintos acontecimientos sociales. En marzo y abril se lo veía en Francia o cruzando el Mediterráneo. En mayo y junio alternaba entre Londres y Windsor, donde se celebraba prácticamente cada noche una serie de reuniones de la corte, bailes oficiales y cenas formales e informales. Durante el verano, todos los fines de semana asistía a fiestas en una casa o en otra y se daba tiempo para presenciar las carreras de Goodwood y Cowes. Después, sentía la urgente necesidad de someterse a la cura en Marienbad, para regresar a las partidas de caza y equitación en Balmoral, antes de recomenzar el ciclo. Excepto las visitas a Europa (y los interminables y temibles banquetes nocturnos), fue más o menos la misma rutina seguida por los cuatro sucesores de Eduardo, hasta el final del siglo xx.

Entretanto, la existencia de los hijos de Jorge constituía una experiencia tan distante y separada de la vida pública como la de su abuelo estaba por completo sumergida en ella. Cuando tenían ocho y siete años, Eduardo y Alberto fueron transferidos de los cuidados de las niñeras a la atención de un servidor, Frederick Finch, que se desempeñó como ayuda de cámara y niñero *in loco parentis*. Después, llegó un preceptor que atendería los estudios de los niños y sería un acompañante permanente hasta la edad adulta, un diplomado de Oxford que tenía treinta y nueve años, una persona un tanto seca llamada Henry Peter Hansell. Consagrado al bienestar de sus dos jóvenes pupilos, y hombre considerado y benévolo, Hansell carecía de dos cualidades esenciales para un docente: no tenía humor ni imaginación. Según Eduardo escribió varios años más tarde, "era un hombre melancólico e incompetente". Que Eduardo y Alberto se mostraran después irremediablemente aburridos por las cosas de la mente, puede imputarse a su educación bajo la tutela de Hansell; si su propia madre se hubiese encargado de la educación o sabido qué árida era el aula de Hansell, los niños se habrían desempeñado mejor. En las condiciones dadas, la educación de los dos varones estaba condenada por una triple conspiración: una ausencia fatal de estímulo y saludable competencia, la atmósfera herméticamente cerrada del privilegio y la ausencia de cualquier incentivo que los moviese a destacarse. Sin duda, el tutor había conquistado la simpatía del padre de los alumnos porque era un ardiente aficionado al yachting.

En defensa de Hansell, debe señalarse que se opuso al curso de estudio en el hogar y recomendó en cambio a Jorge y May que enviasen a los varones a una escuela preparatoria normal. Jorge no quiso saber nada; si Eddy y él habían estado a cargo de un preceptor privado, se haría lo mismo con Eduardo y Alberto. Los resultados obtenidos por Hansell con los varones fueron tan anodinos que Jorge —que no podía imaginar que había elegido mal el preceptor o el sistema— a su debido tiempo se convenció de que sus hijos eran irremediablemente estúpidos.

La atmósfera era sombría. Se había arreglado un aula improvisada en el último piso de York House: algunos pupitres de madera, pequeños e incómodos, un pizarrón sobre su caballete, unos pocos libros de historia, latín y matemáticas. Finch despertaba a las siete a los dos niños y los llevaba al aula, donde tenían cuarenta y cinco minutos de estudio silencioso. Sólo entonces iban a desayunar en la planta baja, después de lo cual volvían a la habitación oscura y estrecha, donde permanecían de las nueve a la una de la tarde (con una hora consagrada al deporte los días de buen tiempo). Después del almuerzo, daban un paseo o quizás había otros episodios recreativos, una hora más de trabajo, y finalmente a la hora del té tenían jalea y leche; esta era la última comida del día. Lavados y vestidos, los llevaban a la presencia de los padres durante una hora, antes de enviarlos a la cama. Excepto que estaban aislados de otros varones de su misma edad, Eduardo y Alberto se veían sometidos más o menos a la misma atmósfera de familia que soportaba la mayoría de los varones de las clases superiores victorianas y eduardianas.

La condesa de Airlie consideraba que el Rey y la Reina tenían una actitud "más concienzuda y más sinceramente consagrada a sus hijos que la mayoría de los padres contemporáneos", lo cual sin duda debe provocar un escalofrío cuando uno piensa en los millones de anónimos jóvenes desdichados. "La tragedia —continuaba diciendo Mabell Airlie—, era que ninguno tenía el menor concepto de la mente infantil... no consiguieron que sus hijos fueran felices". Gran parte de la responsabilidad de esta situación debe atribuirse a la cólera imprevisible de Jorge, agravada por una indigestión crónica, cuyo único paliativo en aquellos días era la paciencia y grandes vasos de leche. El Príncipe tenía poco de lo primero y detestaba lo segundo.

"Mi padre tenía un carácter horrible —confiaba Eduardo varios años después—. Se mostraba groseramente tosco con mi madre. Vaya, la he visto abandonar la mesa cuando él se mostraba particularmente grosero y entonces los hijos la acompañábamos cuando se retiraba; por supuesto, no cuando los servidores estaban presentes, sino cuando nos encontrábamos solos." Cuando la madre y los niños estaban realmente solos (por ejemplo, las ocasiones en que Jorge salía a cazar en los Midlands), las cosas eran distintas. "Con ella, solos, pasábamos los momentos más agradables —siempre riendo y bromeando—; cuando él no estaba, ella era un ser humano diferente."

Jorge creía que estaba obligado a ejercer virilmente su propio dominio. Y en este papel, como lo advirtió su esposa, se vio confirmado en virtud del viaje de 1901 por las colonias. El había creído durante mucho tiempo que existía una relación casi mística entre el soberano y su pueblo; y así, Jorge adquirió un concepto también místico de su propia vocación. Para Jorge, la "lealtad" significaba fidelidad al lugar que ocupaba la Corona, como si ella hubiese sido la conexión principal con Dios. Por lo tanto, como escribió uno de sus biógrafos, consideraba la monarquía "como algo diferenciado de la vida común, como algo más antiguo y duradero que cualquier institución política o de familia, como un ente sacramental, místico y ordenado".

Por lo que se refiere a la princesa María (que tenía cinco años ese mes de otoño de 1902), contaba con su propia niñera alemana y el preceptor francés, aunque después de las clases y por las noches se reunía con sus hermanos. La única niña (su cuarto hermano Jorge nació ese mismo diciembre) se veía mimada y malcriada por el padre, y nunca experimentó su cólera o su rechazo, a diferencia de Eduardo y Alberto. El primero era la estrella, el posible heredero del trono, el niño de los cabellos dorados; la más pequeña era la favorita; y entre ellos estaba Alberto, un niño inexpresivo, delgado y de piernas arqueadas. La condesa Airlie recordaba: "Chocaba con la autoridad más que el resto de sus hermanos". Hacia 1904, Alberto tenía más motivos para quejarse de infelicidad y aislamiento: desde los ocho años se vio obligado a usar tablillas gruesas y dolorosas en las piernas, durante varias horas al día y también todas las noches, en un intento de corregir sus piernas deformadas.

"De hecho, todo el trabajo del príncipe Alberto conmigo estuvo combinado con las tablillas —escribió Hansell al Príncipe de Gales en junio de 1904—. Ahora es casi seguro que dicha combinación es imposible." Los resultados muy pronto fueron evidentes: los informes acerca de Alberto fueron desalentadores y ellos a su vez provocaron súbitos e irrefrenables estallidos de malhumor, seguidos por el llanto. Aunque parezca irónico, las tablillas produjeron el efecto físico deseado y finalmente las rodillas de Alberto resultaron "corregidas". Por fin libre de las tablillas cuando ya tenía doce años y estaba convirtiéndose en un muchacho esbelto y de naturaleza atlética, Alberto casi enseguida se dedicó a la equitación; desde ese momento en adelante estableció una relación de toda la vida, casi emotiva, con los caballos; una actividad a la cual su hermana María adhería incluso de manera más apasionada. El Rey (su abuelo) aprobaba calurosamente este deporte, pues era el más firme aficionado real a los caballos desde Carlos II. El caballo de Eduardo ganó el Derby y el Gran Premio Nacional, y su patronazgo determinó que las apuestas, así como la equitación, constituyesen el deporte de los reyes así como el de los plebeyos.

Por supuesto, la niñez reprimida y aislada de los hijos de los Príncipes de Gales tuvo consecuencias graves. En la adolescencia, María padeció una frigidez que impidió su maduración emocional y la llevó, en una actitud que quizá no sea sorprendente, a casarse con un hombre mucho mayor. Eduardo fue siempre un individuo nervioso, que manifestó frente a otros una dependencia temible, y fue un amante obsesivo. Alberto podía sostener una conversación sólo mediante un esfuerzo hercúleo y sometió su personalidad a una esposa que lo dominó, lo mismo que a sus hijos. Enrique, que eligió la que quizá fue la mujer más discreta incorporada a la familia, tenía la costumbre de impartir voces de orden y protagonizar extraños estallidos de risa. Jorge no sólo fue un individuo notablemente nervioso, sino que más tarde, y por un tiempo, manifestó una propensión más bien peligrosa a las drogas y complementó su matrimonio con muchas aventuras. De hecho, la familia fue tan vulgar y común como insistieron sus propios descendientes.

Por una lamentable ironía, el sexto y último de los hijos de Jorge y May —el príncipe Juan, nacido el 12 de julio de 1905— fue al mismo tiempo el individuo menos y el más problemático. Pálido, neurasténico y extrañamente silencioso durante toda su infancia, también padeció una serie de ataque que aterrorizaron a sus padres y a las niñeras. Le diagnosticaron epilepsia a los cuatro años y se lo envió discretamente al campo, para ponerlo al cuidado de Charlotte Bill, la ex niñera de los varones mayores. En esa época, aún se creía que la epilepsia era una vergüenza inaceptable para las familias cultas, el signo vergonzoso de que había una deficiencia mental y una falla genética, algo que debía ocultarse pulcramente.

Cuando Juan tenía tres meses, Jorge y May iniciaron una gira oficial por el sudeste asiático e India, como representantes del Rey-Emperador. En ese viaje de más de dieciséis mil kilómetros, recorridos en seis meses, la pareja impresionó a millones de personas por su sagacidad política, su altiva dignidad y la ausencia de prejuicios.

Fue una actitud típica que la Princesa se preparase leyendo todos los libros a los cuales pudo acceder. "Usted sabe que me tomé mucho trabajo para conseguir las obras adecuadas", escribió May a su preceptor de la niñez, y agregó que se sintió halagada cuando sir Walter Lawrence, jefe del personal que los acompañó en la gira, le dijo que ella tenía "un buen dominio de los asuntos indios". También se esforzó especialmente para conocer un poco la historia religiosa india: "Todos estos conocimientos me ayudan a manifestar un vivo interés en todo lo que veo y por consiguiente espero gozar de modo absoluto de todos los detalles de este panorama maravilloso".

Como Príncipe de Gales, Jorge insistió en cumplir con su deber y representar su imagen pública hasta las últimas consecuencias. Llegaba a cada ciudad en carruaje abierto, no obstante las frecuentes manifestaciones de hostilidad originada en el conflicto entre los civiles indios y los militares británicos. Conoció a oficiales británicos y nativos, cazó tigres, distribuyó medallas, presidió desfiles y se comportó como el agente visible del Imperio. Jorge no era un defensor del naciente movimiento por la independencia india, pero de todos modos se sintió ofendido cuando vio lo mal que trataba a los indios la mayoría de los británicos; "como escolares", según su queja. Asimismo, el Príncipe se sintió ofendido por el tratamiento que se dispensaba a las esposas y las hijas. "No comprendo cómo puede haber auténtica dignidad mientras los indios tratan a sus esposas como hacen ahora."

Es imposible exagerar el efecto que el viaje produjo en Jorge. Más que nunca convencido del valor de la Corona y el papel de un soberano democrático, su sentido del destino había cristalizado cuando regresó a Inglaterra. "Vio —de acuerdo con John Gore, que redactó una memoria de su relación con Jorge—, la medida en que todo el Imperio podía mantenerse o caer según el ejemplo personal ofrecido desde el Trono". A este concepto Gore podría haber agregado que May marchaba ciertamente a la par del Príncipe.

Por seriamente que asumieran sus papeles como futuros reyes, ni Jorge ni May creían que el significado del Imperio residía en el dominio británico permanente en India. Después de su regreso, Jorge escribió a lord Esher:

> En lo personal, ahora creo que hemos llegado al punto decisivo... Debemos confiar más en los nativos y asignarles más responsabilidad en el gobierno, o de cualquier otro modo permitirles que expresen sus opiniones, o bien debemos duplicar nuestro Servicio Civil [que ha] perdido contacto con las aldeas en vista del gran aumento de su trabajo.

En ausencia de los padres, los hijos de los Príncipes de Gales de nuevo cayeron en manos del Rey y la Reina. Como de costumbre, si una gobernanta o un maestro intentaban suspender el juego con los abuelos, Alix acercaba consigo a Eduardo, Alberto, María y Enrique para impedir la separación. "Está bien —decía el rey Eduardo—, que los niños permanezcan con nosotros un poco más. En un rato los enviaremos arriba." Los niños ciertamente temían más a sus padres que al Rey y la Reina. "Era —recordaría Eduardo varios años después—, como si nos permitieran un acceso mágico a un mundo completamente distinto." Recordaba haberse asomado a las grandes escalinatas, para comprobar si el abuelo y la abuela recibían invitados en Sandringham, "una sociedad brillante y variada: estadistas, diplomáticos, banqueros, figuras de las artes y la sociedad internacional, *bons vivants*".

El pequeño Eduardo no lo sabía, pero el abuelo afrontaba problemas más importantes que las travesuras con los nietos o las recepciones en Sandringham. Mientras los Príncipes de Gales estaban en India, una elección general permitió la llegada del Partido Liberal al Parlamento. Este cambio no significaba que la Cámara de los Comunes estaría atestada de bolcheviques de mirada enloquecida; en realidad, muchos liberales importantes eran firmes imperialistas; hombres como Herbert Asquith, Edward Grey y Richard B. Haldane. La victoria fue más prosaica y respondió a los problemas del gobierno de Balfour, sobre todo en las áreas de las reformas sociales y aduaneras, la educación y la reducción de los trabajadores chinos en Africa del Sur a la condición de esclavos. Agitando estos problemas, los liberales ganaron las elecciones. Entre los jefes del partido estaba Asquith (que ocupó el cargo de primer ministro en 1908, cuando Henry Campbell-Bannerman enfermó), David Lloyd George (Canciller de Hacienda y promotor de los programas de bienestar social) y Winston Churchill, que, lo mismo que Lloyd George, estaba comprometido francamente con una ampliación de los programas de bienestar social. No sería posible alcanzar fácilmente ninguno de estos objetivos. El rey Eduardo, aunque tenía una actitud suspicaz frente a lo que denominaba "una oleada extremista", se ajustó rigurosamente a la obligación de mantenerse por encima de la actividad política y actuó como conciliador entre los nuevos Comunes y la Cámara de los Lores, todavía conservadora.

Hacia 1906, la reina Alejandra estaba profundamente preocupada por la salud del Rey. Eduardo, que nunca había sido abstemio a la hora de comer, ahora tenía la costumbre de consumir comidas abundantes y las comía con la voracidad de un gigante. Un desayuno típico comenzaba con dos fuentes de tocino con huevo, seguidas por pescado ahumado, pollo asado y quizá media hogaza de pan. A media mañana se servía un tazón de sopa y quizá pocas horas más tarde un almuerzo de cuatro platos, con más carne, pescado y patatas. A la hora del té un criado introducía un carrito con más huevos, panqueques, pasteles y bizcochos, todo coronado con crema batida y jaleas. Las cenas, apenas caía la tarde, normalmente estaban formadas por doce entradas, y aunque al principio su consumo de alcohol estaba limitado a una copa de champaña en la cena y una de cognac después, el Rey pronto se convirtió en bebedor inmoderado (aunque de ningún modo alcohólico).

También fumaba mucho, más de una docena de grandes puros y dos docenas de cigarrillos egipcios fuertes por día. Alix, que compartía la convicción de Victoria de que fumar era no sólo un hábito impropio sino peligroso, trató de modificar los excesos de su esposo, pero sus advertencias no sirvieron de nada. Los ataques de bronquitis se convirtieron en episodios frecuentes y aparecieron los primeros signos de la enfisema, enfermedad que a su tiempo mató al Rey (y no fue revelada al público sino después de su muerte).

Alice Keppel, que provocaba la sonrisa de los aristócratas, compartía los sentimientos de ansiedad de la Reina; por su parte, a Alix le molestaba que la relación de su esposo con esta dama continuase sin verse interrumpida por las obligaciones o la dignidad de la realeza. Alix pensaba que cierto grado de vergüenza pública o una leve crítica del director de un periódico le habría venido bien a Eduardo; pero por supuesto, la prensa guardaba un discreto silencio.

Hacia principios de 1907, cuando tenía sesenta y cinco años, las fotografías mostraban a un monarca sonriente, tocado con un sombrero inclinado airosamente, casi de modo invariable sosteniendo en la mano un gran puro. Se parecía más bien a un abuelo benévolo o al próspero presidente de un directorio. Pero su dieta y el tabaco estaban afectando su salud de manera grave, y en febrero de 1907 se sentía tan mal a causa de su congestión bronquial que habló con Alix de abdicar en favor de Jorge. Era una amenaza sombría y poco característica, y en abril estuvieron en Malta, combinando asuntos de poca importancia con un período de descanso.

Eduardo pasó ese verano (separado de Alix) en su balneario favorito de Marienbad, en Bohemia, donde se reunió con los primeros ministros ruso y francés, con quienes concertó un sólido y nuevo pacto anglorruso y una nueva "Triple Entente Cordiale" con Rusia y Francia. El Káiser, a quien desagradó este esfuerzo inglés orientado hacia la concertación de alianzas, también estuvo allí de visita y observó que su tío estaba tomando las aguas, pero no había logrado modificar su apetito gargantuélico. Y por otra parte, Eduardo no se atenía a su propio conjunto de habitaciones, pues esa temporada pudo conocer a muchas damas atractivas.

En abril de 1908, el Rey no pudo soportar el prolongado invierno londinense, y fue a Biarritz; allí se le presentó el nuevo primer ministro Herbert Asquith. Pero dos meses después el Rey insistió en visitar al zar Nicolás II, para reafirmar la nueva entente y obtener un apoyo tácito contra el Káiser. El viaje fue también una visita de familia: después de todo, la esposa del Zar era sobrina de Eduardo (hija de su hermana la princesa Alicia), y el propio zar era el sobrino de la reina Alejandra (pues era hijo del zar Alejandro III, que contrajo matrimonio con Dagmar, hermana de Alejandra).

La popularidad de su tío en Rusia y Francia a lo sumo agravó los celos del káiser Guillermo, decidido a demostrar su supremacía mundial construyendo una armada mayor que la de Inglaterra. En esta absurda pelea por el poder del excéntrico Káiser (nacido con el impedimento de un brazo inútil y paralizado que lo humillaba), el monarca alemán no se vio frenado por Otto von Bismarck, el Canciller de Hierro, que había logrado con eficacia la unificación de Alemania, pero no había atinado a imponer cierto control constitucional a Guillermo; desde la muerte de Bismarck, en 1898, el Káiser dictó su propia ley.

Después del regreso de Eduardo a Inglaterra, Guillermo concedió una entrevista al *Daily Telegraph* de Londres. Oh, él amaba a Gran Bretaña, aseguró de un modo poco convincente: una afirmación hueca repetida desde el momento, en noviembre de 1907, en que Oxford le concedió un grado honorario. Pero también reconoció que, durante la Guerra Boer, de buena gana había buscado los modos de "conseguir que Inglaterra mordiese el polvo". Y después, expresaba sus auténticos sentimientos: "Ustedes los ingleses están locos, locos de remate. ¿Qué les ha sucedido que se dejan dominar de un modo tan absoluto por sospechas indignas de una gran nación?". Por supuesto, las sospechas británicas estaban muy bien fundadas; Europa entera miraba insegura a un Káiser imprevisible, de tendencias militaristas, y al mismo tiempo reconocía que Eduardo era un hombre pacífico, amable y honesto. Antes de que pasara mucho tiempo, lord Northcliffe, propietario de *The Times*, advertía en sus editoriales que cualquier ciudadano observador sabía que Alemania estaba preparándose para la guerra. Sin embargo, pocas personas compartían esa opinión.

Entretanto, la conservadora Cámara de los Lores impedía constantemente las reformas sociales y las leyes impositivas del gobierno liberal en los Comunes. El conflicto principal se relacionaba con el ataque frontal de Lloyd George al privilegio aristocrático a través de su "Presupuesto Popular". La escena estaba preparada para asistir a una áspera batalla que comprometería y podría avergonzar a la Corona. Exhortado por el gobernante Partido Liberal a designar más pares liberales en la Cámara de los Lores, con el fin de superar cualquier oposición que se manifestase allí, el rey Eduardo declinó comprometer la imparcialidad política del monarca. La elección general de 1910 desactivó provisoriamente la cuestión, pero a esa altura de las cosas el Rey estaba afectado de manera mortal por el enfisema.

Con respecto a los hijos de Jorge, la educación de Eduardo y Alberto ahora se concentró en la carrera naval, herencia directa e intencional de la experiencia del padre. A los trece años, Eduardo ingresó como cadete en el Colegio Naval de Osborne. Victoria había legado la residencia real a la nación y Eduardo VII la había entregado a la marina. Años antes el Rey se había destacado preparándose para esa misma carrera, y de ese modo, con su llegada a Osborne, la educación del joven príncipe en historia, teoría constitucional e idiomas se vio abortada con eficacia.

Ese verano, Eduardo medía un metro cincuenta y siete centímetros; en el lapso de tres años alcanzaría su estatura completa de la edad adulta, es decir un metro sesenta y cinco. Parecía menor de trece años, demasiado apuesto y demasiado vulnerable. Como no era un espécimen de joven resistente y se trataba del hijo del Príncipe de Gales, Eduardo pronto fue apodado "Pequeña sardina" por sus condiscípulos —con su estructura corporal reducida y su condición de retoño de las "ballenas"— y esta designación fue transferida después a su hermano Alberto. Quizá para parecer más maduro, pero también porque había sido iniciado en su casa, por esta época Eduardo ya era un fumador habitual.[4]

"Mientras averiguábamos quién era el nuevo alumno —recuerda un contemporáneo—, los de los cursos superiores nos encargábamos de que lo pasara mal. Ahora que recuerdo aquel período, advierto que los alumnos de los cursos superiores no éramos nada más que una horda de bestias. Pero había una antigua tradición que obligaba a los nuevos alumnos a pasar momentos ingratos, para demostrarles cuál era su lugar."

El principal sufrimiento llegó cuando volcaron tinta roja sobre la cabeza de

Eduardo. Sus condiscípulos le preguntaban cuál era su nombre. "Eduardo", replicó el jovencito, poco deseoso de identificarse como el príncipe Eduardo y por lo tanto verse obligado a soportar medidas excluyentes más graves.

"Al principio parecía especialmente duro —escribió Eduardo más tarde,

porque todo esto me sorprendió sin la experiencia previa de la escuela, y me encontré en la vida comunitaria poco conocida de los niños, con todas sus relaciones fieras y sutiles. Antes había contado con Finch [el ayuda de cámara], que se ocupaba de mis ropas y me atendía; ahora debía cuidarme solo. Y después de vivir en las cómodas habitaciones de nuestras distintas residencias, me encontré arrojado a la compañía de una treintena de niños, en un dormitorio largo y desnudo. La órbita de mi vida se redujo a una dura cama de hierro y a un baúl marino negro y blanco."

Parte de este endurecimiento era inofensivo e incluso provechoso para un futuro monarca en un mundo moderno. Pero había graves desventajas, entre ellas el rechazo de todo lo que significara cuestionar la autoridad. Decía un condiscípulo que más tarde fue almirante:

Nos enseñaban que había sólo dos modos de hacer las cosas, el modo de la Marina, que siempre acertaba, y el modo que no era de la Marina, que invariablemente equivocaba el blanco. No se toleraba ninguna desviación. Nos convertían en esteorotipos, del mismo modo que había sucedido con nuestros predecesores... Nos entrenaban rígidamente con el fin de que no pensáramos. Se condenaba toda experimentación... Las matemáticas, la ciencia, la navegación y la ingeniería; eso era todo. No había latín, ni lógica, ni geografía, y tampoco historia, ni siquiera historia naval.

A principios de 1909, Alberto (que entonces tenía trece años) se unió a su hermano como cadete de Osborne y de inmediato afrontó problemas análogos, todo eso exacerbado por su defecto al hablar. "Parece terriblemente joven y frágil para lanzarlo al mundo real —escribió Lala Bill en su diario—. Pero por extraño que parezca, confío más en que Bertie supere sus dificultades e impedimentos que lo que sucedió con su hermano mayor."

Alberto nunca había asistido a la escuela con niños de su misma edad, ni asistido a ninguna clase con más de tres alumnos, y toda su vida social había sido una experiencia anormalmente cerrada y protegida. A su llegada a Osborne —un muchacho de cara pálida, inseguro y casi incapaz de hablar— las cosas no le resultaron más fáciles cuando le dijeron que se le prohibía el contacto con su hermano, alumno de los años superiores. Pero en favor del niño estaba su carácter violento, que era herencia de su padre. En esencia, estaba irritado consigo mismo y con lo que seguramente consideraba su destino; un tartamudo a quien con frecuencia se creía idiota. No lo era, aunque por cierto nunca se distinguió en el aula. Pero sus cóleras súbitas tuvieron a raya a sus condiscípulos y pronto se sobrentendió que no podía considerarse estúpido al príncipe Alberto, por lamentable que fuese su boletín de calificaciones. Al final del segundo año no podía haber sido peor: Alberto ocupaba el sexagésimo octavo lugar en una clase de sesenta y ocho alumnos.

La vida en Osborne era la de un colegio militar típico. Un clarín despertaba a los niños a las seis de la mañana en el dormitorio espartano, frío y triste. El gong de un capitán de cadetes indicaba el momento de rezar al costado de la cama; otro gong señalaba que había que cepillarse los dientes; un tercero, que había que zambullirse en la piscina de agua fría. La vida estaba rigurosamente regimentada: todos corrían en todas direcciones y al final del día los alumnos disponían de tres minutos para desvestirse, preparar las ropas del día siguiente, lavarse y acostarse. La comida era la habitual de los escolares ingleses, lo cual no significaba gran cosa.

Mientras Eduardo y Alberto afrontaban su áspero entrenamiento antes de salir al mar, el abuelo tenía preocupaciones navales de carácter más ominoso. Las diferentes visitas del Rey al Káiser, para discutir la rápida ampliación de los buques de guerra alemanes, terminó en una manifestación pública de camadería; pero en privado se manifestaba una filosa hostilidad.

En la última de esta misiones, el rey Eduardo a menudo soportaba ataques de tos y bronquitis intermitente, y hacia fines de 1909 tanto la reina Alejandra como Alice Keppel estaban muy preocupadas. Pero no podía convencerse al Rey de que aliviase sus tareas, pues intuía más que nunca que se avecinaba una crisis constitucional. Después de la victoria liberal de 1906, la legislación de bienestar social originada en los Comunes se había visto bloqueada sistemáticamente en la Cámara de los Lores, donde los conservadores tenían una mayoría considerable. A la luz de esta situación, el Partido Laborista, cada vez más numeroso, se unió a los liberales y atacó a una aristocracia hereditaria (los Lores) que sofocaban la voluntad de los representantes electos (los Comunes).

El tema del "Presupuesto Popular" de Lloyd George alcanzó un nivel crítico. El Canciller de Hacienda trató de recaudar un pequeño impuesto complementario sobre las rentas anuales superiores a 5.000 £ (en ese momento 24.000 dólares), y quiso gravar las rentas que no habían sido ganadas (es decir, la riqueza y la tierra hereditarias) con más intensidad que los salarios. Los *tories* denunciaron esta intención como una perversidad socialista. Entonces, el primer ministro Asquith disolvió el Parlamento (diciembre de 1909) y convocó a elecciones generales, formulando la pregunta: "¿Quién gobierna, los pares o el pueblo?". El rey Eduardo estaba muy inquieto. "La monarquía —dijo sombríamente—, no durará mucho más. Creo que mi hijo ocupará el trono, ya que la gente lo aprecia, pero ese no será ciertamente el caso de mi nieto."

Temeroso de que el Primer Ministro más tarde actuase para reducir (o incluso liquidar definitivamente) el poder de los Lores en relación con la legislación, Eduardo exhortó tanto a los Comunes como a los Lores a aceptar el presupuesto y de ese modo desactivar la crisis. La alternativa sería que Asquith podía forzar al Rey a crear más escaños destinados a los liberales, de modo que la Cámara de los Lores se vería "desbordada" por los amigos políticos. Este cambio amenazaría el sistema hereditario de la Cámara de los Lores y por lo tanto era un ataque implícito a la propia monarquía. Si Asquith le hubiese solicitado que designase pares liberales, el Rey habría tenido que satisfacerlo. Según se dieron las cosas, las propuestas relacionadas con el Presupuesto pasaron a la Cámara de los Lores, pero en adelante la atención se concentraría en la Ley del Parlamento, destinada a limitar el poder de los Lores.

Ese invierno la salud de Eduardo se agravó, y su enfisema se convirtió ya en una enfermedad crónica que lo paralizó. No era un anciano (cumplió sesenta y ocho años el 9 de noviembre de 1909), pero parecía serlo. De todos modos, el Rey se impuso inaugurar el Parlamento el 22 de febrero de 1910, en el fragor de las discusiones acerca de las finanzas y el poder de los Lores. A diferencia de su madre, nunca había faltado a su deber. Además, no obstante su propio amor al lujo, Eduardo recibió de Alix una actitud de simpatía hacia los pobres; pero sus sentimientos eran más bien paternalistas y nunca se convirtieron en consejos aportados a su gobierno. Nunca tuvo ni la más remota simpatía por los socialistas o los radicales y mucho menos por las sufragistas. Por supuesto, nada de todo esto aparecía en su discurso, pues podía leer únicamente lo que el Gabinete le preparaba.

En 1910 más de cuatrocientos diez millones de personas vivía en el Imperio Británico y poblaban casi 30 millones de kilómetros cuadrados, es decir, más de un quinto de la superficie terrestre. Era cierto que el sol nunca se ponía en el Imperio Británico; quizá, porque de acuerdo con la insistencia de algunos, Dios no estaba dispuesto a confiar en un inglés en la oscuridad.

Los viajes de Eduardo VII, y su hijo mayor Jorge, Príncipe de Gales, acrecentaron mucho la popularidad de la Corona. Pero se admiraba y amaba al monarca sobre todo por una serie de características personales. Su aparente accesibilidad y su afición al teatro, a la buena comida y los buenos vinos, así como a toda clase de compañía; su buen humor en público; sus fallas demasiado humanas, de un tipo que era muy fácil perdonar y que sólo perjudicaban a su esposa, la cual disimulaba discretamente cualquier reacción; su encanto y su infalible desenvoltura; su afición a juguetear con los nietos; y su fiel Alix. Desde los tiempos de los jóvenes Victoria y Alberto la Familia Real nunca había sido a tal extremo una auténtica familia.

Además, Eduardo VII despachaba sus responsabilidades con dignidad y mucho vigor, dejando la impresión de una monarquía responsable y benévola. En nueve años el trono había pasado prestamente de un aparato histórico escondido y misterioso a un puntal de la sociedad civilizada. En el momento mismo en que una prensa popular comenzaba a desarrollarse y la llegada de los anuncios luminosos empezaba a seducir la imaginación del público, este monarca jovial y moderno mostraba verdadero genio para humanizar su jerarquía real. Cortejando al periodismo, atrayendo a los fotógrafos, aprovechando su encanto consumado, era lo que parecía. Cuando el reinado tocó a su fin, no hubo más remedio que juzgar que se había asistido a un triunfo de la ilusión: el papel tenía escasa sustancia, pero él lo representaba a la perfección, o para decirlo de otro modo, Eduardo demostró que la monarquía ya no se interesaba en crear situaciones muy dramáticas. Por su calidez y su sinceridad, su generosidad y su actitud escasamente pomposa, Eduardo VII evitó que la institución se convirtiese en una farsa de Europa central. Sus descendientes a lo largo del siglo XX contrajeron con él una deuda fundamental.

Después de la inauguración del Parlamento, los médicos finalmente consiguieron convencer al Rey de que descansara en Biarritz. Como nadie sabía que el Rey estaba en los primeros episodios de una enfermedad que podía ser mortal, invitaron a Alix a visitar a sus parientes grecodaneses en Corfú, y ella aceptó de buena gana. Eduardo hizo escala en París el 7 de marzo, el aliento corto y un dolor sordo y permanente en el pecho; pero eso no le impidió concurrir al teatro y en esas circunstancias se resfrió. La tarde siguiente, en viaje a Biarritz, sufrió un ataque de gripe y bronquitis. Entre las personas que lo atendían estaban Alice Keppel con sus hijas, y ellas pudieron distraerlo y reconfortar al monarca enfermo. "Lamento salir de Biarritz —dijo Eduardo con voz áspera la víspera de su partida—. Quizá será para siempre." Los habitantes de la ciudad encendieron fuegos artificiales, hicieron música con las bandas y vivaron al Rey que había hecho tanto para convertir el lugar en un centro elegante. "Espero que hayan agradecido a todos —dijo a su secretario; y agregó, siempre atento a la imagen pública—: especialmente a la prensa." Le aseguraron que habían informado a los medios.

El 27 de abril regresó a Londres y fue directo a Covent Garden, para ver *Rigoletto*, una de sus óperas favoritas. Lord Redesdale, que lo vio entonces, pensó que el Rey estaba "muy cansado y gastado, con una expresión muy triste en la cara".

El sábado 30 de abril el Rey fue a Sandringham. El personal, que solía verlo "de ánimo vivaz, insistiendo en que las cosas se hicieran inmediatamente, siempre amable pero acostumbrado a ser obedecido", ahora advirtió que se lo veía "tan silencioso, tan gentil, tan distinto de su acostumbrado carácter impulsivo". Regresó al Palacio de Buckingham el 2 de mayo, tosiendo constantemente y con un terrible color oscuro. Pero se negó a reducir sus actividades. "No; no cederé. Trabajaré hasta el final —dijo y encendió un cigarro—. ¿Para qué sirve vivir si uno no puede trabajar?" Durante tanto tiempo se le había negado cualquier utilidad, de modo que no estaba dispuesto a renunciar fácilmente. Esa noche realizó un supremo esfuerzo y cenó con su vieja amiga, la enfermera Agnes Keyser.

Al día siguiente, a pesar de las advertencias de su médico, el rey Eduardo insistió en reunirse con el embajador norteamericano Whitelaw Reid, que recordaría que la conversación entre los dos se había visto interrumpida por espasmos de tos y comprobé que padecía muchos síntomas [de] asma bronquial... Me parece que estos ataques son cada vez más frecuentes... y que es más difícil vencerlos. De todos modos, es un hombre de una constitución enormemente vigorosa y de hábitos sumamente enérgicos.

Esa noche Alice Keppel se reunió a cenar con el Rey y después jugaron una partida de naipes. Luego que ella se marchara, Eduardo durmió mal y se sintió mucho peor por la mañana.

El 4 de mayo Alix —avisada por primera vez la víspera por el príncipe Jorge— llegó a Londres. A esta altura de las cosas el Rey tenía el rostro ceniciento, los rasgos idos y la respiración era tan trabajosa que aterrorizaba a los que lo veían. Alix reconfortó a su esposo, y después se reunió con Jorge y May, con quienes cayó bañada en lágrimas. La vigilia de la familia continuó al día siguiente.

Hacia la mañana del 6 de mayo, era evidente que el Rey no podría sobrevivir mucho más tiempo.

Entonces, la reina Alejandra tuvo una actitud notable frente a su esposo moribundo; un gesto que ha sido asentado en los libros de historia como un acto de elegancia y generosidad extraordinarias. Al pensar en el confortamiento que el Rey obtendría gracias a la presencia de Alice Keppel, ordenó que llevasen al palacio a la favorita real y allí la propia Alix la acercó al costado del lecho de Eduardo. "Estoy segura de que usted siempre ejerció sobre él una influencia benéfica", dijo Alix y Alice se reunió a solas con el Rey durante varios minutos.

Al principio de la tarde el Rey, con un esfuerzo sobrehumano, consiguió abandonar el lecho y caminó hacia los dos canarios enjaulados, a quienes murmuró un saludo cordial, al mismo tiempo que los alentaba a piar con el propio monarca. Después se desmayó y cayó al suelo. Estaba sufriendo una serie de ataques cardíacos, menores pero letales, y los médicos administraron morfina para calmar el dolor y le aplicaron una máscara de oxígeno para facilitar la respiración. A las cuatro y cuarto de la tarde, despertó un momento y vio a Jorge al lado del lecho. Su hijo le informó que el caballo del Rey, llamado Bruja del Aire, había ganado una carrera. "Sí; oí decirlo —replicó Eduardo—. Me alegro mucho."

Esa noche a las once llegó el arzobispo de Canterbury y dirigió las oraciones de la familia junto al lecho. Cuando sonaban las campanas de Westminster para marcar las doce menos cuarto, el rey Eduardo VII falleció con tranquilidad y sin lucha.

"Perdí a mi mejor amigo y al mejor padre", escribió en su nuevo diario Jorge, a quien pronto se proclamaría el nuevo rey. "Nunca crucé con él una palabra [dura]. Tengo el corazón destrozado y estoy abrumado por el dolor, pero Dios me ayudará a sobrellevar mis grandes responsabilidades y la querida May será mi confortamiento, como lo fue siempre."

Alix estaba desolada. Por graves que hubieran sido los aspectos más complejos de su matrimonio y las heridas que sin duda había sufrido durante años, estaba tan consagrada a su marido el Rey como había sido el caso cuando él era Príncipe de Gales. Sus enemigos podían decir que él era un canalla, pero siempre que Alix percibía un atisbo de crítica contra su Bertie, desechaba para siempre de su presencia a la persona en cuestión. El había conferido a la vida de Alix un propósito y un eje y le había asignado obras de beneficencia que respondían a una motivación religiosa; él la había apreciado más que a nadie en su vida. Y había dado a Alix sus adorados hijos.

"La Reina —escribió sir Arthur Ponsonby cuando ella lo convocó junto al lecho del Rey muerto—, habló con mucha naturalidad y dijo que él exhibía una expresión pacífica y que la reconfortaba pensar que no había sufrido nada." De pronto, la dominó su nueva y más profunda sensación de aislamiento. "Dijo que sentía que se había convertido en piedra, que no podía llorar, que era incapaz de percibir el significado de todo eso y también incapaz de hacer algo." Tales visitas continuaron durante once días de vigilia. "Quieren llevárselo —dijo Alix con voz temblorosa—, pero no soporto la idea de separarme de él. Una vez que oculten su cara de modo que yo no pueda verlo, todo habrá desaparecido para siempre." Por fin, cediendo a la razón, Alix puso una rosa entre las manos plegadas de su esposo y permitió que retirasen su cuerpo, el 17 de mayo. Durante tres días con sus noches, antes del funeral público, Eduardo VII permaneció de cuerpo presente en Westminster Hall, mientras decenas de miles de personas rendían su homenaje reverencial y afectuoso, formando una larga y silenciosa fila que se prolongaban hasta el Malecón.

Capítulo Cinco

Las paperas
1910 a 1917

¡No pienso moverme por unas bombas!
Rey Jorge V, en el frente, durante la Primera Guerra Mundial

Temprano en la tarde del sábado 7 de mayo de 1910 —apenas doce horas después de la muerte del rey Eduardo VII— una nutrida multitud de londinenses se volcó a las calles, cerca del Palacio de Saint James y alrededor de Friary Court. El hijo mayor sobreviviente del finado monarca sería proclamado Rey y su ascenso al trono seguiría de manera automática a la muerte de su padre. Precisamente a las cuatro, el heredero llegó de Marlborough House y fue escoltado hasta la cámara del Consejo Privado en el Palacio de Saint James. Allí, la proclama fue leída por sir Alfred Scott-Gatty, que ostentaba el arcano título de Maestro de Armas de la Jarretera.

Los Consejeros, encabezados por el arzobispo de Canterbury y el Lord Canciller, se acercaron después al rey Jorge V, y cada uno se inclinó y le besó la mano. Terminadas estas formalidades, el nuevo monarca, que según se sabía experimentaba frente a esa ceremonia un desagrado todavía más profundo que ante la vida social, leyó un breve discurso preparado por su secretario sir Arthur Bigge, al cual el propio Jorge había conferido la forma definitiva. Sus palabras tuvieron un aire de sentimiento personal y sincero, y determinaron de inmediato el tono de sencillez directo que caracterizaría a su desempeño.

Después el Rey salió de la cámara y regresó con su esposa, que esperaba en Marlborough House; y ahora ella afrontó su primer dilema real: ¿cuál sería su nombre en el carácter de Reina Consorte? "May" era un sobrenombre y por lo tanto no cabía considerarlo; su primer nombre de pila era Victoria, pero también era inadecuado, por razones evidentes; y a Jorge le desagradaban los nombres dobles, de modo que Victoria María tampoco servía. Esa noche se adoptó la decisión y se determinó que sería la reina María. "Me parece extraño que vuelvan a bautizarme a los cuarenta y tres años", escribió May el 15 de mayo a su tía Augusta.

El nuevo Rey ascendió al trono un mes antes de cumplir cuarenta y ocho años, con quince años menos y de muchos modos mejor preparado que su predecesor. Su padre lo había introducido en las obligaciones ceremoniales, le había mostrado documentos de Estado, lo había iniciado en los asuntos de política parlamentaria y lo había enviado en visitas oficiales a Australia e India.

Pero el rey Eduardo, decidido a evitar que la educación de sus hijos fuese tan severa como lo había sido la suya propia, también se había mostrado indulgente y la reina Alejandra lo había amado hasta el infantilismo, y en 1910 aún se refería a su "querido Jorgito". Además, el reverendo Dalton, preceptor de Jorgito, había sido un tanto caprichoso, y a menudo reemplazaba los estudios por el deporte y los juegos, de modo que la letra manuscrita de Jorgito era la de un escolar. En realidad, su vida intelectual era tan superficial que solía afirmarse que nunca había completado un volumen literario entero. "Debería obligarse a callar a la gente que escribe libros", dijo cierta vez el Rey sin rastros de ironía; todo lo que se asemejase a una discusión literaria lo avergonzaba e irritaba.

Como Príncipe y como Rey, el único mentor cultural adulto de carácter real que aceptó Jorge fue su esposa; pero no era un hombre que se sometiera fácilmente a ninguna tutela. "Otra vez, May —decía con benigna exasperación cuando su esposa le mencionaba la última adquisición—. ¡Siempre muebles, muebles y muebles!" Pero un artículo de la colección de la Reina de todos modos atrajo su atención: una estatuilla plateada y dorada de lady Godiva. La razón de su preferencia fue lo que había escuchado de la reina Olga de los Helenos, cuando mirando atentamente la figurilla murmuró con un suspiro satisfecho: "Ah, la querida reina Victoria".

Con su conservadurismo natural, su falta de educación, su obsesión por el orden, la pulcritud y la puntualidad, el Rey era en medida considerable la quintaesencia del burgués, cuyos valores simples y las virtudes hogareñas parecía expresar, aunque a veces con cierto toque de fanatismo. Cuando una de las criadas casualmente redistribuía las cosas después de limpiar, Jorge se encolerizaba tanto con los cambios que ordenaba fotografiar las habitaciones para referencia futura, con el fin de evitar una repetición de los cambios que tanto le desagradaban. Reprendía ruidosamente y con enojo a los cortesanos veteranos y a los humildes lacayos por la menor infracción a aspectos irrisorios del protocolo (el uso de pantalones en lugar de calzones cortos en ocasión de una cena de gala o la torpeza que se había manifestado al cerrar con cera un sobre). Los corredores del Castillo de Windsor y el Cottage York resonaban a menudo con el mal humor del Rey, que apuntaba con idéntica frecuencia al personal de la casa y a sus hijos. Pero no se despedía a ningún criado por un error evidentemente humano. Cinco minutos después de una reprimenda, era posible que se llamase a un lacayo al lado del Rey, para escuchar la más reciente anécdota atrevida que pasaba de boca en boca. "Me temo que me mostré un poco irritado —era un modo típico de disculparse después de un estallido súbito—, pero usted sabe que eso no significa nada".

En realidad, Jorge podía ser un hombre bondadoso y considerado, que evitaba que los caballeros que lo asistían estuviesen separados mucho tiempo (como había sido la costumbre) de sus esposas y familias, una situación que no le habría agradado para sí mismo. Si se enteraba de que una limpiadora del palacio o un palafrenero estaba enfermo o soportaba desgracias de familia, los regalos en efectivo llegaban en silencio a la persona necesitada. Cuando sir Edward Grigg regresó de Kenia, después de un período difícil como gobernador de la colonia, el Rey le dijo: "Sé lo que usted siente. Estuvo lejos mucho tiempo, esforzándose mucho para obtener resultados. No tuvo éxito, a pesar de que lo deseaba, pero nadie parece entender siquiera que usted lo intentó y que ha pasado momentos difíciles; y no se molestan en agradecerle. Bien, *yo* se lo agradezco".

Así, mientras algunos aspectos de su pasado naval le infundían vigor y coraje, bonhomía y falta de pomposidad, otros elementos lo convertían en un hombre estrecho; por ejemplo, insistía en el hecho de que en el mar había aprendido todas las cosas importantes que un hombre necesitaba saber y se mantuvo intensamente fiel a esta idea, y envió tanto a Eduardo como a Alberto a continuar los pasos de su padre en el papel de marineros sustitutos. Nada lo complacía tanto como comentar la vida del marino: esto condimentaba su discurso; rutinariamente utilizaba un lenguaje picante, una actitud frente a la cual la reina María de pronto se mostraba apropiadamente sorda. Cuando sir Samuel Hoare renunció al cargo de secretario de Relaciones Exteriores, el Rey hizo una broma no muy agradable: "No más carbones a Newcastle, no más Hoares a París". La primera pregunta que formuló al piloto transatlántico Charles Lindbergh fue igualmente sorprendente: "¿Cómo se las arregla para orinar?" Pero después de todo era el Rey y tal vez algunos pensaron que simplemente estaba diciendo lo que muchos se preguntaban y deseaban saber. También podía apreciar una metida de pata ocasional y cómica, y se partía de risa cuando su hermana relataba el incidente con el teléfono del palacio: "¿Eres tú, viejo tonto?", preguntó Victoria, después de pedir a la operadora que la comunicase con el Rey. "No, Su Alteza Real —replicó la voz—. Su Majestad todavía no está al habla".

Pero Jorge carecía de sagacidad mental y de instintos políticos y, a pesar de sus mejores intenciones, su reinado agravó la confusión que rodeaba los vínculos entre el trono, el gobierno y el pueblo de Gran Bretaña. Como carecía del interés y la sagacidad necesarios para lidiar con las intrigas partidistas, Jorge no podía apreciar las exigencias antagónicas que la condición real le imponían. "El Rey es un hombre muy bueno —escribió David Lloyd George a su esposa pocas semanas después de la coronación—, pero gracias a Dios su cabeza no tiene mucho contenido." La expresión no pretendía ser insultante: el canciller de Hacienda sencillamente expresaba la opinión compartida por muchos de que un Rey con una mente inquisitiva podía ser inconveniente en presencia de un gobierno representativo y electo.

Si bien Jorge V no tenía la cabeza vacía, tampoco podía decirse que se inclinara a formular reflexiones acerca de la marcha del tiempo. A diferencia de su padre, juzgaba las cosas según las normas del pasado y deploraba los cambios introducidos por la vida moderna. Eduardo VII había actuado en el ámbito de la diplomacia europea, había determinado que la Corona fuese menos alemana y más cosmopolita. Pero los intereses de Jorge eran profundamente británicos; más aún, no le interesaban los extranjeros. Además, desde el principio todo lo que se relacionaba con el nuevo reino pareció menos social y más doméstico. No hubo amantes ni intrigas matrimoniales y tampoco existieron los fines de semana caprichosos en París o Biarritz. El concepto que tenía el nuevo Rey de la diversión no era una velada en la ópera ni una cena formal con compañeros ingeniosos; un fin de semana en el Cottage York, en Sandringham (que continuaba siendo la residencia principal de su familia) le parecía perfecto. Allí, como escribió un cronista,

> el Rey y la Reina, sus seis hijos, sus ayudantes, las damas, los secretarios, el preceptor de los niños, la gobernanta y los respectivos servidores, se acumulaban todos en una casa apenas mayor que una villa suburbana... Molesto en los ambientes grandiosos y poco propenso a agasajar, tenía todos los motivos para sentirse satisfecho con las minúsculas habitaciones y la incómoda distribución del Cottage York.

En cierto modo, la residencia era en sí misma una metáfora, pues como se vio Jorge armonizaba perfectamente con un papel que estaba revirtiendo rápida e inevitablemente a la condición de un respetable adorno hogareño. Mientras el príncipe Alberto había afirmado con Victoria el ideal de un monarca constitucional, su muerte y la viudez de Victoria había disminuido el poder del trono, que pasó cada vez más a los primeros ministros. Hacia fines del prolongado reinado, Victoria era poco más que un símbolo muy amado; un desarrollo confirmado por la breve permanencia de su hijo en el trono, por mucho que él pareciese encarnar los aspectos más humanos de dicho símbolo. En otras palabras, la marcha del progreso estaba continuando tanto a causa de la aureola monárquica como a pesar de la misma.

Jorge abordó ahora esta tarea, con su visión franca, decente y simple de la vida; una vida en la cual hasta ese momento, como escribió su biógrafo, él no había hecho casi "nada más que matar animales y pegar sellos". Continuaría disparando la escopeta y pegando sellos, pero también prestaría servicios, aconsejaría y sería un modelo de probidad en situaciones difíciles durante más de un cuarto de siglo. Lo mismo que su abuela, tenía un sentido profundo del deber; a diferencia de su padre, era un modelo de honor doméstico.

Con respecto a la reina María, el rey Jorge era su vida, y su permanente consagración a la monarquía británica se concentraba por completo en este primo a quien ella había conocido desde la niñez, el Jorgito con quien había contraído matrimonio, el hombre con el cual había engendrado los hijos de la pareja real. Alejandra había tenido una imagen muy clara de la frágil humanidad de su marido y había conseguido crearse una suerte de vida independiente con sus parientes daneses, sus obras de beneficencia y su familia. Pero en el caso de la nueva Reina estaba sólo el Rey. Todo se hacía para él y en vista de su ecuanimidad; todo venía a servirlo. Nunca lo contrariaba francamente frente a la familia y sólo en privado o en sus cartas protestaba si él perdía los estribos o trataba con injusticia a alguno de los hijos. Mabell Airlie, la dama de compañía y la más íntima amiga de la Reina, recordaba que el tacto y la serena vida hogareña de María "a veces le ganaron la reputación de ser una persona gris; lo que no era el caso". En presencia de terceros, sencillamente subordinaba su personalidad a la del esposo.

María aportaba la fuerza de una consagración concentrada a cada día de la vida del Rey. "Creía —escribió su biógrafo James Pope-Hennessy—, que todos debían someterse a los más mínimos deseos del Rey y ella actuaba como el ejemplo viviente de esa convicción. Externamente, representar ese papel no implicaba adoptar posiciones espectaculares. Intimamente, exigía un ejercicio constante y dramático de la imaginación, la previsión y el autocontrol."

Corresponde agregar que también la anulación virtual de sus propios gustos. El vestuario de la reina María, que por el resto de su larga vida nunca fue más allá de la moda de principios del siglo, quedó cristalizado en el tiempo por orden expresa del Rey, que en todo —incluso los estilos de las prendas de vestir— sentía un horror absoluto por todo lo que significara cambio. María sobrevivió diecisiete años a su esposo, pero entonces, como escribiría a su hijo mayor, ya era demasiado vieja en todos los aspectos de su persona y no podía cambiar. Los vestidos de colores apagados, largos hasta los tobillos, con abrigos que hacían juego, una toca y una sombrilla: esa fue la marca registrada de la reina María en las apariciones públicas, mientras en el Cottage York le bastaba el más sencillo vestido de muselina, con el escote cuadrado. A semejanza de su esposo, María no manifestaba el menor interés en todo lo que recordase a la elegante sociedad eduardiana, a la que con razón consideraba vulgar y ostentosa. Esto era especialmente cierto si se tiene en cuenta la espléndida vida de la Corte, de la que opinaba que era nada más que "un exceso de vajilla de oro y orquídeas". En otras palabras, en la Reina se manifestaba una majestuosa sencillez; ella era la Consorte del Rey, debía consagrarse con orgullo a él y a su pueblo, pero no necesitaba adoptar accesorios excesivos, un vestuario especial o conjuntos que subrayasen el papel que representaba.

En el ámbito doméstico el Rey permitió cierta libertad estilística a la Reina, pero incluso en este aspecto ella decidió atenerse al gusto y los intereses de Jorge. Cuando María comenzó a redecorar las habitaciones privadas del Palacio de Buckingham, en 1911, no protagonizó audaces golpes renovadores. Simplemente trajo de Sandringham una piel de tigre que servía como alfombra, las espadas, las lanzas, los colmillos de elefante, los barómetros, las cartas marinas, los mapas y el escritorio de capitán de barco. En esta cuestión, la atención de María a los detalles de "muebles, muebles y más muebles" se adaptaba admirablemente a las inclinaciones de Jorge.

Sería un error suponer que Jorge no respetaba los gustos de su esposa ni valoraba sus opiniones en cuestiones más importantes. Todo lo que tuviera relación con los asuntos de Estado que el padre había revelado a Jorge, este lo compartía con su esposa; y cuando fue Rey comentaba regularmente con ella el contenido de los despachos. Las conversaciones que mantenían en estas cuestiones parecen haberse distinguido poco del comentario de una pareja común acerca de las noticias cotidianas. Después de todo, el Rey sencillamente recibía informes de los actos del gobierno y la mayoría de los documentos del Gabinete constituían una lectura tediosa. De acuerdo con la versión de Mabell Airlie, entre otras personas, la mente de María era más aguda y original que la de su marido, y sus opiniones acerca de las cuestiones cotidianas a menudo discrepaban de manera considerable. Jorge confiaba en el sentido común de María y en su conocimiento de las personalidades de los ministros, pero la Reina no insistía en ninguna idea, del mismo modo que no usaba un color que desagradase al Rey.

Jorge no experimentaba la misma confianza esencial en sus hijos. Consagrado al deber, creía que ellos estaban obligados del mismo modo desde el nacimiento y siempre temía que el más leve atisbo de escándalo reviviese las incorrecciones de su propio padre en los hijos. Así, acostumbraba a una represión severa cuando un reproche leve habría bastado. Cuando el príncipe Eduardo se presentó ante su padre usando pantalones de nuevo estilo, con los bajos alzados, el Rey lo criticó: "¿Está lloviendo *aquí* dentro?", con lo cual sugería que su hijo se había arremangado los pantalones para pasar los charcos al cruzar la calle. Asimismo, el monarca se burlaba en voz alta de los más leves errores o de algunas torpezas infantiles y les reclamaba una perfección (en el vestido, el lenguaje y los modales sociales) a la que ningún mortal podía aspirar. La condesa Airlie lo dijo con franqueza: "El Rey sentía afecto por sus hijos, pero su actitud frente a ellos alternaba entre un torpe buen humor, que hacía que un niño sensible retrocediera intimidado, y una severidad cercana a la dureza". Pero la dureza no se extendía a su bienamado loro Charlotte, que se pavoneaba con libertad sobre la mesa del desayuno en Sandringham y picoteaba los huevos duros que le interesaban. Cuando el pájaro ensuciaba la mesa, el amo sencillamente cubría el desastre con un plato o una compotera. Su indulgencia hacia Charlotte —cuando el ave chillaba repitiendo la represión infligida a un hijo remolón— sin duda no era agradable para nadie, excepto para el Rey.

La Reina era todavía una madre tan problemática como siempre, abnegada pero poco demostrativa, una mujer de su tiempo y su jerarquía, "los vestidos cerrados hasta el cuello e inflexible", como diría varios años después su nieto el conde de Harewood. "Para ella no era fácil hablar de cosas fundamentales y decisivas; mostrar calidez frente a la gente." María a menudo parecía tener acerba conciencia de este rasgo de la personalidad: "David cenó conmigo por la noche —es su anotación típica para relatar los encuentros con su hijo mayor—. Hablamos mucho, pero de nada que fuese muy íntimo".

El mayor era entonces y siempre sería el menos feliz de todos sus hijos. Al morir el rey Eduardo, su nieto homónimo heredó automáticamente el título de Duque de Cornwall, que puso a su disposición, desde entonces, una abultada renta originada en las propiedades existentes en ese condado; y también una proporción importante de propiedades en Londres. Después, cuando cumplió dieciséis años, en junio, su padre lo designó Príncipe de Gales, pues ahora era el heredero natural del trono. Eduardo continuaba en el Real Colegio Naval de Dartmouth (y allí continuaría hasta mayo de 1911); se desempeñó bien en sus estudios, salvo en matemática y ciencias. Deseoso de complacer, Eduardo tenía una mente indisciplinada y escasa capacidad de concentración; su curiosidad infantil estaba amortiguada tanto por una educación irregular como por la convención social. También estaba avergonzado porque su jerarquía impedía que los compañeros lo aceptasen por completo. Además, Eduardo estaba totalmente desilusionado con la idea de que un día el trono sería suyo en el curso normal de las cosas. Años más tarde, su niñera Charlotte Bill escribió a la reina María recordándole que incluso en su adolescencia el Príncipe "nunca había deseado ser Rey".

Lo mismo podía decirse de su hermano Alberto, que suponía equivocadamente que nunca llegaría a ocupar el trono. Alberto estuvo en Dartmouth coincidiendo con el último período de Eduardo, en 1911; el desempeño académico del hermano menor fue considerablemente inferior, como había sucedido en Osborne. Empeoró su tartamudeo y su carácter llegó a ser más agrio. En cambio, el príncipe Enrique al principio se desenvolvió bien en sus estudios en la Escuela Preparatoria de San Pedro, en Kent, adonde llegó en 1910; el primer hijo de un soberano británico enviado a una escuela (en lugar de que lo confiaran con exclusividad a los preceptores o lo inscribiesen en una academia militar o naval). El príncipe Jorge se unió allí a Enrique en 1912; la princesa María continuó recibiendo lecciones en el hogar; y el pobre príncipe Juan fue discretamente llevado a Sandringham, con un pequeño equipo.

Con respecto a Alejandra, la Reina Viuda, los primeros tiempos de su viudez exigieron una readaptación difícil. De acuerdo con los términos del testamento de su esposo, ella podía ocupar Sandringham como casa de campo el resto de su vida; Marlborough House sería su residencia londinense. Pero no parecía dispuesta a acelerar su partida del Palacio de Buckingham y eso provocó considerables dificultades a la reina María, quien durante el verano de 1910 había arreglado el traslado de su propio hogar desde el Cottage York. Los encargados de la mudanza estaban prácticamente a las puertas del palacio, sin embargo Alix continuaba ocupando los apartamentos destinados a sus sucesores.

Su intransigencia no respondía sólo a mera nostalgia o a vacilación ante la perspectiva del cambio. El hecho es, como lo sabían lady Cynthia Colville[1] y otros, que Alix "nunca pudo decidirse a considerar a su hijo y su nuera como el Rey y la Reina". Esta actitud se originaba, no en la tenaz voluntad de mantener su propia jerarquía real; más bien puede afirmarse que, fiel a su carácter, ella se consideraba más una madre que un personaje real y por eso mismo no estaba dispuesta a permitir que la apartasen de su propia casa. Ella había representado el papel de Reina, pero aún vivía. Entonces, ¿por qué alguien quería usurpar el rol que representaba en su hogar... y especialmente la esposa de su Jorgito?

Por fin, hacia fines de 1910, Alix fue apartada con amabilidad del palacio. Un testigo recordó el día de la salida.

> Todos los criados, hasta la última encargada de la limpieza, esperaron en el vestíbulo mientras Su Majestad descendía con lentitud la gran escalinata, tan hermosa con sus lutos de viuda... El único sonido era el llanto de los criados; ella también estaba llorando. Estrechó sucesivamente las manos de cada uno. Quiso expresar unas pocas palabras de pesar al separarse de ellos, pero su voz estaba entrecortada por los sollozos. Cuando estrechó la última mano, las puertas principales se abrieron lentamente... e inclinando la cabeza [ella] realizó el amable gesto de despedida que era tan gracioso y en cierto modo tan propiamente suyo.

Alix encontró que Marlborough House era un lugar "triste y desolado sin mi amado —como escribió a la sobrina de su marido—. Lo añoro cada vez más". Durante los pocos años siguientes, Alix se retrajo de manera creciente. A veces visitaba a su hija, ahora la reina Maud de Noruega, pero parecía que su vida carecía de objetivo y que ella se sentía muy sola. "Es muy triste verla así, tan desesperada e impotente y una la compadece mucho", escribió la reina María a su tía en mayo de 1911.

Se agregaron otros pesares a Alix en 1912, cuando fallecieron su yerno y su hermano; y al año siguiente su amado hermano Jorge, rey de Grecia, fue asesinado. La soledad y el dolor determinaron así que ella llegase a depender de su nuera. "Después de haber decidido mis disposiciones del día —observó la reina María en el Palacio de Buckingham—, la querida mamá de pronto anuncia su presencia en la comida o el té y es necesario cambiarlo todo." Aislada por la soledad provocada por la sordera y la muerte, Alix se convirtió en una figura de afectuosa tristeza. María siempre se mostró bondadosa con ella y Alix expresó intensamente su agradecimiento; sobre todo porque aún se la aceptaba de buena gana en el papel constante de acompañante de los niños.

Antes de fines de 1910, el rey Jorge se enredó en una crisis política prolongada y difícil, durante la cual sus asesores lo convencieron de que la propia monarquía estaba amenazada.

La Cámara de los Lores había cedido en el tema del presupuesto de Asquith, pero perduraba el problema de la aprobación de la Ley del Parlamento destinada a limitar definitivamente las atribuciones financieras y de veto de los Lores. Amenazando renunciar y disolver el Parlamento, Asquith arrancó al Rey la promesa confidencial de que designaría nuevos pares liberales si la Ley del Parlamento resultaba rechazada en principio en la Cámara de los Lores. Ante esto, el Rey acordó, de mala gana y con resentimiento, pues percibió con acierto que Asquith estaba aprovechando, en actitud poco ética, tanto de su inexperiencia como de su obligación de aceptar el asesoramiento. "En toda mi vida nunca hice nada que me avergonzara confesar —se quejó Jorge—. Y nunca me acostumbré a disimular las cosas." Obligado a aceptar las instrucciones de su Primer Ministro, el Rey tuvo que traicionar su propia conciencia; en efecto, de ningún modo estaba seguro de que lo que se le pedía era el deseo de la nación. Por consiguiente, su promesa podía ser considerada inconstitucional, precisamente porque su actuación tendría una base partidista.

El dilema era sobre todo difícil para Jorge porque desde el principio él y María habían tratado de identificar a la monarquía con las necesidades y los deseos de la gente común. Durante los tres primeros años de su reinado realizaron esfuerzos especiales con el fin de visitar los distritos obreros pobres de Inglaterra y Gales; asistieron a acontecimientos deportivos, saludaron a los habitantes más indigentes de Londres, y —este era un símbolo importante— fueron fotografiados usando ropas típicas de cualquier familia respetable (aunque solventes). El deseo del rey Eduardo de poner a la Familia Real en el centro de la sociedad elegante, una meta que había sido una reacción frente al áspero retraimiento de Victoria y el tono grisáceo de la vida de la Corte, estaba desvaneciéndose de prisa. La Inglaterra de Jorge estaba convirtiéndose en una imagen idealizada de la domesticidad burguesa dignificada.

La imagen a lo sumo fue brevemente cuestionada cuando apareció un artículo en el número de noviembre de 1910 de *The Liberator*, un periódico en inglés publicado en París y enviado a todos los miembros del Parlamento. El autor, E. F. Mylius, retomaba el antiguo e infundado rumor de que Jorge cierta vez se había casado en secreto en Malta con la hija de un oficial naval y que la había abandonado al morir Eddy, cuando el propio Jorge ocupó un lugar en la línea sucesoria directa del trono. Cuando se demostró con facilidad que las afirmaciones del artículo eran falsas y que Jorge nunca había estado en Malta durante el período de su supuesto romance y matrimonio, Mylius fue condenado por calumnias contra el Monarca y sentenciado a un año de cárcel. El resultado previsible del asunto Mylius fue el aumento de la simpatía y el afecto por Jorge y María.

Pero incluso esta recuperación de su buen nombre corrió peligro cuando la Ley del Parlamento ocupó el centro de las cosas, durante el verano de 1911. Se evitó una crisis constitucional franca sólo porque una segunda elección posibilitó la aprobación de la ley en la Cámara de los Lores. Esto sucedió porque la elección dio lugar a una mayoría levemente liberal y porque un número suficiente de pares que no eran liberales se ausentaron a la hora del debate; los motivaba el doble deseo de evitar que el Rey se sintiera avergonzado y de rehuir una situación en que un súbito aflujo de pares liberales los desbordaba, cuando el Rey cumpliese su palabra; a esa altura de las cosas, y después de la elección, su compromiso ya era de conocimiento público.

Resuelto el tema, era evidente que el Rey se sentiría aliviado. "Me temo que es imposible palmear en la espalda a la oposición —escribió el Rey a sir

Arthur Bigge (uno de sus dos secretarios privados, que en ese momento recibió el título de lord Stamfordham)—, pero por cierto agradezco lo que hicieron y el hecho de que me evitaran una humillación a la cual jamás habría sobrevivido. Si la creación [de los nuevos pares liberales] hubiese sobrevenido, yo jamás habría vuelto a ser la misma persona." Tampoco el Parlamento habría sido el mismo. Pero el resultado fue que, a partir de entonces, las atribuciones de la Cámara de los Lores se vieron permanente y profundamente recortadas. Así, el rey Jorge, gracias a un embarazoso episodio político que él nunca entendió del todo, promovió la causa de la democracia en Gran Bretaña y vino de modo indirecto a recortar el poder de la aristocracia. Jorge dio este paso no porque fuese liberal, que en efecto no lo era (y mucho menos extremista), sino porque la única posición clara para él era su obligación de representar todo lo que era honesto en el carácter nacional. La colusión, el subterfugio, la mendacidad, el egocentrismo... estos eran los pecados graves en el catecismo del rey Jorge.

Cuando comenzaron los preparativos para dos grandes acontecimientos —la coronación del Rey y la Reina en junio de 1911 y la investidura formal de Eduardo como Príncipe de Gales el mes siguiente— fuera de la Familia Real nadie llegó a saber que la vida de Eduardo se veía cambiada definitivamente y que una enfermedad infantil con el tiempo afectaría la sucesión al trono.

En febrero de 1911, Eduardo y Alberto aún estaban atareados en Dartmouth con el programa de estudios destinado a entrenarlos para salir al mar. Una epidemia de paperas y sarampión barrió los dormitorios, de modo que dos jóvenes murieron, la mayoría de los cadetes enfermó gravemente, y Eduardo y Alberto se vieron afectados de gravedad por las dos enfermedades. La situación era tan seria que *The Lancet*, el principal órgano médico británico, emitió una declaración poco convincente (y desusadamente inexacta). "Los Príncipes están en la edad de menor riesgo y se está aplicando la importante medida de confinarlos a la cama, una norma cuyo incumplimiento a menudo produce muchas complicaciones y secuelas."

Pero la edad de los dos hermanos era fundamental; a los dieciséis y los quince años eran delgados, de corta estatura, y físicamente todavía inmaduros; no habían cambiado la voz, apenas necesitaban afeitarse y casi no tenían vello corporal; todo lo cual indicaba que se había retrasado el comienzo de la madurez sexual. La fiebre y los sarpullidos del sarampión habían debilitado los sistemas inmunológicos y cuando llegaron las paperas la enfermedad pareció sobre todo virulenta en el caso de Eduardo. Estuvo enfermo muy grave durante dos semanas. Lejos de encontrarse en "la edad de menor riesgo", pareció singularmente susceptible a los peores efectos de las paperas. En 1911 no había vacunas contra ninguna de las dos infecciones.

Las paperas es una enfermedad viral contagiosa y aguda, que provoca la inflamación dolorosa de las glándulas salivales, con más frecuencia las parótidas (de ahí su nombre médico formal de parotiditis). Es muy común en los niños entre los cinco y los quince años; aparece fácilmente en epidemias cuando las personas susceptibles viven en alta concentración y por razones desconocidas culmina a fines del invierno. Los niños pequeños que contraen la enfermedad por lo general no ven afectada su fertilidad futura y tampoco esa condición perjudica a los varones adultos. Pero la gran mayoría de los varones adolescentes que enferman padecen atrofia testicular unilateral o bilateral y ese estado origina de modo inevitable esterilidad ocasional o permanente.

Además, un número importante de pacientes (sobre todo en situaciones en las que prevalecen condiciones negativas de salubridad y nutrición, como en Gran Bretaña cerca de 1911), puede contraer formas de la enfermedad que producen otros efectos neurológicos permanentes; la tendencia a los súbitos accesos de cólera, las depresiones agudas y a lo que los psicólogos denominarían como cierta pérdida del afecto, todo imputable a la interferencia de ciertas formas del virus en los neurotrasmisores químicos fundamentales.

Deben explicarse estos detalles para comprender gran parte de lo que sucedió más tarde en la vida de los hermanos, pero especialmente en la del príncipe Eduardo. A esta altura del relato bastará recordar que en 1911 algo cambió definitivamente en Eduardo; o con más exactitud, sucedió algo que *impidió* que más tarde sobrevinieran algunos cambios muy importantes. Las fotografías y las películas de su persona a corta distancia, en julio de 1911, con motivo de su investidura como Príncipe de Gales, no muestran nada que se parezca a un típico joven de diecisiete años, y en cambio aparece la cara y la figura de un niño de nueve o diez años, de crecimiento un tanto escaso, como si se tratara de un preadolescente; nada de todo esto sugiere la existencia de un joven que madura con normalidad.

En términos médicos, diremos que el príncipe Eduardo tenía todos los síntomas del hipogonadismo, es decir, el subdesarrollo de los caracteres sexuales primarios y secundarios. Lo cual explica la apariencia juvenil poco natural del Príncipe cuando ya tenía veinte años. Alan Lascelles, que debía ser el secretario privado de Eduardo durante nueve años, observó que "por alguna razón hereditaria o fisiológica, su crecimiento mental y espiritual se detuvo completamente en la adolescencia, lo cual afectó toda su conducta ulterior". El primer ministro Stanley Baldwin coincidía con esta opinión: "Es un ser anormal, medio niño... parecería como si dos o tres células de su cerebro continuasen completamente privadas de desarrollo". Philip Ziegler, sagaz biógrafo de Eduardo, resumió así la cuestión:

Parecerse a un niño en muchos aspectos es atractivo. El Príncipe nunca perdió su entusiasmo, su curiosidad, la frescura de su enfoque, su espíritu abierto. Pero la palabra también aporta connotaciones de volatilidad, irresponsabilidad, autocomplacencia, la incapacidad para establecer una relación madura con otro adulto. Es posible atribuir con razón al Príncipe todas estas faltas.

Con respecto a la madurez sexual de Eduardo, sir Harold Nicolson, biógrafo de su padre, escribió en una entrada inédita de su diario, empleando el eufemismo contemporáneo, según el cual "algo se desvió con su glándula al llegar a la pubertad". El significado era evidente: el Príncipe de Gales quedó estéril en la adolescencia.[2] Si bien la condición de que "algo funcionó mal en la glándula" puede imputarse a otras causas, todas concuerdan con los efectos de la orquitis proveniente de las paperas; por cierto, en el caso del príncipe Eduardo nunca se adujo otra alternativa. El rasgo más destacado fue este, proveniente de su adolescencia. Frank Giles, ayudante de campo del gobernador de Bermudas en 1940 (y más tarde director del *Sunday Times*) recuerda haber visto a Eduardo desnudo que salía de una ducha después de un encuentro de golf "y no tenía absolutamente vello en el cuerpo, sobre todo ni siquiera en el lugar donde uno supondría que debía tenerlo".

La mañana del jueves 22 de junio de 1911, el rey Jorge y la reina María fueron a la Abadía de Westminster para la coronación. Jorge fue ungido en primer término y se acercó al altar mayor con su túnica carmesí, la cola sostenida por ocho pajes. El arzobispo de Canterbury avanzó hacia los cuatro lados del santuario, proclamando ante cada sección de la congregación: "Señores, os presento al Rey Jorge, sin discusión el Rey de este Reino: en adelante todos los que habéis venido hoy a rendir homenaje y prestar servicio, ¿estáis dispuestos a hacer lo mismo?" Ante lo cual las trompetas sonaron y el coro proclamó: "¡Vivat Rex!" y la congregación gritó "¡Dios salve al Rey!"

Jorge se arrodilló, apoyó la mano sobre la Biblia y prestó el juramento de la coronación, prometiendo "aplicar la ley y la justicia en el marco de la compasión" en todos sus juicios; mantener la religión protestante y la Iglesia Oficial; y gobernar "al pueblo de este Reino Unido de Gran Bretaña e Irlanda, y los Dominios que a los mismos pertenezcan, de acuerdo con los estatutos del Parlamento ya convenidos, y las respectivas leyes y costumbres emanadas de aquellos".

La promesa de mantener el protestantismo según se comprobó fue una alternativa audaz elegida por el Rey, pues era una versión muy diluida de una escisión anterior del catolicismo romano. El Rey no estaba dispuesto a usar esa fórmula, no porque tuviese alguna simpatía especial por la Iglesia de Roma, sino porque temía ofender a los católicos de Gran Bretaña entera, sobre todo en momentos en que la autodeterminación de Irlanda era una cuestión delicada. La llamada Declaración Protestante había determinado que desde el siglo XVII el soberano inaugurase el Parlamento y prestase el juramento de la Coronación condenando ciertos aspectos concretos de la doctrina católica, porque eran "supersticiosos e idolátricos".

Incluso antes de inaugurar el Parlamento, ese mismo febrero, Jorge se había opuesto a esta condena global. Después de considerable agitación y de manifestar francos temores acerca de la "infiltración papista", el primer ministro Asquith ideó una frase más simple, que pudo ser aprobada por ambas cámaras, fue aceptada por el Rey y utilizada por él en junio de 1911: "Declaro que soy un fiel protestante y que sostendré la sucesión protestante", dijo, y así quedaron las cosas.

Sin embargo, había buenas razones que justificaban que el Rey adoptase una actitud tan tolerante y comprensiva. Los obispos de la Iglesia de Inglaterra

—por cierto, el propio arzobispo de Canterbury— sabían muy bien que las tendencias en su Iglesia la orientaban más bien a un acercamiento y no a un rechazo de las formas del culto y el credo que en otros tiempos habían sido condenadas como expresiones "romanas". A lo largo de Inglaterra, tanto la práctica como la doctrina estaban asemejándose cada vez más a la antigua fe apostólica de Roma, sin sus excrecencias devocionales y doctrinarias más fantasiosas (es decir, creadas después del Medioevo). Cuando el formalismo litúrgico revivió sólidamente en Inglaterra, ciertas parroquias locales, por ejemplo la de Margarita de Todos los Santos, francamente adoptaron la denominación de anglocatólicas y a sus ministros se los denominaba "Padres", más que "Señor" o "Reverendo". Había una preferencia cada vez más acentuada por la liturgia cantada, el uso del incienso, las vestiduras con brocado de oro, las sotanas negras en público y la celebración de devociones piadosas los días de semana.

Todos estos elementos, antaño despreciados y proscriptos en la Iglesia de Inglaterra, de nuevo habían recobrado la popularidad a partir del Movimiento de Oxford, en el siglo XIX. Encabezada por John Henry Newman, John Keble y Edward Pusey, esta causa había alentado la adopción de elementos considerables del ceremonial romano —y lo que es más importante, había desencadenado la búsqueda de la ortodoxia doctrinaria— a medida que buscaban la renovación y el renacimiento del anglicanismo según lo practicaban Enrique VIII y su hija Isabel. Los eruditos de Oxford proponían una Iglesia Anglocatólica renovada contrapuesta a las tendencias protestantes de la "Baja Iglesia". (Newman más tarde se convirtió en católico romano.) Cuando el rey Jorge V se negó a ofender a los católicos romanos denunciando la fe y la práctica católicas, por lo tanto se mostraba tan razonable como tolerante: ¿cómo podía condenar las mismas prácticas que la Iglesia Oficial estaba abrazando cálidamente?

Concluida la ceremonia de la coronación, el coro atacó los compases del himno de Händel *Zadok el Sacerdote*, y el Arzobispo ungió la frente, el pecho y las manos de Jorge. Después, este se sentó sobre el sillón del rey Eduardo, el trono bajo el cual estaba la llamada Piedra del Destino (o Piedra Scone), llevada por Eduardo I de Escocia a Westminster en 1296. Desde aquel momento, todos los soberanos ingleses fueron coronados sobre esta piedra. (Incluso ese viejo rebelde que fue Oliver Cromwell la usó durante la ceremonia en que afirmó su carácter de Protector.) Jorge recibió el anillo de rubí y los dos cetros, y después pusieron sobre su cabeza la corona de San Eduardo. Los pares se pusieron sus propias coronas, sonaron las trompetas, redoblaron los tambores, los cañones de la Torre y los parques fueron disparados, y en la abadía todos proclamaron una vez más: "¡Dios salve al Rey!".

Unos momentos después, el Príncipe de Gales se arrodilló ante su padre, cuyos ojos brillaban a causa de las lágrimas cuando el jovencito, con su voz aguda y fina, recitó su juramento: "Yo, Eduardo, Príncipe de Gales, me convierto en tu vasallo de vida y cuerpo, y te profeso culto en la tierra, y te serviré con verdadera fe y verdad, de modo que viva y muera contra toda clase de personas. Que Dios me ayude". Después, el jovencito se puso de pie, tocó la corona de su padre y lo besó en la mejilla izquierda. Los pares principales de cada categoría siguieron un poco después y sólo entonces se procedió a ungir a la reina María, que así fue coronada y entronizada. La coronación concluyó con una breve comunión y unas pocas plegarias finales.

De acuerdo con todas las versiones de sus contemporáneos y sus biógrafos ulteriores, Jorge fue un individuo religioso para quien el episodio era una expresión sagrada y no simplemente grandiosa. Se veía consagrado por un acuerdo con Dios, vinculado por un voto que lo obligaba a servir a su pueblo. Pero como no era un hombre expresivo ni de palabra fácil, la entrada en su diario ese día, que comenzó con las acostumbradas observaciones náuticas, fue típicamente moderada. De todos modos, hay chispazos de emoción que penetran su lenguaje almidonado:

> Estaba nublado y nuboso con algunos chaparrones y una brisa fría más bien intensa, pero para la gente mejor que el mucho calor. Hoy ciertamente fue un día grande y memorable en nuestras vidas, y uno nunca puede olvidarlo, aunque la ocasión evocó en mi caso muchos recuerdos tristes, de lo que sucedió hace nueve años, cuando mis amados Padres fueron coronados. May y yo salimos del P. B. en el carruaje de la Coronación... Había más de 50.000 soldados alineados en las calles al mando de lord Kitchener. También había centenares de miles de personas que nos ofrecieron una grandiosa recepción. El servicio en la Abadía fue muy hermoso, pero resultó una prueba terrible. Era grandioso pero sencillo y muy digno y se desarrolló sin el menor tropiezo. Casi me derrumbé cuando mi querido David se acercó a rendirme homenaje, pues me recordó muchísimo el momento en que hice lo mismo con mi amado Papá... La querida May estaba hermosa y en efecto me reconfortaba tenerla a mi lado, como sucedió siempre durante los últimos dieciocho años. Salimos de la Abadía de Westminster a las 2.50 (habíamos llegado antes de las 11) con nuestras Coronas y los cetros en las manos. Esta vez avanzamos por el Mall, la calle Saint James y Piccadilly, con enormes multitudes y adornos muy hermosos. Al llegar al P. B., poco antes de las 3, May y yo salimos al balcón para mostrarnos a la gente. Comimos algo con nuestros invitados allí mismo. Trabajamos todas la tarde con Bigge y otros respondiendo a los telegramas y las cartas que son centenares. Se reunió frente al Palacio una multitud tan numerosa que de nuevo salí al balcón. Nuestros invitados cenaron con nosotros a las 8.30. May y yo nos mostramos de nuevo al pueblo. Escribí y leí. Bastante cansado. Me acosté a las 11.45. Hermosas iluminaciones por doquier.

Hubo un desfile casi tan magnífico exactamente tres semanas después, cuando Eduardo se trasladó con su familia para ser investido formalmente Príncipe de Gales en el Castillo Caernarvon. Aquí presenciaron una improvisación teatral más inspirada que la precedente, pues aunque el título nobiliario había sido usado por todos sus predecesores, no había habido ninguna ceremonia; habían pasado más de trescientos años desde que un monarca había presentado a su hijo ante los galeses como príncipe de la región. Pero el Canciller de Hacienda David Lloyd George, que también era galés y condestable del Castillo de Caernarvon, percibió que había una oportunidad política extraordinaria de conquistar el favor galés y así se procedió a "descubrir" rápidamente los antiguos ritos.

Según se comprobó, esto agradó mucho al rey Jorge, que vio que la pompa, si se relacionaba con la probidad y el cumplimiento de un deber nacional, tenía sentido. La ceremonia había reforzado su sentimiento reverencial frente a su propio padre, y ahora como Rey Coronado percibió en su propia Familia Real a los herederos de antiguas tradiciones que debían ser revividas y reforzadas. A su vez, el Rey esperaba una actitud de obediente reverencia de sus hijos como herederos de esos títulos y tradiciones. Y así se suscitó una desagradable riña de familia en relación con los preparativos de Eduardo para la ceremonia del 13 de julio. No parecía tener 17 años, ni cosa por el estilo, y lo sabía. Era un escolar nervioso, frágil y poco desarrollado, y se sentía absurdo cuando se probó el traje ostentoso, con los calzones cortos blancos, la capa de armiño y la corona de oro. "¿Qué dirán mis amigos de la marina si me ven con este vestido absurdo?" Esta actitud provocó una estentórea represión de su padre y una más de la interminable serie de críticas. Sólo el aliento y la percepción amable de su madre le permitieron afrontar el día, pues Eduardo detestaba todo lo que sugiriese que se vería separado de sus condiscípulos. Estaba esforzándose mucho para ser uno de ellos y ya tenía muchas cosas que lo perjudicaban física, social y educacionalmente, de modo que sentía que la investidura lo perjudicaría todavía más, postergando de nuevo su ingreso en el mundo común de sus compañeros.

Eduardo escribió más tarde:

> Cuando toda esta conmoción terminó, realicé un doloroso descubrimiento de mí mismo. Consistía en que, si bien estaba dispuesto a cumplir mi papel en relación con toda esta pompa y este rito, rechazaba todo lo que tendiese a identificarme como una persona a quien debía rendirse homenaje. Incluso si mi padre ahora comenzaba a recordarme las obligaciones de mi posición, ¿acaso no se había esforzado mucho para infundirme una crianza rigurosa y desprovista de afectación? Y si mi relación con los muchachos aldeanos de Sandringham y los cadetes de los Colegios Navales había hecho algo por mí, había sido convertirme en un individuo desesperadamente ansioso de que se lo tratase exactamente igual que a cualquier otro joven de mi edad.

En otras palabras, había una serie inquietante de señales contradictorias enviadas al joven Príncipe. Mantenido a distancia de sus padres, había conocido una niñez artificial y enclaustrada al cuidado de una niñera sádica y después de otra más afectuosa. Y más tarde, llegó un preceptor indulgente pero ineficaz, antes de que se lo despachase sin ceremonias a Osborne, donde se le ordenó que viviese sin pretensiones, que alimentase las calderas de un barco como sus compañeros, que aceptase las burlas y los zarandeos como cualquier recluta nuevo. Al mismo tiempo, estaba avanzando por el camino que debía llevarlo al trono y a los dieciséis años era el primero en la línea sucesoria. Asistía a la escuela para convertirse en un individuo común y corriente; pero él no era nada que correspondiese a esa definición.

Lo que era más doloroso, nunca podría satisfacer a su padre, que tenía la intención de prepararlo para el trono, pero cuyo método era la prepotencia imperativa.

"Debes encontrar tiempo para escribirme una vez por semana", lo reprendió el Rey cuando Eduardo no cumplió ese deber durante una quincena.

"Debo decirte que me siento decepcionado", era una frase constante en las cartas del padre.

"Fuma menos —lo exhortaba el Rey. En sí mismo, este era un buen consejo, pero por desgracia se veía negado por lo que seguía—: Practica menos ejercicio. Come más y descansa más... [de lo contrario continuarás] siendo una especie de niño minúsculo que no ha crecido del todo." A los dieciocho años leer que el padre lo considera a uno "un niño minúsculo, que no ha crecido del todo" sin duda deterioraba todavía más la ya frágil imagen que Eduardo tenía de sí mismo. Eran raras las ocasiones en las cuales el padre no formulaba críticas. "No se han visto fallas —escribió triunfante Eduardo en su diario un día de 1913—, ¡Qué cambios!" Con respecto a la reina María, nunca interfirió en estos intercambios entre padre e hijo; el respeto a su marido agrandaba una distancia ya muy evidente respecto de sus hijos.

Esa distancia se vio subrayada geográficamente cuando el Rey y la Reina viajaron a India unos cinco meses después de su coronación, para asistir allí a un *durbar* u homenaje, que se les rindió en su condición de Emperador y Emperatriz. Convencido de que su presencia ratificaría e incluso consolidaría la lealtad de los hindúes, Jorge alentó la celebración de una ceremonia realizada en Delhi el 12 de diciembre de 1911; un episodio que fue en todos los aspectos tan espléndido como el de Westminster. Unos cien mil hindúes asistieron, cincuenta mil soldados flanquearon las calles, hubo bandas de instrumentos de viento, y servidores revestidos de escarlata y oro que relucían al sol de la mañana. Jorge y María ciñeron las nuevas coronas imperiales labradas especialmente para esta ocasión y se los entronizó sobre un alto estrado, bajo un palio dorado, remoto pero grandioso, que recordaba por completo la imagen oriental de los potentados imperiales. Todo fue orquestado de modo que las cámaras recogiesen las imágenes mudas como otros tantos documentos, del mismo modo que dichos episodios aparecían representados en Europa entera por las familias reales contemporáneas. Todas las grandes monarquías concebían ritos destinados a promover una fidelidad casi religiosa basada en la adoración y el respeto reverencial. Esta forma primitiva de exaltación puede remontarse por supuesto a las sociedades antiguas.

El *durbar* de Delhi tuvo un significado doble. Ante todo, desde el punto de vista de Inglaterra fue una grandiosa reafirmación del Imperio y la lealtad en apariencia inconmovible de millones de asiáticos. Al parecer, Britania gobernaba no sólo sobre las olas sino también sobre los desiertos y nadie podía haber imaginado que en menos de cuarenta años Alberto, hijo de Jorge, presenciaría la independencia de India. Y segundo, el Rey estaba convencido de la sublimidad de su cargo y sus responsabilidades. A partir de esta ceremonia extravagante, que a él y a María los impresionaba precisamente porque era tan exótica, y que los situaba en el centro de una cultura extranjera, derivaron un renovado sentimiento de confianza y una convicción más alta de su vocación; a saber, que en cierto sentido eran el Emperador y la Emperatriz de un pueblo universal, no meros herederos de un destino insular. Que ninguna monarquía del mundo fuese tan prestigiosa como la suya simplemente reafirmó su sentimiento de superioridad. A la luz de esta experiencia, es notable que conservaran (más aún, profundizaran) su empatía o sentimiento de compasión hacia otros.

Sin embargo, era inevitable que con este sublime sentimiento del yo apareciese cierta arrogancia. Habiendo sido advertido de que la pasión que lo llevaba a cazar profusión de animales salvajes no era conveniente, Jorge desechó las objeciones y en el curso de este viaje mató treinta y nueve tigres, dieciocho rinocerontes y cuatro osos. "El hecho es —dijo lord Crewe (secretario de Estado para India) con desprecio mal disimulado—, que es una desgracia que un personaje público manifieste de manera tan acentuada la manía de la caza como es el caso de nuestro bienamado Gobernante. Su perspectiva de lo que conviene se ha visto casi completamente destruida." Lord Durham (un par aficionado a las carreras de. caballos y Caballero de la Jarretera) estuvo de acuerdo. Los tigres, cada vez más escasos, habían sido asesinados al por mayor, cercados por mero deporte sin posibilidad de huida. En el territorio metropolitano, la mayoría de los ingleses debían contentarse cazando patos.

A su regreso a Londres, en febrero de 1912, encontró una atmósfera muy distinta. Había una generalizada inquietud civil, huelgas en los ferrocarriles, los puertos y las minas de carbón; disturbios callejeros protagonizados por los trabajadores que reclamaban salarios mínimos y por la crisis cada vez más profunda acerca de la autodeterminación irlandesa. Ese año se perdieron más de cuarenta millones de días de trabajo a causa de las huelgas y los economistas señalaron que el poder adquisitvo de la libra esterlina había descendido (comparado con el año 1901) un veinticinco por ciento, y en cambio los salarios semanales habían aumentado apenas unos peniques en el curso de una década.

Jorge y María no se mostraron indiferentes a ese desastre económico tan generalizado y a las quejas muy estridentes. Como antes, no perdieron tiempo y programaron visitas a los puertos y a las plantas metalúrgicas y siderúrgicas, así como a las minas de carbón; y de nuevo los monarcas ingleses fueron vistos por la gente común y corriente en los ambientes cotidianos. Eduardo y Alejandra se habían mostrado dispuestos a recibir las aclamaciones de la gente en el curso de las funciones públicas y se los había vivado en las calles de Londres; pero Alix pudo satisfacer su deseo de ayudar en concreto al prójimo, de confortarlo, actuando exclusivamente por su cuenta. En cambio, Jorge y María sabían que a pesar de su impotencia política su presencia representaba algo. Siempre insistiendo en que sus aportes financieros se mantuviesen en secreto, distribuyeron varios miles de libras esterlinas como ayuda a las familias más necesitadas, a los que no tenían trabajo y a los que se veían afectados por las huelgas.

Por supuesto, la Constitución prohibía la actividad política partidista y por lo tanto las inquietudes de la pareja real no podían producir efectos oficiales en la legislación social. Pero el apoyo concedido a las obras de beneficencia —incluso su creación y la vinculación de sus nombres con dichas obras— seguramente significaba algo. La interferencia monárquica en las cuestiones políticas o legales, como el Soberano lo sabía porque así lo decía la Ley del Parlamento, no sólo era desaconsejable, sino que resultaba directamente peligrosa. Pero el dominio de la persuasión moral —quizá lo mejor que podía pedirse a la Familia Real— era un modo de compromiso en el cual podían incursionar y un camino que siguieron de buena gana los mejores representantes de la dinastía, desde Alejandra, Princesa de Gales, a Diana, su descendiente titular en el siglo siguiente.

Jorge y María no se sentían cómodos en situaciones como las que les ofrecía la chabola maloliente de un minero o la pieza de inquilinato de atmósfera sofocante que ocupaba un obrero portuario. ¿Cómo podían sentirse complacidos, cuando llegaban en lujosos automóviles y regresaban escoltados a sus agradables ambientes, mientras los habitantes de los barrios pobres vivían en condiciones tan lamentables? Dicho sea en honor de Jorge y María, los dos soberanos desechaban las quejas de sus aristócratas, para quienes las visitas a los pobres eran inconvenientes o simplemente expresaban una actitud de superioridad.

"Estas visitas —de acuerdo con un testigo ocular entusiasta—, no eran sencillamente un modo de contemplar espectáculos. Eran expresiones de afectuosa cordialidad a la gente sencilla, de cuyo trabajo cotidiano dependían los triunfos de la industria. Si los políticos no mantenían contacto con las cosas que en realidad importaban, ¿acaso el Rey y la Reina no hacían todo lo posible para restablecer el equilibrio?" Y así, la reina María bebió tazas de té con las esposas de los ferroviarios y los mineros del carbón, y el rey Jorge preguntaba los nombres de los niños mientras amablemente los invitaba a acercarse y les estrechaba la mano. Más de una vez María se reunió con una madre llorosa que no tenía suficiente comida para su familia; cuando podía, ordenaba que esa misma noche, antes de la puesta del sol, enviaran a dicho domicilio una canasta con provisiones.

En esas visitas también había momentos un poco más alegres.

—¿El padre es muy moreno? —preguntó la reina María a una mujer de cabellos rubios, a cuyo hijo de cabellera oscura estaba admirando una tarde, en una sala de maternidad.

—Seguramente, señora, pero no lo sé —replicó francamente la madre—. El nunca se quita la gorra.

Pero esas breves visitas a los pobres en momentos muy difíciles, por sinceras que fuesen las intenciones, eran escasas y tenían un aire inequívoco de noblesse oblige; el Rey y la Reina estaban cerca de su pueblo sólo ocasionalmente. Su mística conciencia de sí mismos y su celo religioso por la vocación real quizás al principio los desalentaba de la idea de acercarse demasiado a la gente común. Pero por paradójico que fuese, precisamente esa autoconciencia majestuosa fue lo que les permitió ofrecer a un pobre extraño, a quien veían de modo fugaz, el tipo de afecto que nunca habían podido ofrendar a sus propios hijos. Aquí hay un círculo inevitable: saludados con respeto casi religioso, con reverencias e inclinaciones, Jorge y María se sentían confirmados en la convicción de su propia originalidad.

Pero la sensiblidad pragmática de la reina María se manifestó especialmente. "Si uno por lo menos pudiera hacer algo —escribió la reina María a su tía durante la huelga de los obreros del carbón en 1912—, pero nos sentimos tan impotentes, y en todo este período nuestro bendito y bienamado país se encuentra en una situación de estancamiento y miseria. La mayoría de la gente continúa viviendo como si todo estuviese en un estado normal, pero nosotros sentimos demasiado todo el problema como para tomarlo a la ligera." Pero por definición la Familia Real no podía adoptar la actitud de miembros comunes y corrientes de la sociedad.

También los hijos soportaron la limitación impuesta a la originalidad. Cuando Jorge escribió a Eduardo en el Magdalen College, de Oxford, en el otoño de 1912 —el primer retoño real que vivía en las habitaciones del colegio— es posible que algunos considerasen que la monarquía estaba vulgarizándose. Pero no era así. Eduardo contaba con la ayuda de un preceptor, un secretario, un ayuda de cámara y un ayudante; su apartamento fue amueblado por la madre con antigüedades de Sheraton; tuvo el primer baño privado especialmente instalado para un alumno; no se le impuso someterse a exámenes; y podía determinar su propio programa diario y semanal. Este régimen, por tratarse de un muchachito cuya maduración mental y física era lenta, resultó desastroso.

Enviado a Oxford a estudiar idiomas, historia, economía y ciencias políticas, Eduardo se mostró completamente impermeable a los libros y las clases. Cuando se retiró, en 1914 (sin haberse graduado), sabía poco más que antes, y a los veinte años todavía escribía con faltas de ortografía ("*Colision*", "*dammaged*" y "*explaned*").* Sir Herbert Warren, Master de Magdalen, resumía el nivel educativo del príncipe con una suerte de discreta subestimación, poco después que Eduardo dejara Oxford: "Nunca será una personalidad libresca". Los padres deseaban que aprendiese francés, pero nunca lo consiguió. Eduardo se sentía mucho más atraído por el alemán, sobre todo después que pasó algunas vacaciones con parientes en Prusia; por la época en que comenzó la guerra, se encontró en la incómoda posición de simpatizar un poco demasiado con todo lo que fuese alemán; como más tarde sería el caso, cuando se convirtiese en Rey y después en Duque de Windsor.

En Oxford, Eduardo se mostró tan alegre como su jerarquía y su desmedrado crecimiento físico y emocional se lo permitían. Se resistió a las limitaciones que le imponía su posición y realizó los mayores esfuerzos para evitar la adopción de una actitud superior frente a los alumnos. Cazó con perros y jugó al polo, contrajo la costumbre de beber copiosamente y como su abuelo Eduardo VII se convirtió en un Príncipe de Gales para quien el estudio que más lo atraía era el de la moda. Prestó considerable atención a los pantalones anchos de franela, la chaqueta deportiva a cuadros, bocamangas en los pantalones; estaba muy atento a todo esto, pues deseaba parecer más maduro y atractivo, y ansiaba que sus iguales lo acepta-

---

* *Collision, damaged* y *explained*; respectivamente. *(N. del T.)*.

ran por su carácter más que por su posición. También cultivó una suerte de encanto aniñado, una actitud franca y cordial que le conquistó amigos. Inspiró camaradería, y aunque la mayoría de sus condiscípulos continuó aplicándole el tratamiento de "sir", el estilo formal no excluyó el relato de alguna anécdota atrevida o una copa de jerez. De todos modos, lord Esher, confidente de su abuelo, que lo visitaba con frecuencia, lo consideró "un niño extraño; triste, con la tristeza de todas las cargas del mundo".

Parte de su comportamiento sombrío provenía del papel principesco que detestaba y del que no podía escapar; lo consideraba un factor de aislamiento social y los frecuentes llamados a la Corte le recordaban constantemente la situación. "Qué lamentable despilfarro de tiempo, dinero y energía son todas estas visitas oficiales —escribió en su diario después de uno de estos episodios, cuando se quejó de— ¡este espectáculo y esa ceremonia irreales!" Tales sentimientos republicanos, que se manifestaban a los padres en su vestido, modales y actitud general, no determinaron que ellos lo apreciasen más, aunque para los condiscípulos de Oxford más inclinados a las actitudes radicales, era uno de los rasgos chocantes y al mismo tiempo atractivos del joven. Jorge y María poco se consolaban con los informes de sus guardianes en el sentido de que, en efecto, cuando estaba aproximándose a los veinte años, la virginidad de Eduardo permanecía intacta; de hecho, parecía que no le interesaba en absoluto la formación de vínculos con mujeres jóvenes. Un frío sentimiento de confusión, manifiesto en las actitudes de súbito retraimiento frente a todo el mundo, también explica en parte la tristeza que tanto llamó la atención de lord Esher.

Entretanto, Alberto, que tenía diecisiete años, egresó (muy cerca del último lugar en su clase) de Dartmouth, en diciembre de 1912, y para cumplir la última parte de su entrenamiento naval, al mes siguiente se embarcó en el crucero *Cumberland*. Carecía en absoluto de la desenvuelta afabilidad que Eduardo había aprendido a cultivar, y aunque estaba madurando físicamente, su defecto verbal determinaba que todos sus encuentros fuesen una experiencia dolorosa. Cuando le pedían que hablase en público, recababa los servicios de otro cadete con el fin de que lo suplantara; si tenía que asistir a una fiesta o a un baile, un sudor frío lo recorría ante la perspectiva de pedir a una joven que bailase. Por estas razones (y también quizá por el temperamento Sajonia-Coburgo que había heredado de su padre y su abuelo) Alberto continuaba mostrándose propenso a vergonzosos estallidos de cólera; y tratándose del hijo de su padre y de un cadete de la Marina, tenía una susceptibilidad todavía más embarazosa para el mareo. Sin embargo, en el príncipe Alberto existía una amplia veta de empatía y ese rasgo le permitía fraternizar confortablemente con los plebeyos alistados, que a menudo se veían ignorados por los oficiales que tenían prejuicios de clase.

En el otoño de 1913, Alberto embarcó en el acorazado *Collingwood* como guardiamarina. Por razones prácticas se lo conocía por el nombre de "señor Johnson"; nunca le agradó la vida del marino y habría preferido estar en Oxford con Eduardo, pero accedió a los deseos de su padre y se desempeñó admirablemente en las maniobras realizadas en el Mediterráneo, en Egipto y en Grecia. Siempre confiable y en absoluto desprovisto de engaño o pomposidad, Alberto soportaba perturbaciones estomacales crónicas (exacerbadas por el ingrato mareo) sin quejarse. Sólo después se diagnosticó una úlcera grave, condición agravada por los fuertes cigarrillos turcos a los que se había aficionado en la primavera de 1914. Ese verano Alberto cayó gravemente enfermo a consecuencia de una apendicitis aguda y fue devuelto a Aberdeen para someterlo a una intervención quirúrgica. Su recuperación se retrasó a causa de una gastritis severa y la manifestación de la úlcera, un estado que a Alberto le pareció tan humillante como doloroso. A esta altura de las cosas, Eduardo estaba en el regimiento de Granaderos de la Guardia y en noviembre fue enviado a Francia, donde se desempeñó en los cuarteles generales de la Fuerza Expedicionaria Británica.

La mayoría de los británicos prorrumpió en aclamaciones cuando se declaró la guerra, ese verano de 1914. Sobrevino simultáneamente un optimismo infundado en el país y una letanía de afirmaciones patrioteras acerca de una pronta y segura victoria. Pero un mes después que el archiduque Fernando fuera asesinado en Sarajevo por un nacionalista serbio (el 28 de junio) el gobierno austrohúngaro presentó a Serbia un ultimátum inaceptable. Rusia inmediatamente tomó partido por los eslavos y de ese modo enfrentó al Zar con su primo el Káiser; Alemania respaldó a Austria; Francia no podía permitir que la movilización alemana se desarrollara sin estorbo; de modo que el 4 de agosto Gran Bretaña declaró la guerra a Alemania por su falta de respeto a la neutralidad belga. Así, el Káiser se convirtió en enemigo de su primo el Rey. "Celebré un Consejo a las 10.45 para declarar la guerra a Alemania", escribió Jorge en su diario ese día de agosto.

Es una terrible catástrofe, pero no es nuestra culpa. Una enorme multitud se reunió frente al Palacio; salimos al balcón antes y después de la cena. Cuando oyeron que se había declarado la guerra, el entusiasmo aumentó y May y yo acompañados por David salimos al balcón. Las aclamaciones eran terribles. Quiera Dios que todo pueda terminar muy pronto y que él proteja la vida del amado Bertie.

Hacia fines de septiembre, más de un millón de ingleses se habían presentado como voluntarios y habían sido despachados a Europa. Se suponía que sería un glorioso combate, que terminaría pronto, cuando la Marina Real destruyese a la flota alemana y la Fuerza Expedicionaria Británica despejase la situación en Francia. Con la ayuda de los franceses y los rusos, la victoria estaría asegurada en pocos meses. Los jóvenes, que se disponían a decir adiós a Piccadilly y alejarse de Leicester Square, confiaban en regresar a tiempo para asistir a las agradables cenas de Navidad, en las cuales se servía ganso y budín de ciruelas; y así terminaría todo: el más reciente triunfo del Imperio.

Al mismo tiempo que esta alegría en Inglaterra surgió un histérico sentimiento antigermano. Todo lo que pareciera incluso indefinidamente teutónico era blanco de los ataques más salvajes. Se eliminó la literatura alemana de los currículos escolares; las obras de Beethoven y Mozart fueron expurgadas de los programas de concierto y los tenderos que tenían apellidos alemanes vieron destruidos sus locales por bandas de matones excesivamente entusiastas, que se autodenominaban patriotas y actuaban bajo el estandarte de un grupo denominado Liga Antigermana. Para empeorar la situación, sólo algunos pocos miembros del populacho se oponían a esto, temiendo que se los acusara de colaboración con el enemigo o incluso de traición. "La gente insultaba a las gobernantas alemanas —recordaba años más tarde lord Louis Mountbatten (bisnieto de Victoria)—. Incluso descargaba puntapiés sobre los perros salchicha por la calle. Veían espías bajo todas las camas. Y la prensa excitaba todavía más esta histeria, empeorando las cosas. Atacaron a mi padre a causa de mi apellido alemán."

Su padre, una de las primeras bajas de este lamentable chauvinismo, era un hombre de inconmovible lealtad a la Corona, que casualmente había nacido en Austria. Era el príncipe Luis de Battenberg, hijo mayor del príncipe Alejandro de Hesse-Darmstadt. Después de convertirse en ciudadano británico y de ingresar como recluta en la Marina Real a los catorce años, Luis se casó con la princesa Victoria (hija de Alicia y nieta de la reina Victoria); de modo que era primo político del rey Jorge. Después, sus cualidades navales le permitieron realizar una asombrosa carrera, pues Luis pasó de director de la Inteligencia Naval a contralmirante y después a comandante en jefe de la Flota del Atlántico, y a vicealmirante y Primer Lord del Mar, lo que lo convirtió, a los sesenta años, en jefe de toda la marina británica en el momento en que estalló la guerra. Pero su nombre alemán y el lenguaje con matices prusianos fueron insoportables para el público, que reclamó su renuncia. "Me he visto llevado últimamente a la dolorosa conclusión —escribió a Winston Churchill, Primer Lord del Almirantazgo, el 28 de octubre,

> de que en esta coyuntura mi cuna y mi linaje producen el efecto de perjudicar en ciertas áreas mi utilidad a la Junta del Almirantazgo. En estas circunstancias, considero mi deber, como fiel súbdito de Su Majestad, renunciar al cargo de Primer Lord del Mar, con la esperanza de facilitar así la tarea de la dirección del gran Servicio al que he consagrado mi vida, y facilitar la carga que pesa sobre los ministros de Su Majestad."

Esta noticia dolió mucho al Rey, que no pudo resistir la presión ejercida por sus ministros y tuvo que designar un sucesor. En su aceptación formal de la renuncia, Churchill reconoció que la guerra estaba despertando en hombres de distintos orígenes "pasiones del carácter más terrible". Palabras que no podían consolar mucho al príncipe Luis; poco después se retiró a una oscuridad inmerecida. Falleció en 1921, tres meses después del nacimiento de un nieto llamado Felipe, cuya esposa llegaría a ser la reina Isabel II.

La eliminación de Luis fue sólo el comienzo. En el curso del año el Rey se vio forzado por su Primer Ministro y la virtuosa prensa londinense a eliminar los estandartes de ocho Caballeros de la Jarretera de la Capilla de San Jorge, en Windsor, incluyendo a los personajes que muchos años antes honraban a la familia de la reina Victoria: el Káiser, primo de Jorge; el hijo del Káiser, y lo que era quizá más significativo, el Duque de Sajonia-Coburgo-Gotha, nieto de Victoria y portador del apellido dinástico. El Rey consideró con razón que toda esta actitud era un gesto tonto y vacío que desafiaba la historia y no estaba al alcance de las facultades del gobierno; la lógica sugería que al mismo tiempo se anulasen los honores concedidos antes a algunos canallas de la realeza inglesa.

"El *Daily Express* había estado en primer plano en la exigencia de que se eliminaran esos estandartes —proclamó el diario en primera plana de su edición del 14 de mayo de 1915—. Los estandartes están mancillados por los responsables de los asesinatos de mujeres y niños." Un clérigo excesivamente ardiente incluso pidió que una bandera que conmemoraba el matrimonio de la madre del Káiser, la amada princesa Vicky, fuese quemada, en cuyo punto el rey Jorge dio un fuerte golpe en el piso con su bota de marino y proclamó que no se haría nada de eso. El mismo era de estirpe alemana y nunca había compartido el insensato rechazo de todo lo que era alemán durante la guerra, ni se había mostrado dispuesto a consentir en un absurdo reclamo acerca de los nombres grabados en bronce y pertenecientes a los repudiados Caballeros de la Jarretera. "Son registros históricos —escribió Stamfordham a pedido del Rey—, y Su Majestad no permitirá que ninguno de ellos sea retirado [de los muros de la capilla]."

Además, afirmó con razón el Rey, había símbolos más importantes de patriotismo y el propio monarca aportó varios ejemplos pertinentes con sus visitas al frente. A pesar de su profundo afecto a la marina, Jorge no creía que pudiese ganarse gloria en la guerra y era la expresión misma de la compasión ofrecida a los combatientes de ambos lados. En un hospital próximo a El Havre, había centenares de soldados con los rostros grisazulados después de haber sido gaseados; y todos jadeaban tratando de respirar. Al detenerse al costado de las camas ocupadas por alemanes heridos tanto como en aquellas de los soldados ingleses, el rey Jorge rechazó la intervención de Frederick Ponsonby (consejero privado y uno de sus ayudantes más cercanos), que lamentó la compasión malgastada en un alemán herido. "Pero el Rey dijo que después de todo se trataba de un pobre ser humano moribundo, que de ningún modo era responsable por los horrores alemanes."

Jorge regresó de Francia ese otoño de 1914 profundamente deprimido por las listas de bajas y decidido a repetir sus visitas a las tropas siempre que tal cosa fuese posible. Después de una de ellas, el propio Jorge necesitó también un poco de compasión. El 18 de octubre de 1915, mientras se encontraba en Francia pasando revista a un destacamento del Cuerpo Aéreo Real, su caballo se encabritó atemorizado ante los vivas de los soldados. El Rey fue desmontado, el caballo cayó encima y, cuando consiguieron auxiliar al monarca, tenía la pelvis fracturada en dos lugares, varias costillas quebradas y experimentaba un intenso sufrimiento.

Eduardo, que había sido enviado al Primer Cuerpo de Ejército y había acompañado a su padre en esta visita, corrió a auxiliarlo y acompañó la ambulancia hasta un castillo próximo que cumplía la función de cuartel general, donde acostaron a Jorge, que lanzaba vigorosas maldiciones. Durante la noche, el general sir Douglas Haig, que temía un bombardeo alemán al castillo durante la noche, sugirió que trasladasen al Rey; una idea trasmitida por un médico a quien se pidió que trajese de regreso la respuesta de Jorge: "Puede decirle que se vaya al infierno y que se quede allí. No pienso trasladarme por unas bombas". Su tono cambió dramáticamente un momento después, cuando expresó su inquietud ante la posibilidad de que el caballo culpable pudiera haberse lastimado también. Le aseguraron que el caballo estaba bien, y el Rey sonrió y se tranquilizó.

Una semana después, Jorge confió a su diario que había soportado "intenso sufrimiento... Durante los días 29, 30 y 31 de octubre sufrí muchísimo y apenas pude dormir". Nunca había sido especialmente robusto, tenía cincuenta años y había sido un fumador empedernido durante décadas, costumbre que por supuesto debilitó su capacidad pulmonar, perjudicó la consolidación de los huesos y en general alargó su recuperación. La pelvis fracturada se soldó muy lentamente y en su vida ulterior no pasó un solo día que estuviese por completo a salvo de dolores. Su carácter se descontrolaba con más rapidez, su impaciencia consigo mismo y con otros fue más evidente para secretarias, consejeros y acompañantes. Pero el Rey continuaba exigiéndose mucho y realizó varias visitas más a Francia durante la guerra. En julio de 1917 la Reina insistió en acompañarlo y durante dos semanas recorrió hospitales, centros de clasificación de bajas, depósitos de municiones, aeródromos y residencias de enfermeras. A semejanza de su marido, María nunca esquivó realizar una experiencia con los peores aspectos de la guerra.

Los hijos mayores de Jorge continuaron comprometidos, aunque en su condición de heredero del trono se mantuvo al Príncipe de Gales lejos del peligro. "¡Sí, detesto ser un príncipe y que no se me permita combatir!", escribió en 1915, resentido porque su trabajo estaba limitado sobre todo a visitar los hospitales. Su padre consintió en que realizara unas pocas visitas a las trincheras, donde de acuerdo con un testigo Eduardo mostró que "amaba el peligro" y otro recordó que "en efecto asumía riesgos". Pero después, siempre se quejó de que el protocolo le había impedido luchar en la Batalla del Soma, donde casi quinientos mil soldados británicos murieron en un período de seis meses. "¿Qué importa si me matan? —preguntó a lord Kitchener, secretario de Estado para la Guerra—. Tengo cuatro hermanos." Pero nadie más se mostraba igualmente flemático con respecto a su futuro y Eduardo tuvo que contentarse con su puesto de ayudante del comandante del ejército en Francia, y después como oficial de Estado Mayor en el Mediterráneo.

Durante esa época fue muy admirado por su amabilidad, modestia y fervor, y por su negativa a buscar privilegios. Más aún, se sintió profundamente incómodo cuando el presidente de Francia le colocó la Croix de Guerre. "Al principio se negó rotundamente [a usarla] porque dijo que no se la había ganado", recordó

Frederick Ponsonby, "pero le comenté que su negativa podía herir los sentimientos de los franceses, de modo que, aunque de mala gana, se la puso."

Por esta época (tenía veintiún años de edad en 1915), Eduardo estaba sometiéndose a un extraño régimen que a veces amenazó su salud. Caviloso acerca de su destino en la vida, llegó a obsesionarse con la idea de que estaba engordando. Aunque nunca pesó más de sesenta y tres kilogramos, y en realidad parecía un tanto desmedrado, el Príncipe aceptaba sólo un mínimo de alimentos y descanso. También realizaba largos paseos y en general se inclinaba a llevar una vida monástica de mortificación, todo lo cual sugería muy escaso respeto por su propio cuerpo. Es posible que esa actitud se originase en sentimientos de incapacidad física, pues todavía parecía tener unos quince años. Es posible también que se debiese a la vergüenza que le provocaba su carencia total de experiencia sexual, pues era típico que sus camaradas no fuesen jóvenes precisamente vírgenes. La castidad de Eduardo no cambió hasta una noche de 1916, cuando a los veintidós años varios amigos del ejército lo entregaron a una prostituta francesa. Después, adoptó la actitud atrevida de un adolescente, y se mostró igualmente indiscreto, y proclamó a todo el que estaba cerca que al fin había hallado lo que le parecía el placer más grande de la vida.

Cuando se le ordenó regresar del Continente a su país y visitar las fábricas de armamentos, a fines de 1917, el Príncipe de Gales ahora estaba lejos de ser la figurita decorativa que se había visto pocos años antes. Pronto se convirtió en una figura conocida en la vida social londinense. Bailaba hasta la madrugada y a menudo iba a nadar a la piscina de un amigo, de allí saltaba a un encuentro de *squash* y luego se encontraba con unas jóvenes encantadoras en una cena. A los veintitrés, Eduardo era muy distinto del joven inexperto que solía quejarse a los diecinueve años. "Tenía que bailar, una cosa que detesto. Todo el asunto originaba en mí mucha tensión." Pero ahora iba a la cabeza de todas las pandillas.

Por esta época también circularon los primeros rumores acerca de una relación romántica; con una mujer casada que era doce años mayor. Lady Marion Coke, esposa de un Vizconde, era una compañera de baile, una mujercita morena y vivaz, aficionada al champaña y al buen humor. También estuvo relacionado con lady Sybil Cadogan, que era precisamente lo contrario de Marion. Tenía la edad de Eduardo, era alta y desmañada, poseía una personalidad enérgica y era una apasionada compañera que aportó al Príncipe (así lo dijo en su diario) "las mejores noches que he pasado en mi vida. ¡Estoy locamente enamorado de ella!". Puede ser que lady Sybil se cansara de compartir la atención del príncipe Eduardo con lady Marion, sin hablar de un grupo de distintas damas londinenses; es posible también que lo considerase fatigosamente concentrado en sí mismo, con su rutina real, y que le desagradasen las actitudes de Eduardo; también puede ser que uno de los condiscípulos de Eduardo, llamado Edward Stanley, le agradase más. Cualquiera fuese la razón, su señoría de pronto anunció su compromiso con Stanley, en 1917, en un telegrama a sus padres —"Comprometida con Edward"— que por un instante los indujo a creer que su hija sería la Reina de Inglaterra.

Entretanto, Alberto pasaba la mayor parte de la guerra desplazándose de una sala de hospital a un astillero o desempeñando tareas menos exigentes en tierra firme; todo lo que le permitiese evitar la vida en el Palacio de Buckingham que (a semejanza de Eduardo) le parecía "una terrible prisión", donde sus padres manifestaban "extrañas ideas acerca de nosotros y creían que todavía somos niños que están en la escuela o algo por el estilo, en lugar de lo que somos". (La princesa María se sentía por igual hastiada de la vida palaciega y se convirtió en enfermera voluntaria en Inglaterra durante la contienda.) Aunque confinado en su camarote con perturbaciones gástricas y una profunda depresión cuando estuvo a bordo del *Collingwood* durante la Batalla de Jutlandia, en mayo de 1916, de todos modos Alberto demostró una sorprendente resistencia. Un oficial anotó lo siguiente:

Se recibió la señal de que la Flota de Alta Mar alemana estaba entrando en combate con nuestros cruceros a sólo cuarenta millas y que la batalla se acercaba a nosotros. Enorme excitación. Al fin avanzamos. Adelante, a toda máquina. El sonido de la palabra "Acción"; ¿pueden imaginar la escena? "Johnson" salta de su cucheta. ¿Está enfermo? ¡Nunca se sintió mejor! ¿Tiene fuerza suficiente para ir a su torre y librar una acción prolongada? Por supuesto, ¿acaso alguna vez estuvo mejor?

"Nunca sentí miedo de los proyectiles ni nada por el estilo —más tarde Alberto contó a Eduardo acerca de la batalla—. Parece extraño, pero entonces desaparece el sentimiento del peligro, sólo queda el ansia de sembrar la muerte en las filas del enemigo apelando a todos los recursos posibles." Pero la continuidad del servicio naval se vio impedida por la enfermedad y finalmente Alberto tuvo que someterse en 1917 a una intervención quirúrgica relacionada con la úlcera; más tarde fue trasladado a la Real Fuerza Aérea, recientemente formada.

De los hijos menores de los reyes no hubo nada notable que documentar. Al principio de la guerra la princesa María era una flor inglesa que tenía diecisiete años, los cabellos rubios y los ojos azules; y en vista de su inclinación a la gimnasia y la pesca, podía decirse que tenía un carácter amuchachado. Pero en los estudios era también la más inteligente de los hijos de Jorge y revelaba un talento natural para los idiomas, la historia y la geografía, cualidades reconocidas por una gobernanta inteligente. "Qué lástima que no se trata de María —dijo Eduardo cierto día cuando se planteó el tema del futuro reinado—, pues es mucho más inteligente que yo." Tampoco pudo pasar inadvertido a los ojos de Eduardo que María era de lejos la hija más amada por su padre, que la comparaba constantemente con sus hermanos y la consideraba superior a ellos.

Después de un comienzo bastante promisorio en la escuela preparatoria de Saint Peter's Court, a los catorce años el príncipe Enrique ingresó en Eton, donde nada, excepto los deportes, le interesó mucho. "Por Dios, despierta de una vez y utiliza los sesos que Dios te ha dado —lo reprendió la reina María—. De lo único que escribes es de tu eterno fútbol y eso ya me tiene realmente harta."

Con respecto al príncipe Jorge, era de lejos el más promisorio de los hijos. Moreno y apuesto, con vivaces ojos azules y una sonrisa fácil, era una persona que sabía expresarse, ingeniosa incluso a los doce años, y con cierta inclinación a apreciar las cosas de la cultura, una actitud que aburría a su padre y sus hermanos. Jorge brilló en Saint Peter's Court y en el hogar acompañaba con entusiasmo los intereses de su madre en las antigüedades, las miniaturas y el arte del tejido de punto. Siempre que podía, pasaba un rato con Eduardo: "Llegamos a ser más que hermanos —escribió el Príncipe de Gales—, nos convertimos en amigos íntimos". En ambos había una veta rebelde que los uniría todavía más en el futuro.

Del príncipe Juan nunca se dijo nada. Puesto al cuidado de Lala Bill en una casa de la propiedad de Sandringham, padeció ataques epilépticos y accesos de violencia y gritos cada vez más graves, los que quizás indicaban la existencia de una enfermedad cerebral. El único miembro de su familia que lo visitaba con regularidad era la abuela. Alejandra atendía alegre y afectuosamente a Juan, le traía juguetes, le leía y aliviaba las vigilias interminables de Lala Bill. Atraída por el indefenso niño, que le parecía un proscrito más, la Reina Viuda —indiferente al lamentable estigma social que aún acompañaba a la epilepsia en la familia— prodigaba una atención constante y afectuosa a su nieto.

La bondad de Alix también se manifestó en relación con los horrores de la guerra, y la Reina Viuda se entregaba con la misma prontitud y generosidad a la tarea de aliviar a las víctimas de la contienda. Al visitar un hospital atestado de soldados heridos, vio a un joven especialmente deprimido, cuyas heridas le habían dejado una grave cojera. La reina madre Alejandra le dijo que no se preocupase; ella cojeaba de una pierna desde hacía más de cuarenta años, desde el ataque de fiebre reumática que además la había dejado sorda; y entonces, con un gesto muy ágil, se instaló alegremente en una silla. El soldado sonrió por primera vez en varios meses.

El hijo de Alix, es decir el Rey, podía hacer poco durante la guerra excepto movilizar el sentimiento nacional y aconsejar, alertar y advertir, todo lo cual se expresaba en sus respuestas extensas y a menudo vivaces a los documentos relacionados con la guerra que llegaban diariamente a su escritorio. Por supuesto, no se le exigían ni permitían decisiones militares; desde el punto de vista constitucional, Jorge no podía adoptar actitudes parecidas al compromiso directo practicado por sus primos el Zar y el Káiser. Pero encontró el modo de ser algo más que un símbolo. De acuerdo con las versiones más prudentes, durante la guerra Jorge visitó siete bases navales británicas y trescientos hospitales, realizó casi quinientas inspecciones militares, recorrió zonas bombardeadas, se relacionó con decenas de miles de ciudadanos y viajó cinco veces para visitar a los soldados que estaban en Francia. De acuerdo con David Lloyd George, que se convirtió en Primer Ministro en 1916 y que siempre se mostró implacablemente honesto en la evaluación de la limitada capacidad intelectual del Rey, "el elevado nivel de lealtad y esfuerzo patriótico que el pueblo de este país mantuvo [respondió] a la actitud y la conducta del rey Jorge... [y] al afecto que [él] inspiraba".

Pero el Rey pensaba que era importante aportar más que un buen ejemplo y por eso no perdió tiempo en imponer en el Palacio de Buckingham las normas austeras que regían la vida de todos los trabajadores. Se racionó el alimento, las comidas fueron más limitadas, se excluyeron los refinamientos. De acuerdo con la versión de Ponsonby, en el palacio se reservaba tan escaso alimento para el desayuno que los cortesanos que llegaban tarde pasaban hambre; cuando un miembro del personal pidió un huevo pasado por agua, "no podría haber provocado mayor agitación... si hubiese pedido una docena de pavos. El Rey lo acusó de ser un esclavo de sus apetitos, le censuró la conducta antipatriótica e incluso llegó al extremo de sugerir que podíamos perder la guerra a causa de su glotonería".

Las cosas llegaron más lejos. Por sugerencia de Lloyd George (en ese momento ministro de municiones), con mucha renuencia el Rey prohibió el alcohol en todas las residencias reales y en la Corte. "Lo he hecho como ejemplo —escribió en su diario—, pues se bebe mucho en el país. Detesto hacer esto, pero abrigo la esperanza de que significará cierto beneficio." Como podía preverse, esta medida no produjo el menor efecto en el consumo de alcohol de la nación y gracias a Lloyd George consiguió que el Rey y la Reina parecieran un tanto absurdos. Pero otras medidas fueron más exitosas. Los caballos de los establos reales fueron destinados al trabajo de las ambulancias y los propios carruajes fueron destinados a trasladar a los soldados heridos desde las estaciones ferroviarias hasta los hospitales. El Rey quería convertir la mayor parte del palacio en un hospital para convalecientes, pero los médicos y los funcionarios que inspeccionaron las habitaciones comprobaron que estaban mal calefaccionadas e iluminadas, y que en general no eran útiles para dicho propósito.

De todos modos, Jorge insistió en que por lo menos con buen tiempo los jardines del palacio fuesen facilitados a los heridos, a quienes a veces visitaba. Pero esas incursiones en el mundo de los dolientes eran breves, pues el Rey nunca se sentía cómodo y no podía exhibir el buen humor que mostraba a los amigos y los invitados en privado. "Los marineros jamás sonreímos cuando estamos de guardia", dijo derechamente cuando Stamfordham (su secretario privado) sugirió que suavizara un poco sus modales. Cuando Eduardo cierta vez intentó elogiar a su padre, afirmando que en cierto modo lo que el Rey había hecho era "buena propaganda", Jorge replicó con altivez: "Hago cosas porque son mi obligación, no como propaganda". La observación podría haber sido un lema que simbolizaba su vida entera.

Por su parte, la reina María frecuentaba las salas de hospital y organizaba auxilios a los pocos días de iniciada la guerra. Al comienzo, preguntaba acerca de todo, inspeccionaba las salas de cirugía, conversaba con los médicos y las enfermeras, acompañaba a los ciegos y los mutilados, probaba la comida del hospital y discretamente sugería cómo podía dársele mejor sabor. "Si advierte algo que está mal o que podría mejorar, no vacila en decirlo —escribió un testigo ocular—. Todos saben que el conocimiento que Su Majestad tiene con respecto al equipo y los requerimientos hospitalarios es muy completo". Parte de las dificultades personales de María en todo esto provenía de que, si bien era un alma compasiva, su personalidad no irradiaba calidez, y como le sucede a muchas personas con los enfermos no sabía qué decir cuando estaba ante ellos.

Con respecto al trabajo de ayuda, la Reina tenía a sus damas de la Corporación de Costura que suministraba mantas a los soldados heridos; además, ella supervisaba un Fondo de Distribución de Ropas en el Palacio de Saint James y traía a algunas amigas de la sociedad que trabajaban voluntariamente en la Cruz Roja. Pero sus buenas intenciones originaban cierta incomodidad en el Parlamento, pues estas voluntarias aristocráticas dejaban sin trabajo a las mujeres pobres. Inconmovible y eficiente, la Reina sugirió la creación de un fondo destinado a promover el "Trabajo Femenino", con el cual se apoyaba a las empresas que empleasen mujeres. Es absurdo afirmar (como lo hicieron algunos) que una mujer objetiva como la reina María sólo nominalmente o por mera apariencia participaba en los esfuerzos auxiliares relacionados con la guerra. Afrontaba los problemas más difíciles de la guerra con el mismo vigor pronto y discreto que había revelado treinta años antes, cuando se esforzó por las viudas y los huérfanos de los veteranos.

En realidad, la consagración de María al alivio del sufrimiento durante la contienda llevó a una amistad profunda, duradera y en muchos sentidos sorprendentes con la formidable Mary Macarthur. Macarthur tenía entonces treinta y cuatro años, políticamente tenía una posición algo extrema y era la campeona de las trabajadoras explotadas de Gran Bretaña, además de una persona notable en los movimientos más progresistas de la nación. "Mejoró las condiciones de centenares de miles de las mujeres más impotentes y lamentables del país, y no sólo en un sentido material —como escribió un historiador social—. Su acción, su ejemplo, sus realizaciones, permitieron que todas las mujeres conquistasen un nuevo lugar en la sociedad. El mundo las miró de diferente modo y ellas también se vieron distintas." De manera más concreta, Macarthur organizó huelgas contra las compañías que pagaban a las mujeres apenas unos peniques diarios por doce horas de tareas de costura o trabajos en un taller metalúrgico; movilizó grupos de entrenamiento con el fin de permitir que las mujeres ingresaran en las filas de los cargos administrativos de mayor jerarquía; y ayudó a abolir las atroces condiciones de trabajo que se imponían a las mujeres en todo el territorio de Inglaterra.

Mary Macarthur, que era una revolucionaria talentosa e incansable, parece una candidata inverosímil para colaborar con la reina María (y con mayor razón para ser amiga de la soberana), pues el pasado, la crianza y el firme conservadurismo de la Reina le habían impedido el contacto con este tipo de mujeres. Pero la Reina juzgaba a las personas por sus méritos, y su ecuanimidad creaba en ella una disposición mucho más humilde y generosa que lo que podía interpretarse al principio sobre la base de sus actitudes exteriores. Además, su sincera sensibilidad religiosa, nunca exhibida para suscitar la admiración de terceros, la impulsó a hacer por propia cuenta lo que su posición como esposa del Rey quizá nunca habría permitido. En este sentido, sabía lo que podía aprender de Mary Macarthur; y también en este sentido tenía una actitud independiente.

Así sucedió que esta controvertida protofeminista fuese invitada a beber una taza de té con la Reina en el Palacio de Buckingham, un compromiso que provocó muchas expresiones dubitativas en los largos y ventosos corredores. Macarthur no era precisamente una admiradora de la monarquía, que en muchos aspectos estaba en la cúspide de una jerarquía social que era la responsable precisamente de las condiciones que ella combatía. Al principio, Macarthur sospechó del interés de la Reina. ¿Era un mero simbolismo real? ¿Se pretendía desactivarla mediante una sonrisa regia?

Antes de que hubiese concluido el día, Macarthur tenía su respuesta y la trasmitió rápidamente a sus colegas. "La Reina en efecto comprende y domina toda la situación desde el punto de vista de los sindicatos —dijo—. Expliqué concretamente a la Reina lo que es la desigualdad de clases y la injusticia del sistema. ¡Aquí tenemos a alguien que *puede* ayudar y que *quiere* ayudar!" Y fue lo que hizo; con ese fin leyó libros y volantes que Macarthur le entregó, que trataban los problemas sociales modernos y se trasladó a los centros de entrenamiento de todo el país. "Estas visitas me ofrecieron la oportunidad de conocer a trabajadoras, con quienes no mantengo un contacto frecuente —escribió la Reina a una amiga—, y me alegro de haber procedido así." Cuando Macarthur enfermó de una dolencia que le arrebató la vida en 1921, que entonces tenía sólo cuarenta y un años, no hubo una amiga más atenta que la propia Reina, que después se convirtió en protectora activa de los Hogares Mary Macarthur para las trabajadoras.

Mientras la guerra se prolongaba a lo largo del año 1917, la popularidad de la cual podían gozar los diferentes miembros de la Familia Real se veía más que compensada por varias amenazas que soportaba la propia Corona; al parecer una situación tan grave como la que estaba derribando a reyes y emperadores por toda Europa. Los generales *afrikaner* en Africa del Sur se rebelaron contra la presencia imperial; hubo sangrientos y constantes alzamientos en Irlanda y amenazas parecidas en India y Egipto; y en Westminster y los límites de Hyde Park había enormes mitines que reclamaban una revolución bolchevique y la lucha de clases; manifestaciones en las cuales millones entonaban elogios a Lenin y a Trotski. Las anteriores certidumbres sociales aparecían cuestionadas y el gran Imperio victoriano y eduardiano comenzaba a crujir; y con él la confianza del propio Rey. "Es evidente que está preguntándose —recordó el conde de Crawford—, qué reserva el futuro a la Familia Real." Acertaba al formular la pregunta. Los clamores originados en el sentimiento republicano y en la postura de izquierda contraria a la monarquía aumentaban de manera tan alarmante que Jorge tuvo que adoptar una decisión especialmente acerba que reveló la obligación más sólida que sentía por referencia a la preservación del trono y que se imponía a cualquier consideración de lealtad a la familia o de amistad.

Quizá más que cualquier monarca británico, el rey Jorge V sacrificó todas sus preferencias personales —y según se vio, incluso a algunos parientes— para atender lo que él creía eran las necesidades de la Corona. En marzo de 1917 sus primos el zar Nicolás y la emperatriz Alejandra se vieron forzados a abdicar por los revolucionarios rusos. Cuando buscaron refugio para ellos mismos y sus hijos en Inglaterra, el gobierno de Su Majestad estaba dispuesto a recibirlos. Pero Jorge se opuso a esta actitud humana; su secretario Stamfordham recibió instrucciones de escribir al Foreign Office que los monarcas rusos serían "rechazados enérgicamente por el público y sin duda comprometerían la posición del Rey y la Reina". Jorge insistió en que Nicky y Alix, como afectuosamente los llamaba en el seno de la familia, fuesen rechazados, de manera que la monarquía pudiese evitar cualquier asociación con sentimientos impopulares prorrealistas.

En otras palabras, no deseaba parecer el defensor de un monarca derrocado en momentos en que estaba en juego el futuro mismo de su propia corona. El Rey creía que el ofrecimiento de asilo provocaría las iras de la bancada socialista en la Cámara de los Comunes, proyectaría dudas sobre su propio patriotismo, alentaría las formas extremas del republicanismo e incluso podía ser el catalizador de una revolución violenta en Londres. Por supuesto, no podía haber previsto el destino final de los Romanov. Por otra parte, Jorge no podía declararse ignorante del peligro al que estaba expuesta la familia del Zar a la luz de la revolución; algo semejante se desprendía de manera evidente de las muchedumbres reunidas precisamente en Kensington Gardens. Quizás uno podía admirar la fidelidad del Rey a su propia vocación y su compromiso con la estabilidad de la Corona; al mismo tiempo, es difícil abstenerse de criticar ese idealismo obstinado y unilateral que no atina a pensar en el peligro muy real que corre la vida de los seres amados. El profundo sentido de deber del rey Jorge V con el ideal de la soberanía explica pero no disculpa su decisión. En una suerte de trágica ironía, su nueva familiaridad con las sutilezas políticas y las maquinaciones más duras fue el factor que en definitiva tiñó las manos del Rey con la sangre de los Romanov, los parientes a quienes según había afirmado antes tanto amaba.

Precisamente en medio de estas crisis internacionales y de familia, la corriente antimonárquica alcanzó la masa crítica. "Podremos considerarnos afortunados —declaró lord Esher, normalmente un hombre imperturbable—, si escapamos a una revolución en que pueden naufragar la monarquía, la Iglesia y todas nuestras instituciones victorianas. No he conocido a nadie que, al manifestar su pensamiento más íntimo, discrepe con esta conclusión." El derrumbe del Imperio zarista originó un sentido de cambio global inminente y dramático cuando los trabajadores del mundo entero, invitados a sacudir sus cadenas y a unirse, alcanzaron la visión de que había una oportunidad diferente. Los poderosos socialistas de izquierda invitaron a delegados del Congreso de las Trade Unions en ese junio y les anunciaron que el encuentro "obtendría para este país lo que la Revolución Rusa había logrado en Rusia". Una voz tan famosa como la de H. G. Wells se dejó oír en aquel momento, cuando —al referirse a la "Corte extranjera y grisácea"— pidió a los británicos que se desembarazaran de "los antiguos adornos del trono y el cetro", y apoyaran a los que reemplazarían a la monarquía por una república.

"Es posible que yo sea grisáceo —dijo el Rey a un visitante—, pero que me cuelguen si soy extranjero."

Y sin embargo, cuando la epidemia de sentimiento antigermano alcanzó la intensidad de la locura, fue precisamente lo que un conjunto cada vez más amplio de personas se sintió inducido a creer: a saber, que el nombre dinástico germano de la Familia Real, es decir, Sajonia-Coburgo-Gotha, implicaba una tendencia progermana. El propio Lloyd George cayó en la trampa. "Me pregunto lo que mi pequeño amigo alemán tiene que decir", murmuró cierta vez cuando lo llamaron a la presencia del Rey en el Palacio de Buckingham. Llovieron las cartas sobre el número 10 de la calle Downing, preguntando de qué modo Lloyd George esperaba ganar la guerra, si el propio Rey era alemán. Cuando el Primer Ministro trasmitió esas quejas al Rey, como era su obligación, Jorge "se sobresaltó y palideció".

De ahí que en mayo de 1917 el Rey comentara el asunto con Stamfordham, que tuvo que reconocer que, en efecto, los nombres teutones provenientes de distintos territorios salpicaban todas las ramas de la Familia Real, aunque nadie sabía muy bien cuál era el nombre de la *familia*. Se consultó al director del Real Colegio de Heráldica: ¿cuál era realmente el apellido de Jorge? Bien, a decir verdad él no estaba muy seguro. Sajonia-Coburgo-Gotha era una designación geográfica. Tampoco podía afirmarse que el apellido era Estuardo; y no Guelph, que era el antiguo apellido de familia de los hanoverianos y que (de acuerdo con el derecho común) había desaparecido cuando Victoria se casó. Quizá si uno examinaba el linaje del príncipe consorte Alberto, ¿no encontraba que era Wipper o Wettin? Hubo muchos entrecejos fruncidos y mucho encogimiento de hombros.

Mientras los académicos continuaban parloteando, Jorge anunció que era necesario un gran gesto de solidaridad con la historia inglesa, para demostrar a la nación británica que la Primera Familia ciertamente era una más en el pueblo. El Duque de Connaught dijo que el nuevo nombre de familia debía ser Tudor-Estuardo; después de todo, no había nada más británico que esos apellidos. No, estos nombres sugerían implicaciones desagradables, observaron lord Rosebery y Herbert Asquith. Bien, intervinieron otros miembros del Gabinete y la Corte, ¿qué les parecía Plantagenet? ¿O York? ¿O Lancaster? No, gritó alguien; seamos breves y sencillos... "Jorge Inglaterra".

Cuando los encuentros adquirieron el carácter de un juego de salón —algo parecido a los concursos en que cada participante tiene que superar a los anteriores— el inteligente lord Stamfordham interrumpió con serenidad. Dijo que el rey Eduardo III a menudo había sido conocido por el nombre de Eduardo de Windsor. Los presentes se llamaron a silencio. El Rey asintió. Las evocaciones eran tan sólidas y reconfortantes: el castillo, la ciudad, una dinastía. Windsor sería el apellido de la familia.

Y así se creó una tradición. El 17 de julio de 1917, el anuncio fue aprobado por el Consejo Privado y todos los diarios de la nación lo publicaron al día siguiente.

Porque Nos, habiendo tenido en cuenta el Nombre y el Título de Nuestra Casa Real y Nuestra Familia, hemos decidido que en ade-

160

lante Nuestra Casa y Nuestra Familia serán conocidos con el nombre de Casa y Familia de Windsor;

Y como Nos hemos determinado además para Nosotros mismos y en defensa de Nuestros descendientes y todos los demás descendientes de Nuestra Abuela la Reina Victoria, de bendita y gloriosa memoria, renunciar e interrumpir el uso de los Títulos y las Dignidades germánicos;

Y como Nos hemos declarado estas determinaciones en Nuestro Consejo Privado: Ahora, por consiguiente, Nos, por Nuestra Voluntad y Nuestra Autoridad Reales en este acto declaramos y anunciamos que, a partir de la fecha de esta Nuestra Proclama Real, Nuestra Casa y Nuestra Familia serán denominadas la Casa y la Familia de Windsor y que todos los descendientes de la línea masculina de Nuestra mencionada Abuela la Reina Victoria, que son súbditos de estos Reinos, fuera de las descendientes femeninas que puedan casarse o que se casen, llevarán el mencionado nombre de Windsor;

Y aquí declaramos además y anunciamos que Nosotros mismos en representación de Nuestros descendientes y todos los demás descendientes de Nuestra mencionada Abuela la Reina Victoria, que son súbditos de estos Reinos, renunciamos y descontinuamos el uso de los grados, los estilos, las dignidades, los títulos y honores de los Duques y Duquesas de Sajonia y los Príncipes y Princesas de Sajonia-Coburgo y Gotha, y todos los demás grados, estilos, dignidades, títulos, honores y apelaciones alemanes, para Nosotros o para ellos, como corresponda.

Hubo otros bautizos, entre ellos los que correspondieron a los hermanos de la reina María, el duque de Teck y el príncipe Alejandro de Teck, que se convirtieron en el marqués de Cambridge y el conde de Athlone; en adelante el nombre de familia de estas personas sería Cambridge. Luis de Battenberg, que estaba desocupado, vio cómo traducían su apellido y se convirtió en Luis Mountbatten, primer marqués de Milford Haven.

La abuela Victoria, que antaño había recordado a su familia que "es necesario apreciar y preservar el elemento germano en nuestro hogar", sin duda no habría simpatizado con ese caprichoso cambio de nombre, decidido bajo presión e inspirado por un mero criterio de propaganda y relaciones públicas. Por cierto, habría apreciado el divertido cinismo del Káiser, cuando le hablaron del nuevo apellido de sus parientes ingleses, ese mes de julio. El primo Willy sonrió indulgente, y después abandonó su sillón y se disculpó. Se retiraba, dijo, para ir al teatro... a ver la pieza de Shakespeare, *Las alegres comadres de Sajonia-Coburgo-Gotha.*

Capítulo Seis

Una casa de muñecas

1918 a 1925

¡La prensa es un arma poderosa en el siglo xx!
CLIVE WIGRAM, secretario de Prensa del rey Jorge V

En la culminación de la Gran Guerra, un mero cambio de la denominación dinástica ciertamente no alcanzaba a justificar a la monarquía británica, cuando el resto del mundo estaba desmantelando tronos, fundiendo coronas y despachando al exilio a quienes las habían usado. Estaba muy bien rebautizar a la familia con el nombre de "Windsor", con el fin de que el pueblo supiera hasta qué punto eran inglesas sus figuras reales (cuando en realidad no lo eran), pero también podía afirmarse —de ahí la opinión del Lord Chambelán— que era "imperativo que en los momentos críticos que el país afronta, se remueva ahora hasta la última piedra en el esfuerzo por consolidar la posición de la corona".

Ese astuto y viejo cortesano que era lord Esher, que había prestado servicios distinguidos a Victoria y Eduardo VII antes de verse relegado a la comisión de diligencias menores para Jorge y María, estuvo de acuerdo. El Palacio de Buckingham, se quejaba Esher, "se mantiene lo mismo que siempre. Idéntica rutina. Una vida conformada por pequeñeces; aunque un escenario muy activo. Los constantes mensajes telefónicos acerca de trivialidades". Esher llegaba más lejos en una carta dirigida a Stamfordham y señalaba que "un proletariado desgarrado por la guerra y hambriento, provisto de una enorme preponderancia de poder electoral", exigiría cierta justificación para pagar el impuesto destinado a solventar los enormes gastos de la monarquía. Esher señaló que era el momento de demostrar mucha imaginación; incluso de correr riesgos y abandonar las "viejas teorías de la monarquía constitucional". Esher tenía presente la situación de Estados Unidos, cuyo poder era evidente durante los dos últimos años de la guerra, y cuyo presidente, Woodrow Wilson, determinó que la democracia pareciera una suerte de profecía romántica a los ojos de muchos políticos de todo el mundo. "La fuerza del republicanismo —dijo Esher—, reside en la *personalidad* de Wilson... Ha lanzado la 'moda' de una república. Nosotros podemos 'mejorar el tiro' si lo intentamos."

Uno de los primeros que ensayó nuevas ideas para preservar una antigua institución fue Clive Wigram, entusiasta cazador de perdices y gran jugador de cricket, que había llegado a ser secretario privado ayudante del Rey Jorge V cuando este ascendió al trono. En 1918 era un característico cortesano de cuarenta y cinco años, que denominaba a las elecciones generales como "experiencias de prueba" y se refería al Primer Ministro, sin mostrarse por ello irrespetuoso, como "el Capitán" del equipo, describía las disputas políticas con términos deportivos propios de los veteranos, y (de acuerdo con el otro secretario privado ayudante, sir Frederick Ponsonby) profesaba "un auténtico menosprecio británico por todos los extranjeros". Wigram pensaba que los objetores de conciencia y los pacifistas durante la Gran Guerra eran cobardes y los dirigentes sindicales traidores, y lidiaba dolorido con los minúsculos detalles del protocolo: las mujeres que trabajaban en las fábricas de municiones, ¿debían quitarse los guantes cuando las presentaban a la reina María? Todos estos rasgos conservadores y caprichos burgueses determinaban que el Rey lo apreciara. Wigram citaba la lista de tronos que se derrumbaban en Austria, Alemania y Rusia; el exilio de Constantino de Grecia; la nómina de todos los aristócratas alemanes despojados de su rango y su título. Señalaba la oleada cada vez más poderosa del republicanismo en Inglaterra y así aconsejó una táctica que merecía la calificación de revolucionaria. Jorge V escuchaba todo esto con atención.

Wigram fue uno de los más formidables secretarios de prensa reales; en efecto, fue en cierto modo un publicista y un especialista en practicar el "control de averías". En los tiempos de Jorge I y la reina Victoria, habían actuado periodistas instalados en la corte, que suministraban gacetillas agradables a los hombres de prensa y frenaban los posibles escándalos mediante informaciones edificantes acerca del programa de trabajo de la realeza. Pero hacia 1918 los hombres que habían afrontado la tarea (la mayoría descendientes de Joseph Doan y Thomas Septimus Beard y sus amigos) visitaban el palacio sólo en ocasiones y no se habían mantenido a la altura de las libertades cada vez más amplias ejercidas por una prensa más democrática, más crítica y severa, y exigida por el público; estos periodistas eran poco más que informantes ineficaces.

A pesar de su sólido conservadurismo, Wigram vio a la Familia Real como una gran organización de relaciones públicas de Gran Bretaña; el grupo sólo carecía de patrocinadores y voceros eficaces. Y por lo tanto propuso que la prensa se dedicase hábilmente a promover la imagen del Rey y por lo tanto a publicitar el valor de la monarquía. Como agente esencial en esta tarea, Wigram sugirió que el palacio emplease a "un representante periodístico bien pagado, con una oficina y sumas suficientes para los fines de la propaganda". Pocos años antes el Rey habría arrojado a Wigram escaleras abajo, pues Jorge V veía a los periódicos como "trapos sucios". Pero ahora comprendió que Wigram tenía razón. La monarquía sencillamente tenía que esforzarse más para garantizar su propia permanencia, y más trabajo significaba mayor transparencia, una actitud más accesible. La prensa sería invitada a documentar mejor que nunca las actividades de la realeza.

Pero sucedió que el hombre designado en el cargo de secretario de Prensa, en 1918, en medida considerable fue un individuo ineficaz. Samuel Pryor carecía del lustre necesario, de imaginación y tacto. De modo que el propio Wigram vino a llenar el vacío y produjo informes previos para los periódicos, que indicaban en qué momento el Rey podía aparecer en determinado hospital o en cierta fábrica, y recordaban a los periodistas que los soldados convalecientes lo pasaban bien en los jardines palaciegos y charlaban con la reina María. Garantizó también que los periodistas estuvieran presentes en elevado número en el servicio de acción de gracias por las bodas de plata, celebradas en San Pablo en junio de 1918.

Wigran escribió a un amigo:

Creo que en el pasado hubo cierta tendencia a despreciar e ignorar a la Prensa, que es un arma poderosa en el siglo xx. Me he esforzado mucho con el fin de que Sus Majestades tengan buena prensa y estuve en la Oficina de Prensa y en otros lugares. Abrigo la esperanza de que usted haya advertido de que últimamente los diarios han seguido más de cerca los movimientos del Rey.

Wigram se mostraba muy competente en su tarea y aprovechaba exhaustivamente las cualidades más destacadas de los personajes reales. Consiguió que los periodistas asistieran al momento en que Jorge y María participaron en una celebración de la paz, en diciembre de 1918, aunque un oficial de la Brigada de Guardias después recordó que los hombres provistos de anotadores y cámaras se mostraron tan entusiastas que casi provocaron un desastre. Los periodistas se amontonaron en el estrado, desde el cual el Rey y la Reina saludaban a la gente, y de pronto pareció que la plataforma se desplomaría. La policía se mostró impotente y el Rey realizó varios gestos inútiles destinados a obligar al público a retroceder.

En ese mismo momento Wigram, que estaba muy atento a la situación, hizo una señal a la valerosa reina María, que se irguió todo lo alta que era, dirigió una regia mirada de desaprobación y alzó la mano como si ordenase a una clase de escolares díscolos que se comportase y tomase asiento. "Tuvo un efecto mágico", recordó el testigo ocular que asistió al temor de los periodistas. Avergonzada de sus malos modales, la multitud retrocedió. Wigram atacó el coro de *Dios salve al Rey* y así pudo tomarse una foto oportuna de la monarquía, que quedó documentada para siempre. En adelante, los periodistas fueron invitados a todas las visitas reales a las áreas industriales, a presenciar cómo el Rey o uno de sus hijos alternaba con las clases trabajadoras. Las anécdotas de carácter admirativo comenzaron a aparecer en los diarios y así se difundieron fotografías halagadoras que mostraban que la Familia Real era muy laboriosa.

Wigram también sugirió que las recepciones en el Palacio de Buckingham imitasen a las de la Casa Blanca de Washington, y así comenzó a ser representada una gama más amplia de profesiones en las funciones de la Corte y los *garden parties*. Ahora, mezclados con los aristócratas, aparecían maestros de escuela y funcionarios civiles, líderes sindicales y comentaristas políticos; todos se retiraban naturalmente deslumbrados porque habían estado inmersos en el ámbito real. Fue una maniobra brillante. Estaba vendiéndose la monarquía a la gente que debía pagarla y que la convertía en su propio símbolo; así, la fidelidad a la Corona era una extensión lógica del amor propio. Hasta la muerte del rey Jorge, Clide Wigram (que fue declarado par por sus esfuerzos) se desempeñó como un incansable promotor del culto de los medios a la realeza. Si hubiese vivido hasta fines del siglo xx, ciertamente habría lamentado el apetito voraz de la prensa y el público por todos los aspectos de la "vida en la Familia Real"; sin duda habría despreciado la acentuada afición del público al escándalo.

Cuando se multiplicaron las fotografías, fue evidente que la reina María no sólo era la Consorte de Su Majestad, sino también una de las celebridades mundiales que podían ser reconocidas de manera instantánea; pero este fue un papel que ella nunca alentó ni aceptó de buena gana. "La sensación de que se la observaba constantemente la inquietaba —escribió su biógrafo—, y además en la vida pública se sentía tan intimidada y avergonzada como le había sucedido en la niñez." Sólo en privado podía ser ella misma; "festejando con risas los chistes de [la revista satírica] *Punch*", como recordaba Mabell Airlie,

cuando me enviaba postales cómicas; y aprendía la letra de, *Sí, no tenemos bananas*, y la cantaba conmigo a pleno pulmón, por el gusto de chocar a un miembro particularmente estirado de la Casa, o saltar con un vestido de brocado verde y blanco en uno de los salones de Windsor, representando a una langosta, o jugar a las adivinanzas después de la cena. No siempre era la dignísima Reina Consorte que el mundo conocía.

Sin embargo ese espíritu animoso estaba limitado a las reuniones privadas con unas pocas personas, verdaderos confidentes o miembros de la familia.

Pero su reticencia y su aprensión no estaban destinadas a su propia persona; como siempre, María pensaba sólo y constantemente en el Rey. Como la devoción y la confianza de Jorge en el apoyo de María sólo podía expresarse por escrito, ella con frecuencia no sabía muy bien si lo complacía. Jorge se mostraba muy tenso y exigente con sus hijos; ¿cómo podía tener la certeza de que ella no lo decepcionaba? "A veces me parece difícil expresar lo que siento, salvo en una carta —escribió el Rey—, sobre todo a la persona a la cual amo y con quien estoy siempre, como es tu caso, querida... Me siento perdido cuando no estás allí y todo parece desencuadrado." María tenía que contentarse con esas tímidas notas. "Qué lástima que no puedas *decirme* por qué escribes, pues yo lo apreciaría enormemente."

María también apreciaría cierta diversión después de las entrevistas del día, pero su esposo rara vez lo permitía. En general, el deseo del Rey de vivir en una sencillez recluida significaba que cenaban solos y después él leía los periódicos del día, mientras María recogía sus agujas de hacer punto. Quizá cinco o seis veces por temporada había algún invitado a cenar; por lo demás, las veladas del matrimonio contrariaban por completo la renovada vida social de la "era del jazz". Por eso mismo los príncipes Eduardo, Alberto, Enrique y Jorge evitaban las veladas discretas con sus padres; pues si no se los interrogaba o reprendía, soportaban un gigantesco aburrimiento. Lo mismo le pasaba a María. "Habría dado cualquier cosa por un cambio", murmuró ella cierta vez, nunca completamente acostumbrada a las tranquilas veladas preferidas por su marido. Estable y formal, el Rey desplegaba un velo de respetabilidad alrededor de todos los miembros de su círculo.

Pero una preocupación importante para la Reina —más aún, una obsesión— fue su entusiasmo por una compleja y fantástica casa de muñecas, encargada con el propósito de permitir que las generaciones futuras "vean cómo el Rey y la Reina de Inglaterra vivían en el siglo XX y cuáles eran los autores, los artistas y los pintores destacados que existían durante ese reinado". Entre sus colecciones siempre había manifestado especial afición a las miniaturas y así se comprometió al famoso arquitecto sir Edwin Lutyens a que diseñara y construyera una casa de muñecas georgiana de cuatro plantas. Con el tiempo, albergó literalmente a decenas de minúsculas imágenes y muebles, producidos a escala por sesenta artistas conocidos y trescientos artesanos.

La casa de muñecas, cuya preparación insumió tres años y que a su finalización tenía dos metros setenta centímetros, podía haber albergado a una familia de seis personas, si la estatura de cualquiera de ellos no superara los quince centímetros. Habrían llegado a la lujosa residencia en alguna de las costosas reproducciones en miniatura de los Daimler reales. Después habrían pasado a cenar y consumido minúsculas porciones de alimentos regios y bebido de pequeñas botellas de vino de precio, mientras les servían en pequeños platos dorados o Royal Doulton. Después de la cena, podían escuchar su música favorita en el gramófono, que pasaba discos del tamaño de un pulgar; o podrían haber elegido un libro de los doscientos volúmenes que tenían el tamaño de un sello postal y estaban en la elegante biblioteca, adornados por centenares de pequeñísimos dibujos y acuarelas. Podían subir a sus pequeños dormitorios en minúsculos ascensores mecánicos, lavarse con verdadera agua que brotaba de grifos en miniatura y después se habrían acostado en las camas cubiertas con las mantas más finas de hilo y seda. Aquí, Lutyens hacía su picardía. Disponiendo con habilidad las iniciales MG y GM [María-Jorge y Jorge-María] bordadas en las pequeñas almohadas, confiaba a sus amigos que, en efecto, representaban las iniciales reales y algo más: "¿May George?" [¿Puedes, Jorge?] en la almohada del Rey, y "George May" [Jorge puede] en la de la Reina. Es dudoso que el Rey y la Reina supieran jamás a qué atenerse.

Pero a pesar de todo este esfuerzo para alcanzar la quintaesencia de una elegancia exacta y tan grata, había una omisión extraña y significativa: a decir verdad, no había muñecos que representaran a los habitantes reales; ninguna figuración de los seres humanos, a lo sumo *pequeñas cosas* reales. En cierto sentido, este proyecto cuya realización estuvo especialmente cerca del corazón de la reina María, era una perfecta representación en miniatura de su propia existencia. Había grandiosas habitaciones y una meticulosa atención a los detalles del decorado y los complementos elegantes. Pero en el fondo del corazón no había nada que fuese humano.

La reina María tenia casi cincuenta y siete años cuando se completó la casa de muñecas; y la vida de la Soberana carecía de realización emocional y su casa de muñecas expresaba muy claramente ese aislamiento. A ese juguete prodigó toda la atención afectuosa que en otras condiciones podría haber beneficiado a su familia real, que lo habría retribuido, y de la cual no había representación, porque desgraciadamente no existía una contraparte real. Las relaciones con su marido estaban definidas por el formalismo y alcanzaban el nivel de la reverencia, y ella nunca mantuvo contactos cálidos e íntimos con ninguno de sus hijos. Torturada quizá más que cualquier otro personaje real contemporáneo por el papel que había elegido, María volcó en su casa de muñecas todo su amor reprimido. Pero en esa casa no había nadie.

Una vez terminada, la casa de muñecas determinó que se admirase enormemente a la reina María, que la había promovido; y Wigram la usó como parte de su campaña de relaciones públicas e invitó a damas destacadas de todo el reino a unirse a la prensa, para participar de una visita privada. Al mismo tiempo, el Príncipe de Gales asumió muchas tareas importantes. La incapacidad del espíritu antimonárquico de la posguerra para alcanzar proporciones críticas en Inglaterra puede atribuirse a la popularidad del príncipe Eduardo, la cual provino directamente de que el periodismo siempre concentraba en él la atención y lo homenajeaba. Fue útil que él tuviese cierta comprensión del descontento nacional provocado por la desocupación masiva (dos millones hacia 1921), una grave caída industrial después del auge de la manufactura durante la guerra y el decaimiento del nivel de vida. "Yo también tendré que trabajar para conservar el empleo —dijo el Príncipe de Gales a Mabell Airlie—. A eso no me opongo, pero el problema es que ellos no me permitirán actuar libremente." Con la palabra "ellos" el Príncipe aludía al Rey.

Cuando el heredero del trono alcanzó la veintena, la distancia que separaba al padre del hijo se agrandó. Duro y exigente como siempre, Jorge encontraba motivos de crítica en todos los aspectos de la vida de su hijo mayor. El Príncipe era "el hombre peor vestido de Londres", según se quejaba el padre. "Oigo decir que no has usado guantes anoche, en el baile —se quejaba el Rey—. Por favor, evita la repetición de esa actitud." Los modales de Eduardo eran demasiado casuales para el padre ("¿Por qué mi hijo no monta como un caballero?"); sus apariciones públicas a veces eran vulgares ("Tú y Dick [Mountbatten] en una piscina juntos no es muy digno, aunque sea agradable en un clima cálido"). Parecía que el príncipe Eduardo a los veinticinco años cultivaba sólo la imagen de *playboy*, no tenía prisa por casarse (el Rey consideraba que el matrimonio era un talismán contra la decadencia y una necesidad absoluta del príncipe heredero). "Si se acepta que un día serás el Rey constitucional, ante todo debes ser un Príncipe de Gales constitucional". En adelante, nunca fueron amigos. "En efecto te envidio, porque eres capaz de llorar por tu padre —dijo el príncipe Eduardo a su primo Luis Mountbatten, que guardaba luto—. Si mi padre muriese, me alegraría."

El finado príncipe Eddy se había visto influido negativamente por la conducta francamente escandalosa de su padre; pero Jorge, aunque amaba y admiraba la majestad de su padre, desaprobaba sin rodeos su escandalosa vida privada. Temiendo que se repitiese la vida licenciosa de Eduardo, el Rey se mostraba suspicaz frente a la creciente popularidad de su hijo y miraba con malos ojos su propensión global a la modernidad. Además, le parecía poco caballeresco que el príncipe Eduardo se quejase de su educación inadecuada. La educación preparaba a los plebeyos para los empleos, pensaba Jorge con su típico prejuicio aristocrático; pero los personajes reales estaban eximidos de esa obligación y por su parte Jorge sospechaba gravemente de los intelectuales. La marina era suficientemente buena para cualquier hombre.

Había otras cosas que molestaban al Rey. El príncipe Eduardo había subido a un biplano y volado solo —por diversión— el mismo día que se proclamaba el nuevo nombre de la dinastía. ¡Al muchacho le agradaba el jazz, concurría a fiestas en casas privadas, cenaba con mujeres que se recogían el cabello, y tenían las faldas cortas y el maquillaje muy llamativo! Esa no era la conducta apropiada a un Príncipe y Jorge manifestó con claridad su desagrado. El hermano menor de Eduardo, el príncipe Jorge, convino en que el padre de ambos era "imposible. No permitiré más que me reprendan sin contestar. Estoy seguro de que es el único modo".

El príncipe Eduardo intentó conseguir cierto grado de libertad e independencia ante las restricciones originadas en una crianza herméticamente sellada y cortés; y esa es la razón por la cual en 1919 se retiró del Palacio de Buckingham y fue a vivir a su propio apartamento en Casa York. Persiguió la meta imposible de convertirse en un par que no era real, que no estaba separado de sus colegas por el rango o el accidente de la cuna, aunque con el tiempo abandonaría ese sentimiento en apariencia igualitario. Por ahora, sus actos —por ejemplo, la prolongación de una visita realizada ese año a los mineros galeses que organizaban sus sindicatos— confirmaron plenamente la formulación de la reina Victoria: "El peligro reside, no en el poder conferido a las Clases Inferiores, que se muestran cada vez mejor informadas y más inteligentes, y que *merecidamente* se elevarán a los niveles más altos por sus propios méritos, sus esfuerzos y su buena conducta, sino en la conducta de las *Clases Superiores* y de la *Aristocracia*".

Podía suponerse que la afinidad de Eduardo con los plebeyos no caía mejor en algunos cortesanos veteranos que en su padre.

—Si se me permite decirlo, señor —observó Frederick Ponsonby cuando el Príncipe de Gales le pidió una evaluación sincera de su propia conducta—, creo que es riesgoso que usted se muestre demasiado accesible.

—¿Qué quiere decir con eso? —replicó el Príncipe.

—La monarquía debe conservar siempre un ingrediente de misterio. Un Príncipe no debe mostrarse demasiado. La monarquía debe permanecer sobre un pedestal.

Walter Bagehot no habría podido decirlo mejor.

El Príncipe opinaba de distinto modo y argüía que después de la guerra una de sus tareas era acercar la monarquía al pueblo, no distanciarla todavía más.

—Si usted la rebaja al nivel del pueblo —continuó Ponsonby—, perderá su misterio y su influencia.

—No coincido —dijo redondamente Eduardo—. Los tiempos están cambiando.

—Tengo más años que usted, señor —dijo secamente Ponsonby—. Estuve con su padre, su abuelo y su bisabuela. Todos comprendían. Usted está equivocado.

Lo mismo opinaba el Rey —que podía mostrarse inesperadamente indulgente con sus restantes hijos—. ¿Por qué Eduardo no podía parecerse a sus demás hermanos? "Siempre te has mostrado tan razonable y fue tan fácil trabajar contigo —escribió el Rey a Alberto, pocos años después—. Siempre estuviste preparado para escuchar mi consejo y coincidir con mi opinión acerca de la gente y las cosas." Después de todo, la prueba decisiva del afecto era la obediencia: "que yo sienta que siempre nos llevamos muy bien juntos. Muy diferente de mi querido David".

Cuando David llegaba tarde a una comida en una residencia real, se lo expulsaba de la mesa o por lo menos se lo reprendía severamente; la puntualidad era la cortesía de los príncipes tanto como de los reyes. En cambio, se perdonaba a Enrique y se agregaba al episodio una broma. Después de varios meses en el extranjero, llegó al hogar exactamente después que su padre se sentara a la mesa para cenar. El Rey levantó la mirada. "Tarde como de costumbre, Harry", dijo, y eso fue todo.

El rey Jorge podía tener una actitud bastante distendida con los hijos ajenos, quizá porque sentía que no le incumbía la responsabilidad personal de su futuro. "¿Cómo te llamas?" preguntó a la pequeña nieta de un vecino de Balmoral.

—Soy Ann Peace Arabella Mackintosh de Mackintosh —replicó la niña con puntillosidad.

—Ah —dijo el Rey, con una sonrisa y una palmada en la cabeza de la pequeña—. Yo soy Jorge a secas.

Esa actitud bondadosa en público no implicaba afectación, aunque en el hogar el simple Jorge nunca se mostraba tan distendido como su esposa. Cuando alguien contó a María la historia de cierta mujer cuyos siete matrimonios la habían obligado a afrontar muchos cambios de apellido, dijo: "Bien, yo he tenido que cambiar muchas veces el mío: la princesa May, la Duquesa de York, la Duquesa de Cornwall, la Princesa de Gales, la Reina. Pero mientras lo mío ha sido por accidente, lo suyo ha sido por propia iniciativa".

Un tipo distinto de accidente, en febrero de 1918, desembocó en un episodio embarazoso para el Rey y la Reina, pero sensacional para el Príncipe de Gales: la primera gran pasión de su vida.

El Príncipe de Gales regresó de Francia con el propósito de elevar la moral de los obreros fabriles ingleses y fue invitado a un baile en la mansión, situada en Belgravia, de Maud Kerr-Smiley, esposa de un oficial que combatía con los Fusileros Reales Irlandeses.[1] Poco antes de medianoche, sonaron las sirenas que anunciaban un ataque aéreo —en efecto, estaba a punto de comenzar un bombardeo terriblemente destructivo— y todos los huéspedes se apresuraron a buscar refugio en el sótano de Maud. Una joven que estaba afuera, y que se acurrucaba buscando refugio con su acompañante en el portal, fue observada por la dueña de casa, que la invitó a pasar y la llevó con rapidez al subsuelo, con el fin de que estuviera segura en compañía de sus invitados. Cuando el bombardeo cesó, la refugiada espontánea había pasado dos horas charlando alegremente con el Príncipe de Gales, que de inmediato se sintió seducido por ella.

Era Winifred Dudley Ward, siempre Freda para los amigos y Fredie para el príncipe Eduardo. Hija de un acaudalado fabricante de encajes de Nottingham, tenía exactamente la misma edad que Eduardo y había estado casada durante cinco años con un Miembro del Parlamento dieciséis años mayor. Pero esa unión ya había perdido fuerza; Freda y William Dudley Ward de hecho vivían separados, y tenían intereses independientes y distintos amigos; de todos modos, los unía el amor a sus hijas Angela y Penelope, y compartían el mismo domicilio. Por la época en que ella conoció al Príncipe de Gales, Freda tenía otro admirador a quien ella no renunció muy pronto, a pesar de los celosos reclamos de su pretendiente real.

De poco más de un metro cincuenta de estatura (y por lo tanto una buena pareja de baile para el diminuto Príncipe), con una frente despejada y aristocrática, y una sonrisa amplia y cálida, Freda era una mujer culta, bonita más que bella, y carecía por completo de los superficiales amaneramientos comunes en su clase adinerada. Dotada de un chispeante sentido del humor y una afinada capacidad atlética, se mostraba eficaz en un campo de golf y una pista de tenis, así como en un salón de baile o supervisando al personal doméstico en el curso de una fiesta; desempeñaba esta última función de un modo muy directo, cordial y sin pretensiones de superioridad, de modo que sus criados sentían que eran sus amigos, la relación que en efecto existía a veces. "Ante un mayordomo o un secretario —recordaba una mujer que la conocía —hacía las mismas bromas e idénticas observaciones que las que habría hecho ante el señor de la casa."

En todo caso, Freda era una mujer que no tenía enemigos y mucho menos a alguien que pudiera afirmar que era el blanco de su envidia o su mala voluntad. "En verdad era una mujer notable —recordaba Angela Fox (cuyo hijo, el actor Edward Fox, contrajo matrimonio con la nieta de Freda)—. Freda era muy elegante, de ningún modo egocéntrica o prepotente, y en verdad era una persona generosa y siempre interesada en el prójimo." Esta amalgama de rasgos, sumados a una personalidad fuerte que sus modales delicados no podían disimular, despertó el ardor del Príncipe. La relación se desarrolló intensamente más de un año, y aunque a veces era más fría y más compleja, duró hasta la llegada de la cuñada de Maud Kerr-Smiley, quince años después.

No es difícil comprender por qué el Príncipe consideraba irresistible a Freda. Por su parte, a ella le parecía muy grato el espíritu juguetón de Eduardo, sentía que su respetuoso encanto era halagador y la generosidad que mostraba con sus regalos resultaba impresionante. Los vínculos de familia de Eduardo no podía menoscabar esas virtudes. Pero Freda no era una mujer codiciosa ni una aventurera. "No se trataba de que yo estuviese tratando de casarme [con él], dijo varios años después,

> ¡o incluso que lo deseara! Me lo pidió con bastante frecuencia y ardorosamente. Pero también contesté que no en repetidas ocasiones. La idea misma era ridícula. Por supuesto, yo ya estaba casada, de modo que hubiera sido necesario un divorcio, y los padres y los amigos de Eduardo y la Iglesia jamás lo hubieran permitido. Yo insistía en decirle: '¡No permitiré que hagas una cosa tan estúpida!' y por fin lo convencí. Era muy sugestionable. Alguien dijo cierta vez de Eduardo: 'Ajustaba su reloj a la hora de todas las personas con quienes se cruzaba'. Y eso era cierto."

No han llegado hasta nosotros cartas correspondientes a los dos primeros años de la relación. Pero las que siguieron revelan con claridad que el heredero del trono no sólo la amaba, sino que dependía por completo de su aliento, su consuelo y su confortamiento constantes; quizá lo que él creía que no le había dado su propia madre. Su cara aniñada y su figura, los ojos tristes y la semisonrisa ansiosa atraían a Freda, lo mismo que a muchas mujeres que anhelaban reconfortar y ayudar al triste Principito. En Eduardo de Gales, Freda fue la primera en encontrar un Príncipe Encantado eterno que al parecer no envejecía nunca, pero que lamentablemente tampoco parecía dispuesto a madurar demasiado.

Esta tendencia a apoyarse totalmente en la fuerza y la supervisión de Freda tal vez al principio halagó la vanidad de la mujer, pero sin duda muy pronto descubrió que creaba una situación difícil. A los veinticuatro años, Eduardo continuaba considerándose un espécimen patético, que su quejosa concentración en su propia persona en nada contribuía a mejorar. Sus cartas a Freda abundan en referencias pueriles a su propia persona en tanto que él mismo se consideraba "un niñito" incompetente. También son notables por las observaciones que quizá tenían la intención de ser ingeniosas, pero resultaban pegajosas: la inclinación a apoyarse en trilladas afectaciones de la clase alta, por ejemplo el uso de los términos franceses *moi* y *toi*.*

18 de noviembre de 1920: "Querida Fredie, la amada *à moi*. Me siento *siempre, siempre*, tan bien después de nuestra pequeña charla por teléfono esta noche, querida, no te imaginas qué enorme confortamiento fue para *tu* pequeño David escuchar de nuevo tu divina vocecilla... Me siento terriblemente solo esta noche, querida Fredie, y me enloquece estar lejos de *TOI*...".

3 de febrero de 1921: "Te amo, ahora te amo más allá de toda comprensión, y lo único que puedo decir es bendita seas, bendita seas, por ser tan dulce y divina y tierna y *sympathique* con tu David anoche, y por salvarlo, *mon amour*...".

7 de mayo de 1922, desde Kioto, Japón: "Languidezco por *TOI*, mi preciosa amada, y siempre estoy deseando que *TOI* estés aquí".

---

* Yo y tú, respectivamente. (*N. del T.*).

Y así continuó a lo largo de la década de 1920.

¿Ella lo amaba? "Oh, no —dijo Freda en un momento de franqueza, años más tarde—, se mostraba demasiado abyecto." La visión retrospectiva de Freda acerca del carácter de Eduardo era al mismo tiempo exacta y profunda, pues el Príncipe de Gales tenía que sentirse dominado, del mismo modo que un niño desobediente necesita que lo corrijan, se lo haga objeto de una reprimenda; cualquiera sea el nivel de formalidad o de refinamiento aplicado. Freda, que no era una mujer dominante pero tenía un vigoroso sentido de su propia persona y de lo que era correcto, lo ayudó a vencer las depresiones cuando se sentía melancólico ante la perspectiva de una vida entera en el papel real y lo alentó a cumplir con su deber incluso cuando lo apartaba de ella. Trató de reducir el consumo de tabaco y el exceso de bebida y a veces lo logró; lo que no sucedía cuando se trataba de la vida intelectual y cultural de Eduardo.

"¿Quién es esta mujer Bront?" preguntó quejosamente David, que ignoraba el nombre de la autora cuando Freda le entregó un ejemplar de *Cumbres borrascosas*. Y Freda le ofreció la calidez de su hogar cuando su marido se ausentaba, lo cual sucedía con frecuencia. Las dos hijitas de Freda amaban al "Querido Principito", como lo llamaban; y lo trataban como a un tío complaciente. Y María, la hermana de Eduardo (lo mismo que Alberto) amaba a Freda y en todo caso apoyaba el romance. Pero el Príncipe de Gales podía ser a lo sumo un acompañante de tiempo parcial cuando en 1919 su padre (que ridiculizó la relación como impropia y se refirió a Freda como una puta) lo envió en la primera de una serie de giras mundiales (recorridos análogos a los que él y María habían efectuado antes), destinados a restablecer la solidaridad y el prestigio en las colonias y los dominios después de la guerra.

Como debía suceder, la resistencia del Rey en todo caso indujo a Eduardo a reafirmar su actitud frente a Fredie. "Papá parece creer que todo lo que haces y que a él no le agrada ha sido influido por Fredie —escribió Alberto a Eduardo—. Por supuesto, eso responde a la gran popularidad de la cual gozas en todas partes, y papá sólo se siente celoso." En ese sentido, Alberto quizás estaba cerca de la verdad. Y para subrayar todavía más la ironía, las cuatro giras de Eduardo entre 1919 y 1924 (que cubrieron cincuenta y cinco países y 240.000 kilómetros) hicieron cada vez más impaciente su anhelo de alcanzar la libertad total.

En Estados Unidos y Canadá, en Australia y las Indias Occidentales, en las Fiji y en India, no había nada parecido al formalismo de la Corte. El Príncipe retornó más flexible y libre que nunca, pero se sentía muy desgraciado en el lugar que ocupaba. Usó un tocado de plumas y fumó la pipa de la paz con los indios de Stony Creek en Canadá; dedicó sus energías a saludar personalmente a trescientos mil norteamericanos (y como resultado se le hinchó la mano derecha); cazó canguros y bebió cerveza con los mineros australianos. Pero no se trataba de unas vacaciones. Durante meses el príncipe tuvo que fingir que lo fascinaban todos los detalles de los gobiernos y los protocolos coloniales; tuvo que demostrar que todas las conversaciones eran sugestivas; tuvo que comportarse como si cada árbol indígena fuese el primero que veía y cada fábrica textil una maravilla del progreso. Escribió a Freda que se sentía horriblemente hastiado; sus servidores veían únicamente su agotamiento y su depresión.

En este sentido, ha llegado hasta nosotros una carta importante del Príncipe en la Navidad de 1919 a su secretario privado Godfrey Thomas, a quien David dijo:

> una suerte de sentimiento desesperado, y a decir verdad ¡creo que voy a enloquecer! Me siento desmayar ante la idea de que el año próximo tendré que volver a viajar. Dios mío, cómo detesto ahora mi cargo, y todo este éxito periodístico hinchado y vacío. Creo que estoy acabado con eso y sólo deseo morir. Le digo a usted, mi principal amigo y el único hombre en quien puedo confiar y que me comprende. Me siento una condenada mierdecilla.

Como de costumbre, los alegres informes periodísticos de la feliz recorrida del Príncipe contrariaban por completo la sombría realidad.

"A pesar de sus manías, realmente es una maravilla —escribió la reina María al rey Jorge después de la tumultuosa recepción que ofrecieron en 1919 al Príncipe de Gales en Nueva York—, y confieso que me siento muy orgullosa de él, ¿no te parece?" Su marido tuvo que reconocer que el Príncipe resultaba impresionante para el público.

La "manía" que parecía más inquietante a la reina María era la ansiosa inquietud de su hijo, que buscaba manifestarse en una vida social colorida y a veces embarazosa tanto en el extranjero como en Gran Bretaña. De acuerdo con Philip Ziegler, biógrafo oficial de Eduardo, "a partir de las primeras horas de la noche el consumo [de alcohol] era considerable. Tenía un sólido control, pero no el suficiente. Se registraron muchos episodios de un Príncipe de Gales visiblemente embriagado". En realidad, más de una vez Eduardo se emborrachó en público y tuvo que ser trasladado por algunos miembros de su personal; y un inglés residente en el exterior informó que Eduardo suscitaba la impresión "de un muchacho desesperadamente infeliz, caprichoso y extraviado, sin mucho seso, que podía ser muy encantador cuando así lo decidía, pero que siempre trataba de evitar los deberes de su cargo".

Esas características —y las noticias que informaban acerca de la soberbia habilidad con que el príncipe bailaba el tango— disiparon la renuente admiración del Rey. "Veo que David continúa bailando todas las noches —escribió a su esposa—. Qué lástima que telegrafíen todos los días. ¡La gente que no sabe comenzará a pensar que está loco o es el individuo más disipado de Europa!" El hecho es que la propia reina María no adoptaba una actitud tan crítica acerca de este aspecto particular de la vida moderna y además había pedido a alguno de los cortesanos que le enseñara algunos pasos de baile de la nueva danza de la "era del jazz". Cierta vez su marido entró en una habitación en medio de una lección y manifestó su desaprobación con tanta violencia que ella nunca volvió a intentar esa inocente diversión.

174

Mientras realizaba sus giras de relaciones públicas, el Príncipe de Gales se sentía cada vez más enamorado de Freda, que intentó, cuando él regresó de su segundo viaje en 1922, situar la relación en un nivel más platónico. Pero cuando ella procedió así, Eduardo adoptó una actitud petulante, comenzó a beber mucho, y sin preocuparse por la discreción exhibió ostentosamente a mujeres a quienes apenas conocía; aunque esas no fueran las estratagemas que podían permitirle recuperar el amor de una persona como Freda. Pero el príncipe Eduardo no estaba dispuesto a aceptar nada que no fuese la entrega y la atención totales de su amante, precisamente lo que Freda no estaba dispuesta a ofrecer. Y así él pasó caviloso esos quince años que comenzaron en 1918, viviendo una suerte de penumbra romántico-gótica. Lo cual no significaba que le fuese fiel a Freda; había muchas otras aventuras pasajeras. Freda rehusó comportarse como una amante celosa, cualesquiera fuesen los agrios lamentos de Eduardo acerca de la desgracia de su destino.

Sin embargo, los humores melancólicos y sombríos del Príncipe y sus quejas permanentes acerca de su propio futuro muy bien pueden haber tenido el fundamento más obvio, el mismo que explicaría por qué elegía amantes que habrían sido inaccesibles para él en tanto que esposas legítimas; todo tenía que ver con el hecho de su esterilidad. Freda Dudley Ward era el paradigma de la compañera ocasional y la confidente de tiempo completo porque no podía representar nada más permanente; al igual que todas las mujeres con las cuales se vinculó. Tenía que elegir mujeres que fueran inaceptables, pues si se inclinaba por una doncella elegible y la convertía en Princesa de Gales y después en Reina, ella simplemente precipitaría la revelación de la infertilidad de Eduardo; una condición que incluso en un Príncipe de Gales era menos deseable que la promiscuidad. De modo que a partir de los veinte años, el Príncipe de Gales vivió de tal modo que confirió carácter inevitable al drama que sobrevino más tarde. Por lo tanto, un hecho biológico explica el carácter de sus preferencias. No era la búsqueda inquieta e infantil del calor maternal que se le había negado lo que llevó al Príncipe de Gales a los afectuosos brazos de algunas madres casadas; eligió damas inalcanzables precisamente porque tenían ese carácter y rechazó a las elegibles porque tenían dicha virtud.

El fin de la guerra aportó a la mayoría de los ingleses todo menos prosperidad. En 1919 había una huelga importante casi a cada día, los precios se elevaron cuando los controles de tiempo de guerra se suspendieron, los disturbios raciales provocaron docenas de muertes en Cardiff y Liverpool; durante un breve período hubo banderas comunistas en las sedes municipales de Glasgow y Edimburgo; los veteranos proclamaron su descontento con Jorge y Eduardo durante una revista militar en Hyde Park; y la epidemia de gripe que recorrió el planeta y mató más personas que la Gran Guerra arrebató 150.000 vidas sólo en Inglaterra y Gales.

Pero no fue la gripe española la enfermedad que eliminó al joven príncipe Juan. El 18 de junio de 1919, a los trece años, padeció un ataque epiléptico fatal. Su madre la Reina escribió en su diario:

A las 5.30 Lalla [*sic*] Bill me telefoneó desde Wood Farm, Wolferton [en la propiedad de Sandringham] para informar que nuestro pobre y amado, el pequeño Johnny, había muerto súbitamente después de uno de sus ataques. La noticia me impresionó mucho, aunque para el alma inquieta de ese pobrecito niño la muerte fue una gran liberación. Comuniqué la noticia a Jorge y fuimos en coche a Wood Farm. Encontramos a la pobre Lalla muy resignada, pero con el corazón destrozado. El pequeño Johnny yacía con un aire muy pacífico.

El 21 de enero el príncipe Juan fue sepultado en Sandringham, al lado del infante, el príncipe Alejandro Juan, el último hijo del rey Eduardo VII y la reina Alejandra, que había vivido un solo día en 1871. "Ahora nuestros dos Johnnys descansan uno al lado del otro", escribió Alix a la Reina.

Excepto Lala Bill, Alejandra había sido la persona más atenta con el príncipe Juan. El lamentable niño había sido durante varios años su principal motivo para vivir, y cuando desapareció, Alix —que ahora tenía setenta y cinco años— se sintió más solitaria y con menos propósito en la vida que nunca, a pesar de la compañía que le aportaba su hija Victoria. "Pero conserva su antigua gracia y su encanto —escribió un visitante—, y su maravillosa sonrisa. Nunca se queja, y conserva su figura esbelta y bonita."

Pese a sus frecuentes reuniones con la gente, los Windsor vivían una existencia protegida. En marzo de 1919 Alberto comenzó a recibir lecciones de vuelo (le desagradaban tanto como la navegación, pero de todos modos aceptó la misión encomendada por su padre). Pero al término de un curso de estudio, sus instructores consideraron que físicamente era demasiado débil y psicológicamente en exceso nervioso para volar, pese a lo cual recibió sus alas de piloto. En un avión habría provocado un desastre. Y por lo tanto el Rey suspendió esa obligación y lo envió, lo mismo que a Enrique, a realizar un año de estudios en el Trinity College, de Cambridge, a partir de octubre.[2]

Letárgico y desconfiado, Enrique también era un personaje inadecuado para la universidad. Allí pasó varios períodos poco notables con Alberto; los dos estudiaron economía, historia y teoría constitucional. Temiendo que pudiera caer en malas compañías, el Rey insistió en que sus hijos viviesen, no en la residencia universitaria, sino más bien en habitaciones privadas, rodeados por un séquito protector y vigilante. Alberto abordó la obra *The English Constitution*, de Bagehot, y se destacó en golf y tenis; Enrique, cuando no estaba durmiendo en las aulas, cazaba ratones del campo. Del "pobre Harry", como lo denominaba su madre, poco más puede decirse durante los años que siguieron inmediatamente a la guerra. Por cierto, no era en absoluto tan ingenioso, culto o brillante como el menor de los hermanos sobrevivientes; el príncipe Jorge, que se interesaba en las cuestiones culturales y hacia 1920 era un joven de dieciocho años notablemente apuesto, preparado para conquistar el éxito social.

El 3 de junio de 1920, al finalizar sus estudios, el rey Jorge consagró a Alberto como Duque de York, el ducado más antiguo del reino. "Siento que este antiguo y espléndido título estará seguro en tus manos —escribió Jorge a Alberto, ya como nuevo Duque de York, y cada palabra resonó como la de un venerable ejecutivo comercial—, y que nunca harás nada que de cualquier modo pueda empañarlo. Abrigo la esperanza de que siempre me tendrás en cuenta como tu mejor amigo y siempre me dirás todo y me encontrarás siempre listo para ayudarte y darte mi mejor consejo."

Mientras estaba en Cambridge, Alberto utilizó por primera vez la palabra "firma" para describir en términos comerciales a la Familia Real. Comprendía las intenciones de la Corte, a saber, que la actividad del monarca y su familia en la posguerra apuntaba a su propia autoperpetuación y ese objetivo sólo podía alcanzarse aplicando los mismos medios con los cuales los empresarios modernos promovían a sus compañías; mediante un programa específico de publicidad, convirtiéndose en un ente gratamente conspicuo. Pero el término que él acuñó se originó en un momento más o menos amargo. Reprendido porque lo sorprendieron fumando mientras vestía una túnica académica, se le dijo que como Príncipe de la Sangre debía dar mejor ejemplo. Entonces, Alberto murmuró: "No somos una familia, somos una firma". La consecuencia más general de su comentario fue que los miembros de la Familia Real no seguían y no debían seguir su propio camino, y por el contrario estaban unidos como los gerentes de un directorio: el Rey era el presidente, los hijos representaban a los socios menores. Era una profesión, un tipo especializado de tarea en que se invitaba a la familia a alcanzar cierto nivel de excelencia.

Alberto se aplicó a esa tarea con una diligencia digna de su homónimo y bisabuelo, el príncipe Alberto, esposo de la reina Victoria. El nuevo Duque de York aceptó la posición de patrocinador y presidente de la Asociación de Bienestar Obrero, una organización fundada para mejorar la suerte de los trabajadores manuales. En 1920 se trataba de una tarea agobiadora, pues pocas cosas habían cambiado desde la época de Dickens. En las fábricas y la minas, nadie había concebido siquiera la idea de la indemnización y las pensiones de los trabajadores; un retrete debía servir para centenares de hombres y mujeres; las condiciones de trabajo originaban enfermedades y depresión, y no se prestaba la menor atención a la educación de los niños pobres, que desde la edad de cinco o seis años trabajaban a la par de sus mayores. Era necesario movilizar a la opinión pública y con ese propósito los consejeros de la asociación miraron esperanzados al Duque.

No se sintieron decepcionados. Sin un séquito formal e insistiendo en que no se organizaran ceremonias para acompañar sus giras, Alberto visitó fábricas, escuchó a los trabajadores y los aprendices, bajó a las más oscuras minas de carbón, respaldó las campañas de beneficencia; y de ese modo pronto se lo llamó con afecto el Príncipe Obrero o el Capataz en muchas áreas pobres. Estableció un *rapport* auténtico con los trabajadores, recordando los nombres y apareciendo (quizá a causa de su defecto en el habla) como un doliente más.

Con un subsidio generoso proveniente de un lego con inquietudes también se instituyó el Campamento del Duque de York; unas vacaciones estivales anuales de una semana, compartidas por niños privilegiados y jóvenes de la clase trabajadora. El conocimiento y la experiencia demostrarían después que, si la idea de ese campamento era benévola, su realidad resultaba ingenua y sugería una actitud de superioridad (sin hablar de que era esencialment estéril); sin embargo, fue el primer intento de promover en la posguerra cierto grado de democratización organizada en la vida social de los jóvenes, y el prestigio del Duque y su reunión directa con todas las clases de trabajadores y jóvenes le confirió un sello que de otro modo no habría tenido.

Así como estaba celoso de la popularidad del príncipe Eduardo, el rey Jorge demostró escaso entusiasmo frente al éxito del Duque en estas actividades. Resentido ante el derrumbe de las monarquías europeas y temeroso de todo lo que fuese moderno, el Rey fue en cierto modo un tirano amargado después de la guerra y continuó distanciándose cada vez más de su familia a causa precisamente de su crítica ácida e implacable. Ahora, todo era materia prima para su cólera y ningún hijo podía considerarse a salvo de su desaprobación. Enrique era un ocioso, de acuerdo con las quejas del monarca (aunque después de Cambridge el joven inició una respetable carrera militar); la timidez y el tartamudeo de Alberto lo irritaban terriblemente; Eduardo era un vagabundo inmoral. Sólo la princesa María merecía su aprobación; y a veces Jorge, aunque las sonrisas reales que le dirigía pronto cedían el sitio al entrecejo fruncido. El Rey no toleraba la menor oposición. Si bien detestaba la lisonja y la hipocresía, estaba (de acuerdo con la versión de Frederick Ponsonby, que comparecía ante él tanto como cualquier otro personaje de la Corte o el gobierno, con excepción de la reina María) "tan acostumbrado a que la gente estuviera de acuerdo con él que se molestaba con la actitud del amigo sincero".

Uno de los principales problemas de los Windsor era la inquietante falta de amistades con iguales. A semejanza de su padre, los príncipes siempre recibían un trato deferente y estaban como aureolados por un nimbo místico. El Príncipe de Gales carecía de amigos masculinos, excepto el capitán Edward "Fruity" Metcalfe, un irlandés, capitán de caballería, encantador e irresponsable, que se incorporó al personal del príncipe en 1921 y mereció el afecto de Eduardo por su ruidoso informalismo. "La gente a veces se sentía chocada por la familiaridad de su trato conmigo", decía Metcalfe. Con respecto al príncipe Alberto, el hermano mayor era su mejor amigo.

Pero los príncipes podían tener amantes y en 1919, a los veintitrés años, el Duque de York tuvo lo que al parecer fue su primera y breve relación romántica, con Phyllis Monkman, una robusta y bondadosa bailarina y actriz, cuatro años mayor que él. Llamada por el ayudante de Alberto, Monkman visitó al Príncipe una noche en sus habitaciones privadas de Mayfair. No es posible aclarar hasta qué punto la relación fue carnal o platónica o prolongada, pues a pesar de los rumores que circularon en los ambientes teatrales acerca de algunos regalos y asignaciones, ni el Príncipe ni la actriz parecen haber confiado a nadie un solo detalle. Un misterio análogo cubre el breve coqueteo de Alberto, también en 1919 y principios de 1920, con lady Maureen Vane-Tempest-Stewart, la hermosa y agresiva hija de un aristócrata millonario. En todo caso, Alberto no tenía la naturaleza entusiasta y apasionada de su hermano, ni era hombre de iniciar y terminar rápidamente las relaciones amorosas; que era la única ocupación que en verdad interesaba al Príncipe de Gales.

Y así, los dos príncipes parecían reflejar a sus respectivos homónimos. Alberto, Duque de York, manifestaba el temperamento concienzudo (ya que no la aguda inteligencia) de su bisabuelo, el príncipe Alberto; Eduardo, Príncipe de Gales, evocaba en cambio a su sibarítico abuelo Eduardo VII, incluso en su tendencia a anudar relaciones con mujeres casadas.

Pero hubo complicaciones que sus predecesores no tuvieron que soportar. Mientras el síntoma de la ansiedad neurótica y la tensión que sufría el joven Alberto era un tartamudeo casi irrefrenable, Eduardo soportaba períodos de depresión paralizadora; las dos condiciones eran imputables, por lo menos parcialmente, a la infortunada combinación del deber obligado sin apoyos emocionales. En julio de 1920 estaba muy cerca de un colapso total después de visitar más de doscientos lugares y viajar ochenta mil kilómetros: el discurso del Príncipe era errático y derivaba de un tema a otro incluso en la conversación casual; se lo veía pálido y tembloroso. De acuerdo con la versión de corresponsales extranjeros, se manifestaban "renovados signos de tensión nerviosa [que eran] muy inquietantes. Y además la situación en cualquier momento puede cobrar gravedad".

Por esa época, el público veía sólo al aniñado heredero del trono más prestigioso del mundo, el elegible Príncipe Encantado que deslumbraba tanto a las multitudes como a la prensa con su sola presencia. Era la gran celebridad social de la "época del jazz", que parecía representar tanto las facetas regias como las plebeyas. Pero a decir verdad, no existían razones apremiantes que justificaran esta enorme popularidad. Carecía de sensibilidad intelectual o estética. Era caprichoso, frívolo y desconsiderado. Su rechazo de la reverencia ajena se debía más al resentimiento personal y la rebelión contra su padre que a una postura razonada hacia el mundo moderno. Y aunque en general el príncipe Eduardo estaba a la altura de las exigencias de las giras programadas, dichas excursiones no carecían de ciertas ventajas; disponía de mujeres siempre que lo deseaba y tenía un equipo de ayudantes que satisfacía sus necesidades menos íntimas. En resumen, el futuro Rey recibía la bienvenida por razones que apenas superaban la coincidencia de su papel con el ascenso de la notoriedad creada por los medios en el siglo xx.

Más que cualquier otra cosa, la conducta insistentemente libertina del Príncipe de Gales marcó con eficacia la amplia distancia que separaba a la generación más antigua y conservadora de aquella más joven de los rebeldes de la posguerra. Incluso el Duque de York, favorito del Rey, terminó fatigándose de algunas rutinas reales, y especialmente de hechos sociales como la inauguración de las carreras de Ascot. El príncipe Alberto se quejó de ese rito de primavera a Mabell Airlie. "Jamás hay sangre nueva... ni la menor originalidad en la conversación; sólo una tediosa aquiescencia al orden del día. El tradicionalismo está muy bien, pero si se lo prodiga en exceso reseca y pudre la raíz."

Como siempre, el Rey detestaba el cambio en cualquier medida y en relación con casi todos los aspectos de la realidad; y apenas toleraba los periódicos ilustrados, la prensa y la radio. Eran elementos vulgares, se trataba de intromisiones inspiradas por los norteamericanos, que venían a destruir definitivamente la serena dignidad de la época victoriana. "Toda su vida —de acuerdo con la versión de un cronista oficial—, consideró que la exclusiva vida de familia creada por su padre y su madre cuando él era joven constituía un ideal que todas las generaciones sucesivas debían reproducir."

Pero Jorge no tenía los modales desenvueltos y la tolerancia de su padre, y mucho menos su refinamiento en el vestir. Así como exigía que María se mantuviese fiel a la moda victoriana, también él mantenía sin variaciones su vestuario victoriano de guantes, levitas, pantalones abrochados al costado y sombreros hongo. El Rey sostenía decidido que no tenía nada que aprender de la generación más joven. Su hijo mayor lo resumió en los siguientes términos: "Mi padre se resistió al cambio y hasta el día de su muerte continuó con la mirada fija en el período anterior a la Primera Guerra Mundial, y solía decir: 'Oh, los buenos tiempos, los buenos viejos tiempos'".

Con el fin de calmar sus temores en relación con el futuro de sus hijos (y del reino), el Rey consideró el matrimonio de sus hijos con parejas adecuadas y la formación de sus propias familias. En 1920 el mayor tenía veintiséis años, el menor dieciocho; nadie había hablado de matrimonio ni presentado en el Palacio de Buckingham un presunto cónyuge. Tres años antes, respondiendo al consejo del Parlamento, el Rey había suavizado las normas implícitas acerca de los cónyuges de su progenie: la Familia Real ya no necesitaba desposar sólo a otras figuras reales; después de todo, quedaban pocas en el Continente, y en cualquier caso sólo el príncipe Eduardo tenía alguna experiencia de la vida social europea. De hecho, se ejercía considerable presión con el fin de que eligieran cónyuges británicos. "Si se quiere que nuestra monarquía persista —escribió el ensayista Cecil Battine (expresando los sentimientos de una inmensa mayoría)—, nuestros príncipes deben encontrar consortes entre sus propios compatriotas... deben desposar a súbditos británicos o perder sus derechos."[3]

Antes, los reyes ingleses se habían casado con figuras reales extranjeras para adquirir territorio. La reina Victoria y su hija mayor y el hijo habían desposado a figuras reales extranjeras, pero "los tiempos han cambiado —como lo reconoció la propia Victoria en 1869—, y se perciben las grandes alianzas extranjeras como motivos de dificultades y ansiedad, que para nada sirven... Estoy segura de que la sangre *nueva* fortalecerá el Trono *moral* tanto como físicamente". Después de la guerra, y una vez que la Familia Real rechazara su propio linaje alemán, el matrimonio con un alemán por supuesto era imposible, y aunque las figuras reales griegas y danesas persistieron (por mucho que esa veta se hubiese debilitado y hubieran existido uniones endogámicas), Jorge y María ahora estaban dispuestos a considerar un aristócrata inglés o escocés apropiado.

En este sentido, el rey coincidía con Battine y sus colegas en que incluso los miembros de la nobleza británica, aunque fuesen plebeyos, resultarían aceptables como cónyuges de sus hijos. Dos de estas alianzas se concertarían en los tres años siguientes.

Apenas una semana después de recibir el título de Duque de York, Alberto conoció a una aristócrata —plebeya pero de buena cuna— que lo atrajo. El 10 de junio de 1920 él, su hermana y el príncipe Enrique acompañaron a la Reina a una velada en Grosvenor Square, en el hogar de lady Farquhar, cuyo marido cenaba esa noche con el Rey. Entre los invitados estaba una joven de diecinueve años, que medía un metro sesenta centímetros, tenía piel de alabastro, chispeantes ojos azules y cabellos castaños oscuros. Según recordó Mabell Airlie, que la conocía, lo mismo que a su familia, era "muy diferente de las jóvenes bebedoras de cócteles y grandes fumadoras que en definitiva fueron consideradas típicas de los años veinte". Irradiaba una especie de confiado encanto y tenía (de acuerdo con la versión de otra amiga) "un sentido de la diversión y cierta condición pícara", y se vanagloriaba de la considerable atención masculina que siempre atraía, a pesar del relativo descuido de su vestido y su peinado.

La dama era en algunos aspectos muy parecida a la reina María, que por la razón que fuese no simpatizó mucho con ella, aunque no tenía motivos para decirlo. Esa desconfianza materna no impresionó a Alberto, que pronto pidió reunirse de nuevo con la joven. Ella se llamaba lady Isabel Bowes-Lyon, y a semejanza de la reina María sería más tarde la Duquesa de York, la Reina y la Reina Madre. En la saga de los Windsor, puede afirmarse con certeza que la suya fue la voz más autorizada en la familia durante gran parte del siglo xx; su influencia se prolonga ininterrumpidamente hasta sus noventa y tantos años de edad.

Nacida el 4 de agosto de 1900, en la residencia londinense de su abuela Isabel Angela Margarita Bowes-Lyon fue la novena de diez hijos del conde de Strathmore y Kinghorne, un aristócrata escocés cuya riqueza derivaba de las minas de carbón y los talleres metalúrgicos.[4] Desde el siglo xiv la familia Bowes-Lyon ha ocupado el Castillo Glamis en Escocia; a esa propiedad la familia agregó la posesión, en el curso de los siglos, de otro castillo en el noreste de Inglaterra, de una mansión en Hertfordshire y una residencia impresionante frente a la Plaza de Saint James, en Londres.

La madre de Isabel, lady Strathmore, hija de un sacerdote anglicano, era devota pero no fanática, una progenitora abnegada, una anfitriona amable y una mujer que no atribuía excesiva importancia a sus posesiones materiales. Cuando un invitado señalaba que la lluvia se filtraba por una pared y entraba en una sala, replicaba airosamente: "Oh, querido, otra vez cambiaremos de lugar el sofá". La pequeña Isabel, de ningún modo tímida y a veces incluso un poco perversa, sabía hasta dónde podía llegar en este sentido. Cuando una niñera la reprendió porque había usado unas tijeras nuevas con un juego de sábanas —"¿Qué dirá tu madre?"— la niña replicó de manera despreocupada: "Dirá: 'Oh, Elizabeth'". A lady Strathmore le encantaban los jardines, la música y la pintura tanto como la historia inglesa, y fue en la formación de su hija una influencia más importante que su melancólico esposo, un terrateniente apuesto, concienzudo y un poco gris, cuya personalidad se asemejaba mucho a la del Rey.

Despreocupada y divertida, interesada en la gente y en los hechos corrientes, lady Strathmore transmitió esas cualidades a la pequeña Isabel, que desde sus años más tempranos fue una niña segura e inteligente. "¿Cómo está, señor Ralston? —dijo la niña de cuatro años a un criado cierto día—. Hace muchísimos años que no lo veo tan bien, pero estoy segura de que lamentará saber que lord Strathmore tiene dolor de muelas." Dijo con cortesía a una gobernanta nueva en Hertordshire, un año después: "Ciertamente, espero que sea feliz aquí". En realidad, su familia la mimaba y festejaba tanto su encanto —y además la llamaba "la Princesita"— que cuando cumplió los seis años la niña tomó en serio el sobrenombre: "Yo me llamo la princesa Isabel", anunció; y de ese modo demostró, de acuerdo con un preceptor, que era "una niña mucho más madura y comprensiva, incluso profética, que lo que su edad permitía suponer". Y quizá más obstinada que la mayoría. "Algunas gobernantas son buenas, otras no", afirmó, y por supuesto, nadie la corrigió. La mejor de ellas, según se vio, fue cierta Clara Knight, llamada Alá por la niña Isabel (y Alá continuó siendo para la hija de Isabel, varios años después).

Los niños Bowes-Lyon fueron criados con bastante comodidad en varias residencias, con animales domésticos y caballos, criados y facilidades, muchos juguetes y precisamente la calidez de los padres y la indulgencia que le habían negado a Alberto. Como sucedía con los personajes reales y la mayoría de los aristócratas, se atribuyó escasa importancia a la educación, que fue una actividad superficial dirigida por las gobernantas en el hogar. Importaban la danza, la música y las artes sociales; los libros se destinaban a los estantes, y el ocio estaba consagrado a la pesca y la equitación. Los Strathmore creaban una atmósfera "poblada por seres humanos cuyo propósito en la vida era servir a esta familia", como escribió lady Donaldson; que también fuera una familia mejor que otra cualquiera fue parte del aire que los niños respiraron.

Pero las circunstancias impidieron que Isabel fuese simplemente una joven rica y malcriada. La Gran Guerra estalló cuando ella cumplió catorce años, y de los cuatro hermanos que se presentaron como voluntarios, uno murió y otro resultó gravemente herido. El Castillo de Glamis se convirtió en hospital para los soldados que regresaban, e Isabel asumió tareas relacionadas con la vida doméstica y la enfermería, y así se desempeñó mientras duró el conflicto; un modo aceptable de que la joven de menor edad de una familia de nueve hijos fuese reconocida y demostrase su fibra. "Durante los primeros meses estuvimos muy atareadas haciendo punto y punto y aún más punto, y confeccionando camisas para el batallón local —recordaba—. Mi principal ocupación era estrujar papel de seda para rellenar los sacos de dormir [de los soldados]." También reconfortaba a los heridos que retornaban y charlaba con ellos, jugaba a los naipes y tocaba el piano y les escribía cartas. Y cuando su madre enfermó, en 1918, Isabel pasó a dirigir todo. "Tenía —recordaba un joven en 1915— los ojos más hermosos, expresivos y elocuentes, [y una] voz moderada y dulce, y un modo vacilante pero al mismo tiempo franco de hablar. A pesar de sus quince años, era muy mujer, y se adivinaba que poseía un corazón bondadoso y simpático." Desde la adolescencia, lady Isabel se convirtió en una persona necesaria y apreciada, y mereció simultáneamente la atención, el respeto y la gratitud de los jóvenes heridos; una situación atractiva para muchas mujeres.

Por consiguiente, no era sorprendente que Alberto, que a su vez soportaba considerables padecimientos físicos y emocionales, se sintiera atraído por una joven tan segura, encantadora y generosa, o que consiguiera que lo invitasen a Glamis más avanzado ese verano de 1920 y obtuviera que ella fuese presentada formalmente al Rey y la Reina. Por su parte, a Isabel le agradó que el Duque hubiese advertido su existencia y coqueteaba tímidamente; pero no estaba en absoluto interesada en un noviazgo serio con él. "Su vitalidad radiante y cierta mezcla de alegría, bondad y sinceridad conseguía que fuese irresistible para los hombres", recordaba Mabell Airlie. Entre ellos estaba lord Gorell ("Me enamoré *locamente* de ella; a todos le sucedía lo mismo"), confesaron el millonario Christopher Glenconner, el diplomático Archie Clark-Kerrr y James Stuart, que era el ayudante del Duque de York. Pero Alberto, cuyo lenguaje y modo de actuar eran tan dolorosamente torpes, por el momento no suscitó mayor impresión, y ese resultado lo decepcionó y deprimió. "He descubierto que se siente muy atraído por lady Isabel Bowes-Lyon —confió la reina María a lady Airlie—. Siempre habla de ella."

Hacia principios de 1921, Alberto estaba tan enamorado que se declaró a lady Isabel y fue amablemente rechazado, aunque no abandonó su propósito, incluso después de tres nuevas declaraciones y otros tres rechazos en 1922. "El duque parecía tan desconsolado —escribió Mabell Airlie a lady Strathmore—. En efecto espero que él encuentre una buena esposa que lo haga feliz." La respuesta fue sagaz: "El me agrada mucho, y es un tipo de hombre que se hará o se malogrará gracias a su esposa". Después de este comentario, el príncipe Alberto se retiró provisionalmente, con el único propósito de reagrupar sus fuerzas para el ataque siguiente. Sus padres observaban en silencio la estrategia del hijo, pues aunque la reina María no era una partidaria ardiente de esa unión, las esperanzas dinásticas eran más bien limitadas: el Príncipe de Gales se sentía unido a Freda Dudley Ward y no mostraba interés en casarse. Por consiguiente, la mirada real se posó en Alberto, que cumplió veintiséis años en diciembre de 1921; y la de Alberto estaba firmemente clavada en Isabel. Incluso la reina María tuvo que reconocer que se trataba "de una joven que podía forjar la felicidad de Alberto". En una actitud prudente, resolvió "no decir nada a ninguno de ellos. Las madres nunca deben entrometerse en las relaciones amorosas de sus hijos".

Pero tanto el ardor del Duque como su torpeza conmovieron a Isabel: los mismos instintos protectores que le permitían reconfortar a los soldados heridos poco a poco suavizaron su actitud hacia Alberto, que tanto necesitaba precisamente las cualidades femeninas que ella poseía en abundancia. A pesar de toda su decencia y su sentido de responsabilidad, el Príncipe era también un hombre dependiente y nervioso, que hasta ese momento sólo había conocido la calidez femenina de sus niñeras.

Y así, en el curso de las visitas ocasionales realizadas a lo largo de 1921 y 1922, se desarrolló una campaña matrimonial brillante durante las ocasiones, los tés y las cenas, en que lady Airlie representó el papel de casamentera; se programaron otras citas castas en la nueva dirección londinense de los Strathmore, en el Nº 17 de la calle Bruton, de Mayfair. Poco a poco Isabel vio en el príncipe Alberto a una persona a quien ella podía complacer y alentar. Apuesto y bondadoso, él era distinto de los jóvenes que conocían su propia habilidad y su inteligencia, los atrevidos caballeros que mostraban con claridad sus intenciones.

Quizá también con la más benévola de las astucias femeninas, ella vio que su propia seguridad y su confianza podrían ser el antídoto perfecto para la paralizadora reticencia de Alberto; que sus propias cualidades personales podían conformar y mejorar a un hombre que padecía impedimentos perturbadores. Después de todo, son pocas las personas cuyo ego es impermeable a la sutil amalgama formada por la necesidad, la dependencia y el amor de otro individuo. De todos modos, de acuerdo con la versión de su madre estaba "dudando entre su anhelo de hacer la felicidad de Alberto y su resistencia" a asumir esa responsabilidad. Podría haber agregado que sobre todo porque era evidente que Isabel no compartía ni la pasión de Alberto ni su esencial soledad. "El tenía pocos amigos y dependía casi por completo de ella, a quien adoraba", escribió el diarista y confidente real Henry Channon (muy justamente llamado "Chips" ["patatas fritas"] a causa de su estrecha amistad con un hombre llamado "Pescado").[5] "Ella era su voluntad de ser, su naturaleza misma." Y como observó sagazmente Frances Donaldson, lady Isabel Bowes-Lyon, "no puede haber mostrado una actitud fría frente a su propia oportunidad".

En definitiva, el primero de los hijos de Jorge V que contrajo matrimonio fue la princesa María, que se casó con Enrique, Vizconde de Lascelles, en la Abadía de Westminster, el 28 de febrero de 1922; era la primera boda real que se celebraba allí desde 1352. En tiempos de la reina Victoria tales matrimonios se realizaban con cierta solemnidad privada, pero habían llegado a ser acontecimientos cada vez más espléndidos que concitaban la lealtad del público. Era también la primera gran ocasión oficial desde el armisticio. Aunque sentía afecto por su hermana, el príncipe Eduardo destestaba las bodas (a las que consideraba tanto un reproche como un reto) y se alegró de encontrarse entonces realizando una gira por India.

Veterano de guerra y acaudalado heredero del conde de Harewood,[6] Lascelles tenía cuarenta años, era quince años mayor que María, y parecía una persona aún mayor y se comportaba como tal; no tenía buena apariencia ni encanto (se lo describió con bastante exactitud como un "sabueso desagradable"), pero compartía con la princesa María la afición a los caballos y las carreras. Quizás el momento más memorable de la boda y la recepción en efecto grandiosas fue cuando el novelista miope E. M. Forster se inclinó profundamente ante el pastel de boda, confundiéndolo con la reina María. Los dos niños Harewood, Jorge y Gerardo —los primeros nietos del Rey y la Reina— nacieron en 1923 y 1924.

Por la época de la boda de María, su hermano, el príncipe Alberto estaba, como lo reveló un confidente después de su muerte, "desesperadamente enamorado" de Isabel Bowes-Lyon, pero temía haberla perdido definitivamente. Inducido a continuar su galanteo, Alberto buscó a la mujer a quien pretendía a lo largo de 1922 en Glamis, Hertfordshire, Londres, Ascot y Henley.

Pero hasta enero de 1923, ella no se dejó persuadir con facilidad.

Por una parte, lady Isabel tenía graves dudas acerca de esa transición en su vida. En su condición de duquesa real la nueva situación le aportaría pocas cosas materiales que ella ya no poseyera: a su vida usual, que ya era cómoda, a lo sumo agregaría limitaciones y cierto aislamiento; y una publicidad entrometida, que la acompañaría incluso en la salida más menuda. Sin embargo, había llegado a profesar bastante afecto al Príncipe, atraída tanto por su bondad y su decencia como por el deseo de ayudarle a superar sus dificultades y a desarrollar esas cualidades más profundas que (así dijo el biógrafo de Alberto) "ella creía con razón que podía impulsar".

El asunto culminó con el número del *Daily News* de Londres, del 5 de enero, que proclamó que Isabel se casaría, no con el Duque de York, sino con su hermano mayor: ESPOSA ESCOCESA PARA EL PRINCIPE DE GALES. "Heredero del trono contraerá matrimonio con la hija de un Par: es inminente un anuncio oficial." Los amigos que concurrieron a una fiesta particular ese fin de semana "se inclinaron y menearon la cabeza y se burlaron de ella, llamándola 'Madame'", recordaba Chips Channon. "No estoy seguro de que eso le agradase."[7] El sentimiento de ansiedad que ella experimentó ante este anuncio, según el rumor que perduró mucho tiempo, se debía al hecho de que lady Isabel se encontraba en la desagradable posición de que abrigaba la esperanza de casarse con un hermano mayor mientras la cortejaba el menor. Pero no hay evidencias de que pudiese hablarse de una relación entre Eduardo e Isabel; después de todo, él estaba acompañado por Freda cuando no realizaba sus giras. Por el contrario, a Isabel no le agradó la conjetura de que ella podía ser otro capricho pasajero en la vida del Príncipe de Gales.

Isabel comprendió que tendría que decidirse o soportar incluso más conjeturas e intromisiones por parte de la prensa. Finalmente, cedió: "Mi deber era casarme con él —dijo varios años después—, y después me enamoré de Bertie". Esos sentimientos eran dignos de la reina María, que también se encontró trasladada de un compromiso con Eddy a otro con Jorge.

Así, el 13 de enero de 1923, lady Isabel aceptó la propuesta del Duque. "De buena gana dimos nuestro consentimiento —observó el Rey en su diario, dos días después—. Confío en que serán muy felices." Y la reina María dijo: "Estamos complacidos y él se siente muy satisfecho". El príncipe Alberto escribió a Mabell Airlie, que tanto había colaborado:

¿Cómo puedo agradecerle lo que merece por la encantadora carta que me envió acerca del hecho maravilloso que ha sobrevenido en mi vida, y a mi sueño que al fin se ha realizado? Me parece tan maravilloso saber que mi amada Isabel un día será mi esposa. Ambos somos muy, pero muy felices, y estoy seguro de que siempre le deberé muchísimo a usted, y así sólo puedo bendecirla por todo lo que hizo.

La boda se realizó el 26 de abril de 1923 en la Abadía de Westminster. Al principio, la pareja se sintió complacida ante la sugerencia de que se trasmitiese por radio la ceremonia, pero experimentó decepción cuando el Deán de la Abadía discrepó: quizá la gente podía escuchar la trasmisión en las tabernas y recibiría la trasmisión sin descubrirse. Y por lo tanto, no se trasmitió por radio la boda.

Por la mañana la salida del sol no fue visible, ya que una lluvia primaveral lavó la ciudad y las nubes amenazaron cubrir el cielo el día entero. Después, como si la naturaleza misma decidiese aportar el toque mágico necesario para enaltecer el acontecimiento, el sol asomó en el momento mismo en que lady Isabel entraba en la abadía; y cuando se pronunciaron los votos y la nueva Duquesa de York partió del brazo de su Duque, el sol brillaba con todo su esplendor.

Antes de dirigirse al Castillo de Glamis, los York pasaron unos pocos días jugando al golf en Polesden Lacey, Surrey, en una casa que les prestó la señora de Ronald Greville, una anfitriona de corta estatura, regordeta, que se esforzaba por ascender en la escala social. Su gusto en muebles era vulgar y sus parámetros insoportablemente esnobs, pero a las figuras reales les agradan las personas que tienen riqueza suficiente para proveer alojamiento gratuito y cómodo. La lista de invitados de la señora Greville en las veladas a las cuales asistieron los York en el curso de los años incluían figuras de la realeza europea, jeques y maharajáes, barones, viejos y acaudalados condes y (si se trataba de norteamericanos) sólo los nombres más venerables, por ejemplo Vanderbilt y Astor. "Era —escribió el biógrafo del duque—, un ambiente en el cual el príncipe Alberto se sentía cómodo, con personas a quienes encontraba en la Corte o en las grandes mansiones londinenses."

A los veintisiete años, el príncipe Alberto fue el primero de los cuatro hijos varones reales que contrajo matrimonio y ninguno de sus hermanos lo imitarían durante más de una década. Era también el primer matrimonio de un príncipe real celebrado en Westminster en más de quinientos años. Lo que era aún más pertinente, lady Isabel era la primera mujer que a través de un matrimonio legítimo se incorporaba a la Familia Real. Por lo tanto, la ocasión fue también un signo de progreso democrático. Desde el punto de vista de las relaciones públicas, era un golpe de mucha suerte, pues aquí estaban dos jóvenes nobles de carácter recto, cuyos nombres no estaban manchados por el escándalo y cuyo matrimonio reafirmaba la jerarquía de los miembros de la monarquía como vehículos de los valores tradicionales de la familia. La boda fue un episodio deslumbrante. Isabel fue vivada con entusiasmo por el público y la prensa, y el honesto y disciplinado Duque pronto retornaría a su trabajo en beneficio de la Sociedad de Bienestar Obrero y los campamentos para adolescentes.

En otras palabras, todo lo que se relacionaba con los York reforzaba la impresión que deseaba suscitar el rey Jorge, en el sentido de que las figuras reales estaban por encima de todo reproche y de que la familia pertenecía a todo el pueblo. "Cuanto más sé y más conozco a tu apreciada y pequeña esposa —escribió al príncipe Alberto poco después de la boda—, más encantadora la encuentro." Como prueba de ello, soportó la impuntualidad crónica de Isabel. Cuando ella llegaba tarde a una comida en Windsor, Jorge desechaba su disculpa diciendo tranquilamente: "No llegas tarde, querida, creo que sin duda nos hemos sentado a comer dos minutos antes de lo debido". Otra persona habría escuchado un murmullo real o una mirada de hielo la habría paralizado. Insistía en una sola variación del estilo de Isabel: no debía conceder más entrevistas a los periodistas y ella se abstuvo, en vida del Rey y después. "A diferencia de sus propios hijos —dijo Isabel después de la muerte de Jorge—, nunca le temí, y durante los doce años en que fui su nuera, nunca me dijo una sola palabra fuera de tono."

Quizá conquistó instantáneamente al Rey. Isabel nunca trató de congraciarse con la Reina, de quien siempre se mantuvo alejada. La Duquesa de York no necesitaba la protección de la reina María; en realidad, no simpatizaba mucho con la Reina y nunca se refirió a ella con afecto.

Después de todo, eran mujeres muy diferentes con antecedentes muy distintos: el linaje anglogermano modesto de María frente a la adinerada aristocracia británica. Desde el principio la relación de la nueva Duquesa con su suegra fue fría y la Reina siempre se mantuvo a cordial distancia de ella; no porque sintiese celos de sus prerrogativas o tuviese una actitud posesiva frente a su hijo, sino porque Isabel tenía precisamente las cualidades personales que María envidiaba. La Reina era tímida; no había gozado de una vida siempre feliz; creía que carecía de belleza y que era torpe (sobre todo como sucesora de la bella reina Alejandra); tenía que esforzarse de modo que pareciera que se sentía cómoda en presencia de extraños; desde el punto de vista emocional no era demostrativa; y subordinaba su estilo a los gustos anticuados de su marido. En todo sentido representaba otra época, incluso si se consideraba el matiz germano levemente gutural que se manifestaba en su acento y que ella nunca perdió.

En cambio, Isabel brillaba como la proverbial rosa inglesa. Nunca había vivido las incertidumbres de los primeros años de María; era siempre el alma de cualquier reunión social, no por una belleza extraordinaria o por exhibir la moda más deslumbrante, sino por su personalidad cálida y el sentido de la diversión que, a diferencia de su suegra, no necesitaba reprimir. Sobre todo, manifestaba francamente sus sentimientos: ella y el príncipe Alberto se mostrarían tan afectuosos con sus hijos como el Rey y la Reina se mostraban distantes. Los treinta y tres años que separaban a las dos mujeres incluían la distancia cultural de un siglo y parece que las dos lo percibieron en el acto. Además, Isabel siempre tenía que realizar una reverencia frente a la reina María y este hecho era un constante recordatorio de que la suegra era su superiora.

Pero había otras razones que explicaban la frialdad más intensa en las relaciones de ciertos miembros de la Familia Real en 1923, precisamente cuando los matrimonios de Lascelles y York subrayaron más intensamente la prolongada soltería del Príncipe de Gales. "Sólo hay una boda que [el público] mirará con interés todavía más profundo: la boda que dará una esposa al heredero del trono." Así rezaba un artículo escasamente elegante (aunque exacto) de *The Times* al día siguiente del matrimonio del Duque de York.

Detrás de esta admonición había bastante más que la relación con Freda: el príncipe Eduardo estaba convirtiéndose en un personaje desagradable, a menudo difícil. Cuando un programa oficial le parecía tedioso o un acontecimiento social no lo atraía, no disimulaba su hastío, y tenía cada vez menos consideración por las circunstancias y los buenos modales. "Yo era como un hombre atrapado en una puerta giratoria", escribió después de este período. Su tristeza a menudo se convertía en cólera (en todo caso, un rasgo de la familia), y con mucha frecuencia el Príncipe parecía confirmar los rumores en el sentido de que cuando se presentaba en público estaba sufriendo las consecuencias de una borrachera o aún estaba directamente embriagado. De todos modos, cuando aparecía siempre obtenía el apoyo de las multitudes. La gente veía lo que había venido a ver y en esa celebridad sólo percibían el encanto. Pero para los que estaban más cerca de la realidad —hombres como Fruity Metcalfe y Alexander Hardinge (secretario privado ayudante de Jorge V y a su tiempo secretario de Eduardo)— era cada vez más difícil contener al Príncipe de Gales, y resultaba cada vez más engorroso disculpar su conducta. Tampoco sus padres sabían qué hacer y el Rey enfrentaba un desagradable dilema. Continuaba tratando de adaptar a la función real a un hijo que, de eso estaba cada vez más convencido, fracasaría en el intento. "El Príncipe de Gales —observó Chips Channon—, no levantaría un solo dedo para alzar el futuro cetro. De hecho, muchos de sus amigos íntimos creen que se sentiría muy feliz si pudiera renunciar al cargo."

Si el mayor de los Windsor era cada vez más problemático para el Rey y la

Reina, lo mismo sucedía con el menor. A los veintiún años, el príncipe Jorge era el más apuesto, el más culto, el de más acentuada sociabilidad de todos los retoños reales. Se vestía con más elegancia todavía que Eduardo, llevaba los cabellos oscuros impecablemente peinados, sonreía con facilidad, era ingenioso y razonador. Mantuvo su puesto en la Marina Real hasta 1929, y aunque gozó de frecuentes licencias, su padre recompensó su desempeño naval designándolo Caballero de la Jarretera. Jorge también tenía un modo encantador de desactivar las explosiones de cólera del Rey e incluso de formular respuestas agudas. Jorge fue siempre el favorito de la Reina. Compartió la inclinación de su madre por la colección de cuadros históricos y antigüedades, y era frecuente que María confiase en él. Jorge no sufría en modo alguno la presión aplicada a sus hermanos mayores; después de todo, ocupaba un lugar muy bajo en la línea de sucesión y por lo tanto de hecho no preocupaba a nadie.

Pero ambos padres sin duda se sintieron desalentados cuando conocieron algunos aspectos de la vida privada de Jorge, aunque como puede suponerse sus reacciones frente a esta cuestión no están comprobadas en documentos de ninguna clase. Contrariamente a lo que dicen algunas crónicas, es improbable que no conocieran la relación amorosa de Jorge con Noël Coward (por cierto no fue el último y quizá tampoco el primero de sus amantes masculinos), que tenía sólo tres años más que el Príncipe. Sin duda, Jorge conocía la opinión del Rey de que "los hombres así se suicidaban", pero nunca le importó.

En 1923 la relación entre Jorge y Noël era un secreto a voces en la sociedad londinense, aunque por supuesto continuó "ocultándose el asunto al público en general y tampoco se divulgó la información entre los íntimos [de Jorge], de modo que su reputación permaneció intacta", como escribió un biógrafo real. Era frecuente ver a Jorge que entraba solo en la residencia de Coward, en la calle Gerald de Belgravia; se los veía juntos en clubes nocturnos de homosexuales, con maquillaje completo, una afectación usual en cierto grupo contemporáneo de costumbres ligeras. El "pequeño coqueteo" (según la expresión con la cual Coward magistralmente restó importancia al asunto) duró dos años, hasta 1925. Como la prensa jamás aludía a esa relación, los dos atractivos solterones podían asistir juntos a cenas, al teatro y a los conciertos, sin temor de ser denunciados. Cierta discreción incluso protegía las incursiones ocasionales del Príncipe en el Embassy Club, de la calle Bond, donde encontraba a los apuestos y rubios jóvenes del Continente que satisfacían sus gustos.[8]

En vista de que Freda Dudley Ward y Noël Coward merodeaban, por así decirlo, alrededor de los portones del palacio, la tranquila corrección del Duque y la Duquesa de York era tanto más preciosa para Sus Majestades. Jorge y María eligieron como primer hogar de los York el lugar denominado White Lodge, en Richmond Park (donde la reina María había vivido cuando era niña y donde había nacido el príncipe Eduardo). Pero los recién casados llegaron a la conclusión de que esa residencia primitiva era poco hospitalaria, con sus viejas tuberías, la falta de calefacción central y la serie de incómodos anexos. La vida era tan dura allí que los York debieron soportar una serie interminable de resfríos, gripes y ataques de reumatismo, y quizá corresponde señalar que la Duquesa no quedó embarazada (quizá no pudo) durante los dos años que estuvo en White Lodge.

La vida que llevaban era tranquila y sin pretensiones. Los York no eran vistos en los clubes nocturnos, los salones de baile o los restaurantes de moda, o en las pistas de esquí, las playas de la Riviera o los casinos de juego. La vida social que realizaban estaba poblada de personajes rurales respetables que jugaban a los naipes y al tenis, bebían gin con tónica, cazaban aves y venados y pescaban salmones.

El rey Jorge podría haber proferido sonoros vivas: tales actividades continuaban la tradición del linaje burgués de los Windsor. Por su parte, la vocación de la Duquesa era cuidar y orientar al Duque, presentarse como un encantador añadido y guiarlo con calor maternal a través de los rigores de los acontecimientos públicos, todo lo que él detestaba a causa del tartamudeo que tan a menudo determinaba que fuese un individuo incomprensible. En tales ocasiones, la Duquesa murmuraba: "¡Respira, Bertie, respira!", y en pocos segundos las cosas mejoraban. Así transcurrió la primera ronda de viajes —en su mayoría vacaciones prolongadas, con unas pocas ceremonias oficiales— a los Balcanes en el otoño de 1923, a Irlanda del Norte en el verano de 1924, a Africa desde diciembre de 1924 a abril de 1925. "Isabel se ha mostrado maravillosa, como de costumbre —escribió Alberto a su padre—, y la gente sencillamente ya la ama. Por cierto, soy un hombre muy afortunado porque cuento con su ayuda, pues sabe con exactitud lo que tiene que hacer y decir a todas las personas con quienes nos vemos."

A juicio de los príncipes Jorge y Eduardo, un programa social como el de los York sin duda habría parecido muy sombrío. Jorge siempre prefería actividades más personales, donde podía obtener entretenimientos más interesantes y Eduardo (que juzgaba a la señora Greville y a su entorno como una colección de tontos serviles) se regodeaba con la sociedad más deslumbrante atraída por lady Cunard, archirrival de la señora Greville, una figura social parecida a un pájaro, de voz gorjeante, cabellos amarillos y la capacidad de deslumbrar con facilidad a sus invitados.

Nacida con el nombre de Maud Burke en San Francisco, se había casado con el magnate naviero sir Bache Cunard, y después había sido amante del director de orquesta sir Thomas Beecham. Al percibir que el nombre de Maud tenía poco brillo, procedió a rebautizarse con el nombre de pila más chispeante de Emerald, y se convirtió en la sociedad londinense (según dijo Chips Channon) en una persona "amada, deslumbrante, inteligente y fantástica". Asimismo, poseía un ingenio agudo y ágil, que logró que sus pretensiones fuesen soportables. Cuando Somerset Maugham, que manifestaba cierta predilección por los jóvenes rurales, rechazó la invitación a una de sus cenas tardías, ofreciendo como pretexto la expresión "tengo que mantener mi juventud", Emerald replicó con rapidez: "Entonces, ¡venga con ella!". En otra ocasión, poco después de la Segunda Guerra Mundial, Chips Channon miró a un grupo de londinenses bien vestidos y murmuró a Emerald: "Por esto hemos estado luchando". A lo cual la incorregible lady Cunard replicó: "¿Qué? ¿Son todos polacos?".

Su Señoría continuó siendo la aliada de Eduardo durante los años difíciles que siguieron; también era un apoyo atento y divertido para él, después de varias caídas peligrosas que sufrió durante los encuentros de polo, pues "con alarmante regularidad", durante los años de la década de los veinte (como escribió el biógrafo del Príncipe), Eduardo cayó, rompiéndose la clavícula, dislocándose los miembros, soportando ojos morados, sufriendo concusiones. Deseoso de retornar a ese deporte cuando podía, Eduardo parecía obsesionado con la idea de demostrar su fibra, su virilidad, sus cualidades en alguna actividad, pues estaba tan mal educado e informado —y mostraba tan escasa inclinación a llenar los vacíos intelectuales y culturales— que incluso sus íntimos lo consideraban extrañamente ignorantes.

"No deseo ser Rey —dijo Eduardo más de una vez—. No sería un monarca muy bueno." Es posible que esta haya sido una de las observaciones más sagaces de toda su vida, y ante la cual su padre habría coincidido de mala gana. De hecho, los amigos que el Príncipe elegía, su vida privada poco prestigiosa (así lo creía el Rey), su desaprensivo rechazo del protocolo, el atuendo apropiado y el rito cortesano, convencieron a Jorge V de que estaba intentando preparar en vano como heredero del trono a un hijo que inevitablemente avergonzaría la misión encomendada.

No era simplemente la opinión del Rey. En vísperas del regreso de Eduardo que había realizado una gira por América del Sur, *The Spectator* publicó una crítica sin precedentes de su carácter. Después de señalar el "encanto, la modestia y la cordialidad del Príncipe" el editorial expresaba "considerable ansiedad con respecto al futuro del Príncipe de Gales", después de un notorio traspié en relación con las normas de la cortesía, que había sido profusamente informado en la prensa argentina.

Cierto día el Príncipe debía visitar una escuela. El edificio había sido adornado especialmente y se había dispuesto que los niños cantaran en inglés *Dios bendiga al Príncipe de Gales* y también otra canción en inglés. Uno de los niños pronunciaría además un breve discurso en el mismo idioma. Todo eso había impuesto la necesidad de realizar muchos preparativos... La gente esperó un tiempo, pero los invitados no llegaron, y por fin se dijo que el compromiso había sido anulado... Nuestro corresponsal informa después que por supuesto uno no puede impedir que la gente hable, y que quizá fue inevitable que se comparase la disposición del Príncipe de Gales a bailar o a asistir a fiestas hasta altas horas de la madrugada, y no a cumplir un compromiso fijado pocas horas después.

Y en este punto, el artículo alzaba el tono, que alcanzaba una agudeza digna de Jonathan Swift:

Sugerimos que el Príncipe de Gales [se tome] el descanso que se ha ganado y merece sobradamente [y después] adhiera a alguna causa pública. Al asociarse con un propósito importante, se vería obligado a una aplicación regular de sus energías, lo cual liquidaría definitivamente la falsa idea de que su deseo es vivir la vida de una mariposa...

La Monarquía ahora está incluso más segura que en tiempos de la reina Victoria. En medio de las inestables monarquías europeas, la nuestra ha llegado a tener bases más firmes... La nación desea ver que el Príncipe de Gales, gracias a un proceso de estabilización, adquiere las cualidades necesarias para desempeñar ese importante cargo, acompañado por el consentimiento y la buena voluntad de todas las clases.

Por lo que se refería al Rey, parte de la culpa de la creciente laxitud de Eduardo tenía que ver, no con la gira misma, sino con las ex colonias. Los norteamericanos y el estilo neoyorquino promovían la desgracia del Príncipe de Gales; esa era la convicción del Rey. La norteamericanización lo había modernizado y democratizado, hasta el límite de la anarquía, y ahí estaba, sin mostrar el menor interés en casarse, lo que hubiera sido propio de un aristócrata británico. Emerald Cunard era un ejemplo típico de la nueva estirpe de figuras sociales importadas; otros incluían a Elsa Maxwell, Laura Corrigan, Chips Channon y Nancy Astor, que traían consigo los cócteles y el *slang* norteamamericano, sus modas y todo el caudal de las vulgaridades de ese origen; en otras palabras, todo aquello a lo cual el rey Jorge V se oponía con todas sus fuerzas conservadoras. El y su círculo sentían que la aristocracia ya estaba bastante debilitada por la guerra y la decadencia social; no se necesitaban las excentricidades del Príncipe de Gales y sus amigos norteamericanos para completar la tarea de su disolución. Los advenedizos extranjeros formaban prácticamente un sindicato que parecía ser un factor poderoso en la sociedad londinense; pero por irónico que pareciera, la antigua aristocracia entendía que eran simplemente esnobs cuyas tácticas en tanto que trepadores sociales indicaban su deseo de infiltrar las filas de la sociedad culta inglesa. Quizá nunca estuvo claro qué sector expresaba mejor el esnobismo.

Un modo de contrarrestar la tendencia a la norteamericanización fue la Exposición del Imperio Británico, celebrada en 1924 y 1925 en el estadio de Wembley, el recinto más espacioso del país para tales fines. A semejanza de la Gran Exposición de 1851, estaba destinada a celebrar las aspiraciones imperiales y las realizaciones de la Commonwealth en la industria, las artes y la tecnología; una profusión de pabellones que se vanagloriaban de los productos británicos. El 23 de abril de 1924 el propio Rey inauguró la exposición, y exhortado por la Reina aceptó leer por radio un breve discurso de bienvenida. Fue el primer acontecimiento nacional importante trasmitido por la BBC y las palabras del Rey fueron escuchadas por millones de personas. Sin embargo, hubo que formular una engorrosa excepción, pues no podía decirse que el monarca fuese el primer miembro de la Familia Real que protagonizaba una trasmisión pública. En esto, se le había adelantado su hijo mayor, que el 7 de octubre de 1922 se había dirigido a los Boy Scouts desde una asamblea en el Palacio de Saint James.

A los ojos de los que amable pero tenazmente orientaban al palacio por los caminos de las modernas relaciones públicas —es decir, Clide Wigram y sus aliados— la trasmisión fue por cierto un gran momento. La realeza se convirtió en algo un poco menos remoto cuando la voz del Rey, extrañamente sonora y cálida, pero con el acento formal de un barítono, llegó a los grandes salones y las penumbrosas tabernas. No fue lo que dijo (unas pocas palabras acerca del genio de su pueblo), sino el hecho de la súbita proximidad lo que impresionó a todos; era la primera vez que un número superior a unas pocas docenas de ciudadanos escuchaba simultáneamente la voz del Soberano.

Este éxito no se repitió durante la segunda temporada de la exposición, cuando el infortunado Duque de York se acercó al micrófono; esta vez el número de oyentes superaba los diez millones en todo el mundo. Por desgracia, la elección del anfitrión fue desastrosa, pues el tartamudeo del príncipe Alberto resultó peor que nunca y a pesar de los repetidos ensayos el sentimiento de ansiedad lo abrumó. En diversas ocasiones, de su boca no surgió sonido alguno, mientras abría y cerraba las mandíbulas, le temblaban las manos y se le pegaba la lengua. Por fin, sólo pudo articular unas pocas palabras ahogadas. La impresión en Gran Bretaña y el exterior fue que, mientras el Príncipe de Gales era un *playboy* cada vez más temerario, el Duque de York era un hombre completamente inapropiado para cualquier tipo de vida pública. Se los había admirado ampliamente, pero ahora la estimación general acerca de los príncipes estaba sujeta no sólo a la cámara ubicua, sino también al micrófono inexorable. Wigram y compañía quizá se sorprendieron ante el hecho de que sus conceptos promocionales tuviesen repercusiones imprevistas y perjudiciales, y de que los instrumentos se impusieran a los usuarios.

Los miembros mayores de la Familia Real no corrían el mismo peligro de exposición; y eso valía sobre todo para la amada y anciana reina Alejandra, que hacia 1925 había sobrevivido quince años a su marido. Después de la muerte del príncipe Juan en 1919, se había sentido cada vez más inútil, encerrándose en una reclusión especialmente intensa, pues el aislamiento de su sordera se agravaba con la disminución de la visión. "Es tan doloroso ver cómo esa hermosa mujer llega a esta situación", observó con simpatía la reina María.

A partir de 1921, Alejandra se encerró en Sandringham, todavía asistida con afecto por su hermana solterona la princesa Victoria y dos abnegadas servidoras. Trataba de informarse de todas las novedades de su familia, y se dedicaba cada vez con más frecuencia a las sencillas devociones y plegarias de su juventud. De acuerdo con todas las versiones, pareció mostrarse cada vez más serena al compás de la edad y la fragilidad de su cuerpo, como si toda la tranquila gracia y la paciencia que la habían animado en el curso de los años hubiese venido a recompensarla con una profunda confianza interior. Su único hijo sobreviviente, el Rey, se mostraba muy atento, y sus nietos la visitaban con regularidad, y a menudo la acompañaban a la iglesia cercana para asistir a los servicios, que llegaron a ser cada vez más importantes. En un sentido real fue la primera madre moderna de la realeza británica, comprometida con sus hijos, presente ante ellos, en una medida que se manifestó en muy pocas madres de las clases burguesas o superiores de la época. El resultado fue evidente: el rey Jorge V creció sin neurosis notables, un individuo desprovisto de complicaciones, sin agendas o rincones oscuros. Es posible que fuese una persona limitada, pero no estaba gravemente lesionado y gran parte del mérito de que así fuese correspondía a su madre.

En diciembre de 1924, Alejandra cumplió ochenta años. "Nunca había advertido la belleza de la ancianidad —escribió un periodista que la visitó,

> hasta que vi a la reina Alejandra en el otoño tardío de su vida. Una visión de exquisita fragilidad, su cara era todavía ese óvalo perfecto que había cautivado a Londres mucho tiempo atrás, la figura esbelta y espigada... Pero lo que recordaré siempre ha sido su sonrisa de bienvenida, esa maravillosa sonrisa que sedujo a todos en aquellos tiempos en que llegó como joven y novia, y la acompañó en su belleza permanente."

En el otoño de 1925 Alejandra sufrió un ataque cardíaco en Sandringham. Acompañada por la princesa Victoria y el Rey y la Reina, resistió un día, antes de fallecer, el 20 de noviembre. Cinco días más tarde, después de un servicio religioso en la iglesia local, el cuerpo de Alix fue llevado —bajo una nevada precoz, sin viento— a la estación Wolferton, y desde allí a la Abadía de Westminster, y al lugar definitivo de descanso, la Capilla y Monumento Conmemorativo de Windsor. Las calles oscuras y frías de Londres, donde ella realizó el último viaje, contenían una apretada multitud en actitud de despedida. Los hombres permanecían sin sombrero, temblando durante horas en el frío, mientras las mujeres lloraban francamente, como si hubiese fallecido la madre de cada una.

Quizá ningún miembro de la Casa Real, antes o después, fue más amada que la hija del Rey del Mar, venida de allende el mar, como Tennyson la había llamado. Pues en último análisis lo que originó el amor de millones por Alix no fue su belleza y ni siquiera su dignidad regia. Fue su bondad, su identificación con los que se sentían proscritos, sus gestos espontáneos e irrestrictos de buena voluntad dirigidos a todos los que sufrían. "¡Mira lo que puedo hacer con esto!", había exclamado alegremente ante el soldado herido y deprimido mientras movía su pierna defectuosa y así reanimaba al hombre que antes estaba dominado por la desesperación. Con las mismas palabras, la reina Alejandra podría haber hablado de su vida prolongada y de la sonrisa radiante que había representado una bendición para todos los que la conocían.

Capítulo Siete

De padres, hijos y amantes
1926 a 1932

¡Cualquier cosa, excepto ese condenado Ratón!
Rey Jorge V, cuando se le preguntó
que película deseaba ver

La noche del 20 de abril de 1926 hubo un vivaz intercambio de llamados telefónicos entre Mayfair 5250, el número de la residencia londinense del conde y la condesa de Strathmore, y Western 0823, el número privado del secretario del Interior, sir William Joynson-Hicks.

Por fin, a principios de la mañana del miércoles 21 de abril, llegó el último y más importante llamado, y sir William fue introducido en un automóvil y llevado a la residencia de Strathmore, en la calle Bruton 17. Lo condujeron a una suite del piso alto, donde la Duquesa de York, después de un parto difícil y una intervención quirúrgica urgente, había dado a luz una niña.[1] El príncipe Alberto estaba de pie, orgulloso, al lado del lecho de su esposa, sonriendo a la infanta de cara rojiza que propinó a sir William el mismo trato que le habían dispensado los Comunes: le bostezó en la cara. El secretario del Interior se inclinó, salió y se dedicó a telegrafiar la noticia al Lord Mayor de Londres y a los gobernadores de todos los Dominios y las Colonias. Al alba, las campanas de la Catedral de San Pablo repicaron, y se dispararon salvas de artillería en Hyde Park y en la Torre de Londres. El Rey y la Reina fueron informados en el Castillo de Windsor y antes de que concluyese el día se acercaron de prisa a la calle Bruton, provistos de regalos y buenos deseos. Pero antes de esa visita, la reina María cumplió su compromiso para comer y dio la bienvenida a la princesa Alicia (esposa del príncipe Andrés de Grecia) y a la suegra de Alicia, la marquesa viuda de Milford Haven. Por extraña coincidencia, estas dos invitadas eran la madre y la abuela de un niño de cinco años, el príncipe Felipe de Grecia. Un día, sería el esposo de la recién nacida.

Por supuesto, la niña no fue el primer nieto de Jorge y María: la princesa María y el conde de Harewood tenían dos varones. Pero la hija de los York, como su padre era un heredero varón del Rey, tenía precedencia y ocupaba el tercer lugar en la línea sucesoria del trono. Por esta razón, y porque era tan bonita, tan despierta, una preciosa infanta de ojos azules, y porque ahora las cámaras, los trípodes, los micrófonos y los anotadores eran elementos comunes y corrientes en un radio de un kilómetro de cualquier figura real, la prensa comenzó a registrar todos los detalles de la vida de la niña.

La conmoción comenzó fuera del Palacio de Buckingham, donde el 29 de mayo se bautizó a la niña con los nombres de Isabel Alejandra María, por su madre, la bisabuela y la abuela. El atuendo usado en el bautismo, y después su primer diente, su primer paso y la primera palabra que pronunció fueron anunciados con jadeante apremio. De todos modos, pocos suponían que la princesa Isabel un día podía ser la Reina; sin duda, su tío el Príncipe de Gales pronto cumpliría con su deber y engendraría hijos que tendrían precedencia. Además, el país afrontaba graves problemas; en la mente colectiva había cosas más importantes que la celebración de un nacimiento real.

De hecho, Inglaterra entera se encontraba en un lamentable aprieto económico y social. Apenas una semana después del nacimiento de la princesa Isabel estalló una huelga general; el peor de más de trescientos conflictos obreros que afectaron a Gran Bretaña ese año. Todos los sindicatos apoyaron el rechazo de las rebajas de salarios y la prolongación de las horas de trabajo para los mineros del carbón y cada uno interrumpió su trabajo el 4 de mayo. Los tranvías, los autobuses, el gas, la electricidad, el metro y otros servicios esenciales quedaron interrumpidos y se declaró un estado nacional de emergencia. Pero hubo escasa violencia, aparecieron millares de voluntarios y una semana después se procedió a suspender la huelga de cuatro millones de trabajadores. Sólo los mineros rehusaron regresar al trabajo hasta que una situación que era casi de hambre los obligó a ello, seis meses más tarde.

Sin embargo, la vida no mejoró para los obreros lo cual fue percibido con claridad por el Rey. Exhortó a su primer ministro Stanley Baldwin, un hombre discreto, de actitud paternal, que fumaba en pipa, y que continuaba en su acostumbrada actitud de esperar y ver, a mantener un tono conciliador hacia los trabajadores y abstenerse de prohibir que los bancos realizaran préstamos a los sindicatos. Cuando el acaudalado lord Durham condenó a sus mineros diciendo que eran "un maldito montón de revolucionarios", el Rey fue derecho al grano: "Intente vivir con sus salarios antes de juzgarlos". También contribuyó en forma privada al fondo de auxilio a los mineros. En el problema permanente de las privaciones económicas que afligieron a Gran Bretaña después de la Primera Guerra Mundial y que se prolongaron en la crisis mundial, el monarca sintió con bastante amargura su incapacidad para promover cambios importantes.

Por cierto, los intereses políticos y la tranquilidad parlamentaria lo irritaban; como lo señaló la reina María en su diario, antes nunca se había sentido tan frustrado en su deber de ser el Rey de todo el pueblo. De todos modos, manteniendo su actitud imparcial y no partidista, en 1926 el Rey realizó visitas no anunciadas a los hogares más humildes del East End de Londres, y en Liverpool, Manchester y Cardiff. Legalmente podía hacer poco más que demostrar simpatía, pero adoptó esa actitud con afecto y admiración sinceros.

Cuando el antiguo Imperio se convirtió en la nueva Comunidad de Naciones, después de la Conferencia Imperial celebrada el mes de noviembre, Canadá, Australia, Nueva Zelanda y Africa del Sur se transformaron en dominios autónomos, de jerarquía igual a la de Gran Bretaña, aunque unidos en su fidelidad a la Corona. La recurrencia frecuente de las enfermedades respiratorias crónicas, agravadas en varios años durante los cuales había fumado mucho, impidieron que el rey Jorge cumpliese con la recomendación de sus ministros, en el sentido de que realizara una gira por el extranjero en 1927; y en su lugar el Duque y la Duquesa de York fueron preparados con el fin de que realizaran un viaje de seis meses en lugar del Príncipe de Gales, que tenía sobrecarga de trabajo y merecía cada vez menos confianza. Cuando comenzaron los preparativos, la propia niñera de la duquesa, Clara "Alá" Knight fue invitada a hacerse cargo de la princesa Isabel. Era una matrona enérgica y sin atractivos, bondadosa pero poco sonriente, paciente pero no blanda; fue la primera influencia importante sobre la niña después de su madre.

Pero el Rey y la Duquesa comprendieron que la visita de los York a países extranjeros sería un fracaso, a menos que se hiciera algo para corregir el tartamudeo del príncipe Alberto. Después de discutir el problema con una mujer que ayudó a fundar la Sociedad de Terapeutas del Habla, Isabel se convenció de que el problema de su esposo arraigaba en la intimidación provocada por su padre y que podía ser tratada más eficazmente por un hombre. Se la envió a un talentoso terapeuta del lenguaje llamado Lionel Logue, que había emigrado de Australia y tratado con eficacia a muchos pacientes. Aunque le parecía difícil que pudieran ayudarlo, el príncipe Alberto aceptó reunirse con Logue, con la condición de que su esposa —a quien (así lo afirmó un cronista real) profesaba "una adoración total, casi servil"— lo acompañase en su primera visita, realizada el 19 de octubre.

Según se vio, Logue había escuchado el discurso entrecortado del duque en la ceremonia de clausura de la Exposición Imperial de Wembley, el año precedente. "Su edad ya era muy avanzada y yo no podría conseguir una cura total —dijo el terapeuta a su hijo—. Pero podría acercarme mucho al éxito completo. De eso estoy seguro." Después de un esfuerzo intenso, lo logró en una medida notable, aunque no total.

"Entró en mi consultorio a las tres de la tarde —recordaba Logue—, un hombre delgado y silencioso de mirada fatigada, con todos los síntomas externos de alguien a quien las dificultades en el habla habían comenzado a dejar su marca. Cuando salió, a las cinco, uno advertía que de nuevo había esperanza en su corazón." La esperanza se vio reforzada por las sesiones terapéuticas semanales, destinadas a convencer al príncipe Alberto de que no era un caso incurable. Mediante ejercicios bien definidos de respiración y relajación, y repasando los discursos para modificar las oraciones largas o difíciles, se mejoró el tartamudeo, aunque nunca se lo curó del todo. Su terror al discurso en público lo persiguió el resto de su vida, pero en lugar de la temida repetición de las consonantes iniciales, sólo quedó la torpe pausa ocasional. Siempre que el Duque tenía una vacilación momentánea, miraba a su esposa, que asentía y sonreía —y entonces continuaba—, "el paciente más valeroso y decidido que he tenido jamás", dijo Logue. Las mismas cualidades se manifestaban en la Duquesa, según escribió lady Donaldson:

> Los observadores han explicado de qué modo [el Duque] a veces se volvía y miraba [a la Duquesa] que estaba en el fondo de la habitación, y cómo, cuando procedía así, ella dejaba lo que estaba haciendo y se le acercaba de inmediato. Entonces, él parecía sentirse en condiciones de continuar... Cuando ella se sentaba en una plataforma que estaba al lado del Duque, ni el menor rastro de ansiedad o duda perturbaba la sonriente serenidad de su expresión; ningún movimiento de sus rasgos traicionaba el sentimiento de preocupación, si él tropezaba o vacilaba.

Para Alberto, como para sus hermanos, la presencia de mujeres fuertes y seguras era absolutamente esencial tanto en Gran Bretaña como en el exterior. Y así, el 6 de enero de 1927 el Príncipe y su decidida esposa partieron en el HMS *Renown* para realizar su primera gira imperial, rumbo a Australia y Nueva Zelanda, pasando por el Caribe y el Pacífico. Regresaron el 27 de junio. El príncipe Alberto se sentía mucho más confiado después de la cálida bienvenida que se les había ofrecido por doquier y en vista de la relativa soltura con que había leído sus diferentes discursos. El Rey y la Reina los recibieron en la estación Victoria y los llevaron de regreso al Palacio de Buckingham, donde la princesa Isabel esperaba en brazos de Alá. Había cumplido su primer año en ausencia de los padres y era inevitable que se procediera a restablecer la relación. Pero mientras la reina María no se había inclinado a prodigar abrazos maternales o a prolongar el tiempo que pasaba con los niños, la Duquesa era por naturaleza una madre más moderna. Su vínculo con la hija era auténtico y sabía expresarlo.

Ese año, cuando los York abandonaron White Lodge y se trasladaron a una residencia en Piccadilly 145, todo parecía centrado en el cuarto de los niños. De acuerdo con todas las versiones, se trataba de un hogar feliz y afectuoso, y los padres de la Princesa más famosa del mundo estaban decididos a ofrecer una vida normal a la niña. En ese sentido, no había obstáculos entre el cuarto de los niños y las habitaciones formales. Había juguetes por doquier, y la pequeña Isabel —y más tarde su hermana— podían hacer lo que quisieran en toda la casa. "¡Solíamos ser tan tímidos!" exclamó el Duque, asombrado porque sus propios hijos se mostraran tan libres y no temieran a los adultos. Su esposa insistía en que formarían una familia inglesa común y corriente.

En este aspecto, era una mujer singularmente ingenua, pues la vida de la princesa Isabel no se parecía en absoluto a la de una niña típica. Por una parte, era una visitante habitual en el Palacio de Buckingham y en el Castillo de Windsor, donde se la mimaba el día entero. Por otra, la Princesa nunca asistió a la escuela y apenas mantenía una relación con niños de su propia edad. Más aún, en el centro de su círculo social estaban sus progenitores reales (a menudo ausentes a causa de sus obligaciones oficiales), su formidable mentora la reina María y el Rey de Inglaterra; es decir, un clan británico que poco tenía de popular. Los criados preparaban y servían las comidas de Isabel con las inclinaciones y las reverencias adecuadas, lavaban y preparaban sus ropas y arreglaban el hogar amplio y cómodo de los padres. En otras palabras, era hija de un privilegio enorme, criada en un mundo aislado que no compartía ninguna de las duras realidades de la vida de sus compatriotas. La mansión de Piccadilly dominaba en Green Park, y ofrecía un panorama claro del que era su segundo hogar, el Palacio de Buckingham; desde la ventana del cuarto de los niños la princesa Isabel agitaba tranquilamente las manos, imitando los gestos de su familia hacia las multitudes reunidas bajo el balcón palaciego. "Es un personaje —observó Winston Churchill—, tiene un aire de autoridad y reflexión que es sorprendente en un infante."

En el verano de 1927 el Príncipe de Gales partió para recorrer otro periplo por países extranjeros; esta vez una gira que debía durar un mes por Canadá y la inauguración oficial de un puente con Estados Unidos, en las Cataratas del Niágara. Su hermano el príncipe Jorge acompañaba al príncipe Eduardo (los padres deseaban separar a este de sus desordenados amigos londinenses), y el primer ministro Stanley Baldwin y su esposa. "Uno siente que en cierto modo esta gente es mucho más auténtica cuando está fuera de Inglaterra", escribió Eduardo a Freda Dudley Ward el 12 de agosto. Se trataría de un sentimiento cada vez más definido durante los años siguientes, pues Inglaterra significaba muchas cosas dolorosas; los padres de Eduardo y el recordatorio constante del deber imposible que lo esperaba.

Que el Príncipe de Gales era más feliz con los extranjeros (sobre todo los norteamericanos informales) representaba "siempre la cuestión —de acuerdo con su ayudante John Aird—. Parece mucho más cómodo con ellos que con los británicos". Pero la indiferencia que cada vez más caracterizaba a Eduardo era excesiva para su principista ayudante, el secretario privado Alan Lascelles. Después de varias incursiones de su amo bien entrada la noche con diferentes bellezas locales, Lascelles escribió a Godfrey Thomas (secretario privado del Príncipe, y por lo tanto superior inmediato de Lascelles) formulando la creencia que "sería un auténtico desastre si, como resultado de la mala suerte, se lo convocara ahora a ocupar el trono". El episodio estaba a varios años de distancia, pero la renuncia de Lascelles era inminente. La causa inmediata de ese paso fue una serie de aventuras reales que tuvieron consecuencias de gran alcance.

En 1928 el Rey designó Duque de Gloucester, Conde de Ulster y Barón Culloden al príncipe Enrique, y se resolvió que sería el hermano que acompañaría un tiempo después al Príncipe de Gales, consagrado este principalmente a un período de vacaciones en Africa. Enrique era soldado profesional y deportista, y a los veintiocho años no era más inteligente ni más ingenioso que lo que había sido en la escuela; es decir, carecía en absoluto de tales cualidades. El cuerpo alargado, la actitud ligeramente arrogante, se mostraba bastante cordial con los amigos del ejército, pero en otras situaciones se destacaba sólo por cierto letargo elegante y una risa caballuna quizás inspirada por las visitas demasiado frecuentes a sus propios establos. Entonces y después aceptaba sin alegría las obligaciones reales que le habían asignado. "Estoy pensando en redactar mis memorias —dijo varios años después—. ¿Y saben cómo las llamaré? *Cuarenta años de hastío*." Ese título podría haber descrito los sentimientos de cualquiera (fuera de su familia) obligado a pasar más o menos una hora en su compañía. Incluso la mujer con la cual finalmente se casó y que lo acompañó durante cuarenta años lo describía como "una persona muy indefinida". También había heredado cierto filisteísmo hanoveriano. En el curso de una representación de *Tosca* permaneció inmóvil e indiferente incluso en los últimos y dramáticos momentos, cuando la heroína se arroja desde lo alto de las murallas del Castel Sant'Angelo. Entonces, se oyó su voz que se impuso a las últimas notas de la orquesta: "Bien, de veras ya murió, ¡ahora podemos volver a casa!".

De modo que en el verano de 1928 Enrique y Eduardo partieron de Inglaterra para iniciar su safari de caza en Africa oriental. Y allí se desató todo el infierno romántico, cuando ambos hermanos se enredaron con la notoria Beryl Markham, criadora de caballos de carrera y una de las primeras mujeres que obtuvo licencia para realizar vuelos comerciales; en 1936 fue el primer piloto que voló en soledad, de este a oeste, a través del Atlántico; una aventura relatada en su trabajo *West with the Night*.

Nacida en Inglaterra con el nombre de Beryl Clutterbuck en 1902, esta precursora valerosa, divertida, original pero de corazón frío se crió en la propiedad rural de su padre en Kenia. Beryl arrojaba lanzas antes de aprender a leer y cazaba antes de saber escribir, y al alcanzar la edad adulta, despreocupada del sexo, se convirtió en una aventurera casi salvaje, con un carácter alarmante por lo agresivo, cualquiera fuese el criterio con el cual se lo juzgara, y una mujer a quien nadie negaba con facilidad —o mejor dicho nadie lo hacía— sus caprichos amatorios, confirió nuevo significado a la palabra voraz. En un intento de detallar sus episodios amorosos, los biógrafos se han visto forzados a ofrecer simples inventarios de los muchos hombres con quienes se acostó. La gran pasión de Beryl durante la década de 1920 parece haber sido el pionero y piloto Denys Finch Hatton, por cuya atención compitió con la escritora Karen Blixen (Isak Dinesen) que acompañó en su safari al Príncipe de Gales.

Alta, esbelta y con el cutis bronceado, los ojos almendrados, las manos largas y expresivas y los abundantes cabellos rubios que descendían atrevidos sobre los hombros, Beryl fue descrita después como una mujer parecida tanto a Greta Garbo como a Vanessa Redgrave; pero carecía de la obstinada melancolía de la primera y la deslumbrante intensidad de la segunda. Durante ese verano de 1928 había estado casada durante un año con su segundo esposo, el magnate industrial Mansfield Markham, y tenía un embarazo de cinco meses; ninguna de estas condiciones le impidió tomar como amantes a ambos príncipes reales.

Enrique fue el primero que sucumbió. La conoció el 2 de octubre, cuando bailaron en una fiesta que inauguró la temporada real de Kenia. La mañana siguiente se encontraron en un hipódromo, donde en lugar de la tradicional reverencia Beryl, poco tradicionalista, elevó los brazos sobre su propia cabeza, con las palmas abiertas, en un típico *salaam* africano de indefensión. "¡Hola, aquí!" gritó al Duque. De acuerdo con el testimonio de uno de los amigos de la dama, desde ese momento él se sintió "flechado". La relación duró casi cuatro años y se desarrolló en dos continentes: los amantes se reunieron con regularidad en Londres durante el año 1929, en habitaciones que Enrique alquilaba para ella en el Hotel Grosvenor, de Victoria.[2]

Al mismo tiempo, el interés de Beryl incluyó también a Eduardo. "Beryl sabía tratar a los hombres —dijo una mujer que la conocía—. En general, los trataba mal." Esa actitud no podía desalentar al Príncipe de Gales, que a menudo se liaba en vínculos breves y poco emotivos con mujeres imperiosas; como si hubiera podido recrear y finalmente corregir su lamentable relación con la reina María. De acuerdo con Errol Trzebinski, biógrafo de Markham (y con quienes la conocían; entre otros sir Derek Erskine), se alquilaron bungalows destinados a permitir los encuentros de Eduardo y Beryl esa misma temporada en Kenia y Uganda, y en Londres el año siguiente se encontraban en habitaciones del Royal Aero Club, de Piccadilly. No se ha aclarado lo que cada hermano sabía acerca de la relación del otro, aunque dada la franqueza de Beryl, la estrecha relación de todos los interesados y la cálida unión entre los Príncipes, parece improbable que hubiese muchos secretos. La cuestión no es menos complicada si Enrique y Eduardo sospechaban, pero no comentaban, el contenido de este extraño triángulo; si lo hacían, sus animosos enredos con la misma mujer, a partir del otoño de 1928 y durante el año 1929, tal vez sean más desordenados desde el punto de vista psicológico que libidinosos desde el ángulo carnal.

Según se vio, la intriga de Enrique con Beryl llegó a ser potencialmente más embarazosa y desde el punto de vista del público tuvo un carácter más inflamado. Después que comenzó a distraerse francamente con ella en Londres, Mansfield Markham encontró las cartas de amor. El y su hermano Charles de inmediato amenazaron citar a Enrique como corresponsable en un caso de divorcio; "a menos que el Duque se hiciera cargo de Beryl", como dijo sir Charles Markham varios años después. Se envió al Palacio de Buckingham a un abogado especialista en divorcios con la intimación de que la Familia Real disponía de dos días para negociar. Pronto se concertó un acuerdo y el Duque depositó 15.000 £ en un fideicomiso a nombre de Beryl. Su firma en el documento garantizaba la renta en bonos, con una anualidad a tasa fija, lo cual aportó a Beryl un ingreso anual de 500 £, desde diciembre de 1929 hasta su muerte, en agosto de 1986. Pero la relación debió soportar las amenazas de Mansfield, a pesar de un intervalo en que el príncipe Enrique fue despachado a Japón para otorgar la Orden de la Jarretera al joven emperador Hirohito.

Entretanto, el príncipe Jorge preocupaba más que nunca a sus padres. La visita a Canadá no había atemperado lo que su hermano Eduardo denominaba su "desusado encanto", aprovechado muy pronto para conseguir que su padre le permitiese abandonar la detestada carrera naval. Siguieron varios cargos secundarios como funcionario civil y el puesto de inspector fabril, tareas que Jorge abordó con buena voluntad pero con resultados apenas medianos. "No se ha observado regularidad en las visitas del Príncipe —se quejó por entonces uno de los supervisores del Ministerio del Interior—. Las funciones sociales y de otro carácter han podido tener precedencia sobre su trabajo de inspección, con el resultado de que en ciertas semanas [sus deberes resultaban] completamente o casi completamente anulados."

Se explica con facilidad el motivo del servicio irregular. "Como era un tanto bohemio por naturaleza" —así habló el Príncipe de Gales en una suerte de cómica subestimación— Jorge a menudo escapaba a la Riviera, se instalaba en las playas de día y en los casinos y los clubes de noche. Experto de la pista de baile, se anotó con nombre supuesto en un concurso de tango en Cannes y ganó el primer premio; esa danza era también la especialidad de Eduardo.

Después del episodio con Noël Coward, Jorge protagonizó varias intrigas tempestuosas con una serie de extranjeros, que incluyeron (entre otras mujeres negras talentosas que entonces trabajaban en Londres) a la artista norteamericana Florence Mills, a quien había visto en escena y a la cual llevó pronto a la cama. Pero la relación más duradera, más apasionada y potencialmente la más peligrosa de Jorge desde el punto de vista de las relaciones internacionales, fue la que sostuvo con José Evaristo Uriburu, hijo del embajador argentino en Gran Bretaña. Uriburu, que entonces rondaba los veinte años, había llegado a Londres con sus padres y sus hermanas, y estudiaba en Cambridge cuando en el curso de una recepción diplomática conoció a Jorge. El Príncipe y el hijo del embajador fueron vistos después en las veladas más elegantes de Mayfair y Belgravia, y como pareja pasaron muchos fines de semana en las casas de campo de muchos amigos que los alentaban y los miraban con simpatía.

Con sus rasgos bien dibujados, los cabellos oscuros, la sonrisa provocativa y la mirada somnolienta y seductora, Uriburu habría podido ser una estrella cinematográfica latina. Pero también era un individuo muy inteligente, conocía tres idiomas y había sido educado para seguir los pasos diplomáticos de su padre. Por eso mismo, el señor Uriburu se sintió naturalmente preocupado acerca de su hijo, y aunque consideraba que el príncipe Jorge era un invitado agradable a la hora de cenar en el consulado, no se sintió tan acogedor cuando vio al Príncipe salir al alba del dormitorio de José. Siguió un altercado de magnitud operística entre el menor y el mayor de los Uriburu, lo que desembocó en dos lámparas rotas, un ego lastimado, una relación rota y el restablecimiento del predominio paterno.

José, que intentó sin éxito arreglar el embrollo, se sintió desconsolado cuando Jorge le dijo que la relación amorosa estaba convirtiéndose en una complicación política. El infeliz Uriburu fue enviado de regreso a Argentina, ostensiblemente para visitar durante dos meses a su abuela. Pero los príncipes suelen arreglarse mejor en estos melodramas y Jorge se consoló con un aristócrata italiano de la extinguida casa real de Urbino, y después con un arquitecto parisiense (Jorge escribió cartas de amor apasionadas tanto a Uriburu como al francés, y por obvias razones la Familia Real las compró varios años después). Como si estos incidentes no tuviesen importancia suficiente para preocupar al Palacio de Buckingham, Jorge fue arrestado por bailar con excesiva pasión en The Nut House, un club nocturno de homosexuales, donde él y un amiguito fueron detenidos por la policía. Sólo cuando se confirmó su identidad la puerta de la celda de la calle Bow se abrió con discreción, a la mañana siguiente, gracias a sus goznes políticos bien aceitados; y sin la menor vergüenza Jorge salió, siempre esplendente en su maquillaje nocturno.

En una actitud menos inocente, el más joven de los príncipes adquirió un hábito durante los años 1928 y 1929. Una norteamericana, que era una figura atractiva e irresponsable de la sociedad, llamada Kiki Whitney Preston, lo inició en el consumo de la cocaína y la morfina, y el Príncipe pronto se convirtió en adicto; no era un hábito desusado en el grupo de gente que dedicaba su vida a la diversión; pero se trataba de "una cosa terrible que aterrorizaba", como el Príncipe de Gales escribió a su padre, agregando en una carta a su madre que Jorge "parece carecer de la menor conciencia de lo que es evidentemente una actitud equivocada". Corresponde atribuir a mérito de Eduardo el hecho de que ayudó a Jorge durante un largo y dificultoso proceso de rehabilitación abordado en 1929; y eso le conquistó el elogio incluso del Rey: "Cuidar de él todos estos meses seguramente significó mucha tensión para ti y creo que todo lo que has hecho por él ha sido maravilloso".

El Duque de York, un individuo decente pero poco inteligente, como su padre, vivía un matrimonio respetable; fuera de su persona, el Rey y la Reina tenían motivos sobrados de ansiedad cuando pensaban en sus hijos. Incluso en el carácter del príncipe Alberto (treinta y tres años en 1928), había muchos rasgos que eran temibles porque trasuntaban una actitud aniñada e incompetente. De manera más evidente Eduardo (treinta y cuatro años), Enrique (veintiocho) y Jorge (veintiséis) parecían todos destinados a vivir en un estado de adolescencia prolongada.

El núcleo del problema era que no tenían verdaderas responsabilidades, no trabajaban y no eran responsables ante un superior. El padre a lo sumo podía irritarse y reprender, y con efectos cada vez menores.

Hubo nuevas pruebas de la existencia de este lamentable estado de cosas cuando el padre cayó gravemente enfermo, a fines de 1928. El 21 de noviembre, mientras Eduardo y Enrique continuaban en su safari, el Rey enfermó de una infección pulmonar que fue incluso peor que la bronquitis que lo había atacado tres años antes. La costumbre de fumar, mantenida siempre, ahora estaba cobrándose un alto precio, como había sucedido con su propio padre. Al día siguiente se diagnosticó una infección estreptocóccica; más tarde se instaló una pleuresía y poco después el Rey tenía grandes dificultades para respirar. Hacia el vigésimo sexto día los médicos temían lo peor. El primer ministro Baldwin, consciente de las malas relaciones que existían entre el padre y el hijo, envió un cable al Príncipe de Gales en Africa: "Abrigamos la esperanza de que todo se desenvuelva bien, pero si no es así, y para entonces usted no ha intentado regresar, su actitud conmoverá profundamente a la opinión pública". La reacción del príncipe Eduardo más tarde indujo a Tommy Lascelles a renunciar a su servicio: "No creo una palabra de todo esto —dijo el Príncipe, dejando a un lado el telegrama—. Es nada más que otra maniobra electoral del viejo Baldwin".

Lascelles se enfureció. "Señor, el Rey de Inglaterra está muriéndose, y si eso no significa nada para usted, significa mucho para nosotros". Dicho esto, según recordaba Lascelles, "él me miró, salió sin decir palabra y dedicó el resto de la velada a la exitosa seducción de cierta señora Barnes, esposa del comisionado local. El propio Príncipe me lo dijo a la mañana siguiente".

Finalmente, convencieron al Príncipe de Gales, y llegó a Londres el 11 de diciembre, temeroso de la posibilidad de heredar el trono. Encontró a su padre apenas consciente, al borde de la muerte, a causa de una infección cada vez más avanzada que forzaba terriblemente su corazón. Lord Dawson, el médico que había atendido a Eduardo VII, dirigía a un equipo de médicos que frenéticamente intentaban localizar la fuente de un absceso en la cavidad torácica del Rey. El 12 de diciembre el monarca comenzó a decaer. Dawson afrontó un riesgo brillantemente calculado: hundió una jeringa en lo que él creía era el lugar exacto de la enfermedad y extrajo medio litro de un fluido espeso, y de ese modo salvó la vida del monarca. Pero pasaron dos semanas antes de que pudiese emitirse el anuncio de la recuperación y tres meses del nuevo año de 1929 antes de que el rey Jorge pudiese recibir a Baldwin en una audiencia regular. El 9 de febrero se permitió desaprensivamente al Rey que retomara el vicio de fumar: así hubo dos graves recaídas, que exigieron intervenciones suplementarias, en mayo y julio.

Tenía sesenta y cuatro años, pero parecía contar con diez años más; durante los años restantes se lo vio cada vez más frágil, convertido en un hombre que envejecía con excesiva rapidez, a menudo encorvado y jadeante a causa del esfuerzo realizado en un corto paseo. En el servicio de acción de gracias por su recuperación, el 7 de julio, nadie sabía, en vista de su alegre ostentación, que el rey Jorge estaba sufriendo el dolor de una herida abierta en el pecho y padecería una segunda recaída dos días más tarde.

Durante las convalecencias del Rey en 1929 —la mayor parte en Bognor, sobre la costa meridional— lo reconfortó la serena devoción de la reina María, que no comunicó sus temores ni los informes del médico a los hijos. Estos tenían que enterarse de la situación de su padre gracias a la información de los médicos, las enfermeras o los ministros del gabinete. "En medio de toda esta ansiedad —escribió el Duque de York al Príncipe de Gales, refiriéndose a su madre—, nunca reveló sus sentimientos a cualquiera de nosotros. A decir verdad, es una mujer excesivamente reservada; conserva muchas cosas guardadas dentro de ella."

El Rey también se sintió reanimado por las visitas de la nieta, a quien mimaba desvergonzadamente y que incluso en esta etapa estaba bajo la protección de la Reina. La princesa Isabel, de tres años (que apareció en la tapa de la revista *Time* el número del 29 de abril de 1929), no podía pronunciar fácilmente su propio nombre: decía algo parecido a "Lilibet", y en adelante así la llamó siempre su familia. El Rey (así lo dijo la reina María en su diario) estaba "complacido de verla... ¡Jugué con Lilibet en el jardín y fabricamos pasteles de arena!". Esa fue quizá una experiencia nueva para la Reina de sesenta y dos años y parece divertido representarla arrodillada en un arenero, la toca perfectamente en su lugar, las hileras de perlas colgando sobre los juguetes de una niña pequeña, las manos protegidas por los guantes blancos moldeando golosinas incomibles. Una escena análoga nunca fue protagonizada por los propios hijos de María.

Lilibet también se impuso a su abuelo. Cuando el arzobispo de Canterbury visitó al Rey, lo encontró apoyado en las rodillas y las manos, la Princesa montada sobre su espalda, gritando: "¡Arre!", y tirándole de la barba para espolearlo. No mucho después, el abuelo sustituyó su propia persona con la cosa real: él fue quien inspiró el amor de toda la vida de Isabel por los caballos, cuando le trajo un pony Shetland. La princesa Isabel era una pequeña amazona independiente y vivaz cuando tenía cuatro años, y obedecía las órdenes de Henry Owen, palafrenero del Duque de York. Cuando él la exhortaba a "Encogerse con fuerza", o "Ponerse en guardia", la Princesa contestaba: "Sí, por supuesto, Owen". Durante la niñez de Isabel, él fue algo parecido a un oráculo heroico para ella. "Owen dice esto", era una frase constante, o bien "Owen dijo que hiciera aquello". Esta actitud irritaba a su padre, que al ser consultado acerca de cierto detalle doméstico, contestó a su hija con cierta irritación (y quizá con un poco de celos): "No me lo preguntes. Pregunta a Owen. ¿Quién soy yo para formular sugerencias?".

De acuerdo con la versión de Mabell Airlie, el rey Jorge simpatizaba con sus dos nietos Lascelles, Jorge y Gerardo, "pero Lilibet siempre ocupaba el primer lugar en sus afectos. Solía jugar con ella —algo que nunca le vi hacer con sus propios hijos— y le encantaba tenerla cerca... Ella logró que su convalecencia en Bognor le pareciera soportable". Y como el afecto que le profesaba era tan evidente, la niña se tomaba algunas libertades inauditas. Por ejemplo, es imposible imaginar a cualquiera de los hijos del Rey diciéndole, como hacía la pequeña Isabel cuando él salía de la habitación: "Abuelo, ¡olvidaste cerrar la puerta!" Siempre paciente y jovial con Lilibet, el Rey continuaba siendo el Rey: la adoraba, pero no compartía los gustos de la niña en materia de entretenimientos. Pocos años después, cuando le preguntaron qué película le agradaría ver cuando ella se retirase del palacio, después de una visita de varios días, Jorge murmuró: "¡Cualquiera, excepto ese condenado Ratón!"

El humor de Jorge también podía ser más áspero. Sir Owen Morshead, bibliotecario del Rey, recordaba que cuando los habitantes de Bognor preguntaron si podían agregar la palabra "Regis" al nombre de su localidad (con lo cual la municipalidad llegaría a ser "real" en honor del paciente), el anciano marino contestó gruñendo: "¡Maldito Bognor!"; prefería olvidar cuanto antes el lugar. Ah, sí, informó el secretario del Rey a la delegación que esperaba, Su Majestad de buena gana concedía la solicitud.

Durante la prolongada convalecencia del Rey, ese verano de 1929, le ocultaron con prudencia una noticia originada en la familia. El Príncipe de Gales se había fatigado de la fidedigna y tranquilizadora Freda Dudley Ward, a quien en todo caso le había sido infiel durante años. Ahora, reafirmando su preferencia por los norteamericanos, se había enamorado de una joven de veinticuatro años, la figura de sociedad Thelma Furness, que llegó a ser en la vida del príncipe una protagonista más decisiva todavía que Freda.

Thelma era una de las tres hijas del diplomático norteamericano Harry Hays Morgan y su esposa Laura Kilpatrick, hija de un general. Su gemela era Gloria (esposa de Reginald Vanderbilt); su hermana mayor era Consuelo, entonces casada con Benjamín Thaw (h.), primer secretario de la embajada norteamericana en Londres. Pequeña y esbelta, con mirada penetrante y la piel clara, Thelma tenía recogidos los cabellos oscuros, peinados en un estilo elegante. Sus rasgos angulares y la tendencia a curvar los labios a veces determinaban que adquiriese una expresión bastante severa y es posible que al principio el Príncipe de Gales se haya sentido impresionado por su apariencia engañosamente perfilada y elegante. De hecho, como Eduardo pronto lo advirtió, ella era una criatura agresiva pero al mismo tiempo vivaz, frívola, divertida pero no muy inteligente, independiente y un poco dominante; una mujer que había conseguido bastante de la vida en sus veinticuatro años.

Nacida el 23 de agosto de 1905, a los dieciséis años ya se había casado con un hombre que la doblaba en edad y de quien se divorció tres años después. Más tarde, residió brevemente en California, donde tuvo un romance con un actor mucho mayor, Richard Bennett (padre de Constance, Barbara y Joan). En medio de esta relación se trasladó a París, donde conoció al magnate naviero Marmaduke "Duke" vizconde Furness, un hombre alegre, aficionado a los puros y bastante tosco, con quien se casó en 1926. Era veintidós años mayor que ella y hacia 1929 los vínculos conyugales se habían debilitado considerablemente: ahora, el vizconde perseguía ágiles zorros y a las mujeres ligeras de cascos, y lady Furness deseaba vivir algún romance. Eduardo, Príncipe de Gales, aprovechó la situación; en todo caso, tenía sólo once años más que ella. Se conocieron en el baile de verano del marqués de Londonderry, no mucho después que lady Furness diera a luz un varón.

Thelma recordaba varios años después: "El Príncipe me pareció seductoramente apuesto.

> Era la quintaesencia del encanto. Y después de la actitud ostentosa y exagerada de 'Duke', la timidez y la reserva naturales del Príncipe ejercían una atracción evidente. Nos sentamos junto al hogar y bebimos cócteles, mientras el Príncipe charlaba amablemente acerca de los menudos problemas que uno puede comentar sin exceso de tensión o de esfuerzo. A su tiempo, me preguntó si deseaba salir a cenar. Elegimos el Hotel Splendide, que era famoso por su cocina y su orquesta vienesa".

Si lady Furness hubiese reflexionado de manera más profunda, podría haber comprendido lo que muchos veían en el Príncipe de Gales: a saber, que su encanto en realidad no era natural, sino más bien algo así como un efecto que él podía evocar cuando deseaba provocar simpatía. También se relacionaba más con los rápidos cambios de humor que en la verdadera fuerza de su carácter. Un hombre que se atenía a las circunstancias; a menudo se sentía transferido del hastío a la simpatía, a la preocupación intensa y a una enojosa frivolidad.

Eduardo y Thelma cenaron y bailaron tres veces más durante la semana siguiente y pronto los vieron bailando en los clubes Embassy y Kit Kat. Lord y lady Furness incluso invitaron al Príncipe a cenar en su casa. Era muy firme la pantalla de la apariencia que caracterizaba a muchos matrimonios típicos de la clase alta en momentos en que los requerimientos legales del divorcio todavía eran complicados e incómodos. Y así, de nuevo el Príncipe se sintió atraído por una mujer casada, maternal pero dominante; de nuevo pareció que había encontrado una familia preestablecida que lo adoptaba. Así como le había encantado retozar con las dos niñas pequeñas de Freda, ahora sonreía al varoncito de Thelma. De hecho, el propio Eduardo era hasta cierto un niño frente a ella. Compró dos ositos de felpa, uno para cada uno de los miembros de la pareja, y debían llevarlos consigo como talismanes siempre que se separaban. El la llamaba Toodles; para lady Furness, él era simplemente el Hombrecito. Todo era terriblemente hermoso; y peligroso, pues la irresponsable Thelma alentaba los peores aspectos de las costumbres de Eduardo: la impuntualidad, la autocomplacencia y la subordinación de la comodidad ajena a la propia.

En la primavera de 1930, lord y lady Furness fueron en un safari a Africa; y sucedió que el príncipe Eduardo tuvo la misma idea. Se unió a Thelma, que como ella misma escribió, "se sintió inexorablemente liberada de las usuales ataduras de la cautela. Cada noche me sentía cada vez más poseída por nuestro amor, arrastrada más rápidamente a los mares ignotos del sentimiento, satisfecha al permitir que el Príncipe marcase el rumbo, indiferente al lugar en que el viaje terminaría". Pero la visión retrospectiva confirió un tinte sonrosado a sus recuerdos; pues la mayor parte del tiempo el Príncipe estuvo gravemente enfermo de malaria.

El rey Jorge, que a esta altura de las cosas estaba enterado del romance, sin duda apreciaba la preferencia de Thelma por las metáforas náuticas, pero no aprobó la relación. Sin embargo, por una vez intentó comprender la melancolía de Eduardo y cedió al deseo de su hijo de trasladarse a Fort Belvedere, una descuidada construcción del siglo XVIII existente en Great Park, Windsor. "¿Para qué puedes desear ese lugar antiguo y extraño? —preguntó el Rey—. Imagino que para pasar esos condenados fines de semana. Bien, si lo deseas, puedes tenerlo." Hacia el verano de 1930, Toodles y el Hombrecito pasaban todos los fines de semana en el gris y almenado Fuerte.

El lugar no era un castillo; más bien se trataba de una casa pequeña, y los pocos dormitorios para huéspedes eran más bien estrechos y poco cómodos. Pero el príncipe Eduardo trabajó incansablemente para realizar reparaciones e incorporar mejoras, renovar los jardines, limpiar de malezas, planear y plantar. Agregó una piscina y pistas de tenis, y supervisó el rediseño y la modernización de varias habitaciones, para crear la atmósfera de un parador. Fort Belvedere sería durante los seis años siguientes la residencia favorita de Eduardo. Escribió que lo amaba, "como nunca amé otras cosas materiales; quizá porque el lugar debía tanto a mi propia creación. Cada vez más se convirtió para mí en un puerto pleno de calma y casi encantado".

Con respecto a Thelma, era una amable anfitriona cuando estaba con otros y una compañera atenta cuando se encontraba a solas con el príncipe, y soportaba que él tocase la gaita y protagonizara juegos infantiles (por ejemplo, que arrojase al aire como bumerán los discos de gramófono, con graves riesgos para las lámparas y la decoración). Trató de moderar la ingestión excesiva de bebidas por la noche, complementando las labores de punto que había aprendido de la reina María con una introducción al arte de la aguja. ("¡La mano que sostiene la aguja no puede sostener una copa de cognac!") El padre de Thelma, que los visitaba a menudo, les leía en voz alta pasajes de Dickens o de sir Walter Scott; y el Duque y la Duquesa de York eran algunos de los frecuentes y cordiales visitantes, que patinaban sobre hielo o nadaban según lo permitiese la estación, y venían en coche desde el cercano Royal Lodge, un retiro rural que ocuparon y comenzaron a remodelar en 1931.

Pero la vida no era tan alegre para el Rey. En enero de 1931 falleció su hermana mayor la princesa real Luisa; una conmoción seguida dos semanas después por la muerte de sir Charles Cust, a quien había conocido desde los tiempos en que ambos servían en la marina. Cust era uno de los muy pocos que podían hablar con atrevimiento al Rey. Poco después del ascenso al trono de Jorge V, Cust estaba sentado en la sala de billares de Balmoral, revisando libros que había extraído de los estantes, y apilándolos aquí y allá sobre el piso.

—Te digo un cosa, Charles —observó el Rey recién ungido—, ¿ese es el modo de tratar mis libros?

—¡*Tus* libros! —replicó riendo su amigo—. Caramba, no tienes en toda la casa un libro que merezca ser leído. ¡Tu supuesta biblioteca no es más que palabrerío bien encuadernado! —lo cual fue siempre aplicable a la biblioteca real, aunque él trató de mejorar la selección preguntando cuáles eran los libros interesantes que podían agregarse y eliminando a los que carecían de valor; un proyecto que no le interesó más que la lectura de cualquiera de las obras.

A la muerte de Cust siguió, en marzo de 1931, la de lord Stamfordham, el confidente más íntimo y secretario privado del Rey. "Lo echaré terriblemente de menos —reconoció el Rey—. Su pérdida es irreparable... Ha sido el amigo más fiel que jamás he tenido... Me enseñó a ser Rey." Como escribió en su diario, era "un mal comienzo para un año nuevo. Me siento muy deprimido".

Pero su pesar se vio atenuado por la presencia de otro nieto. El 21 de agosto de 1930 la Duquesa de York dio una hermana a la princesa Isabel; nació en medio de una terrible tormenta en el Castillo de Glamis, hogar ancestral de los Strathmore. Ese otoño se la bautizó con los nombres de Margarita Rosa. "La llamaré Capullo *(Bud)* —dijo Lilibet—. Todavía no es una Rosa." Clara Knight salía de la casa en Piccadilly con las dos hermanas, para pasear por los parques Green y Hyde, pero rara vez se reunían con los niños de su edad. "Los otros pequeños siempre ejercían una enorme fascinación —recordaba la niñera—, y las niñitas solían sonreír con timidez a aquellos que les agradaban. Les habría encantado hablarles y trabar amistad, pero nunca se fomentaba esa actitud. A menudo pensé que era una lástima."

Y así era. Las princesitas llevaban una vida hogareña cómoda, pero el aislamiento era antinatural; los juguetes de tamaño natural y los animales de madera eran sus únicos acompañantes, excepto la compañía mutua. No conocían los intercambios normales de los niños con otros pequeños, la necesidad de demostrar paciencia y generosidad, el placer de conquistar nuevos amigos, la necesidad de afrontar el sacrificio y el desafío, la de lidiar con los sentimientos y las antipatías de otros. En este sentido, su niñez no fue distinta de la que podía observarse en cualquier monarca.

Pero sobre la princesa Isabel se ejercía una influencia decisiva que no tenía carácter regio. En 1930, cuando su hermanita estaba todavía en la cuna, entró en la vida de Lilibet otra Margaret, cierta señorita MacDonald, llamada siempre Bobo.

Tenía veintiún años, era pelirroja, una mujer pulcra que usaba gafas, la hija soltera de un ferroviario escocés. Contratada por la Duquesa de York como criada del cuarto de los niños correspondiente a la princesa Isabel, Bobo recomendó a su hermana casada Ruby con el fin de que desempeñase la misma función con la princesa Margarita. Estas hermanas se trasladaron, en compañía de sus pupilas, del cuarto de los niños al vestidor de María y se convirtieron en ayudas de cámara y confidentes de la pareja real. Ruby permaneció en su empleo durante treinta y un años; Bobo lo hizo durante sesenta y tres. "¡Enseñe a esa niña que no debe moverse!", ordenó a Bobo la reina María. Así, desde la edad de cuatro años, se enseñó a Isabel que hiciera reverencias a sus abuelos, el Rey y la Reina; que se mantuviese quieta en la iglesia y en presencia de los adultos; que saludase con dignidad; que sonriese a la voz de orden ante las cámaras; e incluso que contuviese su necesidad de ir al cuarto de baño.

En cierta ocasión, la Reina reprendió con severidad a Lilibet, cuando esta ordenó a una visitante de su propia edad que la tratase como una figura real ("¡Una reverencia, niña!"). Otra regañina recayó sobre ella el día que consideró que la ignoraban; Lilibet tironeó de la manga de un adulto y gorjeó: "¡La realeza habla!". Su abuela se apresuró a reprenderla. "La realeza nunca ha sido una excusa para demostrar malos modales." La reina María no toleraba estas manifestaciones de dignidad infantil y se apresuraba a señalarlas a la Duquesa. Existía por lo tanto un peligro real de que la princesita, tan sólida y segura de sí misma, al percibir la gravedad que manifestaban sus padres, pudiera tomarse demasiado en serio y demasiado pronto.

Pero ya llegaba ayuda en la persona de una escocesa inteligente y sagaz llamada Marion Crawford, que en mayo de 1932 (después de un período de prueba que se había prolongado durante un mes el año precedente) fue incorporada como gobernanta de las princesas Isabel y Margarita. De modo que había tres servidores sólo para Isabel: una niñera, una vestidora y una preceptora.

Crawford, que entonces tenía veintidós años, se había desempeñado durante un breve lapso como preceptora de la sobrina de la Duquesa de York y había impresionado tanto a la familia que se le pidió que fuese a Londres; pero sólo por un mes. Crawford se proponía regresar a Edimburgo y abrigaba la esperanza de que allí podría enseñar a los niños pobres y disminuidos. Pero sus aspiraciones nunca cristalizarían. Permaneció diecisiete años al servicio de las princesas Isabel y Margarita.

Al llegar al Royal Lodge, Crawford advirtió de inmediato que se trataba de un lugar muy ordenado, incluso regimentado. En primer lugar, fue entrevistada por la Duquesa en su vestidor blanco y amarillo, y después por el Duque en su dormitorio oscuro, con paneles de madera, adornado con todos los elementos del camarote de un barco. Dijeron a Crawford que la princesa Isabel se atenía a un programa riguroso; una virtud que el Duque había heredado de su padre. La despertaban a las 7.30, desayunaba en el cuarto de los niños y después de quince minutos veía a sus padres, antes de que la entregaran a la niñera Knight, con quien pasaba la mañana entretenida en juegos tranquilos y escuchando historias. A las

11 le servían un vaso de naranjada y un bizcocho. Seguía el almuerzo exactamente a las 13.15, a veces con los padres. Por las tardes salía de la casa y realizaba tranquilas excursiones a un parque (donde Lilibet saludaba con gracia cuando Alá así se lo ordenaba) o se entretenía con los juegos propios de una niña en un jardín; si hacía mal tiempo, se le enseñaba dibujo o danza. La Duquesa llegaba a las 17.30 para jugar una hora con Lilibet y Margarita; venía después la cena y a las 19.15 acostaban a la Princesa. Estas rutina inexorable se aplicaba en Piccadilly 145 y en la Royal Lodge.

Crawford había llegado bastante avanzada la tarde y era la hora en que las niñas se acostaban cuando al fin la presentaron a Alá, que estaba en el cuarto de los niños. La niñera imaginó de inmediato que había aparecido una competidora por el afecto de las niñas. Como percibió la reserva y la aprensión de la antigua servidora, la gobernanta se preocupó, según sus propios recuerdos, "para evitar todo lo posible lo que pudiera parecer una intromisión". Después, conoció a la princesa Isabel. "Una figurita con un montón de rizos estaba sentada en la cama —escribió Crawford—. Había atado el cinturón de su bata a los postes de la antigua cama y estaba atareada dirigiendo el tiro" de caballos imaginarios.

—Esta es la señorita Crawford —dijo Alá con frialdad.

—Mucho gusto —dijo la Princesa con precoz formalidad. Después, recordaba Crawford, "me dirigió esa mirada larga y amplia que ya había visto antes en la cara del Duque" y continuó diciendo: "¿Por qué no tiene pelo?". Crawford se quitó el sombrero y mostró los cabellos rojos bien cortados: "Es un corte Eton", dijo, y entonces Lilibet aferró de nuevo las riendas. "¿Generalmente manejas el coche en la cama?", preguntó la gobernanta.

—En general, doy dos vueltas al parque antes de dormirme. De ese modo ejercito los caballos. ¿Usted piensa continuar con nosotras?

—En todo caso, estaré un tiempo.

Alá desató el tiro de los caballos y arregló las mantas que cubrían a la niña. "Si llego a Reina —dijo Lilibet, en cierto modo como si nadie dudase de ello—, impondré una ley prohibiendo la equitación los domingos. También los caballos necesitan descansar." Hubo una ligera pausa. "Buenas noches", dijo la niña. Así terminó la primera audiencia de Crawford. La mañana siguiente conoció a Margarita, que aún no tenía dos años y que en absoluto era tan formal como su hermana.

La primera escaramuza de carácter secundario llegó a los pocos días de la incorporación de Crawford. La pequeña Isabel tenía la costumbre de llamar a los diferentes criados por sus nombres de pila, de modo que llamó Marion a su gobernanta. Pero la preceptora consideró que, en bien de la disciplina, eso era imprudente y corrigió a la niña. La cuestión se resolvió sólo cuando estaban jugando a la pelota y la Princesa dejaba caer un tiro tras otro. "¡Oh, Crawfie!" (diminutivo de Crawford), exclamó exasperada y después miró a la preceptora con expresión complacida. "¡Ahí está! Así te llamaré."

Al cabo de dos semanas de su llegada, los abuelos llegaron para inspeccionar a la nueva recluta. El rey Jorge se apoyaba en su bastón y un momento después murmuró: "Por Dios, lo único que le pido es que enseñe a escribir bien a Margarita y Lilibet. Ninguno de mis hijos puede escribir como es debido. Me agrada que tengan una letra con un poco de carácter". En adelante se prestó la debida atención a la caligrafía.

Mientras los abuelos reales simpatizaban y atendían a las pequeñas princesas, parece que Margarita nunca demostró hacia ellos la misma cálida adhesión que se manifestaba en Isabel, quizá porque estaba un lugar más alejada en la línea sucesoria; quizá también porque siempre era más volátil e irreprimible que su hermana mayor. Cuando años después le preguntaron acerca de la leyenda según la cual el rey Jorge V era para las princesas "el abuelo Inglaterra", la princesa Margarita replicó que esa versión era una tontería. "Le temíamos demasiado para aplicarle un nombre que no fuese el de abuelo." Con respecto a la reina María, Margarita dijo más tarde que la visita de la dama originaba "una ingrata sensación de vacío en la boca del estómago". Había buenos motivos para ese desagrado, pues la abuela a menudo le había dicho durante su infancia: "¡Qué pequeña eres! ¿Por qué no creces?".

Como lo hacía en todas sus tareas, desde la niñez la princesa Isabel abordó todas las cosas con la mayor gravedad. Cuando Crawfie le decía que dispusiera las ropas del día siguiente a un costado y los zapatos bajo la cama, la niña ordenaba todo con pulcritud militar. Alineaba sus juguetes como si los sometiera a una inspección, plegaba con cuidado las cintas para el cabello, ponía las lecciones y los libros en los lugares apropiados. Invariablemente se comportaba bien; a veces de un modo antinatural, según pensaba Crawfie; en el estilo de la niña había una seriedad exagerada. La princesa Isabel se sentaba muy erguida en un carruaje abierto y su espalda no tocaba los almohadones. En eso imitaba a la reina María.

No era el caso de Margarita, que se mostraba descuidada e irregular, a menudo "encantadoramente perversa", como escribió Crawfie en una memoria. Las dos niñas eran notablemente bonitas, con ojos muy azules, el cutis muy límpido y los cabellos castaños con hebras rojizas y doradas. Pero en la hermana menor había una vivacidad, un espíritu juguetón que Lilibet nunca manifestaba; no puede extrañar entonces que cometiese más travesuras; y a veces arrastrase a esas situaciones a la propia Lilibet. "Ninguna de las dos se privaba de descargar un golpe sobre la adversaria si la provocaban —según la versión de Crawford—, ¡y Lilibet reaccionaba rápidamente con la mano izquierda! Margarita tendía más bien a pelear de cerca y se sabía que a veces mordía. Más de una vez vi una mano que mostraba las marcas de los dientes reales." Enviada a su cuarto por alguna maldad, cierta vez Margarita fue llamada por su madre: "Ven, querida, no necesitas continuar ahí. Estoy segura de que ahora serás buena, ¿no es verdad?". A lo cual la niña replicó: "No, todavía soy mala. Y continuaré siendo mala". Algunos dirían que era una promesa que continuó cumpliendo durante varias décadas.

En la adolescencia Margarita también mostró una intensa propensión a las

212

prendas coloridas y elegantes, sin duda porque hasta ese momento su vestuario era idéntico al de su hermana. Los York vestían a sus hijas como si hubiera sido gemelas, quizá para reducir al mínimo la diferencia de edad y crear una suerte de igualdad entre ellas. "El Duque se sentía muy orgulloso de Lilibet —de acuerdo con la versión de Crawfie—, pero Margarita lo complacía mucho." Estaba (de acuerdo con la versión de lady Donaldson) "seducido" por este duendecillo, por su precoz don de la mímica y la ausencia de timidez cuando respondiendo a una orden tenía que cantar y bailar. Pero era necesario deducir que se sentía complacido, pues aunque la Duquesa era una madre afectuosa, el Duque no manifestaba sus sentimientos con facilidad. Crawfie recordaba que cuando Margarita corría para abrazarlo o le pedía que la sostuviese en brazos, él se mostraba torpe. Quizá porque tenía tan escasa experiencia del afecto como niño. Según Crawfie veía las cosas, el príncipe Alberto "no era un hombre demostrativo".

La gobernanta adoptaba una actitud muy seria con respecto a las lecciones de las niñas, pero en esta cuestión sus empleadores la apoyaban poco. "Tenía la sensación de que el Duque y la Duquesa no se sentían muy preocupados por la educación de sus hijas. Deseaban sobre todo que tuviesen una niñez feliz, con muchos recuerdos agradables acumulados para aprovecharlos en un futuro posible; y después matrimonios felices." Por lo demás, se entendía que la danza, el dibujo, la apreciación musical y la etiqueta eran suficientes. Pero los York dejaban en libertad de acción a la gobernanta. Seis días por semana se consagraban las mañanas a los temas habituales en la escuela primaria, pero se traían profesores especiales que dictaban lecciones de francés e historia constitucional; se dedicaban las tardes alternativamente a la música y al arte. Por consejo de la reina María, más tarde se agregaron al programa las lecciones de historia, estudios de la Biblia y genealogía real.

Crawfie también creía que las niñas necesitaban conocer mejor "el mundo exterior, del cual sabían tan poco". Pero el Duque y la Duquesa, quizá como reacción a la incansable actividad social de los tíos de las niñas, sólo ponían el énfasis en las virtudes de la vida hogareña y mantenían muy protegidas a las hijas. Al Príncipe de Gales le encantaba visitar a sus sobrinas y a menudo llegaba cargado de juguetes que había comprado en Woolworth's, su tienda favorita. Pero aunque era frecuente que se acompañase a Isabel y Margarita hasta el palacio, rara vez se las llevaba a la Casa York para realizar una visita. Quizá los padres vacilaban porque sabían que las niñas encontrarían un pequeño grupo de invitados de comportamiento demasiado alegre. Esos temores estaban bien fundados, porque los tíos de las niñas tenían una vida social alegre.

Uno de estos acontecimientos con el tiempo encontró un lugar en los libros de historia. Los días 10 y 11 de enero de 1931, Thelma Furness invitó a su casa de campo, Burrough Court, en Melton Mowbray, Leicestershire, a media docena de amigos —incluidos su hermana y su cuñado, Consuelo y Benjamin Thaw, y el Príncipe de Gales— a pasar un fin de semana dedicado a la caza. Pero unos días antes la suegra de Consuelo cayó enferma y la dama fue a París a cuidarla. Por consiguiente, se pidió a Thelma que invitase como suplentes a una pareja norteamericana a quien había conocido poco tiempo antes.

Ernest Simpson nació en Chicago de madre norteamericana y padre inglés; trabajó en el negocio naviero de la familia y con el tiempo adoptó la ciudadanía norteamericana y se trasladó a Londres en compañía de su esposa Wallis, con quien había contraído matrimonio en 1928. Era un individuo formidablemente correcto, un tanto grisáceo, mucho menos jovial que su hermana Maud Kerr-Smiley, que había concedido asilo a Freda Dudley Ward esa temible noche en el Londres desgarrado por la guerra, cuando ella conoció por accidente al Príncipe de Gales. La gente no recogía impresiones muy vivaces de Ernest Simpson; invariablemente quienes lo conocían decían que era un hombre "muy educado, muy correcto, pero al mismo tiempo un necio hecho y derecho... un tonto débil de carácter [que] no impresionaba... un muñeco", que se preocupaba ante la perspectiva de perder sus relaciones sociales pertenecientes a la realeza. Estos juicios no valían para su esposa.

La madre de la señora Simpson, Alice Montague, era una belleza bien conocida perteneciente a una destacada familia virginiana. Pero los Montague afrontaban situaciones difíciles y de la época en que Alice se había casado con Teackle Warfield, en junio de 1895, sólo restaba un buen linaje, el lenguaje refinado, la etiqueta adecuada y algunas piezas de la platería de la familia. Era el retoño sin dinero de una familia respetable de Baltimore, una ciudad tan rígida como Nueva York en sus liturgias sociales y su idolatría de las relaciones adecuadas. Bessiewallis Warfield, llamada Wallis desde la niñez, nació el 19 de junio de 1896, en las montañas de Blue Ridge Summit, Pennsylvania, adonde sus padres se habían trasladado a causa de la mala salud de Teackle. La suerte de Alice llegó a ser aún más inestable cinco meses después, cuando su esposo falleció abatido por una virulenta tuberculosis.

La viuda Warfield se esforzó mucho para sostenerse y mantener a su hija, y durante una década economizaron todavía más compartiendo la modesta residencia de la familia Teackle. Como carecían de los medios necesarios para incorporarse a la sociedad elegante de la cual creían ser miembros por derecho propio y que debía aceptarla en virtud de su apellido, Wallis fue criada por su madre en una atmósfera de corrección y pobreza, dependiendo de la dádiva ocasional de los parientes y rodeada por vecinos y condiscípulos que eran más solventes pero menos refinados. Sus amigos estaban mejor vestidos, vivían en hogares más amplios, tenían lujos y criados. Y esa fue la base de la ambición permanente de Wallis, que ansiaba mejorar su status: desde la niñez necesitó demostrar que merecía tanto como otros que se le otorgasen privilegios, que pertenecía a una clase de la cual se había visto injustamente excluida por una mala jugada del destino.

En 1908 Alice se casó de nuevo y se mudó, y con la ayuda de sus abuelos Wallis fue enviada a un pensionado. Hacia 1914 tenía dieciocho años y cursaba el cuarto año de la Escuela Oldfields, de Glencoe, Maryland, donde tanto los profesores como los condiscípulos la admiraban; no por sus logros académicos, que no eran muy destacados, sino por su vibrante personalidad. Sagaz más que profunda, tenía un ágil sentido del humor, una memoria aguda, una vitalidad incontenible, una seguridad infalible y la totalidad de las cualidades sociales necesarias. También demostraba cierta temeridad y no soportaba de buena gana a los tontos. En el cotillón del colegio, el último año, demostró que sabía de qué modo la elección hábil del color de las ropas, el maquillaje y las joyas de adorno podían compensar los rasgos en esencia poco atractivos; por consiguiente, se las arregló para destacar su figura esbelta, de caderas estrechas, mejorando con polvos, delineador y lápiz de labios la línea de su mentón anguloso, remarcando sus ojos expresivos y el cutis espléndido, y peinando sus cabellos negrísimos bien con un rodete elegante o apelando a la ondulación. También sabía manejar la dinámica de una conversación brillante y conocía mejor que muchas jóvenes más bonitas el modo de atraer y retener la atención de los jóvenes a quienes deseaba conocer.

Después de la graduación, Wallis se mostró decidida a mejorar su suerte y aprovechó la primera oportunidad que se le ofreció: un apuesto oficial naval llamado conde Winfield Spencer (h.), con quien se casó en noviembre de 1916, cuando ella tenía veinte años. Pero poco después "Win" Spencer comenzó a beber mucho y cuando lo trasladaron a Hong Kong, en 1921, el matrimonio había concluido definitivamente. Wallis permaneció en Washington, donde concertó una estrecha amistad (y quizás algo más) con Felipe Espil, primer secretario de la embajada argentina, y según se vio después, amigo de la familia Uriburu. Wallis y Felipe hablaron de matrimonio, pero él se mostró franco: necesitaba una esposa adinerada para satisfacer su ambición de ser el embajador argentino en Washington. Espil encontró una mujer así y en 1924 la desposó.

Wallis, muy turbada, partió en dirección a Hong Kong, animada por la esperanza de que hubiese una reconciliación con "Win" Spencer. Fue inútil: él ya era un alcohólico sin remedio; pero Wallis continuó en China, viviendo y viajando con Herman y Katherine Rogers, unos nuevos amigos a quienes conservó por el resto de su vida. Su propia vida era esencialmente peripatética y estaba ocupada por las relaciones sociales poco exigentes, las diversiones y las cenas y fiestas con hombres de negocios y diplomáticos norteamericanos e ingleses y sus respectivas familias. Hacia 1926 regresó a Washington, donde ganó sin oposición el juicio de divorcio contra Spencer y conoció a Ernest Aldrige Simpson, un hombre respetable pero casado que se disponía a conseguir la ciudadanía británica. Wallis, recordaba la primera señora Simpson, "en realidad era una mujer muy atenta. Primero se sirvió de mis ropas y mi apartamento, y después de mi esposo". Los Simpson se divorciaron en 1927 y hacia la primavera de 1928 Wallis y Ernest cortejaban en Nueva York y Londres, donde él tenía negocios.

La atracción que él ejercía es comprensible, puesto que se trataba de un hombre estable, bastante apuesto, y aportaba fortuna, respetabilidad y seguridad, precisamente la combinación de cualidades que permitían que ella ascendiera en la escala social internacional. "No puedo vagabundear el resto de mi vida —escribió a su madre después que Ernest le propuso matrimonio—, y en realidad me siento muy cansada de luchar sola y sin dinero contra el mundo. Además, tener 32 años no me parece que me haga tan joven cuando una ve las caras realmente frescas y juveniles con las cuales tiene que competir. De modo que me resignaré a vivir una vejez bastante cómoda." Se casaron en Londres, el mes de julio de 1928.

Wallis era la compañera ideal para el ambicioso Simpson. Aunque no se trataba de una mujer hermosa, tenía una fuerte voluntad y se destacaba en medio de la gente; era una anfitriona perfecta y una conversadora excelente cuyos movimientos nerviosos atraían a las figuras sociales ricas e influyentes que según creía Ernest podían beneficiar sus negocios. Ella demostraba que estaba actualizada y que podía conversar un poco de todo; para ello leía los titulares de los periódicos, hojeaba los más recientes *best-sellers* y trataba de estar al tanto de los elementos más novedosos de la chismografía social. En una actitud prudente, no intentó fingir un acento inglés y para la mayoría su dicción aristocrática de Baltimore, región de Hunt, era bastante atractiva.

Dispuesta a formular opiniones pero por igual rápida para aprender, se mostraba afirmativa pero no dejaba de ejercer cierto encanto. Chips Channon, a quien siempre le agradaba identificar y destruir las actitudes pomposas, no pudo hacerlo cuando conoció a Wallis en el hogar de Emerald Cunard. Channon comprobó que la señora Simpson era "alegre, simple, inteligente, tranquila, desprovista de pretensiones y de apariencia", expresiones que en su caso constituían un elevado elogio. El marido pronto encontró otras cualidades acerca de las que le atraían: "Tenía un carácter terrible —dijo Simpson muchos años después, cuando ya tenía una tercera esposa. El creía que todos los maridos de Wallis le habían temido y agregaba—: Sé que la mayor parte del tiempo yo le temía".

Hay motivos suficientes para creer que Ernest y Wallis se profesaban sincero afecto, como lo sugiere su conducta ulterior en momentos difíciles. Es posible que Wallis demostrase mal carácter en privado, pero nadie ha aportado pruebas en el sentido de que era una mujer violenta y mucho menos una neurótica. Pero de acuerdo con la versión de Herman Rogers, había un aspecto de su vida que contribuye mucho a explicar su carácter, su necesidad de controlar y la naturaleza de sus dos primeros matrimonios; e incluso, como veremos, del tercero. En 1955, cuando Wallis contrató al escritor norteamericano Cleveland Amory con la misión de ayudarla a redactar sus memorias, Amory consideró que debía complementar los recuerdos de Wallis con los de antiguos amigos y así pasó varias semanas con Herman Rogers, el confidente más antiguo de la mujer, en las residencias que él tenía en Londres y Cannes.

Aunque él y Amory sabían que la información que manipulaban debía mantener un carácter reservado, Rogers reveló que la propia Wallis le había dicho: "Ningún hombre está autorizado a tocarme por debajo de la línea Mason-Dixon", con la cual obviamente definía una restricción geográfica en su propio cuerpo. En otra ocasión, dijo también a Rogers: "Vea, Herman, estuve casada dos veces antes de conocerlo [al Príncipe de Gales], pero nunca me acosté con ninguno de mis esposos".

A juicio de muchas personas, las afirmaciones de Wallis a Rogers parecen increíbles, pero no existiría motivo que la indujese a inventar esos detalles íntimos, provocativos y un tanto comprometedores acerca de su propia persona. En el curso de los años hubo algunas conjeturas (y para algunos tales especulaciones fueron conclusiones ciertas) en el sentido de que Wallis nació hermafrodita; de que hasta cierto punto tenía los órganos sexuales y la química hormonal tanto de una mujer como de un hombre, una rara complicación que a veces se corrige al nacer, con frecuencia después. Si tal cosa es cierta, dicha condición en efecto explicaría por qué ella rechazó tenazmente la relación heterosexual convencional; y también explicaría la presencia de esos rasgos masculinos que muchos advirtieron en el curso de su vida. James Pope-Hennessy, el erudito biógrafo de la reina María, no fue el único que juzgó a Wallis Simpson "una mujer norteamericana por excelencia [excepto] la sospecha de que no es en absoluto una mujer". Pero quizás avanzó demasiado lejos. Varios estados psicológicos u hormonales pueden explicar las características "masculinas" de una mujer. No hay evidencias que apoyen la sugestiva tesis del hermafroditismo y tampoco podemos dilucidar los detalles de la historia médica de Wallis Simpson. Pero a pesar de todas estas precauciones, persisten sus propias expresiones acerca de su extraña historia sexual y conyugal.

Con respecto a Spencer y Simpson, es natural que nos preguntemos por qué estos dos hombres querrían casarse con una mujer que al parecer imponía normas específicas con severas limitaciones de la intimidad conyugal. En el caso de Spencer, la revelación puede originar cierta impresión: en todo caso, este fenómeno por cierto ayudaría a explicar la decadencia del matrimonio y el rápido agravamiento del alcoholismo de este hombre.

La cuestión es un poco más complicada en el caso de Ernest Simpson. Wallis era una mujer socialmente deseable, de habilidad consumada y cualidades perfectas como anfitriona y en ese sentido era muy importante para él contar con dicho acompañante en Londres, donde abrigaba la esperanza de elevarse en los mejores círculos profesionales y sociales. De acuerdo con su propia admisión, Simpson le temía y temía su carácter; en efecto es posible que haya concertado algo parecido a un matrimonio de conveniencia y pretendido, como muchos ingleses a quienes admiraba, seguir su propio camino en la esfera de la vida erótica. O quizá no necesitaba más que todo lo que tenía al alcance de la mano. Finalmente, queda aún el hecho de que los medios de satisfacción personal (ya que no sexual) son por supuesto variados, y de que mucha gente tolera limitaciones y las imposiciones de los cónyuges porque el matrimonio o la relación tiene otras compensaciones y porque en el fondo alimentan la expectativa o la esperanza de que con el tiempo las preferencias del compañero puedan variar.

También es fundamental recordar que hasta fines del siglo xx existía una ignorancia enorme acerca del sexo y se leía o se discutía muy poco acerca del tema. La gente no se casaba principalmente por el sexo, sino por otras razones emocionales, profesionales y sociales, y la cohabitación prematrimonial y la experimentación sexual no eran tan usuales como llegó a ser después.

De hecho, Wallis Simpson de ningún modo estaba entusiasmada con la idea de aceptar la invitación de lady Furness: tenía un terrible resfrío, le molestaba el aire superior de protección que veía en su cuñada Maud Kerr-Smiley y le preocupaba el modo de comportarse en presencia del Príncipe. Pero Ernest insistió y así los Simpson fueron a pasar un fin de semana en el campo. En una carta dirigida a su tía Bessie Merryman, la semana siguiente, sólo de pasada menciona que conoció al Príncipe y alude al asunto entre comentarios acerca de su propio malestar y la dificultad de encontrar buenos criados en Londres.

Que él no le impresionó demasiado lo indica su respuesta a la primera conversación que sostuvo con Eduardo. El preguntó si era cierto que todos los hogares norteamericanos gozaban del beneficio de la calefacción central. "Lo siento, señor —contestó Wallis—, pero usted me ha decepcionado. A todas las mujeres norteamericanas que vienen a su país se les formula siempre la misma pregunta. Yo había esperado algo más original del Príncipe de Gales." Hubo un silencio sobrecogedor en la habitación y entonces todo vieron el sonrojo y después la sonrisa en la cara de Eduardo. Para un hombre rechazado por su padre y alejado por su madre, un hombre que gozaba con la compañía de mujeres fuertes, decididas y originales (y casadas) ella parecía grandiosa.[3]

"Wallis y yo nos hicimos grandes amigas —recordaba Thelma Furness años más tarde, y ofrecía una descripción de Wallis en 1931:

> No era hermosa; en realidad, ni siquiera era bonita. Pero tenía un encanto definido y un agudo sentido del humor. Tenía los cabellos oscuros divididos por el medio. Sus ojos, vivaces y elocuentes, eran el mejor rasgo... Tenía las manos grandes; no las movía con gracia y creo que las agitaba demasiado cuando quería subrayar una idea."

De todos modos, Thelma y Wallis, que ya se habían conocido en varias fiestas ofrecidas por otros norteamericanos residentes en Londres, tenían muchas cosas en común (podrían haber pasado por hermanas, tan acentuado era el parecido). La amistad de las dos mujeres floreció durante casi tres años más, un período en el que Thelma todavía ocupaba el primer lugar en los sentimientos del Príncipe y la relación que él mantenía con Wallis Simpson era simple y cordial. El resto de 1931 los Simpson y el Príncipe de Gales se vieron sólo tres veces más en otras reuniones y sostuvieron conversaciones breves, casuales y sin perfiles acentuados. Las cenas que los Simpson retribuyeron en su piso de Bryanston Court estaban limitadas por su presupuesto y por los recurrentes ataques de úlcera de Wallis en 1931. El príncipe Eduardo no fue invitado a esas reuniones hasta enero de 1932 y después él invitó al matrimonio a pasar un fin de semana en Fort Belvedere.

En todo caso, el Príncipe de Gales partió en una gira de tres meses concebida para promover las relaciones comerciales con América del Sur desde mediados de enero a fines de abril de 1931. Su hermano Jorge lo acompañó con el fin de visitar a su antiguo amor José Uriburu en Buenos Aires. El 10 de junio Wallis fue presentada al Rey y la Reina en un *garden party* del Palacio de Buckingham; la presentación momentánea y distante la obtuvo Wallis como parte de una extensa línea de norteamericanos, un episodio debido a la promoción de Thelma Furness.

La relación permanente del Príncipe con Thelma originó un enfrentamiento de Eduardo con su padre en marzo de 1932. Al informar a Eduardo que "Londres entera" hablaba de esa relación, el Rey le advirtió que "la conciencia de Inglaterra" no toleraría una vida tan escandalosa; aunque se tratara de una figura tan popular como el Príncipe de Gales. Cuando Eduardo contestó que la gente era más tolerante en 1932, el Rey lo negó e insistió, como lo detalló el memorándum de su secretario lord Wigram,

> en que los días en que los príncipes reales tenían amantes conocidas y formaban familias con ellas se habían ido para siempre, y en que el pueblo de Inglaterra buscaba que su Casa Real le mostrase una vida doméstica decente. Los jóvenes corrían sus aventuras, pero, ¿no podía afirmarse que el Príncipe de Gales, a los treinta y ocho años, había sobrepasado un poco esa etapa? Su relación con lady Furness era un hecho conocido. El Príncipe no intentó negar que lady Furness fuese su amante.

La principal preocupación del Rey era el Príncipe de Gales como heredero del trono, donde según creía el pueblo deseaba instalar a un hombre casado. Bien, replicó Eduardo, la única mujer con quien deseaba casarse era Freda Dudley Ward, "pero el Rey dijo que no creía que tal cosa fuese posible", como observó Wigram.

Y así el problema persistió. El rey Jorge no llegó a ninguna parte y, cuando volvió la mirada hacia la situación del país, encontró dificultades todavía mayores. Desde 1931, Gran Bretaña estaba sufriendo la terrible Crisis mundial y todas las ciudades parecían afectadas por el fenómeno; especialmente las áreas industriales. La confianza en las exportaciones y el comercio de ultramar cayó y la libra continuó siendo devaluada. Casi tres millones de personas (el veinticinco por ciento de la fuerza de trabajo total) estaba desocupada, y en Londres muchas grandes residencias privadas fueron vendidas y convertidas en hoteles. Sin embargo, el sistema de división en clases continuaba prevaleciendo. En los parques y las plazas se celebraban asambleas tanto fascistas como comunistas; cinco mil trabajadores sin empleo organizaron una demostración al sur del Támesis, en el ayuntamiento de Battersea; los irritados trabajadores postales paralizaron el movimiento en el West End y los empleados civiles se incorporaron a las marchas masivas de protesta. En ninguna parte había signos visibles de estabilidad.

En agosto de 1931, se derrumbó el gobierno laborista del primer ministro Ramsay MacDonald, después de una división en su Gabinete, que propuso aumentos de impuestos, reducciones de la ayuda por desocupación, disminución de los salarios de los servidores civiles, la policía, los maestros y las fuerzas armadas. Dos veces MacDonald fue al Palacio de Buckingham, a entregar su renuncia, pero el Rey lo convenció —con la aprobación de los líderes partidarios conservadores y liberales Stanley Baldwin y Herbert Samuel— de que encabezara un gobierno nacional de coalición (que en realidad fue conservador casi en su totalidad). En septiembre, se abandonó el patrón oro en favor de la libra esterlina y el valor de la moneda descendió un veinte por ciento.

En medio de estos problemas, se formuló al Rey la acusación general de que adoptaba una actitud partidista. Vaya, se quejaban muchos, "por qué no había consultado a la mayoría del Partido Laborista en lugar de respaldar sumariamente a MacDonald y aplicar planes orientados hacia una coalición? La verdad era que el Rey había actuado constitucionalmente: mientras MacDonald fuese Primer Ministro, elegido del modo debido, el Rey no debía ni podía consultar a otros sin un mandato expreso del propio MacDonald, que se mostró dispuesto a continuar en el cargo.

Como lo han reseñado los biógrafos de Jorge, había una crisis provocada por la necesidad de adoptar medidas prontas. Las reservas fiscales de la nación estaban agotándose, los inversores extranjeros perdían su confianza hora tras hora, y el gobernador del Banco de Inglaterra advertía con franqueza que la bancarrota nacional era inminente. El Rey no podía darse el lujo de perder tiempo y por lo tanto no pudo seguir el curso de acción prescrito: aceptar la renuncia de MacDonald y convocar a elecciones generales. Según se vio, el Gobierno Nacional tenía una suma impresionante de cualidades y la nación, aunque todavía sufría las consecuencias de una Depresión general, evitó la anarquía y el caos.

Que el Imperio Británico estaba decayendo era evidente desde hacía mucho tiempo. En octubre, el Mahatma Gandhi, descalzo y cubierto con su conocido taparrabos y su sencilla túnica, fue guiado por los corredores alfombrados del Palacio de Buckingham, para tomar el té con el Rey y Emperador. Con su consumada cortesía pero firmeza admirable, Gandhi informó al rey Jorge que India debía ser independiente y que la incorporación a una comunidad de naciones era aceptable, pero no sucedía lo mismo si se pretendía unirla a un imperio. "¡Recuerde, señor Gandhi —dijo el Rey, cuya sangre hanoveriana comenzaba a hervir—, que no permitiré ataques a mi Imperio!" Con una sonrisa, Gandhi replicó: "No debo permitir ser arrastrado a una discusión política en el palacio de Su Majestad después de recibir la hospitalidad de Su Majestad". Pero en una cuestión importante, el Rey y el pacifista se unieron: ambos condenaron el racismo que caracterizaba a los británicos en India.

Precisamente treinta años después de la muerte de la reina Victoria, el Imperio que se había extendido hasta todos los rincones del mundo protagonizaba ahora una rápida declinación. Ese mes de diciembre de 1932, el Estatuto de Westminster formalizó el fin de la antigua misión imperial y sancionó leyes basadas en el espíritu de la Conferencia Imperial de 1926. Hasta ese momento, Downing Street definía la política colonial. A partir del consejo de los ministros, el monarca designaba a los virreyes y los gobernadores generales. En adelante, los parlamentos de los dominios elegirían a sus propios líderes y legislarían sin remitirse al

Reino Unido; de manera inversa, el Parlamento británico no podía legislar para un dominio sin que este lo consintiera. Por enjundiosas que fuesen las expresiones de algunos primeros ministros coloniales al referirse a sus vínculos de fidelidad con la monarquía, la Corona ahora era poco más que un símbolo impreciso en una Comunidad libre de naciones, cuyas conexiones respondían a un fundamento económico y no patriótico.

Pero hubo un momento de sentimiento nacional en ese caótico año de 1932 y, como sucedía cada vez con mayor frecuencia, ese momento dependió de que se confirmase al Rey en tanto que figura nacional.

Más que nunca atento al poder de la radio, Clive Wigram (que había sucedido a lord Stamfordham como secretario privado de Su Majestad), exhortó al Rey a aceptar una invitación de la BBC para pronunciar un mensaje de Navidad. Desde el momento en que se había acercado a un micrófono, en la Exposición Británica de Wembley, el Rey había resistido con firmeza los esfuerzos para inducirlo a repetir ese tipo de actuación con la radio. Apenas aceptaba la existencia incluso de los periódicos, dijo el Rey en 1932, cuando de nuevo se delineó ante el monarca el tema de un discurso relacionado con la festividad. ¿Por qué debía echar a perder su cena navideña en Sandringham para rendir homenaje a la modernidad?[4] Según se vio, su protesta no era totalmente sincera. El Rey y sir Clive suministraban con regularidad a *The Times* copias adelantadas de los discursos del monarca y movilizaban la ayuda del personal de redacción de dicho órgano para realizar correcciones, con el fin de que pudiera comunicarse más fácilmente el texto.

Ahora, Wigram tenía una respuesta preparada para sortear la vacilación del Rey. Rudyard Kipling había redactado unas pocas oraciones que Su Majestad debía leer con el carácter de una alocución navideña. ¿No estaba dispuesto a echarle siquiera fuese una ojeada? Se trataba de una alusión evidente al Estatuto de Westminster, a las necesidades del Imperio o de la Comunidad de Naciones, fuera esta la que fuese; nadie estaba muy seguro de lo que significaba en realidad. En todo caso, ¿la Navidad no era el momento apropiado para afirmar la supremacía del Rey?

Durante una semana antes de la festividad, el rey Jorge leyó repetidas veces el discurso, hasta que incluso la reina María y el Príncipe de Gales elevaron los ojos al cielo, en actitud de hastiada exasperación, y murmuraron el texto que también ellos ya conocían de memoria.

Y así, a las 15.50 del día de Navidad, la voz de caballero rural del Rey —modesta, clara y paternal— fue escuchada, trasmitida desde un cuartito feo y atestado que estaba bajo la escalera de Sandringham.

Gracias a una de las maravillas de la ciencia moderna, este Día de Navidad puedo hablar a todos mis pueblos del Imperio. Considero un presagio positivo que la radio haya alcanzado su perfección actual en momentos en que el Imperio se ha reagrupado para formar una unión más estrecha y nos ofrece inmensas posibilidades de consolidar todavía más dicha unión.

Puede ser que nuestro futuro nos reserve más de una prueba severa. Nuestro pasado nos enseñará el modo de afrontarla sin vacilar. Por el momento, la obra a la cual todos estamos igualmente subordinados consiste en alcanzar una tranquilidad racional dentro de nuestros límites, en recuperar la prosperidad sin perseguir objetivos egoístas y en ayudar a avanzar con nosotros a aquellos a quienes las cargas de años anteriores han desalentado o abrumado.

El objetivo de mi vida ha sido contribuir todo lo posible a tales fines. Vuestra fidelidad, vuestra confianza en mí, ha sido mi generosa recompensa. Ahora hablo desde mi hogar y desde el fondo de mi corazón y me dirijo a todos ustedes: a los hombres y las mujeres, tan separados por las nieves, el desierto o el mar que sólo las voces trasmitidas por el aire pueden alcanzarlos; a los que están separados de una vida más completa por la ceguera, la dolencia o la enfermedad y a los que están celebrando este día con sus hijos y sus nietos; a todos y a cada uno deseo una feliz Navidad. Dios os bendiga.

Veinte millones de británicos escucharon el discurso de Kipling leído ese día por el rey Jorge y quizás ese número se decuplicó cuando más tarde la BBC lo trasmitió a todo el mundo; en un período de tres días más de dos mil periódicos y veinticinco mil columnas impresas fueron consagrados a este texto. Así nació una nueva tradición monárquica, la alocución del Día de Navidad.

El *Daily Express* ciertamente se mostró un tanto histérico con los titulares que utilizó dos días después "LA TRASMISION RADIAL MÁS GRANDE DEL MUNDO", pero no hubo dudas en el sentido de que por el momento el Rey era una celebridad triunfante, que eclipsaba incluso al Príncipe de Gales. Caramba, se regodeaban los periódicos, parecía que el Rey había entrado en los hogares de todos: Su Majestad estaba tanto en la sala más humilde como en la mansión más imponente. Ya no era una figura tan remota, entrevista sólo a lo lejos gracias a las fotografías y unos escasos noticiosos; ya no era el hombre distante que salía al balcón del Palacio de Buckingham. Se diría que estaba más cerca que Greta Garbo o Ronald Colman.

Sólo después que pasaran muchos años llegó a ser evidente que el Rey había tenido absoluta razón al advertir que la "maravilla de la ciencia moderna" no era una bendición inequívoca. Por cierto, Walter Bagehot podría haber dicho que la bendición tenía una mácula; podría haber advertido que, una vez que el público hubiese escuchado la voz del Rey, querría escucharla con frecuencia cada vez mayor. Y que los medios de difusión, una denominación que todavía no se aplicaba a los instrumentos de comunicación masiva, ciertamente ofrecerían al público lo que se le reclamaba. La televisión estaba lejos de ser el lugar común en el que se convirtió después, pero en 1932 ya estaba en los laboratorios y en los tableros de dibujo de las fábricas; y al cabo de cinco años habría en Londres una "trasmisión visual"; el aparato mismo no fue comercializado sólo a causa de la Segunda Guerra Mundial que estalló poco después.

El rey Jorge salió esa tarde del estudio improvisado y se reunió con la reina María para compartir la cena tradicional. Preguntó por el príncipe Eduardo, que perversamente había elegido el momento anterior al discurso de su padre para demostrar su independencia: Eduardo había salido despreocupadamente de la habitación y se paseaba por el jardín helado, distanciándose deliberadamente de la influencia de su padre. Cuatro años después, Eduardo también se instalaría frente a un micrófono y se dirigiría al pueblo, anunciándole de manera definitiva que se separaba del reinado mismo.

El rey Jorge III, la reina Charlotte y seis de sus hijos.

La reina Victoria, el príncipe Alberto y cinco de sus hijos.

Cuatro monarcas: la reina Victoria con (de izquierda a derecha)
su nieto Jorge, su hijo Bertie y su bisnieto David.

El rey Eduardo VII; arriba: Alice Keppler; centro: Lilly Langtry;
Eduardo VII divirtiéndose

El rey Eduardo VII (sentado) con su hijo Jorge y su nieto David.

El príncipe (más tarde Rey) Jorge, su esposa María y sus hijos.

El rey Jorge V y la reina María con los príncipes Eduardo,
Enrique, Alberto y Jorge y la princesa María.

Cuatro hermanos: el príncipe Jorge, el rey Eduardo VIII,
el príncipe Alberto (más tarde rey Jorge VI) y el príncipe Enrique.

El rey Eduardo VIII y la señora Simpson de vacaciones.

El rey Eduardo VIII ante los micrófonos.

La princesa Margarita, el rey Jorge VI, la reina Isabel,
la princesa (más tarde Reina) Isabel.

La coronación de la reina Isabel II.

La princesa Margarita y su esposo, lord Snowdon.

En el sentido de las agujas del reloj: Carlos y Diana, príncipe y princesa de Gales; Andrés y Sarah, duque y duquesa de York; príncipe Eduardo.

Carlos y Diana

La Reina y el duque de Edimburgo

Diana, Carlos y sus hijos, William y Harry

Capítulo Ocho

Wallis

enero de 1933 a abril de 1936

¡Dios mío! Y ahora, ¿qué sucederá?
Rey Eduardo VIII, en el funeral de su padre el rey Jorge V

Durante los tres primeros meses de 1933, Wallis Simpson aceptó de buena gana cuatro invitaciones a unirse a otros invitados en Fort Belvedere con el Príncipe de Gales y Thelma Furness. Ingratamente enferma gran parte del año precedente con úlceras crónicas, la alegraba contar con la grata distracción de acompañantes prestigiosos. La mayoría de estos fines de semana su esposo Ernest se encontraba en el exterior, tratando de mejorar el panorama del negocio naviero, muy afectado por la crisis económica mundial.

Por su parte, el lugar de privilegio de lady Furness en la vida del príncipe Eduardo pronto se vio amenazada, no porque él hubiese elegido una sucesora para esta dama, sino porque a menudo se mostraba retraído, más melancólico y emotivamente más inestable que nunca, y percibía esa actitud sombría como una señal de peligro. Al mismo tiempo, él y sus hermanos Enrique y Jorge se veían sometidos a una presión más intensa de sus padres y los cortesanos del palacio, orientada a conseguir que eligiesen esposas adecuadas. De los cuatro hijos varones del Rey, sólo el Duque de York se había casado, pero eso había sido diez años atrás y no había tenido imitadores. Sólo el príncipe Alberto tenía descendientes, dos niñitas que formaban la siguiente generación real y las murmuraciones se preguntaban si el príncipe Eduardo encontraría jamás una mujer soltera, o si el príncipe Jorge encontraría una mujer, cualquiera fuese su condición civil. Incluso se hablaba de arreglar las bodas reales con candidatas adecuadas para los príncipes, a menos que ellos adoptaran decisiones oportunas.

Durante los fines de semana en Fort Belvedere, Wallis reanimaba al Príncipe de Gales sin adularlo. Conseguía que él riese, le formulaba preguntas, lo desafiaba e incluso lo reprendía si cometía infracciones a la etiqueta o hablaba mal. Si extendía la mano hacia un bocadillo antes de que sirviesen el té, Wallis no vacilaba en reprenderlo; si usaba una palabra incorrecta o cometía errores gramaticales, rápidamente lo corregía; si creía que hablaba demasiado, lo tocaba con el pie bajo la mesa; si se mostraba demasiado taciturno, lo presionaba suavemente. Era un recordatorio de la actitud de la niñera Green cuando Eduardo era niño. Eduardo respondía a estas reprensiones como si hubiera sido llevado en el Paraíso. Wallis conseguía que él se olvidase que era el heredero del trono. Para ella de nuevo era un adolescente; de hecho, casi un niño. Rodeado por el protocolo, lo complacía la airosa liberalidad norteamericana, su vivacidad y su sincero interés en lo que él podía decir. Estaba fascinado por la actitud afirmativa de Wallis y conmovido por su manera cordial de dirigirlo; y esos gestos fueron los que convirtieron a la relación durante los primeros tres años en una amalgama de apoyo y respaldo. Pero por el momento, al parecer no había nada que fuese romántico. "Si el Príncipe se sintió atraído por mí en alguna medida —escribió Wallis más tarde—, no tuve conciencia de su interés."

Pero ese interés se definió más durante el verano de 1933. El 19 de junio, con el propósito de celebrar el trigésimo séptimo cumpleaños de Wallis, el príncipe Eduardo, ofreció una cena en Quaglino (un restaurante elegante del West End, no lejos de su residencia, la Casa York). Regaló a Wallis una gran planta de orquídeas y después, al brindar con champaña, observó qué afortunado era Ernest; regodeándose en la irradiación que partía de su anfitrión real, Ernest sólo atinó a sonreír y a murmurar su aceptación.

Cuando Ernest de nuevo se marchó ese otoño y Wallis ya era un miembro perfectamente afirmado del entorno del Príncipe, se la invitó a conocer a la princesa greco-danesa-alemana que pronto se comprometería con el príncipe Jorge —una dama que, desde el momento de aparecer como una esbelta adolescente en la boda de la princesa María, en 1922, solía reducir a los hombres a un estado de nerviosa adoración y provocar en las mujeres un sentimiento de ansiosa admiración o de envidiosos celos. Y además, era una figura de la realeza extranjera.

La princesa Marina, que podía haber surgido de las páginas de una novela romántica, era la hija del príncipe Nicolás de Grecia y su esposa. Con sus cabellos negros y el cutis de porcelana, Marina, que entonces tenía veintisiete años, de acuerdo con la opinión general era una de las grandes bellezas europeas. Su abuelo (el príncipe danés que llegó a ser el rey Jorge I de Grecia) era hermano de la reina Alejandra; el otro abuelo había sido el gran duque Vladimir, hermano del zar Nicolás II.

En otros tiempos amiga de Freda Dudley Ward, Marina había sido también, durante su estancia del verano de 1927 en Inglaterra, una de las amigas del príncipe Eduardo. De acuerdo con la versión de su cuñado el príncipe Pablo de Yugoslavia, "se había sentido completamente abrumada por el insólito interés [de Eduardo] por ella [y por] sus atenciones, que por cierto no eran fugaces, y sobrepasaban con holgura los límites del deber y la cortesía". Entretanto, la madre y la hermana de Marina contenían la respiración y alimentaban esperanzas. Según se vio, todos se sintieron decepcionados. La relación entre Marina y el Príncipe de Gales (según afirmó Chips Channon) "bien podía haber desembocado en el matrimonio y estaba desarrollándose muy bien, pero a último momento interfirió Freda Dudley Ward y frustró la relación".

La radiante e indomable Marina nació con un defecto en el pie izquierdo, que continuó siendo más débil y corto que el otro; durante toda su vida usó zapatos especiales para corregir el leve desequilibrio. También tenía una sonrisa levemente angular y torcida, que en cierto modo le confería un atractivo más misterioso, como si se tratara de una *femme fatale* con secretos asombrosos, una persona que se sentía divertida ante todos aquellos a quienes llegaba a conocer. Aunque su cualidad más atractiva era una elegancia consumada y espontánea, Marina se mostraba hábil tanto en las cuestiones domésticas como en las bellas artes; le agradaban los idiomas y era una persona adecuada para Jorge, la opinión que sostenía nada menos que la reina María. "Una señorita de mente estrecha no serviría a mi hijo —dijo significativamente a Mabell Airlie—, pero esta muchacha es muy refinada además de encantadora." La Reina decidió ignorar el hecho de que Marina no tenía un penique.

Quizá sin sorprender a nadie que lo conociera bien, Jorge no se sentía en absoluto embobado con Marina, a pesar de lo que pudo haber sabido por su hermano Eduardo acerca del carácter apasionado de la muchacha. La consideró "mandona", y se requirió un año de discreta persuasión a cargo de la familia para conseguir que él percibiera las ventajas sociales y personales del matrimonio con esta belleza tan segura de sí misma. Detrás de la tranquila sensualidad de Marina había fuerza, independencia y cierto refinamiento cosmopolita, cualidades acentuadas por los años que había vivido en París, cuando ella y su familia se vieron forzadas a exiliarse de Grecia. Era una mujer que, como seguramente la Reina lo percibió, sabría controlar al errático Jorge, aunque quizás él creyese que el matrimonio sería suficiente para complacer a la familia y que lograría mantener con independencia sus propias relaciones íntimas. Según creía la familia, se trataría de un matrimonio concebido como un proceso de reforma: dos individuos apuestos, cada uno impresionado por el discreto encanto del otro y ambos beneficiándose por la alianza pergeñada por la Corona.

"Es la única mujer con quien me agradaría pasar el resto de mi vida —dijo Jorge por entonces un tanto equívocamente, cuando ya estaba dispuesto a ceder a la presión—. Nos reímos con las mismas cosas. Me vence en la mayoría de los juegos y no le importa en absoluto si conduzco velozmente cuando salgo con ella en coche." A los ojos de Wallis Simpson, como de muchos que la conocían, la princesa Marina constituía tanto el emblema como el modelo de lo que una mujer podía llegar a ser a causa de su innata energía y su propósito definido, y a pesar de las privaciones y los antecedentes peripatéticos. Wallis regresó de la cena ofrecida por Emerald Cunard en honor de Marina, en septiembre de 1933, deslumbrada por la invitada de honor, como les sucedió a muchos otros.

El ritmo de la vida de la Familia Real en 1933 era lento, rutinario, pedestre y poco imaginativo. Pero en 1934 las cosas comenzaron a suceder de prisa.

En enero, Thelma Furness viajó a Estados Unidos con el propósito de visitar a su hermana Gloria Vanderbilt, que había iniciado una batalla legal para obtener la custodia de su hija de ocho años, también llamada Gloria.

Tres o cuatro días antes de partir, almorcé con Wallis en el Ritz. Le hablé de mis planes... y me dijo de pronto: "Oh, Thelma, el hombrecito se sentirá muy solitario".
"Bien, querida —contesté—, cuídalo en mi ausencia. Trata de que no cometa desastres."
Más tarde fue evidente que Wallis interpretó mi consejo de manera demasiado literal. Si evitó o no que él cometiera desastres es un interrogante cuya respuesta depende de puntos semánticos muy delicados.

De acuerdo con Wallis, el diálogo fue diferente: "La víspera de su partida me invitó a beber un cóctel —escribió en sus memorias—. Charlamos como solíamos hacerlo; cuando nos despedíamos, ella dijo riendo: 'Me temo que el príncipe se sentirá solo. Wallis, ¿lo cuidarás un poco'. Prometí que lo haría". La versión de Wallis sugiere que si prestó atención a Eduardo lo hizo inspirada por Thelma, mientras que en la versión de Thelma ella formula una respuesta bastante inocente ante la fantasía *de Wallis* en el sentido de que el Príncipe se sentiría solo.

En todo caso, el siguiente fin de semana los Simpson estaban en Fort Belvedere; y Ernest al parecer se sentía tan complacido como Wallis con esa conexión social con la realeza. Cuatro días después, el Príncipe fue a cenar a Bryanston Court, donde (como ella recordaba) habló del "papel creador que según él creía la Monarquía podía representar en la nueva era; y también formuló una sugerencia acerca de las frustraciones que estaba soportando". Mientras él hablaba, ella percibió "una profunda soledad, un matiz de aislamiento espiritual". Wallis captó esto mediante el sencillo recurso de escuchar atenta y respetuosamente, dando con exactitud lo que la frialdad y las críticas del Rey y la Reina siempre habían negado a Eduardo.

Una semana después, Eduardo y Wallis bailaban en el Hotel Dorchester, mientras Ernest trataba de abordar el tema de sus negocios con norteamericanos influyentes. "Wallis —le dijo el Príncipe—, usted es la única mujer que jamás se interesó en mi trabajo." Y una semana después, él estaba de nuevo en Bryanston Court, donde ahora comenzó a aparecer sin anuncio previo, pidiendo una copa, o más bien como un niño extraviado que espera que lo inviten a cenar.

"A decir verdad, ella era la anfitriona perfecta —recordaba Angela Fox,[1] que estaba allí—. Wallis Simpson era una dama considerada y generosa, y es necesario mencionar estas condiciones. Nunca se mostraba ostentosa, pero sí pródiga; aunque como todos sabíamos los Simpson tenían un presupuesto ajustado." Lady

Dudley coincidió: La señora Simpson era "una sureña de modales muy refinados" y no debía considerársela una persona vulgar, y mucho menos una aventurera común. Y Walter Monckton, amigo y abogado de Eduardo, no fue el único que observó que, como anfitriona o invitada, Wallis "inmediatamente descubría cuáles eran los temas que interesaban al interlocutor y los hacía enseguida suyos durante los diez minutos siguientes". Por lo que se refiere a la elegancia, el Príncipe de Gales (afirmó su biógrafo Philip Ziegler), "carecía en absoluto de ella, pero tenía un sentido muy evolucionado del gusto, que le era propio y que reflejaba su propia personalidad; que por supuesto era muy fuerte".

Además, Wallis ejerció una influencia positiva sobre Eduardo, suavizando sus modales a veces torpes y desconsiderados, exhortándolo a demostrar más sensibilidad ante los sentimientos ajenos y rebajando parte de su arrogancia con la falta de lisonja que le demostraba. También insistía en que disminuyese el consumo de alcohol. Un observador, nada menos que Harold Nicolson, escribió que además de usar joyas y depilarse, ella

> era una mujer virtuosa y sensata. Me impresionó el hecho de que prohibiese al Príncipe que fumara durante el entreacto en el propio teatro. Sin duda, está decidida a ayudarle... [pero] tengo la ingrata sensación de que a pesar de sus buenas intenciones la señora Simpson está separándolo del tipo de personas con las cuales él debería asociarse.

Palabras con las cuales cabe presumir que Nicolson se refería a personas serias preocupadas por temas de nivel superior a la mera sociabilidad. En todo caso, la creía "una mujer agradable que de pronto se encuentra en esa posición absurda", la de ser la confidente de un hombre que necesitaba una suerte de supervisión experta. A los que podían haber insistido en que Wallis era como una madre que tomaba de la mano al niño, se podía haberle contestado que en ciertos aspectos eso era lo que él necesitaba y que en todo caso ese tipo de trato lo complacía.

Hacia principios de la primavera, en la sociedad londinense comenzaron a circular rumores en el sentido de que la señora Simpson estaba sustituyendo a lady Furness en el afecto del Príncipe de Gales. Wallis escribió a la tía Bessie que todo eso eran comentarios ociosos y que ella no era el tipo de mujer que robaba los galanes de sus amigas; que su tarea era divertir al Príncipe y que después de todo Ernest estaba "vigilándola de muy cerca, de modo que hay una seguridad total". Comparados con Emerald Cunard, la princesa Marina y las personas a quienes Wallis trataba en los acontecimientos a los cuales el Príncipe la invitaba, Ernest y su empresa seguramente debían parecer una cosa muy aburrida; de todos modos, no había motivos para que nadie supusiera que la amistad entre Eduardo y Wallis se había desplazado a otro nivel.

Pero algunos observadores advirtieron sutiles diferencias en las actitudes del Príncipe cuando la ausencia de Thelma se prolongó y abarcó varios meses. George Kilensky, amigo norteamericano de los Simpson, recordaba que los ojos de Eduardo "se demoraban un momento en la cara de Wallis, después que ella había terminado de hablar y alguien había retomado la conversación general" y que él (Kilensky) experimentaba "una sensación de incomodidad, como si previera dificultades futuras en la vida de Ernest y Wallis, dos de mis amigos más apreciados. Se trataba del nuevo sentimiento de intimidad en la conversación y de las miradas que se cruzaban" el Príncipe de Gales y la señora Simpson.

Kilensky no podía saber que había algo más que miradas afectuosas: Eduardo regaló a Wallis una fotografía suya autografiada y después —y cada vez con mayor extravagancia en el curso de los años siguientes— joyas, broches, brazaletes y pendientes, la mayoría de los cuales había pertenecido a su abuela, la reina Alejandra; había ordenado reformar algunas de ellas con nuevos engastes de Cartier. En varias ocasiones, el Príncipe retiró dinero de sus cuentas privadas para financiar compras de joyas por un total de más de 10.000 £ (50.000 dólares en ese momento). La reina María se sintió chocada cuando más tarde supo que la herencia de la reina Alejandra estaba saliendo de manos de los miembros de la familia.

Pero mientras algunos observaron la fascinación de Eduardo y otros conocían la fuente de las joyas, casi nadie informó que Wallis retribuyera la mirada y los gestos afectuosos de Eduardo. Hasta ese momento tenía la conducta más controlada y discreta, y cabe decir que se la veía razonable hasta el extremo de saber que esa tontería muy probablemente no tendría un final de cuento de hadas.

El 22 de marzo, lady Furness regresó de Estados Unidos y el siguiente fin de semana en Fort Belvedere percibió una actitud visiblemente fría de Su Alteza Real. Varios días después Wallis dijo a Thelma que el "hombrecito" se sentía perdido sin ella; y entonces abandonó la habitación para atender un llamado telefónico del Príncipe. "La puerta permaneció abierta —de acuerdo con el relato de Thelma.

> Escuché a Wallis en la habitación siguiente que decía al Príncipe: 'Aquí Thelma', e hice un gesto de dejar el sillón, suponiendo que me llamaría al teléfono. Pero no fue así, y cuando Wallis regresó, no aludió a la conversación. Esta omisión habría sido sorprendente cualesquiera fuesen las circunstancias; pero lo fue todavía más en un momento en que el Príncipe era el tema de nuestra conversación."

Las sorpresas continuaron el mes siguiente cuando Wallis se reunió con Thelma y Eduardo en Fort Belvedere. Durante el almuerzo él tomó una hoja de lechuga con los dedos, una falta de modales que inmediatamente provocó una palmada en la muñeca propinada por Wallis y una exclamación casi audible en los restantes invitados, que nunca habían visto que nadie se tomase semejantes libertades con el Príncipe. El castigo provocó en él un sonrojo de vergüenza, como si le pesara decepcionar a una madre adorada. Más tarde, Thelma se retiró a su habitación con un resfriado intenso y el Príncipe fue a preguntarle si necesitaba un remedio. Thelma escribió después: "El resfriado a esta altura de las cosas era una cuestión secundaria. Busqué en su cara una respuesta a la pregunta fundamental. *¿Su expresión sería tan franca como la de Wallis?*".

—Querido —preguntó derechamente—, ¿se trata de Wallis?

—No seas tonta —replicó el Príncipe con sequedad y sin decir una palabra más salió de la habitación.

"Sabía a qué atenerme —fue la conclusión de Thelma—. Salí de Fort Belvedere a la mañana siguiente." Antes de finalizar ese abril de 1934, Thelma Furness había salido definitivamente de la vida del Príncipe. Nunca volvieron a comunicarse. Lo mismo sucedió con Freda Dudley Ward, que al telefonear a Fort Belvedere y preguntar por el Príncipe, recibió la información de que se había impartido la orden de bloquear sus llamados. Ahora era evidente que, cualquiera fuese la medida de su intimidad, Eduardo había decidido que sólo Wallis ocuparía el centro de su atención.

Sin embargo, hubo una coda: cuando más tarde Thelma vio a Wallis, le preguntó si el Príncipe se mostraba "muy interesado" en ella. "Thelma —replicó la señora Simpson—, creo que le agrado. Es posible que me tenga afecto. Pero si lo que preguntas es si está enamorado de mí, la respuesta es sin duda negativa." Y parece que eso era lo que Wallis creía realmente. "Al examinar mis pensamientos —escribió más tarde con admirable franqueza,

> no pude encontrar razones que justificasen que este hombre deslumbrante se sintiera seriamente atraído por mí. Por cierto yo no era una belleza y él podía elegir a las mujeres más hermosas del mundo. Ciertamente, yo ya no era muy joven. De hecho, en mi propio país me habría retirado sin duda de la circulación."

Con respecto a la atracción que Eduardo ejercía sobre ella:

> Era el sésamo ábrete a un mundo nuevo y deslumbrante que me entusiasmaba como nada lo había logrado antes... [Por él] retrasaban la partida de los trenes, aparecían yates, se ponían a disposición conjuntos de habitaciones en los hoteles más lujosos, los aviones esperaban... Parecía increíble que yo, Wallis Warfield, de Baltimore, Maryland, pudiera participar en este mundo encantado... Era como ser Wallis en el País de las Maravillas.

El Príncipe de Gales necesitaba con desesperación de Wallis bastante más que los meros placeres carnales: el control, la orientación y la aprobación de Wallis eran los elementos que consolidaban la atracción. Por su parte, ella se sentía sinceramente atraída por el encanto y la gentileza de Eduardo, y el modo en que él dependía de ella. Fiel y consagrada a la felicidad de Eduardo, la señora Simpson creía que sólo ella podía complacerlo y eso es con exactitud lo que el Príncipe decía. En su relación con ella, la verdad primitiva del tópico era evidente. Como se le había negado el apoyo paternal y el aliento materno, el Príncipe de Gales durante quince años había buscado en sus aventuras con mujeres casadas de espíritu afirmativo la idealización del afecto de sus progenitores.

En Wallis él encontró lo que necesitaba. Educada en la tradición sureña de un matriarcado culto, ella estaba dispuesta a asistir, amar, proteger e incluso, si era necesario, castigar a su hombre. "A veces —escribía Wallis al Príncipe con intención elogiable—, creo que no has crecido en los aspectos de la personalidad que se refieren al amor y lo que hay es quizá sólo una pasión infantil... No puedes vivir la vida atropellando a otras personas. Sé que en el fondo del corazón en realidad no eres egoísta o desconsiderado, pero tu vida ha tenido un perfil tal que siempre has sido la persona a quien se ha prestado atención... [Tú] puedes continuar siendo siempre Peter Pan." Como el propio Eduardo dijo después, ella era su "crítico más severo y la suya es siempre la última palabra".

Esa primavera ya no hubo dudas acerca de la identidad de la sucesora de Freda y Thelma. El Príncipe aparecía en público abriendo puertas a la señora Simpson, sentándola a una mesa y encendiéndole los cigarrillos, y todo eso incluso en presencia del marido. A la inversa, ella lo interrumpía y corregía frente a otros, y asumía una actitud un tanto dominante que él aceptaba como si su vocación hubiera sido proceder así. El Príncipe, de acuerdo con su ayudante John Aird, había "perdido por completo la confianza en sí mismo y seguía como un perro los pasos de [Wallis]". Pero Aird también creía que la influencia de Wallis era positiva y que ella "no se hacía ilusiones acerca de la situación y por cierto no desea hacer nada que pueda llevarla a perder a su esposo".

Por supuesto, de hecho estaba haciendo precisamente eso: la paciencia incluso de un hombre tan complaciente en su esnobismo como Ernest Simpson tenía límites y aunque Wallis escribió a la tía Bessie que "la vida continúa igual aquí, pacíficamente, con Ernest, a pesar de SAR (Su Alteza Real) que está siempre a la puerta", el matrimonio estaba deteriorándose con rapidez. Simpson empezó a quejarse a sus amigos de que ahora ya nunca tenía consigo a su esposa y que después de todo era imposible enfrentar al heredero del trono del mismo modo que a cualquier otro competidor. A veces, encontraba excusas para trabajar hasta tarde cuando el Príncipe venía a cenar; e incluso inventaba viajes de negocios para evitar situaciónes embarazosas.

Chips Channon escribió en su diario que el Príncipe sin duda estaba "decididamente chiflado... y ella lo ha subyugado por completo". Lo mismo que otros, Channon vio la pareja en la Opera Real y del bolsillo de la chaqueta del Príncipe de Gales sobresalían grandes puros aromáticos. "Eso no es muy bonito", le murmuró Wallis. En el acto los puros desaparecieron de la vista, guardados en otro lugar.

Otros se referían más bien a los sentimientos del príncipe Eduardo. "Le complacía la compañía que ella le aportaba", escribió Winston Churchill refiriéndose a Eduardo y a Wallis,

> y descubría en ella cualidades que eran tan necesarias para su felicidad como el aire que respiraba. Quienes lo conocían bien y lo observaban de cerca advirtieron que muchos gestos nerviosos y pequeñas

manías comenzaron a desaparecer. Era un ser humano integral en lugar de un alma enferma y agobiada. Esta experiencia, que muchísimas personas conocen en la flor de la juventud, llegó de manera tardía a Eduardo, y por eso mismo fue un episodio tanto más precioso y compulsivo.

A juicio de Chips Channon, Wallis

mejoró enormemente al Príncipe... se trata de una mujer alegre, una norteamericana sencilla, ingeniosa, expresiva y una excelente cocinera. [Eduardo] nunca estuvo tan enamorado. Ella experimenta el intensísimo deseo de triunfar en sociedad cuando todavía es la favorita de Eduardo, de modo que cuando él la abandone (como con el tiempo abandona a todas) se habrá labrado un seguro lugar.

El autor de estas palabras acertó en parte. El 25 de abril de 1934 Wallis escribió a la tía Bessie que estaba "intentando conocer a ingleses por su intermedio [del príncipe Eduardo] y últimamente él me ha acercado a diferentes personas cada semana. Me temo que tendré que renunciar pronto al esfuerzo, pues por supuesto se necesita más dinero" para frecuentar la sociedad del Príncipe. Agregaba que "se moría por conseguir" que él la invitase "la semana de Ascot". Pero sospechaba que Eduardo encontraría "otra muchacha o regresaría a Thelma" y que en definitiva ella tendría que continuar con Ernest —que todavía confería seguridad a su vida— "y con buen humor".

Channon y otros se hicieron eco de la opinión del Duque de York —y según parece, también de Wallis— de que el romance duraría poco. Al parecer ignoraban, como escribió después Helen Hardinge (esposa de Alec Hardinge, secretario del rey Jorge V), que Eduardo "había decidido tratar de casarse con ella antes de ascender al trono". Que se tratase de una idea fantasiosa, sin duda significaba poco para el Príncipe. Como Wallis escribió a la tía Bessie el 15 de abril, ella estaba intentando mantener cierto equilibrio en la relación entre ambos y evitaba ver a solas al Príncipe, aunque la halagaba la constante tensión de Eduardo.

Pero en presencia de Eduardo, también en ella algo había florecido, una experiencia que nunca había conocido con Spencer o con Simpson. Por lo menos de 1932 a 1936, "su alegría", de acuerdo con la versión del fotógrafo y diseñador Cecil Beaton, era "contagiosa... En ella se resume todo lo que es elegante... Estoy seguro de que tiene más atractivo y es más interesante que cualquier figura pública". Y con respecto a otras cualidades más fundamentales, Beaton pensaba que ella era "inteligente en el marco de sus grandes limitaciones. Es posible que políticamente sea ignorante y que lo mismo pueda decirse de su capacidad estética; pero sabe mucho de la vida".

En agosto, Eduardo invitó a Wallis a reunirse con unos pocos amigos como invitada de honor en una villa de Biarritz. La tía Bessie acompañó a su sobrina como dama de compañía, pues Ernest de nuevo se había ausentado por sus negocios. Angela Fox, su marido y su suegro formaban parte del grupo. "Pasé bastante tiempo con Wallis, mientras los hombres se dedicaban a jugar golf", recordaba Angela.

Me enseñó a jugar *gin rummy* y *backgammon*, y su compañía siempre era agradable. Era evidente que en su juventud se la había educado bien y que pertenecía a una buena familia. Se parecía a Freda y Thelma; no era exhibicionista. Algunas de nosotros envidiábamos su habilidad con los cosméticos y con un vestuario limitado, pues era capaz de hacer maravillas. Y se mostraba muy natural y modesta al compartir con nosotras sus conocimientos en estas cuestiones. Yo no era la única que simpatizaba realmente con Wallis. Tenía esa actitud norteamericana maravillosamente sencilla; un extraordinario antídoto frente al estiramiento que abundaba en el entorno real.

De Biarritz fueron a Cannes, donde una noche, después de la cena, el Príncipe extrajo de su bolsillo un estuchecito de terciopelo y lo puso en la mano de Wallis. Ella lo abrió y descubrió un dije de diamantes y esmeraldas para su brazalete, una joya a la cual él incorporaba con regularidad distintos adornos. Y de Cannes llegó la primera información que mencionó a Wallis por su nombre: "El Príncipe de Gales bailó la rumba con una norteamericana identificada como la señora Simpson"; pero los lápices azules de la redacción suprimieron las últimas ocho palabras.

Pero Wallis no podía producir "efectos maravillosos" con la Familia Real. En ocasión de un baile de la Corte, antes de la boda de Jorge y Marina, celebrado ese otoño, el Príncipe de Gales realizó la presentación formal de la señora Simpson a sus padres; una presentación que tuvo mucho mayor significado que aquella en el *garden party* de 1932. El Rey y la Reina, que a esa altura del debate conocían la relación, se limitaron a mirar a Wallis sin sonreír cuando Eduardo la presentó (sin Ernest, que había quedado solo en la pista de baile). Wallis hizo una reverencia, hubo un gesto casi imperceptible de la reina María y el Príncipe llevó a Wallis para bailar un vals. "¡Esa mujer en mi casa!", dijo más tarde el monarca, encolerizado. Fue la única vez que la señora Simpson se encontró con el Rey y su Consorte.

Esa noche hubo otras presentaciones, entre ellas la que correspondió al príncipe Christopher de Grecia, quien recordó que Eduardo "apoyó la mano en mi brazo, en su acostumbrado estilo impulsivo: 'Christo, ven conmigo. Quiero presentarte a la señora Simpson'.

"'La señora Simpson... ¿quién es?'

"'Una norteamericana. Es maravillosa.' Estas dos palabras —dijo el príncipe Christopher—, me lo revelaron todo. Era como si hubiese dicho: 'Es la única mujer que existe en el mundo'."

Que la dama en cuestión era "maravillosa" constituía una evaluación que la familia del Príncipe no compartía. El Duque de York creía que Wallis sencillamente no duraría mucho en el afecto de su hermano. Ninguna mujer lo había conseguido. La Duquesa de York experimentaba desagrado por todo lo que se refería a Wallis: su audacia, su actitud democrática, su vestido de lamé violeta con un cinturón verde. De acuerdo con Helen Hardinge, la Duquesa miraba con profunda hostilidad a Wallis, si bien nunca se mostró descortés con ella, aunque demostró en forma "muy clara que no sentía la menor simpatía por la señora Simpson". Esa actitud no era sorprendente, pues era difícil concebir dos mujeres tan diferentes. Una prefería salir a pescar un fin de semana tranquilo, en compañía de sus hijas; a la otra le agradaba la última información social y las modas.

La antipatía a lo sumo se agravaría el año siguiente; sobre todo, en febrero de 1935, cuando el Príncipe de Gales llevó a Wallis (pero no a Ernest, que alegó sus actividades comerciales) y a un pequeño grupo a pasar una breves vacaciones practicando esquí en Kitzbühel, para después hacer una salida de compras en Viena y Budapest. Cuando regresaron, Eduardo ordenó que dos habitaciones de Fort Belvedere estuvieran siempre preparadas para el señor Simpson y su esposa, como invitados regulares. Pero los adornos, el decorado y la designación de una doncella destinada a atender a la dama indicaron que se trataba de las habitaciones destinadas a una mujer y que no se había prestado la menor atención a nada que estuviese relacionado con la presencia de un caballero o de su ayuda de cámara.

Cuando en el curso de una visita los York percibieron con claridad la existencia de este arreglo, la Duquesa dijo que jamás volvería a hablar con la señora Simpson. Unas semanas más tarde, cuando Alberto e Isabel advirtieron que Wallis se reunía con el Príncipe para cenar en el Hotel Dorchester, la Duquesa salió a los pocos minutos, llevándose consigo al dócil Duque y algunos invitados. (El príncipe Jorge nunca expresó su desaprobación y es típico que el príncipe Enrique pareciera desconocer lo que estaba sucediendo.) Pero estos desaires, los prejuicios y los resentimientos son a menudo la materia prima que caracteriza la vida de una familia común y los Windsor, con sus diversas ramificaciones, no fueron inmunes a esta tendencia.

En octubre de 1934 el Rey revivió un título que no había sido usado durante más de un siglo; de modo que su hijo menor se convirtió en el príncipe Jorge, Duque de Kent, cuando contrajo matrimonio con la princesa Marina (en adelante, Duquesa de Kent) en la Abadía de Westminster, el 29 de noviembre. Se instalaron en Plaza Belgravia 3 y poco después también en una casa de campo de Buckinghamshire, donde Jorge organizó las comidas y supervisó la decoración de las habitaciones. Cuando después de una excelente cena lady Airlie elogió a Marina, la Duquesa replicó: "Debo confesar que no sabía qué comeríamos hasta que sirvieron la mesa. Mi esposo eligió los platos y el vino... y las flores, y todo el resto. Le agrada ese tipo de tarea y por eso siempre dejo a su cargo los asuntos domésticos. Le permito que se encargue de todas las decisiones acerca de los muebles y los adornos".

Pero Marina dejó su impronta en otros aspectos. Las mujeres de la sociedad comenzaron a fumar en número cada vez más elevado, imitando en esto a la Duquesa de Kent. Sus peluqueros fueron copiados por los estilistas, y ella inició la moda de los turbantes y los sombreros sin ala. Logró que los pantalones resultaran respetables a las inglesas e incluso con mayor audacia renovó el interés por el algodón. Hasta que Marina dio el ejemplo, ninguna londinense elegante usaba en público vestidos de algodón. Pero cuando su marido le habló de los efectos de la Depresión en la industria textil de Lanchashire —en virtud de la cual las fábricas de tejidos de algodón prácticamente estaban ociosas—, Marina pidió a su modisto que diseñara conjuntos de algodón y los usó hasta que fueron aceptados generalmente como prendas elegantes.

Como muy pronto lo supo la reina María, la intrepidez de Marina llegó hasta el Palacio de Buckingham. Al ver a su nueva nuera con las uñas de los dedos pintadas de rojo intenso, la Reina dijo: "Me temo que al Rey no le agradan las uñas pintadas. ¿Puede hacer algo al respecto?" Marina no se inmutó. "Es posible que a su Jorge no le agraden —dijo inflexiblemente—; pero al mío sí." Así, la Reina aprendió que la Duquesa por cierto no era "una mujer vulgar". Esa franqueza en el trato con la Familia Real caracterizó a Marina la vida entera; se consideró ella misma la heredera de la auténtica Realeza Imperial, de una sangre azul más antigua y auténtica que los Windsor teutónicos. Por ejemplo, consideraba a sus cuñadas, la Duquesa de York y la Duquesa de Gloucester "esas vulgares jovencitas escocesas". Y Marina se sentía absolutamente segura incluso de la actidud del propio Dios. Cuando explicó a su hermana Olga que ahora rezaba en inglés y no en griego, le dijo: "Lo arreglé con Dios. Le dije que me agradaba hablarle en inglés y El dijo: 'Puedes hacer tu gusto, Marina'". Y fue lo que hizo siempre y no sólo en la oración.

La reina María siempre miró a Marina con cierta suspicacia xenófoba y le molestó que la nueva Duquesa de Kent pareciese ignorarla. Pero María tuvo sus propias razones para sentirse satisfecha ese otoño, cuando hubo un súbito cambio de planes en relación con el bautizo de un transatlántico, que inicialmente debía llamarse *Queen Victoria*. Cuando un ejecutivo de la Cunard le dijo que se bautizaría el barco con el nombre de "la más grande de todas las reinas inglesas", el rey Jorge exclamó complacido: "¡Oh, mi esposa se sentirá muy contenta!". Y así, el 26 de septiembre, se botó el *Queen Mary*.

A fines de 1934, el rey Jorge, de sesenta y nueve años de edad, sufrió un resfrío grave; en vista de sus antecedentes de infecciones respiratorios y su intenso consumo de tabaco, pronto enfermó de gripe. Para evitar las brumas invernales de Londres y el frío de Sandringham, el Rey tuvo en cuenta el consejo de su médico a principios del nuevo año y aceptó el préstamo de la casa de campo del Duque de Devonshire, cerca del Canal. Instalaron en la casa un cine para entretenerlo; le agradaba sobre todo ver *Lives of a Bengal Lancer* e invitaba a la servidumbre a reunirse con él para ver la película y beber una copa de jerez.

La recuperación del Rey se prolongó a lo largo de 1935, cuando él y la Reina se trasladaron a Windsor, pero durante el último año de su vida en realidad no estaba recuperándose. En vista de la disminución de su capacidad pulmonar, el corazón se le debilitaba constantemente y su sistema vascular estaba gravemente desmejorado. Convenció a lord Wigram de que el 11 de abril hablase con el príncipe Eduardo, que estaba en Fort Belvedere. El Rey, dijo Wigram, era un hombre de constitución frágil y existía la posibilidad de que el Príncipe debiese ocupar muy pronto el trono. La prensa "no permanecería en silencio", dijo Wigram, en vista de la relación que el Príncipe mantenía de manera franca con la señora Simpson; y la nación tampoco toleraría "la presencia de un Soberano que estaba acompañado por la esposa de otro hombre, por inocente que pudiera ser la relación entre ellos". El Príncipe contestó que su vida privada era un asunto que sólo a él concernía y que más bien lo sorprendía que alguien se escandalizara a causa de la relación que mantenía con una mujer tan encantadora. El Rey, cuando se enteró de la desaprensión con que su hijo había rechazado la importancia del escándalo que estaba incubándose, se encolerizó.

Con esta cuestión siempre presente en el espíritu del Rey, se celebraron sus Bodas de Plata, el 6 de mayo de 1935, realizadas en el marco de la pompa y la ceremonia británicas, a pesar de (o quizás a causa de) las angustias económicas generales que agobiaban a la nación. Londres apareció adornada con colgaduras, el público se congregó por centenares de miles para participar de las festividades y la totalidad de la gran Familia Real ocupó los carruajes abiertos para participar del desfile que se dirigía a la Catedral de San Pablo, donde se ofreció un solemne Servicio de Acción de Gracias. En el Palacio de Buckingham, esa tarde y por la noche el Rey y la Reina tuvieron que aparecer varias veces para retribuir los ensordecedores vivas de la multitud y a las ocho el monarca se instaló frente a un micrófono traído de prisa para pronunciar ante la nación palabras que no habían sido escritas por Kipling (redactor del texto usado en la primera emisión navideña de 1932) ni por el arzobispo de Canterbury Cosmo Lang (que había preparado los discursos ulteriores), sino por él mismo:

> Al finalizar este día memorable, debo dirigirme a mi pueblo, en todo el reino. ¿Cómo puedo expresar lo que está en mi corazón?... Sólo puedo decir a todos los que forman mi pueblo bienamado que la Reina y yo pensamos en todos desde el fondo de nuestro corazón y —¿puedo decirlo así?— por el amor con que en este día y por siempre nos rodearán. Me consagro de nuevo al servicio de mi pueblo por todos los años que todavía quizá me sean concedidos.
> Mi pueblo y yo hemos afrontado juntos grandes pruebas y dificultades. No han concluido. En medio del regocijo de este día, sufro al pensar en los muchos miembros de mi pueblo que todavía están sin trabajo. Les debemos, y también a los que están padeciendo cualquier forma de incapacidad, toda la simpatía y la ayuda que podamos ofrecer, de modo que tengan trabajo y renueven las esperanzas...

Más avanzada la misma noche el Rey y la Reina tuvieron que regresar al balcón para saludar al centenar de miles de personas que clamaban: "¡Queremos al rey Jorge!". El saludó con los dos brazos, y pudo verse a la reina María en un gesto muy poco característico: extendió ambos brazos como si quisiera abrazar a todo el pueblo. Era una actitud más típica de la reina Alejandra, pero así fue y el gesto estuvo acompañado por la tímida sonrisa de María.

En Hyde Park, miles de personas cantaron durante la tibia noche. Piccadilly, desde el Circus hasta Park Lane, fue ocupada por más de ochenta mil personas que bailaron y festejaron; allí alguien había puesto una bandera británica en la mano de Eros. En la calle los *confeti* formaba una alfombra de varios centímetros de espesor y el tránsito quedó atascado durante varios días; pero en general no hubo mal humor. Las bandas que tocaban piezas bailables llegaban de los restaurantes del West End y entretenían a los que habían quedado paralizados. En las estaciones del metro y en superficie la gente se amontonaba, y las paradas de comida agotaban con rapidez los bocadillos y las cervezas. La gente compartía espontáneamente todo lo que tenía; los registros policiales prácticamente no dan cuenta de ningún tipo de delito.

Para Su Majestad, la sonora salutación del pueblo ese día fue, según escribió en su diario, algo muy conmovedor. Las masas de personas se reunieron frente al palacio todas las noches durante una semana, vivando al Rey y cantando *For he's a jolly good fellow*, y durante una recepción desordenada y entusiasta, mientras atravesaban el East End, el distrito pobre de Londres, Jorge y María se sintieron conmovidos casi hasta las lágrimas. Abrumado por esta manifestación de afecto, el monarca dijo al arzobispo de Canterbury: "¡No puedo entenderlo! Soy un hombre bastante común". A lo cual Su Gracia replicó dubitativo: "Sí, señor, de eso se trata precisamente". Las celebraciones continuaron cuando la reina María cumplió sesenta y ocho años, el 26 de mayo, y él setenta, el 3 de junio, y el Rey se sintió desconcertado. "Comienzo a pensar que en realidad me aprecian por mis propias cualidades."

¿Realmente era así? ¿El Rey podía provocar en la población general una reacción de cálido afecto que ni siquiera sus propios hijos sentían? ¿O lo vivaban porque su imagen era un aspecto de la vida común, porque tantas personas no habían conocido a otro monarca? ¿Lo vivaban porque había conmovido a millones de corazones con su imagen y sus actos, o porque su imagen se había convertido en un lugar común en diarios y noticiosos, y habían escuchado su voz en las trasmisiones anuales de Navidad? El éxito de las Bodas de Plata, ¿respondía a los astutos esfuerzos oficiales para mejorar la suerte del pueblo en momentos sombríos y de ese modo reforzar su propia influencia política? ¿Los vivas eran parte de la escenografía? En otras palabras, ¿estaban adorando a la imagen idealizada de un hombre o amaban al hombre mismo?

Quizá parte del aplauso estaba dirigido sencillamente a un abuelo nacional apuesto y digno, un hombre en quien la gente deseaba creer; un esposo y padre que favorecía la estabilidad del país. Quizá se trataba también de que parte de las loas provenía del hecho de que los ingleses sentían cierto orgullo nacional por una monarquía que había sobrevivido, mientras en todo el mundo caían las coronas.

En este sentido, Jorge era (a semejanza de Victoria) una personalidad corporativa, un emblema de la sencillez decente y valerosa que los ingleses consideran que es su gran virtud nacional. Soportamos la Gran Guerra, sobreviviremos a la Gran Depresión. Somos ingleses. Resistimos.

Y allí, para garantizar la continuidad, estaban un hombre confiable como el rey Jorge y una persona segura como la reina María, dignos y desprovistos de afectación. Eran lo que los ingleses creían ser ellos mismos. Por lo tanto, las Bodas de Plata era un acto en el teatro de la monarquía. Pero la gente aplaude en el teatro sólo cuando enfoca la atención y se concentra en un fragmento de la realidad. La liturgia de la celebración no corresponde a la falsedad sino a la verdad; su pompa honraba algo más permanente que las banderas o la leche distribuida en forma gratuita. En medio de toda la ceremonia estaba un hombre sencillo y desprovisto de pretensiones. Poco importaba que en privado, con su familia, fuese una criatura muy distinta.

En realidad, tal vez esa era la clave de la popularidad de este hombre. No se daba aires, no adoptaba poses ni tenía amaneramientos y esa era la virtud principal que quizá la gente deseaba ver en su soberano. En último análisis, era su sincera sencillez lo que determinaba que Victoria fuese grata a los ojos de la gente; era la frágil locura de Eduardo VII lo que lo convirtió en un monarca visiblemente humano; y la franqueza sin rodeos y la responsabilidad de Jorge V fueron las cualidades que atrajeron a millones de personas.

El rey Jorge siempre se mostró renuente a aceptar el cambio y prefería los modos tradicionales de hacer casi todo lo que hacía —después de todo, eso corresponde a la naturaleza misma de la monarquía—, pero comprendía que la transición y la transformación eran inevitables. Afirmaba un sentimiento de rectitud sin sentirse virtuoso. En medio del torbellino de un mundo moderno que le molestaba, Jorge no intentó transformar el prejuicio personal en política nacional. Pero no tuvo inconveniente en rectificar a los ministros que ignoraban las dificultades en que se encontraban los pobres y siempre demostró una falta absoluta de prejuicio racial o de clase —lo cual no era una cualidad menor en cualquier circunstancia— y se mostró siempre incómodo frente a la altivez de los ricos y los honores vacíos ofrecidos por los adulones. "Hay un exceso de personas en el medio —murmuró cuando un grupo de ministros se adelantó y le impidió saludar a la multitud en Trafalgar Square—. ¡No sabía que había tantas personas en Inglaterra!" El rey Jorge, que simpatizaba con los obreros en huelga y los oprimidos, nunca descendió al nivel de la gente común y corriente, pero sin embargo su respeto a la Corona otorgó cierto lustre a la monarquía.

En esta actitud expresó una idea tan antigua como la historia inglesa: el concepto de que el monarca y el pueblo común están unidos contra las clases altas. POBRES PERO FIELES decían los carteles en los barrios bajos de Londres durante la Semana del Jubileo, y ¡VIVA EL REY, PERO ABAJO EL TERRATENIENTE! Cuando vio estos carteles, el propio rey Jorge aplaudió en dirección al pueblo con una ancha sonrisa y apoyó a la gente como esta apoyaba al propio monarca. Todos miraban con ansiedad el futuro, se sentían inquietos en relación a la situación general, y engañados por los políticos. El Rey irradiaba una suerte de persuasión moral. Era más que una mera celebridad promovida por los medios, más que una figura falsa manipulada por los propagandistas.

Jorge V nunca buscó la popularidad. Era un anciano convencional que no tenía paciencia para los individuos encumbrados, un viejo y brusco marino que casi nunca sonreía en público. Su imagen y la de su esposa eran la de una pareja discreta y anciana que se dedicaban a la costura y a coleccionar sellos, y esa imagen reconfortante y agradable reflejaba perfectamente la realidad. Sin embargo, el Rey trabajaba constantemente, recorriendo esa línea irritante y difícil entre las necesidades constitucionales del momento y su propio anhelo de retornar a un orden anterior.

El gobierno podría haber promovido unas pocas horas de pan y circo en ese mayo, pero no podía ingeniárselas para extender la celebración de modo que abarcase semanas de honras. "No tenía idea de lo que sentían con respecto a mí", dijo Jorge, asombrado ante las oleadas de afecto que se desbordaban sobre él durante esa última primavera de su vida. Y en efecto, era lo que sentían. El pueblo lo respetaba porque estaba con la tradición, por una Inglaterra que precedía al monarca y le sobreviviría. Pero también simpatizaban con él, según las esperanzas que alentaban en su corazón, por sus propios méritos.

Y sin embargo, incluso esta es una interpretación demasiado sencilla de la histeria del Jubileo.

Los vivas y las lágrimas por un hombre a quien ninguna persona común conocía son instructivos. Antes, cuando un monarca era una figura ejecutiva, un líder poderoso que podía reclutar un ejército, ordenar una ejecución, conceder o retener beneficios con un decreto o una voz de orden, estaba sometido al ataque de todos los elementos de la sociedad. Sólo a partir de la muerte del príncipe Alberto el pueblo británico ya no temió la interferencia real. El Consorte de Victoria había consolidado firmemente una monarquía constitucional —un soberano que estaba por encima de la política— y ya no era necesario atacar al Soberano en persona. Poco a poco, la gente buscó una figura a la cual pudiese adorar sin reservas.

Además, cuando se ungía al Rey, era el Jefe de la Iglesia y el Defensor de la Fe. Esta doctrina por sí misma y el ungimiento del monarca en el contexto de una ceremonia religiosa convertían al Rey en un delegado de la divinidad. Entonces, era más fácil y más necesario adorar a un hombre a quien uno no conocía. Bagehot había insistido en mantener la magia de la monarquía, pero ahí está precisamente la fuente del peligro. Una vez que se cree que el Rey no toma partido, es demasiado fácil reemplazar el respeto por la adoración, sustituir la aceptación de un símbolo por el homenaje. En estas condiciones, un sentimiento irracional acerca del monarca y su familia reemplaza a un respeto racional a los principales funcionarios civiles. Se realizan los mayores esfuerzos para disminuir el lugar del Soberano como ser humano en el orden nacional, y para cubrirlo con la magia y la adoración; y sin embargo, precisamente los aspectos hogareños de Victoria, Eduardo VII y Jorge V fueron los que les atrajeron el afecto del pueblo. Y aquí está precisamente la paradoja que es la clave de la relación de odio y amor del pueblo británico con su Familia Real. Son —en todo caso a veces— visiblemente humanos, como cualquiera de nosotros. Sin embargo, existe la posibilidad de que destruyan su propia mística y por lo tanto no se atreven a presentar una fisonomía excesivamente humana.

El Año del Jubileo llamó la atención de la reina María hacia las cuestiones familiares; principalmente hacia los matrimonios que sus hijos aún no habían concertado. "Ahora, espero que tú, querido muchacho, pienses en el matrimonio —escribió ella en septiembre de 1934 al príncipe Enrique, Duque de Gloucester, y agregaba los nombres de dos princesas extranjeras elegibles, añadiendo la alegre observación—: ¡El matrimonio está en el aire!" En noviembre de 1935, Enrique por fin respiró esa atmósfera, a la edad de 35 años, y se casó con lady Alice Montague-Douglas-Scott, hija del duque de Buccleuch. La declaración de Enrique a Alice fue típica; carente de estilo, apenas audible y un poco tonta. "No hubo una declaración formal de su parte —recordaba Alice—. Creo que consiguió decirlo como una frase casual durante uno de nuestros paseos; y tampoco hubo dudas acerca de mi aceptación. Además de mi gran felicidad al casarme, yo también consideré que era hora de que hiciera algo útil con mi vida."

En el curso de muchos años, esta pareja sencilla y de carácter práctico tuvo intereses comunes en sus viajes a través de Africa y en la práctica de la jardinería; a semejanza de Enrique, a Alice no le interesaban en absoluto las artes y el contacto con la sociedad intelectual, y se sentía especialmente feliz cuando practicaba equitación.

Como en el caso de la Duquesa de York, el Rey mantenía mejor relación con su nueva nuera que la que había existido con sus hijos. El padre de Alice falleció poco antes de la boda de su hija y ella escribió al rey Jorge para manifestar sus sentimientos de fidelidad. El contestó:

Gracias por una carta tan encantadora. Me sentí conmovido por palabras tan amables, sobre todo las que se refieren al hallazgo de un nuevo padre que viene a reemplazar al que ha perdido. Me agradaría tratar de ocupar su lugar y siempre haré todo lo posible para ayudar. Deseando la mayor felicidad posible,
Siempre vuestro devoto suegro,
G. R. I.[2]

El Duque y la Duquesa de Gloucester aparecen rara vez en esta crónica de la monarquía, por la sencilla razón de que no representaron ningún papel en su drama.

"Ahora, excepto David, todos nuestros hijos están casados", escribió brevemente el Rey en su diario, durante ese otoño. Esa era su verdadera preocupación; y la gravedad de la relación entre el heredero al trono y la señora Simpson, a quien él naturalmente desaprobaba, y que era conocida sólo por un reducido círculo de la sociedad londinense. Pero el secreto no podía durar mucho tiempo, como lo apreciaba el propio Rey. El príncipe Eduardo había dicho a su padre durante el Baile del Jubileo que Wallis no era su amante; más aún, algunas personas, por ejemplo la familia de Emerald Cunard, creyeron que no eran amantes antes del matrimonio. En este caso, el sexo era casi un detalle secundario, pues Wallis exhibió en el baile enormes broches de diamantes; un regalo de Eduardo en ocasión del Jubileo, más o menos como si ella hubiese sido la futura Reina. Los padres se sintieron aún más irritados cuando (sin la compañía de Ernest) Wallis también asistió a Ascot en junio. Cualquiera fuese el carácter exacto de la relación en ese momento, Eduardo y Wallis sin duda eran para la Familia Real una unidad "WE" [en inglés "nosotros", pero al mismo tiempo las iniciales de Wallis y Eduardo], el nombre que ellos mismos se asignaban en una amable conjunción de las mismas.

Había otras razones que justificaban la preocupación acerca del Príncipe de Gales y no era la menor el aprecio que él demostraba por todas las cosas alemanas, y que él reafirmó en el curso de su reinado. Como muchos de sus contemporáneos, Eduardo no ocultó su admiración por las realizaciones del nacionalsocialismo (reducción de la desocupación y mejoramiento de las condiciones de la vivienda), comparadas con la inercia de una Francia debilitada, país al que Eduardo no profesaba ningún afecto (a pesar de su utilización pegajosa de antiguas frases francesas con sus amantes). Al mismo tiempo, se mostraba ciego a las más absurdas fantasías del Tercer Reich. El príncipe Eduardo también sentía que existía un "grave peligro originado en los comunistas", a quienes consideraba una amenaza mucho mayor para Occidente que el fascismo. A pesar del rearme de Hitler en la Renania (un paso específicamente prohibido por el Tratado de Versalles), Eduardo —en una alocución dirigida a la Legión Británica, en junio de 1935— exhortó a los veteranos de guerra a visitar Alemania, "para extender la mano de la amistad" y sellar una alianza espiritual con ese país. Esta declaración molestó al gobierno, que temía ofender a los aliados franceses, e irritó al Rey, que ordenó a su hijo que jamás volviese a abordar asuntos tan polémicos sin consultar al Foreign Office.

Pero a esta altura de la situación Jorge V había perdido absolutamente la confianza en el Príncipe de Gales. "Llegó al extremo de afirmar que estaba comenzando a pensar que casi era mejor que [el Príncipe de Gales] abdicase —escribió el jefe de personal de Eduardo, sir Lionel Halsey—, pero por supuesto, ese sería un curso que probablemente acarrearía dificultades." Pero lo mismo sucedería con otro plan de acción: hacia octubre de 1935, el matrimonio con la señora Simpson se había convertido en la obsesión del príncipe Eduardo; y cuanto más rechazaba ella la idea por considerarla ridícula, más firme era la insistencia de Eduardo.

"No trata con personas decentes y tiene cuarenta y un años", se quejaba el Rey a su primo, el conde Albert Mensdorff-Pouilly, ex embajador austríaco. Pero el príncipe Eduardo tenía muchas cualidades excelentes y su encanto no era la menor, replicó el conde. "Sí, por cierto —dijo el Rey—. Eso es lo que lamento. Si fuese un tonto, no nos importaría. Apenas lo veo y no sé en qué anda."

A fines de 1935, deprimido por la enfermedad, el Rey hablaba francamente y con frecuencia de sus peores temores. "Mi hijo mayor jamás me sucederá. Abdicará", dijo a un cortesano. El rey Jorge reveló una sombría profecía a Stanley Baldwin, el sereno y diplomático Primer Ministro, que estaba en términos cordiales con el príncipe Eduardo: "Después de mi muerte, el muchacho arruinará su propia vida en el plazo de doce meses". Cuando el Arzobispo de Canterbury felicitó al Rey por la elevada jerarquía de la monarquía, Jorge desvió con tristeza la mirada: "¿De qué sirve, cuando sé que mi hijo permitirá que todo se derrumbe?". Y la que fue su frase más famosa y dolorosa; el Rey dijo: "Ruego a Dios que mi hijo mayor nunca se case ni tenga hijos y que nada impida el ascenso de Bertie y Lilibet al trono".[3]

El 3 de diciembre informaron al Rey que su hermana la princesa Victoria había fallecido en su residencia de Buckinghamshire. Había sido la fiel compañera, la secretaria y la enfermera de su madre, una figura un tanto indefinida y misteriosa que nunca se casó y que, después de la muerte de Alejandra en 1925, vivió discretamente, cuidando su jardín, escuchando música y paseando hasta el pueblo, donde saludaba a los tenderos y los aldeanos. Siempre había existido un afecto espontáneo y un humor sincero entre Toria y Jorge, separados sólo por tres años. "Cómo la echaré de menos —escribió Jorge en su diario—, y añoraré nuestras charlas cotidianas por teléfono." La mañana de su muerte el Rey declaró duelo oficial y canceló la inauguración formal del Parlamento, donde esa tarde debía hablar. Como se vio después, el funeral de Toria sería la última aparición pública de Jorge.

Aunque se sentía enfermo y con fiebre, el rey Jorge no era hombre de interrumpir la tradición navideña en Sandringham. Preocupada porque él respiraba mal y sin duda se agotaba, la familia se reunió para vivar al Rey y la Reina: los York, con sus dos niñas bailoteando alrededor del adornado abeto escocés; los Gloucester, recién casados; y los Kent, con su pequeño hijo Eduardo, nacido en octubre. El Príncipe de Gales también estaba presente, pero como escribió después se sentía "atrapado por un conflicto íntimo y no gozaría de paz mental hasta que lo hubiese resuelto". No obstante el humor sombrío de Eduardo, la familia gozó de una alegre cena de Navidad, después de la cual se reunieron para escuchar la trasmisión radial del mensaje del Rey.

Pero Jorge no gozaba de buena salud como para practicar sus acostumbradas partidas invernales de caza o para unirse a una velada que debía celebrarse en 1936. Hacia el 7 de enero los períodos en que jadeaba eran alarmantes, aunque dormía pacíficamente. El lunes 13 de enero el Rey se sintió muy mal. Trató de ayudar a la Reina a catalogar la colección de huevos Fabergé de Alejandra, los que había heredado poco antes de su hermana; pero se sentía demasiado enfermo y fue necesario ayudarlo a llegar a su habitación, de la que no volvió a salir. El viernes 17 el Rey asentó la última entrada en un diario que había llevado escrupulosamente desde 1880: "Dawson [su médico] llegó esta noche. Lo recibí y me siento muy mal".

Ciertamente, su corazón, agotado por los años durante los cuales había luchado contra la debilidad pulmonar, estaba fallando. El Príncipe de Gales fue convocado por la reina María y llegó de una partida de caza en Windsor. En una actitud realista pero serena, María también mandó a llamar a lord Wigram y reveló a ambos su creencia de que el Rey no viviría mucho más. Cuando después de la cena visitaron al Rey, él se disculpó porque se sentía tan cansado y no podía concentrar la atención en una conversación. Esa misma noche del viernes lord Dawson emitió en Sandringham el primer boletín; jamás hubo un certificado de defunción referido al Rey y este comunicado excesivamente prudente continúa siendo el único informe clínico:

> El catarro bronquial [inflamación de las membranas mucosas] que afecta a Su Majestad el Rey no es grave; pero han aparecido signos de debilidad cardíaca y debemos considerarlos con cierta inquietud.

Mientras el Rey descansaba un poco mejor el sábado por la mañana, la Reina, el Duque de York y el Príncipe de Gales conversaban acerca del futuro en las residencias de la familia. Como muchos que se encontraban en situación parecida, evitaban sus propios sentimientos de ansiedad conversando acerca de cuestiones puramente materiales. Cuando el príncipe Eduardo dijo que Sandringham no le atraía demasiado y que como Rey no preveía la posibilidad de sostener financieramente la residencia, su madre se sintió "horrorizada"; por eso Wigram, cuando se le mencionó la conversación sugirió una sociedad de fondos comunes, en la cual los príncipes Alberto y Eduardo aportasen por igual al mantenimiento de Sandringham. Bien, dijo la reina María, se trataba de una posibilidad. También dijo a Wigram que estaba regalando muchas joyas de la princesa Victoria a la princesa María y a las Duquesas de York, de Gloucester y de Kent. Pero no habría un legado de estas joyas al Príncipe de Gales, "que quizá a su vez los entregase a la señora Simpson". Ese mismo día, Chips Channon garabateaba en su diario:

> Mi corazón acompaña esta noche al Príncipe de Gales, que se opondrá tan terriblemente a la condición de Rey. Su soledad, su reclusión, su aislamiento casi será más que lo que su carácter demasiado tenso y su naturaleza muy poco imaginativa pueden soportar. Nunca un hombre estuvo tan enamorado... ¿De qué modo [él y Wallis] reorganizarán sus vidas?

En la mañana del lunes 20 de enero, los médicos reales se sentían angustiados y era evidente que el corazón del Soberano estaba fallando, y que el Rey no sobreviviría mucho tiempo. Wigram encontró al rey Jorge con las páginas de *The Times* desplegadas sobre su cama. Wigram observó poco después:

> Murmuró algo acerca del Imperio y yo dije que "todo está bien, señor, con el Imperio". Después, la mente de Su Majestad desvarió. Cuando la sangre volvió a circular de nuevo por el cerebro, el Rey dijo: "Me siento muy cansado. Vaya y continúe trabajando. Lo veré después".

El Gabinete había llegado a la conclusión de que desde el punto de vista constitucional era necesario que el Rey pusiera su inicial de aprobación del Consejo de Estado que actuaría en su nombre durante la enfermedad; y con ese fin se había convocado al Consejo Privado. A mediodía, el Rey intentó participar en esta ocasión. Saludó a sus ministros y con mucha dificultad trató de poner sus iniciales en el documento legal. "Al despedirse —escribió Wigram—, los miembros del Consejo recibieron una encantadora sonrisa y un gesto de asentimiento de Su Majestad."

El Príncipe de Gales y el Duque de York, que habían ido a Londres a discutir un inminente consejo de entronización, retornaron a Sandringham esa tarde. Entretanto, lord Dawson, a quien se pidió que emitiese otro informe, tomó una tarjeta en blanco y escribió apoyando el papel sobre las rodillas; redactó un anuncio que en su forma definitiva llegó a ser legendario: "La vida del Rey se acerca pacíficamente a su fin". Después de obtener el consentimiento de la Familia Real, esta declaración fue telefoneada a la BBC, con el fin de que se la incluyera en la emisión nocturna. Stanley Hewett, uno de los médicos reales, administró morfina cuando el paciente inició su última lucha. Irritado por la inyección, el viejo marinero masculló: "Maldita sea", antes de sumergirse en un suave sueño. Al oír esto, la reina María sólo atinó a reírse.

Alrededor de las diez, el Rey pareció entrar en coma. Excepto el Duque de Gloucester (que guardaba cama a causa de un resfriado invernal), todos sus hijos se habían reunido con la madre. (En cierto momento, la Reina preguntó acerca de su vecina y amiga Ruth, lady Fermoy, que cerca de allí estaba de parto. Esa noche lady Fermoy dio a luz una niña, Frances, que un día tendría una hija llamada lady Diana Spencer.)

El príncipe Eduardo había comunicado a lord Dawson el deseo de la Reina, respaldado por él mismo, en el sentido de que no se prolongase la vida del Rey cuando su enfermedad entrara en fase terminal. No dijeron más que esto, pero agregaron significativamente que apoyarían la decisión que deseara adoptar Dawson. Y así sucedió que la vida del rey Jorge V en efecto se desplazó pacíficamente hacia el final; pero con una pequeña ayuda de su médico.

Durante cincuenta años se calló la versión integral de la muerte del Rey, hasta que llegó el momento de la publicación de las anotaciones completas de Dawson. La eutanasia fue decidida y ejecutada, no para aliviar el sufrimiento del Rey, pues ya estaba inconsciente, sino en favor de su familia; y (dijo Dawson) a causa de "la importancia de que se anunciara la muerte en los diarios matutinos y no en los vespertinos, menos convenientes". Dawson también telefoneó a su esposa que estaba en Londres, pidiéndole que sugiriese a *The Times* que demorase la primera edición, porque se esperaba un anuncio.

Wigram, que no intervino en la decisión, y al parecer tampoco en la elección del momento, en cierto sentido se vio vindicado. Conocía el poder de la prensa y la radio, y sin duda le complació saber que el criterioso aprovechamiento del periódico adecuado guardaba proporción con un hecho tan sobrecogedor. Por cierto, el momento de la muerte del rey Jorge fue determinado de acuerdo con las necesidades de una publicidad apropiada.

"A eso de las once —escribió después Dawson,

> era evidente que la última etapa podía durar muchas horas, sin que el paciente lo supiera, pero en un proceso poco acorde con esa dignidad y esa serenidad que él tanto merecía, y que exigían una breve escena final. Las horas durante las cuales se espera el fin mecánico, cuando todo lo que es realmente la vida ya ha desaparecido, sólo agota a los espectadores y los mantiene tan tensos que no pueden apelar al solaz de la reflexión, la comunicación o la oración. Por consiguiente, decidí determinar el fin e inyecté (yo mismo) 3/4 de gramo de morfina y poco después 1 gramo de cocaína en la vena yugular distendida: "yo mismo" porque era evidente que [la enfermera] se sentía turbada ante este procedimiento. Aproximadamente 1/4 de hora después la respiración se calmó, el semblante se serenó, pues la lucha física había cesado... Entonces, la Reina y la familia volvieron y se distribuyeron alrededor del lecho, la Reina digna y controlada; otros llorando, suavemente pero sin ruido... Los intervalos entre los sucesivos movimientos de la respiración se prolongaron, y la vida se extinguió tan serena y suavemente que fue difícil determinar el momento real.

El momento, elegido teniendo en cuenta tanto los noticiosos radiales como el registro histórico, fue la hora 23.55 de la noche del 20 de enero de 1936. Cuando Dawson comprobó que había sobrevenido la muerte, hizo una señal a la reina María. Ella besó la frente de su marido y después, en un gesto de consumada propiedad regia, se acercó a su hijo mayor, se inclinó, le tomó la mano y la besó. El Rey que había sido su esposo estaba muerto; el Rey que era su hijo continuaba viviendo. Y en esta escena, el Rey Eduardo VIII se desplomó ofreciendo un espectáculo de pesar, llorando ruidosamente y abrazando con frenesí a su madre.

Esta demostración emocional no puede explicarse sencillamente por un sentimiento de pérdida filial, pues había escaso amor entre el padre y el hijo. Más bien podía afirmarse que Eduardo percibió de pronto, cuando su madre se inclinó ante él, que el futuro que temía había llegado por fin. Y había otro motivo que explicaba ese estallido: su plan de huir al campo con Wallis ahora se veía torpedeado. Poco después, Alan Lascelles reveló a Harold Nicolson que en efecto esa era la situación. "Eduardo y la señora Simpson habían trazado planes para huir juntos en febrero, pero la muerte del rey Jorge V los frustró." Que esta era la idea de Eduardo lo indica también una nota del Príncipe a Wallis, apenas tres semanas antes, el Día de Año Nuevo: "¡Oh! Wallis, sé que tendremos Viel Gluck ["mucha suerte" en alemán] de la cual gozaremos este año". Durante años él había sido dueño de un rancho en Canadá: según dijo Alan Lascelles, lo reservaba como refugio. "¿Para pasar las vacaciones, señor? —preguntó Lascelles—. No, definitivamente", replicó Eduardo.

"En su manifestación exterior —escribió Helen Hardinge—, [su pesar] superó de lejos el de su madre y sus tres hermanos, aunque ellos habían amado al rey Jorge V por lo menos tanto como Eduardo... Mientras reclamaba atención para sus propios sentimientos, parecía por completo indiferente a los ajenos." Cuando el nuevo Rey consiguió controlarse, la reina María se desplazó con mucha dignidad de una persona a otra de las que estaban presentes en la habitación; primero sus propios hijos, después los médicos, las enfermeras y los criados, confortando y agradeciendo a cada uno.

Hicieron un llamado telefónico a Londres y quince minutos después la BBC anunció la novedad al mundo. A esta altura de las cosas, Eduardo se había recobrado lo suficiente como para ordenar que los relojes de Sandringham fuesen atrasados media hora, para indicar el momento exacto. Así, el primer acto del nuevo Rey fue revertir la venerada tradición de su padre, que era ampliar el tiempo destinado a la caza en la breve jornada invernal. "Me pregunto si restablecerá otras costumbres", murmuró Cosmo Lang, arzobispo de Canterbury; no necesitaría esperar mucho tiempo para saber a qué atenerse. La orden pareció cruel y ofensiva a algunos y otros la juzgaron infantilmente rebelde, pero era típico de Eduardo actuar por impulsos, obedeciendo a una idea, por inoportuno que fuese el momento. También sabía que toda su familia, y en primer lugar su madre, detestaba el extraño sistema de medición del tiempo de Sandringham. Esa noche los cortesanos, tanto los que eran fieles a Jorge como los que ya habían decidido que el nuevo monarca les desagradaba interpretaron de inmediato la orden relacionada con los relojes como una señal ominosa: se avecinaban problemas. Tenían razón, pero equivocaban los motivos.

El Duque de York y su hermano mayor partieron en la mañana del martes 21, para asistir al Consejo de Ascenso al Trono, en Londres; viajaron en avión. Así, Eduardo se convirtió en el primer monarca que voló, del mismo modo que había sido el primer miembro de la realeza que efectuó una emisión pública por radio. En la sala de banquetes del Palacio de Saint James, el monarca de cuarenta y un años —el primer rey soltero que ascendía al trono desde Jorge III, en 1760— habló a más de un centenar de consejeros y prometió apoyar el gobierno provisional y trabajar en defensa del bienestar y la felicidad de sus súbditos.

Ese día, las primeras páginas de los periódicos londinenses publicaron los detalles. Su Alteza Real, Eduardo Alberto Cristián Jorge Andrés Patricio David, Príncipe de Gales y Conde de Chester, se convirtió en el rey Eduardo, el Octavo. Ignorando por completo al duque de York, los diarios publicaron fotografías a varias columnas, que representaban a Isabel, la princesa de nueve años, que aparecía sonriendo sobre el titular: LA PEQUEÑA PRINCESA AHORA OCUPA EL SEGUNDO LUGAR EN LA LINEA DE SUCESION DEL TRONO.

Al día siguiente, miércoles 22 de enero, el rey Eduardo VIII fue proclamado oficialmente Rey desde un balcón del Palacio de Saint James, donde invitó a unos pocos amigos a observar con él desde una habitación próxima. Cuando sonaron las trompetas, Eduardo de nuevo rompió con la tradición y se acercó a la ventana para observar su propia proclamación; y allí, a su lado, bien perfilada en los noticiosos cinematográficos y las fotografías que han sobrevivido, estaba Wallis Simpson. Más avanzado el mismo día, el Parlamento también le tomó el juramento de fidelidad y le prestó homenaje oficial en cámara. La señora Simpson no asistió, pero si lo hubiese hecho, su presencia quizá habría pasado inadvertida. Fuera de su propio círculo social y de los íntimos del Rey, muy poca gente la conocía, la prensa y el público general no tenían la menor idea de su identidad y mucho menos de su relación con el Rey.

El cuerpo de Jorge V permaneció en el frío silencio de la pequeña iglesia de Sandringham hasta el jueves 23, cuando el ataúd fue trasladado a Londres en tren. El cortejo pasó de la estación King's Cross por la calle Euston, Southampton Row, Kignsway, el Strand y Whitehall a Westminster Hall, donde se realizaría la ceremonia de cuerpo presente. Hubo una sola nota ingrata. La corona imperial estaba asegurada sobre la tapa del ataúd del Rey, pero las fuertes sacudidas del féretro aflojaron los anclajes de la Cruz de Malta de la parte más alta de la corona —adornada por un zafiro y doscientos diamantes— que se aflojó y cayó al pavimento. "¡Por Dios! —murmuró el rey Eduardo VIII—. ¿Qué sucederá ahora?" Y esas palabras, insinuó Walter Elliott, el parlamentario que escuchó la exclamación, bien podían convertirse en el lema del nuevo reinado. Para Godfrey Thomas, el accidente era una metáfora. "No soy supersticioso, pero me confirma en la convicción de que él no es un hombre adecuado para la función real y de que su reinado concluirá en un desastre... No creo que dure mucho tiempo."

Había densas muchedumbres a lo largo de la ruta. En Westminster casi ochocientas mil personas desfilaron ante al ataúd durante cuatro días; las filas que se extendían afuera sobrepasaban el kilómetro y medio de longitud. La última noche se organizó una vigilia que duró un cuarto de hora, servida por las cuatro esquinas del finado monarca, que se cuadraron en las cuatro esquinas del catafalco. El cuerpo del Rey fue sepultado en la Capilla de San Jorge, en Windsor, el 28 de enero.

En medio de todos los asuntos oficiales y de la familia, una persona fue notable por la fuerza de carácter y la dignidad de su propósito. "Los hijos estaban dolorosamente conmovidos —escribió el arzobispo de Canterbury—, y fue la Reina, que todavía se controlaba maravillosamente, quien lo sostuvo y fortaleció... Mantuve con ella una larga conversación [y descubrí] que su fortaleza continuaba inconmovible. No debe suponerse que este autocontrol sin desmayo respondía a algún tipo de dureza. Por el contrario, sus sentimientos estaban siempre al borde de la explosión; sólo su coraje los controlaba." Entre el repique de las campanas, los grandes ritos impersonales y los símbolos de la trascendencia y la eternidad,

los Windsor eran todavía una familia; unidos en su pérdida pero ansiosos, dividi-
dos, atemorizados por el futuro, afectados por sentimientos mutuos de envidia y
suspicacia.

El nuevo Rey regresó a Sandringham el miércoles 22 de enero, donde se
leyó a la familia el testamento del padre; y así, Eduardo recibió el primer golpe,
pues su padre no le había dejado dinero. Después que se anunciaron los legados a
los restantes miembros, Eduardo estalló con un gemido agudo: "¿Dónde aparez-
co?". Bien, explicó el abogado, sir Halsey Bircham, el rey Jorge V creía que después de veinticinco años como Príncipe de Gales, su hijo sin duda había amasado
una fortuna considerable con su renta y las inversiones originadas en el ducado de
Cornwall y que no era necesario contemplar nuevos aportes. Precisamente con el
mismo razonamiento, el rey Eduardo VII nunca dejó dinero a Jorge V. "¡Pero mis
hermanos y mi hermana han recibido grandes sumas y a mí me han excluido!",
dijo Eduardo VIII. Y así continuó paseándose y quejándose. En una sola cosa
todos coincidían: la coronación debía esperar que transcurriese un período respetable consagrado al duelo; era mejor celebrarla con buen tiempo y en todo caso
exigiría preparativos complejos. La fecha fijada fue el 12 de mayo de 1937.

Con respecto a las finanzas, el Rey "no era razonable", de acuerdo con la
versión de lord Wigram, quien más tarde sería el primero en saber que en realidad
el rey Eduardo había gastado más de un millón de libras esterlinas. "Traté de asegurar a Su Majestad que se arreglaría muy bien, pero [él] continuó obsesionado
por el dinero." La lucha con respecto a los deseos del finado Rey continuó librán-
dose durante todo el año; todavía en diciembre de 1936, Eduardo VIII pidió que se
modificase en su favor el testamento de Jorge V. "El rey Jorge se revolvería en su
tumba —replicó Wigram en la cara del rey Eduardo—, si pensara que su hijo
mayor no está dispuesto a realizar sus deseos." Pero a esa altura de las cosas
Wigram ya se había retirado del servicio y era nada más que un asesor provisional,
que ayudaba a ejecutar el testamento de su finado amo; sus deberes como secretario pasaron a Alec Hardinge.

En 1936 la desaprobación cada vez más acentuada de los que estaban cerca
del nuevo Rey no se limitó al tema de la señora Simpson; de hecho, ella se convirtió finalmente en la mejor excusa para afirmar que Eduardo era incompetente e
indeseable.

Incluso como Príncipe de Gales, Eduardo adoptaba una actitud frívola frente
al protocolo, un menosprecio desaprensivo por las tradiciones del atuendo y las
formas del palacio, y un irritada impaciencia con los rigores de una vida cortesana
anticuada. Además, parecía adoptar todo lo que desagradaba a su padre: la compañía social de mujeres casadas que fumaban en público y se pintaban las uñas, las
reuniones para beber cócteles, el jazz norteamericano, el *slang* y las fiestas en
diferentes residencias los fines de semana.

Sobre todo, a Eduardo le molestaba lo que él denominaba "el implacable
formalismo de sus vidas"; todo lo que veía como un obstáculo que impedía que se

expresara lo mejor que podía realizarse en un mundo nuevo. En este sentido, y pese a todas sus excentricidades, el Rey juzgó con acierto que la monarquía estaba desesperadamente obstaculizada por la tradición y por el sistema anticuado de los cortesanos, cuya deferencia y cuyo orgullo por su propia situación en muy poco beneficiaba a otras personas, salvo a ellos mismos. "Pronto descubriría —escribió Eduardo más tarde—, que cualquier avance contra la tradición acarrea dificultades." Por ejemplo, había que respetar interminables ceremonias, lacayos para esta tarea, ayudantes para aquella, gestos rituales vacíos y recetas para administrar la casa, todo lo cual provocaba gastos que de ningún modo satisfacían las necesidades de la nación.

Por su descuido sonriente y airoso, y sus modales francos —pero sobre todo a causa de la celebridad que había conquistado en vista de que era hasta ese momento la persona más fotografiada de la historia inglesa—, el Príncipe de Gales ascendió al trono con un apoyo popular que quizá no tenía rival en la historia del mundo. Desde las islas Orcadas hasta Australia, desde Canadá hasta Fiji, todos los miembros del Commonwealth lo aprobaban, aunque con muy escasos motivos para adoptar esa actitud. Y en Estados Unidos, donde el deseo de adoptar o crear una Familia Real siempre fue parte del anhelo nacional implícito, el nuevo Rey era proclamado como un hombre propicio incluso para las democracias.

Pero detrás de la popularidad propia de una estrella cinematográfica, había, como sucede a menudo, muy escasa sustancia. Si bien es cierto que la realeza (a semejanza de las estrellas de cine) no necesita ser inteligente o imaginativa —es suficiente que *existan*— también es cierto que el rey Eduardo VIII no adoptó medidas para mejorar en ningún sentido su propia persona y que le interesaba casi exclusivamente aquello que lo afectaba personalmente. Pasaba toda su vida en una suerte de inquieto resentimiento, de rebelión mal disimulada, descuidando el trabajo administrativo de la realeza desde la primera semana de dicho invierno ("Nunca me interesó mucho el papeleo"), y dependiendo sólo del aliento de Wallis y su fibra emocional, que lo sostuvo durante el período temprano del reinado.

Alec Hardinge, que antes había simpatizado mucho con el Príncipe de Gales, comprobó que su nuevo monarca era un motivo de embarazo, pues a medida que pasaron los meses cesó casi completamente de leer los documentos oficiales. La razón era evidente: "Todas las decisiones, grandes o pequeñas, estaban subordinadas a su voluntad [la de Wallis Simpson]. Ella era la persona que ocupaba constantemente el pensamiento de Eduardo, ella era la única que importaba. Ante ella los asuntos de Estado eran sólo una insignificancia". Pero había otro motivo que explicaba la preocupación del secretario privado: "El Rey casi nunca asistía a las reuniones sin su hermano, el Duque de York... [cuya] presencia de ningún modo era siempre esencial".

Por consiguiente, Hardinge creía que "sin duda había otra razón, menos evidente, para insistir en que su hermano lo acompañase en tales ocasiones"; es decir, preparar al príncipe Alberto para la sucesión, cuando Eduardo abdicase. Asimismo, la insistencia de Eduardo en que Alberto conociera exactamente los detalles del servicio de la coronación sugirieron al arzobispo de Canterbury, lo mismo que a otros, que el hecho en definitiva tendría como protagonista al Duque de York. Su impresión se vio reforzada cuando supo que, contrariando toda la tradición y sin la autorización de ninguna comisión litúrgica, el Rey ordenó que los nombres del Duque y la Duquesa de York se agregasen a los nombres de las personas para quienes se elevaban plegarias especiales en las iglesias todos los domingos. "Creo que su intención era abandonar el papel de Rey, traspasar las responsabilidades —dijo varios años después Frances Donaldson, biógrafo de Eduardo—. Por eso condujo [a Wallis] a la errónea creencia de que podían llegar a ocupar una posición segura. La gran atracción que ella ejercía se basaba en el hecho de que le permitió renunciar a la monarquía."

Con respecto a sus obligaciones y las consecuencias, para su familia y la nación, de su relación con la señora Simpson, el Rey "no pensaba en ello", según dijo su primer ministro Stanley Baldwin. "Extrae sus ideas de la prensa cotidiana, en lugar de pensar las cuestiones por sí mismo. No hay lecturas serias: no hay ningún género de lecturas." Las consecuencias eran graves. En definitiva, Baldwin clasificaba y seleccionaba los documentos que hubieran debido depositarse sobre el escritorio del Rey; se retenían los materiales delicados, pues Eduardo sistemáticamente los dejaba al alcance de cualquiera que quisiese leerlos. El Primer Ministro se atuvo con firmeza a esta costumbre cuando supo que el Rey solía dar a leer al Duque de York los documentos oficiales y los telegramas de carácter confidencial.

Baldwin no era el único que había llegado a esta conclusión: muchos miembros del gobierno sabían que el carácter del rey Eduardo estaba tan poco formado, tan escasamente probado en las aguas de la privación, tan alejado del concepto de sacrificio, que no se adaptaba a ninguna ocupación responsable. Por supuesto, nadie se refería con franqueza a estas características, como tampoco se hablaba de la total inmadurez del Rey. "Era como un pequeño escolar —dijo más tarde lord Brownlow, viejo e íntimo amigo de Eduardo—. Su cama estaba rodeada de sillas, y en cada una había depositado una imagen de su amada Wallis. Era una obsesión." Así era la vida del Rey en Fort Belvedere, un lugar al que él convirtió en su cuartel general, pues se negó a trabajar con regularidad en el Palacio de Buckingham.

Pocas personas en la Corte creían la verdad: que Wallis era de lejos la persona más inteligente, la más fuerte y valerosa en la pareja, y una mujer sin duda dispuesta a poner sus cualidades al servicio del hombre cuyos defectos y cuya franca actitud de dependencia tanto la seducían. "Te amo cada vez más y por eso necesito que estés conmigo —escribió Eduardo a Wallis dos días antes de la muerte de su padre—. Anhelo mucho, muchísimo verte aunque sea unos pocos minutos, ver a mi Wallis me ayudará mucho. Eres todo lo que tengo en la vida." Ella apreciaba enormemente esta situación: "Dios te bendiga y sobre todo te fortalezca donde has sido débil". Este sentimiento podía tener cierto matiz de aprovechamiento emocional. De todos modos, era completamente cierto.

¿Y qué puede decirse del amor que ella le profesaba? Las cartas de Wallis mencionan ese sentimiento, pero rara vez, aunque ese detalle no es necesariamente revelador de otra cosa que cierta reticencia epistolar en tales temas. Cecil Beaton, cuyo ojo veía con claridad los caracteres, y también las luces y las sombras que envolvían a los sujetos observados, creía que ella estaba "decidida a amarlo, aunque creo que no está enamorada de él. Asume una gran responsabilidad: la de cuidar a alguien que es tan distinto [de ella misma] y que depende por completo de ella".

Wallis Simpson ciertamente carecía de un conocimiento refinado de la historia británica (y menos aún de la teoría y la práctica constitucionales). Pero sabía más de la vida en general, como lo reconocieron Harold Nicolson y otros. A semejanza de Eduardo, ella había realizado la experiencia de varias uniones sentimentales, pero también había vivido en culturas muy distintas de la suya propia y había aprovechado una diversidad de relaciones. A diferencia de Eduardo, no alimentaba resentimiento contra su familia o sus propios antecedentes; nunca era una mera subordinada y no dependía de que alguien le ratificase su valía. Irradiaba confianza, incluso hasta el extremo de que no necesitaba al hombre que con tanta desesperación dependía de ella. Con esa firmeza y seguridad (entre otras cualidades), Wallis llegó a ser más necesaria al rey Eduardo VIII que nadie o nada. Por el resto de su vida, él afirmó que su reinado fracasó porque no se le permitió ser el dueño de su propio destino. La verdad es que ese dominio superaba sus posibilidades.

Con el ascenso de Eduardo al trono, todo cambió y nada cambió, ya que no exageramos si decimos que, durante los 325 días de su reinado, sus ministros y finalmente el pueblo afrontaron sólo una cuestión fundamental: la vida privada del monarca. Esta concentración de los esfuerzos en un solo aspecto del jefe de Estado nunca se había manifestado así con anterioridad. Con respecto a la prensa, una información franca de los detalles comprometedores todavía era inconcebible. Habían existido murmuraciones acerca de las indiscreciones conyugales del rey Eduardo VII, e incluso alusiones en la prensa de su carácter sin duda imperfecto; pero se evitaban con cuidado los detalles concretos y ningún periódico habría publicado jamás una fotografía comprometedora.

Pero en 1936 la prensa estaba dispuesta a afrontar el cambio. Los periódicos de muchos países entraban en Inglaterra —Londres y Nueva York exhibían entusiasmo y rapidez especiales en relación con esos intercambios cotidianos— y la prensa norteamericana no veía la necesidad de censurar las noticias reales que aparecían en sus páginas. En su condición de Príncipe de Gales, Eduardo había conocido en el mundo entero la celebridad de Douglas Fairbanks y Charles Chaplin; tenía el atractivo de Ramón Novarro y Rodolfo Valentino. Desde el momento de su ascenso al trono se lo consideró el Príncipe Encantado, el Príncipe Bondadoso que ahora sería el Rey perfecto, aunque quedaba un problema inquietante en la mente colectiva británica: a todos les agradaba que hubiese una familia en la Corte y a los cuarenta y un años él era todavía soltero.

Por cierto, los deseos y las decisiones de unas pocas personas determinaron en definitiva el desenlace del reinado de Eduardo VIII. Pero por primera vez en la historia, las cosas se apresuraron —y por consiguiente, las posibilidades de un resultado distinto se vieron estrechamente reducidas— por una prensa británica que ya no se controlaría, después que los norteamericanos concluyeron su silencio, más avanzado el año 1936. La secuencia de los hechos, lo que denominamos el curso de la historia, por lo tanto se vio apresurada por dos realidades: la velocidad de las comunicaciones modernas y el deseo del público de conocer mejor a las personas a quienes presuntamente conocían. Las películas quizá tenían mucho que ver con este deseo de establecer una relación íntima con los famosos y los espléndidos; y los noticiarios cinematográficos eran cada vez más asiduamente presentados con los "trailers" de los estrenos inminentes y se asemejaban mucho a ellos. Próximamente en esta sala verán a Robert Donat y Madeleine Carroll... a Marlene Dietrich y Gary Cooper... a Eduardo VIII y la señora Simpson. Todos ellos eran dioses y diosas, y la gente los veía en la pantalla y en las páginas de los periódicos y las revistas destinados a los *fans*, sonriendo y saludando, bendiciendo a las multitudes simplemente porque aparecían frente a ellas con su presencia brillante y generosa.

Sin embargo, al principio la prensa británica mantuvo su norma habitual: la prohibición de informar acerca de detalles relacionados con la vida privada del Rey; el nombre de Wallis Simpson ahora se oía en todos los ambientes elegantes y antes de que pasara mucho tiempo sería informado rutinariamente en la prensa norteamericana, la cual por supuesto llegaba a Inglaterra en forma cotidiana. Al principio, hubo muchos casos de presurosa eliminación de las páginas impropias incluidas en los periódicos extranjeros, pero tales prácticas no podían durar mucho tiempo.

Por ejemplo, en la sociedad londinense era sabido que el Rey visitaba a Wallis todas las noches en su piso de Bryanston Court y que pasaban juntos todos los fines de semana en Fort Belvedere, cada vez con mayor frecuencia sin la presencia de Ernest, que por esta época parece haber encontrado diversiones en otros ámbitos. El Rey y su amada "a veces nos invitaban a cenar —recordaba la princesa Alicia, duquesa de Gloucester, varios años más tarde—. Esto era embarazoso, pues esa relación nos incomodaba tanto como al resto de la familia, pero en su condición de hermano el príncipe Enrique se sentía obligado a asistir. La señora Simpson siempre se mostraba encantadora y cordial, y siendo norteamericana siempre era una anfitriona maravillosa. Después de la cena jugábamos *vingt-et-un* o *rummy* o veíamos una película".

Con respecto a la relación del Rey con los York, fue tensa desde el ascenso al trono. El príncipe Alberto ahora era el Presunto Heredero y la princesa Isabel ocupaba el segundo lugar en la línea sucesoria; y la esposa del Duque de York era la segunda dama del país, en un nivel superior al de la princesa María, que era la Princesa Real.[4] Marion Crawford recordó una visita de Wallis y el Rey a la residencia de campo de los York, es decir Royal Lodge. Recordaba que la señora Simpson tenía "una actitud claramente dominante al hablar con el nuevo Rey. Recuerdo que ella lo llevó hasta la ventana y sugirió cómo podían trasladarse ciertos árboles y eliminarse parte de la colina, para mejorar la visión". Lo cual, recordaba Crawford, era sorprendente; que la señora Simpson pudiese incluso imponer al Rey de qué modo debían mostrarse los jardines de los York. En dos noches ulteriores, en que el Rey y Wallis cenaron con los York y otros, la Duquesa se mostró (dijo Diana Cooper, la actriz, confidente real y esposa del miembro del gabinete Duff Cooper) "fría y remota desde el principio al final".

Hubo otra dificultad: incluso en el ámbito de las decanas de la sociedad londinense (Sibyl Colefax, Margot Oxford, Diana Cooper y Emerald Cunard), todos simpatizaban sinceramente con Wallis y veían con buenos ojos su estilo y admiraban su influencia positiva sobre el Príncipe *playboy*, a pesar de que se trataba de una sociedad definida prácticamente por su antipatía hacia los norteamericanos. Pero había una excepción notable a la reacción favorable y era nada menos que la influyente norteamericana Nancy Astor, que se había casado con un aristócrata británico. "Londres hierve de murmuraciones acerca del nuevo Rey y su ostensible aprovechamiento de su amante la señora de Simpson, siempre seguida por su marido de octava categoría", escribió en su diario el 22 de marzo de 1936.

Al parecer, todos padecen una nueva enfermedad, la "Simpsonitis" y el "servilismo" con la querida Wally es la actitud recomendada... En realidad, me parece que toda esta aduloneria es ridícula, todo es tan transitorio que uno nunca sabe cuando la señora S. "saldrá del cuadro" y entrará un nuevo horror; el Rey es egoísta y descuidado...

A medida que transcurrieron los meses en 1936, aumentó el número de personas que coincidía con Nancy Astor. Que Wallis fuese de hecho la amante del Rey o (como los protagonistas y sus amigos siempre afirmaron) la relación se mantuviese en un nivel casto hasta el matrimonio realmente no es la cuestión (y uno podría agregar que ese era un asunto que no importaba a nadie). Pero era indudable que ella siempre aparecía en público al lado de Eduardo, generalmente usando una colección de joyas que él le regalaba. Así, ella proclamaba al mundo su condición de *maîtresse en titre*. Lo que ofendía a los miembros de la sociedad culta era la exhibición vulgar más que la conducta privada.

La cuestión se complicó todavía más, pues mientras el Rey estaba preocupado por el mecanismo en virtud del cual él podría casarse con Wallis, ella creía que se trataba de una fantasía sin esperanza (incluso indeseable), no sólo porque conocía bien las dificultades de casarse con un Rey, sino también porque, como lo indican las cartas que envió a su tía en un período temprano del año, estaba comenzando a descubrir que el Rey era una persona exasperante y exigente, y por lo tanto un poco tediosa. "Ese pequeño Rey insiste en que yo regrese [de París] y es posible que lo haga, pues [él me llama] por teléfono unas 4 veces diarias; no puedo descansar mucho." Al mismo tiempo, ella estaba empezando a dirigirse al Rey en términos que sugerían que él debía moderar un poco sus pretensiones, lo cual por supuesto permitiría que ella a su tiempo terminase con la relación: "Quizás ambos dejemos de pretender los objetivos más difíciles y nos contentemos con los más sencillos", le escribió a su tía en febrero de 1936: una relación amorosa, daba a entender Wallis; al margen de lo que esto significara, sería más sensata y más realista que el matrimonio.

Pero el sentido común no prevalecería contra la voluntad del Rey o del esposo de Wallis, pues ninguno de ellos estaba complacido con la situación. En marzo, Ernest Simpson pidió a su íntimo amigo Bernard Rickartson-Hatt que lo acompañase a una reunión con el Rey, que aún residía en la Casa York, y postergaba todo lo posible el inevitable traslado al Palacio de Buckingham. "No me agradaba el Palacio de Buckingham —escribió más tarde Eduardo—. Era muy ventoso. En cierto modo, tenía el presentimiento de que allí no viviría mucho tiempo. Nunca superé la impresión de que no pertenecía a ese lugar. Me sentía perdido [¡de nuevo esa palabra!] en su regia inmensidad."

La esperanza de Wallis, de acuerdo con la versión de Rickatson-Hatt, era

repicar y estar en la procesión. La halagaban los intentos del Príncipe de Gales y el Rey, y gozaba en plenitud de los regalos generosos que él le hacía. Creía que podía conservarlos y al mismo tiempo mantener su hogar con Simpson... le agradaba la atención que recibía [del Rey] y [pensaba] que en todo eso no había el menor perjuicio para nadie.

Y Rickatson-Hatt agregaba significativamente: "salvo la obstinación y los celos del Rey, el asunto habría continuado su curso sin destruir el matrimonio de los Simpson".

En ese encuentro con el Rey, el asunto llegó a un punto crítico. Ernest preguntó directamente al Rey si su intención era casarse con Wallis. "¿Usted cree realmente que sería coronado sin Wallis a mi lado?", replicó Eduardo como si el asunto ya estuviese resuelto. Fue la primera vez que alguien mencionó el asunto: la correspondencia Wallis-Eduardo y las memorias de ambos publicadas después señalan que hasta ese momento habían guardado silencio acerca de la cuestión. Pero en ese momento, como Wallis estaba en París, adonde había ido de compras, Ernest convino deshacer su matrimonio y el Rey prometió adoptar una actitud decorosa y mantenerla permanentemente, como si hubiera sido el esposo. De acuerdo con Rickatson-Hatt, no se mencionó la vida privada de Simpson; de este modo, Ernest contó con una aparente ventaja moral, pues podía parecer que era la parte que se sacrificaba en una situación que iba a aportarle precisamente la libertad que él deseaba.

Con respecto a la libertad del Rey, durante décadas se supuso que había concebido la idea de la abdicación sólo unos días antes de protagonizar realmente ese gesto; más aún, que un gobierno hostil la había impuesto a un monarca poco dispuesto. Pero completamente al margen del hecho de que en su vida como Príncipe de Gales todo (incluso muchas declaraciones explícitas) demuestra que Eduardo detestaba la idea de ser Rey, hay pruebas de que habló con franqueza del tema con su familia. David Lindsay, conde de Crawford y un hombre que estaba en el centro de la vida política y social londinense, escribió en su diario el 2 de febrero de 1936: "La crítica [al Rey y la señora Simpson] puede llegar a ser insistente y amarga; por lo tanto, es posible que al hablar de abdicación esté adoptando una actitud fatua: antes de ahora habló del asunto *en famille*".

Simultáneamente, la madre de Eduardo (ahora Reina Viuda, aunque hasta el día de su muerte se la conoció como la reina María) por primera vez manifestó la ansiedad que sentía con respecto al Rey, en una conversación con la condesa Airlie, su amiga más antigua y su dama de compañía: "Mabell, tus hijos tienen más o menos la misma edad que los míos —le dijo una tarde—. Dime, ¿alguna vez te decepcionaron?".

Lady Airlie replicó que a su juicio todos los hijos y las hijas más tarde o más temprano decepcionaban a sus padres y cuando eso le había sucedido a ella misma había intentado abstenerse de adoptar una actitud posesiva, y se había esforzado por recordar que la vida de sus hijos a ellos mismos les pertenecía.

"Sí —continuó la Reina—, uno puede aplicar esa fórmula a los individuos pero no a un soberano. No es responsable sólo ante sí mismo." Hubo una pausa prolongada, y la reina María recogió su bordado y bordó un rato. "No me agradó hablar de David acerca de su relación con la señora Simpson —dijo tranquilamente, hablando a su amiga con una sorprendente familiaridad,

> en primer lugar, porque no quiero suscitar la impresión de que interfiero en su vida privada y también porque es el más obstinado de todos mis hijos. Contrariarlo cuando desea hacer algo implica que uno refuerza su decisión en ese sentido. En este momento está completamente loco por ella, pero mi gran esperanza es que los caprichos apasionados generalmente se agotan."

Por supuesto, era imposible, agregó la reina María, que ella se relacionara con la señora Simpson, pues Su Majestad no modificaría la prohibición real; ni siquiera en favor de su hijo. Ninguna mujer divorciada (y mucho menos casada nuevamente) podría ser admitida jamás a una conversación con la Reina.

Capitulo Nueve

La abdicación

mayo a diciembre de 1936

Bien, primer ministro, ¡he aquí un asunto que huele muy mal!
La REINA MARIA a Stanley Baldwin,
durante la crisis de la abdicación

En una monarquía constitucional, nada tiene tanta resistencia como un sistema consolidado, que enfrenta a un Rey o una Reina obstinados. Nada tampoco es tan inflexible como la Corte de un soberano cuya vida parece censurable a aquella. En la primavera de 1936, el rey Eduardo VIII se mostró miope en su estimación de ese doble rechazo y decidido a superarlo con el simple recurso de insistir en su propia voluntad. En consecuencia, ese año los Windsor fueron una familia agobiada por las tensiones y las sospechas, pues era evidente que la relación de Eduardo con la señora Simpson representaba una verdadera amenaza al prestigio del trono.

En realidad, gran parte de las angustias de la familia durante el siglo XX dependieron de la vida amorosa de los tres hombres que ostentaron el título de Príncipe de Gales.

La vida irregular del hijo mayor de Victoria, el hombre que se convirtió en el rey Eduardo VII, originó el sentimiento de angustia y desconcierto constantes de la Reina, pero por lo menos nunca se percibió el menor temor de que él se divorciara de la princesa Alejandra; incluso en beneficio de su gran amor, Alice Keppel.

En el caso de su nieto, el rey Eduardo VIII, nada importó tanto como el

257

reconocimiento público de que la señora Simpson, una norteamericana inaceptable y divorciada dos veces, era el amor de su vida. Ese reconocimiento se convirtió en la obsesión de su breve reinado. "El Rey —observó Chips Channon con su acostumbrada y sucinta exactitud—, se muestra desequilibrado cuando se trata de Wallis; desequilibrado." El objeto del delirio real se mostraba mucho más serena que el hombre embobado por ella. Refiriéndose a su marido y al Rey, Wallis escribió a su tía como si ella estuviese lidiando con niños díscolos: "No es fácil complacer, divertir, aplacar a dos hombres... Ernest y Su Majestad han conversado a menudo de la situación, de modo que todo se ha llevado con una actitud muy cordial y ordenada... aunque las cosas *podrían* continuar eternamente de este modo". En Inglaterra, agregaba Wallis, "me consideran una persona importante y mi posición en este momento es buena y digna... [pero] si Su Majestad se enamora de otra persona yo dejaría de ser tan poderosa como lo soy ahora... No espero nada". En la cuestión del divorcio y el nuevo casamiento Wallis miraba las cosas con mucha lucidez. "Que yo permita una actitud tan drástica depende de muchas cosas y muchos acontecimientos", pero en cualquier cosa ella intentaba "impedir que un carácter bastante obstinado [hiciera] algo que perjudicara al país y ayudase a los socialistas"; con lo cual sin duda se refería a la abdicación.

Al reflexionar acerca de las condiciones de su vida futura, Wallis atribuía valor a la seguridad material, ya que había pasado de la pobreza elegante a un círculo social embriagador y se había convertido en la destinataria de dinero y joyas aportadas por el Príncipe de Gales, que ahora era el Rey de Inglaterra. Según explicó a su tía, Eduardo había solucionado "el aspecto financiero para el resto de mi vida... Tengo 40 años y... sé que sólo puedo controlar el aspecto financiero del futuro... pero si sucede lo peor levantaré mi tienda y me esfumaré en silencio... Sólo puedo abrigar la esperanza de que Su Majestad continuará profesándome afecto durante un tiempo; pero no planeo en absoluto ningún futuro basado en eso".

Los actos de Wallis y los hechos ulteriores de 1936 indican que esperaba de este episodio poco más que un período de atenciones intensamente halagadoras. La idea de que era una mujer calculadora decidida a atrapar a un Rey y ascender a un trono como Reina Consorte es absurda. Por el contrario, era una persona decidida a pasarlo bien, alguien a quien agradaba crear una atmósfera de placer para ella misma y para otros. Más allá de estas metas, parece que rara vez contempló las consecuencias a largo plazo de sus deseos o sus actos. A menudo se parecía más bien a un naipe; quizá la reina de bastos o incluso la sota. Nada parecido a la peligrosa malvada que los realistas ingleses han tendido a representar; era más bien una burguesa común y corriente. Su reserva (como la de Marlene Dietrich o Greta Garbo) interesó a muchos, atrajo a algunos y fascinó a casi todo el mundo, y a menudo se supuso que era una mujer misteriosa. Cabría decir que era una norteamericana trasplantada que había surgido directamente de las páginas de una novela de Henry James.

En cambio, Eduardo —desde el día en que se encontró con Ernest, mientras Wallis hacía compras en París— hizo todo lo posible para promover el divorcio del matrimonio y maniobrar su propio matrimonio con ella, a pesar de la evaluación que Wallis hizo de la situación e incluso contra sus deseos. Por ejemplo, el Rey insistió en que ella retuviese a un abogado y en que consultase también a los abogados del propio Eduardo, para garantizar el divorcio más expedito. Hasta principios del otoño, Wallis trató de evitar esa eventualidad, pero el Rey se mostraba implacable. En último análisis, ella era la excusa del Rey para renunciar al trono.

"Creo que el Rey siempre experimentó una repugnancia claustrofóbica por el trono", dijo sir Donald Somervell, que en su condición de Procurador General en 1936 estuvo íntimamente relacionado con la crisis.

Imagino que es un hombre que tiene pocos recursos espirituales en la esfera de la religión o la imaginación. Se siente feliz si el momento pasajero es grato; de lo contrario, y precisamente por eso, en general se siente muy desgraciado. Un carácter como el suyo se encontraría en mayor medida que la generalidad a merced de un enamoramiento como el que sintió por la señora Simpson... Entregar un reino porque le resulta tedioso no impresiona mucho; hacerlo por amor parece exhibir una magnitud más importante.

Los parientes del Rey consideraron que la situación era cada vez menos manejable durante la primavera y el verano de 1936, y en definitiva intentaron impresionar a Eduardo con la gravedad de sus propios sentimientos evitando por completo a Wallis. La Duquesa de York se negó derechamente a visitar Fort Belvedere, pues la presencia del Rey en ese lugar significaba asimismo la de la señora Simpson. (Las reuniones de la familia debían celebrarse en Fort Belvedere por la sencilla razón de que el rey Eduardo VIII no pasaba una sola noche en el Castillo de Windsor.) La intransigencia de Isabel en este asunto entristeció a Alberto quizá tanto como su propio acatamiento silencioso lo humillaba, pues la relación en otros tiempos estrecha entre los hermanos ahora se veía no sólo amenazada, sino que estaba deteriorándose de manera inexorable.

Los Gloucester, no tan decididos en su actitud, acudieron a comer a Fort Belvedere dos o tres veces, en coche, pero estas ocasiones fueron notoriamente difíciles, a pesar de que los invitados compartían a lo sumo una taza de té o algunos cócteles y charlaban con el Rey mientras él se paseaba por el rosedal o cortaba los arbustos. Wallis consideraba grosero el áspero humor de Enrique y su risa forzada, mientras Alicia sencillamente se limitaba a sonreír cortés, tratando de encontrar un tema adecuadamente neutro para sostener la conversación.

Nadie se rió cuando apareció en Londres nada menos que Beryl Markham. Su relación con el duque de Gloucester por cierto era sólo historia a esta altura de las cosas, pero él continuaba pagándole una jugosa pensión. En una actitud de típica impertinencia, Beryl llamó a Enrique para preguntarle si podía utilizar las habitaciones del Palacio de Kensington (la dirección de Enrique y Alice en Londres) como hotel. Alice quizás estaba más asustada con respecto a la estabilidad de su matrimonio que ante la incorrección de alojar a una mujer tan poco convencional y tan desordenada. Por consiguiente, se sintió muy aliviada cuando los cortesanos y los consejeros le aseguraron que —precisamente a causa de la señora Simpson— no debía permitir que Beryl fuese su huéspeda, pues en ese caso las murmuraciones acerca de Markham y el Duque se repetirían con especial intensidad.

Los Kent también aceptaron varias invitaciones, pero su tacto natural les permitió soslayar el embarazo de la situación de un modo que no estaba al alcance de los York. Jorge vio distante a Eduardo, sólo interesado en complacer a la señora Simpson, mientras Marina (con su dignidad inconmovible) llegó al extremo de invitar al Rey y a Wallis a tomar el té, en retribución de su hospitalidad. No era, como muchos creyeron, que la Duquesa de Kent aprobase el comportamiento del Rey; era su modo de demostrar independencia frente a la familia de su esposo y especialmente frente a las normas severas establecidas por la reina María.

Pero la frialdad no se relacionaba sólo con la fijación romántica del Rey. Estaba también la cuestión de las constantes actitudes cordiales del monarca con Alemania y la amenaza que esos gestos representaban para la seguridad nacional. Nada menos que Leopold von Hoesch, embajador del Tercer Reich en Londres, creía que Eduardo estaba bien dispuesto como para incluir a Hitler entre los grandes jefes de Estado. La "actitud amistosa [del Rey] hacia Alemania —escribió von Hoesch en un despacho enviado a Berlín tan tempranamente como el 21 de enero de 1936—, con el tiempo puede llegar a ejercer cierta influencia en la formulación de la política exterior británica". Llegaba a la conclusión de que Eduardo era "un gobernante que no carece de comprensión por Alemania, y desea establecer buenas relaciones entre Alemania y Gran Bretaña". Cuando Hitler violó el Tratado de Versalles y ocupó la orilla izquierda del Rin, en marzo de 1936, el Rey consideró que esa peligrosa ocupación era una simple "ilegalidad", con la cual había que conciliar, de modo que Inglaterra pudiese "llegar a la discusión práctica de las propuestas del Führer y Canciller". En una obra maestra de atenuación de los perfiles, Joachim von Ribbentrop, embajador alemán en Londres desde agosto de 1936, dijo a Hitler que en Gran Bretaña sería sumamente difícil defender la supremacía alemana después del reinado de Eduardo VIII, pues sólo él "no estaba dispuesto a cooperar con una política antialemana".[1] Hasta muchos años después, el público nada supo de la irreflexiva política del Rey.

El 28 de mayo de 1936, Eduardo ofreció su primera cena oficial, un hecho destinado específicamente a permitirle presentar a Wallis Simpson ante Stanley Baldwin. "Más tarde o más temprano —según las palabras del Rey—, mi Primer Ministro debe conocer a mi futura esposa." Que la designase así constituía una idea que a juicio de Wallis era "ridícula e imposible [porque] nunca te lo permitirán". Por el momento, Baldwin y el resto de los invitados a la cena decidieron dominar su propio pánico cuando la amada del Rey fue introducida en el círculo real, un grupo que parecía convencido de que el asunto pasaría a la historia. Después de todo, Ernest Simpson estaba cerca de esa velada y acompañaba a su esposa.

Pero hacia principios de julio el Rey se mostró más insistente y a partir de ese momento introdujo a su antiguo amigo de la universidad, el abogado Walter Monckton, con el propósito de que fuese su confidente y asesor legal en la crisis que estaba conformándose. Después las cosas se sucedieron con sorprendente velocidad. En primer lugar, Monckton se reunió discretamente con Winston Churchill, que si bien en ese momento no ocupaba ningún cargo, ejercía notable influencia en la Corte y los círculos del gabinete.[2]

Monckton deseaba conocer de labios de Churchill cuál sería la reacción del pueblo británico si Ernest Simpson se divorciaba de su esposa, un paso que el Rey preconizaba. Churchill escribió después:

> Dije que dicho divorcio sería sumamente peligroso; que la gente estaba en libertad de creer o ignorar la murmuración, según cada uno eligiese; pero que los procedimientos del tribunal correspondían a otra esfera. Si el tribunal dictaba un fallo contrario al señor Simpson, era posible que un ministro religioso cualquiera dijese desde el púlpito que un inocente había permitido que se le impusiera el divorcio en vista de las intimidades del Rey con su esposa. Propuse con la mayor energía que se hiciera todo lo posible para evitar ese pleito judicial.

El Rey no tuvo en cuenta el consejo de Churchill y procedió a satisfacer sus propias pretensiones. Dos días después que Monckton se entrevistara con Churchill, Eduardo de nuevo invitó a la señora Simpson a una pequeña cena privada, esta vez sin el esposo. El nombre de Wallis apareció sólo en la circular de la Corte que informaba de esa velada (9 de julio), y a partir de esa fecha las murmuraciones en los círculos sociales más altos de Londres se convirtieron en un rumor trémulo y constante. "Al pueblo de este país no le importa la fornicación —dijo Ramsay MacDonald, ex Primer Ministro y después miembro del Parlamento— pero detesta el adulterio."

Churchill no se mostró, entonces o nunca, en una actitud de censura o desaprobación frente a la elección de la señora Simpson por Eduardo. La cuestión de importancia suprema para él (como para Baldwin y compañía) era la estabilidad del trono. Si el Rey se hubiese mostrado más discreto con respecto a Wallis durante el período oficial de duelo por su padre, sostenían Churchill y otros, habría conquistado más amigos. Si el Rey no se hubiese abalanzado de modo tan impetuoso con su proyecto, si hubiese esperado quizás un año o dos, Wallis podría haberse divorciado con discreción, quizá se habría convertido en una figura social mirada con simpatía y entonces el Rey podría haberse casado con ella. Esa era la opinión de Duff y Diana Cooper, entre otros. Y a pesar de la oposición de la Iglesia Oficial al divorcio y nuevo matrimonio, tal vez se habría podido demostrar que Wallis era la parte ofendida e inocente en ambos casos y se le habría concedido la anulación. Pero por supuesto, las frases condicionales jamás prevalecieron, pues de hecho la prisa predeterminó el desenlace.[3]

Los detalles de un embarazoso diálogo entre Churchill y la Duquesa de York fueron conocidos sólo por los que asistieron a la cena. Churchill llevó la conversación al tema del rey Jorge IV y su esposa secreta e ilícita, la encantadora viuda católica María Fitzherbert. "Bien, eso fue hace *mucho* tiempo", dijo la Duquesa, tratando de abandonar el tema. Lo consiguió, pero entonces Churchill derivó la conversación a las guerras civiles del siglo xv entre las Casas de York y Lancaster, un tema considerado inmediatamente como una referencia a la frialdad cada vez más acentuada entre el Duque de York y el Rey, que también era Duque de Lancaster (el seudónimo que utilizaba cuando salía de viaje). "¡*Eso* —dijo la duquesa, elevando la voz con mayor intensidad aún— fue hace mucho, *muchísimo* tiempo!" Y así continuó la velada.

Durante varias semanas algunos miembros de la prensa y el público creyeron por error que había cierto nexo entre los rumores de incorrección real y la desagradable sorpresa que el Rey sufrió el 16 de julio. Cuando se dirigía a Constitution Hill, después de revistar a tres batallones de guardias en Hyde Park, vio que volaba hacia él un objeto de metal. Un periodista irlandés desequilibrado que protestaba contra el secretario del Interior le había arrojado un arma de fuego cargada. Un agente de policía acudió en defensa del monarca y el revólver aterrizó (sin dispararse) bajo el caballo del Soberano. El Rey continuó su trayecto sin reflejar la menor inquietud.

Pero la frialdad que tanto impresionó a la multitud esa mañana tuvo el efecto contrario pocos días después, cuando el monarca distraído y distante rehusó presidir la reunión de una camada de debutantes en un *garden party* palaciego. El sólo deseaba correr al lado de Wallis. Esta inconducta de menor cuantía por desgracia coincidió con un pedido real formulado a la Cámara de los Lores. El rey Eduardo deseaba una provisión de 50.000 £ anuales para su futura esposa (que permanecía aún en el anonimato). Los pares del reino, muchos de ellos conscientes de la posible identidad de la beneficiaria, no cedieron. Desaprobaron la decisión de Eduardo, tanto como criticaron su negativa a asistir a la iglesia como jefe de la religión oficial; Eduardo estaba originando un mal precedente en su reino.

Con respecto a Ernest Simpson, procedió exactamente como lo deseaba su Soberano, y como él mismo quería, pues su favor también había recaído en otra mujer. El 21 de julio, después de otro encuentro secreto con el monarca, Simpson alquiló una habitación en el Hotel de París en Bray, no lejos de Londres; allí se las ingenió de modo que el personal lo viese; de hecho, fue visto en la cama con su amiga Mary Raffray, la mujer con quien más tarde se casaría. De acuerdo con el excéntrico rito legal británico, esa exhibición era necesaria para comprobar el adulterio, pues así la señora Simpson podía pedir el divorcio como parte ofendida. De modo que Simpson y Raffray se limitaron a dejar sin llave su puerta y poco después llegó una incauta mucama que creyó que la habitación estaba vacía. Se obtuvo el tono de farsa estilo Feydeau cuando se consultó el registro del hotel: Mary Raffray, que pronto sería la señora Simpson, se había anotado bajo el nombre de "Buttercup Kennedy".

Wallis, que lógicamente estaba padeciendo una dolorosa recurrencia del dolor de la úlcera, pasó gran parte de los meses de junio y julio en una bruma confusa, sin creer que jamás pudiera llegar a ser la esposa del Rey —en efecto, contando con que jamás lo sería— y abrigando la esperanza de que el asunto sencillamente se resolviera solo.

Si el deseo del Rey era concitar simpatía para él mismo y su amante, no podía haber adoptado una actitud peor que organizar un crucero de verano con Wallis y unos pocos amigos. Desde el 10 de agosto al 14 de septiembre, a bordo del yate a vapor *Nahlin*, visitaron las costas yugoslava, turca y griega. Se ordenó el desmantelamiento de la biblioteca de la embarcación y en su lugar se instaló un dormitorio adyacente a la habitación del Rey. "Todos sabíamos que se trataba de una relación de amor" —dijo lady Diana Cooper, que viajaba en el *Nahlin*—. "Pero no esperábamos un divorcio o un matrimonio o la abdicación. Ella continuaba casada con Ernest Simpson y él le escribía con bastante frecuencia. Wallis depositaba un sobre en la mesa [del Rey] y decía: 'Ernest te ha enviado estos sellos'. 'Oh, qué amable es Ernest', decía Eduardo. Como ustedes saben, coleccionaba sellos".

La cobertura noticiosa norteamericana era definidamente romántica, la de la prensa inglesa sólo subrayaba las omisiones. Los periodistas que eran súbditos del Rey hacían todo lo posible para evitar cualquier mención de la señora Simpson, sus cabellos castaños, la ex dama de Baltimore que exhibía su madura belleza y que durante dos años había sido una de las amigas más íntimas del Rey, y ahora realizaba un crucero con los amigos del monarca.

Así decía un artículo del periódico norteamericano *The Literaty Digest* del 26 de septiembre de 1936, sin agregar que el Rey había solicitado un cortés silencio de lord Beaverbrook, un empresario periodístico de origen canadiense que controlaba los diarios londinenses de gran circulación *Daily Express* y *Evening Standard*, lo mismo que el *Daily Mail*, de Esmond Harmsworth. La revista norteamericana *Time*, aunque tenía una circulación mundial, carecía de motivos para manifestar semejante lealtad: publicaba una fotografía del Rey y Wallis tomada ese verano de un medio más independiente, el *London Illustrated News*, y traía un epígrafe que la identificaba. La prensa extranjera se ajustaba por doquier a la iniciativa de los periodistas norteamericanos, que documentaban la presencia de las multitudes que saludaban al grupo de viajeros en cada escala.

Hacia mediados de septiembre se formulaban preguntas delicadas pero intencionadas en Londres acerca de este escándalo cada vez más grave, gracias a la primera historia sugestiva publicada por un periódico —bajo el titular LOS AMIGOS DE EDUARDO SON UN PROBLEMA QUE INTERESA A LOS BRITANICOS en *The New York Times*, el 4 de octubre. "La luz de los focos ilumina a la señora Simpson, y en cambio su esposo, que es también amigo personal del rey Eduardo, rara vez aparece algo más que mencionado." La amistad, decía el artículo, ha "originado muchos entrecejos fruncidos en los miembros de más edad del círculo cortesano del rey Jorge... Pero

Eduardo considera que su vida privada es algo que existe al margen de su reinado. Esta actitud [es] una cosa desusada en un Rey".

Como dijo más tarde Baldwin, estaba recibiendo

> un gran volumen de correspondencia, en ese momento sobre todo de súbditos británicos y ciudadanos norteamericanos de origen británico en Estados Unidos de América, de algunos de los dominios y de este país, y todas estas manifestaciones expresaban perturbación e inquietud ante las publicaciones de la prensa norteamericana.

Otros diarios de circulación internacional inundaban los quioscos con imágenes chocantes: el Rey vestido de manera informal, a menudo sin camisa, usando sólo traje de baño, o de paseo, caminando, nadando, fumando y bebiendo; y Wallis siempre cerca, en posturas dignas, siempre impecablemente peinada y ataviada. El entorno, guiado por la pareja real (pues así había que considerarlos), recorría callejuelas con las casas pintadas de blanco, saltaban del yate a las aguas luminosas del Adriático y paseaban por oscuras aldeas eslavas y turcas. Wallis danzaba al compás de las melodías griegas y los aires gitanos, y por su parte Eduardo atendía la preparación de las bebidas; una noche de copas en el Ritz Hotel de Budapest, salió al balcón de su habitación, amartilló un arma y demostrando su puntería destrozó una hilera de faroles callejeros a lo largo del camino a orillas del Danubio. Comparada con él, Wallis tenía un comportamiento más propio de la realeza. Nunca se presentaba en traje de baño, excepto cuando nadaba; siempre prestaba la mayor atención a su apariencia y nunca se prestaba ostentosamente al foco de la cámara.

John Aird, ayudante del Rey, consideraba que el comportamiento de su monarca había sido vergonzosamente indigno durante todo el crucero y así se lo dijo, en términos que en otras épocas hubieran provocado su muerte en la Torre de Londres. "Dije [al Rey] que por mucho que simpatizara con él como hombre, no podía despreciarlo más como Rey." Eduardo convocó entonces a Wallis, que para sorpresa de ambos hombres coincidió con Aird en el sentido de que, en efecto, el comportamiento del Rey dejaba mucho que desear. ¿Acaso tenía, como lo han afirmado mucho, un interés sádico en humillar a su masoquista compañero? O lo que era más probable, ¿Wallis Simpson deseaba terminar la relación distanciándose del Rey? Esa era por entonces la opinión de Diana Cooper: "La verdad es que Wallis está realmente harta del Rey". Herman y Katherine Rogers, que también viajaban en el *Nahlin* ese verano, compartían dicha opinión.

Parece que esa no fue meramente una impresión indefinida que Wallis creaba, pues el 16 de septiembre escribió al Rey, que había regresado a Londres dos días antes, mientras ella continuaba hacia París. "En efecto, debo volver con Ernest por muchas razones —anunciaba Wallis, y la principal era que formaban una pareja compatible, y que ella estaba— mejor con él que contigo." Sí, reconocía Wallis, a ella le encantaban las cosas hermosas y la vida espléndida, "pero si comparo eso con una vida serena y armónica prefiero esto último, pues sé... que seré una anciana dama más serena y más feliz".

Y concluía: "Estoy segura, querido David,

que en pocos meses más tu vida volverá a los carriles anteriores y sin que yo te incite a ello. Asimismo, te has mantenido al margen del afecto toda tu vida. Hemos pasado juntos hermosos momentos y lo agradezco a Dios, y sé que continuarás con tu tarea cumpliéndola mejor y más dignamente cada año que pase... Estoy segura de que tú y yo sólo provocaremos un desastre si continuamos juntos... Quiero que seas feliz. Estoy segura de que no puedo darte eso y sinceramente no creo que tú puedas hacerme feliz. Haré que [George Allen, abogado del Rey, que había organizado el arreglo financiero en beneficio de Wallis] devuelva todo. Estoy segura de que después de esta carta comprenderás que ningún ser humano podría asumir esta responsabilidad y que sería muy injusto poniéndome las cosas más difíciles insistiendo en verme."

De acuerdo con Alan Lascelles, el Rey telefoneó de inmediato a Wallis y amenazó suicidarse. Ese antiguo recurso melodramático fue eficaz (quizá porque Wallis había visto por sí misma lo tenso e imprevisible que podía llegar a ser el Rey), y el 24 de septiembre, la Circular de la Corte —de nuevo por pedido del monarca— anunció que la señora Simpson había llegado sola a Balmoral para visitar a Su Majestad. Dos noches después, cuando Eduardo y Wallis invitaron a cenar a los York, Isabel pasó de prisa frente a su anfitriona: "Vine a cenar con el Rey", dijo, sin dirigirse a nadie en especial.[4] Pero confió a su suegra que su "tristeza y sensación de pérdida" cada vez más acentuadas eran imputables a "cierta persona" y la reina María sabía exactamente a quién se refería la Duquesa. Era una reunión de familia impregnada del tipo de tensiones que no volverían a manifestarse con tanta agudeza hasta las violentas fiestas navideñas de Sandringham, en 1992 y 1993.

Dos semanas antes de la audiencia del juicio de divorcio, Wallis escribió al Rey, sugiriendo que sería "mejor para mí esfumarme discretamente". El Rey no quiso saber nada en este sentido y forzó la audiencia judicial; y así, el 27 de octubre, se otorgó a Wallis Simpson un decreto provisional de divorcio de su esposo Ernest, episodio detallado con minuciosidad en *The New York Times*, con referencias casi cotidianas (ese mes y después) a su amistad especial con el Rey. El "decreto *nisi*" exigido por la ley significaba que un "decreto absoluto" destinado a disolver el matrimonio llegaría en el plazo de seis meses, a menos *(nisi)* que pudiera encontrarse a cualquiera de las partes en relación íntima con un miembro del sexo contrario, o a menos que se determinase que los procedimientos iniciales habían comenzado con falsas pretensiones (es decir, con la colusión de la pareja casada). Esa noche Wallis cenó con el Rey en la casa amueblada que ella poseía en Cumberland Terrace, Regent's Park, y allí él le regaló un enorme anillo de compromiso con una esmeralda (después valuado en 500.000 dólares) y con la inscripción: "WE [Wallis y Eduardo] ahora son nuestros, 27.X.36". Ella aceptó el regalo. El rey Eduardo VIII había obtenido su victoria más importante. Con respecto a Wallis, de hecho ella había demolido todos los puentes que estaban a sus espaldas.[5]

Nunca podrá saberse si ella creía que llegaría al matrimonio y que un día sería Reina. Todavía adoptó varias medidas que indicaban que *abrigaba la esperanza* de evitar el matrimonio y también que en efecto se sentía "mortalmente aburrida" por el Rey. Pero durante las seis semanas siguientes un torbellino que escapaba a su control determinó su futuro. "No creo que trazara planes desde el comienzo —dijo Diana Cooper (que no era admiradora ni amiga de Wallis)—. La complacía toda la atención [por parte del Rey], y después todo escapó a su control."

Ahora estaba convencida de que Eduardo sería un esposo devoto y su sostén por el resto de su vida. En todo caso, hacia principios de noviembre interpretó el estado de ánimo de la Corte y los ministros con precisión suficiente para repetir su convicción de que no tenía la menor posibilidad de que la coronasen Reina de Inglaterra. En el transcurso de todo este período Wallis no había hecho nada para forzar la situación en beneficio propio; ahora, alentó al Rey para llevar a la práctica la sugerencia de Esmond Harmsworth en el sentido de que se propusiera al Parlamento un matrimonio morganático, es decir la unión entre un hombre de encumbrada jerarquía y una mujer de nivel inferior, que a pesar del matrimonio después no tendría acceso a las dignidades y los privilegios del monarca, ni a su título y su posición real, los que beneficiarían a sus hijos. Pero a diferencia de las casas reales europeas, Inglaterra no contaba con precedentes para considerar un matrimonio morganático y se requeriría una legislación especial; siempre se había considerado parte del derecho común británico que una mujer adopta "el estilo y el título" de su marido.

Además, el Rey tenía una actitud tibia frente a esta idea, pues ahora favorecía francamente la abdicación si no podía conseguir que aprobasen a Wallis Simpson como Reina Consorte. Con respecto a Wallis, se encontraba cada vez más en una situación imposible. Urgida por los amigos de la sociedad y los políticos a abandonar el país, sabía que ese paso sería inútil: "No comprenden —dijo a Sibyl Colefax—, que si procediera así, el Rey me seguiría. Y en ese caso el escándalo sería aún peor que lo que es ahora".

Ahora era evidente que Wallis buscaba el modo de salir de la vida del Rey, pero la obsesión de Eduardo la había convertido en una figura de renombre mundial. Cualquiera fuese el criterio adoptado, Wallis experimentaba la terrible carga del oprobio. A causa de una terrible ironía, lo que veía como una solución honesta y honorable muy probablemente le merecería el menosprecio general: si abandonaba al Rey, sería una mujer sin corazón responsable del sufrimiento de Eduardo; esto era lo que advertían la prensa internacional y muchos miembros de su círculo social londinense, entre ellos Emerald Cunard, Harold Nicolson, Chips Channon e incluso Winston Churchill. Ellos y otros pensaban (según afirmó Channon) que ese juicio sería formulado con referencia a Wallis precisamente porque los ingleses no apreciaban "lo encantadora, sensata y simpatica que es ella [y] la influencia edificante que ejerce [sobre el Rey]".

En vista del decreto *nisi* emitido el 27 de octubre, Beaverbrook y Harmsworth estuvieron de acuerdo con el pedido del Rey de limitar su cobertura noticiosa al simple enunciado del hecho del divorcio de la señora Simpson, sin relacionar la cuestión con el futuro del Rey. No había nada que fuese abyecto o servil en este caballeroso acuerdo de silencio. Se relacionaba con la tradición de respetar a la institución monárquica. Pero este respeto no podría resistir durante mucho tiempo los importantes artículos cotidianos de la prensa norteamericana. El 25 de octubre un titular del *The New York Times* decía: NINGUNA LEY IMPIDE QUE EDUARDO VIII SE CASE CON LA SEÑORA SIMPSON SI ESTA OBTIENE EL DIVORCIO. Cuatro días después, el mismo periódico continuaba diciendo: "No se ha mencionado nuevamente el caso de divorcio de Simpson en los periódicos británicos, pero eso no impide que sea casi el único tema de conversación privada en todos los rincones del mundo social londinense".

El *New York Mirror* fue más lejos: EL REY SE CASA CON WALLY, decía un titular a cinco centímetros: LA BODA SERA EN JUNIO PROXIMO. Debajo se publicaba un artículo del corresponsal londinense del periódico:

En pocos días, la señora Simpson, de Baltimore, Maryland, Estados Unidos, obtendrá en Inglaterra el decreto de divorcio, y unos ocho meses después se casará con Eduardo VIII, rey de Inglaterra. Los amigos más íntimos del rey Eduardo afirman con casi total certeza que está profunda y sinceramente enamorado de la señora Simpson, que su amor es un afecto sano y que inmediatamente después de la Coronación la tomará como consorte. Su hermano el Duque de York ha sido un hombre sumamente feliz y afortunado en su matrimonio con una dama del pueblo, como suele decirse, una plebeya. El rey Eduardo cree que el matrimonio que él contempla será igualmente feliz y que le ayudará a ser lo que quiere hacer: a saber, reinar en beneficio del pueblo.

Finalmente, cree que el factor más importante para la paz y el bienestar del mundo es una comprensión íntima de la relación existente entre Inglaterra y Estados Unidos, y que su matrimonio con esta dama muy talentosa puede ayudarlo a promover una cooperación benéfica entre naciones de habla inglesa.

Pero en esencia la razón trascendente que mueve al Rey a desposar a la señora Simpson es que la ama apasionadamente y no comprende por qué a un Rey se le debe negar el privilegio de casarse con la mujer que él ama.

Pero para el Parlamento y los dominios, una norteamericana divorciada dos veces, después de más de un siglo signado por personajes como las fieles Victoria, Alejandra y María, no era aceptable, y un matrimonio morganático resultaba imposible. Y se advertía que si el Rey no cedía al consejo de sus ministros en esta cuestión, su intransigencia provocaría una crisis constitucional.

"Vuestra relación con la señora Simpson debe concluir inmediatamente —decía una carta del gobierno destinada a la atención del Rey—. Si Vuestra Majestad rechaza este consejo, sólo podrá obtenerse un resultado en concordancia con los requerimientos de la monarquía constitucional"; es decir, la renuncia del gobierno. Baldwin advirtió con razón que semejante ultimátum por escrito (publicado después) determinaría que se formase cierto apoyo público al monarca asediado, que por cierto parecía que estaba siendo extorsionado por su propio gobierno. La carta nunca llegó al palacio, y mucho menos a la atención del Rey.

Pero Chips Channon registró una cena y reunión en el hogar de Emerald Cunard, donde Leslie Hore-Belisha (ministro de Guerra) bebió un poco de más. Dijo que Baldwin había protestado directamente ante el Rey con respecto a la señora Simpson, "y declarado que a menos que el Rey prometiese no desposarla nunca, su Gobierno renunciaría". Por supuesto, eso desencadenaría un dilema sin precedentes, pues tanto los líderes laboristas como los liberales habían dicho a Baldwin que en tales circunstancias no formarían otro gobierno. Si este diálogo entre Baldwin y el Rey llegó a existir (y no había motivos para creer lo contrario), Baldwin era más astuto que lo que el Rey advertía. El ultimátum debía ser formulado de manera verbal, si se quería que tuviese alguna posibilidad de éxito.

El 10 de noviembre se oyó por primera vez en el Parlamento el nombre de Wallis Simpson. Durante una discusión acerca de la coronación inminente, un representante por Glasgow se puso de pie para declarar que quizá no hubiese coronación: "¡Vergüenza!" exclamaron muchos en la sala. "¡Sí! —replicó el orador, su voz elevándose por encima del estrépito—. ¡Sí, vergüenza! ¡Señora Simpson!" Este no era un sentimiento universal. Winston Churchill sentía antipatía por Baldwin y exhortó al Rey a resistir la presión del Primer Ministro, y a insistir en que se procediera a una confluencia de la vida privada y la pública. Como forma de apoyo, el propio Churchill estuvo dispuesto durante un breve período a promover la constitución de un partido realista contra la posibilidad (más aún, la probabilidad cada vez más acentuada) de que el Duque de York heredase la corona. Era lo que menos deseaba Eduardo; después de todo, Wallis era su pasaporte hacia la libertad.

"Quizá realmente nunca quiso ser Rey", había dicho Freda Dudley Ward en un momento anterior del mismo año. Eduardo confió a Walter Monckton: "Estoy comenzando a preguntarme si en realidad soy el tipo de Rey que ellos quieren. ¿No soy un poco demasiado independiente? Como usted sabe, mi personalidad es muy distinta a la de mi padre. Creo que preferirían una persona más parecida a él". Con su hermano Jorge, se mostró incluso más franco. "El Rey le dijo —escribió Chips Channon después de una visita a los Kent—, que, más de dos años antes, si bien sabía que era un excelente Príncipe de Gales y le agradaba su trabajo, de todos modos sentía que nunca podría 'aguantar' siendo Rey. Nunca podría tolerar las restricciones, la etiqueta, la soledad, de modo que si este asunto no hubiese surgido, quizás habría sido necesario hallar otra cosa".

El lunes 16 de noviembre, Eduardo y Baldwin volvieron a reunirse. El Rey rehusó acceder al pedido de su Primer Ministro de que pidiese a Wallis postergar o cancelar su decreto final de divorcio. Con una falsedad casi cómica (pues era el arquitecto inicial del divorcio), Eduardo dijo a Baldwin que no podía interferir en la vida privada de sus súbditos. "Era —escribió más tarde Baldwin—, la única mentira" que el Rey le había dicho jamás. Con respecto a la perspectiva de matrimonio, Baldwin recordó al Rey que "la posición de la esposa del Rey era distinta que la posición de la esposa de cualquier otro ciudadano de la nación; era parte del precio que el Rey debía pagar. Su esposa se convierte en Reina; la Reina es la Reina del país y por lo tanto en la elección de una Reina debe escucharse la voz del pueblo".

Pero entonces Eduardo abandonó toda pretensión de equilibrio. "Quiero que usted sea el primero en saber —murmuró a Baldwin—, que estoy decidido y nada me llevará a cambiar. He examinado el asunto desde todos los ángulos y me propongo abdicar para casarme con la señora Simpson."

Pero para crear en el mundo la impresión de que se lo obligaba a partir contra su voluntad, el último y brillante paso que dio el Rey fue pedir a Baldwin que recogiese las opiniones de los dominios y el Imperio. Por supuesto, desde el punto de vista constitucional el Rey tenía derecho a consultar personalmente a los gobernadores generales y Baldwin se lo dijo con claridad. Pero Eduardo con toda intención ignoró la oportunidad de defender su propia posición. "Advertí, escribió después, que con ese simple pedido había dado un gran paso hacia la meta que era mi propio destino. Ya que al pedir al Primer Ministro que explorase los sentimientos de los británicos y de los gobiernos de los dominios, automáticamente me había comprometido a someterme sin discutir a su 'consejo'"; cuyo carácter por cierto podía prever. Así, se presentó a los primeros ministros un cuestionario que contemplaba varias respuestas: ¿Su Majestad debía casarse con la señora Simpson, convirtiéndola de ese modo en Reina? ¿El Parlamento debía aprobar una ley que permitiese un matrimonio morganático sin precedentes, de modo que el Rey pudiera convertir a la señora Simpson en su esposa, pero no en su Reina? ¿O el Rey debía abdicar? Las respuestas fueron unánimes. El Rey debía renunciar a la señora Simpson o bien el Rey debía marcharse. Desde el punto de vista de Canadá, Africa del Sur, Nueva Zelanda y el resto, cualquier otra actitud era "inconcebible".

Cuando esas respuestas llegaron, el mundo creyó que en efecto se estaba expulsando a Eduardo; de hecho, el abandono del trono era lo que él deseaba desde el principio. "*Jamás* quiso escuchar razones", dijo más tarde Baldwin refiriéndose a la actitud del Rey en este momento.

No hubo conflicto interior en *absoluto*. En su voluntad no se libró un combate. Es extraordinario en cuanto carece de sentido espiritual, no tiene idea de sacrificio por el deber. Ese punto de vista nunca ocupó su mente... Era como hablar a un niño de diez años. Carece de sentido religioso. En toda mi vida nunca he visto a nadie que careciera de... bien, lo que está *más allá*. Sencillamente no hubo una lucha moral. Eso me abrumó.

El lamentable recital de Baldwin (fraseado más o menos en los mismos términos en que hablaban Lascelles, Thomas y otros que se habían referido a su Soberano) concentra la atención en el carácter del Rey. La naturaleza trágica del hombre en último análisis no era que deseara casarse con una divorciada. Más bien se trata del hecho de que desde un principio no sintió que hubiese "un conflicto interior". Era como un niño dominado por un capricho egoísta y una fantasía absolutamente egocéntrica, que no veía más problema que la existencia de quienes se le oponían. Si hubiera sufrido por esta decisión, si hubiese suscitado en otros, aunque fuese durante un momento, la impresión de que había adoptado su decisión de abandonar el trono sólo después de un proceso de angustia y meditación, no habría sido tan fácil criticarlo. Pero tal como se dieron las cosas no consideró la felicidad de nadie, salvo la suya propia; ni siquiera la de Wallis. Las tres semanas siguientes fueron, a la luz de la definida intención del Rey, un falso drama, un cuadro excesivamente ensayado; meramente las formalidades y no la torturada tragedia de un Rey agobiado por el amor, a quien se le negaba la presencia de la amada que podía ayudarlo.

La noche del 16 de noviembre el Rey cenó con su madre y su hermana.

—Me casaré con la señora Simpson —dijo—, y cuando lo haga, tendrán que recibirla.

—Oh, tendré que hacer eso, ¿no es así? —replicó la reina María, que por supuesto afirmaba la norma dominante en el sentido de que las personas divorciadas son socialmente inaceptables—. Bien, ya hablaremos de eso.

Se sentía chocada y horrorizada ante la perspectiva de que su hijo pudiese anteponer la felicidad personal al deber público; cuando Eduardo le pidió que recibiera a Wallis, la Reina dijo que eso era absolutamente imposible. "Es una aventurera", dijo la reina María. Y con esa única observación se agrandó la distancia que separaba a la madre del hijo. "No creo que jamás podamos imaginar una tragedia más terrible, escribió después, y el sufrimiento que todo eso implica no puede expresarse en palabras." Una ironía más fue que la obstinación de la anciana Reina confirmó precisamente el paso que ella deploraba: si María hubiese aceptado recibir a la señora Simpson, muy probablemente hubiera escuchado que la propia Wallis deseaba que el Rey permaneciera en el trono y que de buena gana habría huido con el fin de impedir el matrimonio. Es indudable que en este sentido la reina María habría podido convencer a Baldwin de que hallase una solución política a una situación temporariamente engorrosa.

Es interesante observar que María y Wallis, que eran influencias tan importantes en la vida de Eduardo VIII, no consiguieron que cambiase de actitud. El Rey no era, como algunos lo han representado, un instrumento débil y pasivo en manos de sus torturadores políticos y personales. En realidad, puede sostenerse que la situación era precisamente la inversa. El Rey sabía con exactitud los botones que debía apretar con el fin de que Wallis continuase junto a él: el deseo de seguridad de Wallis, su miedo a la pobreza, su temor al rechazo social y la vergüenza internacional; él utilizó todos estos factores para defender su posición y casarse con ella. "La opinión fácil es que ella hubiera debido obligarlo a renunciar a la relación —dijo Walter Monckton—. Pero jamás conocí a un hombre que se aferrase con tanta firmeza a lo que deseaba... Toda la crisis de la abdicación hubiera podido evitarse si la reina María hubiese aceptado encontrarse con la señora Simpson." Al día siguiente de la cena del Rey con su madre, esta recibió a Baldwin. "Bien, Primer Ministro —dijo la reina María, tomándole la mano y sosteniéndola con fuerza—¡aquí tenemos algo que huele muy mal!"

A partir de ese año, la relación entre la reina María y su hijo mayor cambió definitivamente. "Hay algo inflexible e inhumano en el principio monárquico —escribió Wallis varios años más tarde.

No existe una forma de disciplina que pueda reprimir con más intensidad los instintos más simples del corazón que lo que hace la monarquía en defensa de su existencia institucional... Incluso la reina María, a pesar de todo el amor que profesaba a su hijo mayor, no encontró lugar en su corazón para algo que había alterado el orden natural de la monarquía. David había desechado aquello para lo cual había nacido y que debía atender hasta su propia muerte; ahora, a los ojos de su madre se había convertido en algo distinto y extraño. Su amor perduró, pero el lugar de Eduardo en el hogar había desaparecido, lo mismo que su lugar en el Trono. Con respecto a mí, sencillamente no existía."

Con respecto a la propia María, en julio de 1938 escribió a Eduardo:

Recordarás cuánto sufrí cuando me informaste de tu proyecto de matrimonio y abdicación, y cómo te imploré que cambiaras de actitud, por nuestro bien y por el bien del país. Pareció que eras incapaz de aceptar otro punto de vista que no fuese el tuyo... No creo que jamás hayas advertido el choque que la actitud que has adoptado provocó en tu familia y en toda la Nación. Pareció inconcebible a los que habían realizado tanto sacrificio durante la guerra que tú, en tanto eras su Rey, rehusaras aceptar un sacrificio menor... Mis sentimientos maternales hacia ti continúan siendo los mismos, y nuestra separación y la causa de la misma me duelen inenarrablemente. Después de todo, durante mi vida entera he puesto mi País antes que cualquier otra cosa y sencillamente ahora no puedo cambiar.

Ciertamente, esa era la diferencia entre la madre y el hijo. A los ojos de la reina María, Inglaterra era la principal inquietud: la responsabilidad hacia el reino (incluso *por* el reino) determinaba todos los detalles de su vida. Pero para su hijo el Rey, la vida personal tenía precedencia; conocía sólo la responsabilidad ante él mismo. "El, por quien sufrimos", dijo la reina María, "es la única persona que no se ve afectada por la tragedia."

Hubo un lamentable intermedio en el melodrama londinense en medio de la terrible pobreza de Gales del Sur, cuyos distritos pobres el Rey visitó tres días después. "Pueden tener la certeza de que haré por ustedes todo lo que pueda", dijo Eduardo a centenares de mineros desocupados, que carecían de trabajo desde hacía varios años y no podían alimentar a sus familias. A pesar del sufrimiento, creían en su Rey y acudieron temblando en el frío de principios del invierno, parados frente a sus heladas chozas, entonando un antiguo himno galés de bienvenida a su Soberano. "Debe hacerse algo", agregó Eduardo. Al principio, estos desposeídos se alegraron porque el propio Rey había advertido las circunstancias que vivían y prometía volcar el peso de su influencia para ayudarlos, la misma reacción que manifestaron los habitantes de las ciudades importantes de Gran Bretaña, que al día siguiente leyeron la noticia de la visita real. Pero pocas semanas más tarde Eduardo olvidó la promesa con el fin de contraer matrimonio. La gente experimentó entonces una profunda sensación de abandono y la amargura provocada por Eduardo VIII caló muy hondo. Y no sólo en Gales del Sur.

Incumplimiento del deber, fue el juicio básico emitido por la familia ante la actitud del monarca. En el caso del Duque de York, la cuestión se agravó a causa del terrible temor de un ascenso forzado al trono. "Si sucede lo peor y tengo que hacerme cargo —escribió a Godfrey Thomas—, puede tener la certeza de que haré todo lo posible para resolver el inevitable embrollo, si toda la trama no se deshace bajo el choque y la tensión generales." En privado, junto a su esposa y su madre, tenía los nervios de punta a causa del terror. "David sólo me dijo lo que había hecho después que todo había concluido y debo confesar que eso me entristeció un poco —escribió a su madre el duque de York—. Lo arregló todo con los personajes oficiales. Jamás lo vi solo ni siquiera un instante." El príncipe Alberto sintió que había perdido a un amigo de toda la vida y que además estaba perdiendo rápidamente a un hermano; lo que era peor, al parecer ahora debía asumir la función real con apenas unas semanas de preaviso.

Entretanto, Eduardo estaba a un paso de perder a Wallis. Perseguida por la prensa, no podía salir de su casa sin verse rodeada por la multitud que la miraba fijamente, los periodistas y los fotógrafos de todo el mundo; y también recibía la correspondencia diaria con cartas que expresaban odio. El 27 de noviembre apareció la primera mención de su nombre en la primera plana de un periódico londinense: "Anoche los diarios informaron que una ex dama de sociedad norteamericana que ahora vive en Londres, la señora Simpson, ha recibido amenazas contra su vida —informó el *Daily Mirror*—. Afírmase que fueron contratados guardias especiales para protegerla y algunos detectives fueron asignados para abrir todas las encomiendas que reciben."

Al borde del derrumbe físico y nervioso total, Wallis y su tía Bessie (que había llegado de Estados Unidos para ofrecer apoyo moral) partieron de Londres en dirección a Fort Belvedere. Allí, un médico ordenó que guardase cama una semana. Precisamente en ese momento Wallis decidió abandonar definitivamente al Rey.

"Estoy muy cansada de todo el asunto —escribió Wallis a un amigo íntimo el 30 de noviembre—. Estoy planeando un modo inteligente de escapar. Después de un tiempo, olvidarán mi nombre." "Levantaría su tienda" en Inglaterra y huiría. A otro confidente le dijo que no regresaría a Inglaterra hasta después de la coronación. Pero la enfermedad la retuvo en Fort Belvedere tres días más, hasta el jueves 3 de diciembre. Esa mañana —después que el gabinete del Rey rechazó formalmente la idea de una unión morganática— la prensa londinense al fin rompió el silencio. La reina María leyó por primera vez las noticias impresas cuando se dirigía a inspeccionar las ruinas humeantes del Palacio de Cristal. La famosa celebración de Victoria y Alberto a las contribuciones británicas a la Revolución Industrial se había incendiado el 30 de noviembre.

El catalizador inmediato que desencadenó la publicidad periodística en 1936 fue una declaración del Muy Reverendo A. W. F. Blunt, obispo de Bradford. En el curso de una conferencia diocesana celebrada el martes 1 de diciembre, abordó el tema del significado religioso del inminente servicio de la coronación y encomendó la persona del Rey "a la gracia de Dios, de la cual tiene tanta necesidad... si ha de cumplir con fidelidad su deber. Abrigamos la esperanza de que tenga conciencia de su propia necesidad. Algunos de nosotros deseamos que exhiba signos más concretos de su propia conciencia".

El efecto de las observaciones del obispo —un espíritu cómico sugirió que el Rey había sido golpeado con un instrumento "blunt" (*blunt*; en inglés significa romo)— fue como el de un paseante que recorre los Alpes, descarga un puntapié sobre una piedra y desencadena una avalancha. El *Yorkshire Post* del 2 de diciembre fue el primero que relacionó las palabras del obispo con la vida privada del Rey: "Ciertas declaraciones, que han aparecido en prestigiosos periódicos norteamericanos, no pueden ser miradas con indiferencia... Es posible que el Rey aún no haya percibido hasta qué punto en los tiempos que corren la consagración de la cual habló el doctor Blunt debe ser integral". El editorial también se formulaba interrogantes acerca de "una cuestión constitucional del carácter más grave". Ese mismo día, el último de los dominios que contestó a las preguntas del Primer Ministro, replicó que el Rey debía renunciar a la señora Simpson o abdicar.

Al principio, la prensa londinense no se apresuró, como muchos esperaban, a condenar personalmente al Rey. En cambio, el tema fue la dignidad de la Corona y el prestigio del reino. *The Times* adoptó una actitud serena y recordó que "El alto cargo que Su Majestad ocupa no es la posesión personal de un hombre. Es un mandato sagrado que pasa de una generación a otra y que ha sido reafirmado durante el último siglo con fuerza cada vez más sólida por la fidelidad voluntaria de todo el pueblo frente a los soberanos que se sentían seguros porque se los respetaba". Por consiguiente, la monarquía británica debía "aparecer como una roca frente al mundo exterior, [y] el público necesita cierta seguridad definida en el sentido de que no se sacudirá la roca". Así, se abrigaban la ferviente esperanza de que Britania siempre gobernaría los mares. *The News Chronicle* sostuvo que era de incumbencia exclusiva de Su Majestad decidir quién sería la compañera de su vida, pero el director del diario argüía en favor de un matrimonio morganático razonable. *The Daily Telegraph* silbaba respetuosamente en la oscuridad: el Rey no debía, escribían los directores, "elegir sólo para sí"; confiaban en que él no haría "nada que perjudique su dignidad o cause daño al reino". Con gran sorpresa general, *The Catholic Times* argüía sencillamente que el Rey tenía derecho a casarse con la mujer de su elección.

El pueblo se reunía frente al Palacio de Buckingham, para apoyar a Eduardo y cantaba *For He's a Jolly Good Fellow*. Pero era evidente que, si en efecto merecía que se le dispensara ese trato, era sólo porque se lo comparaba con Baldwin; así, el tema se convirtió en el caso de la población londinense agobiada por la Gran Depresión, apoyando a un monarca al que veían acosado por un Primer Ministro, que por lo demás hacía muy poco por la gente.

Poco después se levantaron voces airadas que avivaron el temor originado en la inquietud civil. ¿Era posible que el Rey amase algo más que a Inglaterra? ¿La monarquía misma no corría el peligro de derrumbarse si caía en manos del inexperto Duque de York? Ese hombre nervioso ahora comenzaba una serie de frenéticas reuniones con su madre, sus hermanos, el Primer Ministro y los miembros del Gabinete. Acostumbrado al apoyo constante de su esposa, Alberto ahora se veía arrojado completamente solo a la batalla, pues la Duquesa de York cayó enferma, afectada por la fiebre y el resfrío; "una reacción que no era desusada, a lo largo de toda su vida, en los momentos de intensa tensión", como observó uno de sus biógrafos.

Al cabo de algunos días, el veredicto nacional llegó a ser más deprimente: la aristocracia y las clases altas se mostraban hostiles a la señora Simpson por su condición de norteamericana más que por el hecho de estar divorciada. En cambio, a los trabajadores poco les importaba que fuese norteamericana, pero criticaban que hubiese tenido dos maridos. Atrapado entre las tenazas de un esnobismo xenófobo y la moral burguesa, el matrimonio no tenía ninguna posibilidad. El secular conflicto entre la Corona y el Parlamento ahora cobraba un sesgo extraño: el Parlamento y la prensa reclamaban responsabilidad real al Rey y este pedía que se le otorgasen los mismos derechos que a un plebeyo.

Fue inevitable que los diarios comenzaran a adoptar una línea más dura contra el Rey. *The Times* había modificado su posición: sin rebajarse siquiera a mencionar su nombre, el diario afirmó que "la dama con quien el Rey desea casarse no es apta para asumir la condición de Reina". Más aún, el diario agregaba la dudosa observación de que "las instituciones son incomparablemente más importantes que la felicidad de cada individuo", y de que había "cierta falla" en el carácter de Eduardo. Citando la represión del Conde de Clarendon a Carlos I, *The Times* tuvo la temeridad de censurar al Rey por "la corriente, o más bien el torrente de sus impetuosas pasiones". Agregaba *The Daily Telegraph*: "Hay concesiones que uno no puede realizar ni siquiera en beneficio de los seres más amados, ciertas normas que no se pueden infringir, algunas convenciones que deben defenderse".

El ánimo del público, poco antes tan cálido con respecto al Rey, también se enfrió con rapidez, pues el matrimonio de Eduardo con la señora Simpson sencillamente no se ajustaba a la pauta que uno esperaba de un monarca británico. "No veo que la gente esté enfadada con la señora Simpson —escribió Harold Nicolson en su diario—. Pero sí veo una cólera profunda e irritada contra el propio Rey. En el curso de ocho meses ha destruido la gran estructura de la popularidad que él mismo había levantado." De acuerdo con la conocida corresponsal norteamericana Janet Flanner, la actitud predominante podía resumirse en una sola frase: "Nos decepcionó". Años después, la princesa Margarita dijo a un amigo: "Mire, no sentíamos antipatía por Wallis; ¡era a *él* a quien odiábamos tanto!".

El 3 de diciembre, Eduardo sugirió a Wallis que saliera del país para escapar de la prensa, de modo que ella partió para Cannes, donde se alojó con sus antiguos amigos Herman y Katherine Rogers. Pero antes de su partida Wallis exhortó a Eduardo a hablar por radio a la nación e informar que ella se había alejado definitivamente: "Mañana dile al país que me has perdido para siempre". Cuatro días después ella publicó una declaración en la prensa británica: "Durante las últimas semanas, la señora Simpson invariablemente quiso evitar cualquier acción o propuesta que perjudicara o dañase a Su Majestad o al Trono. Ahora, su actitud es la misma y está dispuesta, si con esa acción pudiese resolver el problema, a retirarse de una situación que se ha convertido en algo desgraciado e insostenible". En una nota privada a Eduardo, Wallis escribió: "Piensa sólo en tu propia posición y tus obligaciones, y no me tengas en cuenta". No hay motivos para dudar de la sinceridad de ese sentimiento, que refleja mal la voluntad de una mujer hambrienta de poder y jerarquía. Fue su último intento de liberarse definitivamente del Rey.

Pero el Rey se mostró inflexible: "Está decidido —dijo Baldwin pocos días después—, y los que conocen mejor a Su Majestad saben lo que eso significa". Eduardo no tenía la menor intención de dejarla ir libre mientras él se quedaba atascado en el trono, para llevar allí una corona mancillada, privado siempre del perdón por su conducta impropia y mirado con sospecha cuando se comprometiese con un juramento sagrado ante la nación, el día de la coronación. "Debes esperarme, no importa cuánto tiempo me lleve" —le había dicho a Wallis antes de la partida—. "Jamás renunciaré a ti."

Con poco más de veinte años, Eduardo ya había desafiado la tradición y al hacerlo atraído la atención. Más que nadie o nada, una mujer "prohibida" (Thelma, Freda y sobre todo Wallis) no sólo era una madre sustituta, sino también una persona por intermedio de la cual podía descargar golpes sobre sus padres en vista de la naturaleza misma de su elección; y así bloquear eficazmente el camino que llevaba a un trono que le inspiraba temor. La extranjera Wallis —divorciada, norteamericana, sin títulos o herencia o linaje— era el máximo exponente posible en esa tendencia de Eduardo.

"No deseaba que él renunciara al trono —dijo Wallis después de la muerte de Eduardo—, pero nadie podía conseguir que David hiciera lo que no quería hacer o impedirle hacer lo que él deseaba. Rogué a David que no abdicase, le pedí que no lo hiciera. Yo habría regresado a Estados Unidos. Pero él me amaba. Me amaba realmente." Con respecto a ella misma, como había perdido a Ernest, se sentía perdida. Todo el mundo creía que había sido la responsable del inminente abandono del trono por el Rey. ¿Acaso podía hacer otra cosa que aceptar el matrimonio con él?

Y en el último análisis, ¿qué deseaban el rey Eduardo VIII y Wallis Simpson? A juzgar por todas las apariencias, sus lenguajes, sus declaraciones ante otros y sobre todo sus actitudes separadas y muy diferentes, es obvio que él estaba loco, y obsesivamente enamorado —en cierto modo "desequilibrado", como había dicho Chips Channon— y que ella casi seguramente no lo estaba; de hecho, Wallis hizo todo lo posible para impedir tanto la abdicación como el matrimonio. Frente a Eduardo sentía afecto y agradecimiento, las atenciones de él la honraban, se sentía satisfecha ante la adoración de uno de los hombres más ricos y famosos del mundo. Pero en ese momento ella se esforzaba con desesperación por desprenderse de las garras de un compromiso conyugal que ahora le parecía horrorosamente inevitable. En diciembre escribió a su amiga Sibyl Colefax que había exhortado a Eduardo y (por intermedio de su abogado) al gobierno a la conveniencia de postergar durante un año toda discusión futura sobre matrimonio; transcurrido ese período, "me habría alejado mucho". Después de todo ya había "escapado", como ella misma dijo, de Inglaterra a Francia. Hacia fines de 1937, estaría sana y salva de regreso en Estados Unidos.

El lunes 7 de diciembre, el gobierno y la Familia Real sabían que la cuestión estaba resuelta. "El terrible y espantoso suspenso de la espera había concluido —escribió en su diario el Duque de York, después que por pedido de su hermano fue a ver al Rey a Fort Belvedere—. Lo encontré paseándose por la habitación y me comunicó su decisión de marcharse." Era evidente que la decisión había modificado el humor del Rey. "Mi hermano fue la vida y el alma de la reunión", dijo el príncipe Alberto, refiriéndose a una cena de familia servida la noche siguiente, al observar el comportamiento distendido, casi maniáticamente regocijado de Eduardo.

En la mañana del miércoles, el terrible impacto de su propio e inminente destino había afectado a Alberto, que se sentía por completo mal preparado para la tarea —su esposa todavía guardaba cama— y se apresuró a acudir a su madre en busca de confortamiento. "Me derrumbé y sollocé como un niño", escribió en su diario, y se sintió (dijo la reina María) "abrumado" ante la perspectiva de ser Rey; reacción idéntica a la de Eduardo varios meses antes. "Soy sólo un oficial naval —gimió ante su primo segundo Louis Mountbatten—. ¡Es lo único que sé hacer!"

El jueves 10 de diciembre a las 10 de la mañana, Eduardo VIII ejecutó su último acto como Rey. En presencia de sus tres hermanos, de dos abogados y dos cortesanos, estampó su firma en siete copias del Instrumento Formal de Abdicación:

Yo, Eduardo VIII, de Gran Bretaña, Irlanda y los Dominios Británicos allende los Mares, Rey, Emperador de India, declaro aquí mi irrevocable decisión de renunciar al Trono para Mí, y mis descendientes y Mi deseo de que se aplique de inmediato este Instrumento de Abdicación.

Y con este único documento concluyó el reinado de 325 días del único monarca de la historia inglesa que abdicó.[6] Alberto, Enrique y Jorge firmaron como testigos, y los documentos fueron guardados en cajas de despacho rojas. Unos minutos antes de mediodía, las cajas llegaron a Downing Street 10 y esa tarde el primer ministro Stanley Baldwin informó a la Cámara de los Comunes. (Exactamente nueve años antes, el 10 de diciembre de 1927, Wallis había recibido el decreto que la divorciaba de Earl Spencer.) Hacia la noche la crisis había concluido y poco después Gran Bretaña tendría un nuevo Rey.

Precisamente a las 13.52 del viernes 11 de diciembre, Eduardo entregó su consentimiento real de carácter formal a la Ley de Declaración de Abdicación, aprobada en los Comunes la tarde precedente y que le fue llevada a Fort Belvedere. Fue su último acto como Rey y en ese momento el Duque de York, es decir el príncipe Alberto Federico Arturo Jorge, ascendió al trono —con el nombre de Jorge VI, cuando decidió abandonar su propio nombre por respeto a su padre, cuyo reinado honorable él intentaría repetir. "¿Eso significa que tú serás la próxima Reina? —preguntó la princesa Margarita, de seis años, a su hermana Isabel, esa tarde—. Sí, algún día", replicó la futura monarca después de cambiar una palabra con su madre. Margarita hizo una pausa. "Te compadezco", dijo con un suspiro.

El primer acto del rey Jorge VI fue anunciar que el ex Rey sería conocido como Su Alteza Real el Duque de Windsor, título sugerido por Clive Wigram, el viejo cortesano de mirada aguda. La abdicación no anulaba la cuna real de Eduardo, sin embargo el ducado no era un gesto honorífico súbito y cálido, un abrazo fraternal. El hecho era que varios miembros de la Corte y el gobierno temían que la popularidad de Eduardo pudiese inducirlo a regresar un día a Inglaterra. El señor Eduardo Windsor podía ser elegido miembro de la Cámara de los Comunes y lord Eduardo Windsor podía sentarse y votar en la Cámara de los Lores. Las dos posibilidades eran abrumadoras. Wigram dijo discretamente que la solución era evidente. En su condición de duque *real* —un título heredado y no un favor— Eduardo no podía hablar ni votar en la Cámara de los Lores, tan saludable resultaba el protocolo adecuado.

Después de cenar con su madre, su hermana, los hermanos, una tía y un tío en el Royal Lodge esa noche, Eduardo fue llevado al Castillo de Windsor, donde se habían preparado los elementos de una trasmisión radial y donde fue presentado a los oyentes como "Su Alteza Real el príncipe Eduardo". Después, pronunció un discurso escuchado en todo el mundo:

Finalmente puedo decir unas pocas palabras propias.
Nunca quise callar nada, pero hasta ahora no era constitucionalmente posible que yo hablase.
Hace pocas horas cumplí mi último deber como Rey y Emperador, y ahora que me ha sucedido mi hermano, el Duque de York, mis

primeras palabras son para declarar mi fidelidad a su persona. Lo hago con todo mi corazón.

Todos ustedes conocen las razones que me han impulsado a renunciar al Trono. Pero quiero que comprendan que al decidir mi actitud no olvidé al país o al Imperio que como Príncipe de Gales y últimamente como Rey durante veinticinco años intenté servir. Pero deben creerme si les digo que me ha sido imposible soportar la pesada carga de la responsabilidad y cumplir mis obligaciones como Rey, lo que yo hubiera deseado hacer, sin la ayuda y el apoyo de la mujer a quien amo.

Y quiero que sepan que la decisión que he adoptado es mía y sólo mía. Ha sido una actitud que debí juzgar totalmente por mi cuenta. La otra persona que estuvo más interesada en el asunto ha intentado hasta último momento convencerme de que siguiera un curso distinto. He adoptado esta decisión, la más grave de toda mi vida, apoyándome en la única idea de lo que en definitiva sería mejor para todos.

Esta decisión ha resultado menos difícil para mí gracias al conocimiento cierto de que mi hermano, con su prolongado entrenamiento en los asuntos públicos de este país, y en vista de sus excelentes cualidades, podrá ocupar mi lugar en adelante, sin interrupción ni perjuicio para la vida y el progreso del Imperio. Y goza de una bendición inigualada, compartida por muchos de ustedes pero que no me fue concedida; un hogar feliz con su esposa y sus hijas.

Durante estos días difíciles mi madre y mi familia me han reconfortado. Los ministros de la Corona, y sobre todo el Primer Ministro, señor Baldwin, me han tratado siempre con total consideración. Nunca hubo discrepancias constitucionales entre mi persona y ellos y entre mi persona y el Parlamento. Educado en la tradición constitucional por mi padre, jamás habría permitido que surgiese una cuestión de ese carácter.

Desde que era Príncipe de Gales, y más tarde, cuando ocupé el trono, he sido tratado con la mayor bondad por todas las clases, dondequiera he vivido o viajado recorriendo el Imperio. Por todo eso estoy muy agradecido.

Ahora, abandono por completo los asuntos públicos y me desembarazo de mi carga. Es posible que pase un tiempo antes de que regrese a mi patria, pero siempre seguiré las vicisitudes de la raza británica y el Imperio con el mayor interés, y si en algún momento futuro se cree que puedo ser útil a Su Majestad en mi condición privada, no faltaré al compromiso.

Y ahora, todos tenemos un nuevo Rey. Le deseo, lo mismo que a ustedes, su pueblo, felicidad y prosperidad con todo mi corazón. Dios los bendiga. ¡Dios salve al Rey!

Al desandar la corta distancia que lo separaba del Royal Lodge para despedirse de su familia, Eduardo vio la fría bruma de diciembre que se cernía con rapidez sobre el valle del Támesis. Esa misma noche partiría desde Portsmouth en barco y después de cruzar el Canal continuaría el viaje hasta Austria, para pasar un tiempo en el Schloss Enzesfeld, el castillo del barón de Rothschild, hasta que el decreto de divorcio de Wallis cobrase fuerza absoluta; durante los seis meses siguientes, no debían mantener ningún contacto.

"Así llegó la terrible despedida —escribió en su diario la reina María—. Todo el asunto era demasiado patético para expresarlo en palabras." Y así fue, al menos para el Duque de Kent. Por segunda vez esa noche rompió a llorar. "¡No es posible! —exclamó—. ¡Esto no es real!"

Pero por cierto lo era. Eduardo abrazó a su madre, a su hermana María y a sus hermanos, los Duques de Gloucester y de Kent, y después se inclinó ante el nuevo Rey. Antes de que llegase la medianoche, el ex monarca, ahora Duque de Windsor, estaba sentado tranquilamente en el asiento trasero de un Daimler negro, que se desplazaba rápidamente a través de la niebla en dirección al barco; el destructor llamado apropiadamente *Fury* (Furia), que lo llevaría a lo que Eduardo denominaba "la vida en el mundo verdadero".

CAPÍTULO DIEZ

La hiedra trepa

1937 a 1947

¿Después podrá hacer lo que haga falta?
La REINA ISABEL a Cecil Beaton, a propósito
de los retoques a una foto de la soberana

Exactamente durante un siglo, de 1837 a 1936, el péndulo de la monarquía británica había oscilado según amplios arcos, y cada generación había producido un soberano muy distinto del que había aparecido en la precedente. La disciplinada Victoria, que siguió al torpe y hedonista Guillermo IV, tuvo como sucesor al divertido Eduardo VII, que a su vez engendró al severo y burgués Jorge V, padre de la sibarítica figura de sociedad Eduardo VIII, a su vez hermano del rígido y grave Jorge VI. Mientras Jorge y su consorte Isabel se preparaban para la coronación que hubiera debido corresponder a Eduardo, trataban de mostrar a la nación y al mundo una imagen por completo distinta de la de su predecesor. Durante los quince años siguientes lo consiguieron con bastante eficacia.

La decencia y el coraje esenciales de Jorge se depurarían y templarían en la fragua de la Segunda Guerra Mundial y, durante los quince años de su reinado, sus mejores aliados y sus más eficaces ayudantes de relaciones públicas no fueron los especialistas en publicidad o los creadores de imagen, sino su esposa y sus hijas. La esencia de la crisis de la abdicación había sido que Eduardo había amenazado francamente las virtudes más preciosas para los ingleses —la supremacía permanente del hogar, la familia y el deber— y precisamente fue esa amalgama lo que el Duque y la Duquesa de York aportaron al trono. De hecho, ellos y sus hijas vinieron a ser los primeros personajes reales presentados al mundo como figuras de un romance de familia.

El nuevo Rey proyectaba una imagen de sencilla y caballerosa gravedad; el paterfamilia abnegado, que se consagraba a la tarea de devolver a la nación un sentimiento de honor y propósito. Se trataba de una percepción exacta pero no completa, pues en la personalidad del rey Jorge VI había aspectos más sombríos. Era un hombre nervioso, en esencia poco expresivo, inestable, que fumaba sin descanso y bebía mucho, y cuya mediocridad intelectual era asombrosa; sobre sus hombros mal preparados cayó el pesado manto de la realeza durante el período más terrible de la historia británica del siglo xx.

Incluso antes de la coronación de mayo de 1937, los nuevos reyes y las princesas Isabel y Margarita eran muy amados, quizá más que nada por la mera razón de que el pueblo necesitaba una familia representativa, un icono nacional al que pudiera abrazar. En concordancia, los medios entraron en acción para satisfacer al público. "Aquí está la oportunidad que ustedes esperaban —dijo Geoffrey Dawson, director del *The Times* a un miembro del personal—. Traten de que la lealtad de nuestros lectores se extienda un poco y abarque a toda la Familia Real." Y así se hizo: de 101 noticiarios rodados por Movietone News en 1937, 89 se referían a los nuevos habitantes del Palacio de Buckingham; dos se relacionaban con el ex rey y su esposa.

Podía verse a la familia en todos los medios, saludando a las multitudes, bebiendo una taza de té en el jardín, alimentando a los patos en el Parque de Saint James, almorzando en los jardines de Windsor. Y se daban a conocer conmovedoras anécdotas de corte hogareño. "Debes pedírselo a mami", decía el rey Jorge a la princesa Isabel cuando esta quería hacer algo. Podía verse a la princesa Margarita esbozando un mohín cuando su madre la enviaba de regreso a la casa para que se pusiera más abrigo en vista de la baja temperatura. Desde el comienzo, los Windsor debían ser vistos como la grata expresión de las virtudes hogareñas de la clase media británica, y así el público, deseoso de que se lo reconfortara después del cataclismo de 1936, se apresuró a apoyar al nuevo monarca. Como los Cheerybles en *Nicholas Nickleby* —"gente sencilla, de buen corazón y bondadosa"—, los Windsor pronto fueron admirados por doquier; eran héroes (como los personajes de Dickens), sobre todo porque en el curso de la historia se habían visto precedidos por patanes tan acabados. De manera muy apropiada, se atuvieron a la receta no sólo el nuevo Soberano y su familia inmediata, sino también los parientes: los Kent estaban atareados haciendo lo necesario para aumentar la familia, y en la Navidad la princesa Marina dio a luz a su segundo hijo. Se la bautizó Alejandra en homenaje a la abuela paterna (del mismo modo que Eduardo, su hijo de un año, había sido bautizado con ese nombre recordando al abuelo paterno). Durante la guerra, los Gloucester aportarían otros dos primos reales a la familia Windsor.

En ocasiones, la adulación llegó a ser mortal. En 1938, un recluta que tenía licencia del Ejército Británico oyó a un civil hablar de un modo que le pareció ofensivo acerca de la Familia Real. Furioso, el soldado enfrentó a quien hablaba, lo derribó a golpes y lo mató. El tribunal decretó que el hecho de que estuviese defendiendo a los Windsor justificaba su cólera y se condenó al soldado a dos años de libertad bajo palabra. "La mayoría parecía creer que se había hecho justicia —escribió un cronista—, [y] de hecho se elogió la acción del soldado." El chauvinismo mostraba estas formas extremas incluso antes de la Segunda Guerra Mundial.

En ciertos aspectos, la creación de imagen era una obra maestra de improvisación, ya que, a semejanza de su padre, Jorge VI era un hombre de carácter tan imprevisible y de estallidos ocasionales tan violentos que por lo menos una vez se mostró (según dijo un cronista real) "tan descontrolado que de hecho golpeó a su propia esposa". Sin duda, experimentó un remordimiento instantáneo, pero de todos modos era cierto que los miembros de la casa real siempre andaban con cuidado si se murmuraba acerca del mal humor del Rey. Esta explosión puede haber sido también una relación frente al hecho de que, como lo observó una amistad de la Reina, "ella lo decide todo; en eso no se equivoquen". Lady Pamela Hicks, hija de lord Louis Mountbatten, y una de las íntimas amigas de Isabel, hija del Rey, recordaba que el rey Jorge "de pronto se mostraba sumamente irritado por alguna cuestión por completo trivial. Se suscitaba una explosión violenta, ¡y la escena resultaba en realidad terrorífica!".

De todos modos, cualesquiera fuesen las situaciones desagradables que puedan haberse suscitado entre ellos en privado, Jorge VI era —como su hermano mayor Eduardo— un hombre que dependía por completo de su esposa: "ella era su voluntad, su todo", como escribió Chips Channon. Enérgica y decidida como Wallis, a quien tanto odiaba, la nueva reina Isabel era una persona impresionante más allá de cuáles fuesen las circunstancias. Incansable y enérgica en su defensa de la imagen de la Corona (lo que determinó que la reina María la apreciara) y en beneficio de su esposo (lo que determinó que él la apreciase), convirtió el retraso en una virtud y nunca apresuró una entrevista o una audiencia, para facilitar el encuentro siguiente, si las personas con quienes estaba hablando representaban factores positivos de una publicidad eficaz.

Después de todo, la restauración de la imagen de la monarquía no podía depender sólo de un Rey tímido y tartamudo, y nadie lo sabía mejor que su esposa. Con una férrea decisión que representó casi un programa, la Soberana se convirtió en lo que era, elevando a niveles de jerarquía regia su presencia de matrona joven y regordeta vestida de gasa. Y con sus dos princesitas era la garantía del futuro del trono. Cabe señalar que la gasa era un recurso para camuflar su figura prematuramente matronil; de ahí la admiración con que siempre miró al fotógrafo Cecil Beaton, que también conseguía que posara de perfil, para disimular los rasgos demasiado amplios. "¿Después podrá hacer lo que haga falta?" preguntaba la Reina, en actitud de conocedora, a Beaton, poco antes de cada sesión de fotografía. El podía hacerlo, y así comenzó el sistema de retocar con cuidado los retratos reales, con el fin de eliminar mágicamente algunos centímetros de la cintura y el busto. La Reina insistía en que una aureola casi irreal de belleza rodease las constancias documentales de su familia.

En privado, aún había enormes tensiones en la familia en referencia a Eduardo, pues los Windsor de Inglaterra temían el retorno de los Windsor del extranjero. Así se determinó que el arreglo financiero concertado con el ex Rey (un pago de 20.000 £ anuales) exigía que él nunca regresase a su país natal sin autorización real. Se trataba de una iniciativa sin precedentes, un castigo prohibido por la Carta Magna de 1215. Sin embargo, incluso este acto impresionante de venganza personal por una conducta de Eduardo que la Familia Real juzgaba impropia, se vio superado por el primer decreto real de Jorge.

El 27 de mayo de 1937, el nuevo Soberano firmó unos documentos conocidos formalmente como Cartas Patentes. El efecto de este documento era que el ex Rey, el príncipe Eduardo, en adelante utilizaría el "título, estilo o atributo de Alteza Real" pero esa designación no sería compartida por su esposa y por los hijos nacidos del matrimonio. Wallis sería sencillamente la duquesa de Windsor.

En el diciembre anterior, el nuevo rey Jorge VI había ordenado (y todos los hermanos lo aceptaron y sus respectivos consejeros coincidieron) que el monarca sería presentado como Su Alteza Real el Príncipe Eduardo, en el momento de pronunciar su histórica emisión radial de abdicación. Lejos de abdicar de una condición real, Eduardo sólo abandonaba el trono; lo que era todavía más pertinente, de acuerdo con el derecho común británico, es por completo imposible abdicar de una condición real. Si uno nace príncipe de linaje real, continúa siéndolo hasta la muerte; por lo tanto, como hijo del legítimo rey Jorge V, Eduardo era legítimamente Su Alteza Real. Pero el rey Jorge, basándose en un pretexto absolutamente absurdo, decidió que era necesario designar nuevamente Alteza Real a su hermano, y la única razón para adoptar esta medida fue tratar de negar esa condición a Wallis.

Pero esta medida no correspondía a la competencia, el poder o la capacidad del Rey al amparo de la constitución británica. La esposa, dice el derecho común, automáticamente goza de la jerarquía de su marido.[1] No es casual que la oficina de prensa del Palacio de Buckingham afirmase que las Cartas Patentes eran un decreto en que el gobierno había insistido, pero en realidad el palacio —es decir, el Rey y la Reina (ningún subordinado se habría atrevido a utilizar una prerrogativa tan histórica)— insistió en el que el gobierno redactase las Cartas Patentes para someterlas a la firma del Rey. El Rey no consultó al Primer Ministro; le indicó lo que debía hacer.

Con este acto absurdo desde el punto de vista jurídico, Wallis se convirtió en la única esposa de un inglés a quien se le negaba la jerarquía del marido. Al casarse con el príncipe Eduardo, Wallis por eso mismo se convertía en Princesa y Alteza Real. Era lo que había sucedido cuando Jorge contrajo matrimonio con Isabel en 1923: "Se anuncia oficialmente que, en concordancia con la regla general establecida de que una esposa adquiere la jerarquía de su marido, lady Isabel Bowes-Lyon en virtud de su matrimonio se ha convertido en Su Alteza Real la Duquesa de York, con la jerarquía de Princesa". Al interferir en la aplicación del derecho común, el rey Jorge VI, recién ungido, que había jurado ante Dios y el Imperio servir al pueblo y su constitución, había actuado inconstitucionalmente. El nunca lo reconoció, en función del absolutismo real (y por cierto una medida no escasa de ignorancia). Todavía en 1949 Jorge dijo a Eduardo: "Debes recordar que convertí en Duquesa a tu esposa, a pesar de lo que sucedió en diciembre de 1936. Deberías agradecérmelo. Pero no lo haces". La frase sería divertida si no fuese patética. Wallis se había casado con Su Alteza Real el príncipe Eduardo, Duque de Windsor y automáticamente se había convertido en Su Alteza Real, la princesa Wallis, Duquesa de Windsor.

Además, las Cartas Patentes creaban precisamente la relación morganática (la negación del título y la jerarquía a la esposa de un hombre) que en 1936 con razón había sido tachada de inconstitucional, de acuerdo con el derecho británico. Las Cartas Patentes, que en virtud de un golpe cruel Eduardo recibió la víspera de su boda, fue un gesto tan negativo que hirió muy profundamente el corazón del ex Rey, prácticamente exiliado; de esto no se recuperó por el resto de su vida. Sabía, lo mismo que cualquiera que tuviese el más superficial conocimiento del derecho común inglés, que una mujer adquiere el título y el estilo de su marido y que el Rey no tenía poder ni competencia para negar la designación real a Wallis. En relación con este tema, cuarenta años más tarde el hijo menor de Jorge, el Duque de Kent (príncipe Miguel, nacido en 1942) contrajo matrimonio con una católica divorciada (la señora de Troubridge, baronesa Marie-Christine von Reibnitz, nacida en Bohemia). Pero, a pesar de su primer matrimonio, no cabía duda de que se la conocería como Su Alteza Real, y así sucedió efectivamente.

Pero en 1937 la herida de la abdicación era tan reciente que nada impidió que el Rey infligiese a su hermano un golpe cruel e insensato (por no decir ilegal y nulo). Nada menos que el *Burke's Peerage* proclamó en 1967 que el gesto del rey Jorge VI había sido "el último acto triunfal de un régimen ofendido e hipócrita [y] el acto más flagrante de discriminación en toda la historia de nuestra dinastía". En 1937 el duque de Windsor luchó contra el decreto real, y ese verano dirigió al Rey varios llamados telefónicos coléricos; comunicaciones que finalmente fueron interrumpidas por orden de la Reina, cuya voluntad nadie (ni siquiera el Rey) contrariaba. En esto, ella contaba con el apoyo de Alec Hardinge y Alan Lascelles, quienes por supuesto se habían sentido muy complacidos ante la desaparición de Eduardo.

La actitud del Rey originó un distanciamiento definitivo entre él y su hermano. En privado, el duque de Windsor insistía en las reverencias y las cortesías que por derecho debían ofrecerse a su esposa. "Conozco a Bertie —exclamó el Duque cuando llegó el anuncio—. ¡Sé que no pudo haber escrito esta carta por propia iniciativa!" ¿Quién influyó sobre su hermano? "Las personas más cercanas", dijo el Duque, y nadie tuvo dudas acerca del sentido de sus palabras: sin duda se trataba de la esposa del Rey, en ese momento la reina Isabel; "la perra con la sangre de hielo", como el Duque llamaba ahora a la cuñada a la que en otro tiempo había manifestado tanto afecto. Ella había orquestado las Cartas Patentes y se había ocupado de que Eduardo nunca pudiese volver a creer que Inglaterra era su patria. Su principal preocupación, como lo percibían quienes la conocían, era proteger al Rey de la personalidad dominante de su hermano y de lo que consideraba la presencia indigna de una plebeya norteamericana en la familia Windsor.

Por consiguiente, no es mérito de una mujer con tantas cualidades admirables que, por la mera fuerza de su personalidad, promoviese el distanciamiento permanente de dos hermanos que antes habían mantenido una relación tan estrecha. Mientras la Duquesa de Windsor fuese considerada una esposa morganática, no real —y al demonio con la ley—, la reina Isabel nunca tendría que recibirla. Y, juzgando con absoluta exactitud que Eduardo no se presentaría en público en Inglaterra sin la compañía de Wallis, ahora ella también podía contar con la ausencia permanente del ex Rey.

"Wallis había sido derrotada por la Reina, que en esta cuestión era una mujer muy astuta y tortuosa", dijo Angela Fox, que así resumía el hecho generalmente conocido de que la esposa del rey Jorge era la persona que insistía en negar las prerrogativas reales a Wallis y en asegurar que ellos se separasen de la familia para el resto de sus vidas. "Ahí estaba Wallis, una mujer más real, mucho más culta que la mayoría de las Figuras Regias, y el palacio estaba creando el mito de que era ella una persona ansiosa de poder. La vida *en efecto* tomó un sesgo trágico para Wallis en un período ulterior, pues ella y su marido prácticamente no tuvieron vida. Ya que fueron castigados por una venganza real que ninguno de ellos jamás habría concebido". El resultado fue la animosidad permanente entre los hermanos antes unidos por una relación íntima; "ese idiota tartamudo", era la descripción típica que Eduardo hacía de su hermano todavía quince años después de la abdicación.

"A los más jóvenes nos parecía difícil —recordaba el sobrino del rey (el hijo de la princesa María, más tarde lord Harewood)— no quedarnos asombrados ante la contradicción moral que significaba la elevación de las normas y el deber por una parte, y por otra el modo de ignorar ciertas virtudes cristianas básicas: el perdón, la comprensión, la ternura en el seno de la familia."

A lo largo y lo ancho de Londres, en una actitud fomentada por el palacio, se proferían insultos contra el nombre de Wallis Simpson. "Uno oía a personas encantadoras e inteligentes que formulan declaraciones repugnantes acerca de ella —recordaba otro observador de la escena social contemporánea—. Detestaría que me odiaran como se odió a ella en Londres después de la abdicación." De acuerdo con Chips Channon, la reina María y toda la Corte "odian a Wallis Simpson hasta el extremo de la histeria, y están adoptando una actitud equivocada: ¿por qué la persiguen ahora que todo ha terminado? ¿Por qué no permiten que el Duque de Windsor, que ha renunciado a casi todo, sea feliz?". En efecto, ¿por qué no? Después de todo, los reyes y las reinas pueden darse el lujo de adoptar actitudes elegantes; pero, al parecer, no era el caso de esta Reina. Cuando una de sus damas de compañía le preguntó si la Duquesa de Windsor acompañaría al Duque en una hipotética visita a Inglaterra, la Reina contestó sin pensarlo: "No, ciertamente no; yo no la recibiría si ella viniese".

Con respecto a Wallis, que por fin se casó con Eduardo el 3 de junio en Francia, reconocía que por supuesto había esperado la designación de Su Alteza Real; "pero no por el mero deseo de jerarquía social. Más bien lo deseaba [porque] temía verme condenada a pasar el resto de nuestra vida en común como la mujer que ha separado a David de su familia". Pero la mezquindad de los Windsor prevaleció. "El reinado de Jorge VI —agregaba Wallis— es un matriarcado a dos niveles. La reina María dirige a la esposa del Rey [la reina Isabel] y la esposa dirige al Rey." Según se vio, esa formulación era absolutamente acertada. El Rey quiso visitar a su hermano el verano siguiente a su matrimonio, pero la reina Isabel lo prohibió, porque la reina María había impartido "órdenes enérgicas" en ese sentido, del mismo modo que había intentado (sin éxito, según se vio) sabotear una visita de los Kent a los Windsor. Y, cuando Enrique y Alicia, el Duque y la Duquesa de Gloucester, cenaron en París con Eduardo y Wallis, "la respuesta del público demostró con claridad", de acuerdo con Alicia, "que una reconciliación [de la familia] con los Windsor no sería popular". Después de esa velada en París, "una idea de Neville Chamberlain [el Primer Ministro], no nuestra", agregó Alicia, los Gloucester recibieron una pila de correspondencia con manifestaciones injuriosas.

A pesar de toda la pompa y el esplendor de la coronación esa primavera, se percibía una atmósfera enrarecida. Una especie de sombra se cernía sobre la monarquía; una oscuridad que presagiaba las tormentas que estaban preparándose en el Continente con el ascenso alarmante del fascismo. Para oponerse a ese temor inminente, continuó prodigándose el esplendor sin atenuación ni economía el 12 de mayo. Al principio se había propuesto televisarlo, pero el arzobispo de Canterbury temió que el rey tuviese actitudes embarazosas, y por lo tanto se filmó la ceremonia (y después se hizo una edición) y se transmitió todo por radio. La trasmisión televisada quedó limitada a una cámara instalada sobre una única columna en Hyde Park Corner; con ella se recogió el movimiento del séquito real, que se desplazó del Palacio de Buckingham a la Abadía de Westminster.[2]

Precisamente dado que la monarquía carecía de poder político, era necesario subrayar su papel casi sacerdotal, y así se publicó una sucesión de artículos que centraban la atención en la devoción religiosa del Rey y la Reina; por encima de las menudas disputas políticas, pero no por supuesto por encima de la mezquina política de familia. (*El destino los convocó*, era el título de un libro típico acerca de los Windsor publicado en 1939.) El pueblo tenía una profunda necesidad de creer en él mismo, y en esta familia al parecer común y corriente se situaba la necesidad de verse ella misma como una entidad exaltada, bendecida, indestructible. Por consiguiente, los ritos que esta familia practicó el 12 de mayo de 1937 fueron vistos como proyecciones grandiosas, como bendiciones correspondientes a todo el pueblo, con referencia al cual el nuevo monarca y su esposa formularon un acto explícito de consagración.

Mientras el Rey se mostraba nervioso e irritable, su esposa era una figura distendida, cálida, un apoyo permanente para el monarca. Su cuerpo, cada vez más redondeado, pareció acentuar su encanto matronil; en cierto sentido, su forma física la hizo más atractiva (como madre) y menos amenazadora (como mujer). Parecía que siempre sonreía en público, lo cual por cierto quebraba la tradición (pues la reina María rara vez lo hacía), y además sabía hacer que la gente se sintiera cómoda. Cuando el escenógrafo Vincent Korda estaba preparando los escenarios para los desfiles navideños de las princesas en el Castillo de Windsor, durante la guerra, la Reina advirtió que Korda parecía físicamente incómodo. Cuando preguntó qué sucedía, él dijo que le dolían los pies. "¡Los míos también!", exclamó Isabel, y se quitó los zapatos, de modo que su huésped pudo hacer lo mismo. Esa era la esencia del decoro real: lo que importaba más era que los visitantes se sintieran cómodos.

Muy poco después de la coronación, como escribió la biógrafa real Sarah Bradford, "la Reina había asumido su papel con éxito y comodidad; era una actriz natural... [y] la situación le agradaba totalmente". Como algunos observaron, había un aire real un tanto excesivo detrás del carisma magnético. Harold Nicolson, que admiraba mucho a la Reina, recogió una impresión análoga después de cenar con los Windsor y unos pocos amigos. "En su cara se dibujaba una débil sonrisa que indicaba cómo le habría agradado presentar su reunión y cena sin el hecho de ser ella la Reina de Inglaterra." En realidad, una de sus características más atractivas era la pose que adoptaba, en el sentido de que, contra su voluntad, a causa de la abdicación, se veía obligada a ser la Reina. Era una evidente tontería, pues desde cualquier punto de vista se sentía complacida con su nueva posición en la vida. (Asimismo, varios años después, dio a entender que la muerte de su marido a los cincuenta y seis años era consecuencia del esfuerzo desarrollado durante la guerra; muy cómodamente ignoró el hecho de que era un fumador incorregible y un gran bebedor, cuya muerte fue consecuencia de un cáncer de pulmón y un colapso cardiovascular.)

Con respecto a los modos en los que el Rey se distinguía de su padre, el más aparente era su relación con los hijos: desde cualquier punto de vista, el rey Jorge y la reina Isabel fueron padres muy afectuosos, y la vida en el hogar tenía una dulce serenidad que por desgracia no se repetiría en las generaciones subsiguientes. Pero, por mucho que Jorge se irritara a causa de las exigencias de su nuevo empleo, no importa cuánto rechazara la necesidad de ensayar los discursos y conocer a extraños, siempre podía tener la certeza de que al final de una jornada su familia lo apoyaría animosamente. Por primera vez, los hijos del Rey y la Reina no tuvieron que hacer reverencias ante ellos. Oponiéndose a las exhortaciones de su gobernanta, Lilibet y Margarita escucharon de labios de su padre la observación de que eso era innecesario, aunque la madre, inducida por la reina María, se oponía con firmeza a esta relajación del protocolo real. Los niños debían comprender que la monarquía está por encima de todas las cosas, incluso la vida de familia. Pero Jorge no estaba dispuesto a aceptar que sus hijas se sintieran intimidadas por él como él lo había sido por su padre. En presencia de las niñas, ambos padres con el tiempo se mostraron más distendidos, admirando la gravedad de Lilibet y divirtiéndose con el espíritu vivaz de Margarita.

La vida en el Palacio de Buckingham no era tan agradable, ni mucho menos, para la familia como en el Castillo de Windsor, en Balmoral o Sandringham. En "Buck House" a las niñas les agradaban sólo los jardines; por lo demás, les parecía que el lugar trasuntaba una monumental incomodidad, más o menos como acampar en un museo frío. Margarita pidió una bicicleta para circular por los corredores interminables; cuando se la negaron, encontró un par de patines.

La educación de las dos jóvenes princesas continuó bajo la dirección de su gobernanta, Marion Crawford, pero como Lilibet, que tenía once años, ahora era la Presunta Heredera del trono, se le enseñó una introducción a la historia constitucional británica, curso que estuvo a cargo de sir Henry Marten, preboste de Eton. La reina María intervino para complementar estas clases privadas con excursiones educacionales a la Torre de Londres, Hampton Court, Greenwich Palace y otros lugares de importancia para la realeza.[3] Y cuando el Rey y la Reina viajaban al extranjero por asuntos oficiales —las visitas a París en 1939 y a Estados Unidos en 1939, para consolidar la amistad con esas naciones, a medida que la amenaza de la guerra se definía más claramente— Lilibet y Margaret quedaban al cuidado de la reina María, que no era una persona dispuesta a malcriarlas del modo en que la querida reina Alejandra lo había hecho con *sus* nietos.

Con su abuela, Lilibet aprendió todos los protocolos, los modales, el comportamiento real que más tarde mostró como Princesa adulta y como Reina. En Marlborough House, María recibía formalmente a su nieta, y allí Lilibet veía que la anciana Reina rehusaba usar el teléfono, pues no correspondía a su dignidad regia. Era necesario usar un timbre si se necesitaba algo. Si quería hablar una palabra con el Rey o la Reina, enviaba una nota por escrito y esperaba una respuesta en la misma forma. Con respecto a los sombreros, bien, el asunto en realidad era bastante sencillo. Una dama jamás salía sin sombrero, y para el caso poco importaba la estación. La princesa Isabel recibió de su abuela más sombreros que consejos o correcciones, y esta directiva sin duda arraigó tan profundo como cualquier otra; de ahí el hábito permanente de la futura Reina de Inglaterra y su tendencia a usar una diversidad de sombreros.

María también inculcó a Lilibet una serena piedad. Cuando un sacerdote abandonó el palacio y prometió enviar un libro a Lilibet, ella le agradeció pero pidió que "por favor, no se refiera a Dios. Acerca de El sé todo lo que hay que saber"; cabe presumir que, gracias a la reina María, que afirmaba mantener una relación íntima con la Deidad.

Instruida por su abuela para observar el menor detalle del decoro real, la niña tenía escasa paciencia para la falta del ceremonial en otros. Al pasar frente a una garita de centinela llevando atado a uno de sus amados perritos galeses, Isabel y Margarita no pudieron evitar que el perro se abalanzara sobre el joven guardia y enredase la cuerda en los pies del aturdido hombre. La escena creó la atmósfera de una secuencia del tipo de Keystone Kop, pues el guardia intentó saludar, trastabilló y con su bayoneta pinchó el techo de la garita. Margarita batió palmas y rió. Isabel examinó al hombre con mirada de hielo y, en una imitación perfecta de la reina María, dijo: "Esta vez lo pasaré por alto".

Pero no podía pasar por alto la picardía ocasional de su hermana. Si Margarita escondía el rastrillo de un jardinero o hacía sonar una campana sin motivo alguno, Lilibet se ocultaba, avergonzada: "En efecto, espero que no se duerma en mitad de la ceremonia", dijo Lilibet de su hermana cuando se dirigían a la coronación en la Abadía de Westminster. Educada de manera que controlase sus propios sentimientos, alentaba a Margarita a hacer otro tanto. Cuando los padres partieron en viaje a Estados Unidos, en 1939, las niñas fueron llevadas al muelle. "Yo también tengo mi pañuelo", dijo Margarita. "Para saludar, no para llorar", anunció Lilibet. Pulcra como una maestra de escuela, la princesa mayor llegó al extremo de ejecutar las tareas menores de su hermana para evitar que quedaran incumplidas. La madre de Lilibet no era una supervisora severa en todo esto; María era quien inculcaba las virtudes domésticas y la consagración al deber en la futura Reina.

"Debe enseñarse a la niña a ser Reina, pero no corresponde malcriarla", insistía la abuela. Un día de 1938 llevó a Lilibet a una tienda de la calle Oxford, donde una multitud de curiosos se reunió enseguida para ver a las clientas reales. "¡Piensa en toda la gente que estará esperando para vernos salir!" dijo la Princesa a la reina María, que inmediatamente retiró a la niña por una puerta del fondo y la llevó al palacio. En otra ocasión Lilibet dijo que cierto alimento proveniente de la cocina real sería preparado de manera muy distinta "cuando yo sea Reina". La temperatura de la habitación descendió bruscamente cuando se elevó la voz helada de la reina María: "Querida, antes de que seas Reina tienes que aprender a ser una dama".

Exactamente cómo se comportaba una dama —incluso en las circunstancias más severas y peligrosas— se aclaró para beneficio de Lilibet en mayo de 1939, cuando el coche de la reina María fue alcanzado en la parte media por un enorme camión de reparto. La anciana matriarca de setenta y dos años resultó más gravemente herida que su chófer o sus acompañantes, pues sufrió dolorosas contusiones de la cabeza a los pies y se le clavó una astilla de cristal en el ojo. La reina María tuvo que utilizar una escalera para salir del automóvil accidentado y lo hizo, según escribió un testigo, bromeando valerosamente y conservando su dignidad. "Ni el sombrero ni un solo rizo estaban fuera de su lugar. El único signo exterior de desorden que pudo verse era un alfiler de sombrero roto y el paraguas, partido por la mitad." La llevaron a una casa próxima para descansar, pero no aceptó el ofrecimiento antes de asegurarse que todos sus acompañantes estaban sanos y salvos.

Cuando Lilibet fue a visitar a su abuela pocos días después, la reina María reconoció que la espalda le dolía de modo horrible, pero no quiso guardar cama. De hecho, se levantó para escribir una nota al conductor del camión, deseándole una rápida recuperación. La valerosa dama nunca se quejaba de su propio estado, no introdujo cambios en su programa de salidas en coche durante ese verano y no solicitó atenciones especiales durante el tiempo de su recuperación. De ese modo transmitía a su nieta la necesidad de mostrar una actitud de regia reserva y digno coraje.

Con respecto a Margarita, tuvo conciencia inmediata de que se la relegaba a un lugar secundario. Por ejemplo, su abuela estaba desconcertada por la inquieta independencia de la niña y se irritaba fácilmente por lo que entendía que era un comportamiento aniñado e indigno de una figura real. Hasta el día de su muerte, la reina María no pudo entender el deseo de Margarita de ofrecer y asistir a fiestas; peor aún le parecía la afición de la joven al baile.

Ese año 1937, Margarita, que tenía seis años, cobró conciencia de un cambio en su propio destino, impresión que se vio fortalecida cuando ella y su hermana recibieron premios en la exposición de equinos de Windsor. "Sólo porque somos princesas", dijo sin rodeos. Bien, eso es verdad en parte, admitió Crawfie. "Oh —dijo Margarita, visiblemente entristecida—. Comprendo." Y, dicho esto, se desinteresó por completo de la equitación.

No sucedió lo mismo con Lilibet, que, como si hubiera deseado adaptarse a esa injusta ventaja, de inmediato abordó la tarea de convertirse en experta amazona. Había montado ponies desde 1929; Henry Owen, el palafrenero real, la había entrenado con una sucesión de caballos: Gem, Snowball y ahora Comet, un animal de gran alzada. "La Princesa se esforzaba mucho", informó Horace Smith, su nuevo instructor. En 1938 ya era una experta en el salto, y con cada año que pasara demostraría cada vez mayor eficiencia en equitación. Cuando fue Reina, cabalgó regularmente y con frecuencia hasta los setenta y tantos años.

"Yo solía ser Margarita de York— se quejó cierta vez la hija menor—, pero, ahora que papá es Rey, no soy nada." Según se vio, esta especie de infantil autodramatización encerraba una lamentable verdad. Para compensar, desde edad temprana la princesa Margarita apreció el respeto, y a menudo insistió en ello, pese a la inquietud que esa inclinación producía en su madre. Además, se mostró caprichosa, a menudo hasta el extremo de la altanería. "Querida —preguntó la madre a Margarita una noche, después de salvar a la niña de una represión paterna—, ¿qué harías sin tu mami?" La respuesta llegó sin la menor vacilación: "Mami, haría lo que me agradase". Y mantendría esa actitud el resto de su vida; de ese modo, intentaría afirmar su identidad en los estrechos límites de la Familia Real.

La visita triunfal del rey Jorge y la reina Isabel a París en 1938 fue un asombroso golpe de relaciones públicas, una muestra brillante de la amistad anglofrancesa y un éxito personal para el tímido monarca y su gregaria esposa, pues se los vivó por doquier. Cuando Hitler vio un noticiario de la Reina depositando una flor en la tumba del soldado desconocido del Arco de Triunfo, dijo a sus ayudantes que ella era "la mujer más peligrosa de Europa"; en lo que se refiere a los propósitos del propio Hitler, por cierto no exageró, como habría de demostrarlo la conducta de Isabel durante la guerra que siguió. Mientras la situación internacional empeoraba, el Rey y la Reina cosecharon un éxito todavía mayor. En junio de 1939 visitaron Canadá y Estados Unidos, y de ese modo se convirtieron en los primeros soberanos británicos que visitaron el Nuevo Mundo.

Roosevelt tenía mucho interés en consolidar la amistad con el rey Jorge, pues comprendía que la neutralidad norteamericana no podría mantenerse mucho tiempo y que Gran Bretaña sería su principal aliado contra el fascismo europeo. Pero los resultados tuvieron consecuencias más hondas. En la ciudad de Nueva York, Hyde Park y Washington, el Rey y la Reina fueron vivados tan ruidosamente como Charles Lindbergh lo había sido después de su vuelo transatlántico, una docena de años antes. La combinación de dignidad y sencillez de los monarcas británicos determinó que tanto la prensa como el público los apreciaran, e inmediatamente se estableció una firme amistad entre el Presidente y el Rey; una relación que se reflejó durante la guerra en una correspondencia personal vivaz e importante. Cuando el grupo real llegó a la residencia presidencial de Hyde Park, a orillas del río Hudson, Roosevelt ofreció una copa a sus invitados. "Mi madre —dijo al Rey— cree que debería ofrecerle una taza de té; no aprueba los cócteles." El Rey aceptó agradecido un gin con tónica y replicó con un guiño: "Tampoco lo aprueba mi madre". La visita ciertamente tuvo un carácter que superó los límites políticos, y Jorge —que a esta altura de las cosas había practicado tanto las técnicas de respiración y relajación que podía hablar en público con muy escaso tartamudeo— regresó a Londres a fines de junio con más alto caudal de autoconfianza. Con la graciosa Isabel a su lado, pudo defender su posición en compañía del Presidente, un individuo más experimentado y con mayor confianza en sí mismo.

Con respecto a la Reina, Estados Unidos comenzó con ella una relación vitalicia de amor. "Decidida y regordeta, Su Majestad inmediatamente se convirtió en la heroína del momento —se regodeaba la revista *Time*—. Isabel es la Reina perfecta: los ojos intensamente azules, el mentón elevado confiadamente, los dedos levantados en un gesto de saludo, tenía una actitud tan aniñada como regia. Su sombrilla de mango largo parecía extraída de un libro de cuentos." A menudo provocaba cierta inquietud en la policía, pues interrumpía un protocolo formal o decidía pasear para conocer a los ciudadanos comunes, estrechar la mano de los obreros y escolares; con lo cual daba pie para que el Rey, en otras condiciones un individuo más reservado, proyectase una calidez nueva y una tranquilidad distinta precisamente en momentos como esos, en episodios que carecían de precedentes en el protocolo real. "Las pequeñas cosas que no están programadas son las que importan más —escribió un testigo ocular—, y en este sentido tienen un instinto infalible. La capacidad de Sus Majestades para ponerse en contacto con el pueblo se eleva a las alturas del genio." En efecto, era una conquista: ESTADOS UNIDOS CONQUISTADOS POR EL ENCANTO DE LOS "PRIMOS" REALES BRITANICOS, proclamaba *Newsweek*, en un titular típico. Isabel evaluó con precisión el viaje cuando más tarde dijo: "¡Esa gira nos hizo! Quiero decir que nos plasmó, al Rey y a mí. Llegó en el momento justo, sobre todo para nosotros".

Hubo otros acontecimientos congruentes y auspiciosos. En el curso de una visita a su alma mater, el Colegio Naval de Dartmouth, el Rey llevó a su esposa y sus hijas, así como a lord Louis Mountbatten, hijo del infortunado jefe de la Marina británica que había sido obligado a renunciar en 1917, y que había cambiado su nombre, que ahora era Battenberg. Como se sabe, Alice, hermana de Mountbatten, se había casado con el príncipe Andrés de Grecia, y el hijo menor de la pareja, el príncipe Felipe, sobrino de Mountbatten, era entonces un joven cadete naval de dieciocho años en Dartmouth. La mañana del 22 de julio la princesa Isabel, una jovencita de trece años, una niña tímida que llevaba una vida protegida, por primera vez fijó la mirada en el príncipe Felipe, un atleta rubio que medía un metro ochenta, de ojos azules y rasgos marcados. Ese día lo siguió por todas partes; lo miraba en una actitud de permanente adoración. Cuando la Familia Real se retiró tarde ese día, Margarita se volvió hacia la Reina: "¡Mira, mamá! —dijo—. ¡Lilibet está llorando!". Se habían plantado las semillas de un enamoramiento adolescente y su fruto sería con el tiempo un matrimonio prolongado.

La vida de Felipe había sido tan confusa como sus antecedentes. Aunque era un príncipe griego y a su vez hijo de otro, su padre Andrés era el hijo del príncipe Guillermo de Dinamarca (más tarde el rey Jorge I de Grecia); su madre, Alicia de Battenberg (hermana de Louis Mountbatten), era inglesa; era también la biznieta de la reina Victoria. Nacido en la isla de Corfú el 10 de julio de 1921, la vida de Felipe había sido notablemente peripatética; de hecho, había sido un desarraigado. Las turbulencias políticas obligaron a la familia a salir de Grecia, y así fueron a residir en Francia. Allí la inclinación de Andrés al juego y a las aventuras con mujeres agriaron su matrimonio, de modo que se trasladó a Montecarlo cuando Felipe tenía diez años. Alicia, que era sorda desde los ocho años, pero podía leer los labios en media docena de idiomas, soportó una serie de colapsos nerviosos, pero de estos episodios emergió fuerte y con una actitud decididamente religiosa. Vistió los hábitos de monja ortodoxa griega y en 1949 fundó la Fraternidad Cristiana de Marta y María, una orden contemplativa dedicada tanto a la oración como al cuidado de los enfermos pobres.

No se trató de un recurso romántico, pues la vida de Alicia realmente se consagró a la oración, la autodisciplina y el trabajo incansable en beneficio de otros. Durante la Segunda Guerra Mundial, afrontando grandes riesgos personales, alojó a judíos griegos en su residencia de Atenas, a pesar de las amenazas cotidianas de la Gestapo. Cuando los nazis la interrogaron, masculló de manera incoherente, agregando la locura o la estupidez fingida a su sordera. Ese recurso fue eficaz y durante dos años Alicia salvó de la muerte a varias familias judías. Como reconocimiento a sus heroicos esfuerzos, se concedió póstumamente a Alicia el título de "Justa entre las naciones" por el Yad Vashem, la Autoridad de Conmemorativa del Holocausto en Jerusalén, donde finalmente fue sepultada, casi veinte años después de su muerte.

El joven Felipe —de hecho un exiliado que carecía de patria, a pesar de ser un tataranieto de la reina Victoria— fue despachado a la escuela; lo cambiaban de una academia a otra, de Grecia a Francia, a Inglaterra, a Alemania y de vuelta a Inglaterra. Después de dos años en una escuela que estaba en las afueras de París, donde resolvió el problema de su identidad llamándose sencillamente "Felipe de Grecia", su tío George Miltford Haven lo llevó a Inglaterra y lo envió a la Escuela Cheam de Surrey, de 1930 a 1933; siguió un año en la Escuela Salem de Alemania y después tres años en Gordonstoun, Escocia, cuyo director era el fundador de Salem. El informe final decía: "El príncipe Felipe goza de la confianza, la simpatía y el respeto universales".

"Tiene el más elevado sentido de servicio de todos los alumnos de la escuela. Es un líder nato, pero necesitará afrontar las severas exigencias de un servicio importante para demostrar todo lo que vale.

Lo mejor de él es sobresaliente; en un nivel un poco inferior, no es suficientemente bueno. Felipe marcará con su impronta cualquier profesión en la cual deba demostrar su valía en una prueba integral de fuerza".

Era un estudiante mediocre que se destacó sólo en francés, un excelente atleta y un eficaz remero; después de salir de la escuela fue aceptado en la Real Academia Naval de Dartmouth, donde conoció a la princesa Isabel, que quedó flechada. Concertaba fácilmente relaciones de amistad, nunca intentaba aprovechar sus antecedentes reales (si bien estos eran bastante complicados y no muy importantes) y era buen compañero en el juego y un hombre de agudo ingenio. Pero, cuando la Familia Real llegó a conocerlo ese día, era un muchacho que había sufrido un prolongado descuido emocional.

"Cuando necesitó un padre —dijo Michael Parker, un australiano que llegó a ser amigo del tiempo de la guerra y más tarde desempeñó las funciones de primer secretario privado de Felipe—, no encontró a nadie." El resultado era una personalidad en apariencia expansiva y gregaria, pero también seriamente reservada. Su educación se basaba en una disciplina rigurosa y en desafíos físicos de carácter espartano, tanto en el ámbito deportivo como en función del sacrificio personal. A falta de nada parecido a un hogar o una vida de familia, Felipe se convirtió en el acompañante ideal; leal, duro y competitivo. "Todos lo adoraban, porque era muy apuesto", dijo Hélène Foufounis, que fue amiga de la familia desde la niñez y a quien más tarde se conoció como Hélène Cordet, la decana de los clubes nocturnos. A semejanza de las hermanas mayores de Felipe, recordaba a un muchacho que gustaba mucho exhibirse, a veces estrepitoso, perezoso en la escuela pero no en el campo de juego, descuidado en los modales, pero consciente de la atracción que ejercía sobre las mujeres. "Es el tipo —dijo un amigo norteamericano en aquel momento— a quien se consideraría una persona generalmente eficaz en una universidad norteamericana y que sería aceptado en la mejor fraternidad del claustro. Pero algunos de sus cofrades lo considerarían desagradablemente exuberante en ciertas ocasiones, por sus pesadas bromas. Suscita la impresión de un hombre propenso a la compañía masculina." Con respecto a su condición de atareado mujeriego con una larga lista de conquistas, de eso se rumoreó en relación con Felipe desde que llegó a la adolescencia y hasta alrededor de los diecisiete años.

"Ella en ningún momento le quitó los ojos de encima", recordó Marion Crawford al referirse a la atención que la Princesa prestó a Felipe esa tarde de julio. "En las pistas de tenis me pareció que él se exhibía bastante, pero de todos modos las jóvenes se sintieron muy impresionadas. Lilibet dijo: '¡Crawfie, es muy buen mozo! ¡Mira qué alto salta!' El se mostraba bastante cortés con ella." Por su parte, ese día de julio Mountbatten vio la oportunidad en los ojos de la princesa Isabel. Era un hombre que aprovechaba las situaciones que le permitían subrayar (y exagerar) sus relaciones con la Familia Real, de modo que de inmediato concibió un plan, que él mismo contribuyó a promover, aunque en ese momento implicaba anticiparse mucho a los hechos.

Más avanzado el año 1939, Felipe fue asignado al HMS *Ramillies*, comandado por un viejo amigo de Mountbatten. Felipe confió a su superior, el capitán Baillie-Grohman, que deseaba convertirse en súbdito británico y hacer carrera en la Marina Real. "Entonces hubo una sorpresa —dijo más tarde el capitán—; Felipe continuó diciendo: 'Mi tío [Louis Mountbatten] ha concebido algunas ideas en relación conmigo; cree que podría casarme con la princesa Isabel'. Me sentí un poco desconcertado y después de vacilar le pregunté: '¿Le profesa afecto?' 'Oh, sí, mucho afecto', fue la respuesta. —Le escribo todas las semanas'." De acuerdo con la versión de uno de los primos de Felipe, Mountbatten tuvo presente esta circunstancia desde el principio; había "conseguido para su sobrino una invitación a comer en el yate real" ese día de 1939. (El mismo primo recordaba la correspondencia regular de Felipe con Lilibet durante la guerra.)

Felipe se mostró incluso más franco con su primo: "Me casaré con ella", dijo ya en 1941, después de visitar el Castillo de Windsor para asistir a una de las representaciones navideñas de las princesas. En esa ocasión Marion Crawford lo vio "muy cambiado. Encontré un joven serio y encantador que no mostraba ninguna de las características del muchacho bastante ruidoso que yo había conocido antes. Me pareció que se asemejaba más que nunca a un vikingo, curtido por la vida en el mar y atlético". Chips Channon, entre otros, estaba convencido de que se preparaba a Felipe como el futuro marido de la princesa Isabel: "Será nuestro Príncipe Consorte, y por eso revista en nuestra Marina".

¿Su nombre? Bien, oficialmente era sólo "Felipe de Grecia". Si incluso de las figuras reales menores puede afirmarse que tienen apellido, él era Felipe Schleswig-Holstein-Sondenburg-Glücksburg, que era el linaje de la familia germanodanesa. Más tarde, por insistencia del tío Louis, adoptó el nombre modificado y anglificado de los Battenberg, y, cuando adoptó la ciudadanía británica en 1947, lo hizo con el nombre de teniente-comandante Felipe Mountbatten, de la Marina Real. "Sospecho —dijo Felipe unos años después— que Louis [Mountbatten] exageró en sus intentos de convertirme en su hijo... Yo no estaba realmente entusiasmado [con el apellido Mountbatten], pero en definitiva me convencieron, y de todos modos no podía encontrar una alternativa razonable." Y podría haber agregado que el tío Louis estaba haciendo los mayores esfuerzos para convertirse en íntimo de sus primos lejanos reales. Al parecer, ni siquiera el linaje de los Windsor satisfacía su ambición, pues Mountbatten afirmaba que su linaje se remontaba directamente hasta Carlomagno. "Siempre lo tomamos con un grano de sal", dijo la reina Isabel varios años más tarde, cuando ella era la Reina Madre.

Lilibet y Margarita estaban de vacaciones en Balmoral cuando se declaró la guerra, el 3 de septiembre de 1939; permanecieron allí con Crawfie hasta la Navidad, en que se unieron a sus padres en Sandringham y después fueron al Royal

Lodge, en Windsor. La llamada falsa guerra, caracterizada por la inactividad, duró hasta la primavera de 1940, cuando Alemania invadió a Noruega, Dinamarca, Bélgica y Francia, antes de comenzar el bombardeo de Londes. A partir de entonces hubo una auténtica amenaza a la seguridad de la Familia Real, sobre cuya existencia recaía la carga de la moral nacional.

Los hijos de los aristócratas ingleses eran despachados a lugares seguros de Canadá o Estados Unidos; los que estaban emparentados con los pocos soberanos europeos todavía existentes también estaban protegidos. Pero, cuando preguntaron a la Reina si sus hijas saldrían de Inglaterra, ella reaccionó sorprendida; su respuesta se convirtió en la expresión más famosa de su vida: "Las niñas no partirán sin mí, yo no partiré sin el Rey, y el Rey jamás partirá'.

Esta declaración de solidaridad con la vida de los ingleses y las inglesas normales —en permanente peligro desde el momento que comenzó el bombardeo cotidiano de Londres, en septiembre de 1940, hasta el fin de la guerra, cinco años después— determinó que el Rey y la Reina conquistasen el afecto, la gratitud y la admiración duraderos de todos los ciudadanos. Si bien Jorge V había adoptado a su pueblo, el pueblo había adoptado a Jorge VI. El y su familia se convirtieron en las figuras reales más amadas de la historia británica, y el vínculo entre la Corona y el pueblo quedó sellado cuando bombardearon el Palacio de Buckingham. "Esta guerra ha unido al Trono y al pueblo más estrechamente que ningún otro acontecimiento —escribió el primer ministro Winston Churchill al Rey el 5 de enero de 1941—; Sus Majestades son amados por todas las clases y todas las condiciones de manera más intensa que a todos los príncipes del pasado." El afecto público no disminuyó a causa de los estados de ánimo y las costumbres más sombríos del Rey, los cuales se manifestaban sólo ante su familia y unos pocos cortesanos.

Los niños permanecieron en el Castillo de Windsor mientras duró la guerra, cambiando las gramáticas alemanas por libros de historia norteamericana mientras todos los días trasladaban a sus padres con el fin de que cumpliesen sus obligaciones en el Palacio de Buckingham y afrontasen la triste tarea de visitar los barrios bombardeados de Londres; sobre todo el East End. El Rey nunca salía sin una pistola en el bolsillo y una escopeta en el coche, y la Reina solicitó y pidió instrucción acerca del modo de disparar un revólver. "No caeré como los otros", dijo, refiriéndose claramente a los refugiados de la realeza europea. "La Reina nunca demostró que estaba preocupada —de acuerdo con la versión de Marion Crawford—. Parecía abandonar sus inquietudes [cuando regresaba al hogar con las hijas] y se convertía simplemente en la mami."

Desde el día que comenzó la guerra, el Rey vistió en público sólo su uniforme de Almirante de la Flota. Aunque su esposa era comandante en jefe de los tres servicios femeninos, se negó a usar el atuendo oficial y se atuvo a sus vestidos de colores apagados. No estaba dispuesta a permitir que la reina María, con sus actitudes correctamente aristocráticas, la remitiese a segundo plano. "Ellos [los ciudadanos comunes y corrientes] vestirían sus mejores ropas si viniesen a verme", era su justificación cuando se presentaba con su vestuario civil, discreto pero elegante.[4]

Su negativa a refugiarse fuera del país; su evidente consideración por los desamparados, los heridos, las familias de los muertos; la fuerza serena que transmitía simplemente por el hecho de acompañar a la gente, todas esas actitudes hicieron que se ganara, lo mismo que la Corona, una oleada de sentimiento patriótico que duró más allá del fin de la guerra. "Me alegro de que nos hayan bombardeado —dijo la Reina después que el Palacio de Buckingham fue alcanzado, en septiembre de 1940—. Gracias a esto siento que puedo mirar de frente al East End." Precisamente esos sentimientos determinaron que ella y su marido acudiesen a todos los centros devastados de Inglaterra: por ejemplo a Coventry, en noviembre de 1940, cuando 449 aviones alemanes infligieron graves daños a la ciudad y dejaron centenares de muertos; y a Bristol, Birmingham, Liverpool y Glasgow, que sufrieron episodios análogos de destrucción.

A causa del horror del bombardeo de Londres, Isabel y Jorge no eran meras abstracciones constitucionales; como escribió Churchill, eran personas reales, más próximas a las masas que los restantes soberanos de la historia. "Si Goering hubiese comprendido la profundidad de los sentimientos provocados en todo el Imperio y en Estados Unidos por el bombardeo del Palacio de Buckingham —escribió Louis Mountbatten al Rey unos días después que las primeras bombas cayeron sobre el palacio—, habría tenido la sensatez de enviar lejos a sus asesinos." En muchas ocasiones, el pueblo nervioso se inspiró en una Reina valerosa. "Cuando el automóvil se detiene —escribió Harold Nicolson, describiendo una visita de Isabel a los soldados en Sheffield,

> la Reina desciende a la nieve y se dirige directamente al centro de la multitud y comienza a hablarle. Durante un minuto o dos sólo la miran y observan asombrados. Pero después todos empiezan a hablar como si fueran una sola persona: '¡Hola! ¡Su Majestad! ¡Mire aquí!' Posee la virtud de conseguir que todos sientan que ellos y sólo ellos son los interlocutores".

La preocupación real no se limitaba a las apariciones en público. Por insistencia del Rey, en el Palacio de Buckingham se distribuían rigurosas raciones de tiempo de guerra. Había fijado por todas partes anuncios que reclamaban diferentes formas de abstención. La profundidad del agua caliente en la bañera estaba limitada a doce centímetros y medio, los fuegos de leña reemplazaron a la calefacción central y se permitía únicamente una bombilla eléctrica en cada dormitorio (lo cual no era un sacrificio pequeño en vista de la magnitud de las habitaciones, como observó un cronista).

En cierto sentido, la tarea del monarca era más fácil que la que su padre había afrontado durante la Primera Guerra Mundial, pues Churchill era un líder mucho más poderoso y eficaz que Lloyd George. Aunque era Jefe de Estado y Comandante en Jefe de las Fuerzas Armadas, por supuesto el rey Jorge no ejercía más influencia sobre el curso de la guerra que la que había tenido cuando era joven, durante la Primera Guerra Mundial. Pero su relación con el primer ministro Winston Churchill, que era de profundo respeto mutuo y finalmente de estrecha amistad, determinó que el Rey fuese cualquier cosa menos un figurón. Se le informaba de todos los detalles de la evolución de la guerra, y tenía acceso a información conocida por muy pocas personas. "Me aseguraba de que se lo mantuviese informado de todas las cuestiones secretas —dijo Churchill—, y el cuidado y la minuciosidad con los cuales manejaba el inmenso flujo diario de documentos oficiales impresionó profundamente mi espíritu."

"Churchill era un monárquico absoluto, y por consiguiente tomó muy en serio su obligación frente al Rey —recordaba el teniente general sir Ian Jacob, ayudante militar del Gabinete de Guerra—. Por supuesto, no cedía en lo que juzgaba importante, si discrepaban, pero ciertamente prestaba plena atención a todo lo que el Rey decía." A lo largo de la guerra, Jorge ejerció su derecho constitucional de aconsejar, asesorar y advertir.

Tuvo un carácter un tanto irónico que se le ofreciese la oportunidad de hacer todo esto a los pocos días de la declaración de la guerra. La tarde del 14 de septiembre de 1939, el Duque de Windsor se reunió a solas con el Rey en el Palacio de Buckingham durante una hora, antes de que la reina Isabel y los Gloucester se reuniesen con ellos para tomar el té. Era la primera vez que Eduardo veía a su familia después de su partida de Inglaterra, el 11 de diciembre de 1936. La reina María no asistió, quizá porque no sabía que Wallis no estaría allí; la Duquesa había permanecido con sus invitados en Sussex.

El propósito del encuentro fue responder al deseo de Eduardo de que se le asignase una función; algo que fuese útil a la nación, según él mismo insistió, un puesto en el exterior. Era un asunto muy delicado, pues los informes de inteligencia indicaban (con qué grado de verdad no se sabría hasta después de la guerra) que el Tercer Reich había planeado, para después de la invasión de Inglaterra, reinstalar al Duque y la Duquesa en el trono. Después de la breve visita de los Windsor a Hitler, Goebbels y compañía en Alemania, en el otoño de 1937, los nazis estaban convencidos de que Eduardo y Wallis serían los Quisling consumados, los representantes ideales de un reinado títere fascista. En este cálculo estaban profundamente equivocados, pues, aunque el Duque deWindsor padecía cierta ingenuidad política, era también completamente inglés y nunca ofreció algún indicio de que estaba dispuesto a traicionar. Es posible que él y su esposa se viesen obligados a llevar una vida cada vez más errabunda y superficial, pero de ningún modo eran los nazis fervorosos que sus detractores señalaban. A decir verdad, Eduardo formuló algunos comentarios antisemitas asombrosamente estúpidos y, hasta que se declaró la guerra, mencionó constantemente el apaciguamiento. Pero es importante recordar que en este sentido por cierto no fue el único de sus compatriotas que adoptó esa posición; por lo que se refiere al apaciguamiento, el propio primer ministro Neville Chamberlain orquestó el desastroso Pacto de Munich de 1938.[5] En este sentido, el rey Jorge VI cometió quizás el error constitucional más desconcertante al aparecer en el balcón del Palacio de Buckingham al lado de Chamberlain, después que el Primer Ministro regresó de su desastroso encuentro con Hitler. En una de las cuestiones más polémicas del momento, el monarca hizo lo que ningún soberano deber hacer: identificarse con una posición partidaria.

Pero el ex Rey y su esposa eran consideradas figuras sumamente embarazosas para el Soberano que estaba en funciones, que no estaba seguro de que el Duque y la Duquesa no serían manipulados por los nazis. Por consiguiente, el Rey decidió enviar a su hermano de regreso a Francia como observador. Allí el Duque y la Duquesa permanecieron hasta 1940, año en que viajaron a las Bahamas, donde él aceptó el cargo de Gobernador General. Como se ve, el Rey y su gobierno estaban dispuestos a llegar hasta allí en su intento de trasladar algunas funciones a la pareja errabunda, a la cual el Rey, la Reina y la Corte veían sin razón como una amenaza.

En la medida en que podían hacerlo, Jorge e Isabel intentaron dar algunas indicaciones acerca de la continuación de la vida normal en tiempo de guerra. El 13 de noviembre de 1939 fueron al cine para ver la película británica de propaganda *The Lion Has Wings*; en efecto, los cines estaban cerrados por completo y carecían de ventanas, de modo que se exhibía en el oscurecimiento. Se agregó apresuradamente al programa un dibujo animado, cuando se informó a la administración que al Rey le agradaba el Ratón Mickey (al contrario de lo que había sucedido con su padre). Dos semanas más tarde el Rey y la Reina, los Kent y los Gloucester asistieron a una revista musical en el West End. La pareja real pasó inadvertida, hasta que, en el momento en que empezaron a apagarse las luces de la sala, un oficial que estaba en la audiencia los vio entrar en un palco, se puso de pie y saludó, desencadenando fuertes aplausos y vivas.

Como su padre antes que él, Jorge VI fue llamado a elevar la moral nacional durante un conflicto internacional. Pero ahora no había entusiastas gritos de confianza en una pronta victoria, ni afirmaciones chauvinistas en el sentido de que Inglaterra debía vencer fácilmente. En cambio, se trataba de una lucha cotidiana por la supervivencia. La Primera Guerra Mundial había sido un episodio en el reinado de Jorge V, y su legado y su memoria no estaban unidas a la victoria aliada en la guerra. Pero, en el caso de Jorge VI, la Segunda Guerra Mundial probó su fibra, despertó sus mejores cualidades como jefe digno y símbolo nacional. La guerra definió su persona y su memoria —y las de la Reina— como entidades inextricablemente vinculadas con la imagen del coraje y sacrificio que demostraron cotidianamente a su pueblo.

Entretanto las princesas estudiaban en el Castillo de Windsor. La noche de la primera incursión aérea sobre Londres, las niñas tardaron media hora para responder a las sirenas que les ordenaban acudir a los refugios seguros. Cuando por fin se ocultaron, Lilibet y Margarita explicaron que Clara Knight había insistido en vestirlas de manera pulcra y exacta, como si estuvieran encaminándose a un compromiso oficial; todo lo cual provocó la irritada ansiedad del mayordomo de la Casa, que temió por la vida de las niñas y por su propia reputación.

En realidad, las vestidoras y las gobernantas no estaban acostumbradas a las obligaciones más intrascendentes en tiempo de guerra. Ahora que los oficiales de los Granaderos de la Guardia estaban apostados en el Castillo de Windsor y que el Rey y la Reina se encontraban casi siempre en Londres, se permitió a la princesa Isabel representar el papel de anfitriona. Gracias a la reina María, Isabel tenía modales exquisitos y sabía cuáles eran las preguntas que debía formular a los hombres. Seria y considerada, la imagen que proyectaba era muy distinta de la de su hermana: "Lilibet se desarrolló rápidamente —recordaba Marion Crawford,

> y esos... meses en Windsor ayudaron mucho. Por primera vez estaba sola, lejos de sus padres. En diferentes comidas y cuando ofrecíamos fiestas, ella era la encargada de hacer los honores, representar el papel de anfitriona y atender la distribución de los invitados. Había sido una niña bastante tímida pero se convirtió entonces en una jovencita encantadora, capaz de afrontar cualquier situación sin demostrar torpeza".

En 1942, cuando cumplió dieciséis años, el padre la designó coronela honoraria de los Granaderos de la Guardia, y ella caminó delante de los soldados y recibió su saludo en las revistas realizadas en el castillo. La designación tenía un origen divertido, pues cada vez que se veía obligada a acompañar al Rey y la Reina en esas inspecciones, entre 1939 y 1942, adquirió la costumbre de preguntar a su padre: "Papá, ¿tendré que hacer esto cuando te mueras?" Lo cual en definitiva exasperó de tal modo al rey Jorge que, con el fin de encomendarle una tarea en que no se viese obligada a esperar el momento de comenzar a actuar, la convirtió en un miembro de la Guardia.

Esta era una mera formalidad ceremonial comparada con el trabajo más esforzado que se exigía a su atención, durante los períodos breves pero intensos en que su padre la instruía en los problemas del Estado y ella recibía las lecciones cotidianas de sir Henry Marten acerca del papel del monarca. La fotógrafa Lisa Sheridan vio al Rey y la Princesa durante una sesión vespertina de trabajo. "Observé", recordaba más tarde,

> que él llamaba la atención de la Princesa sobre un documento y le explicaba con mucha seriedad ciertas cuestiones. Entretanto, la Reina y la princesa Margarita estaban sentadas en silencio, con sus libros y sus tejidos... Hay un nexo especial de comprensión [entre Jorge y Lilibet], y el Rey trata de explicarle personalmente todo lo que puede".

El Rey insistía en que su hija nunca llegase al grado de impreparación que él había sufrido. De hecho, a veces la Princesa se mostraba excesivamente concienzuda. Al revistar una fila de candidatos a oficial, recorrió la línea, solemne y alerta, hasta que se detuvo frente a un nervioso cadete. Señalando una hebilla de bronce, dijo: "No está muy bien lustrada". El comandante se ruborizó y pidió el nombre y el número del desdichado cadete.

Desde los tiempos de Wellington jamás un invitado había reprendido en público a un hombre. Sin embargo, la princesa Isabel era meticulosa hasta la obsesión, como en la niñez, cuando alineaba perfectamente sus zapatos todas las noches para calzarlos la mañana siguiente. Varias horas después de su aparición, ese mismo día, los dormitorios se alzaban en una rebelión casi franca. "No nos importa quién venga en el futuro —dijo un vocero del ofendido pelotón—. ¡Pero *no* queremos a la princesa Isabel!"

El Rey también concedió el pedido de su hija, que deseaba unirse al Servicio Territorial Auxiliar; en esta función, ella se puso un uniforme de mecánico y aprendió el mantenimiento del motor de un automóvil. "Era una persona muy joven —dijo Marion Crawford refiriéndose a la Segunda Subalterna Isabel Windsor, Número 230873— y tenía que saludar a sus superiores lo mismo que todos los demás." Hacia 1943, cuando el Rey fue a visitar las tropas en Malta y Africa del Norte, la princesa Isabel se desempeñaba como Consejera de Estado y aparecía en público representando organizaciones caritativas e incluso reuniéndose con los dignatarios visitantes; por supuesto, no en cumplimiento de obligaciones oficiales, sino sólo para reforzar su postura naturalmente formal pero elegante en compañía de otras personas importantes.

En cambio, Margarita se mostraba más distendida e informal en todo y en el seno de la familia aportaba la diversión —entonando canciones acompañándose al piano y organizando juegos después de la cena—, mientras Lilibet se apresuraba a asumir sucesivas obligaciones: "¿No es una lástima que debamos viajar con la realeza?", preguntó directamente. La Princesa más joven se transformó en algo parecido a una coqueta. "Comenzó a exhibir una auténtica personalidad rodeada de elementos masculinos." Margarita informó cierta vez que uno de los lacayos del castillo era "terriblemente apuesto"; en beneficio de otro, la Princesa se pintó de rojo los labios y se maquilló la cara. Tampoco había perdido su travieso sentido del humor. "Querida lady Godiva —escribió cuando Marion Crawford le pidió que practicase la redacción de cartas contestando a una invitación imaginaria:

> Estoy realmente emocionada con la invitación a su baile, que supongo será muy divertido. Haré todo lo posible para ir con un amigo... ¿le parece bien que sea lord Tulipán?
>
> Suya afectuosamente, Diafenia".

Rodeada de las cortesías formales y las lisonjas de la vida de la Corte, la adolescente princesa Isabel no desconocía los peligros originados en ese privilegio. Cierta vez, un grupo de jóvenes guías visitó el palacio, y elogió el pañuelo azul que Isabel se había puesto; ella apartó a una de las jóvenes y le preguntó con ansiedad: "¿Realmente le agrada?" La muchacha se mostró desconcertada y replicó que por supuesto le agradaba. ¿Por qué la Princesa insistía en preguntar? "Porque en el palacio, no importa lo que haga o lo que use, no importa cómo esté vestida, todos me elogian siempre. No tengo modo de saber si realmente tengo buen gusto."

Su debut oficial por la radio fue el 13 de octubre de 1940, cuando habló en la "Hora Infantil" de la BBC con voz aguda pero tranquila. Dirigiéndose a los niños que estaban siendo evacuados, leyó un discurso preparado por un ministro, manifestando su simpatía a los que se veían separados de sus padres y sus hogares.

"Mi hermana Margarita Rosa y yo sabemos por experiencia lo que significa estar alejadas de las personas a quienes más amamos —dijo con cierta exageración artificial—. Enviamos un mensaje de sincera simpatía..." Incluso el secretario privado ayudante del primer ministro Chamberlain, que era John Colville (hijo de una dama de compañía de la reina María y más tarde secretario privado del rey Jorge VI y la princesa Isabel), se sintió "incómodo por el sentimiento empalagoso que se la había obligado a expresar; pero la voz era impresionante, y si la monarquía sobrevive, la reina Isabel II será una Reina capaz de alcanzar mucho éxito en sus transmisiones radiales".

Pero a juicio de los visitantes habituales era evidente que, a pesar de la actitud disciplinada de la princesa Isabel frente a la vida, en cierto modo era una muchacha con propensión a los cambios de humor: brillante y divertida en un momento y hosca y deprimida al siguiente; incluso en medio de una ocasión social brillante. Por ejemplo, sus padres estaban alarmados porque durante las modestas fiestas de tiempo de guerra en el palacio ella "permanecía sentada y sola a un lado de la pista y se negaba a alternar con la gente o a conversar". Tal vez su padre advertía que esa alteración de las actitudes sobrevenía cuando Isabel llegaba a comprender la enormidad de las tareas que la esperaban. Déjenla estar ahora, decía Jorge en tales momentos. "Pobrecita, vean lo que le espera."

De su padre, la mayor de las Princesas heredó la atención al detalle, un profundo sentimiento del deber, un definido hastío frente a las personas charlatanas y la afición al aire libre. Pero carecía de los modales equilibrados y elegantes de su madre, y el temperamento Sajonia-Coburgo-Windsor siempre estaba bajo la superficie en la princesa Isabel. A los dieciséis años se había desarrollado por completo y tenía toda su estatura de persona adulta; poco menos de un metro sesenta. Tenía abundantes cabellos castaños, ojos opalescentes de un verde azulado brillante, dientes perfectos y un cutis terso. Que tendiera a manifestar una figura con cierto grosor escocés no se vio favorecido por la tutela de la reina María y la de una vestidora poco imaginativa. Una conocida declaró: "¿Quién puede parecer elegante cuando la viste una escocesa de mentalidad provinciana [Margaret MacDonald] cuya idea de la última moda es lo que vestían en Aberdeen durante la guerra?".

Aunque a menudo visitaba a sus nietas y las supervisaba cuando Jorge e Isabel se ausentaban más de un día, la propia reina María había sido evacuada a un lugar seguro. Como se entendía que su residencia londinense en Marlborough House era excesivamente peligrosa, el Rey y sus ministros la enviaron a una casa de campo en Gloucestershire, durante los seis años que duró la guerra. La anciana Reina miraba con malos ojos esta ausencia de Londres, pues consideraba que "no es propio" esa actitud en la cual parecía descuidar su deber, sobre todo en vista de la constante presencia de su nuera en Londres. "De modo que *así* es el heno", dijo

María a su anfitriona (su sobrina, la duquesa de Beaufort) cuando la llevaron a visitar los jardines y los campos de Badminton House (más tarde, cuando se rectificaron los límites de la zona, la residencia estaba en Avon).

A los setenta y dos años, la Reina Madre no estaba dispuesta a someterse a un retiro ocioso. Con un entusiasmo que avergonzaba a muchos de sus criados, se dedicó a la tarea de limpiar grandes paños de hiedra que cubrían las paredes y los árboles, una labor en la cual se unía a los peones y que sin duda era su primera experiencia de actividad manual, y sobre todo de tarea rural. Su hostilidad frente a esta dinámica trepadora fue una preocupación permanente, cuyo origen es difícil determinar; aprovechaba todas las oportunidades para limpiar los jardines, los senderos y los campos, atacando cualquier signo de hiedra. "En esencia, ella era muy, pero muy alemana —dijo años después la duquesa de Beaufort—, pues las dos cosas que le agradan más son la *destrucción* y el *orden.*" Durante las largas y oscuras estaciones del tiempo de guerra, la reina María incorporó a todos los miembros de su servicio personal —damas de compañía, secretarios, guardias y chóferes (sin hablar de los visitantes)— en lo que llegó a ser conocido como su Brigada de la Hiedra. La visión más común en Badminton House de 1939 a 1945 era la reina María, vestida de la cabeza a los pies con una toca, guantes y perlas, cortando con una sierra o una hoz, exhortando a su pequeño equipo, deteniéndose a fumar un cigarrillo con ellos y después anunciando alegremente el final de la pausa y el regreso a la tarea. A juzgar por todas las versiones conocidas, el trabajo esforzado de María y su buen humor evocaban la más cálida admiración.

En otras palabras, la reina María estaba recorriendo su propio camino de acercamiento al pueblo en su pequeño círculo, del mismo modo que el Rey y la Reina lo estaban haciendo en uno más amplio. La excentricidad de María conquistó el afecto de todos. Y ellos sabían que la Reina Madre tenía en su mente algo más que eliminar la hiedra. Visitaba las áreas bombardeadas y los hospitales, ayudaba a organizar puestos de primeros auxilios y a menudo ordenaba a su chófer que se detuviese en un camino rural a levantar a un soldado que caminaba por la ruta. "Algunos soldados y aviadores australianos estaban allí [en Bath] —escribió cierta vez— y me pidieron que posara con ellos para una fotografía. Consentí, y se reunieron alredor de mí; de pronto sentí un brazo que enlazaba el mío y otro que me rodeaba la cintura; imagino que para aprovechar el espacio. Realmente me pareció muy cómico, ¡e *inesperado* a mi edad!"

Muy pronto hubo un episodio muy doloroso en la vida de la reina María. El 25 de agosto de 1942 el menor de los hijos que aún vivían, es decir Jorge, Duque de Kent —entonces tenía treinta y nueve años y apenas unas semanas antes le había nacido un tercer hijo—, viajaba en avión a Islandia, para visitar allí las instalaciones de la fuerza aérea. El hidroavión, que volaba bajo en medio de la niebla y la bruma muy densas, chocó contra una colina en la campiña escocesa y sólo sobrevivió una sola persona de las quince que viajaban en la máquina. El duque murió instantáneamente.

Así la indomable anciana ahora había perdido a su marido y dos hijos (tres, si uno contaba al ex Rey, lo que ella a veces hacía). La muerte de Jorge, Duque de Kent, fue especialmente dolorosa, pues a menudo visitaba a su madre en Badminton

House, y juntos examinaban las miniaturas de las tiendas de antigüedades más cercanas. Animado, divertido y dotado de inclinaciones artísticas, Jorge aliviaba la carga de la ancianidad de su madre. Si ella sabía acerca de su vida amorosa, siempre peripatética, nunca lo dejó entrever; lo que a ella le importaba era que podía hablar "francamente y con soltura", mientras juzgaba que el Rey y Gloucester eran seres *"boutonnés"*; de labios apretados, como abotonados. Cuando recibió la información, se le endureció el cuerpo, suspiró un momento y después dijo que por supuesto debía acudir de inmediato a confortar a la princesa Marina.

Entretanto la princesa Isabel y el príncipe Felipe de Grecia intercambiaban misivas ocasionales a lo largo de la guerra, y en la Navidad de 1943 Felipe fue invitado a permanecer varios días en el Castillo de Windsor, después del festejo navideño; ese año se representó *Aladin*, e Isabel interpretó el papel principal. Era la mezcla acostumbrada de bromas no muy graciosas, cantos y bailes y un final colorido. En presencia de Felipe, Isabel se animó, cantó y zapateó con sorprendente intensidad, poniéndose a la par del ruidoso humor de Margarita. Para la mayor de las dos hermanas parecía que había una sola persona en el público: el hombre cuyo retrato ahora adornaba su mesita de noche. ("Creo que Isabel se enamoró de Felipe la primera vez que él fue a Windsor", dijo la reina María a su vieja amiga lady Airlie.) "Felipe tiene un adecuado sentido del humor y piensa de un modo apropiado en las cosas", escribió el Rey a su madre acerca de Felipe, agregando inmediatamente que a los diecisiete años Lilibet era demasiado joven para pensar en el matrimonio con un marino que ganaba 11 £ semanales y que era un hombre que se había naturalizado británico para incorporarse a la Marina. Después de todo, como el Rey era el primero en reconocerlo, ella nunca había conocido a otros jóvenes de su propia edad, "de modo que será mejor que Felipe, por el momento, no continúe pensando en el asunto". Había otras objeciones: el hermano de la Reina se oponía con firmeza a Felipe, pues consideraba que no era británico y por lo tanto se trataba de una persona inaceptable, lo mismo que los antiguos favoritos reales, por ejemplo lord Salisbury, lord Eldon y lord Stanley. Felipe no correspondía a la idea que se tenía de un caballero británico. Cuando se le preguntó, años más tarde, si creía que existía algo más que un atisbo de xenofobia en ese momento, Felipe replicó con sequedad: "Era inevitable; *vide* Alberto" —recordando el caso del Consorte de Victoria.

Pero la principal prevención del Rey se relacionaba con la juventud y la inexperiencia de Lilibet. Su experiencia en el Servicio Territorial auxiliar no había ensanchado precisamente su círculo social; la guerra necesariamente había impuesto un aislamiento riguroso a su persona. Tímida ("hasta el nivel de la torpeza", dijo uno de los servidores de su padre), grave, disciplinada, preparada por su padre para asumir los deberes de la monarquía y por lo tanto siempre consciente del destino que la esperaba, Isabel estaba convirtiéndose en una joven un tanto almidonada y convencional. Capaz de gozar de una broma, un juego o una danza, con la misma rapidez mostraba una expresión seria a quienes la rodeaban y se apresuraba a reprender a cualquiera —desde su hermana hasta un extraño en un baile de la corte— si observaba una forma de conducta o de lenguaje que le parecía incorrecta. "¿Dónde has aprendido ese *slang*?", preguntó cierta vez Isabel a su hermana. "Oh —replicó Margarita—, en las rodillas de mi madre, o en otra zona por ahí abajo." La adolescente Isabel censuraba sumariamente a un extraño que había preguntado: "¿Qué piensa de eso su padre?". La respuesta pronta y frígida era: "¿Se refiere al Rey?". Pero Margarita sabía tomar amable venganza del formalismo de su hermana. "¡Lilibet! —exclamó en voz alta una tarde en que su hermana se sirvió un segundo bizcocho—, ¡es el *décimocuarto* bizcocho de chocolate que comes! Eres tan mala como mamá: ¡no sabes cuándo detenerte!"

Después de la fiesta de Navidad de 1943, Isabel comenzó a tejer medias de lana para Felipe. Cuando el rumor acerca de un romance de Felipe con una admirada y atractiva joven canadiense, en 1944, quedó en la nada, los cortesanos —que por su interés en esa relación cada vez más estrecha con Isabel habían apostado espías oficiosos aquí y allá— se convencieron de que ese hecho significaba que tenía intenciones serias con respecto a la Princesa.

Entretanto Margarita, una jovencita de catorce años, extravertida (*espiègle*, como le decía la reina María, es decir "diablillo"), estaba demostrando un interés romántico apenas disimulado por el capitán Peter Townsend, un hombre casado de treinta años, oficial de la RAF y héroe de la Batalla de Gran Bretaña, asignado como ayudante al Rey. La Familia Real simpatizaba mucho con Townsend y su esposa Rosemarie, y cuando ella tuvo un segundo hijo, en 1945, el Rey aceptó el papel de padrino. Simpatizaba con su ayudante (ambos sufrían de ansiedad nerviosa y de un tartamudeo recurrente, aunque por lo general lo controlaban); al mismo tiempo nadie tomó muy en serio el enamoramiento adolescente de Margarita. Más aún, pocos llegaron a apreciar la perseverancia de la jovencita. "Cuando él apareció por primera vez —dijo Margarita—, sentí una terrible atracción hacia él, pero hasta mucho después la idea misma del romance fue algo inconcebible."

La perseverancia era una virtud, aunque no tuviese nada que ver con el romance, que Margarita había heredado de su abuela, la reina María, que con gran sorpresa de todos llegó a amar la vida rural en Gloucestershire durante la guerra. Desde su juventud nunca había gozado de tanta libertad para determinar su propio programa de actividades, alternar con los habitantes locales, llevar con su coche a los soldados que se desplazaban por los caminos, aserrar madera y arrancar hiedra e incluso plantar retoños y semilleros en los terrenos de Badminton House. En las pequeñas fiestas hogareñas bailaba hasta altas horas de la madrugada, como si quisiera recuperar todo el entretenimiento que había perdido al someterse a la voluntad de su finado esposo.

Poco antes de regresar a la vida londinense, al final de la guerra, en mayo de 1945, convocó a todo el personal de la propiedad de Beaufort. Con las lágrimas surcándole las mejillas —una actitud que no era típica en ella—, ofreció a cada uno un valioso regalo que ella misma había preparado. "¡Oh, aquí he sido muy feliz! —dijo—. Aquí he estado al servicio de todos... y de regreso en Londres tendré que comenzar a sentirme de nuevo la reina María."

Y eso fue lo que sucedió cuando celebró su primera reunión con Eduardo desde el momento en que este abdicó. La madre y el hijo se encontraron en Marlborough House en octubre y aceptaron posar para los fotógrafos; él rígido en su incomodidad, ella erguida como un poste, pero con una sonrisa visible. La escena no era una suerte de triunfal victoria moral para ella, dijo un amigo; era la manifestación de un sencillo sentimiento de orgullo maternal, reprimido durante mucho tiempo. Durante un momento no importó que él hubiese sido por poco tiempo el rey Eduardo VIII. Era David, el primogénito de una anciana viuda.

Hacia 1946, el Rey y la Reina y sus hijas eran, en un sentido totalmente inglés, la monarquía que nunca había sido. A pesar de todas las protestas de Jorge V y los gestos simbólicos relacionados con el abandono de la herencia Sajonia-Coburgo-Gotha, su vida doméstica con María y los hijos se parecía mucho más a la de un hogar prusiano de fines del siglo XIX. Pero no es posible exagerar la influencia de lady Isabel Bowes-Lyon sobre su marido, sobre todo en lo que se refiere a la anglificación. La vida de familia no era una experiencia tan tensa, ni mucho menos, como lo había sido bajo Jorge V; las residencias privadas de los Windsor permitían los juegos y las reuniones vespertinas espontáneas. Por cierto, la atmósfera era formal —la Reina se ocupaba de que así fuera— pero se parecía más a un cómodo hogar aristocrático que a la casa de un Rey. La familia pescaba salmones y cazaba venados en Balmoral y bailaba y cantaba en Sandringham. Gran parte de la vida real era lo que parecía: la existencia cómoda de una familia burguesa, un poco aburrida, carente de imaginación. Nadie que comprendiese este carácter podía disminuir su aprecio con respecto a todo lo que el Rey y la Reina habían hecho por la moral nacional durante la guerra.

Sin que lo supieran la prensa y el público, Felipe pasó tres semanas como invitado del Palacio de Buckingham en 1946. El objetivo era sencillo: se ofrecía una oportunidad a la princesa Isabel de que comprobase hasta qué punto le agradaba estar constantemente con él, sin el resplandor de la publicidad. Margaret MacDonald y Marion Crawford, que veían a la Princesa en su actitud más natural y distendida, estaban convencidas de que se sentía completamente deslumbrada por él. Felipe sabía con exactitud cómo cortejarla, incluso aunque era evidente que padecía graves vacilaciones acerca de la posibilidad de heredar en el futuro el manto albertino de Príncipe Consorte. Pero el Rey tenía sólo cincuenta y un años. Sin duda podría imaginarse que Felipe y Lilibet tendrían por lo menos diez o veinte años de vida privada antes de que ella se viese obligada a ocupar el trono.

Por otra parte, una faceta abrumadoramente positiva para Felipe era la estabilidad doméstica que veía en los Windsor, una estabilidad que él nunca había conocido en su vida. Veía los ritos alentadores del palacio, la liturgia invariable de las comidas, los horarios de trabajo, los momentos dedicados a la lectura, a la recreación y la reuniones. Como visitaba con frecuencia a Lilibet, se tomaba libertades aceptables, ponía el disco de *People Will Say We're in Love* (La gente dirá que estamos enamorados) de la comedia musical *Oklahoma!* en el tocadiscos de la

Princesa. Preguntó al Rey si podía cenar solo una o dos veces con la Princesa en un pequeño comedor privado. Se otorgó el permiso.

A pesar de la exhortación al personal del palacio acerca del carácter confidencial de la situación, estando este compuesto por centenares de individuos era inevitable que los rumores comenzaran a circular poco después en Londres, señalando la inminencia de un anuncio acerca del compromiso. Para desalentar las murmuraciones, en septiembre de 1946 se ordenó a la Oficina de Prensa del Palacio que emitiese un desmentido oficial acerca de los posibles planes de una boda inminente. Pero eso determinó que los diarios sintiesen aún más apetito de detalles.

Unas semanas después de la partida de Felipe, la princesa Isabel regresó de una visita oficial a una fábrica y llamó a su gobernanta y acompañante.

—Crawfie —dijo conteniendo las lágrimas—, ha sido horrible. Me gritaron: "¿Dónde está Felipe?".

A partir de ese día, la Princesa, en general serena y confiada en sus incursiones en la sociedad, temió las apariciones públicas; sólo después de ser Reina varios años, a veces se mostró cómoda ante el público y a sus anchas con la prensa.

Pero nada de su incomodidad fue evidente el 1 de febrero de 1947, cuando ella y Margarita, con sus padres y un personal encabezado por el ayudante Peter Townsend, fueron a pasar sus vacaciones en Africa del Sur, un viaje que también incluía la intención de contrarrestar las tendencias republicanas cada vez más acentuadas de dicho dominio. La princesa Isabel, sonriente y segura de sí misma, fue vivada por doquier como una *diplomate manquée* relajada y atractiva, lo cual era en mayor medida todavía el triunfo de una ilusión, en vista de su renuncia a abandonar a Felipe por tres meses. Una agradable distracción estuvo determinada por las atenciones que Townsend dispensó a la propia Isabel y a Margarita; por ejemplo, él conseguía que les presentaran los mejores caballos para practicar equitación y las acompañaba en las frescas mañanas. Tanto la responsabilidad como el romance parecen haber afectado a Isabel de un modo convencional, pues reveló a Townsend que no podía dormir mucho. Margarita se limitaba a mirarlo en actitud de adoración.

Al mismo tiempo, Margarita comenzó a observar con hostilidad la adhesión de su hermana a Felipe y el feliz desenlace que sin duda sería la consecuencia del romance, una hostilidad que seguramente se originaba en su sospecha de que su futuro con Peter no estaba garantizado. En Londres, a menudo había acompañado a Lilibet y a Felipe en las salidas de la pareja y con frecuencia había representado el papel de acompañante, cuando la pareja habría preferido un poco de intimidad. Por su parte, Marion Crawford observó que "la presencia constante de la hermana menor, que estaba lejos de tener una actitud comprensiva y a quien agradaba mucho ser ella misma el centro de la atención, no contribuía al romance".

El Rey estaba agotado y deprimido, y no sólo por la tensión de la guerra y sus secuelas económicas en Gran Bretaña. Había dejado un gobierno nuevo, que afrontaba el más alto nivel de desempleo, una peligrosa crisis de combustible en el curso de un invierno duro e inquietantes recortes tanto en el comercio como en la producción de energía. Además, el Imperio mismo iniciaba su etapa definitiva de decadencia. Estaba preparándose la Ley de Independencia de India y más avanzado el año el monarca ya no sería el Emperador de esa nación.

Pero había otras razones más personales que explicaban esta apariencia cada vez más desagradable. James Cameron fue uno de los periodistas destinados a cubrir la gira real; recordaba que el Rey temblaba en cada escala del viaje, no tanto a causa de la ansiedad nerviosa como por los efectos del alcohol. Más de una vez, de acuerdo con la versión de Cameron, los periodistas encontraron al Rey "experimentando con cierta dedicación" con algunas botellas de licor. "No debemos ol-olvidar el propósito de esta gi-gira —decía el Soberano—. El comercio, y todo eso. La cooperación en el Imperio. Por ejemplo, el bra-brandy sudafricano. He estado probándolo. Por supuesto, es mag-magnífico, excepto que no tiene muy buen sabor. Pero está este licor llamado V-Van der Humm. Tal vez un poco dulce. Pero, si uno mezcla la mitad de brandy con la mitad de Van der Humm... ¡por favor, pruébenlo!" Cameron recordaba que la Reina había conseguido, con su fuerza de voluntad, que el esposo afrontase la tortura del viaje.

Una vida entera bebiendo desmesuradamente ahora comenzó a afectar la circulación del rey Jorge, y en este viaje el monarca padeció varios calambres graves en las piernas, los primeros signos de la arterioesclerosis que lo debilitaba y que determinó que cada compromiso oficial fuese una prueba. Más tarde, el Rey también comenzó a sufrir los primeros síntomas de la enfermedad pulmonar obstructiva crónica, consecuencia de medio siglo fumando en exceso. Perdió diecisiete kilos en el viaje. Tenía sólo cincuenta y un años y casi parecía tener setenta.

Sería la última vez que los miembros de la familia real viajasen juntos. Ya se hablaba del posible ascenso de la princesa Isabel, un hecho reconocido oblicuamente por su acto público de autoconsagración al Commonwealth, el 21 de abril, cuando ella cumplió veintiún años. Sentada frente a un micrófono en un jardín africano, la joven dijo con voz alta y fina:

> Hay un lema abrazado por muchos de mis antepasados, un lema noble: "Yo sirvo". Estas palabras fueron una inspiración para muchos herederos anteriores al trono, cuando afirmaban su consagración caballeresca al alcanzar la edad adulta. No puedo hacer lo mismo que ellos... pero puedo protagonizar un acto solemne de consagración en momentos en que el Imperio entero escucha. Me agradaría protagonizar ahora esa consagración. Es muy sencilla: Declaro ante ustedes que mi vida entera, sea prolongada o breve, estará consagrada al servicio de la comunidad y al servicio de nuestra gran familia imperial, a la cual todos pertenecemos. Pero no tendré la fuerza necesaria para ejecutar esta decisión a menos que ustedes me acompañen, como ahora los invito que hagan. Sé que el apoyo que puedan prestarme todos no reconocerá desmayos. Dios me ayu-

de a cumplir mis votos. Y Dios bendiga a todos los que están dispuestos a participar de esta empresa.

Había otro voto que Isabel deseaba formular y que podía presentar sólo mientras sostuviese la mano de Felipe frente a un altar. Se habían comprometido en secreto en 1946, cuando el Rey aceptó el matrimonio; el monarca había pedido que esperasen hasta que Lilibet cumpliese los veintiún años y hubiera realizado la ulterior gira sudafricana. Ahora, en julio de 1947, el palacio realizó un anuncio formal referido al inminente matrimonio. Felipe era por fin súbdito británico; había abandonado su título de príncipe griego, y transferido formalmente su fidelidad de la doctrina ortodoxa griega a la Iglesia de Inglaterra (una "conversión" que no implica un salto demasiado audaz, pues ambas tradiciones se remontan a la tradición apostólica). El 11 de noviembre —"de manera que ella fuese superior a Felipe", como él mismo dijo— el Rey concedió la Orden de la Jarretera a la princesa Isabel y luego otorgó la misma orden a Felipe ocho días después, la víspera de la boda en la Abadía de Westminster[6] Al mismo tiempo, Felipe fue nombrado Alteza Real y Barón de Greenwich, Conde de Merioneth y Duque de Edimburgo; este último sería el título utilizado normalmente. Con o sin los títulos de nobleza, Felipe no había tenido un centavo desde que nació; sólo tenía 6 £ en su cuenta bancaria cuando se declaró a la princesa Isabel y tuvo que pedir a su madre que quitara algunos diamantes de una tiara para confeccionar un anillo destinado a su prometida.

La Gran Bretaña de la posguerra, un país privado de casi todo, no estaba mucho mejor, pero la boda representó un toque de luz y de color. Era el primer matrimonio de un heredero inmediato del trono en ochenta y cuatro años, desde el día en que el Príncipe de Gales, hijo mayor de Victoria, desposó a la princesa Alejandra, en 1863. De acuerdo con el deseo expreso de la novia, se preservó la forma más antigua del voto conyugal, y la Princesa prometió "obedecer" y "servir" a su marido; decisión que provocó cierta agitación, no por obra de algún ilustrado argumento feminista, sino a causa de la precedencia real de Isabel sobre el esposo y, según se suponía, su eventual soberanía sobre él. Pero esa actitud concordaba con la creencia de la Princesa de que un esposo debe ser el jefe de la familia, convicción que mantuvo la Reina durante los muchos años de su matrimonio.

Como cualquier padre afectuoso, el Rey se sentía orgulloso ante la nueva vida de su hija, pero también sólo a causa de la separación. Después de la boda, ella recibió una carta manuscrita del monarca:

Me sentí tan orgulloso de ti y emocionado al tenerte cerca de mi persona en tu largo recorrido en la Abadía de Westminster, pero cuando entregué tu mano al Arzobispo sentí que había perdido algo muy precioso. Te mostraste tan tranquila y compuesta durante el servicio y dijiste tus palabras con tanta convicción que comprendí que todo resultaría bien.

Me alegro tanto de que hayas escrito y dicho a mami que crees que la prolongada guerra librada antes de tu compromiso y el largo período antes de la boda fueron benéficos. Temía un poco que hubieras creído que yo había demostrado tener un corazón duro en este asunto. Como sabías, deseaba de modo muy vivo que vinieses a Africa. Nuestra familia, los cuatro, la "Familia Real", debía permanecer unida, ¡por supuesto con algunas incorporaciones en momentos apropiados! Te vi crecer todos estos años, con verdadero orgullo, bajo la hábil dirección de mami, que como sabes es a mis ojos la persona más maravillosa del mundo, y puedo, como bien lo sé, contar siempre contigo, y ahora con Felipe, que nos ayudará en nuestro trabajo. El hecho de que nos abandones ha dejado un gran vacío en nuestras vidas, pero ciertamente debes recordar que tu antiguo hogar es siempre tuyo y volverás a él tanto y tan a menudo como sea posible. Percibo que estás sublimemente feliz con Felipe, lo cual está bien, pero que no nos olvides es el deseo de

tu siempre amante y devoto papá.

CAPÍTULO ONCE

A *la vista de todo el pueblo*
1948 a 1955

Quiero de él que sea un hombre entre los hombres.
PRÍNCIPE FELIPE, refiriéndose a la educación de su hijo el príncipe Carlos

"Felipe me dijo —afirmó Michael Parker, su secretario privado—, que su tarea, la primera, la segunda y hasta la última, era evitar que ella jamás se sintiese abandonada".

El padre de Felipe había fallecido en 1944, y su madre hacía sobre todo una vida religiosa contemplativa; él finalmente tenía un hogar, esposa y familia, una patria, un pasaporte y su primera sensación de estabilidad y seguridad. Después de una breve estancia en un ala del Palacio de Buckingham, el 4 de julio de 1949 (Día de la Independencia de Estados Unidos, como observó Felipe con sagacidad), los recién casados pasaron a Clarence House, utilizado por los parientes del Rey durante más de un siglo. Muy cerca del palacio y dominando el Mall, había sufrido importantes daños durante la guerra y necesitaba vastas y costosas obras de renovación, gran parte de ellas supervisadas por el propio Felipe.

Hasta su ascenso al trono real en 1952, la vida de Isabel y Felipe —los Edimburgo, como se los conocía en la Corte y los círculos aristocráticos— combinaba las tareas de Felipe en el Almirantazgo y los deberes reales de Isabel. Pero el matrimonio no suavizó mucho al estrepitoso marino. Así como sus antecedentes y su crianza habían convertido a Isabel en una figura regia adecuada y contenida, la educación de Felipe le había conferido una personalidad independiente y expresiva y una tendencia al desorden. Ella era "a veces una joven de temperamento vivo e inclinada a cierto exceso de espíritu crítico", como había dicho Marion Crawford, pero esas tendencias pronto se suavizaron gracias a la influencia de Felipe. El había vivido toda su vida haciendo su voluntad y en el futuro continuaría ateniéndose a esa tesitura, con una notable ecuanimidad y confianza en sí mismo.

En realidad, él continuó participando en aventuras con sus colegas de la Marina, con quienes permanecía reunido hasta altas horas de la noche, deteniéndose a beber un jarro de cerveza o un cognac doble. Entraba bruscamente con su bicicleta por los portones del Palacio de Buckingham y se alejaba riendo. Conservaba la travesura del marino ingenioso y era capaz de oponer a la anécdota traviesa de un compañero otra de su propia cosecha; cuando relataba algo así en un grupo, su esposa simplemente lo ignoraba, del mismo modo en que la reina María había ignorado parecidas anécdotas contadas por el rey Jorge V. Más de una vez, el Príncipe y Parker regresaban tan tarde, después de una noche de juerga con los muchachos, que la entrada privada estaba cerrada con llave y ellos se veían forzados a saltar la pared y entrar por una ventana. "Lo tienen bien merecido", decía la princesa Isabel cuando le informaban, la mañana siguiente.

Pero ella también podía bajar la guardia un poco. En respuesta a una invitación del embajador norteamericano Lewis W. Douglas, los Edimburgo se disfrazaron de mucama y mayordomo y asistieron a un baile de disfraces en la embajada.

Sucedió que la verdadera sorpresa esa noche fue la princesa Margarita. Ahora más confiada y consciente de la atracción que ejercía (medía poco más de un metro cincuenta de estatura, una cintura de cincuenta y cinco centímetros, chispeantes ojos azules y un cutis maravilloso), llegó con un decoroso atuendo de madame Butterfly y después se quitó el kimono largo hasta los tobillos para convertirse en mademoiselle Fifi, la bella de los bulevares. Después de un diligente ensayo con el activísimo cómico Danny Kaye (que era buen amigo de Margarita y amante ocasional de la Duquesa viuda de Kent), Margarita y siete amigos protagonizaron un furioso cancán, con su acompañamiento de bragas de encaje, medias negras y tirantes, con un final que incluía una exhibición de nalgas. Trescientos huéspedes expresaron a gritos su aprobación y reclamaron bis; al día siguiente el titular del *Daily Express* anunciaba: LA PRINCESA MARGARITA BAILA CANCAN.

Margarita hizo más. Se pintaba las uñas con un rosado chocante o un rojo intenso y usaba un lápiz de labios que hacía juego (Isabel sólo usaba un levísimo toque de lápiz de labios). Margarita reaccionó ante la irritación demostrada por la reina María frente a las fotografías en las cuales aparecía su nieta fumando en público; en efecto, usaba boquillas cada vez más largas y lucía una mayor abundancia de joyas. La fotografiaron mientras bebía y bailaba con un séquito de amigos y trepadores sociales pertenecientes a los clubes nocturnos londinenses elegantes y no tanto. Cuando su madre preguntó si no podía considerarse que Margarita estaba bebiendo un poco demasiado, la Princesa replicó que después de todo su padre ingería por lo menos cuatro whiskies con agua antes de la cena y varios cognacs después de ella. Por lo menos. Después del teatro o el ballet, Margarita se trasladaba con varios amigos a The Society o al restaurante The Bagatelle, y un

rato después al Club Los Cuatrocientos, para bailar hasta las cuatro de la madrugada. A menudo no regresaba a su pequeño dormitorio, con sala de estar y cuarto de
baño en el Palacio de Buckingham, hasta las primeras luces del alba.[1]

Finalmente, durante unas vacaciones en Italia, se tomaron fotos de Margarita en traje de baño tan breve y de color tan claro que el juego de la luz y el agua
de mar sobre la tela hizo que pareciera prácticamente desnuda. En bien de la corrección, el *Daily Express* retocó las fotos, oscureciendo con decoro la prenda.
Pero esto era tan evidente que despertó aún más la suspicacia de los lectores británicos. "Algo muy impropio", murmuró el Rey, aunque nadie supo muy bien si se
refería a su hija o a los detractores. Margarita, de generoso busto, cintura estrecha
y piernas bien formadas, al parecer se sintió muy complacida con el escándalo,
pues envió copias de la foto a muchos amigos.

Hacia 1950 era el miembro más conspicuo de la Familia Real, y por cierto
la que más tendía a alternar con figuras ajenas a la realeza; en otras palabras,
estaba afirmando su propia posición sobre la escena pública plasmando una imagen muy distinta de la que ofrecía su calmosa hermana. Elegante, muy ágil, tan
coqueta con los hijos de los aristócratas como con los lacayos del palacio, nunca
recibió de sus padres más que un indulgente gesto de represión: "Podría atraer
con su encanto a la perla contenida en una ostra", dijo el Rey, que toleraba en ella
travesuras que jamás habría permitido ni siquiera a un humilde jardinero de los
que trabajaban en sus propiedades rurales. La actitud de su hermana era un
paciente suspiro: "Se es joven sólo una vez", aunque la propia Isabel nunca
había tenido una actitud tan juvenil. "Sus sentimientos implicaban una actitud
maternal y protectora", de acuerdo con el relato de Marion Crawford. Pero
"las travesuras de Margarita hacían que [Isabel] se sintiese incómoda y la colmaban de aprensión".

Ansiosa de liberarse de las atenciones del protocolo, demostraba la misma
presteza para imponer su voluntad a los acompañantes. "Era un verdadero problema para los tipos que ella aceptaba —era el juicio de un hombre que por breve
lapso la acompañó.

> Un hombre debía saber que Margarita deseaba bailar con él. Nada
> demasiado obvio... una mirada rápida y significativa de reojo, una
> expresión especial. Uno de los problemas de Margarita era alejar a
> sus detectives personales, esos hombres fieles, que a menudo se veían
> en dificultades; [y] con frecuencia uno de ellos resultaba burlado
> cuando Margarita se alejaba ruidosamente en el coche de un ami-
> go".

"Soy sólo una muchacha que no sabe decir que no", cantaba alegremente
Margarita mientras corría por los corredores del palacio. Su hermana y su cuñado
tenían *su* canción romántica extraída de *Oklahoma!*, y ahora Margarita tenía la
suya; y muy pícara. Digamos de pasada que ella tenía auténtico talento musical,
sobre todo para las canciones cómicas y modernas. Nada menos que Noël Coward
juzgó que tenía "un oído impecable; su manera de tocar el piano es sencilla pero

tiene un ritmo perfecto, y su forma de cantar realmente es muy divertida. La Reina se siente sinceramente orgullosa de su pollita".

Vivaz, amante de la diversión, atrevida y absolutamente sin finalidad ni eje en su vida, al parecer tenía un solo deseo: "Ser... independiente y despreocupada —como escribió por entonces un periodista—, [y] la mujer mejor vestida del mundo". Cierta vez su madre dijo: "No deseo ser una líder de la moda", y Margarita agregó enseguida: "Bien, yo sí".

Parte de la aparente superficialidad de su conducta derivaba del hecho lamentable de que en su condición de figura real importante no se le permitía aceptar un empleo ni seguir una carrera. Tenía que pensar sólo en su felicidad personal y su realización, no en mejorar en los planos intelectual y social.

Por consiguiente, Margarita avanzó hacia su vigésimo primer cumpleaños convencida de que Peter Townsend, un hombre casado, de un modo o de otro, algún día sería suyo. Hasta que llegase ese momento ella continuaba bailando y cenando con solteros casaderos, por ejemplo "Sunny" Blandford (más tarde duque de Marlborough); Johnny Dalkeith (más tarde duque de Buccleuch); el deportista Billy Wallace; lord Porchester (después entrenador hípico de la reina) y Mark Bonham-Carter, nieto de lord Oxford. Pero Peter —alto, dotado de una apostura angulosa, con una expresión de leve melancolía y un aspecto de necesitado que reflejaba los varios trastornos nerviosos que había sufrido durante la guerra y después— era el que recibía el "agasajo" de la princesa Margarita, la expresión que Eileen, esposa de Michael Parker, acuñó con delicadeza para referirse a las etapas tempranas de la relación, en 1949.

> Rosemarie Townsend y yo, ambas estuvimos casadas con hombres que a menudo se veían separados de nosotras por el esplendor de ciertas atracciones deslumbrantes. Pero en aquel momento para mí la situación era un poco más llevadera. Por lo menos, hasta donde puedo saberlo, Mike no estaba manteniendo una relación y provocándome pública humillación. Rosemarie como esposa y como madre tenía que aparecer apartada mientras la princesa Margarita, apenas poco más que una adolescente, agasajaba a su marido. Es posible que tuviese sobrados motivos para mostrarse amargada en ciertas ocasiones.

Felipe no opinaba en el tema de Margarita; por el momento. Detestaba las actitudes pomposas, sobre todo de tipo moralista, como lo supo un científico un tanto estirado cuando ofreció al Príncipe una recorrida por el Laboratorio Nacional de Física. Mientras hablaba interminablemente acerca de la división del átomo y la electrónica industrial, el guía por fin se detuvo para recuperar aliento. "Todo eso está muy bien —dijo Felipe—, pero usted todavía no ha descubierto qué es lo que provoca el gorgoteo del agua de la bañera cuando retiro el tapón."

Nunca soportó de buen talante a los tontos o a los periodistas, y para él los últimos en general podían identificarse con los primeros. "¿Quiénes son los monos y quiénes los caballeros de la prensa?", preguntó cierta vez, mientras observaba una jaula con simios. En otra oportunidad vio que un fotógrafo entrometido trepaba al asta de una bandera próxima para obtener una fotografía mejor; de pronto cayó sobre la gente que estaba debajo. Felipe murmuró: "¡Quiera Dios que se haya roto el cuello!" Podía ser incluso más brutal. Una mañana se le acercó un periodista cuando Felipe salía de un servicio eclesiástico en Sandringham. El hombre acababa de publicar un artículo elogioso acerca del papel de Felipe en la Marina y esperaba un comentario amable o por lo menos un saludo cordial. No tuvo tanta suerte. "Váyase a la mierda", dijo Felipe al periodista; una expresión aprendida y también usada con mucho efecto por su hija Ana en circunstancias análogas.

Con respecto a formas de conducta más atrevidas y embarazosas, casi desde los primeros meses del matrimonio se difundieron rumores acerca de la franca infidelidad de Felipe.

"La colección real [de] mujeres en la vida del duque", como se denominaba a sus favoritas, ha incluido a condesas y cantantes de cabaret, duquesas y damas de la sociedad. La duquesa de Abercorn es una belleza alta y rubia, descendiente del zar Nicolás I, y el duque ha viajado (acompañado de amigos que representaban una presencia discreta) hasta las Bahamas para visitar el retiro tropical de la dama.

Lady Cavendish es una artista elegante, muy admirada por Felipe. Henriette Dunne pertenece al tipo esbelto, de busto generoso, espléndida, que tiene grandes manadas de perros y organiza de modo habitual partidas de caza. El Príncipe es "un gran admirador" de lady Cavendish, escribió un corresponsal real. La condesa de Westmoreland, que se encuentra en el centro del ambiente elegante aficionado a la equitación, está especialmente cerca de Felipe y considera que su relación es tan íntima que puede ofrecerle regalos. Hélène Cordet y Pat Kirkwood —clienta de clubes nocturnos y estrella musical, respectivamente— se cuentan o se contaron entre las amigas íntimas.

Ninguna de estas mujeres (o de muchas otras que, según los rumores, fueron sus amantes) ha venido a narrarnos una intriga o una relación anterior con el príncipe Felipe, a pesar de los incentivos de fama y fortuna ofrecidos por editores y escritores que escriben "autobiografías". Esta notable falta de testigos de las aventuras, la ausencia de cartas de amor, diarios o declaraciones de las mujeres en cuestión y del propio Duque y la ausencia de fotografías incriminatorias sin duda no impiden que escritores dotados de imaginación aparezcan con toda clase de relatos calumniosos, hasta cierto punto inventados.

Algunos han explicado la escasez de pruebas por cierta vacilación periodística ante la perspectiva de avergonzar a Isabel, especialmente desde que ocupa el trono real. Pero eso no tiene en cuenta el hecho de que las vastas sumas de dinero ofrecidas en Inglaterra y en Estados Unidos por un relato picante —una oferta que sin duda vencería los escrúpulos de *alguien*— nunca han sido reclamadas.

En 1992, un entrevistador valeroso formuló derechamente a Felipe la pregunta acerca de la realidad de los rumores. El príncipe replicó: "¿Se ha detenido a pensar que durante los últimos cuarenta años nunca me he movido sin la compañía de un agente de policía? Entonces, ¿cómo demonios pude haber hecho algo por el estilo?".

Por supuesto, pudo hacerlo. Pero, cualquiera sea la verdad acerca de la vida marginal del duque, lo cierto es que en los aspectos más profundos siempre se ha mostrado leal a la Reina y que ha gozado de la confianza y la compañía ininterrumpidas de la soberana. Los cínicos pueden sonreír, pero el peso de la evidencia rechaza la presunción de que estamos ante un picaflor irremediable.

Además, los guardaespaldas, los secretarios, una prensa siempre vigilante, incluso una serie de personas dentro y fuera del palacio que no han simpatizado con la personalidad irritante, a veces poco digna de Felipe, todas estas figuras no han podido comprometer el matrimonio. Como creía Parker, era la realidad: el compromiso del Duque consistía en que no estaba dispuesto a decepcionar a su esposa. "No creo que sea una persona inclinada a la sexualidad en ese sentido —dijo un cortesano que en realidad nunca simpatizó con el Príncipe—. Expresa sus impulsos jugando al polo, navegando o trabajando. Pero no de ese modo [es decir, con una aventura]. Sucede sencillamente que no está en su persona." De acuerdo con un amigo de Felipe, el músico norteamericano Larry Adler, el Duque alimentaba una envidia amistosa con respecto al príncipe Bernardo de los Países Bajos. "Usted puede ir adonde le plazca —dijo a Bernardo—, ver a quien desee, incluso tener aventuras, y nadie lo sabe. Yo soy conocido por todas partes, y los hombres del servicio secreto me pisan constantemente los talones." Adler recordaba que Felipe se quejó durante la década de 1950, aludiendo a su "camisa de fuerza moral, y se sentía realmente amargado por la posición en que estaba, sobre todo la obligación de caminar detrás de su esposa [cuando ella ascendió al trono]. Eso no le agradaba; en efecto, no le agradaba en absoluto".

Después de un parto difícil, la princesa Isabel dio a luz un varón el 14 de noviembre de 1948, un nacimiento original en cuanto a que el padre de Isabel había decretado que se liquidase la engorrosa tradición de imponer que el nacimiento fuese presenciado por los ministros del gobierno. Después, cuando bautizaron al infante, pareció existir un gesto intencional enderezado a disociar al niño de los antepasados alemanes: el pequeño príncipe Carlos Felipe Arturo Jorge utilizó nombres específicos ingleses y escoceses. Al bautismo realizado en diciembre, asistió una veterana profesional. Charlotte "Lala" Bill, la niñera del Rey medio siglo antes, se sintió tan conmovida que besó al monarca y para sorpresa general él retribuyó el gesto.

La nación festejó el hecho, ya que se había garantizado la segunda generación de futuros soberanos. "¿No cree que es realmente adorable? —escribió su madre a un visitante que había visto al niño cuando tenía cuatro días—. Todavía no puedo creer que sea realmente mío, pero quizás eso le sucede a todos los padres primerizos. De todos modos, los padres de este niño no podrían sentirse más orgullosos. Es maravilloso pensar, ¿verdad?, que su llegada puede aportar un poco de felicidad a tantas personas, además de a nosotros mismos, en este momento."

Los padres de Carlos en efecto se mostraron orgullosos de él, pero el hecho es que ninguno de los dos tuvo oportunidad o la personalidad necesaria para ser un progenitor atento. Felipe carecía de experiencia inmediata de paternidad —su propio padre había sido una figura distante y vivió con él sólo un breve período— y mimar al niño (y mucho menos brindarle ternura) no estaba en el temperamento del Duque. La madre del pequeño ciertamente había gozado de una niñez grata, al cuidado de su madre. Pero ahora estaba tan cerca del trono y aceptaba tantos compromisos que la obligaban a presentarse en público que de hecho se convirtió en una madre lejana que exhibía una benigna negligencia —es decir, una madre típicamente aristocrática—, y su hijo fue entregado a un par de niñeras (Helen Lightbody y Mabel Anderson) y una gobernanta (Catherine Peebles, siempre llamada Mispy, como en "Miss P.").

Por lo tanto, desde la infancia Carlos recibió el trato que se dispensa de modo característico a un niño de la clase alta. Se lo llevaba a ver a su madre unos pocos minutos todas las mañanas, a las nueve, y mami aparecía de nuevo a la hora del té o del baño; papá se presentaba una hora o dos por semana; poco más, pues a partir de 1949 a menudo se alejó para desempeñar funciones en la Marina. "Hasta donde yo sé —dijo Eileen Parker, con quien la Princesa a menudo comentaba el papel de la maternidad—, ella nunca bañó a los niños. La niñera se encargaba de todo eso." Los abrazos, la ternura, las necesidades físicas y emocionales que son normales en cualquier infante nunca fueron segunda naturaleza para Isabel, una mujer que era poco demostrativa, y por lo tanto todo eso quedó delegado en las damas responsables y disciplinadas que actuaban como profesionales. Exactamente como antes, Carlos veneraba a su madre y veía que todos la trataban con respeto. Pero su veneración la manifestaba desde lejos. Años después, confió a una amiga que cuando era niño su niñera le había brindado más apoyo emocional que su madre.

Con respecto a Felipe, un confidente eclesiástico resumió la relación entre el padre y el hijo: "Creo que siempre fue lamentable que la química entre el príncipe Felipe y el príncipe Carlos no haya sido la misma que existe entre [Felipe y el hijo siguiente, la princesa Ana]", de acuerdo con la versión del reverendo Michael Main, deán de Windsor. "El príncipe Carlos tiende a sentirse intimidado" por su padre. La razón es sencilla: "Quiero de él que sea un hombre entre los hombres", dijo Felipe, y con ese fin no se creyó que ninguna actitud que podía fortalecer al muchacho era demasiado severa. Desde la cuna, la actitud de Felipe hacia su hijo fue desastrosa. "A menudo parecía decidido no sólo a corregir al Príncipe, sino incluso a burlarse de él", escribió el biógrafo oficial de Carlos, varios años más tarde, después de entrevistar al heredero al trono. Carlos "con frecuencia llegaba casi a las lágrimas por el vapuleo al que estaba sometido y para el cual no podía hallar respuesta; [e] incluso sus amigos más íntimos consideraban que la conducta del Duque era inexplicablemente dura". Deseaba moldear a su hijo preparándolo para reinar; pero, de hecho, Felipe sencillamente mostró la actitud típica de un matón.

A pesar de la alegría que experimentaba porque era abuelo, el Rey seguramente sospechó que estaba gravemente enfermo, y así, cuando ese mes cumplió los cincuenta y tres años, la ocasión pasó sin que se la conmemorase siquiera con una tranquila celebración de familia. "El Rey está padeciendo una obstrucción circulatoria en las arterias de las piernas —decía el boletín médico de la Oficina de Prensa del Palacio, nueve días después del nacimiento del nieto del monarca—. La irrigación sanguínea defectuosa provoca ansiedad." Se canceló el viaje del Rey y la Reina a Australia y hubo una serie de situaciones de alarma que afectaron a la Familia Real, pues el paciente comenzó a mostrarse irritable y malhumorado, poco acostumbrado a mantenerse sentado en una silla y renuente a aceptar su condición. "También se rehusó a dejar de fumar —informó el jefe de la oficina londinense del *Newsweek*—, aunque los médicos dicen que se sabe que esta actitud agrava las condiciones arteriales." Hacia el Año Nuevo de 1949, existía el temor de que la población general se alarmase, y por lo tanto el palacio apeló a la mentira: "Aunque la salud general del Rey, incluso el estado de su corazón, no generan motivos de preocupación, sin duda la tensión de doce años ha reducido apreciablemente su resistencia a la fatiga física". De hecho, su condición empeoró de manera tan significativa que el 12 de marzo los médicos lo operaron para corregir la obstrucción, y el Rey debió someterse a un prolongado período de recuperación.

En vista de esta situación, la Princesa se vio forzada a afrontar una sucesión más intensa de actividades, lo cual interrumpió tanto su vida conyugal como la atención que en otras condiciones hubiera podido ofrecer a su hijo. Estaba reemplazando a su padre enfermo y en esa tarea demostró que apreciaba la medida en que su presencia podía satisfacer a la gente común; un incidente revela hasta qué punto podía ser así si en el asunto estaba comprometido otro niño. Antes de realizar una gira a través de Gales, en abril, había recibido una carta de la señora F. M. Allday, dándole la bienvenida a su región y diciéndole que agitaría una roseta vivamente coloreada cuando la Princesa atravesara la aldea en su coche.

"Fui a una elevación que domina el camino que viene de Barmouth, en Dolgelly —recordó la señora Allday— y, cuando apareció el vehículo real, agité la roseta y la Princesa me vio. El auto se detuvo y charlé con ella tres o cuatro minutos. Mi hija casada estaba allí con mi nieto, y la Princesa levantó al niño en brazos y dijo: '¡Qué hermoso es!'" La familia tuvo la evidente impresión de que Isabel añoraba a su propio hijo y a su marido.

Según se vio, Felipe satisfizo su deseo y abandonó su empleo en tierra. Revistó como teniente primero y primer oficial del HMS *Chequers*, que debía realizar maniobras de tiempo de paz en el Mediterráneo durante el otoño de 1949. Que la Princesa fuese lo que se llamaba una "viuda de la Marina" durante unos dos años, quizás influyó sobre los comentarios que realizó ante la Unión de Madres el 18 de octubre. Criticó agriamente el aumento de la incidencia del divorcio en Gran Bretaña y originó un vendaval de críticas porque incluso algunos miembros del Parlamento estaban entrometiéndose en cuestiones morales. Pero el gobierno y el público supieron así que incluso a los veintitrés años la mujer que más tarde ocuparía el trono tenía ideas y voluntad propias. Isabel dio otros pasos en su educación política a fines de 1949 y principios de 1950, cuando cenó con el portavoz de la Cámara de los Comunes —la primera heredera al trono que hacía tal cosa— y cuando agasajó al presidente de Francia y a su esposa, se convirtió, como dijo un cronista, en "símbolo de la Entente Cordiale".

El 20 de noviembre, segundo aniversario de su boda, Isabel voló a Malta para reunirse con Felipe, que subió al avión para recibirla. Fueron trasladados a la propiedad de Louis y Edwina Mountbatten, que dominaba el puerto, y allí cenaron con champaña y festejaron con un pastel de tres pisos. Gozaron de la licencia de Felipe, que duró un mes, antes de que él regresara al barco y ella a sus obligaciones en Londres. A partir de este episodio Felipe confirmó lo que ya sospechaba: la pasión de su esposa por los caballos. Cuando le ofrecieron elegir entre asistir a un partido de cricket o ver a Louis Mountbatten jugando al polo, se decidió por lo segundo. Para complacerla, Felipe abrazó ese deporte. "Cometí el grave error —dijo después— de subestimar el interés de mi esposa por los caballos."

Al comienzo de la primavera siguiente (1950), se anunció que la princesa Isabel no aceptaría compromisos después de principios de mayo: estaba embarazada de su segundo hijo. Ana Isabel Elisa Luisa nació en Clarence House el 15 de agosto de 1950. También en esta ocasión el padre estaba prestando servicio en Malta, esta vez a bordo del *Magpie*, donde un miembro de su tripulación recordó que "se paseaba de un lado al otro como un maldito tigre"; otro dijo que prefería morir antes que servir nuevamente a las órdenes de Felipe; el tercero afirmó que "nos obligaba a esforzarnos como demonios, pero nos trataba como a caballeros".

Isabel fue al encuentro de su esposo; esta vez estuvieron juntos casi cuatro meses. El palacio informó que ella se encontraba "en la misma situación que la esposa de cualquier oficial naval común: se reunía con su marido en el apostadero en que él se encontraba". No era así, pues Isabel llegó con diez personas que la servían, su propio coche, un equipaje de cuarenta baúles, un nuevo caballo de polo para su marido y sin la carga de la atención a los niños; Carlos y Ana por supuesto habían quedado con sus respectivas niñeras.

Isabel regresó a Londres el Año Nuevo de 1951 y se asombró ante el aspecto que ofrecía su padre. Sí, le dijo su madre, él parecía demacrado, sin vitalidad, un individuo que se agotaba y deprimía fácilmente. A los cincuenta y cinco años, el Rey se arrastraba por los corredores del palacio como si cada paso fuese el esfuerzo de un hombre muy anciano. Cuando inauguró el Festival de Gran Bretaña, el 3 de mayo —una exhibición de logros artísticos y científicos en todo Londres, destinado a mostrar la recuperación nacional después de la guerra—, la prensa y el público se sintieron impresionados porque el monarca parecía muy enfermo. Más avanzado el mes guardó cama debido a un ataque de gripe. "Estoy recibiendo inyecciones diarias de penicilina durante una semana —escribió Jorge a su madre—. Esta dolencia me afecta los pulmones desde hace pocos días y se resolverá con el tratamiento."

En julio, pareció que el Rey se recuperaba, pero aún se fatigaba con facilidad y le faltaba constantemente el aliento. Su médico, sir Horace Evans, sospechó que la causa real de la enfermedad del Rey era algo más grave que la gripe o la neumonía, y el 16 de septiembre una broncoscopia reveló la existencia de un tumor pulmonar maligno. Se le dijo únicamente que tenía un bloqueo bronquial que exigía que se le extirpara el pulmón izquierdo, y el Rey fue sometido a una intervención quirúrgica una semana más tarde en el Palacio de Buckingham. Pero esta vez Felipe recibió "una licencia indefinida" de su apreciado comando en el *Magpie*. La licencia provisional, debida a la enfermedad del Rey y el deseo de Isabel de tener con ella a su marido mientras asumía cada vez más obligaciones, en definitiva resultó permanente.

Además de la grave cuestión del cáncer pulmonar, los antecedentes de problemas circulatorios del Rey agravaron el peligro de una embolia pulmonar o una trombosis coronaria, y lord Moran, médico de Churchill, sospechó que el Rey no viviría un año más. Se informó a la Reina de la gravedad de la situación, y ella habló con sus hijas. Entretanto se mantenía a la nación tan mal informada como al propio paciente. Isabel no estaba sorprendida, pues sospechaba el significado de la apariencia de su padre y el incremento de sus obligaciones. Con respecto a Margarita, se volvía cada vez más hacia Townsend en busca de confortamiento, pero hasta qué punto ese amor se realizaría más plenamente no lo sabía ninguno de los dos. "Me acosté sobre la hierba a dormitar —recordaba Townsend de cierta tarde en Escocia, en un verano compartido con la Familia Real.

> Entonces imprecisamente advertí que alguien me estaba cubriendo con una capa. Abrí un ojo y vi el hermoso rostro de la princesa Margarita, muy cerca, mirándome. Después abrí el otro ojo y vi tras ella al Rey, apoyándose en su bastón, con cierta expresión; típica en él, bondadosa, medio divertida. Murmuré: "¿Sabes que tu padre nos está observando?" Ante lo cual Margarita rió, se enderezó y fue al lado de su padre, lo tomó del brazo y lo alejó, dejándome sumido en mis sueños".

Del 8 de octubre al 17 de noviembre, Isabel y Felipe emprendieron la fatigosa gira por Canadá y Estados Unidos, planeada al comienzo para los padres, como repetición de la exitosa visita de 1939. Por sugerencia del Duque (y venciendo las objeciones del Gabinete) se convirtieron en los primeros personajes reales que volaron sobre el Atlántico. Los canadienses les ofrecieron una bienvenida entusiasta y más tarde hizo lo propio el presidente Harry S. Truman; así los Edimburgo se vieron lanzados a un torbellino de relaciones públicas. A los treinta y veinticinco años, eran dos personas atractivas, alegres, fotogénicas; estrellas instantáneas para un mundo de posguerra hambriento de esplendor, a pesar de que Canadá estaba dividido políticamente con respecto a la monarquía británica (GOBIERNO PROPIO, EL UNICO GOBIERNO, decían algunos anuncios que no eran precisamente de bienvenida) y de que la madre de Truman parecía un poco despistada. "Me alegro mucho de que su padre haya sido reelecto", dijo a la princesa en noviembre, cuando Churchill fue restablecido en el cargo de Primer Ministro.

Los periodistas observaron que Isabel, al contrario de su madre, carecía de la inmediatez o la calidez con la gente; se la veía "perfectamente entrenada", pero "consciente de sí misma y tensa", mientras que su "atrevido esposo suavizaba parte de la rigidez de la gira [y] los comentarios que él murmuraba ayudaban a calmar el nerviosismo de Isabel". Cuando los fotógrafos se acercaban demasiado a la Princesa, Felipe prácticamente los obligaba a retroceder a empujones. Un día se quejó porque apenas podía comer a causa de la presencia de un millar de personas que revoloteaban alrededor. "Esto implica malgastar el tiempo de todos", anunció, y llevó de vuelta a su esposa a su apartamento privado. Esta intervención indicó a todos que Felipe no sería un ente pasivo en relación con su esposa. A pesar del agotamiento de Isabel cuando regresaron en noviembre, ella aceptó inmediatamente reemplazar a su padre en una gira de cinco meses alrededor del mundo, que se inició a principios de 1952.

En Navidad, Jorge apenas se había recobrado. Su alocución radial de seis minutos, la primera preparada de antemano, exigió dos días de breves sesiones de grabación, a tal extremo le fallaba la respiración. Los médicos se mostraron cautelosamente optimistas después de un enero sin tropiezos, y el treinta de ese mes el Rey y la Reina llevaron a Isabel y a Margarita a ver *South Pacific* en el Teatro Drury Lane.

La velada fue una suerte de despedida de gala, ya que la tarde siguiente, el 31 de enero de 1952, los Edimburgo partieron para iniciar lo que se planeó como una gira mundial. A pesar un viento helado, el Rey insistió en permanecer de pie y descubierto con su esposa y Margarita, frente a la pista del aeropuerto. El Rey y la Reina fueron después a Sandringham, acompañados por Margarita, Carlos y Ana. En la noche del martes 5 de febrero, escucharon un informe de la BBC acerca de Isabel y Felipe, que estaban en un parque de caza en Kenia. A las diez y media Jorge e Isabel se retiraron a sus respectivas habitaciones y alrededor de medianoche un sereno observó que él estaba cerrando su ventana. A las siete de la mañana, de acuerdo con el programa, un ayuda de cámara fue a despertar a Su Majestad, pero en determinado momento de la noche el corazón fatigado había cesado de latir. Tenía cincuenta y seis años. Su esposa, llamada de una habitación próxima, pidió que se mantuviese una vigilia frente a la puerta del Rey. "No debe dejárselo solo."

En Nueva York, una hora después, el Duque de Windsor fue informado por un funcionario de palacio de la muerte de su hermano. Fue un golpe doble, porque también se le dijo que no se daría la bienvenida a la Duquesa si lo acompañaba al funeral. Irritado y dolorido, partió solo para Londres —a bordo del *Queen Mary*. Y, cuando la dama del mismo nombre fue abordada por un servidor de mirada triste esa mañana, anticipó la noticia: "¿Se trata del Rey?", preguntó con serenidad. Tenía ochenta y cuatro años, y ya había perdido a su marido y a tres de sus hijos. Jamás se recuperó de esta muerte; se la vio cada vez más frágil y retraída a lo largo del año siguiente. "Supongo —dijo con tristeza a su antigua amiga lady Shaftsbury— que uno debe esforzarse para continuar hasta el final." Y fue lo que hizo.

Isabel y Felipe estaban descansando en medio de sus compromisos oficiales en un pabellón en Kenia. Habían pasado la víspera con cámaras en la mano, filmando elefantes, rinocerontes y babuinos y recogiendo notas para el documental de aficionados que deseaban llevar de regreso y mostrarlo a la familia. Esa mañana fueron a pescar truchas y después de la comida se retiraron a descansar. Michael Parker y el personal de la pareja necesitaron seis horas para confirmar las noticias que habían llegado incompletas por telégrafo. Finalmente llamó a la puerta de las habitaciones reales y pidió al príncipe Felipe que saliera.

"El no es el tipo de persona que muestra sus sentimientos —dijo Parker algunos años después—, pero nunca lo olvidaré. Pareció como que el mundo se le había caído encima." Otro ayudante aportó lo suyo: "No lo deseaba [el nuevo papel] en absoluto. La nueva situación cambiaría su vida entera, anularía la estabilidad emocional que finalmente había hallado". A partir de ese momento, se vería obligado a someter todas las necesidades y los deseos personales a las exigencias de la posición de su esposa. A menudo lo caracterizaba una actitud brusca y con frecuencia sin alegría, una fachada formal que sólo unos pocos amigos íntimos podían penetrar.

"Mi ambición no era ser presidente del Comité Asesor de la Casa de Moneda —dijo cuarenta años después, aludiendo con sarcasmo a una sola de la legión de organizaciones que él debía encabezar nominalmente—. Y no quería ser presidente del Fondo Mundial de la Vida Silvestre. Se me reclamó que lo hiciera. A decir verdad, hubiera preferido mucho más permanecer en la Marina."

Por supuesto, su primera tarea fue comunicar la noticia a su esposa, y uno sólo puede imaginar lo que hubo entre ellos durante esos pocos minutos en la cálida tarde africana. Después, el jefe del personal que los acompañaba se acercó a Isabel, se inclinó y preguntó qué nombre deseaba adoptar como Reina. "Por supuesto, mi propio nombre —replicó Isabel, con los ojos secos—. ¿Acaso puedo usar otro?"

En ese instante, adoptaba la actitud en la cual se la había criado desde la niñez: una joven compuesta, desprendida del mundo, cuya conducta exhibía un cuidadoso autocontrol, aunque en cierto modo sin amaneramiento. Isabel siempre había dominado sus sentimientos y pensado constantemente en la obligación frente a su familia y su dignidad en público. Para ella era una segunda naturaleza pensar en lo que se le reclamaba, no en lo que deseaba. El orden, la disciplina, una voz modulada, apenas la más sutil manifestación de sus sentimientos: todo esto había llegado a plasmarse en actitudes que eran verdaderos hábitos. Como en el caso de cualquier miembro joven de una familia que afronta un duelo, había que responder a una avalancha de obligaciones. De inmediato envió cables a su madre y su hermana, a su abuela y a sus tíos, los Duques de Gloucester, pero no al Duque de Windsor.

"Recuerdo que la vi unos momentos después de convertirse en Reina —dijo un miembro de su personal—, unos momentos, no varias horas después. Y casi me pareció que estaba a la altura de la situación. No hubo lágrimas. Sencillamente estaba allí, la espalda erguida, el color de la cara un poco acentuado. Simplemente esperando su destino".

Deseosa de complacer a los padres a quienes amaba, Isabel reprimió bajo el manto del deber el dolor por la muerte de su padre. La tarde siguiente, el 7 de febrero, bajó del avión de BOAC en el aeropuerto de Londres. Era una figura menuda vestida de negro; recibió el saludo de Winston Churchill (su Primer Ministro), de Clement Attlee (jefe del partido opositor) y de su tío, Enrique de Gloucester. Se les había indicado que no besaran la mano de Isabel en actitud de obediencia. "Su anciana abuela y súbdita debe ser la primera en besarle la mano", dijo la reina María, y así Lilibet se dirigió prestamente a Marlborough House esa misma tarde.

Se celebró el Consejo al día siguiente en el Palacio de Saint James. "A causa de la súbita muerte de mi querido padre —dijo la Reina,

Me veo llamada a asumir las obligaciones y la responsabilidad de la Soberanía. En este momento de hondo pesar es un consuelo profundo para mí tener la certeza de la simpatía que ustedes y todos mis pueblos me profesan, y profesan a mi madre y mi hermana, así como a todos los restantes miembros de mi familia. Mi padre fue nuestro jefe reverenciado y amado, como lo fue de la familia más amplia de sus súbditos: todos compartimos el dolor que su pérdida acarrea.

Mi corazón está excesivamente agobiado y hoy sólo puedo decirles que siempre trabajaré como lo hizo mi padre en el curso de su reinado, para defender el gobierno constitucional y promover la felicidad y la prosperidad de mis pueblos, que se extienden por todo el mundo.

Sé que, en mi decisión de seguir el brillante ejemplo de servicio y consagración representado por mi padre, contaré con la inspiración, la lealtad y el afecto de aquellos para quienes debo ser la Reina, y con el consejo de los parlamentos electos. Ruego a Dios que me ayude a afrontar meritoriamente esta pesada tarea que ha recaído sobre mis hombros en una etapa tan temprana de mi vida".

Aún no había cumplido los veintiséis años.

Pronunciadas estas palabras, se realizaron las proclamaciones públicas del ascenso al trono de Su Majestad la reina Isabel II en Charing Cross y el Temple, en la Bolsa Real, la Torre de Londres y el Ayuntamiento de Middlesex. Los cañonazos retumbaron a través de Hyde Park. Sólo entonces Isabel partió para Sandringham, donde yacía el cuerpo de su padre el Rey. Era la monarca más joven que ascendía al trono desde Victoria, que lo había hecho en 1837 cuando tenía dieciocho años.

Hasta el momento del funeral, una semana después, Isabel tuvo que afrontar una oleada de asuntos oficiales. Recibió a los Altos Comisionados de los países de la Commonwealth; dio la bienvenida a los ministros extranjeros, embajadores, cónsules y ministros de su propio país; posó para los retratos destinados a los nuevos sellos y monedas; le tomaron centenares de fotografías oficiales. Hacia el 31 de mayo había cumplido 140 compromisos y al final del año otros 308. Anunció que sería coronada el 2 de junio de 1953. ¿Cuál era su actitud hacia su nueva tarea hacia fines de año? "Le encanta ser la Reina —dijo un funcionario de palacio—. Para ella es como una copa de champaña. La verdad es que a la Reina le agrada ser la jefa."

"No tuve aprendizaje —dijo Isabel años más tarde—. Mi padre murió demasiado joven, de modo que asumí el cargo muy repentinamente, e hice lo mejor posible. Aquí estás, y este es tu destino. La continuidad es muy importante. Se trata de una tarea vitalicia."

La nueva situación no agradaba en absoluto a Felipe. Margarita, la hermana mayor de Felipe, recordaba después la grave depresión que él sentía durante el funeral del rey Jorge. "Ya puedes imaginar lo que sucederá ahora", dijo con tristeza, cuando durante casi una semana prácticamente no había salido de sus habitaciones. Según se vio, la coronación inminente fue el único episodio en el que Felipe representó un papel importante; por lo demás, fue en medida considerable una sombra. A diferencia de Alberto con Victoria, no se lo proclamó (entonces o nunca) Príncipe Consorte, no se le asignaron tareas oficiales que indicaran que era algo más que el confidente de la Soberana. El Gabinete de la Reina, su gobierno y los cortesanos del palacio indicaron con claridad que su presencia como figura activa e influyente no sería bien vista. "No tengo empleo —dijo Felipe—. De hecho, cuánto más hago, más me cuesta." Durante dos meses estuvo enfermo de hepatitis. Nadie tomó muy en serio la afección.

Más tarde, Felipe describió el problema de manera sucinta:

Como es la Soberana, todos se vuelven hacia ella. Si uno tiene un Rey y una Reina, hay ciertas cosas con respecto a las cuales la gente consulta automáticamente a la Reina. Pero si la Reina es también la *Reina* [es decir, la monarca reinante por derecho propio más que la Consorte], acuden a ella en todo... [y] es terriblemente difícil convencer a muchos miembros de la Casa Real que no acudan a la Reina, sino a mí.

Al cabo de unos días, Isabel escribió acerca de la muerte de su padre a una amiga de la familia, Elizabeth Cecil, marquesa de Salisbury. "La escritura era juvenil —recordaba una persona que vio la carta—, pero el estilo del primer parágrafo era tan formal y frío como podía concebirse. Betty [Cecil] dijo que se parecía a una carta de la reina María. De pronto, Isabel se derrumbaba y el segundo párrafo decía: 'Oh, Betty, esto es realmente terrible para mami y Margarita. Yo tengo a Felipe y los niños y el futuro, pero, ¿qué harán ellos?' El tercer parágrafo regresaba al estilo de la reina María, y la firma era ampulosa y grande, como la de un niño que desea fanfarronear: 'Elizabeth R.'."[2]

La nueva Reina no necesitaba preocuparse por su voluntariosa madre y su hermana tan independiente. Cuando murió su marido, la ex Reina cesó de existir como persona con rango o jerarquía oficial. Carecía en absoluto de función constitucional y podría haber elegido el nombre de Duquesa de York o de Reina Viuda. (La reina María era oficialmente la Reina Madre Viuda, pero nunca se la llamó así, y tampoco ella deseaba que se la conociera de otro modo que no fuera reina María.) En todo caso, a la reina viuda Isabel no se le otorgó más que una cómoda pensión y el respeto nacional.

Pero, en lo que el *News Chronicle* denominó "una formulación sin analogía en la historia de la realeza", inmediatamente eligió la denominación de Reina Isabel La Reina Madre, y escribió una "notita" destinada al pueblo, explicando su propia posición. Lo que nunca explicó fue el horrible desaire a la reina María, cuyo título de Reina Madre (al margen de que decidiese o no usarlo) de ese modo ella arrebató sumariamente para su propio uso. María nunca había actuado con tanta energía a la muerte del rey Jorge V; nunca se había instalado cerca del centro de la escena. Si la nación deseaba su presencia aquí o allá, María respondía. No sólo su timidez sino su sentido de lo que era correcto y de lo que la constitución exigía determinó que la reina María tuviese su propia vida en el seno de la familia sin imponerse en una posición de primer plano.

No sucedía lo mismo con la nueva Reina Madre. En primer lugar, formuló una declaración pública de adhesión a su "querida hija" y exhortó a la nación "a brindar lealtad y devoción a la nueva soberana; en la situación encumbrada y solitaria a la cual se ha visto llevada necesitará el amor y la protección de todos". Parecía una manifestación colmada de afectuoso apoyo, pero había una entrelínea de superioridad. No le correspondía explicar a la nación cuáles eran las necesidades de su hija. Estaba hablando de un modo un tanto protector, como si se tratase de una niña que salía de la casa para vivir su primera jornada en la escuela y mami deseara recomendarla a la bondad de sus condiscípulos.

A continuación, enfocó plenamente el reflector sobre su propia persona. "Ahora estoy sola, para hacer lo que pueda y honrar sin él ese compromiso. A lo largo de nuestra vida de casados hemos intentado, el Rey y yo, cumplir con todo nuestro corazón y toda nuestra fuerza la gran tarea y el servicio que se nos impuso. Mi único deseo ahora es que se me permita continuar realizando el trabajo que intentamos cumplir juntos." Esa declaración en cualquier otro lugar habría parecido inofensiva. En vista de los requerimientos rigurosos del lenguaje y la acción monárquicos, las palabras de la Reina Madre eran temibles. Estaba pidiendo un papel activo en la vida de la nación, para cumplir la función sin precedentes e inconstitucional de "continuar la obra" que ella y Jorge habían empezado. Por ejemplo, habría sido imposible imaginar a la reina Alejandra tratando de consolidar esa posición para sí misma después de la muerte de Eduardo VII. Confiando en el afecto nacional, Alejandra se retiró a una distancia digna. Si la necesitaban, allí estaba. Como su nuera María, sabía que su presencia significaba algo, y no necesitaba imponerla a la nación. No fue así con Isabel, la esposa de Jorge VI: dio el paso chocante de sugerir que la labor de su marido *continuaría*. Y uno habría podido preguntar: ¿cuál era la labor de la nueva Reina?

Por lo tanto, sus palabras estaban por completo fuera de lugar y no eran tanto una promesa como una amenaza. Se haría presente, y que Dios ayudase a los que no tenían habilidad suficiente para aprovechar su experiencia. Este discurso a la nación (emitido el 17 de febrero de 1952, pocos días después del entierro de su esposo) fue un gesto extrañamente anticonstitucional. Sus palabras revelaron una decisión sin precedentes en el sentido de que pretendía continuar siendo un aspecto importante de la estructura real.

Una hipótesis defendible es que en la memoria colectiva moderna no existe un monarca de la historia inglesa cuyo reinado fuese tan reverenciado como el de Isabel I o el de Victoria. Después la reina María y la nueva Reina Madre fueron vistas como guardianas de la sacralidad y la santidad de la monarquía. A cada soberana se la veía como una Madre Tierra bautizada y aristocrática, que transferiría el pasado a un presente que ellas mismas nutrían y garantizaban. El matriarcado reina por la mera fuerza de su *presencia*, y Dios proteja a esos varones afirmativos cuya existencia misma puede desafiarla (por ejemplo el Duque de Windsor). De un modo extraño, la reina Isabel, la Reina Madre, estaba preparándose para la saga de lady Diana Spencer, que como Princesa de Gales demostraría una formidable capacidad para proyectar un sentido muy depurado de sí misma en una masa de entusiastas admiradores.

La nueva Reina tampoco necesitaba preocuparse por la capacidad de resistencia de su hermana. Al principio, Margarita se sumergió en un pesar profundo. Se volvió en primer lugar hacia su fe y asistió a clases sobre oración y sufrimiento en San Pablo, Knightsbridge, y escuchó una serie de conferencias acerca de Dios y la vida eterna. Más de una vez se puso un vestido negro y una boina haciendo juego y se deslizó discretamente en el interior de la iglesia, sin la presencia de una dama de compañía, para orar sola o asistir a un servicio matutino. También se mostró susceptible a la atracción ejercida por un nuevo amigo, el alegre reverendo Simon Phipps, que desempeñaba los cargos extrañamente gemelos de capellán industrial de la diócesis de Coventry y miembro del Sindicato Unido de Mecánicos. Un picaflor social y aficionado a la composición de canciones, el reverendo Phipps divertía a Margarita, pero también comentaba con ella temas serios.

Pero en el transcurso del año Peter Townsend fue su compañero permanente. Finalmente una tarde en el Castillo de Windsor hablaron solos durante horas. De acuerdo con Townsend,

entonces ambos descubrimos cuánto significábamos el uno para el otro. Escuchó sin pronunciar palabra mientras yo le explicaba, con mucha serenidad, cuáles eran mis sentimientos. Después se limitó a decir: "Eso es exactamente lo que yo siento". Para ambos fue una revelación que nos tranquilizó inmensamente, pero que además nos turbó muchísimo;

sin duda por la razón evidente de que él pronto se divorciaría. El espectro de 1936 se cernía con pesadez sobre la Familia Real. Y la hermana de Margarita acababa de ascender al trono y aún no había sido coronada. Cuando Margarita y su madre se prepararon para abandonar el Palacio de Buckingham y residir en Clarence House, intercambiando residencias con Isabel y Felipe, ella observó con tristeza: "Nada parece igual sin papá".

Quizá ninguno de los amigos de Margarita se sorprendió cuando ella se volvió hacia Townsend, el nuevo superintendente del hogar de su madre, que las acompañó a Clarence House. El había iniciado un juicio de divorcio contra su esposa con la causal de adulterio y lo ganó a finales del año. "En 1952 —de acuerdo con la versión de Townsend,

> la princesa Margarita y yo nos sentimos cada vez más complacidos en mutua compañía. El año comenzó con el dolor de la princesa ocasionado por la súbita muerte de su padre; continuó con el cambio de su situación familiar —ahora vivía sola con su madre (a quien adoraba)— y el constante deterioro de la mía; que concluyó con la ruptura de mi familia... Si en el plano material, lo mismo que en el temperamental, la Princesa y yo estábamos separados por un mundo, en nuestros sentimientos y emociones reaccionábamos como una sola persona".

El romance continuó durante la primavera de 1953, hasta que los amantes comprendieron que sólo les quedaba un camino: acercarse a la Reina y formularle el deseo de contraer matrimonio.

Mientras Townsend jalonaba sus reclamos afectivos sobre Margarita y la Reina Madre pugnaba por adueñarse de un papel real sin precedentes en el nuevo reinado, otra persona actuaba con rapidez. Un día después del entierro del Rey, la reina María se enteró de que Louis Mountbatten había dicho que el trono de Gran Bretaña ahora estaba ocupado por la Casa de Mountbatten, el apellido que Felipe había adoptado bajo la influencia de Louis. "Le importaba enormemente el apellido —de acuerdo con el biógrafo real Philip Ziegler— y siembre creyó que la casa real no debía ser la Casa de Windsor, sino la Casa de Mountbatten-Windsor. En eso se vio derrotado: y se lo derrotó una y varias veces. Pero continuaba volviendo a la carga y descargando golpes".

Así, sin que ninguno de los miembros de su personal se sintiera sorprendido, la reina María pasó del dolor a la acción colérica. Llamó a sir John Colville, secretario privado de Churchill, que a su vez informó a Churchill de la declaración de Mountbatten. El Primer Ministro convocó a una reunión de Gabinete y declaró que Mountbatten intentaba adueñarse del trono para su familia. Al mismo tiempo, el Lord Canciller —deseoso, lo mismo que todo el resto, de aclarar el asunto y complacer pronto a la anciana reina María— redactó una declaración que decía que el rey Jorge V ciertamente había deseado que sus descendientes y su dinastía adoptasen el nombre de Windsor. Era precisamente lo que el mariscal de campo Jan C. Smuts de Africa del Sur había dicho a María en la boda de la nieta de la soberana: "Usted es el plato fuerte; las otras reinas europeas son los entremeses".

El ambicioso Mountbatten volvió a la carga e instó al doliente príncipe Felipe, hasta que este envió una protesta en un memorándum de siete páginas, el 5 de marzo. Felipe señaló al Gabinete que, cuando Victoria contrajo matrimonio con Alberto, la casa real británica adoptó el nombre de Alberto (Sajonia-Coburgo-Gotha). Esta formulación irritó a Churchill, que se ocupó de que la Reina recibiese instrucciones del Gabinete, para recomendarle que retuviese el nombre de Windsor para la Familia Real. Sobre este punto se "aconsejó" a la Reina, y la situación cobró carácter oficial en su cumpleaños, el 21 de abril, con gran disgusto de Felipe. Es posible que sintiera que su esposa sería otro plato fuerte, mientras él languidecía —sin un cargo constitucional— en el jardín de un hastío sin destino y su suegra y su cuñada gozaban de la confianza de la Reina. "Solía decir: 'No soy una cosa ni la otra... no soy nada' —recordaba Eileen Parker—. Creo que experimentaba frustración... mucha frustración". Su esposo coincidía: "Creo que hubo momentos que le parecieron casi insoportables".

Por lo tanto, quizá no sea sorprendente que Felipe se consolara con amistades externas a la Familia Real; con personas buenas y discretas como los Parker. Ella recordaba que una noche había abierto la puerta de su apartamento, "y ahí estaba el príncipe Felipe... solo. 'Hola'. El sonrió, mostrando una botella de gin... Yo retrocedí unos pasos, y él entró entusiasta en la habitación". Era una noche de invierno a hora avanzada y hacía muchísimo frío y los Parker tenían sólo un calefactor eléctrico de dos barras en su sala. "Los tres nos amontonamos alrededor, tratando de entrar en calor y reconfortándonos con gin y comiendo los macarrones con queso que teníamos sobre las rodillas. El príncipe Felipe parecía sentirse completamente como en casa con lo que sin duda era un manjar relativamente escaso, comparado con la cocina del Palacio de Buckingham. La escena se convirtió en una velada muy agradable en todo sentido", y se repitió con frecuencia durante los primeros años del matrimonio de Felipe con la Reina.

1953, el año de la coronación, no pudo comenzar en una atmósfera más sombría. Más de quince mil personas, desde Lincolnshire hasta Kent, murieron en las tormentas de invierno, que dejaron sin hogar a más de veinticinco mil personas. Después, con la llegada de una primavera precoz, el aire tenso y húmedo de Londres cobró características letales: más de nueve mil hombres, mujeres y niños fallecieron a causa de enfermedades relacionadas con el *smog*, y las máscaras antigás, reliquias de la guerra, fueron exhumadas y distribuidas entre los asustados escolares.

Desde la muerte del rey Jorge, se había acentuado la fragilidad de la reina María, si bien le agradaba que su familia la invitase a comer y también a tomar el té en su octogésimo quinto cumpleaños, en mayo de 1952. Durante los primeros días de febrero de 1953, desafió el frío y pidió que el coche la llevase dos veces a visitar Hyde Park, para ver los palcos construidos con destino a la coronación. Agotada después durante varios días, informó que, si por alguna razón no podía asistir al acontecimiento, que se efectuaría en julio, no debían postergarlo por ella. "Comienzo a perder la memoria —dijo a un amigo, y agregó con una sonrisa astuta, como si se tratara de un juguete apreciado y perdido—: pero pienso recuperarla".

Por lo demás, su capacidad mental se mantenía incólume y sus sentidos estaban intactos. Después de asistir a una representación de la pieza *September Tide*, fue llevada detrás del escenario para conocer a los actores, encabezados por la formidable Gertrude Lawrence (en ese momento amante del novelista Daphne Du Maurier). Luego de manifestar su admiración, la reina María dijo que algunas de las palabras le habían parecido inaudibles.

—¿Oyen? —preguntó Gertrude Lawrence, volviéndose hacia sus compañeros de reparto—. Ahora todos tendrán que hablar más alto.

—No todos —la corrigió la reina María—. ¡Sólo usted!

El 9 de febrero salieron con ella en lo que sería la última ocasión. Las molestias gástricas y las dificultades respiratorias la obligaron a quedarse en cama, pero el interés por su familia y por el arte se mantuvo firme.

La tarde del 23 de marzo pidió que le leyesen un libro acerca de India; era el lugar que le había agradado especialmente medio siglo antes. Hacia la tarde siguiente, ya no fue posible sacarla del coma. La Reina se sentó un breve momento a su lado, y el Duque de Windsor fue llamado a Londres. A las diez y veinte de la noche del 24 de marzo, la reina María dejó de respirar.

En el mundo entero no se pronunció una sola sílaba de crítica pública a esta grande y anciana dama, pues si la consagración absoluta al deber es una señal de grandeza quizá no hubo otro miembro en esta saga familiar que mereciese con tanta claridad el derecho a la calificación de honorable. A veces inflexible en sus normas, rígida en su postura moral y carente de humor cuando alguien aunque fuese remotamente comprometiese la dignidad real, en último análisis María fue una definición viviente de la auténtica Reina. Vio muchas guerras y episodios de muerte y crueldad, y a través de todo eso mantuvo una actitud inconmoviblemente honrosa. Es improbable que alguna vez se mostrase intencionalmente antipática con alguien, y sin duda por sí mismo este es uno de los signos inequívocos de su auténtica nobleza. Todo su carácter podría resumirse en las palabras que pronunció ante un grupo de niños durante la guerra: "Recuerden que la vida está formada por gestos de lealtad. Lealtad a los amigos, lealtad a las cosas hermosas y buenas, lealtad al país en que viven, a su Rey y, sobre todo, porque eso resume todas las restantes formas de lealtad, lealtad a Dios".

A pesar de todas sus actitudes anticuadas y su protocolo, la reina María había apreciado mucho la decisión de Isabel (adoptada por sugerencia del duque de Norfolk, conde mariscal de Inglaterra, encargado de la preparación de todas las grandes ceremonias reales) de permitir que se televisara la ceremonia de la coronación, pues, aunque nunca permitió que se instalaran teléfonos en sus habitaciones, María estaba fascinada por el nuevo medio. Había un solo canal de la BBC y programas limitados en 1953, pero la anciana Reina había seguido la programación de mes en mes y se impacientaba con la tesis de que sólo debían verse partes previamente retocadas de la ceremonia. Norfolk e Isabel prevalecieron frente a las objeciones de Churchill, el arzobispo de Canterbury y Alan Lascelles, que arguyeron con énfasis que el misterio y la mística de la monarquía se verían peligrosamente amenazados si las cámaras de la televisión ofrecían al mundo una visión en primer plano de la coronación. La coronación, insistió Su Majestad (citando el Libro de Ceremonias Anglicano), debe realizarse "a la vista de todo el pueblo", y ella estaba dispuesta a aceptar literalmente dicha exhortación. Instruida por su tutor Henry Marten, la Reina sin duda recordó la exhortación del hijo mayor de Victoria a su madre: "Vivimos en tiempos decisivos, y cuanto más vea la gente al Soberano, tanto mejor será para el pueblo y para el país".

Es posible que Norfolk y la Reina no lo supieran esa primavera, pero con esta única decisión Isabel II se convirtió ella misma, y después su familia, en las celebridades más sorprendentes y duraderas de los medios de difusión de todo el mundo. Veinte millones de británicos vieron la coronación el 2 de junio, y con las versiones filmadas que fueron despachadas a todo el mundo, otros tres millones vieron el espectáculo en pocos días. Las bodas habían sido ceremonias privadas en tiempos de la reina Victoria y se las celebraba en una capilla real o con discreción en el Palacio de Buckingham. Pero, desde la boda del Duque de York con lady Isabel Bowes-Lyon en 1923, se convirtieron cada vez más en ceremonias espléndidas. En 1953 hubo un exitoso intento real de utilizar los medios para exaltar la celebración, y lo mismo sucedió en 1981, cuando la boda del Príncipe y la Princesa de Gales fue vista por unos 500 millones de personas en todo el mundo.

El 1 de mayo comenzaron los ensayos en el Salón Blanco del Palacio de Buckingham, un amplio recinto casi tan espacioso como la nave principal de la Abadía de Westminster. Además, se marcó con cinta y tiza el Gran Salón de Baile, como una reproducción exacta más pequeña de la distancia entre los participantes del rito. La duquesa de Norfolk sustituyó a la Reina en el primer ensayo de la ceremonia real en la Abadía, con el arzobispo de Canterbury. La propia Reina llegó el 21 de mayo para observar nuevos ensayos, antes de representar su propio papel el día siguiente. Cinco días después ciñó por primera vez la corona de San Eduardo, que pesaba dos kilos y medio. El último ensayo con trajes se realizó el 29 de mayo. Felipe asistió ese día y, sintiéndose como un actor en una pieza ocasional, pronunció de prisa el juramento público de fidelidad a la Reina. Después dio un beso a su esposa y se dispuso a abandonar el lugar, hasta que una voz interrumpió el silencio: "No seas tonto, Felipe —ordenó la Reina—, ¡vuelve y hazlo *como es debido*!" Y él lo hizo.

Entretanto la Reina también se preparaba por su cuenta, leyendo y memorizando extensas partes del rito. Recorría la longitud de las salas de baile del palacio con un libro en la cabeza; caminaba con una manta de brocado unida a su vestido; medía las distancias y tomaba los tiempos. Lo que era igualmente esencial, adoptaba las limitaciones dietéticas necesarias, de modo que desde las siete de la mañana cuando ya estaba vestida por completo y preparada para abandonar el Palacio de Buckingham, hasta las cinco de la tarde, cuando regresaba, no era necesario que Su Majestad se disculpase. Durante cuatro días vivió a base de huevos duros (para retrasar la actividad intestinal normal) y elevadas dosis de sal (para reducir drásticamente el funcionamiento del riñón y la vejiga).

Pero hubo otra clase de incomodidad. De hecho, fue la primera crisis del reinado de Isabel y pasó del calor intenso al hervor en el momento mismo en que estaban posando la corona sobre su cabeza. A fines de mayo, la princesa Margarita y Peter Townsend comieron con la Reina, el príncipe Felipe y la Reina Madre, todos los cuales parecían simpatizar con sus deseos de casarse ahora que Peter se había divorciado. Pero los sentimientos de la familia no aparecían totalmente claros, porque no se los expresaba, aunque Townsend tuvo la sensación de que los personajes reales creían que el matrimonio "no podía ser". Y aquí comenzó el problema; desde el principio, Margarita y Peter no recibieron la menor orientación de la familia, no hubo firmes indicios de que se les prestaría apoyo; simplemente una actitud de ver y esperar que los obligó a lidiar sobre todo con los cortesanos hostiles.

Había un dilema fundamental, y la Reina reconocía que ella no sabía cómo afrontarlo. Incluso mientras todos cortaban el salmón escalfado ese día de primavera, la Casa Real de Moneda estaba acuñando nuevas monedas con las letras "DF"; entre los títulos de Isabel se contaba el de *Defensor Fidei*, es decir, Defensora de la Fe. Y en 1953 la Iglesia de Inglaterra se oponía tan firmemente al nuevo matrimonio de los divorciados como en 1936.

La dificultad era evidente. ¿Cómo era posible que la joven Reina, precisamente cuando la Familia Real necesitaba ser vista como la antigua y estable familia de Jorge VI, podía permitir que una Princesa joven, bonita y obstinada se casara con un divorciado dieciséis años mayor. Además, estaba el hecho de que Margarita, tercera en la línea de sucesión al trono, era Regente; mientras que no lo era Felipe. En caso de muerte o incapacidad de su hermana, sería la Reina Interina, hasta la mayoría de edad del príncipe Carlos. Pero el 11 de noviembre el Parlamento aprobó la Ley de Regencia de la Reina, precisamente a causa de la incertidumbre acerca de lo que haría Margarita. Felipe fue designado Regente. Se trataba en cierto modo de una censura que afectaba a Margarita... o por lo menos, de un voto de no confianza.

A la inversa, algunos creyeron que la Reina tenía una doble intención: eliminada Margarita como posible Regente, también desaparecía un obstáculo que se oponía a su matrimonio. Es una interpretación generosa, pero no es posible verificarla y parece improbable. El primer ministro interino, R. A. "Rab" Butler, delegado de un Churchill enfermo, insistió en que el hipotético matrimonio nada tenía que ver con la modificación en el tema de la regencia, una variante que según dijo había sido planeada durante más de un año.

Esa misma semana, antes de la coronación, Townsend hizo una confidencia a Alan Lascelles, el guardián del monarquismo victoriano que poco antes se había opuesto con tanta energía a la presencia de las cámaras de televisión en la coronación. (Lascelles, cuyo servicio se remontaba a Jorge V y Eduardo VIII, había sido secretario privado del rey Jorge VI de 1943 a 1952, y había conservado ese cargo con Isabel.) Cuando Townsend se acercó a Lascelles y le reveló sus intenciones, el viejo cortesano explotó: "¡Usted seguramente está loco o se siente mal!".

"Había esperado —dijo después Peter— una reacción más positiva."

Pero el capitán Townsend sufriría una desilusión. Aunque todos los miembros de la Familia Real le profesaban respeto y afecto, "el punto esencial —según dijo— era que yo estaba divorciado y la Reina... no podía, desde el punto de vista constitucional, otorgar su consentimiento [al matrimonio con Margarita]. A menos que el primer ministro considerara oportuno aconsejar lo contrario". Por el momento, cualquier discusión ulterior se vio postergada por la coronación de la Reina. Fuera de la familia, nadie estaba enterado de la relación entre el capitán Townsend y la princesa Margarita.

Por fin, con admirables denuedo y precisión británicos, todo pareció desarrollarse bien a la luz pública (excepto el tiempo londinense, ingrato e imprevisible, que de pronto adquirió un tono húmedo y frío). El 1 de junio, Edmund Hillary y el sherpa Norgay Tenzing llegaron a la cumbre del monte Everest. La oportunidad no podía haber sido mejor elegida.

El 2 de junio, día de la coronación, había sido fijado con la intención de asegurar el buen tiempo. Por desgracia, el cálculo resultó fallido, y los millones que pasaron esa noche en las calles de Londres por la mañana estaban empapados. Pero hubo compensaciones. Esa semana se autorizó la distribución de un excedente de raciones de la posguerra: a todos se les entregó medio kilo suplementario de azúcar y poco más de 100 gramos de margarina o grasa para cocinar.

El espectáculo mismo estaba destinado a determinar, para la joven Reina, lo que una ceremonia anterior había logrado para Victoria cuando esta regresó a la vida pública: recrear la monarquía como símbolo de la identidad nacional, como una entidad que el pueblo debía venerar. Ahora que el Imperio decaía precipitadamente, se multiplicaron los elementos del esplendor.

Frente al Palacio de Buckingham, cincuenta mil personas habían esperado dos días con sus noches, y otros tres millones se alineaban a los costados del camino. El primer contingente, encabezado por el Lord Mayor de Londres, partió del Palacio de Buckingham precisamente como lo indicaba el programa, a las 7.55 de la mañana. A las 10.35 la Reina y el príncipe Felipe atravesaron las puertas del palacio en la espléndida Carroza Ceremonial, un vehículo dorado de cuatro toneladas, construido para Eduardo VII. Isabel iba tan serena que cuando un servidor le preguntó si todo estaba bien respondió afirmativamente y agradeció: acababan de decirle que su favorito en el Derby, un caballo llamado Aureola, se había comportado de maravillas esa mañana.

En la Abadía de Westminster se le habían asignado asientos a 7.000 personas; otras 110.000 recibieron asientos afuera. Parecía que todos contenían la respiración cuando la monarca descendió de su carruaje exhibiendo una diadema de diamantes y una túnica de terciopelo carmesí revestida de armiño y encaje dorado. Pronto se la aligeró de este atuendo y permaneció de pie, con una simple túnica de lino blanco, para afrontar la ceremonia de la consagración. El arzobispo de Canterbury, Geoffrey Fisher, ungió a Isabel con óleo preparado de acuerdo con una fórmula ideada por Carlos I. Después ella vistió varias capas de recargadas túnicas doradas y cuando llegó el momento de la imposición efectiva de la corona, la llevaron a la silla de la coronación, utilizada con ese fin desde el siglo xiv. En silencio absoluto, el Arzobispo sostuvo la corona de San Eduardo a cierta altura sobre la cabeza de Isabel y después la bajó lentamente. En la Abadía resonaron los gritos de "¡Dios salve a la Reina!". Las trompetas sonaron, las campanas repicaron y los cañones dispararon por todo Londres. Después el príncipe Felipe encabezó a los pares del reino en el acto muy ensayado de homenaje a la Soberana: "Yo, Felipe, duque de Edimburgo, me convierto en tu siervo en vida y cuerpo, y prometo mi veneración terrenal; y consagraré sobre ti mi fe y mi verdad, para vivir y morir, contra todos y cada uno. Y que Dios me ayude."

En este momento las damas de honor de la Reina, que habían estado esperando cuatro horas bajo las intensas luces de la televisión, comenzaron a sentir vahídos y fueron llevadas detrás de una pantalla por un clérigo. "El arzobispo de Canterbury extrajo un frasquito de cognac y dijo: 'Creo que a una o dos de ustedes les vendría bien un traguito' —recordó lady Glenconner, que entonces tenía veinte años—. El licor vino muy bien; aunque la Reina no bebió nada."

La ceremonia entera insumió cuatro horas y veinte minutos, y la procesión de regreso llevó a la Reina a lo largo de Whitehall y Pall Mall hasta Piccadilly, y después recorrió Hyde Park hasta Marble Arch y continuó avanzando hacia el este por la calle Oxford, por Regent y Haymarket, y a lo largo del Mall hasta el Palacio de Buckingham. La Reina no pudo retirarse hasta pasada la medianoche, y al llegar ese momento ya se había visto obligada a regresar al balcón con Felipe, Carlos y Ana más de una docena de veces; en todas ellas lució la Corona Oficial Imperial (menos pesada que la corona de San Eduardo), y siempre apareció sonriendo y saludando en respuesta a los gritos y los vivas de la población, embriagada de pompa y circunstancia.

Pero no se permitió que la Reina usara sólo una corona. También tuvo que llevar una aureola. Poco a poco, en el curso de los cuarenta años siguientes, parecería que la aureola estaba hecha sobre todo de neón, y era el efecto de la publicidad y la adulación de los medios.

Allí donde las monarquías sobrevivían en el resto del mundo, había una actitud moderna, de sentido común. Por ejemplo, las naciones escandinavas y los Países Bajos tienen figurones constitucionales que relacionan a su pueblo con la tradición; su presencia recuerda al público y a los políticos que el país tiene un pasado y que este en sus mejores expresiones es más grande que la ética política predominante. Los miembros de estas familias concurren a las escuelas públicas, tienen empleos, viajan en tranvía y en bicicleta, cenan en restaurantes corrientes y fácilmente pueden ser identificados y saludados por los ciudadanos.

En Inglaterra no sucedió nada tan vulgar; no por un decreto real, sino por la voluntad colectiva del pueblo. La propia coronación era un sacramento para el pueblo en la era de la televisión, un medio, observó *The Times* la semana de la coronación, que "convierte a todos los hombres y las mujeres del país en participantes del misterio del ungimiento de la Reina". Si millones de seres creían que así eran las cosas, el desastre debía ser el resultado inevitable del proceso en virtud del cual la televisión revelaba un número cada vez más elevado de aspectos de la Familia Real a la opinión pública. Alquien podría haber dicho que Bagehot se habría agitado en su tumba si hubiese visto hasta dónde la luz diurna se había derramado sobre la magia.

En razón de una extraña ironía, el proceso de asociar la vida de la Familia Real con la del ciudadano común y corriente había comenzado. Según relataba el propio H. G. Wells, su madre seguía con religiosidad todos los detalles de la vida de la reina Victoria y demostraba en esa actitud una lealtad apasionada, pues opinaba que la Reina era "una personalidad compensatoria"; una idealización del tipo de mujer que a ella *le habría agradado ser*. Más recientemente, Jorge VI y su Consorte habían ofrecido a la nación la imagen de una familia pequeña y feliz: los cuatro miembros alimentando a los patos en el Parke de Saint James.

En adelante, el público quiso saber si las figuras reales se parecían a los seres comunes y corrientes y, cuando recibieron una respuesta afirmativa, se sintieron defraudados. Es una hipótesis defendible la que explica que esta actitud esquizoide podía desarrollarse sólo en una sociedad racionalista postiluminista. Si la creencia en Dios ya no está de moda, debe existir alguien que satisfaga la necesidad de veneración de la sociedad. Los norteamericanos tenían a las estrellas cinematográficas.

Por consiguiente, la coronación de Isabel no tuvo el carácter de comunión espiritual que le atribuyeron los obispos. Por el contrario, era una producción sumamente lujosa para un pueblo fatigado que ansiaba una celebración esplendente. Si la ceremonia estaba destinada a unificar a la nación, ¿por qué todos sus elementos —como de hecho todos los elementos de la monarquía— apoyaban el estratificado sistema de clases y exaltan a los aristócratas adinerados? Por cierto, el espectáculo era impresionante, y pueden aducirse argumentos en favor de las antiguas liturgias que recuerdan a las congregaciones y los pueblos que ellos tienen tanto una historia como una posición original en el concierto de las naciones. Pero la verdad es que la coronación era todo menos un acontecimiento democrático (mucho menos místico) que unía a todos los seres: era un gesto exclusivo, inglés, anglicano y medieval, que lo confirmaba todo en una moribunda estructura de clases. Ese año se habló mucho de que la monarquía expresaba e incluso realizaba las aspiraciones del subconsciente colectivo. Pero nadie se atrevió a preguntar en público cuáles eran con exactitud esas aspiraciones. En cambio, la joven Reina ocupó el centro de un culto instantáneo; y no sólo en Inglaterra sino en el mundo entero, y quizá sobre todo en Estados Unidos, que siempre pareció añorar la monarquía a la que expulsó en 1776. (*A Queen Is Crowned* [Coronación de una Reina], una película que condensa el episodio, narrada por sir Laurence Olivier, utilizando un texto rimbombante de Christopher Fry, fue presentada durante meses ante los públicos entusiastas de un cine de Manhattan.)

Estos conceptos resultaban claros para algunos, pero sólo unos pocos. A los pocos días de la coronación, *The Times* advirtió que los británicos podían ser un pueblo bueno que había llegado a caer en el descuido y que ya llevaba demasiado tiempo apartado de la realidad. "Una nueva Era Isabelina —advertía un periodista— corre el riesgo de convertirse en encantamiento, una suerte de maniobra de mago, como si el nuevo carácter de la nación pudiese afirmarse sólo proclamándolo."

Quizás era inevitable que en junio de 1953 la Reina de Inglaterra iniciara una luna de miel muy prolongada con la prensa y con su pueblo. No se le requería que fuese grande; sólo que fuese graciosa. Y esta cualidad la realizó admirablemente; como las cámaras del cine y la televisión la documentaron a lo largo de ese verano, cuando la Reina visitó Escocia, Irlanda del Norte y Gales, y después, cuando ella y Felipe iniciaron una amplia gira por la Commonwealth, del 23 de noviembre de 1953 al 15 de mayo de 1954.

Pero, en el momento mismo en que Su Majestad salió de la Abadía de Westminster, todavía sosteniendo el orbe y el cetro, todavía vistiendo la Corona Imperial y la túnica de armiño, se preparaba la primera crisis de su reinado. La desencadenó un gesto bastante nimio. Mientras seguía al séquito de la Reina que salía de la Abadía, la princesa Margarita se detuvo a charlar con Peter Townsend. Podría suponerse que el gesto carecía de consecuencias; después de todo, él continuaba siendo *master de la Casa de la madre de Margarita*, y un agregado identificable y muy visible de la Familia Real. Incluso con los fotógrafos revoloteando alrededor, nada parecía estar fuera de su lugar; hasta que la propia Margarita se permitió un gesto casi imperceptible. Extendió la mano para retirar una hilacha de la chaqueta de Peter. Durante los primeros días los diarios abundaban en anécdotas acerca de la coronación y ningún editor deseaba tomar la iniciativa de avergonzar a Su Majestad con sugerencias claras acerca de la actitud romántica de Margarita.

El 13 de junio, Lascelles habló a Churchill del deseo de Margarita de casarse con Townsend. Cabe señalar que es posible que Lascelles haya tenido hasta cierto punto un interés creado en el futuro de Margarita: estaba emparentado con la madre de Johnny Dalkeith, uno de los anteriores acompañantes de Margarita, y ciertos cronistas de la familia real creen que alentaba en él una ambición al estilo de Mountbatten que lo había animado a promover una relación imprecisamente regia por intermedio del matrimonio. La reacción del Primer Ministro ante la noticia del presunto matrimonio, de acuerdo con el testimonio de su secretario John Colville, fue que "siempre debe permitirse que el curso del verdadero amor se desarrolle sin tropiezos, y que nada debía interponerse en el camino de la hermosa pareja. Pero lady Churchill dijo que, si su marido seguía esta línea, cometería el mismo error en que había incurrido durante el episodio de la abdicación".

Este consejo conyugal dio en el blanco, y, cuando la Reina habló con Churchill, ese fin de semana, la respuesta que él dio no fue la que cabía esperar. Antaño había sido un firme partidario del derecho de Eduardo VIII a casarse con quien prefiriese, pero ahora Churchill dijo que había aprendido de aquel episodio. Sería una cosa especialmente desastrosa —y nada menos que durante el año de la Coronación— que Su Majestad permitiese el casamiento de su hermana con un divorciado. Lo mismo dijo Lascelles a Su Majestad. Es dudoso que la Reina les recordase que varios ministros del gobierno —entre ellos Anthony Eden, ministro de Relaciones Exteriores (que pronto reemplazaría a Churchill)— estaban divorciados y se habían casado en segundas nupcias, y que lo mismo sucedía con Randolph, hijo del Primer Ministro. Cualquier inclinación que pudiera inducir a Churchill a cambiar de actitud se vio frustrada por el ataque que padeció el 23 de junio y que efectivamente inauguró la última fase de su vida pública y puso en movimiento la secuencia del retiro.

Y, como sucede a menudo, otra fuerza actuaba entre bambalinas. La Reina, de acuerdo con la vizcondesa viuda Hambleden (íntima amiga de la Soberana y de su madre), "dependía mucho de la ayuda y el consejo de su madre cuando ascendió al trono, y el hecho de que la Reina Madre no apoyase concretamente el asunto significó, hasta donde la cuestión concernía a la Reina, que [el matrimonio] no funcionaba"; es decir que no se realizaría.

Y así persistió el problema. De acuerdo con los términos de la Ley de Matrimonios Reales de 1772, a los veintidós años Margarita debía contar con la autorización de su hermana para casarse, y la hermana necesitaba la aprobación del gobierno para superar la prohibición religiosa; el Primer Ministro señaló con razón que el gobierno no concedería dicha aprobación. Sin embargo, existía la posibilidad de una resolución favorable a Margarita. Si ella y Peter estaban dispuestos a esperar hasta que Margarita cumpliese veinticinco años, dos años después, la joven podía superar el veto de la Soberana y casarse con él. Margarita aceptó esta postergación. Pero la Reina no informó a su hermana que incluso después de la demora Margarita continuaría necesitando la aprobación del Parlamento (y lo que es todavía más absurdo, de los dominios) para casarse con Peter y conservar su jerarquía real.

Entretanto Felipe aseguró a su esposa y su suegra que dos años ciertamente serían tiempo suficiente para que la relación se agotase. Y a lo largo de todo este período Alan Lascelles formulaba argumentos a la Reina contra Margarita. "Lo maldeciré hasta la tumba", dijo Margarita varios años después, con un odio poco característico. Y, por el momento, la conspiración palaciega del silencio y la falta de comunicaciones auguraba una esperanza vana en lugar de la decepción, lo cual naturalmente determinó que el resultado final fuese más destructivo.

El 14 de junio, *The People* reveló los rumores del romance real y los nombres de los protagonistas. El personal de la Reina, procediendo con la renuente aprobación de la soberana, ofreció entonces a Townsend un modo digno de salir del foco de la atención: el traslado a Bélgica, Africa del Sur o Singapur. Dos semanas después, el 3 de julio, apareció una nota muy breve en la tercera página del *The Times*: "Ayer se supo en Londres que el capitán P. W. Townsend, ayudante suplementario de la Reina, ha sido designado agregado aeronáutico en la embajada británica en Bruselas y ocupará su cargo aproximadamente dentro de dos semanas."

La prensa amarilla no se mostró tan discreta: AMIGO DE LA PRINCESA MARGARITA DESIGNADO EN EL EXTRANJERO decía el titular del *Daily Mirror* el mismo día, sobre un titular más ancho: UN AFECTO SINCERO Y PROFUNDO.

Durante varias semanas los diarios extranjeros estuvieron hablando de un romance entre la Princesa y el moreno y apuesto ayudante provisional de treinta y ocho años de su hermana, la Reina... se dijo que ella estaba dispuesta a seguir el ejemplo de su tío el duque de Windsor y renunciar a sus títulos y derechos reales con el fin de desposar a la persona que ama, que se ha visto involucrada, a pesar de ser inocente, en un divorcio.

Lo cual equivalía a revivir el año 1936 y algo más; aquello olía a venganza. "Sin duda, mi deber era aceptar [la designación] —recordaba Townsend—. De todos modos, no había alternativa. Pero según se vio al deportarme precipitadamente los jefes del Régimen estaban cometiendo un grave error. Contaban con que mi exilio destruiría nuestra relación. No fue así."

Entretanto la prensa londinense comenzó a hacer más ruido. El 10 de julio el *Daily Mirror* informó en primera página que el Gabinete había negado a la princesa Margarita la autorización necesaria para casarse. En ese momento ella y su madre estaban en Africa del Sur y no podían contestar las preguntas formuladas al encargado de prensa de Margarita. Adivinando la existencia de una noticia sensacional desde el punto de vista periodístico, el *Daily Mirror* fue más lejos el 13 de julio y promovió una encuesta nacional:

Formulario para votar

+ *El capitán de grupo Peter Townsend, de treinta y ocho años, piloto en la Batalla de Gran Bretaña, ha sido la parte inocente en un divorcio. Se le entregó la custodia de sus dos hijos y su anterior esposa recientemente se ha casado por segunda vez.*

+ *Si la princesa Margarita, que ahora tiene 22 años, así lo desea, ¿debe permitírsele que contraiga matrimonio con él?*

Marque con una cruz el cuadrado frente a SI o NO.

Y así comenzó la primera gran incursión de los diarios en una suerte de comedia musical que de hecho se entrometía en los asuntos de la Familia Real; aunque en cierto sentido la coronación misma y la revelación que acarreó de detalles íntimos referidos a todos los aspectos de la familia ese día ya había avivado el apetito insaciable del público.

Los resultados fueron publicados en la primera plana del 17 de julio, el mismo día en que la Princesa regresaba de Rodhesia. De 70.142 respuestas, 67.907 (el 96,81 por ciento) opinaban que ella debía casarse con Townsend. Pero el gobierno, la Iglesia y la vieja guardia del palacio no estaban dispuestos a permitir que los impresionase la mera opinión pública.

Aunque la cuestión permanecería adormecida durante dos años y después culminaría de un modo singularmente acerbo, todo el asunto hasta ese momento había sido mal manejado por el palacio; específicamente por el secretario de Prensa de Su Majestad (primo de John Colville, secretario privado de Churchill). Para ser un hombre designado con el fin de que mantuviese relaciones corteses con los periodistas, Richard Colville manifestaba hacia ellos una antipatía que lo convertía en una persona inepta e incapaz. Su respuesta usual a las preguntas era "sin comentarios", con una mirada fría, y, lejos de contener el raudal de tinta que se gastaba entre Margarita y su enamorado, Colville con su actitud fomentaba toda clase de conjeturas absurdas. También en privado demostraba una rigidez prepotente e insultante. Por ejemplo, al menos en una ocasión telefoneó a Margarita y preguntó: "¿Por qué hizo esto?" Ella se sintió tan chocada que no supo qué responder.

Isabel y Felipe salieron de Londres el 23 de noviembre de 1953, para iniciar la gira de seis meses por los países de la Commonwealth, un recorrido cuyo propósito era reforzar la lealtad de los dominios, agradecerles el apoyo durante la guerra y demostrarles que "la Corona es un vínculo personal y vivo entre ustedes y yo", como ella dijo en una transmisión del Día de Navidad desde Nueva Zelanda. Ella era el primer monarca británico reinante que volaba sobre el Atlántico, y ahora era la primera que realizaba una gira por el mundo entero (ochenta mil kilómetros).[3]

Felipe hizo poco más que acompañar a su esposa, y esta obligación muy pronto lo fatigó. "Creo que Felipe se siente aburrido de toda la tarea real —dijo uno de los ex secretarios de la Reina—. Todos estos compromisos almidonados, tantas manos que hay que estrechar. De ningún modo era lo que le complacía. Sencillamente se hartó de todo el asunto."

"Esto es todo una pérdida de tiempo —llegó a ser una frase convertida en una suerte de Antífona ducal, y en Ceilán interrumpió una discusión acerca de la democracia con este sorprendente comentario—: He tenido muy escasa experiencia del autogobierno. Soy una de las personas más gobernadas del mundo." Percibido a veces como un individuo tosco y arrogante, tenía escasa paciencia para los que no compartían su punto de vista.

La faceta más cordial de Felipe podía verse cuando, en su estilo de comandante, estaba supervisando la administración del Palacio de Buckingham: después de todo, era casi la única tarea que podía asumir. Vigilaba con atención a los 230 criados, las 690 habitaciones y las 10.000 piezas del mobiliario; también observaba, con especial atención a la economía, los inventarios anuales. Aficionado a los artefactos, ordenó que se incorporase un lavaplatos a la cocina real, un teléfono grabador bastante primitivo para su oficina y un sistema de intercomunicación que incluía a los coches reales. Por lo demás, le traspasaban los programas de las acostumbradas y tediosas ceremonias de inauguración de hospitales, revistas de tropas, recepciones universitarias y *gardens party*. Cuando se le pidió opinión acerca de una huelga de periodistas, en cierta ocasión en que visitaba a un grupo de estos profesionales, Felipe no vaciló en contestar: "Realmente eché de menos las tiras cómicas".

Durante la prolongada ausencia de sus padres, los niños quedaban al cuidado de sus niñeras. A diferencia de los afortunados retoños de Jorge V y María, que vivían al cuidado de sus abuelos Eduardo VII y Alejandra, dos personas indulgentes y afectuosas, Carlos y Ana veían muy rara vez a la Reina Madre. Ahora que estaba abandonando el luto, ella supervisaba la reconstrucción del Castillo de Mey (se proponía usarlo como casa de campo), y en 1954 viajó a Canadá y Estados Unidos. Como si aún fuese la Reina de Inglaterra, recorrió Virginia y Maryland, visitó al presidente Dwight D. Eisenhower y a su esposa, se unió a las celebraciones del bicentenario de la Universidad de Columbia y en general produjo bastante impresión en la sociedad neoyorquina.

En mayo de 1954 los niños al fin fueron despachados a Libia, para reunirse con los padres. "Los niños se mostraron terriblemente corteses —dijo después la Reina—, pero no creo que supiesen quiénes éramos en realidad." La cortesía debía incluir los formalismos habituales: Carlos tenía que inclinar la cabeza ante su madre siempre que la veía; Ana debía hacer una reverencia. Estos ritos no son los más propicios para crear una atmósfera de intimidad informal.

Quizá sea interesante observar que Isabel II por cierto era mucho más formal con sus hijos que lo que su padre había sido con ella y Margarita; no sólo sucedía que la Reina a menudo estaba distanciada geográficamente de sus hijos, también corresponde señalar que, de un modo que no armonizaba muy bien con su esencial sentido común, Isabel revivió un hábito de distanciamiento monárquico que incluyó también a sus propios hijos. Por desgracia, los resultados fueron desastrosos para todos; con la aparente excepción de su hija Ana, que mantuvo una relación singularmente estrecha con el padre. "[La Reina] a veces se mostraba caprichosa —recordaba Eileen Parker—, y recuerdo que a menudo decía: 'Ojalá pudiera parecerme más a usted, Eileen, pero por desgracia mi vida tiene tal carácter que eso no está a mi alcance'."

Por una parte, la Reina siempre estaba atareada y corría de aquí para allá en compañía de hombres de traje civil o de uniforme; su oficina era territorio prohibido para los niños. Más de una vez el pequeño Carlos pasó frente a la oficina de su madre cuando la puerta estaba entreabierta: "Por favor, mami, ven con nosotros a jugar", la llamaba, movido por el deseo de abalanzarse y tomarla de la mano. "Si pudiera hacerlo", suspiraba Su Majestad mientras con un gesto indicaba a un ayudante que cerrase la puerta para impedir la entrada al hijo. En cambio, la hora de juegos significaba para Carlos un paseo por el

Mall, con la señorita Peebles, o una visita a la Torre de Londres, con un detective y un preceptor privado, o una recorrida de Windsor, donde estaba la Reina Madre. Hasta que Carlos fue a la escuela (y después durante mucho tiempo), tuvo una niñez solitaria, protegida y antinatural, a pesar de la intención explícita de la Reina, que afirmaba su deseo de criar a sus hijos como se hacía con todos. El problema era que, a pesar de la calidez que ella había conocido con sus padres, no tenía la menor idea acerca del modo de criar a los niños normales. Felipe lo reconocía con franqueza: "Por mucho que uno lo intente, es casi imposible criarlos como si fueran niños comunes y corrientes".

Con respecto a otros aspectos de la etiqueta, una golosina ocasional estaba bien en la casa, pero no cuando viajaban en coche; alguien podía ver las pequeñas mejillas reales redondeadas por el bocado, y, en todo caso, los Príncipes evitaban comer en público. Todos los aspectos de la educación de los niños subrayaban que ellos no eran como otras personas, que formaban una casta aparte, cuyas actitudes debían calcularse con cuidado para obtener el mayor efecto posible. Por consiguiente, al pequeño Carlos sin duda le pareció perfectamente natural que hubiese minúsculos focos de luz en el coche de la Reina Madre, un poco por encima de la cara de la dama, con el propósito de realzar una especie de visión de primer plano. Las habían instalado para iluminar los rasgos de la abuela, de manera que ella pareciese animosa, alegre y con la cara sin arrugas cuando saludaba a la gente.

Como padre, la actitud de Felipe era incluso más desagradable. Cuando el niño dejaba una puerta abierta y un criado se apresuraba a cerrarla, el Duque ladraba: "Hombre, déjela así. El tiene manos. Que se ocupe de cerrarla". Eso era bastante razonable. Pero, como a Felipe se lo había privado del amor y la atención de un padre, no sabía cómo ofrecer una actitud cariñosa; un vacío especialmente doloroso, puesto que había tanta separación entre él y sus hijos.

"Felipe toleraba a Carlos, pero no creo que fuese un padre afectuoso —dijo Eileen Parker, que a menudo los veía juntos—. Alzaba en brazos a Carlos, pero su actitud era fría. Le agradaba más Ana, y creo que Carlos le tenía miedo." Tenía buenas razones, sobre todo después que Felipe arregló que Stephen Rutter, un niño norteamericano que tenía también nueve años, fuese al palacio los jueves por la tarde y retase a Carlos a un encuentro de boxeo. Quizás el Duque temía que las niñeras ablandasen o afeminaran al niño; en todo caso, hacía todo lo posible para endurecerlo. El joven Príncipe temía todos los jueves por la tarde; el jueves por la noche era el momento de pasar revista a las heridas físicas y emocionales. La niñera con mucha frecuencia oía que el niño se dormía llorando, pues, aunque el episodio podía haber sido humillante, el temor de desagradar al padre era todavía peor. El Príncipe conservó este miedo en la edad adulta; en este sentido, había un toque de Jorge V en el duque de Edimburgo.

Esta situación era especialmente difícil para un niño sensible como Carlos, que no podía comprender las amplias discrepancias de su propia vida. Disciplinado por el padre, mantenido a prudente distancia por la madre, de todos modos gozaba de la adulación y el servicio de un grupo completo de miembros del personal del palacio. Abrían las puertas para él, le limpiaban las ropas, le preparaban las comidas y las servían con elegancia. Aunque la Reina ordenaba al personal que no se dirigiese a los niños diciéndole "Su Alteza Real", ciertamente se los trataba de ese modo.

Pero, cuando el asunto Townsend llegó a convertirse en una crisis, el tratamiento que se dispensó a Margarita no armonizó con los privilegios de la Familia Real. Ella y Peter habían mantenido correspondencia casi cotidiana durante el exilio de Peter en Bélgica. Durante los dos años que transcurrieron desde su partida en julio de 1953 hasta el vigésimo quinto cumpleaños de Margarita en agosto de 1955 se vieron una sola vez. En julio de 1954 fue enviado en secreto a Londres, estuvo varias horas con Margarita, después vio a sus hijos y el mismo día regresó a Bruselas. Las intenciones de los dos miembros de la pareja eran más firmes que nunca. La meta era el matrimonio. Y durante un tiempo fue el propio Alan Lascelles quien recomendó a Margarita que se mostrase paciente, que obedeciera, porque finalmente podría casarse con Townsend. Algo podría venir a modificar la situación. Según se vio después, Lascelles no se mostraba franco ni mucho menos con Margarita.

Cuando ella cumplió veinticinco años, el 21 de agosto de 1955, Hugh Cudlipp, director del *Daily Mirror*, de nuevo situó a su medio a la vanguardia del periodismo, con un enorme y asombroso titular y un artículo de primera plana:

¡ADELANTE, MARGARITA!

Durante dos años el mundo ha murmurado acerca de este interrogante:

¿La princesa Margarita se casará con el capitán Peter Townsend, de cuarenta años de edad? ¿O no lo hará? Hace cinco meses, el capitán Townsend dijo al *Daily Mirror*: "Yo no puedo pronunciar la palabra decisiva. Ustedes comprenderán que debe provenir de otra gente".

El domingo la Princesa cumplirá 25 años. Si así lo deseara, podría notificar directamente al Parlamento sobre su deseo de contraer matrimonio sin requerir primero el consentimiento de su hermana la Reina. Ella podría terminar con los rumores. ¿Tendrá la bondad de decidirse?

¡POR FAVOR, DECIDASE!

Todos los periódicos de Inglaterra recogieron el caso. La revista *Time* le consagró ocho páginas completas. El mundo contempló la posibilidad de otra crisis constitucional.

La situación rápidamente se tornó insostenible. Margarita estaba informada que, debido a su decisión de ignorar la negativa del Consejo Privado a aceptar el matrimonio, era inevitable que perdiese el título, la jerarquía y las prerrogativas reales. Tendría que renunciar al estipendio proveniente de la Lista Civil y de hecho se vería separada de la Familia Real; todo esto con el fin de desposar a un divorciado. De hecho, como lo confirmaron los abogados del palacio, sería necesario redactar una Ley de Abdicación formal, de acuerdo con la cual Margarita renunciaría a sus derechos a la sucesión, y también a su lugar como consejera de Estado.

Y dicha ceremonia matrimonial no podría realizarse en Inglaterra. En otras palabras, era una alternativa completamente intolerable para una joven dama que estaba enamorada. Ocuparía un lugar al lado del rey Eduardo VIII. Pero, en septiembre y octubre, mientras aumentaban las conjeturas, durante un tiempo Margarita pareció dispuesta a abandonarlo todo por amor.

Y entonces sucedió algo muy extraño. "El Duque de Edimburgo —de acuerdo con la noticia publicada por un periodista londinense muy cercano al palacio— exhortó a la Reina y a la Reina Madre a oponerse al matrimonio." Es difícil determinar cuál fue la razón de esta actitud, pero quizá tuvo que ver con el hecho de que Townsend (que gozaba de la confianza del rey Jorge VI) inicialmente se había opuesto al casamiento del Duque con Isabel. Ahora, a los ocho años de su matrimonio, Felipe adoptaba una actitud más autocrática y regia que todos ellos. ("Es un cambio agradable encontrarme en un país que no está gobernado por su pueblo —dijo al general Alfredo Stroessner, de Paraguay, un hombre de quien se sabía que protegía a los refugiados nazis sobrevivientes—. Su gobierno decide lo que hay que hacer, y se hace." El personal de Felipe tuvo considerables dificultades para explicar esta actitud.)

La Reina Madre estaba persuadida de que un matrimonio entre Margarita y Peter era completamente desaconsejable, pero al principio la Reina no estuvo tan segura y trató de encontrar un modo de satisfacer el deseo de su hermana. Por fin, el 18 de octubre el primer ministro Anthony Eden (divorciado y casado nuevamente) dijo a la Reina que el Gabinete no aprobaría el matrimonio. La prensa adoptó entonces una postura inconcebiblemente devota. El 24 de octubre *The Times* fue el primer órgano que publicó un editorial que expresaba una actitud negativa, en el sentido de que, si decidía renunciar a su condición real y casarse, la princesa Margarita "desde ese momento debía pasar a la vida privada", y que la joven acarrearía la deshonra de su hermana la Reina, que se sentiría "aún más sola en su trabajosa vida de servicio público". El texto confería nuevo significado a la palabra "untuoso". *The Mirror*, que había apoyado el romance desde el primer día, a su vez golpeó: la posición del *The Times* era "el primer movimiento siniestro en un desagradable plan destinado a obligar a Margarita a renunciar al hombre amado mediante un ultimátum prepotente y calculado. Cabe presumir que ella debe pasar el resto de su vida, como los infortunados Windsor [es decir, el Duque y la Duquesa]: desarraigados, sin objetivos y sin esperanza... *The Times* habla a un mundo polvoriento y una época olvidada".

El Primer Ministro y la Reina, en diferentes reuniones, recordaron a Margarita y a Peter que ella no tendría medios de vida una vez que se anulase la asignación proveniente de la Lista Civil; que no podría casarse en una ceremonia de la Iglesia Oficial; y que se esperaba que ella y Townsend abandonasen el país durante un lapso indefinido. Después de conseguir que se sintieran traidores y delincuentes, Margarita y Peter en definitiva fueron derrotados. La situación tenía, como dijo el *Manchester Guardian*, "algo más que un regusto de la hipocresía inglesa". En medio del escándalo, Margarita asistió a una representación de *La novia vendida*, la ópera de Smetana, y permaneció en su asiento inexpresiva, mientras la heroína cantaba en inglés: "Tengo un amado... no lo olvidaré".

El lunes 31 de octubre, la Princesa emitió la siguiente declaración, escrita para ella por el propio Townsend:

Desearía que se sepa que he decidido que no me casaré con el capitán Peter Townsend. Sé que, si renuncio a mis derechos a la sucesión, es posible que celebre un matrimonio civil. Pero, teniendo en cuenta la enseñanza de la Iglesia en el sentido de que el matrimonio cristiano es indisoluble, y consciente de mi deber ante la Commonwealth, he decidido anteponer esas consideraciones a otras cualesquiera. He llegado a esta decisión completamente sola, y al proceder así me he sentido fortalecida por el apoyo y la devoción constantes del capitán Townsend. Agradezco profundamente la preocupación de todos los que siempre oraron por mi felicidad.

¿Era en efecto una reflexión religiosa antes que cualquier otra cosa? ¿O se trataba de la perspectiva de la pobreza, el ostracismo social y la deshonra de la familia? Probablemente se trataba de la combinación de los tres factores. En definitiva, una joven se veía forzada a renunciar al hombre a quien había amado durante años con el fin de demostrar la especiosa teoría de que la monarquía es sagrada. Y, sin embargo, en cierto modo ella marchaba de acuerdo con el sistema mismo al que intentaba superar. Siempre había sido una mujer en parte rebelde, pero sólo en parte: el resto era su carácter puramente principesco.

A Margarita siempre le había agradado su condición de figura real, había insistido en su propia precedencia y sus prerrogativas, se había erizado si se le trataba en forma indebida. Y aunque pudiera, no deseaba escapar al hecho de que era Su Alteza Real, la princesa Margarita, hija de Su Finada Majestad, el rey Jorge VI. Y esa era la parte de su persona que no tenía en absoluto ribetes de rebeldía; era más bien una fiel monárquica, que exhibía ese carácter hasta la esencia misma de su ser. Ese conflicto la perseguiría por el resto de su vida, la liberaría de modo de que gozara de independencia y después la sujetaría con una amenaza autoimpuesta de humillación. Era cierto, afirmaban todos los que la conocían. Había adoptado la decisión completamente por su cuenta, sin importarle las presiones externas. Lo mismo que su hermana, deseó continuar siendo una parte del grupo privilegiado, un miembro de la impecable Familia Real. Peter Townsend regresó a Bélgica antes de que se publicase la declaración de Margarita. Fue imposible fotografiar a Margarita sonriendo durante la mayor parte de los dos años siguientes.

"Nos pidieron que esperásemos un año —dijo Margarita varios años más tarde.

Después hubo ciertos malentendidos y nos pidieron que esperásemos otro año. Si Lascelles no me hubiese dicho que el matrimonio era posible, yo jamás hubiese vuelto a pensar en el asunto. La relación era inconcebible y Peter podría haberse alejado tranquilamente. En cambio, esperamos siglos y después descubrimos que todo era inútil. Parece terriblemente estúpido haber continuado tanto tiempo; fue una actitud malvada inducirnos a alimentar falsas esperanzas."

Y, cuando alguien preguntó por qué no habían concertado el matrimonio en sus propias condiciones, Margarita replicó sencillamente: "Peter no lo quiso". Muchos creyeron que allí terminaba todo el asunto. Townsend sin duda no deseaba un matrimonio en el que su esposa, convertida súbitamente en una persona avergonzada y pobre, se viese obligada a buscar el sostén de su familia. En último análisis, el asunto sencillamente tenía un exceso de elementos de la narración *Washington Square*, de Henry James. Cuando se deshizo la madeja y todo concluyó de manera trágica, este desastre fue la primera fisura en la fachada meticulosamente embellecida que había sido creada para beneficio de la casa de Windsor.

Muchos ciudadanos comunes y corrientes, entonces y más tarde, no podían comprender por qué Anthony Eden, un hombre divorciado y casado nuevamente, podía encabezar un gobierno y designar obispos y arzobispos, y en cambio una princesa, que tenía a lo sumo la posibilidad muy lejana de llegar al trono, debía soportar que negasen su derecho a casarse con el hombre que ella había elegido. Además, la declaración de renunciamiento de Margarita y Townsend —tan fácilmente aprobada por la Reina, el Primer Ministro, el arzobispo de Canterbury y millones de románticos mal orientados, que deseaban que alguien pusiera el deber por encima de todo— suscitó un grave problema constitucional. El derecho de sucesión es un tema que el Parlamento decide en compañía del Primer Ministro y otros jefes de la Commonwealth. No es de la competencia de la Reina o del arzobispo de Canterbury. Entonces ¿por qué se permitiría sólo una ceremonia civil si Margarita renunciaba a su derecho de sucesión?

Finalmente la gente razonable tuvo que preguntarse: ¿cuál era el concepto del deber que exigía que una persona renunciara a su vida personal, sacrificándola a la monarquía, la que estaba confirmada precisamente por un divorcio real (el de Enrique VIII) aprobado por una Iglesia Oficial? Lo que la Reina, el gobierno y la Iglesia de Inglaterra exigían de Margarita era que se sacrificara. Todos quedaron atrapados en una red de traiciones, y la verdad padeció las consecuencias. Como le sucedería por el resto de su vida a la princesa Margarita.

Y lo que no es menos importante para el futuro de la Familia Real: se organizó un auténtico espectáculo circense de los medios de difusión ingleses, para deleite del mundo entero; la mejor (o la peor) manipulación de las vidas privadas desde las semanas que siguieron a la abdicación del rey Eduardo VIII.

CAPÍTULO DOCE

El primer divorcio

1956 a 1965

> *Esto no tiene sentido.*
> Comentario de un docente acerca de una
> composición escolar del príncipe Carlos

Cuando el monarca no gobierna sino que reina, la adulación y la adoración del pueblo se traspasan del cargo a la persona. La década de 1950 asistió al florecimiento del moderno culto de la celebridad, como resultado no sólo de la proliferación del cine en el mundo entero, sino también a causa de la celebridad instantánea brindada por la televisión. Por consiguiente, cuando continuó el interminable flujo de material impreso acerca de las calificaciones escolares de Carlos y las excursiones campestres en familia de sus padres, algunos ciudadanos sagaces se inquietaron. "¿La nueva Era Isabelina será un fiasco?" preguntaba un artículo del *Daily Mirror* en octubre de 1956. ¿Para qué servía exactamente la Familia Real? ¿Hasta dónde era o podía llegar a ser importante?

Para la mayoría de la gente quizá bastaba que la Reina presentase una imagen agradable a la cámara y que el príncipe Felipe fuese un individuo ágil, y que ocasionalmente dijese algo más o menos divertido. Pero más de un periodista, crítico social y ciudadano leal advertía que la Corona no aportaba auténtica inspiración en un nuevo y complejo mundo de la posguerra. Y algunos que tomaban en serio y con respeto la tradición monárquica se preocupaban por la esencial trivialidad de la vida de la Familia Real.

Tales inquietudes estaban bien orientadas. Varios siglos antes, la reina Isabel I estaba mucho más directamente relacionada con su pueblo que su homónima ulterior; intervenía de manera más activa e íntima en lo que afectaba a la vida de todos, actuaba más libremente entre ellos y hablaba su idioma sin utilizar ninguna de las restricciones formales de la dicción de la clase alta que los Windsor cuidaban con tanto escrúpulo. Uno podría haber preguntado qué objeto tenía preparar al príncipe Carlos para una vida común y corriente si siempre se le negaba esa posibilidad. ¿Para qué mejorar su inteligencia si nunca se le permitía aprovecharla profesionalmente? Muchos observadores creían que los Windsor no estaban haciendo muchas cosas que fuesen útiles.

"La Familia Real —escribió B. A. Young ese año—, dispone de mucho tiempo: treinta y tantas apariciones en 90 días en verdad no constituyen un programa agotador para un grupo cuya principal razón de ser es la realización de presentaciones públicas." Era un punto concreto importante y quien siguiese la publicación de la Circular de la Corte podía ver que la Familia Real continuaba dividiendo el año entre las cinco residencias: exactamente como en tiempos de Eduardo VII, pasaban el otoño en el Palacio de Buckingham, la Navidad en Windsor y Sandringham, Pascuas de regreso en Windsor, el final de la primavera en Holyroodhouse y de agosto a octubre estaban en Balmoral. La vida exhibía una reconfortante cronología.

El dramaturgo John Osborne fue incluso más franco que Young: "Nadie puede afirmar seriamente que la sucesión real de episodios de elegante hastío, el protocolo de la antigua fatuidad, es útil desde el punto de vista político o sugestivo en el plano moral".

Precisamente esta marea de trivialidades que absorbían la vida real fue el rasgo cuestionado respetuosamente por John Grigg, lord Altrincham, en un importante y erudito ensayo publicado en *The National and English Review* en el verano de 1957. "Las cosas no han cambiado en absoluto en la casa de los reyes y en la rutina real, a pesar de que se ha anunciado la existencia de una época grande y nueva —dijo casi cuarenta años después—. La exaltada propaganda de la época afirmaba que se trataba de una nueva y grandiosa Era Isabelina; esa clase de cosas. ¡Pero no había en absoluto nada nuevo!"

La almidonada inmutabilidad se relacionaba con los cortesanos; anticuados ("acartonados" era el acertado término que usaba Grigg) y en muchos aspectos del todo incompetentes. Alan Lascelles era un hombre decente y fiel, pero estaba empantanado sin remedio en el protocolo y no podía aceptar que la hija de Jorge VI eligiera un hombre casado a tan escasa distancia (¡casi dos décadas!) después de la abdicación de Eduardo VIII. Richard Colville, que a causa de su discreción había recibido el empleo de principal funcionario de prensa de la Reina, era comandante naval por profesión y preferencia (hurra por el espíritu de Jorge V) pero Colville no tenía las calificaciones ni el talento necesarios para el cargo que desempeñaba en el palacio.

Hasta qué punto era inconcebible que Altrincham escribiese acerca de estas cuestiones en 1957 podemos juzgarlo por el insulto y la incomprensión que se le infligió de manera injusta (recibió golpes en la cara, en público, a manos de un bestial partidario de la monarquía). Años más tarde la mayoría de los historiadores le conceden el alto honor que se merece. "Los que adhieren a la Monarquía como institución —escribió Altrincham,

> deben estar por encima de las desagradables fotografías de color de una joven y esplendente mujer de brillante atuendo, para atenerse a las realidades más difíciles que se perfilarán de aquí a veinte años. La Monarquía no sobrevivirá, y mucho menos prosperará, a menos que sus principales figuras rindan el mayor esfuerzo posible y demuestren toda la imaginación que ellas y sus consejeros puedan desplegar."

El ataque de Altrincham, interpretado erróneamente en las semanas que siguieron a su andanada estival, apuntaba a los que rodeaban a la Reina; un grupo cada vez más anciano de cortesanos egoístas que le escribían los discursos, planeaban sus apariciones, elegían sus amigos, la protegían de esto y la acercaban a aquello, y en general aseguraban que la Soberana permaneciera distante, convertida en una figura sin importancia. "No será suficiente que ella represente las ceremonias —continuaba diciendo Altrincham—, tendrá que decir cosas que la gente pueda recordar y hacer cosas por propia iniciativa, que induzcan a la gente a enderezar el cuerpo y prestar atención. Por el momento, hay escasos signos de que esté perfilándose una personalidad semejante." Por consiguiente, en un ensayo, un autor reflexivo llegó al nervio de un problema esencial. El Palacio de Buckingham carecía de la capacidad para responder con espíritu creador al sesgo sociopolítico determinado por los tiempos modernos, que exigen una respuesta imaginativa y la búsqueda de un nuevo significado dinástico que por el momento no aparece.

Incluso algunos miembros de la familia de la Reina reconocían e identificaban el dilema. "Debe ser increíblemente difícil para una persona tan cercada por el protocolo, por las normas, por las costumbres [como es el caso de la Reina] ver ninguno de los elementos del mundo real", dijo su primo, el conde de Harewood.

> "Podemos recibir información al respecto, pero observar que la visión que ese mundo tiene de nosotros cambia y evaluarlo y saber hasta qué punto debemos adaptarnos a esa situación: eso debe ser increíblemente difícil. Por supuesto, son necesarios consejeros de visión muy aguda, personas que posean una auténtica percepción. Y no es fácil encontrarlos."

Altrincham insistía en que el meollo del problema era que la monarquía inglesa no sobrepasaba los límites de la raza o la clase. La educación convencional de la Reina la había preparado sólo para una Corte sin imaginación. "Crawfie", sir Henry Marten, la temporada londinense, las carreras de caballos y la caza de perdices, las giras reales; todo esto, como recordaba con razón lord Altrincham, habría enloquecido de tedio a la reina Isabel I. Lo que es peor, la Corte de Isabel II estaba formada casi por completo por ingleses de raza blanca, pertenecientes a la clase alta. Mientras la sociedad británica se convertía en una entidad completamente multirracial y multinacional (después de todo, Felipe adoptó la ciudadanía inglesa), la Corte continuó siendo (decía Altrincham) "un estrecho y pequeño enclave de damas y caballeros británicos. Eso no puede estar bien". Por lo menos, sostenía Altrincham, la Corte debía incluir a ciudadanos de la Commonwealth. Si la Reina es realmente la Cabeza de la Commonwealth, el personal de su casa (que incluye de cuatrocientas a quinientas personas) debería reflejar la misma diversidad. (Pero todavía en 1994 no había una sola persona que no fuese blanca en el personal del Palacio de Buckingham.)

Como un indicio complementario de la distancia que separaba a la monarca del pueblo, Altrincham criticaba el "estilo de lenguaje [de la Reina], que francamente es 'insufrible'. Como su madre, parece incapaz de pronunciar siquiera sea unas pocas oraciones seguidas sin un texto escrito, un defecto que es especialmente lamentable cuando el público puede verla" por la televisión. Los discursos de Jorge V eran la expresión natural del carácter del hombre, pero los de Isabel no lo son: "La personalidad expresada por las frases que ponen en sus labios es la de una escolar puntillosa, capitana del equipo de hockey, una auxiliar encargada de la disciplina y una candidata reciente a la Confirmación."

"Los que creemos que la Monarquía puede sobrevivir y representar un papel cada vez más positivo en los asuntos de la Commonwealth, no deseamos guardar silencio mientras nadie rectifica una sucesión interminable de errores... No hay límite a lo que puede obtenerse si de ese modo se perfecciona el cambio que Jorge V inauguró." Altrincham sostuvo que la Familia Real no necesita vivir como un grupo de nómadas elegantes. Y llegaba a la conclusión de que la Reina "es una institución meritoria", y decía que él la admiraba "personalmente y [deseaba] que tuviese buena suerte en su tarea infinitamente responsable y exigente".

No se trataba de un sentimiento salvajemente republicano. Y tampoco podía decirse tal cosa del artículo ulterior de Malcolm Muggeridge titulado "¿Inglaterra necesita realmente una Reina?" (en el *The Saturday Evening Post* del 19 de octubre). Su contenido no era tan categórico como lo sugería el título. "El círculo que rodea al trono —había declarado el *Daily Mirror* en octubre de 1956—, es tan aristocrático e insular como lo ha sido siempre." Era hora de reenfocar el sistema. La Reina y su esposo "debían apartarse de la tediosa sucesión de actividades reales aburridas y desprovistas de importancia".

Ni Altrincham ni Muggeridge reclamaban la abolición de la monarquía, que era la posición de los críticos más ruidosos cuando la reina Victoria se apartó de la vida pública, después de la muerte de Alberto. Sin embargo, Altrincham fue insultado públicamente sin razón alguna. Recibió una cantidad sorprendente de correspondencia insultante y hubo amenazas contra su vida. Mientras algunos miembros de la sociedad británica sonreían ante el hecho de que su querida Reina era (¡oh, sorpresa!) un auténtico ser humano, la gente pareció sentirse ofendida cuando Altrincham —que escribía movido por un profundo sentimiento de lealtad— dijo pues bien, es necesario tratar a la Reina como un ser humano y rescatarla de los peores excesos de su propia Corte y de las incrustaciones de un Régimen momificado. Se necesitaría que pasaran años antes de que se percibiese claramente hasta qué punto era positivo el cumplido que él había rendido al *principio* de la monarquía, al extremo de que la había beneficiado más que lo que había hecho el año de la coronación.

Según se vio, hubo una tranquila oleada de apoyo al ensayo de Altrincham y a la prosa mesurada, desprovista de histeria, que reflejaba una crítica reflexiva e inteligente del ineficaz sistema palaciego. Por ejemplo, nada menos que el príncipe Felipe percibió la sensatez de la crítica. "Debemos tener en cuenta este material —dijo a su esposa—. Nuestra tarea consiste en lograr que la monarquía funcione." Pero se mostró insensible a la presión de los grupos que no le interesaban. A pesar del clamor de los organismos de conservación de la vida animal, se dedicó a matar tigres en India, Pakistán y Nepal, y abatía con regularidad patos y perdices en toda Inglaterra. A Jorge V esa actitud le habría encantado.

De acuerdo con Altrincham, "Martin Charteris, ayudante del secretario privado de la Reina, me dijo que [lo que yo había afirmado] era lo mejor que le había sucedido al Palacio de Buckingham en mucho tiempo". En 1963, Altrincham renunció a su título de par:

> no porque esté contra los títulos hereditarios, los cuales poco importan en un sentido o en otro, son como una herencia de familia; sino simplemente porque no podría llegar a heredar un escaño en el Parlamento. Con el título de "Lord" uno recibe también un efecto deformante y tiende a ser tomado demasiado en serio por los tontos y no muy en serio por las personas razonables. Por supuesto, habría sido muy útil que el mundo exterior hubiese conocido entonces el apoyo [de Charteris].

Los principales miembros de la Casa Real comprendieron que Altrincham era sincero, que sus intenciones eran honorables y que apoyaba la institución.

Treinta y seis años después, las críticas de John Grigg al sistema eran más pertinentes que nunca, pues sus sugerencias por desgracia en su mayoría habían pasado inadvertidas.

> Creo que lo que hice fue útil a la minoría de la Casa Real que opinaba que los cambios eran necesarios. Son los servidores de la Reina, pero no saben cómo proceder. Los primeros ministros de la Soberana se han mostrado extraordinariamente serviles y descuidados en este aspecto y no han atendido con absoluta seriedad los mejores intereses de la Reina.

Inspirada por sus propias observaciones públicas que sugieren un motivo religioso que explicaría su renuncia al matrimonio con Peter Townsend, la princesa Margarita ha venido a confirmar la manifestación de un tono extrañamente piadoso en la trama de la Familia Real, por mucho que su vida privada a veces parezca rozar el libertinaje. ("Tú cuida de tu Imperio y yo cuidaré de mi vida", dijo cierta vez cuando la Reina la reprendió porque estaba coqueteando con algunos cadetes navales.) Gracias al celo que rodeaba la ceremonia de la coronación, la monarquía estaba convirtiéndose en algo parecido a un icono sagrado. Lo que era peor, tenía un carácter muy próximo a la idolatría. Durante la Segunda Guerra Mundial no se había castigado a un hombre por haber asesinado a una persona que criticó a la Familia Real. La situación apenas cambió durante los primeros años de Isabel II, no sólo en Inglaterra sino también en Estados Unidos, donde habían expulsado a la monarquía y después habían permitido que esta se convirtiese en un elemento más profundo y entrañable en el corazón de los ciudadanos. Si es cierto que los franceses y los alemanes sienten una perdurable nostalgia romántica por un Rey, es igualmente válido que Estados Unidos quizá se siente más enamorado y afectado por la monarquía que lo que puede verse en cualquier otro país. La primera visita de Isabel a Estados Unidos como Reina, en el otoño de 1957, así lo demostró. La prensa agotó su vocabulario de superlativos y el esplendoroso desfile en homenaje a la Reina y su Príncipe consiguió que las recepciones ofrecidas a Charles Lindbergh y el rey Jorge VI parecieran gestos casuales. Veinte mil fotógrafos rivalizaron unos con otros para ocupar lugares en cada escala del trayecto de Isabel en Washington y Nueva York.

El hecho era (y continúa siendo) que la monarquía británica canoniza el más arraigado sistema de estratificación social arbitraria y división de clases del mundo desarrollado. Representa con franqueza el rango y el privilegio en una era consagrada a la democracia y la idea de una sociedad sin clases, y así la Corona representa el sistema de clases, el derecho a la riqueza heredada y el rango. El monarca expresa no tanto las aspiraciones de un pueblo sino a la propia aristocracia; todos los términos y las jerarquías que antaño definieran a Inglaterra y no a la sociedad heterogénea que ella aspira a ser. En Inglaterra, un caballero sin título es inferior a un caballero de la nobleza, que está bajo un baronet, que a su vez se encuentra bajo un barón, que es menos que un vizconde, el cual es inferior a un conde, que está bajo un marqués, quien es inferior a un duque, y este a su vez es menos que un duque real, que se inclina ante el Rey o la Reina. Uno tiene que acudir al Vaticano para encontrar una estructura jerárquica tan antigua.

Incluso los empleados del palacio están sometidos a un orden jerárquico muy definido. El personal profesional que administra la monarquía —los secretarios privados y los lores chambelanes y los *masters* de la casa— provienen todos de las clases altas. Los mayordomos y los lacayos están sometidos a una rigurosa distinción de clases; una aristocracia de señores y señoras que no hablan a una clase media de criados, quienes a su vez no hablan al mero personal inferior.

Pero nada de todo esto preocupaba a la prensa o al público general en el año de gracia de 1956. Más bien puede afirmarse que nuevas variantes aparecían en la opereta de la realeza. Ese otoño, Felipe partió para realizar una gira de cuatro meses en la Commonwealth y, a la luz del asunto Townsend, se difundió el comentario general de que esta excursión expresaba cierta escisión en el matrimonio de la Soberana. No era, ni mucho menos, el primer viaje solitario de Felipe; había realizado muchas excursiones de inspección a las tropas, había gozado de vacaciones a bordo de yates y participado en maniobras navales. Además, generalmente trataba de evitar las sesiones ecuestres de la Reina. Cuando le preguntaron si la

Reina deseaba que le mostrasen cierto equipo científico que él estaba inspeccionando, Felipe replicó derechamente: "Por cierto que no. A menos que se pedorree y coma pasto, no le interesa". Cuando el informe de ese lenguaje usado en público llegó a oídos de la Reina, ella se limitó a contestar: "Es una pérdida de tiempo tratar de modificar el carácter de un hombre. Uno tiene que aceptar al marido tal como es". Dicha aceptación significaba soportar las afirmaciones notablemente francas de su esposo, por ejemplo cuando dijo ante una reunión de industriales británicos que era mejor que despertasen, aunque los dijo en términos más picantes. "Creo que es mejor que dejemos quietas las manos", dijo. "Hace años que cesé en mis intentos de corregirlo", suspiró la Reina cuando leyó ese comentario.

Y así, las diferencias de tiempo, espacio y gusto alimentaron los rumores acerca de una distancia cada vez más grande; murmuraciones que se acentuaron cuando Michael Parker se divorció de su esposa Eileen. Se dijo que la razón era que el Príncipe y su secretario habían intervenido en distintas orgías en el curso de una gira, entreteniendo a algunas damas y comportándose de un modo que no era propio de caballeros. Pero cuando la Reina recibió a Felipe al final de la gira, en Lisboa, el mes de febrero de 1957, le informó que en adelante sería el Príncipe del Reino Unido. Hasta ese momento sólo se lo había conocido informalmente como el príncipe Felipe, pues ese había sido su rango en Grecia. Con su nueva jerarquía, Isabel acalló con eficacia los desagradables comentarios acerca de la discordia conyugal.

Cuando volvieron a verse, sin duda Isabel y Felipe tenían muchos temas para tratar, y en ellos seguramente estuvo incluido el acontecimiento histórico de la semana precedente: la Reina había llevado a la escuela al príncipe Carlos. En realidad, la idea se había originado en Felipe. "El niño debe aprender a tratar con otros pequeños", había dicho, y la Reina coincidió con esa opinión.

Era el primer heredero al trono que salía del palacio para instruirse y en esa condición lo llevaban todos los días a la Hill House School, en Knightsbridge. Era un viaje de tres minutos en limusina desde el palacio. Con una nómina de 102 varones y una matrícula modesta de 100 £ anuales, la escuela para el niño de cinco años había sido elegida por su carácter anónimo. Allí concurrían los hijos de comerciantes y profesionales, y entre ellos no había ningún personaje noble. Con respecto al carácter anónimo, esa cualidad terminó bruscamente cuando su madre y un detective depositaron a Carlos en Hill House esa fría mañana de febrero y fueron recibidos por una andanada enceguecedora de restallantes luces. Carlos pronto aprendió que en efecto él era único. Cierta vez que él y Ana, de seis años, oyeron una banda militar fuera del palacio, la niña preguntó: "¿Es otra coronación?", Carlos tenía la respuesta pronta: "No seas tonta. La próxima coronación será la mía".

Hasta ese momento Carlos, que tenía ocho años, sabía muy poco de la vida real. La superficial educación que había recibido de miss Peebles estaba limitada a los elementos fundamentales de la lectura y la escritura; pero más inquietante pudo haber sido la falta total de trato social. Los hombres y las mujeres se inclinaban en privado ante los padres de Carlos, los vivaban en público, y él veía las fotos de sus padres en revistas y periódicos; a veces también la suya propia. No tenía la menor idea del dinero, aparte del hecho de que el perfil de su madre estaba estampado en las monedas y su cara en los billetes. Salir de compras, esperar en una fila, realizar tareas domésticas, conocer la privación; todos estos aspectos le resultaban tan extraños como un lenguaje extranjero.

Los cinco meses que pasó en Hill House comenzaron a restablecer el equilibrio, aunque fuese lentamente y por poco tiempo. Compartía un pupitre doble con el hijo de un médico, estudiaba aritmética y recibió sus primeras lecciones de historia, geografía y ciencias. Tenía que obedecer reglas, comer todo el alimento que le servían y colgar la chaqueta de su uniforme del perchero que le asignaban. Pero siempre estaba cerca un guardaespaldas y los docentes se sentían torpes cuando se limitaban a llamarlo "Carlos", como se les había ordenado que hicieran. Por consiguiente, en general no se le asignaba ningún nombre; algunos de los condiscípulos usaban el nombre de pila y pocos le temían. Pero a todos les resultaba difícil afrontar al grupo de periodistas y curiosos que se reunían a diario frente a Hill House, y que convertían en espectáculo circense la llegada y la partida de Carlos.

Además, había algo semejante a una doble norma con respecto al carácter más o menos común y amistoso que podía demostrar Carlos. Su chófer recordaba un día en que el niño Carlos, de ocho años, preguntó si podían llevar a su casa a un niño en la limusina. No, dijo el ayudante, a nadie se le permitía viajar en ese automóvil. El conductor observó en su diario que este incidente demostraba hasta qué punto se le permitía al Príncipe que saliera al mundo real y al mismo tiempo no se le otorgaba la posibilidad plena de aprovechar la experiencia. Si algo amenazaba las normas, se devolvía a Carlos a la seguridad del protocolo del palacio. "Carlos no entendía lo que estaba sucediendo —observó el chófer—, y [temo que] esto conducirá a dificultades en el curso de su vida, porque él no es una cosa ni la otra."

De todos modos, una columna tras otra de los periódicos detallaba para conocimiento del público los hechos más triviales. Carlos estaba en el equipo de lucha. Carlos demostraba interés por la pintura con los dedos y las acuarelas. Carlos comía un guiso de carne con zanahorias. El boletín de calificaciones de Carlos —presentado junto a otros en un tablero de la escuela— revelaba que "había empezado bien" o era "bueno" en ciertos temas, "no muy entusiasta" o francamente "lento" en otros. El veredicto acerca del período reflejó una evidente medianía.

En el otoño de 1957 Carlos fue enviado como interno al *alma mater* de Felipe, es decir Cheam, en Berkshire. Durante los ochenta y ocho días de su primer período allí se publicaron en la prensa nacional por lo menos setenta artículos con fotografías acerca de su persona, una andanada de publicidad que de nuevo (como cuando fue a Hill House) mal podía implicar el cumplimiento de la recomendación de su madre al director, en el sentido de que se tratase al Príncipe como a cualquier otro alumno. Como de costumbre, Felipe se mostró más realista. "Siempre está esa tonta idea de que se lo trate como a los restantes niños. En realidad, eso significa que se lo trata mucho peor, porque a él se lo conoce por su nombre y su procedencia. Por supuesto, está muy bien decir que se lo trate como a todos los demás, pero eso es imposible." Carlos nunca sería tratado "del mismo modo que todos" en el curso de su vida e incluso en la niñez podía usar esta situación en beneficio propio. Deseoso de viajar solo en una limusina cierto día, preguntó a su padre: "Por favor, ¿puedo viajar solo detrás esta vez? Ya sabes, papá, como un príncipe". Felipe descargó una palmada en el trasero de Carlos y lo sentó al lado del conductor.

Las contradicciones con las experiencias anteriores del niño se manifestaron inmediatamente en Cheam. Aquí encontró un mundo diferente de todo lo que el niño de nueve años había conocido; y Carlos, tímido y desconfiado, se vio en dificultades para hacer amigos. Por consiguiente, los períodos escolares que pasó allí y que continuaron hasta la primavera de 1962, no fueron felices ni lo reconfortaron. "¡Lo odio... lo odio... lo *odio*! —se quejó a un miembro del personal de Balmoral—. Es por los otros niños. Dicen que no sirvo para nada, que tengo las piernas muy gordas y se burlan de mí cuando trato de hacer casi cualquier cosa. Algunos me empujan o me atropellan y siempre tengo que estar alerta, no sea que me tiendan trampas."

Algunos años más tarde Carlos reveló la magnitud del sufrimiento que soportaba cuando era niño. "No era fácil hacer amigos. No soy una persona gregaria, de modo que siempre me horrorizaron las pandillas [es decir, las camarillas o los grupos de compañeros]. Siempre preferí mi propia compañía o la de una sola persona." Según recordaban los condiscípulos y los maestros, se mostraba terriblemente inseguro.

Carlos se enredó en escaramuzas interminables en defensa de su derecho, pero la denominación "Príncipe Gordo" pronto fue reemplazada por otra más respetuosa. En el verano de 1958 su madre anunció que cuando alcanzara legalmente la edad adulta (once años después) recibiría formalmente el título de Príncipe de Gales; sin embargo, incluso en ese momento la designación le correspondería. Pero, como lo comprobó Carlos en Cheam, el anuncio no mejoró en absoluto su posición social frente a los condiscípulos. Se sintió aún más avergonzado por el recitado de las oraciones tópicas en favor de la Familia Real en la capilla, pues su nombre se incluía después del nombre de los padres. "Deseo que recen también por los restantes niños", dijo ansioso un domingo.

Para complacer a su padre, se ejercitó en los campos de cricket y fútbol, donde descargó tantos puntapiés como los que recibió. Pero por mucho que se destacase en los deportes, Felipe y Carlos nunca fueron íntimos; no sólo porque el Duque consideraba que su hijo era un poco demasiado sensible, un poco demasiado vulnerable, sino también porque lord Mountbatten, siempre deseoso de extender su influencia sobre la Familia Real, aparecía siempre entrometiéndose con sus buenos consejos destinados al joven Príncipe.

Si Felipe se mostraba distante y más bien frío, Mountbatten era un hombre cálido y afectuoso con el muchacho. De ese modo, se convirtió por defecto en algo así como un padre sustituto de Carlos y esta relación determinó que se acentuara el proceso de distanciamiento que separaba el Príncipe del Duque. "Ciertamente, lord Mountbatten ha influido sobre mi vida y creo que lo admiro casi más que a cualquier otro. Es una gran persona." Estos comentarios impresos no aumentaron el afecto del padre por Carlos. Eran sentimientos conocidos también por el personal. Cuando el niño dijo a un lacayo del palacio que deseaba incorporarse a la marina, el criado preguntó: "¿En un barco con su papá como capitán?". La respuesta fue inmediata: "Oh, no. El pretende que yo haga demasiado. No quiero estar con él. Quiero ir solo y simplemente navegar en compañía de otros marineros. Pero extrañaré la presencia de mami". Pocos años más tarde, Carlos garabateó en una fotografía en la que aparecían él y Felipe: "No estaba destinado a seguir los pasos de mi padre".

La distancia emocional no desapareció en 1962, cuando Carlos pasó a Gordonstoun, la segunda *alma mater* de Felipe. A pocos kilómetros de Elgin, en Escocia, Gordonstoun funcionaba bajo la dirección de Kurt Hahn, un refugiado de la persecución nazi, que tuvo la extraña idea de que la austeridad monástica necesariamente convertiría en hombres fuertes a cuatrocientos varones. Con ese fin, Gordonstoun, que no se destacaba en las cuestiones académicas, asignó la más elevada prioridad a la resistencia en el marco de un régimen fieramente espartano. Carlos entró en un dormitorio grande y triste, que podría haber surgido directamente de las páginas de Dickens: sesenta camas de hierro alineadas contra las paredes, una fila frente a la otra, un piso frío de madera y las lamparillas desnudas colgando del techo, con todo el encanto de un asilo de locos. Comparado con esto, la cabaña de piedra de un campesino escocés era un palacio.

"En ti hay más", decía el lema de la escuela, aunque nadie podía aclarar más de qué. Fuera lo que fuese, ese elemento misterioso debía movilizarse gracias a los ejercicios con el estómago vacío a las siete de la mañana, seguidos por la primera de las dos duchas frías de la jornada. Sólo entonces empezaban las clases, en un momento en que los alumnos estaban listos para dormir una siesta. La escuela era un cruzamiento entre un orfanato victoriano y un campo de entrenamiento de comandos escoceses; el currículo subrayaba la vida esforzada: aprendizaje de operaciones de rescate en la montaña, marinería y navegación a vela, brigadas de lucha contra incendios. Estas actividades eran por lo menos tan importantes como la historia y las matemáticas. "Mis únicos recuerdos [de la escuela] evocan un horror absoluto", dijo lord Rudolph Russell, hijo del duque de Bedford. "Es un absoluto infierno", dijo Carlos a un amigo en ese momento.

El rendimiento académico de Carlos en Gordonstoun no fue muy destacado: aprobó francés, historia y literatura, pero fracasó en matemática y física. Lo que es más importante, se sentía miserablemente solitario. Incluso dos primos europeos se mantuvieron a distancia, no fuera que se los acusase de trepadores sociales; los demás alumnos estaban intimidados por su mera presencia; y algunos docentes a quienes cualquier forma de tratamiento les molestaba, lo llamaban "Windsor".

—¿Nunca se siente solo? —preguntó un día Carlos a su guardaespalda, Michael Varney.

—La mayoría de la gente se siente sola de tanto en tanto —replicó Varney.

—Pero, ¿y usted? ¿Se siente solo?

—Oh, sí... a menudo —según recordaba Varney, esa respuesta "pareció satisfacerlo".

Poco después, la noticia de la infelicidad de Carlos llegó al Palacio de

Buckingham y cuando preguntaron a Felipe cómo estaba su hijo, replicaba encogiéndose de hombros: "Bien, todavía no se fugó".

El resto de su vida, Carlos sufriría lo que es quizás el aspecto más perjudicial y humillante de ser una importante figura real: en su círculo inmediato, ninguno de sus servidores o consejeros jamás lo corregiría o indicaría que había actuado tontamente. "Cuanto más años tengo, tanto más solo me siento", dijo después. Parte de esa soledad proviene del papel y parte de su temperamento.

> Creo que mucha gente se atemoriza ante lo que otras personas pensarán de *ellos* si se acercan y me hablan. Pero están las otras personas y puedo verlos desde una distancia de un kilómetro, que más bien "presionan" y se muestran demasiado entusiastas; y generalmente son así por algún motivo ulterior. Ustedes saben a qué me refiero. No son los mejores. Por desgracia, las mejores personas no son las que se acercan y se presentan. Pienso: "¡Santo Dios! ¿Qué es lo que funciona mal? ¿Tengo mal olor? ¿No me cambié los zapatos? ¿Qué puede estar mal?".

Con malicia gozosa la prensa en efecto reprendió a Carlos cierta vez que lo sorprendieron, cuando tenía catorce años, bebiendo a escondidas una copa de jerez en una taberna. Pero este no era el primer paso en el camino que lleva a la perdición, como lo confirmó su temperancia ulterior.

Otro momento embarazoso sobrevino cuando un condiscípulo audaz robó uno de los anotadores de Carlos y lo vendió a un periódico escocés. Varios agentes de inteligencia fueron despachados para recuperarlo, pero en pocos días ya había sido copiado y reproducido en noviembre de 1964 por *Der Stern*, una revista alemana. El mundo supo que Carlos tenía una veta de típico cinismo real. La democracia, había escrito, significaba "otorgar iguales derechos electorales a gente que tiene una capacidad desigual para pensar". Más espinosa era todavía esta observación:

> Al confiar la administración de los asuntos principalmente a las clases superiores, el país por lo menos se salva de algunos de los males que se manifiestan en las clases inferiores a causa de la corrupción, aunque las clases superiores pueden carecer de inteligencia, responder a tendencias fundadas en el interés de clase y ser culpables también de un elevado nivel de corrupción en las designaciones políticas. El honor de la clase por lo menos la salva de las grandes corrupciones y sus miembros están permanentemente relacionados con el bienestar del país.

Acerca de esto, su profesor había escrito el siguiente comentario: "Esto carece de sentido".

En la primavera de 1966, los padres consideraron que era oportuno que asistiese a una escuela de la Commonwealth y así Carlos fue inscrito en Timbertop, una réplica de Gordonstoun en Australia. Las carreras a campo traviesa y el montañismo eran allí los episodios sagrados, pero en todo caso Carlos se sintió mucho más feliz que en Cheam o en Gordonstoun. "Me encantaba absolutamente. En Australia no existe la aristocracia. Los restantes condiscípulos eran muy, pero muy buenos, y gente maravillosa, muy auténtica. Decían exactamente lo que pensaban. Creo que la única persona que hizo que me sintiese desgraciado fue un inglés." Pero Carlos se consolaba con la amistad de Dale Harper (más tarde lady Tryon), una elegante belleza de estructura delicada que más tarde fue su amiga en Londres. El le asignó el apodo de "Kanga", evidente abreviatura del marsupial australiano.

Carlos regresó de Australia a Gordonstoun y después se matriculó en el Trinity College de Cambridge, donde estudió arqueología y antropología, vocaciones que habían despertado cuando él recorría regiones accidentadas de Australia y en sus visitas a Nueva Guinea. "Arc y Ant", como se denomina a estas disciplinas, no son por cierto tan prestigiosas o difíciles como parecen; de hecho, en la universidad se las considera no mucho más complicadas que los deportes. De todos modos, fue el primer heredero al trono que completó el curso y se graduó.

En Cambridge, también se convirtió en buen polista, lo que complació a su padre más que la predilección del Príncipe por la música clásica y sus sinceras lecciones de violoncello. Los estudiantes lo recordaban como un muchacho alargado y simpático, siempre un poco vergonzoso —y sin duda reservado— a causa de la constante presencia de un detective. "Parecía un tipo accesible, en apariencia una persona con quien era fácil relacionarse —dijo su condiscípulo John Molony—. Pero en el fondo, una persona muy reservada. No creo que nadie llegue a conocerlo realmente bien." Una persona que lo conoció a fondo fue la belleza de ojos negros Lucía Santa Cruz, hija de un ex embajador chileno. Se habían conocido en Londres y hasta donde es posible saberlo fue el primer romance de Carlos. De acuerdo con lord Butler, *master* del Trinity College, el Príncipe y Lucía pasaron muchas noches juntos en el dormitorio del Pabellón del Master, un lugar que les fue cedido para facilitar su intimidad.

La elección de las escuelas a las cuales Carlos debía concurrir correspondía al Duque; en este asunto, la Reina se subordinaba a los argumentos de su esposo, en el entendido de que una vida escolar dura beneficiaría al futuro Rey. Fue una victoria importante para Felipe, cuyas preferencias por lo demás fueron ignoradas por su esposa. "Cuando mi esposo desea mucho algo —Su Majestad confió cierta vez a una amiga—, le digo que lo tendrá y después me aseguro de que no lo consiga."

La observación es reveladora, pues Isabel II en definitiva es una mujer que cree que su posición responde a un mandato divino, es inviolable y sagrada, una condición que ha endurecido un poco su actitud hacia los mortales comunes. "A veces se la ve un poco dolida —de acuerdo con la versión de otra amiga—, porque se la ha educado de manera que domine todos sus sentimientos, como un granadero de la Guardia. Vuelca todo su afecto en los perros, pero no puede hacer lo mismo con los seres humanos, a causa de su educación." Puede bromear, presentar una fachada divertida, burlarse de las actitudes pomposas, exhibir espontáneamente su complacencia (generalmente en una carrera de caballos). Pero de pronto la sonrisa se desvanece y la cara recobra una expresión hierática, como si de pronto se le hubiese recordado que es la Reina y debiera demostrar que es diferente de todo el resto.

Durante los años escolares de Carlos —y los de Ana, que fue al internado a los trece años—, los padres encargaron muchas fotografías de los hijos reales. Cuando la rubia y pícara Ana, de siete años, fue traída de Londres para visitar a su hermano, consideró que las travesuras y las cabriolas de los equipos de varones eran muy divertidas y se dedicó a animarlos. A diferencia de Carlos, no necesitó que la alentaran para montar un caballo, y desde su más tierna edad fue la heredera de las cualidades ecuestres de su madre.

En un esfuerzo por incluir algunas tomas auténticas en medio de los retratos formales de Carlos y Ana, Isabel y Felipe comprometieron a uno de los amigos de Margarita, un fotógrafo desaliñado, bromista, un tanto desordenado, llamado Anthony Armstrong-Jones. Hijo de un abogado que se casó tres veces y sobrino del famoso diseñador teatral Oliver Messel, tenía la edad de Margarita; era una estrella ascendente en el ambiente londinense de la fotografía, la bohemia, la moda y el diseño. Juntos asistieron a alguna función de ballet y a una cantidad de fiestas londinenses. Pero la Princesa no asistió al décimo aniversario de la boda de su hermana, en noviembre de 1957. "Está muy bien que celebres tus diez años de matrimonio —dijo a su hermana—. Pero recordarás que gracias a ti todavía estoy soltera." Si bien no hubo una grieta conyugal en el Palacio de Buckingham, ciertamente prevalecía una atmósfera muy fría en Clarence House.

Hacia fines del año Margarita visitaba en secreto el apartamento de Tony en la calle Rotherhithe, sobre la margen sur del Támesis, y al año siguiente él era un visitante habitual de Clarence House. Una noche, después de ver una proyección privada de la película *El salvaje*, con Marlon Brando, un lacayo entró en la sala y encontró a la Princesa y a Armstrong-Jones tomados de la mano. El lacayo vendió la noticia a la prensa y fue debidamente despedido. Pero el secretario de Margarita no negó esa amistad y la relación floreció a lo largo de 1958, principalmente en el curso de una serie de atrevidas fiestas londinenses, notorias por la dudosa clientela que consumía desaprensivamente drogas, practicaba el sexo y bebía en exceso. Muchos de los más viejos amigos de Margarita creían que, después de romper su relación con Peter Townsend, algo se endureció definitivamente en su corazón. El humor amable era más hiriente, la suavidad de su carácter ya no parecía tan visible. Pero nadie se preocupó por el compromiso que ella había asumido, salvo la propia Margarita, y cuando tomaba conciencia de que había causado algún auténtico sufrimiento, generalmente se sentía muy mal. Incluso en sus momentos más confusos tendía (con gran sorpresa de muchos y pese a la incredulidad de algunos) a encontrar auténtico alivio en su fe.

Quizá más que cualquier otro miembro de la Familia Real, en realidad la vida religiosa de Margarita nunca fue una actitud *pro forma*. Siempre se originó en una devoción sincera y silenciosa.

Antes de la Navidad de 1959, supo que Peter Townsend (que entonces tenía cuarenta y cinco años) se disponía a contraer matrimonio con la belga Marie-Luce Jamagne (veinte años menor que él). "Por la mañana recibí una carta de Peter —dijo Margarita a una amiga—, y por la noche decidí casarme con Tony. No fue una coincidencia." Isabel alimentaba dudas acerca de la decisión de su hermana y no era la menor de sus razones el hecho de que era sabido que él tenía actitudes un tanto equívocas.

Entre bambalinas se perfilaba, con más energía que nunca, la Reina Madre. Deseosa de ver que su hija menor al fin fuera feliz, trabajaba en favor de la relación Tony-Margarita. Desde que se había inclinado por el Duque de York, Isabel Bowes-Lyon había sido la promotora individual más poderosa de esa monarquía de cuento de hadas. Solía dirigir con una sonrisa a los fotógrafos incluso durante sus valerosas visitas al East End durante la guerra; había sido una benévola directora, en una suerte de segundo plano, que decidía muchos detalles relacionados con la coronación; y su consejo siempre era requerido por Isabel y Felipe. Ahora estaba ampliando la familia de manera que incluyese a un joven popular y atrevido. Ella convenció a la Reina de que se resistiese a algunas aprensiones iniciales del Gabinete, porque el *padre* de Tony era un hombre que había incurrido varias veces en bodas, divorcios y nuevas bodas. Aquí, en otras palabras, había un argumento viviente contra los que afirmaban que la Familia Real se mezclaba sólo con gente de su propio ambiente aristocrático. Por su parte, la astuta y veterana Eleanor Roosevelt percibió un enérgico mensaje en el hecho que sobrevino ese mismo año, cuando la Reina Madre dirigió los juegos y charadas de la familia, y eligió los guiones que todos los demás debían representar.

Cuando movilizó el apoyo real en beneficio de Tony, la Reina Madre realizó un milagro de menor cuantía. La princesa Marina y su familia le profesaban antipatía, como lo supo Noël Coward cuando comió con ellos; sus dudas probablemente se parecían a las del propio Coward, pues el escritor alternaba con círculos sociales que sabían mucho. "Todavía no sabemos si el matrimonio es o no en realidad apropiado", escribió con mucha cautela en su diario. *The Sunday Times* fue más directo: Tony era "un candidato muy improbable".

El compromiso de la princesa Margarita con Antony Armstrong-Jones fue anunciado el 13 de enero de 1960 y la boda fue celebrada en la Abadía de Westminster el 6 de mayo, con el acompañamiento de una sucesión de escándalos. Jeremy Fry (de la familia propietaria de la empresa fabricante de chocolates) fue rechazado como presunto padrino de Tony, cuando se supo que era homosexual. Jeremy Thorpe, que después fue un famoso político, resultó el hombre que después eligió Tony, pero se lo desechó por la misma razón. (En la tercera alternativa, el presunto padrino pasó bien el examen: Roger Gilliatt era el hijo del ginecólogo de la Reina.)

A partir de ese momento, y durante años, se difundieron relatos acerca de una serie de dudosas relaciones y también los hubo en relación con la bisexualidad de Tony. "¿Leyó esa anécdota en la cual se afirma que yo irrumpí en la casa de Rudi Nureyev y lo besé en la boca?", preguntó al asistente a una fiesta en 1970.

—Sí —fue la respuesta—. ¿Es cierta?

Tony lo miró con los ojos muy grandes.

—Absolutamente cierta. ¿Se siente celoso?

Muchos estaban convencidos de que la orientación sexual de Tony no era del todo clara. "No estoy dispuesto a modificar mi vida para adaptarme a los periodistas especializados en chismes", dijo cierta vez en actitud enigmática. Y así, llevó una vida tan independiente como la de su esposa. Por ejemplo, más de una vez recibió a periodistas en su casa de campo en ocasiones en que Margarita no estaba. Según escribió un periodista, el acompañante de Tony era "un encantador huésped, un joven de belleza excepcional". Lo cual no era precisamente un circunloquio.

"Lo que Tony tenía esencialmente en común con la princesa Margarita podía expresarse en tres palabras —de acuerdo con uno de sus mejores amigos—. Sexo, sexo, sexo. Mantenían una relación de carácter terriblemente carnal. Ninguno de ellos no podía apartar sus manos del otro, incluso cuando había otras personas presentes." Pero además él era un acompañante alegre y brillante de Margarita y un año después del matrimonio —pocas semanas antes de que su hermana tuviese un varón, en 1961— la Reina nombró a Tony conde de Snowdon. Los Snowdon, el nombre por el cual se los conoció mientras duró el matrimonio, se instalaron en el apartamento 1A del Palacio de Kensington, un lujoso piso de veintiuna habitaciones, redecoradas a costa de los contribuyentes. La pareja pagaba un alquiler simbólico de 2.500 dólares anuales.

Por su parte, lord Mountbatten se encolerizó por el aspecto del diminuto esposo (con su metro cincuenta y ocho centímetros parecía alto sólo cuando estaba al lado de su esposa, que tenía casi ocho centímetros menos); hasta que Tony apareció en el Museo Imperial de Guerra, para la presentación previa de una serie de televisión acerca de la vida de Mountbatten. El atuendo nocturno de Tony, diseñado por Valentino, fue considerado un poco fantasioso por Mountbatten: una chaqueta de terciopelo negro hasta la mitad del muslo, con solapas de seda azul intenso, zapatos de cabritilla, una camisa rosada y, además, se había peinado un suave rizo rubio sobre la frente. "Puede parecer divino en una frívola velada de Kensington, pero maldita sea, este es el Museo Imperial de Guerra, en la calle Lambeth, de Londres", escribió un testigo de la velada. La respuesta de Tony a sus críticos: "Son todos victorianos. Y de todos modos, ¿qué es una corbata negra?".

Su trabajo fotográfico también tuvo aspectos polémicos. Como retratista, Tony era soberbio; como documentalista, podía provocar verdadero clamor. Para su película para la televisión *Love of a Kind*, acerca de la actitud británica hacia los animales, pidió a Ella Petry, un ama de casa de sesenta años, que incubase un huevo entre sus pechos; un logro notable que ella había realizado una docena de años antes. "Sólo tuve el huevo entre mis pechos unos minutos —dijo más tarde la señora Petry—. Me entregaron una serie de huevos en diferentes etapas de incubación. Estuve allí tres o cuatro horas y filmaban todo el tiempo. [Armstrong-Jones] insistió en que yo usara un camisón de nylon y que me acostase para incubar el huevo. Dios sabe para qué lo quería. Parecía muy divertido con todo el asunto."

Si la vida romántica de la Soberana no era tan ardiente como la de su hermana, en todo caso al parecer no había concluido, pues un mes después del anuncio del compromiso de Margarita, la Reina, que había estado recluida varios meses, tuvo su tercer hijo. "Proyectamos tener dos más después", había dicho el Duque a la prensa cuando nació Ana, en 1950. Ahora, estaban cumpliendo la promesa.

El primero dado a luz por una monarca reinante desde que Victoria había tenido a la princesa homónima más de un siglo antes, el infante nació el 19 de febrero de 1960 y fue bautizado con los nombres de Andrés Alberto Cristián Eduardo (el nombre de su abuelo paterno era Andrés). El momento calculado para el nacimiento explica por qué la Reina no presenció el debut teatral de Carlos en Cheam, donde él representó el papel de Ricardo III en un drama basado en Shakespeare. La ausencia de su madre quizá no estuvo mal, aunque incluso Isabel puede haber sentido cierto regocijo cuando Carlos recitó, sin el menor indicio de ironía: "Y es posible que pronto ascienda al trono".

Como recordaba el ayuda de cámara de su hermano, Stephen Barry, el príncipe Andrés "no era alguien fácil de manejar; era un niño ruidoso, se entrometía en todo y siempre intentaba seguirnos a la planta baja, adonde no se le permitía ir, tironeaba de los faldones de los lacayos y trepaba para llegar a todo lo que se había puesto fuera de su alcance"; además, era dado a golpear a los criados. Si Carlos era tímido y Ana era una niña varonil, resultaba casi imposible controlar a Andrés. Mucho más suave y más presentable fue el cuarto y último hijo de la reina Isabel, bautizado con los nombres de Eduardo Antonio Ricardo Luis, que nació el 10 de marzo de 1964 en el Palacio de Buckingham.

Un niño de cara de luna, incontrolable y nervioso, Andrés se convirtió en un bribón, que reía y sonreía constantemente, y se enredaba en travesuras. En cambio, Eduardo era un niño pelirrojo, retraído, en general más vulnerable. Ambos gozaban de muchos privilegios y se les otorgaba variados placeres, de modo que se sintieran complacidos; e incluso antes de que comenzaran a afeitarse saborearon una serie de antiguas ventajas: criados obsequiosos, la satisfacción de sus más simples caprichos y una vida libre de obligaciones o responsabilidades, fuera del esfuerzo para alcanzar su propia felicidad. Tampoco se vieron sometidos a una disciplina escolar tan rigurosa como la que se impuso a Carlos.

Un varón y una niña, David y Sarah, nacieron de los esposos Snowdon en 1961 y 1964, pero incluso a partir de ese momento comenzaron a manifestarse presiones y fisuras en el matrimonio. Margarita afrontaba una sucesión no muy severa de compromisos oficiales, que le parecían cada vez más tediosos, mientras que por su parte Tony se convertía en una mariposa cada vez más popular y en el fotógrafo preferido de la sociedad. Por lo demás, la pareja hacía una vida social a menudo agitada, buscando hallar en compañía lo que les faltaba en la intimidad. Hacia 1965 pasaban muy poco tiempo juntos. Enjoyada y sin aliento, a veces se llamaba Diamante Lil a Margarita cuando acudía al estreno de una película o a una velada de ballet; una crítica injusta en todo caso, que nadie habría formulado jamás en desmedro de la Reina o de la Reina Madre.

A mediados de la década de los sesenta, los Snowdon se convirtieron en víctimas de los medios, precisamente porque continuaban siendo lo que la prensa y el público deseaban: una pareja brillante, muy alegre, que reñía, se agitaba y protagonizaba su romance, y todo no sin talento, una pareja rica y atractiva. Parecían una versión real de Elizabeth Taylor y Richard Burton, que era precisamente lo que la época deseaba de ellos. Por lo tanto, atraían los elogios y los insultos. Como miembros de la realeza, se los idolatraba; como celebridades, se los envidiaba. Y la perversa Margarita, como lo había hecho desde la niñez, conocía un solo modo de impresionar. Tenía que mostrarse tosca, elegir actitudes impropias, destacarse y llamar la atención. En eso consistía su encanto y parte de esas actitudes incluso eran calculadas. Cuando se trataba de aciertos, su protagonismo podía ser conmovedor; cuando se equivocaba, era inenarrablemente ingrato. En cierto modo, era la princesa sombría de los cuentos de hadas; la mujer colérica o perversa, el aditamento infortunado o celoso que se agregaba a la heroína de cabellos dorados.

Cierta vez que Margarita ofreció una de sus escasas entrevistas, se mostró agradablemente franca. "Cuando mi hermana y yo estábamos creciendo —dijo Margarita en esa oportunidad,

decían siempre: 'No, querida, yo no haría eso. Me parece que la gente no podría entenderlo'... Mi hermana estaba decidida a ser la persona siempre buena. Eso era aburrido, de modo que la prensa trató de demostrar que yo era infernalmente mala. No siempre tuvo éxito. Cuando me favorecían con la publicidad, yo solía recibir un montón de cartas. La mayoría de las que eran agradables provenía de Estados Unidos: 'Qué maravilloso que usted proceda así', pues pensaban que todos éramos terriblemente pomposos y victorianos. Después, estaban las cartas de crítica y me acusaban de supuestas faltas y cosas que yo no había hecho; la mayoría de estas cartas era anónima y casi todas eran de Inglaterra. Eso me preocupaba mucho. Yo solía sentirme terriblemente conmovida y no tenía modo de contestar. Después de algunos de estos períodos de publicidad me sentía destruida por completo. Pero felizmente todo eso ha terminado. En los últimos veinte años ha habido enormes cambios. Ahora puedo hacer bastante bien casi cualquier cosa, salvo que desgarre mis ropas y me zambulla en las fuentes de la Plaza de Trafalgar."

A pesar de su ocasional voluntarismo, también podía formular opiniones gratamente ajustadas. "Mis hijos no son personajes reales —dijo—. Sucede sólo que su tía es la Reina de Inglaterra."

Pero Margarita se puso furiosa, en una actitud quizá comprensible, en 1967, cuando su primo George Lascelles, conde de Harewood —el hijo mayor de la princesa María— quiso divorciarse de su esposa y casarse con la divorciada que ya le había dado un hijo en 1964, y con la cual vivía desde entonces. La cuestión era espinosa para la prima de Harewood, es decir la Reina, pues de nuevo la Ley de Matrimonios Reales y la posición de Isabel como Defensora de la Fe protagonizaron una incómoda intervención en lo que en otras condiciones habría sido una cuestión privada. No habían existido divorcios en la Familia Real desde Enrique VIII, pero cuando la Reina trató de destacar ese hecho histórico en conversación con su primo y la esposa, estos no se dejaron conmover.

Entonces, ¿la Reina podía autorizar a su primo a disolver el matrimonio —un paso que él y su esposa, la ex Marion Stein, en todo caso parecían decididos a dar cualesquiera fuesen las circunstancias— y a casarse con su amante, Patricia Tuckwell? A los ojos de muchos, esa era la actitud honorable, pues era muy claro que el conde estaba enamorado de la señorita Tuckwell y deseaba vivir con ella y con el pequeño hijo de ambos. Isabel consultó a su primer ministro Harold Wilson, quien contestó que el conde ocupaba el decimoséptimo lugar en la línea de sucesión al trono (no el tercero, como había sido el caso de Margarita en ocasión del asunto Townsend). Además, corría el año 1967, y la opinión pública estaba cambiando en materia de divorcio y nuevo matrimonio.

El desenlace fue discretamente histórico. "El Gabinete aconsejó a la Reina que consintiera" en el matrimonio del conde y la señorita Tuckwell. Este episodio de prestidigitación legal y gubernamental permitió que la Reina preservara su posición constitucional y simultáneamente salvaguardara su dignidad en la Iglesia, sin destruir la felicidad de su primo. Había que respetar una cláusula: la Reina autorizaba el segundo matrimonio con la condición de que la boda se realizara fuera de Inglaterra, y así George Lascelles y Patricia Tuckwell formularon sus votos ante un juez de Connecticut, el 31 de julio de 1967. Y de ese modo se estableció un precedente de divorcio y nuevo matrimonio en el seno de la Familia Real.

Capítulo Trece

Luz diurna en un ambiente mágico

1965 a 1981

Bueno, esto es mejor que el cambio de la guardia, ¿verdad?
Príncipe Carlos, observando a unas jóvenes bailarinas
con el pecho desnudo en Fiji

En 1965 el Duque de Windsor, después de vivir treinta años exiliado en Inglaterra, tenía setenta años y su salud se deterioraba con rapidez. A pesar de la comodidad de las residencias en Francia y de su apartamento neoyorquino en el Hotel Waldorf Astoria, él y la Duquesa habían llevado vidas poco sedentarias que los dejaron insatisfechos y cada vez más irritados en sus mutuas relaciones, así como con el mundo social más amplio al que se habían acostumbrado. Sus vidas fueron, como dijo lady Pamela Hicks, hija de lord Mountbatten, "absolutamente triviales: jugar golf y asistir al teatro, y continuar las vacaciones. Pero, ¿qué significaba eso, continuar las vacaciones? ¡La vida de Eduardo era un enorme feriado!". A lo largo de los años, la separación respecto de la familia había continuado siendo absoluta, pues los Windsor se habían visto especialmente excluidos de las bodas reales de la princesa Margarita en 1960, del Duque de Kent en 1961 y de su hermana la princesa Alejandra en 1963.

En febrero de 1965 el Duque de Windsor fue a la Clínica de Londres, donde se sometió a una intervención quirúrgica a causa de un desprendimiento de retina, apenas unos meses después que le practicaran en Houston una operación importante debida a un aneurisma abdominal. Contrariamente a los rumores de que Wallis se mostraba impaciente y tenía una actitud indiferente frente a las enfermedades de su esposo, Hubert de Givenchy insistió en que ella se mostraba "muy afectuosa y considerada cuando los ojos del Duque comenzaron a acarrearle dificultades. [Se ponía de pie] durante la cena y cambiaba de lugar las velas" si la luz hería los ojos de su esposo. A semejanza de muchos otros, lady Mosley compartió esa opinión: "Todo lo que se diga es poco para explicar la cortesía de la Duquesa para con el Duque".

Después de consultar con su madre, que de mala gana convino en que era necesaria alguna forma de reconciliación en beneficio de las relaciones públicas y la prensa, la Reina fue a la clínica para saludar a su tío por primera vez desde 1936. "Me siento muy complacida porque al fin la conozco", dijo con una sonrisa torpe dirigida a Wallis, que contestó con una profunda reverencia.[1] Isabel estuvo unos veinte minutos con el Duque; la conversación entre ambos se refirió sobre todo a la educación del príncipe Carlos y la salud de Enrique de Gloucester, hermano del Duque, que acababa de sufrir el primero de una serie de ataques que lo debilitaron y que lo incapacitarían hasta su muerte, nueve años después.

Un momento antes de que la Reina se pusiera de pie para salir, el ex Rey dijo que tenía que solicitar un favor. Dijo que cuando llegase el momento deseaba que se celebraran servicios en la Capilla de San Jorge, en Windsor, y que se lo sepultara en las parcelas destinadas a la familia en Frogmore. Deseaba se rindiese la misma cortesía a su esposa. Wallis no tuvo motivo para modificar su opinión de que la Reina Madre continuaba siendo una fuerza poderosa e influyente cuando Isabel replicó que no respondería de inmediato al pedido del Duque. Pocos días más tarde, después que la Reina consultara una vez más a su madre, la solicitud fue concedida.

También acudieron a la clínica otros miembros de la familia, entre ellos la princesa Marina y su hija Alejandra y los Mountbatten. La Reina Madre envió flores, pero no concurrió, y su ausencia expresó muy claramente su antipatía perpetua frente a los Windsor.

El 17 de marzo el Duque recibió la visita de su hermana, la princesa real María, que se sentía desgraciada, después que la amante de su hijo había dado a luz. Llegó con un ramo de flores y se abrazó con su hermano y su cuñada. Once días más tarde, cuando paseaba por los terrenos del hogar de la familia con Jorge y los dos hijos mayores de este, María se quejó de mareos y la ayudaron a sentarse en un banco frente al lago. Jorge le preguntó qué le sucedía. "En realidad, no lo sé", contestó en voz baja María. Unos momentos después, con la cabeza apoyada en el hombro de su hijo, murió de una hemorragia cerebral generalizada. Tenía sesenta y siete años. El Duque de Windsor, que la adoraba, estaba mudo de pesar. Sus médicos no le permitieron asistir al funeral.

Tres años después, en la Circular de la Corte referida al funeral de su cuñada Marina, el Duque fue mencionado groseramente en el último lugar de la lista de los deudos de la familia. Exquisita, airosa y confiada hasta el final, la princesa Marina había vivido una vida de sensualidad intensa y extrañamente pródiga desde la muerte de su marido Jorge en 1942. Madre y abuela abnegada, siempre era una presencia bienvenida en cualquier acontecimiento social. Entre sus amantes estuvieron Douglas Fairbanks (h.), Danny Kaye, Robin Fox, David Niven y una pequeña legión de caballeros famosos y apuestos que llegaban en automóvil a su casa de campo o la acompañaban a su apartamento en el Palacio de Kensington, donde murió con serenidad a los sesenta y un años, poco después de que se le diagnosticara un tumor cerebral, en agosto de 1968.

Muy probablemente a causa del divorcio y nuevo matrimonio de Harewood, la Reina comprendió en 1967 que tenía que invitar al Duque y la Duquesa de Windsor a una ceremonia de la familia destinada a honrar a la madre del ex Rey. El acontecimiento, celebrado en Marlborough House el 7 de junio, consistió en el descubrimiento de una placa dedicada a la reina María. Los Windsor —que fueron intencionadamente excluidos de la lista de huéspedes homenajeados y reales emitida por el Palacio de Buckingham al día siguiente— recibieron los más sonoros aplausos y vivas de la jornada cuando su coche llegó, y el atuendo y los modales elegantes de Wallis conquistaron a la prensa londinense. Aquí, por fin, el encuentro con la Reina Madre era inevitable. Ella y el Duque intercambiaron el beso ritual en la mejilla, y después la Reina Madre se volvió hacia la duquesa y le ofreció la mano. "Encantada de conocerla", dijo quizá con cierto exceso de dulzura en la voz. Wallis le estrechó la mano pero no hizo una reverencia, omisión que después explicó a un amigo: la Reina Madre había "impedido que la gente se inclinase ante mí. ¿Por qué debía inclinarme yo ante ella?" Después de la breve ceremonia la Reina Madre le dijo: "Espero que volvamos a vernos", pero para Wallis eso era improbable e inconveniente. "¿Cuándo?" preguntó y vio como respuesta que la Reina Madre sonreía y se retiraba discretamente.

La princesa Margarita tenía sus propios problemas sociales, todos consecuencia de lo que Noël Coward sabía era su imprudente matrimonio con Tony Armstrong-Jones. Aburrida y solitaria cuando su marido fue a tomar fotografías en India, el año 1966, invitó a un viejo amigo a visitarla. Era Anthony Barton, un hombre aniñado y apuesto, padrino de Sarah, hija de Margarita; él y su esposa a menudo habían acompañado a los Snowdon en distintas festividades de la familia. Ahora, Barton y la princesa tuvieron una relación breve y desordenada; "inicialmente alentada por Tony —dijo Jocelyn Stevens, que tenía relaciones amistosas con los Snowdon—, pues si uno mismo anda en aventuras, su conciencia se tranquiliza cuando el cónyuge hace lo mismo. Tony posee un carácter muy complicado".

Quizá nadie se habría enterado de esta relación de no haber sido por los sorprendentes actos de Margarita. Telefoneó a la esposa de Barton para confesar el hecho y disculparse, y repitió los mismos pasos con Tony. Si abrigaba la esperanza de que así desencadenaría el fin de su matrimonio —no tenía motivos para perjudicar el de Barton— Margarita equivocó el cálculo. Quizás a causa de su propia vida independiente, lord Snowdon no se inmutó y los Barton vivieron después tan felizmente como podía permitirlo ese traspié conyugal.

El año siguiente presenció una amistad más trágica. Robin Douglas-Home, sobrino del ex Primer Ministro, provenía de una familia que había mantenido estrechas relaciones con la familia de la Reina Madre, los Bowes-Lyon, durante generaciones. En 1967 Robin era un hombre alto, rubio, de treinta y cinco años, escritor y músico, divorciado y padre; vivía manteniéndose sobre todo con su trabajo como pianista en un club nocturno. Como tal fue presentado a Margarita y pronto se lo vio acompañándola en distintos lugares de Londres. Contrariamente al consejo de algunos amigos, que consideraban que Robin no era el mejor acompañante, Margarita lo frecuentaba cada vez más. Compartía el amor de Robin por el baile y la música, y ambos tenían un humor ágil y destructivo. Bailaban en el Travellers Club, componían juntos piezas de música ligera, inventaban sus propias bromas y escribían cartas de amor. Esa correspondencia turbó la relación entre ambos cuando algunos fragmentos circularon en distintos lugares de Londres y hubo rumores de extorsión. "Tengo miedo [de] Tony Armstrong-Jones —escribió Margarita a Robin con papel membreteado del Palacio de Kensington, el 23 de marzo de 1967—, y no sé a qué extremos llegará, en vista de que es tan celoso, para descubrir en qué ando y también cuáles son tus movimientos." No parece que esta haya sido una descripción acertada de la actitud más bien indiferente de Snowdon; por cierto, la intención de Margarita cuando describió a su esposo como una persona celosa enseguida se aclaró gracias al texto que seguía en la misma carta. Al explicar por qué tenía que existir una separación provisional de Robin, escribió:

> Nuestro amor tiene la fragancia apasionada de la hierba recién cortada y de los lirios. Promete que nunca renunciarás, que continuarás alentándome a hacer del matrimonio un éxito, y que si se me ofrece una oportunidad apropiada y segura lo intentaré y regresaré a ti algún día. En este momento no me atrevo.

El choque de los compromisos era evidente. Margarita deseaba mantener su matrimonio y quería retener a Robin como amante. Pero aunque fuese en un nivel semiconsciente, estaba encendiendo los peligrosos fuegos de los celos y su carta terminó siendo una estrategia fatal. Robin, siempre inestable e irascible, apareció en un programa de televisión, y al comentar su propio matrimonio destruido, se echó a llorar. "Actualmente, ni siquiera puedo hablar", dijo, tratando de contener los sollozos. En octubre de 1968 se suicidó.

Como si intentara compensar una campaña de murmuraciones muy desagradables que más tarde la tomó como blanco en Londres, en ese momento Margarita se mostró más imperiosa que nunca. Reclamó que una doble escolta de motociclistas la acompañara del Palacio de Kensington a un compromiso nocturno o a una estación ferroviaria; comenzó a usar demasiado maquillaje y a comportarse con un infantilismo absurdo y además bebía en exceso.

Parte de su conducta por cierto derivaba del conflicto permanente que subyacía en su naturaleza. Margarita deseaba que la tratasen como Su Alteza Real, pero a veces también deseaba ser sólo "la señora Armstrong-Jones". Pero cuando Richard Burton cierta vez la mencionó en público por el nombre de Maggie Jones, su mirada mortal reveló que sin duda no se sentía muy divertida. En las fiestas privadas, podía ser notablemente cómica y realizaba imitaciones de personajes del momento; pero unos minutos más tarde retornaba al formalismo real, la espalda erguida y ella misma convertida de nuevo en la Princesa.

Así, las diferencias entre Margarita e Isabel nunca fueron tan dramáticas como durante las décadas de los sesenta y los setenta pues mientras la más joven se mostró cada vez más terca, más propensa a un comportamiento que alarmaba al régimen del palacio, la mayor se atrincheraba más y más en una prolongación de la personalidad que había plasmado cuando era una joven princesa.

Aunque Isabel había crecido en un hogar feliz, su naturaleza también era restrictiva, inclinada a la represión y peligrosamente desprovista de imaginación. Había tenido un padre que era una persona honorable, pero profundamente traumatizado por su propia niñez, y una madre que era fiel y enérgica, pero obsesionada por el concepto de *noblesse oblige*. Desde los diez años, la princesa Isabel estuvo destinada al trono y en su vida académica, social y recreativa, todo estuvo orientado a formarla como reina; en otras palabras, conoció la realidad sólo desde el punto de vista de los modales de la clase alta. Tenía apenas veinticinco años cuando su amado padre falleció y ella ascendió al trono; tuvo escasa experiencia del mundo moderno y se vio sumergida en una atmósfera de lamentable servilismo. La coronación casi la convirtió en una santa a los ojos del público; por cierto, todas las ceremonias (y los pintores elegidos para inmortalizarla durante la década de los cincuenta) mostraron a Isabel como sacerdotisa, profetisa y mística.

El resultado fue que una joven básicamente decente y sencilla en cierto modo se perdió en un aura de estudiada realeza; se sintió sofocada desde el punto de vista psicológico y limitada en la esfera emocional; del mismo modo que, durante la coronación, la cargaron de joyas, armiño y capas doradas. Tuvo que leer discursos de un tono anticuado y un estilo que sugería una actitud superior. Isabel sólo necesitó realizar sus giras mundiales y las visitas a la Commonwealth para ser vivada como una gran dama; como siempre, se le exigía únicamente *estar* y *aparecer* en el lugar y el tiempo adecuados, sonriente, saludando; embajadora de cualquier cosa. No necesitaba hacer nada importante; ciertamente, su gloria consistía por lo general en lo que *no* hacía. Se había convertido en una mujer que distinguía entre "lo que la Reina puede/debe hacer" y "lo que yo pienso". Había entonces una suerte de división, propia de una estrella cinematográfica, en Isabel Alejandra María Windsor. En un ámbito formado por completo por observadores era la persona observada (como Shakespeare escribió de Hamlet), pero también era una observadora constante de sí misma y estaba obligada siempre a presentar al mundo un icono idealizado de su propia persona como Reina. Y debía cuidar que su autoconciencia y su educación no se ampliaran en absoluto, y con ese fin los cortesanos de más edad, Lascelles, Colville y compañía garantizaban que los protocolos palaciegos variasen lo menos posible.

En vista de esta situación, su propia personalidad se vio hasta cierto punto paralizada; no le creó un temperamento de permanente frialdad, pero se convirtió en alguien previsible, casi inmutable. Jefa de Estado a quien se negaba el poder real, de todos modos perfeccionó una influencia que se reflejaba sobre todo en la idea constante de que los mejores elementos de Gran Bretaña se encarnaban en el modo de vida propio de la clase alta. En este sentido, como lord Altrincham había señalado audazmente pero con respeto en 1957, la nueva Corte Isabelina fracasó por completo a la hora de representar la creciente diversidad de los pueblos británicos.

En la raíz de todo el problema está un hecho simple y en verdad doloroso: Su Majestad la Reina sencillamente no tiene amigos, en el mismo sentido que los tienen otras personas. Todos —incluyendo a sus hijos y los más antiguos conocidos anteriores a la coronación— deben inclinarse o hacer una reverencia al comparecer ante su augusta presencia. Cabe presumir que, por lo menos al comienzo del matrimonio y quizá después, hubo un toma y daca normal con Felipe. Pero no se ha visto nada en las palabras y los actos de la pareja que sugiera que los compromisos obligatorios del matrimonio han dejado el lugar a una amistad dinámica. Cualquier otra posibilidad se ha visto frustrada por el papel que ella representa. Para resumir el asunto diremos que no hay nadie que pueda entrar en su habitación, sentarse, quitarse los zapatos y decir a la Soberana que su actitud ayer por la tarde fue una tontería. Ella tampoco tiene una persona ante la cual pueda quitarse los suyos, levantar los pies y decir "¡Necesito una copa!" Siempre vivada, siempre elogiada con exceso, es la destinataria permanente de la adulación acrítica. Cuando está sola, por ejemplo cuando Felipe está en el extranjero, lee una novela corta de Dick Francis o enciende el televisor. "Es decir, ¿ustedes pueden imaginarla? —dijo una mujer que conoce a la Reina desde hace años—. A menudo está sola en esa casa, esa residencia enorme, el Palacio de Buckingham, y no tiene con quién hablar, y le traen la comida en una bandeja frente al televisor. Es una vida muy solitaria."

Solitaria o no, en 1969 el mundo conoció, gracias a la televisión, fragmentos cuidadosamente arreglados de esa vida privada. El sagaz ayudante del secretario de prensa de la Reina, el australiano William Heseltine, la convenció de que un documental de la Familia Real *como familia* podía ser útil para aumentar el afecto nacional a los Windsor. Y así, desde junio de 1968 a mayo de 1969 las cámaras fueron invitadas a filmar a Isabel trabajando; a Felipe durante una gira; a Isabel, Felipe y los niños en distintas actividades (meticulosamente ensayadas); caminando, alimentando a los perritos, adornando el árbol de Navidad de la familia y, lo que es muy improbable, asando carne y preparando la ensalada en una excursión al campo (sólo la familia, gracias) a orillas de un estanque en Balmoral. Astutamente sincronizada con una radiodifusión del 30 de junio, poco antes de que se invistiera de manera formal a Carlos como Príncipe de Gales en el Castillo de Caernavon, *The Royal Family* (La familia real) fue un éxito en 140 países. (En vista de que incluía tantas tomas de los animalitos domésticos de la casa y sus amos reales, un sujeto humorístico aplicó a la película la denominación de *Corgi and Beth* [Los perritos y Beth].)

Aunque el efecto nacional de *The Royal Family* fue el sueño de un publicista, su principal logro artístico fue demostrar que la Reina era una matriarca agradable, de voluntad firme, pero también un miembro de la clase alta muy poco interesante, con escasos intereses especiales y ninguno de carácter artístico. Lo que era peor, en una visión retrospectiva pareció que el Palacio de Buckingham estaba usando la televisión —como había hecho con la coronación y las emisiones navideñas de la Reina— para popularizar a los Windsor y así desviar las críticas en un momento en que los fondos asignados a la Familia Real estaban elevándose constantemente. Por cierto, eso era parte de la motivación; era mejor que la Familia Real suscitase la impresión que deseaba provocar; y en ese sentido hubo algo de insinceridad.

"Sandringham significa el invierno; y una breve vacación", decía la voz del narrador, pero las vacaciones de invierno de la Reina se prolongaban casi tres meses. Y las repetidas tomas de la Soberana abriendo las cajas rojas y leyendo los documentos oficiales sometidos a su inspección, sugerían con timidez que esa era la razón por la cual ella no aparecía con más frecuencia ante la gente. Es mérito de la Soberana que al año siguiente instituyese el paseo, una costumbre ahora familiar en la cual (aunque separada por un espacio seguro y acotado) ella se mezcla con la gente en la calle de una aldea, acepta flores, y aunque sólo en ocasiones, estrecha las manos de miembros del público.

Nadie podía haber previsto el peligro de toda esta fingida intimidad. Al permitir la introducción de las cámaras, los perpetradores de la situación habían abierto una caja de Pandora. A partir de ese momento, jamás podría impedirse que la estructura de los medios de difusión se entrometiera cada vez más. La Familia Real estaba convirtiéndose lenta pero inexorablemente en el gran reparto de una comedia musical interminable; y veinte años después, ya no se respetaría ningún límite. Deseaban que se los viera como seres normales y por lo tanto todos querían saber hasta qué punto eran normales. Bagehot tenía razón: la irrupción de la luz diurna amenaza la mística real, pero también convierte a dicha mística en una adicción. Así, desde 1969, a causa de una extraña paradoja, la Familia Real se ha convertido en contribuyente voluntaria al culto de la celebridad y ha cooperado con los medios mientras se producían imágenes cada vez más coloridas y esplendentes —y en definitiva, escandalosas— para satisfacer la necesidad de contar con figuras románticas a las cuales pudiera adorarse.

La investidura de Carlos como Príncipe de Gales en el verano de 1969, precedida de ocho semanas de estudio acerca del idioma y la cultura de la región, fue concebida también para promover la monarquía en momentos de intensa crítica a la Lista Civil y al hecho de que los Windsor no pagaran impuestos. Aunque se trataba de un rito moderno inventado, apenas tan antiguo como la investidura de

Eduardo VIII, cincuenta años antes, se dotó al episodio de una brillante coreografía, con todos los adornos del romance medieval. Y por una extraña concatenación de los elementos, no hubo nada galés (y muy poco que fuese inglés) en la mezcolanza ceremonial. El emblema del Príncipe deriva de la flor de lis francesa con plumas africanas, la frase de la región de Bohemia *(Ich Dien* -Yo sirvo) como lema, y bajo la dirección del católico duque de Norfolk, Carlos se arrodilló ante su madre anglicana en un país inconformista.

A los veintiún años, se permitió que Carlos expresara su opinión, que por cierto no era la de un *hippie* contemporáneo, y mucho menos la de un revolucionario. Cuando le preguntaron si le agradaría cambiar de vida, replicó:

> No, no lo creo. No veo cómo podría hacerlo ahora, en vista del modo en que me criaron y de mis antecedentes. Sería muy difícil que hiciera otra cosa. Por así decirlo, me adiestraron para serlo y sentirme consustanciado con la tarea. Tengo este sentimiento de obligación hacia Inglaterra, hacia el Reino Unido, la Commonwealth, y siento que puedo hacer mucho si se me ofrece la oportunidad de hacerlo.

El problema sería que cada vez más, a semejanza de Eduardo VII cuando era Príncipe de Gales, se ofrecería a Carlos la oportunidad de hacer muy poco. Su madre no le traspasó casi nada, excepto obligaciones ceremoniales, y por supuesto no se le permitió tener un empleo. Era el primer Príncipe de Gales que había merecido un diploma universitario y el propio Carlos participó alegremente en la sátira universitaria que se burló de él. Se incorporó a la Sociedad Madrigal; tocó el violoncello; colaboró con una revista universitaria; concedió entrevistas por radio y televisión, y en el curso de las mismas reveló que en efecto era el hijo de su madre. ("Desde mi punto de vista, es inútil cambiar las cosas sólo por el gusto de cambiarlas.") Todo eso sin el humor brusco, a menudo áspero, de su padre.

Pero también a semejanza de su madre, había demostrado escasa imaginación; casi como si esa cualidad en caso de que le diese rienda suelta podría derrocar a la monarquía con más presteza que la revolución armada. "Realmente soy más bien un problema embarazoso", dijo por entonces, y su formulación dio en el blanco. Era el miembro más joven de lo que su abuelo había denominado la Empresa Familiar; carecía de autoridad y no cumplía ninguna función constitucional. Y en el más embarazoso de los agregados edípicos a la comedia musical, su posibilidad de tener cierto futuro dependía de la muerte de su madre. "¡Qué empleo podridamente aburrido el suyo!", dijo una azafata con sorprendente franqueza. "¡Tenía razón!", exclamó Carlos cuando repitió el comentario a varios ministros del gobierno, una semana después.

Lo único que podía hacer era representar en privado el papel de Príncipe. "Era cordial, era amable, pero siempre tenía la actitud de un personaje Real —relata su ayuda de cámara Stephen Barry—. Siempre esperaba recibir instantáneamente lo que deseaba [y] siempre alimentaba la sospecha de que alguien estaba engañándolo porque él es el Príncipe de Gales." Por lo tanto, Carlos se parecía a su padre más de lo que a primera vista se hubiese creído.

Por cierto, Felipe era más directo, más irritante que su hijo, y se preocupaba menos por las reacciones ajenas; o por los formalismos huecos acerca de la monarquía. Le preguntó a un oficial militar brasileño dónde había obtenido sus medallas y recibió esta respuesta: "En la guerra". En una actitud muy indiscreta, el Duque replicó: "No sabía que Brasil había estado tanto tiempo en la guerra", a lo cual el hombre contestó: "Por lo menos, señor, no las conseguí por casarme con mi esposa".

Asimismo, al inaugurar un nuevo anexo al edificio de la Municipalidad de Vancouver, en 1969, Felipe olvidó por un momento el nombre del edificio y lo resolvió así: "Declaro inaugurada esta cosa... sea lo que sea". Los canadienses no se regocijaron con esta salida, ni siquiera cuando más tarde Felipe explicó: "Estaba lloviendo y yo quería terminar de una vez, especialmente porque todo el público eran unos quince transeúntes protegidos por paraguas". Cuando se le informó que el apoyo de los canadienses a la Corona ya se veía amenazado y era inseguro, argumentó todavía más en una alocución:

La monarquía existe en Canadá porque se cree que es beneficiosa para el país. Es un error absoluto imaginar que la monarquía existe en beneficio de la propia monarquía. No es así... No hemos venido aquí para mejorar nuestra situación, por así decirlo... Podemos pensar en otros modos de gozar de la vida. A juzgar por algunos de los programas que se nos reclama que ejecutemos aquí, y considerando lo poco que nos beneficiamos con eso, uno puede suponer que todo se hace por el interés del pueblo canadiense y no por nuestros propios intereses. Si en determinado momento la gente siente que [la monarquía] no tiene que representar un papel en el futuro, más valdrá, por amor de Dios, que cerremos esa etapa en términos amistosos, sin necesidad de reñir al respecto.

En un momento anterior del mismo año, se había cansado de los estudiantes de la universidad escocesa que ostenta el título ducal del propio Felipe. Cuando uno de ellos le formuló lo que Felipe consideró una pregunta poco inteligente acerca de la libertad de palabra, Felipe explotó: "¡Cállese y crezca!". La respuesta provocó silbidos y abucheos del grupo de jóvenes y en medio del estrépito alcanzó a oírse la voz de Felipe: "No crean que estoy ejercitando ninguna forma de censura. Ni el [decano de la Universidad] ni yo haríamos tal cosa. Podemos ser incompetentes, pero no deshonestos. Conozco el problema de la libertad de palabra porque me he visto castigado con bastante frecuencia por decir algunas cosas. Y me indican que más vale que no las diga. Entonces, ¿por qué querría indicarles lo que deben decir?".

De acuerdo con la versión de un cortesano del palacio, el Duque "se irrita con la pasividad de la Reina. Vean, ella conoce mucho mejor el momento de negarse que el de tomar la iniciativa y afirmar. Por lo tanto, él le dice: 'Vamos, Lilibet. Adelante, hazlo'. A su vez, ella se enfada con el malhumor de su esposo"; como cierta vez, en que él se disponía a interrumpir una prolongada sesión durante la cual posó para un retrato y la Reina le ordenó con firmeza: "¡Quédate ahí!". Y él obedeció.

Una respuesta tan automática jamás se habría originado en Margarita, sobre todo en el caos que fue su vida durante la década de los setenta. Por esa época su matrimonio estaba destruido, no sólo porque ella y su marido pasaban cada vez más tiempo separados, sino porque cada uno mantenía relaciones íntimas por separado. "Lo peor de todo —dijo Margarita—, Tony se mostraba grosero conmigo en presencia de los niños. Fue la gota que colmó el vaso."

Margarita respondió con la acción. En primer lugar, a principios de 1973 hubo un escándalo que se difundió por el mundo entero; Margarita tenía cuarenta y dos años y comenzó una compleja relación con Roderick "Roddy" Llewellyn, de veinticinco años; exactamente la diferencia de edad entre ella y Peter Townsend. El problema consistía en que Roddy era un hombre tímido y nervioso que había trabajado sólo como ayudante de investigación en el Colegio de Heraldos y un tiempo como modelo masculino. Medía un metro setenta y cinco, era delgado, montaba bien, tenía una sonrisa seductora y a menudo usaba un pendiente de plata, prendas de cuero y cadenas; un conjunto de elegancia sadomasoquista que no era muy desusado en ese momento. No sabía muy bien si deseaba una vida estable con un hombre o con una mujer y hasta cierto punto se había contentado durante un año con un amante masculino generoso, antes de intentar dos veces el suicidio. Impresionado por Margarita y emocionalmente confundido, de muy buena gana se sometió a las enérgicas directivas de Su Alteza Real. Cuando finalmente se publicaron fotos de Margarita y Roddy divirtiéndose en la isla caribeña de Mustique (donde algunos amigos habían regalado a Margarita una parcela de tierra y una casa como ofrenda de bodas), Tony —que había comenzado a mostrarse acompañado por la mujer que sería su segunda esposa— contó con una escapatoria ideal para acabar con su matrimonio.

"Fue —escribió con cuidado un cronista del palacio acerca de Margarita y Roddy—, un romance que se acercó a lo extravagante." Jugaban bridge con amigos, salían a bailar, ofrecían cenas y fiestas. Pero aunque la pareja se mostraba sin disimulo en Londres, quienes los acompañaban creían que Roddy no era un compañero tan entusiasta como ella podía haber deseado. Ciertamente, incluso es posible que no fuese el amante de Margarita. "Nunca me casaré con la princesa Margarita —dijo, y agregó significativamente que—; las circunstancias —ciertas razones personales— lo impedirían. Y no deseo tener hijos." No se necesitaba un experto en lenguajes cifrados para comprender el sentido de las palabras de Roddy.

La existencia de esa amistad pronto llegó a oídos de la Reina y la Reina Madre, que habían podido afrontar el divorcio y el nuevo matrimonio del conde de Harewood, pero no estaban preparadas para la amenaza que Margarita sin duda representaba para la imagen real. Nadie tan próximo al trono había incurrido en travesuras tan descaradas desde Eduardo VIII. Pero las conferencias severas no pudieron interrumpir el asunto, del tipo que fuese este, y Margarita y Roddy continuaron con sus travesuras a través de cinco años erráticos y ambiguos, interrumpidos en ocasiones cuando él realizaba una súbita y solitaria incursión a lugares tan exóticos como Estambul.

En 1974 se agregaron algunas burbujas melodramáticas a la comedia musical. Durante una de las ausencias de Roddy, Margarita tragó un puñado de píldoras somníferas no muy potentes. "Se sintió aturdida un rato —informó un amigo—. Fue más un *cri de coeur* que un intento serio de atentar contra su vida. Quizás ella había esperado demasiado de Roddy y él no podía afrontar la situación." De hecho, el temor que sentía Margarita ante la posibilidad de perderlo, y sus concomitantes avances y exigencias sexuales fueron quizá los que desencadenaron la fuga de Roddy. "En todo esto no había muchos aspectos relacionados con la cama —escribió otro amigo— y Roddy confesó que le parecía difícil afrontar el aspecto físico de la relación." Entretanto las dos Isabel contenían la respiración y abrigaban la esperanza de que cada separación significara el final del asunto.

En medio de estas convulsiones un tanto byronianas, se supo que el Duque de Windsor padecía cáncer terminal en la garganta. Pero su mente continuaba clara y alerta, lo cual al parecer no era la situación de Wallis. Además de una artritis severa, se había diagnosticado arterioesclerosis a Wallis, y el Duque observaba súbitos cambios de la personalidad y pérdidas de la memoria. Carlos los visitó en el hogar que ellos tenían en París, en octubre de 1971. "El tío David dijo que mi familia le había dificultado mucho las cosas los últimos 33 años —escribió Carlos en su diario—. Le pregunté con franqueza si deseaba regresar a Inglaterra a pasar los últimos años de su vida... [pero] creía que nadie lo reconocería... Todo el asunto parecía muy trágico."

Más tarde, el 18 de mayo de 1972, la Reina y Felipe, que estaban en Francia en el curso de una visita oficial, fueron a ver al Duque enfermo, que entonces estaba muy cerca de su fin y no podía abandonar el dormitorio. Debilitado y gastado por la enfermedad, el ex Rey se esforzó para enderezar el cuerpo en su silla de ruedas, se inclinó ante su sobrina y la besó. "Mi querida Lilibet, es grato volver a verte", dijo Eduardo con un débil murmullo, antes de recostarse de nuevo en la silla. Décadas de rencor y resentimiento, una actitud que significó que Eduardo y Wallis prácticamente se viesen excluidos de Inglaterra, la vergonzosa falta de compasión y generosidad de la Familia Real; todo eso pareció diluirse en la mañana primaveral, pues la muerte inminente determinaba que todas las restantes consideraciones fuesen muy triviales. Durante un momento, el único sonido fue el de la respiración trabajosa de Eduardo y el tictac insistente de un reloj del siglo XVIII que estaba al lado de la cama. La Reina, cuyo papel en la historia había dependido del amor de Eduardo por Wallis, no estaba acostumbrada a ver la morbidez de la enfermedad y quedó reducida al silencio. Dos minutos después Felipe la rescató.

Una semana después, la noche del 27 de mayo, Eduardo preguntó a su esposa si podían prepararle un melocotón hervido —su cena favorita en su tiempo de la nursery— pero su garganta ya no toleraba nada. Ansioso y tratando de recuperar el aliento, extendió la mano hacia Wallis, que se quedó a su lado sentada reteniéndole la mano durante cuatro horas. Poco después de las dos de la madrugada del 28 de mayo de 1972, Eduardo abrió los ojos. Wallis, que había estado descansando en una silla a pocos metros de distancia, se acercó a él en el momento preciso en que se le detuvo el corazón.

Cuando acompañó el cuerpo de su marido al funeral en Windsor, el 5 de junio, Wallis se encontraba en un estado de choque y confusión profundos. Dos veces pidió a los miembros de la familia que fuesen a buscar a su marido y dijo al primer ministro Edward Heath: "Usted debe venir a París a vernos. Al Duque y a mí nos encantaría recibirlo". Pero en ese momento doloroso, un minuto antes de que se llevasen el ataúd, Wallis dijo a quienes la rodeaban: "Ha sido toda mi vida. Ni siquiera puedo concebir lo que haré sin él. Renunció a tantas cosas por mí y ahora se ha ido". Le sorprendió y reconfortó el hecho de que el príncipe Carlos la acompañase con auténtica simpatía. "Bien, ella es miembro de la familia", dijo Carlos. Y Wallis no dejaba de percibir los sufrimientos ajenos; unas semanas más tarde lloró al conocer la noticia de que Guillermo, de treinta y un años, hijo de Enrique y Alicia de Gloucester, había muerto en un accidente de aviación. Su padre, el último de los hijos sobrevivientes del rey Jorge V y la reina María, se sumergió todavía más en el mundo penumbroso de la parálisis y la mudez, consecuencia de los ataques. Así prolongó su vida dos años más, hasta su muerte, que sobrevino en 1974.

Aunque destrozada y entristecida, Wallis reaccionó de manera brillante para afrontar el momento desagradable en que el rapaz Louis Mountbatten fue a París, en un intento de recuperar todo lo posible de los efectos personales del Duque: uniformes, prendas de vestir y condecoraciones. Traspasó todas estas cosas a la Reina. Pero Louis no consiguió recuperar las cartas privadas de Eduardo. "Fue terrible —dijo Wallis a su amiga Aline de Romanones—. Quería que redactase un testamento allí mismo, legando todo a la familia de David, y por supuesto algunas cosas destinándolas a su propia persona. Lo tenía todo previsto, sabía adónde iría a parar cada cosa. Bien, hice lo posible para defender mis derechos. Después de todo, deseo mostrarme justa, y lo que corresponda a la Familia Real debe volver a ella." Con astuta dignidad, Wallis conservó sus papeles privados de una propiedad evaluada en 3 millones de libras esterlinas (la mayor parte de esa fortuna fue destinada a la investigación médica en el Instituto Pasteur).

Por lo demás, Wallis vivió en general recluida después de la muerte de Eduardo. Leía, veía televisión y se mantenía al tanto de las noticias mundiales; pero los hechos contemporáneos la deprimían. "Es un mundo explosivo" —decía—, "colmado de violencia y horror. Ya no lo comprendo ni me agrada demasiado." Siempre añorando a Estados Unidos, Wallis nunca había aprendido a hablar francés, y a pesar de toda la precisión con que supervisaba las cenas deliciosas que ofrecía a sus invitados, su propia comida favorita durante los últimos años era una hamburguesa poco hecha. "David me amaba", decía a menudo Wallis en sus últimos años, y no le importaba que estuviese en la habitación un amigo, una enfermera o un criado. Su mirada parecía perderse en el vacío, sin comprender ni ver nada. "Realmente me amaba", repetía constantemente, como si alguien pudiese haber dudado de ello. Cada vez más frágil y desorientada, la Duquesa debió guardar cama la mayor parte del período que transcurrió entre 1972 y 1986; falleció dos meses antes de cumplir noventa años. Fue sepultada al lado de su esposo, en el Cementerio Real de Frogmore, al sur del mausoleo de Victoria y Alberto. Una placa identifica el último lugar de descanso de "Wallis; duquesa de Windsor", pero las letras H.R.H. (Su Alteza Real) deben buscarse sólo en la tumba de su esposo.

La reina Victoria, Alejandra (esposa de Eduardo VII), María (esposa de Jorge V), Isabel (esposa de Jorge VI), la reina Isabel II, la princesa Margarita: todas las mujeres que representaron papeles importantes en la saga dinástica, se caracterizaron por su vigor y su independencia. La princesa Ana, que cumplió veintiún años en 1971, desarrolló de distinto modo estas cualidades, pero el resultado no fue menos impresionante. Impaciente frente al lenguaje hipócrita, irritada ante la exageración del protocolo, más inclinada a una vida con actividades ecuestres en el campo, se desempeñó mal en el colegio, pero no pareció que eso la molestase en absoluto. "Nunca trabajó con mucha intensidad —dijo Cynthia Gee, su directora en la Escuela Benenden, de Kent—. No era estúpida, pero se caracterizaba por su tendencia a la economía de esfuerzo." Su vida académica concluyó antes de que cumpliese los dieciocho años.

Más franca y expansiva que Carlos, siempre se pareció, con su estatura (un metro sesenta y ocho centímetros), su expresión un tanto caprichosa y su mentón hanoveriano, más a Felipe que a la Reina. Al principio de la edad adulta, Ana ansiaba mucho parecer amistosa, distendida y abordable, pero se la había entrenado demasiado bien en el protocolo real de modo que nunca bajaba la guardia. Si un condiscípulo o un amigo se refería a "tu madre", los ojos de Ana relampagueaban e interrumpía bruscamente: "¿Debo entender que estás refiriéndote a Su Majestad la Reina?".

Parecía más distendida cuando montaba a caballo y precisamente en un acontecimiento deportivo de este carácter, en 1969, conoció a un corredor de comercio de veintidós años, jugador de polo e hijo de un teniente coronel. Sandy Harper y Ana fueron vistos en todos los rincones de Londres, él vestido con discreción, ella usando conjuntos con pantalones anaranjados o faldas cortas color malva y sombreros de formas cilíndricas y excesivas proporciones, que se adaptaban extrañamente a su actitud autocrática. Saltaron al escenario para unirse al reparto de *Hair* en la última danza —algunos de los actores estaban completamente desnudos— pero cuando salieron del teatro, pocos momentos después, ella criticó con voz estentórea al fotógrafo de un medio que se atrevió a gritarle "¡Ana!" mirándola. "Es capaz de enloquecer y comenzar a bailar —dijo un duque que estaba cerca de la Familia Real—. Y de pronto recordar quién es."

Nadie podía saber muy bien en qué estaba *convirtiéndose* Ana durante la década de 1970, pero una cosa estaba clara: estaba abriendo su propio camino y este no discurría cerca del de su hermano. "Siempre se mostraba impaciente con él —recordaba el ayuda de cámara de Carlos—. 'Oh, vamos, Carlos', uno oía cómo le gritaba. Siempre estaba quejándose, y decía que él se mostraba demasiado lento." Es imposible saber si una actitud en general quejosa fue lo que determinó la ruptura con Harper, pero lo cierto es que muy repentinamente él apareció comprometido con una modelo. Ana volvió a una vida elegante de cabalgatas, navegación, esquí y a veces inauguraciones, por ejemplo de hospitales y escuelas.

A pesar de todo, podía mostrarse extrañamente imperiosa. Durante una visita, en la primavera de 1970, le preguntaron qué opinaba de Australia. "No sé... no puedo verla a causa de este maldito viento." ¿Realmente había dicho *maldito*? "Es muy probable", replicó, y eso fue todo. "Mira para este lado, querida", rogó más tarde un fotógrafo. "No soy tu querida", dijo Ana con voz helada. "Soy Tu Alteza Real". En efecto.

Siempre decía lo que pensaba. Ese verano, en Washington, Ana y Carlos visitaron al presidente y la señora Nixon, que estaban acompañados de sus hijas. Ana renegó contra los fotógrafos, se quejó porque disponía de muy poco tiempo para ver algo y protestó por el tiempo excesivamente caluroso. "¿Tiene una cinta métrica?", preguntó a la vendedora del departamento de jerseys de Marks & Spencer. Consiguieron la cinta y Ana se desabrochó la chaqueta. "Desearía que tome la medida de mi busto. La última vez que compré un jersey, al llegar a casa descubrí que no me iba bien." A la vista de todos los clientes, se tomaron las medidas del busto real y se proclamó el tamaño preciso.

Cuando su hija cumplió veintidós años, Felipe dijo a un amigo que le agradaría ver que ella "hacía algo concreto... ¡Pero es difícil saber qué!" Para todo el que se detenía a pensar en el asunto, Ana se parecía mucho a su tía Margarita; entre otras cosas, en los rápidos cambios de humor, alegre y chispeante en un momento, frío al siguiente si alguien la llamaba por el nombre en lugar de decir "Madame".

Por supuesto, tales formalismos no eran idea de Ana. La habían educado de ese modo, la habían criado de manera que esperaba que las damas y los caballeros se pusieran de pie cuando entraba en una habitación y esperaban que ella empezara a comer antes de usar el tenedor y el cuchillo, y no le hablaban hasta que ellas les dirigía la palabra. Los guardaespaldas siempre la asistían, vigilando a no menos de un centenar de metros.

Incluso en una fiesta o un club nocturno, no le importaba en absoluto lo que los detectives pensaban de su conducta. "Obsérvela en un baile —sugirió un amigo—. Cinco minutos después de su llegada, está rodeada de hombres, los más apuestos que hay en el local." Después de Sandy Harper, Richard Meade y Guy Nevill se contaron entre ellos. Meade, un jinete que había ganado medallas de oro en los Juegos Olímpicos y que administraba propiedades en Surrey, era una figura elegante de los medios sociales y se creía que era uno de los candidatos a la mano de Ana. Lo mismo se decía de Nevill, el acaudalado heredero del marqués de Abergavenny. Y de Robert Rodwell, con quien ella bailaba en la discoteca La

Valbonne. "No se preocupe —le dijo Ana mientras giraban bailando alrededor de la pista—. No me romperá. No estoy hecha de porcelana de Dresde." Bailaba con muchos, salía con algunos, no prometía nada.

Y entonces, el 14 de noviembre de 1973 Ana, de veintitrés años, se casó con el apuesto Mark Phillips, de veinticinco años, capitán de los Dragones de la Guardia Real. Era un plebeyo perteneciente al sector social de los caballeros rurales y un famoso jinete; había conocido por primera vez a la Princesa en 1968 en el curso de una fiesta destinada a celebrar el lugar que Gran Bretaña había conquistado en los Juegos Olímpicos, donde Mark era miembro del grupo de reserva del equipo de jinetes. La boda fue un importante acontecimiento mediático y se la difundió por televisión al mundo entero.

Lo mismo sucedió con los informes de un audaz intento de secuestro, cuatro meses después. Cuando Ana y Mark regresaban de un estreno cinematográfico de beneficio, el 20 de marzo de 1974, el coche en el que viajaban fue interceptado en The Mall por un lunático llamado Ian Ball, que durante meses había planeado el secuestro de la Princesa, para pedir un rescate de 3 millones de libras esterlinas. El guardaespalda y el chófer de Ana, un periodista que pasaba y un agente de policía resultaron seriamente heridos por los disparos de Ball, pero ella y Mark salieron ilesos. "¿Por qué no se va? —gritó Ana a su atacante mientras él intentaba arrancarla del coche—. ¿De qué le servirá todo esto?" La sorprendente sangre fría de Ana no la abandonó ni un momento y dos horas después estaba al volante de su propio automóvil y Mark manejaba el suyo, en viaje a la residencia campestre de ambos, de acuerdo con lo programado. "Sinceramente" —dijo más tarde Ana—, "no tuve tiempo de asustarme, de modo que me enfadé con ese hombre. Mientras sucedía eso, me asombró ver que las cosas continuaban como de costumbre fuera de nuestro coche. Los taxis y los coches pasaban a mi lado. Sentí que estaba en una cápsula del tiempo."

En el matrimonio de los Phillips, nada alcanzó un nivel tan dramático como este episodio. A diferencia de Antony Armstrong-Jones, Mark insistió en mantener su propia identidad y contando con la aprobación de su esposa rechazó el ofrecimiento de un título hecho por la Reina. Esta actitud no complació a Isabel ni a Felipe, que consideraron a Mark una persona un tanto limitada desde el punto de vista social, incapaz de hablar de otra cosa que no fuesen los caballos y el ejército, y caracterizado por un humor infantil. Las reservas que manifestaban en sus juicios dieron en el blanco, como lo descubrió un periodista cuando vio al capitán Phillips comprando chascos un tanto desusados, por ejemplo saquitos de té que provocaban severa flatulencia y terrones de azúcar que al disolverse en la taza revelaban la presencia de condones. "Tiene un gran sentido del humor y goza de una broma como todo el mundo", dijo un vocero del Palacio de Buckingham cuando se le pidieron explicaciones.

Con respecto a Ana, contrapuso a la actitud real una postura de sumisión a su marido, al menos por el momento. "Me agradaría tomar todas las grandes decisiones en nuestra vida", le dijo Mark, exagerando quizá su posición y creando las condiciones que podían llevarlo a una desilusión. Según se vio, las únicas decisiones realmente grandes que era necesario adoptar se referían a la administración de la propiedad común, Gatcombe Park, en Gloucestershire, adonde se trasladaron en 1976: Phillips se consagró a esta tarea, mientras su esposa atendía los compromisos reales. En 1977 nació Peter Phillips, el primer nieto de la Reina; Zara, la hermana de este niño, nació en 1981. Ana y Mark preferían que los niños fuesen tratados simplemente como "señor" y "señorita". Pero en 1987 Ana aceptó el ofrecimiento de Princesa Real, realizado por la Reina; era el honor más elevado que podía concederse a una mujer en la Familia Real; y varios años después se la aceptó en la Orden de la Jarretera.

"A veces, siento que me agradaría hacer una vida muy distinta de la que estoy viviendo ahora —dijo cierta vez Ana—. En gran parte es una vida muy pública. Pero siento que no tengo alternativa. Nací para llevar cierto tipo de vida, con deberes y obligaciones, y la posibilidad de rechazarla es nula." Excepto, según se vio, la posibilidad de rechazar su propio matrimonio.

Los matrimonios y los divorcios en otros tiempos considerados inadmisibles para los miembros de la Familia Real estaban convirtiéndose en episodios corrientes en la década de 1970. En 1978, el príncipe Miguel de Kent, de treinta y seis años, el menor de los tres hijos de Jorge y Marina, contrajo matrimonio con la bella e inteligente baronesa María Cristina von Reibnitz, una católica divorciada. (Si el duque de Windsor aún hubiera vivido, de nuevo se habría enfurecido al enterarse que la nueva Princesa gozaba con razón de la designación de "Su Alteza Real". Después de todo nada podía modificar la norma británica de derecho común en el sentido de que la esposa adquiere los títulos y los honores de su marido.)

El mismo año, el matrimonio de los Snowdon al fin se disolvió definitivamente. El Palacio de Buckingham anunció que la princesa Margarita y Antony Armstrong-Jones, que habían vivido separados más de dos años, estaban aprovechando una nueva ley que permitía el divorcio automático después de ese lapso. Él había establecido un vínculo con la mujer que había sido su ayudante mientras filmaba en Australia, con quien después se casó; y la princesa Margarita continuaba viajando y visitando los clubes nocturnos con el dudoso Roddy Llewellyn, que había sufrido un colapso, pero que ahora fantaseaba con ser un cantante pop. La costumbre de Roddy de beber mucho y conducir a alta velocidad provocaba considerable incomodidad pública a Margarita, cuya tristeza cuando él se apartó al año siguiente la indujo de nuevo al exceso de bebida y a una depresión casi suicida. En el momento del anuncio de divorcio, Margarita estaba internada en el Hospital Rey Eduardo VII, con hepatitis alcohólica y gastroenteritis. Margarita ordenó a sus abogados que aceptaran el pedido de Tony, que deseaba un arreglo de divorcio representado por una suma de seis cifras; ella retenía la custodia de los hijos.

Margarita aún no tenía cincuenta años y en las molestias propias de la publicidad consiguiente llevó la peor parte. La prensa ignoró la infidelidad del esposo y publicó artículos en los que sólo Margarita aparecía como responsable del divorcio: Tony dijo que él era el cónyuge agraviado; "humillado y en una posición absolutamente intolerable". Con notable franqueza, Margarita dijo más tarde: "Lord Snowdon tiene una astucia endemoniada". Además, se manifestó considerable resentimiento contra la actitud generosa de Margarita, que compartió la asignación de la Lista Civil, es decir, una suma superior a 125.000 £ en 1975. "Estamos preocupados por la imagen de la princesa Margarita —dijo un vocero del Palacio de Kensington—. Poco podemos hacer al respecto y no estamos en condiciones de pedir a los medios que amen a la Familia Real."

En adelante, su vida pareció detenerse; en todo caso, tenía escasas expectativas. En 1974 había perdido parte de un pulmón a consecuencia del cáncer, pero eso no le impidió seguir fumando sin medida, una costumbre que la llevó a sentirse más nerviosa y más frágil; siguieron varias internaciones en clínicas, como resultado de la neumonía, la pleuresía y las infecciones respiratorias. Era la primera dama real que mostraba una actitud emprendedora desde el punto de vista sexual y que se comportaba como si hubiese estado liberada de cualquier restricción. Llegó a ser hasta cierto punto una figura trágica entre los Windsor, un ser solitario y patético, que alternaba una actitud de fanfarronería casi simpática con una de *folie de grandeur* notablemente tenaz. Como carecía de los recursos necesarios para comprometerse con las grandes causas contemporáneas, se convirtió simplemente en una figura de la sociedad. Es imposible hacer conjeturas acerca del modo en que su vida podría haberse desarrollado si se hubiese casado con Peter Townsend, pero las sencillas alegrías domésticas rara vez son suficientes para los que han nacido en el mundo de la realeza.

La reacción de la Reina era previsible. De acuerdo con la versión de los cortesanos, estaba irritada y confundida, y sentía que su hermana había traicionado los valores reales. "¿Qué haremos con Margarita?", era la frase que repetía ese año. El calor de la coronación se había disipado a causa de la crisis con Townsend en 1953; ahora, mientras Isabel se preparaba para sus Bodas de Plata, Margarita de nuevo ocupaba el centro de una situación embarazosa. De hecho, era el primer miembro de la Familia Real inmediata (al margen del conde de Harewood y otros primos) que se divorciaba desde que Enrique VIII había repudiado a Ana de Cleves. Ya no era posible señalar a los miembros de la Familia Real como representantes de una moral superior o como modelos de estabilidad de la familia. Con el divorcio de Margarita, se elevaron más voces para cuestionar lo acertado —incluso el sentido común— de perpetuar la complicada ficción y los elevados gastos de una monarquía que parecía cada vez más frívola.

Pero Margarita no se acercó a los años de la madurez como una mujer antipática. Sus hijos crecieron fieles y próximos a ella, y la propia Margarita ganó muchos amigos fuera del círculo real. Esencialmente bondadosa, aprendió a suavizar los bordes de su áspera personalidad con una conciencia lúcida de las fallas y las fragilidades humanas, y una compasión fundamental por los ignorantes. A menudo sola, mal representada por la prensa e incomprendida por el público, nunca encontró al hombre a quien tan evidentemente necesitaba para avivar y equilibrar su vida. Cuando tenía más de sesenta años aún podía vérsela, como antes, acercándose a los asientos del coro de la Abadía de Westminster en la mañana de un domingo cualquiera, asistida sólo por una dama de compañía. Estaba allí, no como representante de la familia en una ceremonia pública; todo lo contrario, Margarita estaba presente entre los feligreses comunes que habían acudido allí con el mismo propósito. Era una mujer acaudalada que reconocía su pobreza de espíritu.

Según se vio, el matrimonio ocupaba un lugar importante en la mente de la Reina cuando pensaba en su heredero el año 1978: Carlos cumplía los treinta años en esa fecha y no mostraba inclinación a elegir esposa y producir un heredero. ¿El escenario estaba preparado para repetir el melodrama de su predecesor, el Príncipe de Gales que había sido Eduardo VIII? Después, como parecía tan escasamente dispuesto a mostrar un interés serio y prolongado en una joven, comenzaron a circular los rumores inevitables en el sentido de que quizá el Príncipe de Gales era homosexual. Para contrarrestar esas murmuraciones e indicar la seriedad de su propósito, Carlos acudió a la televisión —como hacían otras celebridades, reales o no— para exponer su caso. "Es necesario recordar que en mi posición, cuando uno contrae matrimonio, se casa con alquien que quizás un día se convierta en Reina. Tiene que elegir muy cuidadosamente al futuro cónyuge", dijo al conductor de un programa de la BBC.

Al mismo tiempo, el Príncipe estaba alimentando graves dudas. "Carlos se preocupaba terriblemente por el matrimonio —dijo un amigo—, y solía preguntar qué les sucedía a las personas que en cierto momento estaban locamente enamoradas, y después, a los seis meses, se separaban definitivamente." El Príncipe deseaba saber si la gente cambiaba tanto, y cuando su amigo replicó que el cambio era natural y cabía preverlo, Carlos se sintió turbado, "porque sabía que podía tener una sola oportunidad. Para él no habría una segunda posibilidad. Tenía que acertar la primera vez".

Así se desarrolló la vida del Príncipe de Gales, que no incluyó episodios de disipación hasta después de un curso de entrenamiento de seis semanas en el Real Colegio Naval de Dartmouth, en 1971. Era subteniente en el HMS *Norfolk* cuando la nave atracó en Tolón, en la Riviera francesa. Allí, salió una noche de juerga con los suboficiales, el grupo recorrió los distritos de la vida alegre, y los hombres se comían con los ojos a las prostitutas en las callejuelas, y miraban a las mujeres que se mostraban desnudas en un café de mala fama. Su padre se habría sentido complacido.

Cuando de nuevo salió al mar, en 1973, lo mismo que en la patria, las mujeres ocupaban un lugar en su vida; pero ninguno que pudiera considerarse el centro. "Se sentía realmente feliz como soltero —de acuerdo con su ayuda de cámara Stephen Barry—, [pues] después de atender sus compromisos, estaba en libertad de hacer exactamente lo que deseara... sin que ninguna mujer interfiriese en sus entretenimientos." Las citas con las mujeres jóvenes por supuesto estaban bajo su control: nunca podían invitarlo, él invitaba. Entre las mujeres llamadas a compartir una velada o a asistir a una función real estuvieron Georgina Russell (hija del embajador británico en España); Bettina Lindsay (hija de un par); Isabel, hija de lord Astor; lady Victoria Percy (hija del duque de Northumberland); lady

Henrietta Fitzroy, amiga de la niñez; lady Jane Grosvenor (hija del duque de Westminster, un hombre inmensamente acaudalado); Dale Harper, lady Tryon; y una actriz esplendente, o dos, o diez. "Bien, esto es mejor que el relevo de la guardia, ¿verdad?", dijo cierta vez mientras miraba a las muchachas de pechos desnudos bailando el rito de fertilidad en Fiji.

En Inglaterra y en el exterior, era usual que le llevasen mujeres. Coqueteaban, lo lisonjeaban, se sentían impresionadas. Ninguna de esas mujeres jóvenes habló, después o más tarde, acerca de sus relaciones con el Príncipe de Gales; ninguna jamás concedió una entrevista en la cual describieran sus horas o sus días en compañía de Carlos.

La mayoría de las damas elegidas para brindar una intimidad especial, para realizar visitas repetidas al palacio o a Balmoral, pronto se veían asediadas por la atención de los medios; y la mayor parte pronto se fatigaba del asunto y de la timidez de Carlos fuera del dormitorio. Había episodios; lo confirmaban los ex criados. Pero hubiera sido una exageración decir que eran "romances", pues parece que se trataba de relaciones firmemente mantenidas en su lugar. "Nunca lo dominaban —dijo Barry de estas relaciones—. Lo único que domina al príncipe Carlos es su trabajo y después sus actividades deportivas. Las muchachas vienen en tercer lugar. El príncipe Andrés, que no tiene ante sí el mismo futuro, puede demostrar mucho más interés en las jóvenes que lo que estuvo jamás al alcance de su hermano mayor. El príncipe Carlos es esencialmente un hombre tímido... y sumamente cauteloso."

Parte del problema residía en el carácter trascendente de la elección que se esperaba de él; no era una elección romántica, sino de carácter estratégico. Tenía que elegir a una persona apropiada para incorporarla a la Familia Real y engendrar al futuro Rey de Inglaterra. La mujer en cuestión debía tener antecedentes y una educación decente y estar por completo limpia de escándalos; y además, debía ser una firme protestante. Hacia la década de 1970, no era fácil encontrar una joven de virtud victoriana dispuesta a asumir el papel de Consorte Real pasiva y productora de hijos, una mujer desprovista de expectativas personales (mucho menos romántica), dispuesta a subordinar todo su destino personal al de los Windsor. No era fácil hallar una persona como la reina María.

Por su parte, Carlos se mostraba torpe en las situaciones sociales y carecía por completo del fácil encanto de su padre. Además, se lo había criado en una situación de privilegio y respeto impresionantes y todas las jóvenes debían dirigirse a él diciéndole "señor", a menos que se les indicara lo contrario. Por mucho que manifestasen gran fidelidad al trono o se sintieran deslumbradas, cualquier joven moderna debía pensar que eso era demasiado. La mayoría de las que atraían a Carlos se hastiaban con bastante rapidez.

Por ejemplo, Georgina Russell se alejó de la presencia real durante una semana dedicada a pescar con Carlos en Escocia. El ordenaba a los criados que preparasen comidas espartanas ("estaba en uno de sus períodos de economía", de acuerdo con Barry) y pasaba la mayor parte del día con una caña de pescar, sumergido hasta las rodillas en las aguas de algún arroyo. La joven huyó antes de que terminase la semana.

Lo mismo sucedió con lady Sarah Spencer (cuya hermana menor era lady Diana), que hacía todo lo posible para dominar una tendencia a la anorexia nerviosa, sin hablar de la ansiedad provocada por una cita con una figura de la realeza. Pero después que Carlos, al parecer enamorado, llevó a Sarah a pasar unas vacaciones en una estación de esquí, en 1977, se creyó que ella era una candidata seria; idea que la propia joven echó por tierra cuando dijo a un periodista: "No hay ninguna posibilidad de que me case con él. No lo amo y no estoy dispuesta a casarme con un hombre al que no amo, ya se trate de un basurero o del Rey de Inglaterra". Y agregó que el Príncipe era "un romántico que se enamora fácilmente". Su franqueza sin duda irritó a su propia abuela, lady Fermoy, que era dama de compañía de la Reina Madre. Las dos mujeres habían abrigado la esperanza de que Sarah mirase con buenos ojos la perspectiva de ser Princesa de Gales.

Por otra parte, lady Jane Wellesley, hija del duque de Wellington, no miraba con buenos ojos las bromas de Carlos, ni le agradaba que le arrojasen melones como si fueran cartas de amor. Las mujeres serias como lady Jane seguramente se habrán sorprendido ante esas manifestaciones de inmadurez principesca.

Anna Wallace, hija de un acaudalado terrateniente, fue otro caso. Alta y rubia, rápidamente condujo a Carlos a un estado de obsesión sexual en 1979. Segura de sí misma y confiando en el dominio que ejercía sobre él, respondía a los avances de Carlos, pero no temía disputar con él en público. Además, Anna no se abstenía de salir con otros y esa actitud sugirió vínculos activos con otros hombres, lo cual fue su ruina. Cuando los topos palaciegos exhumaron el hecho de que en efecto había *vivido* con otro hombre, quedó completamente desechada (lo mismo que Davina Sheffield, una hermosa rubia despedida por la misma razón); incluso antes de que gritase a Carlos que no le agradaba que él la dejara para acompañar a otras jóvenes a los bailes del Castillo de Windsor. Laura Jo Watkins, una rubia norteamericana de la alta sociedad, hija de un almirante, también fue durante breve tiempo candidata, y hubo varios encuentros discretos en Londres y Miami. Pero su nacionalidad impidió que se la considerase seriamente.

Hasta la aparición de lady Diana Spencer, nadie tuvo tanta suerte como la princesa María Astrid de Luxemburgo.

¡Oficial! Carlos se casara con Astrid

Eso fue lo que anunció con clarines y trompetas el *Daily Express* y con enormes titulares, en un artículo de primera página el 17 de junio de 1977.

El compromiso formal será anunciado por el Palacio de Buckingham el lunes próximo. La diferencia de religión de los miembros de la pareja —ella es católica— será salvada por una nueva disposición constitucional: los hijos del matrimonio serán educados de acuerdo con la Iglesia de Inglaterra y las hijas crecerán en la fe católica. La Reina y el príncipe Felipe han aprobado este procedimiento, que también cuenta con el consentimiento de los jefes de la Iglesia. El príncipe Carlos, que tiene 28, conoció a Astrid, de 23 años, hace aproximadamente un año.

Aunque el Palacio mantuvo en secreto la relación —incluso hasta el extremo de negar que hubieran llegado a conocerse— un amigo íntimo dijo anoche: "Se enamoraron a primera vista". Astrid; que se convertirá en Princesa de Gales al casarse y con el tiempo llegará a ser Reina, es la hija del Gran Duque de Luxemburgo. Su madre, la ex princesa Josefina Carlota, es hija del ex rey Leopoldo y la reina Astrid de Bélgica.

Todo el asunto resultó ser la fantasía de un periodista. Astrid se había encontrado dos o tres veces con Carlos, sin que hubiese absolutamente ningún romance. Los calurosos desmentidos del Palacio de Buckingham fueron interpretados por la prensa como indicaciones evidentes de que se estaban puliendo y afinando las campanas de la boda. Pero la relación más profunda y afectuosa de Carlos fue con Camilla Shand, a quien conoció por intermedio del omnipresente lord Mountbatten.

Los Shand habían edificado la mitad de Belgravia, el distrito residencial más elegante de Londres. Poco agraciada y sin elegancia, Camilla (dieciséis meses mayor que Carlos) compartía el interés del Príncipe por las actividades al aire libre y su humor a ras de tierra. "Mostraba siempre un carácter varonil —recordaba Broderick Munro-Wilson, antiguo amigo—. Siempre desbordando actividad, riente y feliz y muy divertida. Siempre tenía algo que decir y se la veía brillante y vivaz." Kevin Burke (su novio cuando ella tenía dieciocho años) la describió también como una persona "terriblemente divertida... y *sexy*. Siempre estaba mencionando a Alice Keppel. La tenía siempre en su mente". De acuerdo con el biógrafo autorizado del Príncipe, el romance entre Carlos y Camilla comenzó en el otoño de 1972: "él le entregó su corazón casi enseguida... [y] le pareció que ella retribuía esos sentimientos".

Entre los amigos, a Carlos y a Camilla les encantaba compartir una serie de bromas acerca de Alice Keppel, antepasado de Camilla, la decorosa y discreta amante del heredero de Victoria cuando era Príncipe de Gales y después el rey Eduardo VII. También los unía la afición a los deportes y a la vida al aire libre, y a Camilla incluso se le permitía ayudar a resolver algunos problemas personales de Carlos, aconsejarle acerca del modo de organizar a su personal, su vestuario y su agenda social. Consagrada a su amigo pero no posesiva, se parecía mucho a lo que Freda Dudley Ward había sido para el anterior Príncipe de Gales. Cuando Camilla contrajo matrimonio con el oficial de carrera del Regimiento de Caballería de la Reina, Andrew Parker Bowles (quien antes había cortejado a la princesa Ana) y después tuvo dos hijos, su relación con Carlos se interrumpió por poco tiempo, pero recomenzó más tarde con pasión aún más intensa; sobre todo después que su padre sustituto, lord Louis Mountbatten, fue muerto por una bomba del IRA en agosto de 1979. Que eran amantes fue admitido francamente por Carlos en 1994. El siempre se sentía tan feliz en compañía de Camilla que llegó al extremo de avergonzar a su propia familia. En 1978, mientras conversaba con algunos escolares, observó: "Ojalá que ustedes, pequeños, estén gozando de su infancia tanto como nosotros los adultos gozamos de nuestro adulterio". Aún no estaba casado, pero Camilla había contraído matrimonio cinco años antes.

Las dudas de Carlos acerca del matrimonio tal vez derivaron, por lo menos en parte, del hecho de que veía cómo había cambiado la unión de sus padres. No tenía otro contexto que le permitiese observar la forma en que las relaciones cambian con el tiempo. Hacia 1978, después de más de cuarenta años de matrimonio, había cierta distancia entre Isabel y Felipe; sin rencor o en apariencia sin que hubiese resentimiento; pero de todos modos real. No compartían dormitorio, como lo reveló la investigación relacionada con varias irrupciones en el palacio y el subsiguiente refuerzo de la seguridad de las habitaciones reales. Y disputaban, a veces en alta voz. "Levantan las voces, el ácido gotea", murmuraban los criados cuando Isabel y Felipe se retiraban a sus habitaciones separadas, después de una conversación nocturna en una sala.

Sin embargo, es posible que se exagerase los cambios sufridos por la Reina y su marido en el curso del matrimonio, y por su parte el secretario del Foreign Office Tony Crosland recordaba que los dos podían parecerse mucho a una pareja típica. Durante una travesía internacional, en 1976, el yate real *Britannia* soportó mar gruesa después de dejar Bermudas. Se anunciaron vientos de fuerza 9; el barco rolaba en un ángulo de cuarenta y cinco grados, después se encaramaba sobre una cresta de ola y bajaba al seno de la ola con el puente escorado cuarenta y cinco grados hacia la banda contraria. Pero la Reina apareció a la hora de los cócteles anteriores a la cena, "con una expresión filosófica, casi alegre —según recordaba Crosland—. Medio paso detrás de ella venía su Consorte, la cara menos compuesta que de costumbre, en realidad ceniciento y tenso". Cuando la Reina dejó el comedor después de la cena, el barco continuaba rolando intensamente, y cuando ella se sujetó de una puerta corrediza, se deslizó con ella. "¡Uhuuuuu!", gritó la Reina mientras el *Britannia* se estremecía y el pañuelo de gasa le envolvía la cabeza. "¡Uhuuuuu!", chilló de nuevo Su Majestad, como un niño que participa en un viaje emocionante.

Al día siguiente, el mar se calmó un poco. Cuando los viajeros se reunieron, antes de la comida, la Reina habló de la velada precedente: "*Nunca* vi tantas caras grises y sombrías alrededor de una mesa. —Hizo una pausa y sonrió—. Felipe no estaba nada bien". Otra pausa, y después dijo: "Me alegra decirlo". Rió por lo bajo, ya que su marido, por cierto, es Almirante de la Flota.

A pesar de todos los cambios sobrevenidos en su matrimonio, la Reina continúa apoyándose en Felipe, porque es un hombre que puede ofrecer una opinión objetiva y franca acerca de los diferentes asuntos. "Después de todo, estamos acercándonos a la edad madura —dijo Felipe por la televisión—. Quizá cuando seamos viejos, habrá un poco más de respeto, pero este es el período menos interesante." El curiosea, formula preguntas de otros, remueve problemas embarazosos, critica aquí y reprende allá; y como posee una curiosidad natural y un acceso sin igual a otros, puede expresar a Isabel las opiniones de la gente sin falsedad y sin un interés egoísta.

Carlos tenía treinta y un años en 1979 y todavía era soltero, y lo mismo que el Príncipe de Gales precedente, suscitaba considerable ansiedad en su padre. Su adolescencia había sido prolongada; su despertar emocional y sexual se había retrasado. Cuando se aproximaba a los treinta años, tenía poco que hacer, excepto realizar intentos dolorosamente torpes para formular comentarios sociales serios; y con más frecuencia para aceptar la seducción de algunas jóvenes que lo adoraban; y en estas actividades se parecía a su tatarabuelo Eduardo VII. Hubo muchas amigas, pero la actitud del Príncipe no había sido seria con ninguna, excepto la áspera Anna Wallace, que complació a la Reina sólo cuando Carlos cesó de considerarla una compañera posible; no sólo por su insistencia en mantener un círculo social amplio que incluía a otros amantes, sino también porque se quejaba francamente de que en el programa de Carlos ocupaba el segundo lugar, después de las obligaciones reales del Príncipe.

Por lo tanto, no sorprendió a nadie que el Príncipe a veces se volviese contra el sistema que dominaba su vida: "Ustedes no entienden lo que significa tener toda la vida programada con un año de anticipación —fue su queja—. Es tan terrible verse programado. A veces, la idea misma me harta". Pero estas observaciones razonables de poco le sirvieron, pues no podía evitar su destino, del mismo modo que no podía rechazar a sus antepasados. Y así, mientras las mujeres jóvenes lo hastiaban o se sentía deprimido por esa vida esencialmente vacía, Carlos adoptó una actitud cada vez más introspectiva. Después de la muerte de Mountbatten, en 1979, no pudo confiar en nadie. Respetaba a su madre, pero ella siempre había sido la Soberana lejana y preocupada. Su abuela lo había sostenido emocionalmente en la niñez, pero ahora tenía ochenta años y mal podía decirse que fuese la persona más indicada para escuchar a un joven. Con respecto a Felipe, como dijo un cortesano, "la última persona a quien Carlos habría pedido consejo era su padre".

Deseoso de tener una ocupación, en 1980 Carlos comenzó a planear la reconstrucción de Highgrove House, la propiedad de 175 hectáreas en Gloucestershire, comprada por el Ducado de Cornwall con destino al propio Príncipe. Aunque se había instalado en este lugar para encontrarse cerca de Camilla Parker Bowles, Highgrove sería el lugar donde él llevaría a su esposa; era el lugar donde podía pintar, leer, dar la bienvenida a los eruditos y los científicos visitantes, supervisar los jardines y planear una granja orgánica. Pero hacia 1980 el tema de la esposa de Carlos ya no era una preocupación ocasional en el Palacio de Buckingham: por mucho que la salud de la Reina fuese muy sólida, la decisión del Príncipe ahora era una obsesión dinástica, aunque él mismo se sentía muy feliz con su soltería, como lo sabían su ayuda de cámara y los amigos. "Será mejor que te pongas a la obra —dijo su padre—, porque de lo contrario no quedará nadie."

Después de la Primera Guerra Mundial, el rey Jorge V había ampliado la lista de las personas que podían casarse con sus hijos, alentándolos francamente a contemplar la posibilidad de que interviniesen figuras que no pertenecían a la realeza: las damas aristocráticas adecuadas podían ser muy aceptables. Ahora, incluso esa categoría estaba reduciéndose, e Isabel y Felipe se veían en dificultades para arreglar encuentros con jóvenes damas de la clase alta que exhibiesen una reputación inmaculada, un linaje aceptable y la fibra necesaria para afrontar las miradas del público y las obligaciones reales. "La única ventaja de casarse con una Princesa o alguien que pertenece a una familia real —había dicho Carlos pocos años antes—, es que saben lo que sucede." Pero precisamente porque *sabían* lo que sucede, y a causa de que las familias reales europeas eran cada vez menos reales y más contemporáneas, el grupo estaba cada vez más reducido. Como para limitar todavía más las posibilidades, los católicos romanos aún eran inapropiados, de acuerdo con los términos de la Ley de Matrimonios Reales.

En el flujo de amistades, aventuras y romances, surgió una candidata, que al principio ciertamente era improbable. En una partida de caza organizada en noviembre de 1975, Carlos fue presentado a lady Diana, la hermana menor de lady Sarah Spencer, a quien había visto ocasionalmente desde su niñez en la propiedad del padre de la joven, Edward John Spencer. Era el octavo conde de ese nombre, que era también la denominación de las tierras de la familia en Northamptonshire.[2] Johnnie Spencer había sido ayudante del rey Jorge VI y después de la reina Isabel, cargo al que renunció en 1957 para casarse con Frances Roche, hija del barón y lady Fermoy.[3] En 1956 lady Edith Fermoy, antigua amiga de la Reina Madre, pasó a ser su principal dama de compañía, cargo que retuvo hasta su muerte, en 1993.

Los Spencer tenían tres hijas: lady Sarah, en otros tiempos favorita de Carlos; lady Jane, más tarde esposa de Robert Fellowes, secretario privado de la Reina; y lady Diana. Las niñas se criaron en Park House, perteneciente a la propiedad de Sandringham, donde el matrimonio Spencer, deteriorado por las infidelidades de ambas partes, se disolvió en 1969. Los dos padres después volvieron a casarse (el conde Spencer con Raine, condesa de Dartmouth, hija de la novelista romántica Bárbara Cartland). La joven lady Diana, conmovida por el divorcio, nunca volvió a tener la seguridad que según consideró su madre le había arrebatado cuando se marchó. Su comportamiento rara vez fue libre y espontáneo, y siempre hubo un matiz de tristeza en su timidez. Este aspecto de su temperamento determinó que sus dos hermanas mayores, su hermano menor (Carlos, nacido en 1964), y su padre —pero no su madrastra— la mimasen, reacción que se observa a menudo ante la inquieta melancolía que expresan las jóvenes bonitas y privilegiadas.

Diana creció como la rosa inglesa prototípica y tímida, aprendiendo el valor de la reserva, no a través del cálculo sino por la experiencia. "En cierto modo, era una pequeña triste —de acuerdo con un vecino de Norfolk—. No hosca, pero sí desorientada y ciertamente con carencias en el aspecto emocional. Lo que le faltaba a Diana, lo que añoraba profundamente, era la auténtica vida de familia. Puede haber sido la hija del heredero de un título condal, pero cualquier niña pequeña con una madre y un padre comunes y corrientes, y si lo prefieren un hogar en una callejuela del East End de Londres era de lejos mucho más rica." En la niñez nunca fue al cine o al menos a un zoológico o al circo; a su vida le faltaba constancia y amor tanto como tenía educación.

De todos modos, de acuerdo con su niñera Mary Clarke, Diana "era de pies a cabeza una actriz, astuta y falsa, y sin embargo simpática, sincera y sensible". Todo eso fue visible cuando estuvo en un internado de Kent y después pasó a una escuela complementaria de Suiza, pese a que Diana no era una estrella académica. "No se mostraba muy segura de sí misma —dijo una condiscípula—. Recuerdo que cierta vez una de nosotras le elogió el vestido de cachemira que se había puesto, y se sonrojó y dijo: 'Mami me los compra'. ¡Dios mío, a esa edad detestábamos todo lo que mami proponía!"

Pero Diana era una Spencer y sabía reconocer rápidamente una situación ventajosa desde el punto de vista social, y se sintió muy atraída por el Príncipe de Gales esa fría tarde de noviembre de 1977. El tenía trece años más; era delgado, con una apostura que expresaba una leve arrogancia y cierta torpe incomodidad por ser el Príncipe de Gales. Nerviosa, ella emitió una risita; recatada, se sonrojó cuando él la miró. Más tarde, Carlos dijo: "Recuerdo haber pensado que era una joven de dieciséis años muy alegre, divertida y atractiva, ágil y llena de vida". Cuando varios años después Diana se enteró de este comentario, realizó una aguda observación: "Supongo que esa frase pretende rescatar un simpático fragmento de la historia, pero creo que apenas me prestó atención".

En cierto sentido, la sincronización fue perfecta: él acababa de reñir con Anna Wallace y necesitaba mucho consolarse con una joven que lo adorase. Dos mujeres que estaban cerca —la reina madre Isabel y su confidenta Ruth Fermoy— comenzaron a creer que algún día la tímida Diana podía ser apropiada como esposa de Carlos. Poco antes de su muerte, en 1993, lady Fermoy reconoció que consideraba desaconsejable la unión, pero en aquel momento guardó silencio.

Según pareció, Diana se haría cargo de las ambiciones de la familia allí donde lady Sarah se había apartado, y llevaría a su realización final los sueños del antepasado de Sarah y Diana, la formidable duquesa de Marlborough, que dos siglos antes había abrigado la esperanza de unir a los Spencer con el heredero hanoveriano del trono, casando a la anterior lady Diana Spencer con el Príncipe de Gales. Y así, de las esperanzas de la Reina Madre y su amiga surgió un plan cuidadosamente orquestado de unión conyugal, entre otras razones porque en 1977 y 1978 Louis Mountbatten, que todavía promovía su plan de profundizar los vínculos de su familia con la Soberana, estaba empujando a su nieta Amanda Knatchbull en dirección a Carlos. La Reina Madre no estaba dispuesta a aceptar esa situación.

"En muchos aspectos fue un matrimonio arreglado —fue el comentario nada menos que de Harold Brooks-Baker, director gerente y editor de la publicación *Burke's Peerage*—. El príncipe Carlos necesitaba una bella esposa y lady Diana respondía a esa descripción. Diana era una joven enamoradiza de diecinueve años, perfectamente ansiosa de casarse con él. *Fue* un matrimonio arreglado." Parece que Diana estaba enamorada de él y también con algo que podría decirse era su destino; pero él amaba a otra mujer y nadie tenía la menor idea acerca de dónde o cuándo se manifestaría su propio destino.

Por otra parte, el linaje de Diana por cierto era impresionante, pues descendía de Enrique VII y Jacobo I. También podría incluir entre sus antepasados a cuatro fértiles amantes de Carlos II y Jacobo II. Otra lady Sarah Spencer había sido gobernanta de los hijos de la reina Victoria. George Washington, John Quincy Adams, Grover Cleveland y Franklin D. Roosevelt eran primos lejanos, lo mismo que Winston S. (por Spencer) Churchill, y otras ramas más ligeras de la familia incluían los nombres de Humphrey Bogart y Lillian Gish. La generación reciente de los Spencer, continuaba Brooks-Baker en el *Burke's Peerage*, no mencionaban "a nadie de mucha importancia, pero son gente agradable que vive en hermosas casas y tienen la buena suerte de estar emparentada con casi todos los miembros de la aristocracia".

No perjudicó las perspectivas de Diana que sus abuelos paternos fuesen buenos amigos de la reina María. Además, la Reina Madre podía exhibir algunas semejanzas notables entre su personalidad juvenil y lady Diana. Ambas eran hijas de antiguas familias aristocráticas. El servicio de John Spencer al rey Jorge VI evocaba una relación sentimental. Y la amistad de lady Fermoy determinaba instantáneamente que su nieta fuese aún más atractiva.

A los dieciséis años, era difícil empujar a Diana a los brazos del príncipe Carlos. Su abuela y la Reina Madre aconsejaron paciencia y finalmente, en agosto de 1980, se arregló invitar a Su Señoría —ahora una joven rubia de diecinueve años y un metro sesenta y siete— al *Britannia*, para asistir a un festejo que incluía a otras jóvenes figuras reales. Según recordaba Stephen Barry, poseía una "encantadora frescura"; es decir, atraía porque parecía que no tenía mucha atracción consciente. "Pero sus ojos seguían a Carlos allí donde fuera." En vista de esa actitud tan concentrada, quizás era inevitable que ella finalmente lograse que Carlos la mirara. "Si tengo la fortuna de convertirme en la Princesa de Gales...", dijo a la esposa del nieto de Mountbatten, mientras su voz se perdía en una ensoñación digna de las heroínas de su abuela política.

Cualquiera fuese la impresión provocada por Diana, fue suficiente para conseguir que la invitasen de nuevo; a Balmoral, para una fiesta en septiembre. Y dondequiera iba el soltero casadero y su nueva bella dama, la prensa seguramente también acudía.

Entretanto, la Reina, alentada por su madre, comenzó a ver en Diana a la perfecta Consorte; joven, con una timidez que según se creía indicaba sumisión y por otra parte una joven que no tenía un pasado escandaloso. Se estimó que su inexperiencia sería su principal virtud; como no tenía una vida que debiera ser reorganizada, podría plasmársela con más éxito en un personaje real, la posible Reina Consorte, y la madre de otro monarca. En este sentido, pareció una alternativa mejor que el término medio a la proposición representada por la candidatura de la nieta de Louis Mountbatten.

Al mismo tiempo, las diferencias muy evidentes entre Carlos y Diana fueron ignoradas alegremente. Como su madre, Carlos prefiere la equitación a otro deporte cualquiera; a Diana la aburren todas las cosas que tengan relación con las prácticas ecuestres. El no está familiarizado con los restaurantes elegantes (mucho menos los clubes nocturnos) ni le interesan; a ella le parecen sugestivos. En el fondo, Carlos es un muchacho rural y la pesca lo tranquiliza; ella es un ratón de la ciudad, y se aburre con los arroyos y los matorrales. Diana prefiere la música pop y el rock, Carlos se complace en los conciertos de violoncello. Lo que era más grave, alimentaban distintas expectativas acerca del amor, el matrimonio y la familia, y en relación con las obligaciones de carácter público un abismo los separaba. Ella era miembro de lo que se ha denominado la "Generación Yo"; él fue educado como parte de un grupo exclusivo, el de los "Nosotros", la Empresa Familiar que arrancaba promesas eternas de fidelidad al prestigio del trono.

Inversamente, lo que compartían —una indolencia temible aunque inocente— les negaba a ambos la oportunidad del crecimiento emocional y de incorporar una visión más amplia del mundo. La Reina estaba repitiendo el peor error de Victoria, pues a semejanza de su antepasado Eduardo VII, no hubo para el Príncipe de Gales un papel definido; se lo preparaba para que en cierto momento reinase apelando a los métodos más periféricos y superficiales. Y lady Diana, que carecía de un título universitario, era una encargada de niños de un parvulario, sin otras perspectivas y sin intereses serios.

Los cortesanos, informados por el tío de la joven, ofrecieron a la Reina el sorprendente anuncio de que la joven carecía en absoluto de pasado romántico; es decir, era virgen. Pero por el contrario, varios amigos de Diana creían que a los dieciocho años ella no se encontraba en las mismas condiciones en las que había nacido. Se supo que durante casi un año, hasta el otoño de 1980, había sido la constante compañera de James Boughey, un apuesto teniente del ejército que —como dijo un periodista bien informado— "no se caracterizaba por el mantenimiento de relaciones platónicas". También había una historia de salidas con George Plumptre, ocho años mayor que ella, el culto hijo de un par; y con Daniel Wiggin, amigo de su hermano.

Es imposible determinar hasta qué punto estas relaciones eran serias, pues tan pronto Diana Spencer se convirtió en Princesa de Gales quienes la conocían tendieron alrededor de su persona la acostumbrada cortina de respetable silencio; proceder de otro modo implicaba arriesgarse al ostracismo social permanente en las apretadas filas de la aristocracia menor. Todo lo que puede afirmarse es que durante los tres años en que vivió por su cuenta, de los dieciséis a los diecinueve años, Diana tuvo bastante libertad y salía en coche con amigos para asistir a fiestas en casas de fin de semana, a organizar campamentos y concurrir a citas. Durante este período perdió gran parte de su timidez. Pero también debe señalarse que durante este período de su vida nada hubiera podido inducir a un biógrafo a presentarla como una joven muy interesante.

Hacia el día de Año Nuevo de 1981, Su Majestad consideró que las vacilaciones de Carlos eran misteriosas. Si tanto le agradaba agasajar a la joven, ¿qué le impedía consagrar solemnemente su amistad? En bien del trono, era inconcebible que la soltería de Carlos se prolongase indefinidamente y como muchas de sus amigas eran inaceptables por diferentes razones, ¿qué le impedía elegir a lady Diana? Fue así como Isabel, con el apoyo de Felipe, dijo a Carlos: "La idea de continuar así un año más es intolerable para todos los interesados". No está claro por qué era "intolerable", pero en el fondo de la mente de todos hallaban eco los rumores en el sentido de que la insistente negativa de Carlos a casarse y sus intimidades sólo con mujeres casadas significaba que en último análisis le parecía que el compromiso con una mujer era una perspectiva desagradable. Finalmente, el padre le presentó lo que vino a ser un ultimátum. La continuación de las entrevistas con Diana comprometerían la reputación de la joven y la imagen de la Familia Real; Carlos debía adoptar una decisión.

Había otras razones que explicaban la alarma real, pues el espectro de Eduardo VIII comenzaba lentamente a cobrar forma y de hecho los dos Príncipes de Gales tenían muchos elementos en común. Ambos formaban parte del grupo de candidatos más interesantes del mundo; ambos mantenían cierta distancia emocional con respecto a sus madres, las Reinas; ambos se sentían atraídos por mujeres casadas que podían aportarles los consuelos maternales de los cuales se habían visto privados; ambos se acercaban físicamente a situaciones riesgosas volando en avión y jugando en el campo de polo. Eran hombres que estaban muy solos, que se veían sometidos al implacable resplandor de la fama y que podían contemplar su propia realización sólo a partir de la muerte de un progenitor. Eduardo y Carlos tenían ambos ingredientes típicos del jovencito indeciso, confundido, que no termina de crecer.

Estas semejanzas eran evidentes a los ojos de la abuela de Carlos, que demostró una consagración al legado de los Windsor que superó incluso los esfuerzos de la reina María por alcanzar el control absoluto y directo. Con la amistosa complicidad de lady Fermoy, la Reina Madre entró en acción y al mes siguiente invitó a Diana a su propia residencia, contigua a Balmoral. Quizá nunca se sepa exactamente los planes que fueron discutidos, pero de acuerdo con la versión del ayuda de cámara de Carlos, Diana fue invitada pocos días después a Highgrove, una propiedad adquirida poco antes. Durante ese otoño de 1980, Diana fue llevada tres veces a Gloucestershire, a visitar a Carlos y cenar con él —huevos, ensalada y verduras, recordaba el valet, pues el Príncipe de nuevo se encontraba en una etapa vegetariana. Y varias veces se reunió con ellos Camilla Parker Bowles, pues el Príncipe deseaba que evaluase a la futura Princesa.

Carlos y Diana eran personas de su tiempo y la idea de acercarse al altar ignorando los detalles de la mutua intimidad es quizás el específico aspecto puritano más patético de este cuento de hadas prefabricado. En noviembre de 1980 pasaron dos noches en el mismo compartimento, a bordo del tren real que recorría Inglaterra occidental. Cuando se lo criticó por haber pergeñado una calumnia, Robert Edwards (director del *Sunday Mirror*) se limitó a sonreír y dijo: "Tengo mucho cuidado de verificar los hechos". Por supuesto, no quiso revelar sus fuentes.

Y así, el Príncipe de Gales llegó a comprender que, puesto que debía casarse, la decisión bien podía favorecer a Diana Spencer. Parecía una muchacha inocente, flexible, agradablemente sumisa, poco propensa a los accesos de autoafirmación (a semejanza de Anna Wallace), y era joven, sólida, de buena estirpe; por consiguiente produciría hijos sanos, su aporte al futuro de la familia Windsor. En una actitud igualmente oportuna, la oficina de prensa del palacio había entregado a los periodistas lo que estos deseaban: crónicas acerca de una joven moderna que amaba a los niños, vestía con elegancia, cocía la pasta para sus compañeros de apartamento y aunque era una aristócrata incluía en sus antecedentes una dosis suficiente de sufrimiento como para conferir al relato una indefinida cualidad de Cenicienta, si bien en este caso la Cenicienta en cuestión no era, ni mucho menos, una fregona perseguida y sucia. Bárbara Cartland, la abuela política de Diana, esa temible reina de la prosa carmesí y los vestuarios rosados, afirmó que Diana era "una perfecta heroína de Bárbara Cartland".

Mientras noviaban, Carlos naturalmente la llamaba Diana; quizás en una actitud no tan natural, ella le decía "Señor" y no se le indicó que procediese de otro modo. Sin embargo, ella ejerció sobre Carlos cierta influencia en el tema de la moda y la elegancia, pues el Príncipe aceptó la sugerencia de Diana en el sentido de que los zapatos sin cordones, que él nunca había usado, eran muy elegantes. "Diana siempre le compraba pequeños regalos —dijo Stephen Barry—. Las camisas y las corbatas eran los favoritos y debo reconocer que ella mejoró el vestuario del Príncipe." Invariablemente, después de la cena un coche la llevaba al piso que compartía con algunas amigas. La tarea de Diana era supervisar a los niños en edad preescolar, que asistían al parvulario Joven Inglaterra, en Pimlico.

A principios de 1981, Diana fue a Australia con su madre. El 24 de febrero, el Palacio de Buckingham anunció el compromiso del Príncipe de Gales con lady Diana Spencer y un batallón de miembros de la prensa pisoteó los prados de los jardines del palacio para fotografiar a la pareja; los dos tomados del brazo, el dedo de Diana centelleando con un anillo de zafiros y diamantes que había costado 28.500 £ (más de 50.000 dólares).

Un periodista preguntó si estaban enamorados.

—¡Por supuesto! —dijo Diana sonriendo.

—Sea cual sea el significado de la palabra "enamorado" —contrapuso Carlos. Quizá los grandes romances no empiezan con tanta contención.

Y en efecto, esto no se parecía en nada a un gran romance. "Espero que en definitiva todo se desarrollará bien —confió por entonces Carlos a un amigo—. Deseo vivamente hacer lo que corresponde por este país y por mi familia, pero a veces me aterroriza formular una promesa y después quizá ver que lo lamento." Es muy posible que estuviese pensando en Camilla, que todavía era su gran amor. "Pregunté a Carlos si todavía estaba enamorado de Camilla Parker Bowles —dijo Frances Cornish, ayudante del secretario privado del Príncipe en ese momento—, y él no me dio una respuesta clara."

Las preguntas continuaron, las cámaras funcionaban implacables y la escena se repitió en los días subsiguientes. Diana, asediada por el periodismo, trataba de salir de su piso en Earls Court y trasladarse a Pimlico. "Me encanta trabajar con los niños —dijo una mañana mientras huía—, y aprendí a ser muy paciente con ellos." Y después sonrió: "Traté a los periodistas como si también hubieran sido niños". Si la princesa Margarita hubiese hablado de ese modo, se lo hubieran reprochado en la edición vespertina, pero la salida de Diana logró que pareciera encantadora, ingeniosa, una muchacha moderna. Pero no siempre adoptaba esa actitud. Cierto día, una docena de coches de la prensa persiguió el vehículo en que viajaba Diana y cuando ella finalmente llegó a la casa de una conocida en Mayfair, se echó a llorar sobre el hombro de una amiga, en Berkeley Square, hasta que un periodista menos cruel dejó una nota en el asiento del coche de Diana: "No queríamos que sucediera esto. Nuestras sinceras disculpas". Pero el arrepentimiento no estuvo confirmado por una conducta de signo contrario.

"Bien, tendrá que acostumbrarse a esa clase de cosas", dijo la Reina suspirando cuando vio a su futura nuera en el noticiario de la televisión, rodeada por una multitud de fotógrafos, como si fuese una carroña a merced de los buitres. Quizás a ninguno de los amigos de Diana lo sorprendió que durante este período ella exhibiese el comportamiento de una persona bulímica: comía demasiado, después se purgaba con laxantes y ella misma se provocaba el vómito. Ansiosa de eliminar los que a su juicio eran los últimos gramos de grosor infantil, Diana se obsesionó con la delgadez. Las comidas con Carlos ciertamente fomentaban esa actitud, pues Diana lo veía consumiendo muy poco: abundancia de frutas y verduras, muy escasas proteínas, nada de dulces y casi nada de alcohol. Y en la lamentable confusión del momento, se creía que si un hombre era tan abstemio, ¿la mujer no debía ser algo semejante?

Pero a los ojos del público Diana ya estaba convirtiéndose en una suerte de personalidad compensatoria, el vehículo de la juventud y el color —y según se suponía, un esplendor inminente— que faltaban en la vida de las personas. Incluso ahora se suponía que debía aportar el elemento romántico ausente, un final feliz que borrase la impresión suscitada por la princesa Margarita y Peter Townsend en 1955. Desde entonces habían pasado veinticinco años. Durante ese período —sobre todo cuando filmaron la película *Royal Family*, en 1969— el palacio había tratado de controlar a los medios de difusión. Pero los medios ya no eran controlables; ya no constituían el dominio de los antiguos y fieles barones de la prensa. Antes, la prensa británica había estado sometida a las limitaciones del protocolo, aunque esa no era la situación de la prensa de otros países. Ahora, que esa situación al fin había cambiado, sobre todo los medios londinenses avanzaron mucho y de prisa, como si quisieran compensar los años de obligado respeto.

El 25 de febrero, la prensa documentó el traslado de Diana, de su apartamento en Colherne Court a Clarence House, y dos días después al Palacio de Buckingham, donde le asignaron un lacayo y una doncella, y la joven inició un curso de instrucción bajo la tutela de la Reina Madre y un pequeño grupo de cortesanos. Diana aprendió la historia de los Windsor, con particular atención a las Princesas de Gales precedentes; conoció las formas apropiadas de dirigirse a los distintos miembros de la Familia Real; los saludos correspondientes a los jefes de Estado extranjeros; las normas en los banquetes oficiales; la lista oficiosa de temas a los que debía evitar en la conversación. Al menos durante los primeros días fue como si Cenicienta estuviese a cargo de unos benévolos padres sustitutos, que sólo necesitaban levantar una mano o tocar una campanilla para lograr que se concedieran todos los deseos. Diana aprendía de prisa. Asimismo, asumió responsabilidades en Highgrove, contrató a un diseñador y examinó muestras de pintura y telas de tapicería.

Pero mostró mucho menos interés para aprender la historia de la familia y esa primavera hubo un presagio grave. Pidieron a Oliver Everett, ayudante del secretario privado de Carlos, que desempeñase la función de preceptor oficioso y un poco a la pasada él sugirió que Diana leyese la monumental y sugestiva biografía de la reina María escrita por James Pope-Hennessy. Diana aceptó el libro y agradeció a Everett, pero cuando él se alejó arrojó el libro a un costado: "¡Si cree que voy a leer ese mamotreto, está arreglado!".

Entretanto, Carlos realizaba una visita oficial a Australia y Nueva Zelanda y desde esos países telefoneaba con frecuencia a Diana. Por lo menos uno de los llamados fue recogido por otras personas, quizá miembros de la inteligencia británica.

Diana: "¿Verdad que será agradable que volvamos a salir juntos?".

Carlos: "Quizá no sabremos de qué hablar."

Diana: "Bien, puedes empezar hablándome de todas esas rubias que te persiguen y yo podré reírme porque me perteneces".

Carlos: "Sí... Me alegro de haber salido de Nueva Zelanda. Ahora ya sé todo lo que hay que saber acerca de la industria del papel en Nueva Zelanda. Pero a cada momento me pregunto qué estarás haciendo".

Diana: "Querido, realmente te echo de menos. En realidad, no me siento sola, pero me molesta que millares de personas puedan estar contigo y yo no. Me siento realmente celosa".

Carlos: "Sí, comprendo. Es una lástima, pero en un par de años te alegrarás de la posibilidad de desembarazarte un tiempo de mí".

Diana: "Jamás".

Carlos: "Te recordaré esa respuesta dentro de diez años".

Capítulo Catorce

Irrupción en el palacio
1981 a 1994

¡Un maldito y condenado error!
Príncipe Carlos, refiriéndose a su matrimonio

Desde el compromiso y el matrimonio en 1981, hasta el nacimiento de los dos hijos en 1982 y 1984, y la separación formal en 1992, la saga de Carlos y Diana ha sido reseñada con detalles meticulosos, a menudo imaginarios, en una orgía interminable de artículos de periódicos y revistas. Además, se publicó más de una docena de libros ansiosos de alimentar con fragmentos escandalosos y procaces a un público lector hambriento. "¿Qué deseamos?", preguntó el director del *Sunday Mirror* en la primera página del número correspondiente al 26 de octubre: "¿La monarquía o una comedia musical?". Sus lectores vieron satisfechas ambas necesidades.

Si uno examina esta montaña de palabras recoge la impresión de que la familia de la reina Isabel II debe ser un conjunto de personas extraordinariamente interesante, de notable ingenio, individuos caracterizados por el estilo y la inteligencia; e incluso importantes desde el punto de vista social y cultural. Pero no es así. La verdad desnuda es que en una sociedad británica que ha decaído, que depende de espectáculos de la televisión norteamericana como *Dinastía* para formarse su concepto del brillo melodramático, el Príncipe y la Princesa de Gales y después el Duque y la Duquesa de York se vieron obligados a aportar los ingredientes nativos faltantes. Incluso el príncipe Felipe admitió la fuente popular: "Lo que ustedes quieren es una producción de *Dinastía* donde todos puedan ver lo que hacemos en la intimidad. La gente quiere informarse de las cosas sucias o escandalosas. A decir verdad, no les interesa otra cosa". Pero la triste e irónica verdad fue que, teniendo en cuenta que se trataba de casi todos los Windsor, había poco más que informar. Esta dinastía en general se comportó precisamente como una suerte de sustituto de dicha serie.

No existe un país que pueda rivalizar con Gran Bretaña por su sentido de la liturgia pública y de la ceremonia que responde a una escenografía oficial y así los Príncipes de Gales y los York —agraciados con títulos, casados en ceremonias espléndidas, exaltados por doquier— se convirtieron en cuatro de las celebridades mundiales. No son brillantes ni talentosos, no tienen un derecho especial a nada que no sea su rango y su posición, así como cierto atractivo fotogénico y modales más o menos encantadores y por lo tanto estaban destinados a la fama. El cuarto de hora iluminado por el sol se ha prolongado maravillosamente, sobre todo porque la Familia Real constituye siempre una noticia en sí misma, y también porque se supone que el príncipe Carlos un día puede ser el Rey.

Cuando Carlos se casó con Diana en la catedral de San Pablo, el 29 de julio de 1981, se dijo que 750 millones de personas en todo el mundo vieron la ceremonia por televisión. "Un matrimonio principesco es la edición de lujo de un hecho universal —escribió Bagehot en 1867—, y por eso mismo atrae a la humanidad." El brillo de la catedral (iluminada especialmente por luces gigantescas teniendo en cuenta el trabajo de las cámaras de televisión), los vivas de millones de personas que se acumularon en las calles de Londres, el gran desfile de carruajes, los uniformes y la música majestuosa, la novia con su cola *muy* larga; todo eso era la cristalización de la suprema fantasía de la Autoridad Turística Británica. Entretanto, cientos de jóvenes protagonizaban disturbios en Liverpool, protestando porque los festejos en Londres se desarrollaban sobre el trasfondo de las más elevadas cifras de desocupación (el doce por ciento de la población activa, la peor cifra desde la Gran Depresión).

Pero la prensa ignoró las facetas desagradables, pues no había existido nada semejante a la boda real desde la coronación de la Reina. Los matrimonios de Margarita y Ana habían sido debidamente difundidos, pero estas damas eran artículos conocidos. La atracción que Diana ejercía residía precisamente en el hecho de que a los veinte años tenía muy escasa personalidad. Por consiguiente, podían superponerse a su persona todos los sueños imaginables, todos los deseos y las maravillas que imaginaba cada observador. Los comentaristas hablaban incansablemente de una boda de cuento de hadas y del romance trascendente de los nuevos Príncipes de Gales, pero por supuesto la realidad era algo muy distinto. Por una parte, a los treinta y dos años Carlos se sentía satisfecho en su soltería y se vio forzado, con una timidez considerable, a cumplir su destino conyugal, con el fin de dar a los Windsor la garantía de que habría descendientes. Y a causa de un sesgo irónico, que nadie pudo prever, la extraordinaria adulación pública ofrecida a su esposa llevó a suponer que la vida de Carlos había alcanzado su plenitud y que su carrera había culminado en el matrimonio. Su joven y deslumbrante esposa pronto brilló iluminada por los focos que apuntaban al centro del escenario.

Hasta la separación de Carlos y Diana en 1992 y la afirmación de sus vidas separadas más tarde, una forma sin precedentes de manía por las celebridades, referida a la Princesa de Gal s, se apoderó de Gran Bretaña y no pasó mucho tiempo sin que Estados Unidos emulase ese comportamiento. Los más leves indicios de los sentimientos de Diana fueron señalados, ampliados y comentados: las risas, los entrecejos, las vacilaciones, el hastío; cada mirada y cada gesto fue calibrado para medir su profundidad e interpretado de acuerdo con las ramificaciones referidas a la familia. Mientras recorría el mundo, Diana gozó del respeto reverencial reservado antaño para los místicos errantes medievales. Nada de lo que hacía carecía de importancia. Cada palabra era objeto de reverencia, cada contacto parecía sagrado. Se convirtió en la diosa Diana, venerada. "Jamás habría creído que el hecho de que la Princesa de Gales cambiase el arreglo de su pelo podía ocupar espacio en la primera página —dijo su peluquero Richard Dalton—. En el mundo hay cosas mucho más importantes. Pero más allá de lo que ella haga, siempre es una noticia destacada."

Y así, la prensa buscó ávida los más banales detalles y exploró los restaurantes favoritos de Diana, los hogares de sus amigas y las vías de acceso a su propia residencia utilizando teleobjetivos y micrófonos hipersensibles. Al mismo tiempo, la encantadora y famosa Princesa tenía una sola razón de ser: estaba allí para mirarla, para idolatrarla. Su icono adornaba todas las revistas en determinado momento y muchas veces varias simultáneamente. Pero hasta el momento en que leyó unos pocos discursos en defensa de distintas causas, en 1993, pocos conocieron su voz, que era insegura, desprovista de inflexiones o calidez. Incluso después que se contrataron los servicios de un experto para ayudarla a mejorar su dicción, e inculcarle los ritmos del lenguaje y el control de la respiración, Diana no suscitó mayor impresión como oradora pública. Pero no lo necesitaba; se la veneraba sencillamente por su mera presencia. No importaba que en privado desplegase un caudal de bromas picantes e incluso obscenas. "Nunca se sonrojó con mis cuentos verdes —agregó Richard Dalton—, ¡pero yo me ruboricé con algunos de los que ella contaba!"

Carlos se sentía desalentado y decepcionado ante la desenfrenada adulación que su esposa recibía; después de todo, razonaban él y su gente, ella habría sido una desconocida maestra de escuela de párvulos si Carlos no la hubiese desposado. No mostraba aptitudes especiales, ni siquiera dedicaba su tiempo a algo importante. Cuando visitaron Australia, la prensa preguntó por qué ella no aparecía en cierta ocasión. "Lo siento —dijo Carlos con una semisonrisa renuente y agridulce—, tendrán que arreglarse conmigo. No es justo, ¿verdad? Más vale que pidan que les devuelvan su dinero." Carlos no podía comprender la razón del frenesí, como si la mente y el alma de Diana fuesen faros de esperanza para el mundo.

"Con el debido respeto a Carlos —dijo Bob Hawke, el Primer Ministro australiano—, ella es una personalidad un poco más atractiva. Entonces era joven, nueva, vibrante y distinta. Y yo podía percibir a veces que esas cualidades creaban cierta clase de tensión entre ellos; pero no había nada que Diana pudiera hacer para evitarlo." Quizás en un intento de hallar defectos en la mujer adorada que lo acompañaba, Carlos se quejaba de que la falta de refinamiento de Diana era irritante. Cuando él le preguntó si en la niñez le había agradado *Just So Stories*, de Kipling, Diana contestó: "¿Qué es *eso*, Carlos?". No estaba bromeando.

"Un condenado y terrible error."

Esa fue la descripción que ofreció Carlos de su boda con lady Diana Spencer. De acuerdo con la versión de su biógrafo autorizado, el error ya era evidente cuando realizaron el viaje de luna de miel a bordo del *Britannia*, circunstancia en la que (según se afirmó) el púdico encanto de la esposa se convirtió en cierta errática melancolía. Ella estaba convencida de que, lejos de haber cortado su vínculo con Camilla Parker Bowles, Carlos todavía estaba comprometido en esa relación y con ella. Y cuando llegaron a Balmoral, en el tramo final de la luna de miel, Diana encontró dos cartas de amor de Camilla, documentos "tan íntimos que revelaban un antiguo compromiso entre los dos", de acuerdo con la opinión de un miembro del personal del Príncipe. "Diana comprendió, por el tono de las cartas, que Carlos tenía toda la intención de continuar su relación con Camilla."

"Se sentía endemoniadamente frustrado —dijo un amigo de la Familia Real refiriéndose a Carlos—, y comenzaba a sospechar que la corte creía en el matrimonio sólo en la medida en que esa unión servía a los fines de la monarquía. Por supuesto, en una visión retrospectiva esa sospecha era absolutamente certera."

El sentimiento de ansiedad de Diana se manifestaba en constantes ataques de anorexia y bulimia: o rechazaba irrazonablemente las comidas o mimaba maniáticamente su apetito. Además, era incapaz de distenderse cuando comía con sus parientes políticos, momentos en que sólo picoteaba nerviosamente su alimento y lo empujaba de un lado al otro del plato. Después de tales ocasiones, los criados la encontraban en la cocina, mordisqueando los restos. "No sé cómo se las arreglará en un banquete oficial, si ni siquiera puede afrontar una cena en familia", dijo la Reina a Carlos cuando él ya estaba en Balmoral con su esposa, más avanzado el verano de 1981.

Pero Diana pronto comenzó a brillar en los banquetes oficiales. Alta y esbelta, se complacía en usar las túnicas más seductoras y dramáticas durante la noche, y también los vestidos más hermosos en horas del día. La Reina y la princesa Ana siempre tenían un aspecto un tanto ridículo con sus carteras anticuadas y los sombreros poco elegantes, y en cambio Diana usaba pequeños bolsos de mano muy *sexys*, y sombreros coloridos y elegantes. También era más fotogénica que cualquiera de los Windsor, con sus ojos azules chispeantes y la sonrisa luminosa. Hacia 1994 todos aceptaban que era la mujer más fotografiada de la historia.

Sin embargo, sentía que no le asignaban el papel que le correspondía en la Familia Real; sobre todo cuando se realizaron evidentes esfuerzos por mejorar la imagen de Carlos a costa de la propia Diana, como en el caso de la biografía autorizada que vio la luz en 1994. Era la evidente réplica a un libro que simpatizaba con ella y con el cual Diana había cooperado en silencio dos años antes. Incapaz de encontrar un lugar digno, Diana se refugió en las compras, los almuerzos con los amigos, las visitas a diseñadores y modistas, y los compromisos con bailarines de ballet, estrellas cinematográficas y músicos de rock.

El fracaso definitivo de esa unión de cuento de hadas pudo haberse expresado con palabras idénticas a las que utilizó la princesa María Luisa, nieta de la reina Victoria, que reconoció que el derrumbe de su matrimonio con el príncipe Aribert de Anhalt "no fue totalmente [culpa] de mi marido. Yo era impetuosa y me temo que me mostraba intolerante frente a las restricciones que derivaban de lo que yo consideraba la mente estrecha de aquellos con quienes debía convivir". Es tradicional que la realeza no tenga en cuenta las necesidades personales en el plano social de los inferiores; incluso de aquellos que al casarse se incorporan al clan.

Sin embargo, el valor de Diana para los Windsor fue siempre evidente; y quizá de un modo más inmediato para la propia Reina. Desde sus Bodas de Plata en 1977, Isabel había tenido cabal conciencia de su propia popularidad personal y la fuerza de la monarquía derivaba de la manifestación pública de su familia. Enérgica e irreprochable desde el punto de vista moral, era el centro del amor propio nacional. La Reina era como Inglaterra deseaba creerse ella misma. Por el momento, lo mismo podía decirse de Diana, sobre todo en lo que parecía ser su naturalidad y su filantropía. Después de fotografiársela abundantemente en la más común y corriente de las actividades —hacer compras— el director de un periódico invitó a varios colegas a una conferencia en el palacio y derechamente preguntó a la Reina por qué la Princesa no enviaba a algunos criados a hacer esas tareas. Hubo un silencio impresionante, hasta que la respuesta de la Reina provocó las risas generales: "¡Qué hombre tan pomposo es usted!". En cuanto a las visitas de Diana a los enfermos y su vínculo con los dolientes, superaron al Relevo de la Guardia como imagen de Gran Bretaña difundida en el mundo entero.

Con su encanto y su natural simpatía, pareció que Diana se asemejaba mucho a una anterior Princesa de Gales, la hermosa Alejandra de Dinamarca. Una mujer bella, hoy interesada en su propia apariencia, intelectualmente limitada, una esposa que había sufrido mucho y que estaba consagrada a los niños, las obras de beneficencia y más tarde a sus propios retoños; no era difícil encontrar los términos de comparación. Pero en el caso de Diana había un fenómeno visiblemente contemporáneo, pues el público llegó a contraer cierta adicción a su imagen, su última visita local, sus veladas en los acontecimientos de gala o con amigos en Kensington. Era una celebridad indispensable, famosa por ser famosa, amada por su título, su apariencia y su empatía humana común y corriente; muy amada precisamente porque estas cualidades parecían escasear tanto en la Familia Real.

Lo que es más, Diana era para Carlos lo que Alix había sido para Eduardo; un motivo de decepción personal, lo que lo inducía a buscar distracciones en otros lugares. Paciente con los niños, gentil con los adultos, amable pero sin imaginación, Diana (también en esto como Alejandra) no aportaba la clase de acompañamiento sugestivo que el Príncipe de Gales necesitaba y que continuaría hallando con su amante, Camilla Parker Bowles. Cierta vez que Carlos elogió el inglés impecable de una anfitrioma europea, ella aclaró: "Mi padre creía en la necesidad de educar a las niñas —a lo cual Carlos contestó—: Ojalá hubiese sido esa la filosofía en la familia de mi esposa". Hacia 1984 Carlos estaba fatigado de los episodios sociales de su mujer y a ella le parecía que él era un hombre tediosamente anticuado. "Nunca me sentí tan aburrida en toda mi vida", rezongaba Diana, alejándose de una cena con la cual su esposo estaba agasajando a algunos amigos polistas. En un aspecto decisivo, Diana se distinguía de Alix: la ex Princesa de Gales y después Reina soportaba en silencio las infidelidades de su esposo.

Hija de los años materialistas de la década de 1980, Diana compraba y gastaba desmesuradamente: de 1981 a 1991 gastó 833.750 £ en su vestuario (es decir, más de 1.800.000 dólares), lo que ayuda a explicar la atención que le concedían los fotógrafos, los diseñadores de modas y los medios. Pero lo que celebraban no era un resultado obtenido por la Princesa con sus propios recursos. Su hermana, Jane Fellowes (esposa del secretario privado de la Reina), había trabajado en *Vogue* y por su intermedio Diana se relacionó con la directora, Beatrix Miller, y con el personal de esta en las oficinas de la revista en Hanover Square. Allí, se reunían proyectos y dibujos de diseñadores del mundo entero y se creaban para la propia Diana enormes conjuntos, que incluían cosméticos, colonias y peinados. Hacia 1990 Diana había reunido más de tres mil trajes, casi cincuenta metros de vestidos de bailes, seiscientos pares de zapatos y cuatrocientos sombreros. Carlos enmudecía ante tanta prodigalidad. El poseía dos o tres docenas de trajes y varios uniformes estándar y se interesaba poco en el atuendo que su ayuda de cámara le presentaba cada día.

La llegada de los hijos desdibujó las diferencias en las perspectivas de los dos Príncipes de Gales, pues Carlos no veía motivo para afirmar que las niñeras no estaban en condiciones de brindar a sus dos hijos lo que habían aportado al propio Carlos y a sus hermanos. Pero en este sentido, Diana también se asemejaba a la reina Alejandra (pero no a la reina María). Aunque contaba con un personal de dedicación total que podía ayudarla, Diana imitó una de las costumbres de Alix y pasaba largas horas con sus hijos, los bañaba y les leía. Hacia 1991 los príncipes Guillermo y Enrique tenían nueve y siete años, y habían pasado del parvulario a la escuela elemental de Kensington; y después llegaron al internado del colegio Ludgrove. Pero a pesar de toda su vida social, agitada y absorbente, la madre estaba en contacto constante con ellos... demasiado, a juicio del padre.

Las reuniones de familia dejaban fría a Diana; a veces literalmente. Por ejemplo, Diana opinaba que Sandringham se parecía a un hotel de segunda categoría, un lugar húmedo, mal calefaccionado y poco hospitalario. Balmoral no era más que el escenario de unas reuniones campestres de familia tediosamente fraternales: "Aburrido y lluvioso", fue su resumen de una vacación otoñal en la casa, lo cual a su vez originó una respuesta típicamente expresiva de la princesa Ana ("Diana puede ser tan pesada"), pues las cuñadas no tenían casi nada en común. Diana se mostró primero divertida, después irritada por las extrañas frugalidades de la Reina. No podía entender por qué la Soberana recorría las habitaciones vacías para apagar las luces o la antigua costumbre de dar vuelta la ropa de cama para disminuir la cuenta del lavado. Más de una vez, cuando alguien comentó que las habitaciones de Balmoral eran muy frías, Isabel sugirió tranquilamente: "¡Póngase otro jersey!".

La Princesa de Gales pronto supo que esas economías reales se transmitían de la madre al hijo. En Highgrove y en el apartamento del Palacio de Kensington, Carlos ordenaba que no se debía desperdiciar el alimento. Los restos de comida atestaban la nevera y el Príncipe preguntaba habitualmente a los criados de qué modo podían usarlos en las comidas siguientes. Por irónico que parezca, los restos echados a perder a menudo descomponían otros alimentos y de ese modo el desperdicio era mayor que si desde el principio se hubiesen tirado las sobras. Pero a juicio de Diana era más alarmante la costumbre de su marido de inspeccionar las cocinas para advertir si no gastaban su dinero con excesiva rapidez. Desde su limusina, la Reina cierta vez se sintió asombrada al ver el precio de las manzanas en una parada del mercado, de modo que durante varios meses prohibió que se comprase fruta. Del mismo modo, los períodos vegetarianos de Carlos a menudo se inspiraban en alguna reacción ante el coste de la carne de pollo.

No podía sorprender, por lo tanto, que Diana aprovechase prontamente cualquier oportunidad para distraerse. Cuando un diseñador de modas favorito la acompañó a un baile, mientras Carlos asistía a una conferencia de agricultores, Diana no se retiró hasta las cuatro de la madrugada y bailó con varios apuestos invitados. La Princesa de Gales "se reanimó verdaderamente y de pronto advirtió todo lo que le faltaba".

La danza más formal la complacía incluso más y a principios de la década de 1980 la Princesa de Gales se convirtió en buena amiga de Wayne Sleep, bailarín del Royal Ballet, cuyo hogar visitaba, deseosa de comentar la posibilidad de recibir lecciones. Se sentaban en el estudio que el bailarín tenía en South Kensington y compartían sencillas comidas que él preparaba, mientras Diana planeaba su debut en Covent Garden, con una pieza de jazz bailado que duraba cuatro minutos. Durante varios meses, vistiendo leotardos y calzas, Diana ensayó con Sleep en el Palacio de Kensington, bailando al compás de la música de Billy Joel. "En secreto, la Princesa cree que le habría encantado hacer la vida de una bailarina —recordaba su instructor—. Exhibe cierta aparatosidad propia del espectáculo y le encanta sorprender." Pero como puede suponerse, los cortesanos no miraban con buenos ojos los movimientos y las cabriolas de Su Alteza Real y, cuando finalmente se presentó en escena, en una función de beneficio, se suscitaron discusiones acerca de la verdadera timidez de Diana: "Se necesita una audacia colosal para aparecer bailando en escena en el Covent Garden", comentó Wayne Sleep.

Con el tiempo, una actitud de animosa independencia fue el rasgo distintivo de esta inglesa joven y moderna, educada en medio del privilegio y ahora acostumbrada a las reverencias, los saludos y la admiración irrestricta. Pero en ciertos aspectos fundamentales, Diana no era en absoluto una mujer libre y por eso no podía entender por qué los guardaespaldas le impedían hacer compras por su cuenta o manejar su propio coche cuando iba a comer con los amigos. "Hizo muy difícil la vida de las personas cuya tarea era protegerla —de acuerdo con uno de los consejeros más confiables de Carlos—. Parecía que sencillamente rehusaba comprender que ahora era la Princesa de Gales y ya no podía hacer lo que se le antojase."

La razón de las complicadas precauciones y la cuidadosa cautela se refería, por supuesto, a las necesidades de la seguridad en una época de terrorismo y violencia política. De todos modos, Diana no atinaba a comprender por qué sus brevísimas incursiones personales debían ser supervisadas rigurosamente y aunque el marido intentaba explicarle las cosas —haciendo referencia como ejemplo a las balas (de fogueo) disparadas por un joven desequilibrado contra la Reina pocas semanas antes de la boda— su esposa se quejaba ante las restricciones impuestas a su libertad. "Diana siempre se sale con la suya —decía el padre de la joven—. Creo que Carlos ahora está aprendiéndolo." En efecto, así era, y hay que recordar que estaba casado con una mujer que él no había elegido; la habían elegido para él, y al Príncipe le molestaba ese hecho y la propia persona de Diana. Por su madre, por el bien de la monarquía que un día heredaría, Carlos deseaba que su matrimonio funcionase bien. Pero las aristas de la incompatibilidad se agudizaban.

Cada vez más, de 1982 a 1992, la celebridad poco razonable que acompañaba a Diana erosionó la seguridad de Carlos. El propósito de Diana —aunque sólo en último análisis sería la Princesa— parecía haberse confirmado cotidianamente; la razón de Carlos, para ser un hombre mayor que representaba el Sistema, no era tan evidente. Ella brincaba de aquí para allá, se la veía cada vez más encantadora y recibía de buena gana las manifestaciones públicas de adoración, del mismo modo que aceptaba los ramilletes que constantemente le ponían en las manos. Él parecía congelado en el tiempo, las manos unidas nerviosamente a la espalda o en los bolsillos de sus trajes cruzados muy sobrios.

Pero él advertía el terrible peligro de estar siempre expuesto a la atención de los medios; "un terrible bautismo de fuego" de Diana, según dijo el propio Carlos. La prensa se consagró con tenacidad a la tarea de construir un pedestal:

> Lo ponen a uno en lo más alto del mismo, esperan que mantenga el equilibrio en esa posición atroz sin perder pie jamás, y como ellos armaron el pedestal, vienen después los expertos en demolición, entre ellos los que pertenecen al linaje de los que se complacen destruyendo cosas. Y todo se hace en beneficio de una suerte de entretenimiento sustitutivo... Quizá la boda, porque todo está tan bien armado y porque es una película maravillosa, casi en el estilo de Hollywood, en definitiva deforme la visión de las cosas que tiene la gente. Sea cual sea el caso, la experiencia me asusta, y sé muy bien que paraliza a Diana.

Este proceso también consiguió que Su Alteza Real se sintiese celoso hasta un nivel indigno de la realeza, como lo confirmó el biógrafo del Príncipe. El esplendor y la fama de su esposa "socavaron la confianza de Carlos y originaron en su persona el deseo de escapar".

Muy pronto, los dos se sintieron alienados del público y uno del otro. En el hogar, Carlos realizó jugadas cada vez más peligrosas en el campo de polo y saltó desaprensivamente desde helicópteros. En una actitud muy semejante a la de su tío abuelo el rey Eduardo VIII, pareció que coqueteaba con la muerte. "Quiero demostrarme a mí mismo que puedo aceptar mentalmente cosas que quizá son peligrosas o que tal vez son un tanto temibles —dijo Carlos—. Quiero demostrar que puedo superar el miedo, si es que en mí hay algo de eso... Estoy sintiendo constantemente que tengo que justificarme, que debo justificar mi existencia." Así como Diana no podía cometer errores, él no podía tener aciertos. A semejanza de la reina María, de Eduardo VIII y Jorge VI, a Carlos le encantaba todo lo que tuviera que ver con los jardines, pero mientras sus antepasados admiraban ese interés típicamente inglés, en Carlos dicha actitud era fingida.

Pero cuando estaban juntos, de hecho él se hundía en la sombra alargada y dominante de Diana; la presencia de Carlos se diluía bajo la luz esplendente de la celebridad de Diana. El había sido conocido por el mundo, el público había seguido su vida durante varias décadas, pero Diana era el agregado nuevo y mejor al linaje real. ¿Qué marido, qué *hombre* podía soportar los efectos de la belleza de Diana? Vaya, el hecho de que ella hablase en raras ocasiones, de que fuese su *imagen* lo que deslumbraba, la convertía en una persona más deseable, más ultraterrena. Hacia 1992, cuando frente a pequeños grupos ella comenzó a leer con voz vacilante algunos discursos preparados previamente, su condición era beatífica. Se la veía invulnerable a la crítica, a pesar de que circulaban rumores acerca de algunas aventuras con hombres atractivos; cuando finalmente él retomó su relación con Camilla Parker Bowles, se desató una publicidad periodística infernal. En este contexto, Carlos se acercó peligrosamente a un colapso nervioso total y ahora que Mountbatten ya no existía, no había nadie en quien pudiese confiar. "Nunca acudió a su padre" con sus problemas conyugales, dijo derechamente un veterano cortesano; y su madre no habría sabido qué decirle.

Su familia se encontraba en una situación crítica, pero Isabel II continuó haciendo lo que había hecho desde 1952: visitar el reino y con su mera presencia atraer a verdaderas muchedumbres que acudían a las calles para saludarla. Como cada detalle de una visita real estaba planeado al minuto, esas actividades bien podían parecer excesivamente ensayadas; pero ella era capaz de sorprender a la gente. Una tarde de verano se detuvo en una casa de té de Norfolk y se le acercó una mujer: "Discúlpeme, ¡pero usted se parece *terriblemente* a la Reina!". La respuesta de Su Majestad fue instantánea y la formuló con una amplia sonrisa: "¡Usted me tranquiliza mucho!".

No fue tan divertido su encuentro con un hombre llamado Michael Fagan, un obrero desocupado de treinta y un años, que apreciaba apasionadamente a su

Soberana. Una mañana de julio de 1982 irrumpió fácilmente a través de las superficiales medidas de seguridad que rodeaban al Palacio de Buckingham. Deseoso de conversar con Su Majestad acerca de la difícil situación de los obreros como el propio intruso, se abrió paso entrando por una ventana que no estaba asegurada, recorrió la galería de los cuadros y examinó la sala del trono; un criado creyó que era un operario. "No estaba haciendo nada malo —dijo una década más tarde—. Sólo deseaba hablar con la Reina. En el camino habían dejado comida para los perros y comprendí que pronto vería a la Reina".

Así fue, y poco después entró en el conjunto de habitaciones reales. "Abrí la puerta y vi un bultito sobre la cama —recordaba más tarde Fagan.

> Pensé: 'Esta no es la Reina, es demasiado pequeña'. Me acerqué a las cortinas y las levanté. Un rayo de luz seguramente la molestó. Se sentó y me miró. Su cara era una máscara que expresaba sorpresa e incredulidad. "¿Qué hace aquí? ¡Fuera! ¡Fuera!", dijo. Su voz aguda realmente me sobresaltó. Me limité a mirarla y contesté: "Creo que usted es una persona realmente buena". Ella se limitó a contestar: "¡Fuera! ¡Fuera!" y descolgó un teléfono blanco y dijo unas pocas palabras; después, saltó de la cama, atravesó corriendo la habitación y salió por la puerta. Me sorprendió que fuera tan menuda. Corría como una niña. Todo terminó en treinta segundos. De veras, me sentí triste y desilusionado. Fue una desilusión total, porque la Reina no era como yo había esperado. Me sentí muy deprimido. Me senté en la cama y lloré mucho."

La Reina no podía saber que Fagan no era un terrorista o un sanguinario asesino, sino un hombre sencillo que deseaba charlar con su Soberana acerca del estado de la nación. "Imagino que elegí el lugar equivocado —reconoció Fagan y después agregó con picardía—: ¿Quizás hubiera debido llegar a la hora de la cena?". Más tarde, la Reina dijo al reverendo Michael Main, decano de Windsor: "¡El aspecto que me preocupaba realmente era que entrase el príncipe Felipe y se desencadenase un infierno!".

Unos minutos después, un pelotón de agentes de policía subió la gran escalinata, en auxilio de su Reina. El primero que llegó a la habitación de Isabel recordó que alcanzó a verla, una túnica puesta de prisa sobre su camisón, de pie en una alcoba. Automáticamente el policía se detuvo para saludar y enderezarse la corbata. "Oh, vamos —dijo impaciente Su Majestad y le señaló a Fagan—, ¡maldita sea, muévase!"

Los responsables de la seguridad del palacio se sintieron avergonzados cuando se supo que Fagan ya había visitado antes el palacio y también sin ser invitado. El mes precedente se había deslizado subrepticiamente, se había servido una copa de Riesling y la había bebido sentado en el trono de la Reina. Después se había alejado en silencio. "La seguridad era tan ineficaz que quise mostrar que uno podía entrar", dijo. Con respecto al vino: "Me había costado mucho entrar [trepando] por una tubería. Tenía mucha sed y no podía encontrar un grifo. El vino estaba en una alacena". Fue una actitud acertada el abstenerse de acusarlo; la policía dejó en libertad a Fagan. No había hecho otra cosa que introducirse en la casa, sin intención criminal; un acto que no es un delito en Inglaterra. Pero los encargados de la seguridad del palacio no escaparon tan fácilmente a las consecuencias de la hazaña del intruso.

Entretanto, Felipe no recibía a estos inoportunos visitantes. Continuaba acompañando a la Reina en sus viajes, vigilando su seguridad y realizando las ocasionales observaciones desagradables: "Si se quedan mucho tiempo aquí —advirtió a algunos estudiantes escoceses en Pekin— volverán a casa con los ojos rasgados". En una recepción ofrecida antes de una de sus charlas, bebió tres cócteles de champaña, lo que indujo a la Reina a preguntar: "¿Qué clase de discurso piensas hacer ahora?".

Este tipo de comentarios puso en guardia a la prensa mundial y se asignaron las peores interpretaciones a las vacaciones solitarias de Felipe; por ejemplo, cuando visitó la residencia tropical de Alejandra Anastasia (siempre llamada Sasha), duquesa de Abercorn, una rubia alta veinticinco años más joven que Felipe. James, el esposo de la dama, también estaba presente, pero los directores de las publicaciones lo eliminaron retocando las fotografías; así, ahora, Felipe aparecía acostado al borde de una piscina, cubierto sólo con una toalla, el brazo alrededor de Sarah.

Por supuesto, pronto comenzaron a circular en Londres los rumores acerca de otro escándalo. Como la Reina, el duque de Abercorn sin duda podría haber sido un marido complaciente, pero de acuerdo con quienes los conocían, la verdad —¡lástima por la prensa sensacionalista!— era que Sasha y Jim eran *amigos* de Felipe. Pero nunca debe permitirse que la verdad interfiera en la publicación de las indirectas provocativas.

Pero si se trataba de publicar un artículo interesante —y de aludir a una razón importante que explicaba la disminución del prestigio de la monarquía— era innecesario inventar o exagerar cuando se reseñaba la vida del príncipe Andrés. "Como sucede en las mejores familias —dijo la Reina en 1991—, tenemos nuestra cuota de excentricidades, de jovencitos impetuosos y descarriados, y de discrepancias en la familia." Tal vez estaba pensando en su segundo hijo, que a los diecinueve años abandonó el colegio para hacer carrera como piloto naval. Pero hubo licencias prolongadas y después del conflicto de las Malvinas Andrés regresó a Londres en el otoño de 1982, para reanudar una vida de indulgente indolencia.

La prensa catalogó gozosamente sus intrigas, entre otras con la "actriz" pornográfica Koo Stark (con quien jugaba en la villa de la tía Margarita, en la isla de Mustique); las modelos Vicky Hodge (trece años mayor que él y una mujer que más tarde vendió su relato a la prensa amarilla), con Gemma Curry y Kim Deas, Carolyn Seaward, Miss Reino Unido 1980, y una canadiense llamada Sandi Jones, su anfitriona en las Olimpíadas de Montreal. "Conseguimos escaparnos de ellos

—dijo la señorita Jones refiriéndose a los guardaespaldas de Andrés—. Andrés puede ser extremadamente ingenioso. Es un hombre común y corriente que desea divertirse con sus amigas." Y era lo que él hacía.

Estos asuntos, y otros, le merecieron el apodo de "Randy Andy" (el aventurero Andy). Andrés no era simplemente perverso y animoso; su conducta podía ser directamente grosera e incómodamente contraria a los preceptos de la Familia Real: entre otras travesuras, regaba los automóviles y manchaba a los periodistas con cal ("realmente eso me agradó") y pellizcaba a las jóvenes que salían de la iglesia. Cierta vez vistió una falda escocesa y dijo a un periodista que no le había preguntado: "No tengo nada debajo"; y agregó con un guiño: "Todo lo que está debajo funciona bien".

Antaño elegante y discreto, obedeciendo a su pedido expreso, las habitaciones que ocupaba en el Palacio de Buckingham fueron pintadas de púrpura, anaranjado y verde, más o menos como las habitaciones de un *hippie* que se dedica a fumar marihuana. El personal, como le había sucedido en su niñez, opinaba que era un individuo "de trato sumamente difícil", pues atropellaba e incluso amenazaba a los que lo atendían; y poco le importaban las recomendaciones de su madre que lo exhortaban a actuar de otro modo. De acuerdo con Malcolm Barker, que trabajó en el palacio varios años a partir de 1980, había considerable tensión en la familia cuando se veía a Andrés dando la bienvenida en sus habitaciones a una mujer diferente casi cada noche de la semana, y cuando las cenas que ofrecía a los amigos de la marina terminaban en riñas infantiles en las cuales se arrojaban los alimentos y se rompían las copas de vino.

Pero lo que preocupaba especialmente a la Reina era su indiscreción sexual. En general, Isabel prefería abstenerse de intervenir en los romances de sus hijos, pero el asunto con Koo Stark (que comenzó en 1981) excedió la medida. Cuando se enteró de las hazañas de la muchacha en las películas pornográficas, Isabel tuvo que convocar a Andrés: "Una cosa es que vean a un príncipe con una actriz de cine —dijo un vocero del palacio—, pero otra completamente distinta es que se vaya de vacaciones con ella. La Reina se siente muy decepcionada". Lo mismo le sucedió a Andrés cuando le ordenaron que pusiera fin a esa relación.

La madre tampoco se sintió muy divertida cuando el Príncipe intervino en un turbulento espectáculo sexual en 1984. En una suerte de sátira a la tradición de la inspección a la cual se sometía a los marineros con equipo completo, Andrés fue fotografiado (precisamente a bordo del *HMS Brazen*) pasando revista a compañeros de la marina que exhibían diferentes grados de desnudez, y los sostenes y bragas más transparentes. El incidente expresó algo más que un humor británico de *music hall*, pues sobrevino en el momento mismo en que circulaban rumores persistentes acerca de las travesuras bisexuales entre Andrés y sus amigos. Esta murmuración no se atenuó en 1984, cuando acompañado por treinta colegas de la tripulación (la mitad de los cuales por lo menos más tarde reconoció que era homosexual), sometió sus nalgas al castigo propinado por algunas jóvenes disfrazadas de "camareras *sexys*", en un episodio que fue denominado "Cenas Escolares"; un club que imitaba los comedores escolares de Dickens e incorporaba al asunto un sesgo satírico pero al mismo tiempo sadomasoquista.

Como en el caso de Carlos, Isabel y Felipe esperaban que las inquietantes perturbaciones de Andrés se viesen contenidas por la estabilidad que podía aportar una buena esposa. Entre los invitados a la fiesta en la cual se celebraron, en 1982, los veinticinco años de Diana, estaba una pelirroja extrovertida, enérgica, de veintidós años, cuyo círculo social se había cruzado ocasionalmente con el de Diana; Diana mantenía una amistad casual con esa muchacha. Se llamaba Sarah Margaret Ferguson y era hija del mayor Ronald Ferguson (antes organizador de los equipos de polo de Felipe, y después de Carlos) y la belleza de sociedad Susan Fitzherbert, que había dejado al mayor y a sus dos hijas para casarse con un polista argentino llamado Héctor Barrantes. Con Sarah Ferguson —a quien los amigos llamaban "Fergie"— el melodrama de los Windsor pronto adquiriría ribetes farsescos.

Según se vio, Sarah se parecía mucho a Andrés, pero sin la arrogancia y las expectativas de deferencia. Nació el 15 de octubre de 1959 (y por lo tanto era cuatro meses mayor que Andrés); era una mujer sin inhibiciones, descarada y no demasiado inteligente. Había asistido por breve lapso a una escuela de secretariado, donde un informe decía que era "una pelirroja enérgica, un poco descuidada [pero con] cualidades de iniciativa y personalidad que le servirán bien cuando sea mayor". Después, Sarah pasó a una compañía de relaciones públicas, donde un superior se quejó de que "dedicaba demasiado tiempo al teléfono". Más tarde, se empleó en una galería de arte y con un editor de libros de arte, donde su desempeño no impresionó mucho.

A semejanza de Diana, Sarah provenía de un hogar destruido y sus dos padres se habían casado nuevamente. Las dos jóvenes no tenían metas claramente definidas, fuera de un posible matrimonio; carecían de vocación, sus vidas no tenían rumbo y habían crecido en un período que no atribuía mucho valor al desarrollo de las cualidades intelectuales o estéticas. A los veinte años, Sarah viajó a América del Sur con una amiga durante cuatro meses y después protagonizó una serie de aventuras amorosas más o menos prolongadas; primero, durante dos años, con Kim Smith-Bingham, un hombre de negocios a quien conoció en la Argentina. Smith-Bingham relacionó a Sarah con Paddy McNally, un acaudalado corredor y administrador de autos de carrera, veintidós años mayor que ella y padre viudo de dos hijos. Sarah y Paddy vivieron juntos (principalmente en Suiza) tres años. Sarah puso término a esta relación, de acuerdo con la versión de un amigo, porque "Paddy siempre le era infiel, ante sus propios ojos" y porque él rehusó desposarla.

En la primavera de 1985, Sarah tenía veinticinco años, estaba soltera y había regresado a Londres, donde algunos amigos volvieron a presentarla a Diana, que incluyó a Sarah en un pequeño grupo a cuyos integrantes invitó a las carreras de Ascot. Allí, Andrés conoció a Sarah, a quien sometió a una de sus groseras bromas infantiles. Cuando supo que estaba a dieta, intentó obligarla a comer un abundante postre de chocolate. Medio en broma, ella le golpeó el mentón. "Así empezó", dijo Andrés, atraído por la audacia del gesto. Mantendrían una relación amorosa que parecía un episodio atlético —a veces incluso boxístico— y después de una relación apasionada que duró un año, interrumpida ocasionalmente por las obligaciones de Andrés en la marina, en marzo de 1986 se anunció el compromiso. Apenas se conocían y habían salido juntos sólo tres veces. "Ella está enamorada de Andrés o de la Familia Real —dijo el mayor Ferguson con sorprendente sinceridad— y creo que se trata de lo último."

Pero Isabel y Felipe se sentían complacidos con esa unión. Creían que una joven sin pretensiones, alegre y agresiva como Sarah, que ya había llevado una vida relativamente desordenada, rápidamente se acomodaría a una rutina real y domesticaría a Randy Andy. Además, el árbol genealógico de Sarah era sólido y respetable. El mayor provenía de una tradición militar, y él y su esposa contaban con cuatro duques entre sus antepasados.

Pero hubo un momento de advertencia. Cuando le preguntaron acerca del cumplimiento de las obligaciones reales, Sarah dijo que ella estaba "muy ilusionada con la idea de hacerme cargo o con cualquier otra cosa que se suponga que deba hacer con ellos". La prensa anotó gozosa el tono caprichoso; los miembros de más edad de la Familia Real seguramente sintieron un atisbo de duda. En Sarah había una evidente falta de seriedad y esa liviandad creaba precisamente aquella impresión que la Reina no deseaba que suscitaran los miembros de la Familia Real. "No hay una escuela que enseñe seducción a las princesas —dijo un miembro de la casa—. Sarah tendrá que aprender con el ejemplo. Lo más importante será calmarla, como tuvimos que hacer con Diana. Todo tiene que ser más discreto." Por desgracia, la discreción jamás sería la cualidad más destacada de Andy y Sarah. Regordeta, bonita e irrefrenable, ella sería muy pronto la más alegre esposa de un Windsor.

En vísperas del matrimonio, cuando corría el mes de julio de 1986, la Reina designó Duque de York a Andrés; era el título que había pertenecido antaño al padre y al abuelo de la soberana. Por consiguiente, la atolondrada Sarah se convirtió en Duquesa de York; habría sido difícil mencionar a una persona que se diferenciara más de la anterior poseedora del título, la dinámica y emprendedora Reina Madre Isabel. Y a diferencia de su predecesora, Sarah ejercía escasa influencia educadora sobre su marido. La nueva generación de los York era una pareja inofensiva y amante de la diversión, inmadura e interesada sólo en ella misma y en una vida de placer. No los contenían ni restringían los protocolos o la necesidad de exhibir una imagen digna. De nuevo Felipe fue quien vio las cosas con más sagacidad: "Me complace [que Andrés] se case, pero no porque crea que eso le ahorrará dificultades". Acertó. Nada contuvo a Andrés, ni siquiera el nacimiento de sus dos hijas, Beatriz y Eugenia, en 1988 y 1990.

Y así, los York reían estrepitosamente en público, se empujaban y besaban, hacían muecas, hablaban a gritos a los comensales, cenaban con amigos en los restaurantes y bebían en los clubes nocturnos, intercambiaban bromas con la prensa. Viajaban y esquiaban y compraban prendas de vestir y equipaje —exactamente como los personajes de *Dinastía*— y sus vidas en definitiva se convirtieron en tontas y vacías. Pero parte de la responsabilidad de esta situación correspondía a Su Majestad, que aún insistía en que no era propio que los hijos de la Soberana tuviesen empleos; y cabe agregar que aunque los hubiesen tenido no era probable que la experiencia provocara efectos notables.

Cuando le pidieron que describiese la vida en el Palacio de Buckingham, la Duquesa de York explicó cómo funcionaban los retretes (empujando las palancas hacia arriba, no hacia abajo). Con respecto a su matrimonio: "Andrés vuelve a casa el viernes absolutamente cansado —la Duquesa dijo a la prensa, después de describir la semana que vive su marido en la base naval—. El sábado reñimos, el domingo nos reconciliamos, pero entonces él ya debe regresar otra vez a la base". En vista de estas observaciones pedestres y superficiales, ciertamente podría hablarse de una época diferente. Y si se comparaba a los York con los personajes de *Dinastía*, en todo caso disponían de la casa para completar la imagen: la Reina pagó 5 millones de libras esterlinas por la construcción de un lujoso hogar, llamado Sunninghill Park, a ocho kilómetros del Castillo de Windsor y a poca distancia del hogar de la infancia de Sarah. En poco tiempo, comenzó a denominárselo burlonamente South York, por la residencia que aparece en la serie televisiva *Dallas*.

Las travesuras infantiles caracterizaban a gran parte de la conducta pública de los jóvenes personajes reales. En Ascot, el año 1987, Sarah y Diana usaron sus sombrillas para pinchar las nalgas de sus amigos varones. Sarah emitía risitas disimuladas y dijo entonces: "Vamos a emborracharnos". Nunca cómoda con los inflexibles ritos de la Familia Real, las comidas interminables, los cambios de atuendo, la concurrencia a la iglesia, los juegos de salón sujetos a un plan, la revisión de los aspectos más destacados de la historia de la familia, Sarah era una extraña, una muchacha marginal que había aterrizado en el palacio gracias a una buena suerte inconcebible y al favor real.

Pero si Diana era sensible hasta el extremo del colapso emotivo y físico, Sarah parecía florecer con el escándalo. Desde el comienzo, su matrimonio con el príncipe Andrés no impidió que los dos tuviesen aventuras extraconyugales; pero ella tuvo la mala suerte de que la descubriesen. La fotografía que un periodista tomó con teleobjetivo documentó sus travesuras, primero con un tejano llamado Steve Wyatt, y después con otro norteamericano, el financista John Bryan, en un balneario de la Riviera y en un hotel de Tailandia.

Las esperanzas de reconciliación entre los York quizá se vieron frustradas y se confirmó la separación a causa de las canallezcas fotografías de la Duquesa con John Bryan, publicadas en agosto de 1992. Allí estaban, acariciándose y abrazándose, mientras las dos hijitas de Sarah jugaban inocentes a su lado. Y ahí estaba Sarah, gozando de los abrazos de su amante, a quien podía verse besándola de un extremo al otro del cuerpo, prestando especial atención a los dedos de los pies. Pronto se le asignó el papel de la casquivana infiel —al parecer, ya lo había practicado durante años— y Sarah perdió con sorprendente rapidez el favor real. Entretanto, en general se consideró que su esposo era la parte ofendida, sobre todo cuando su esposa reconoció en 1994 que la habían examinado tres veces en busca del virus del sida. Se presumía que su vida promiscua quizás había puesto en peligro su salud, pero nadie sugirió públicamente que una razón suplementaria podía haber sido su preocupación por las relaciones que había mantenido con el esposo, un hombre a quien en general no se le atribuía talento para la continencia.

Nada podía haber sido más injusto que este juicio unilateral, pues Andrés también se había mantenido ocupado; no sólo con esta o aquella joven, sino (según se rumoreaba) con compañeros de tripulación a quienes había conocido desde los tiempos de las acciones en las Malvinas. Con excesiva frecuencia, murmuraba la gente, Sarah había regresado a su hogar en las afueras de Londres para encontrar a Andrés que salía de lo que parecía ser una sesión de travesuras de dormitorio con un compinche de la marina. "Prefería la compañía de compañeros de la Marina y no era bastante hombre ni profesaba suficiente amor a Sarah", de acuerdo con un informe difundido por radio. Los criados escuchaban discusiones coléricas en el Palacio de Buckingham y en Sunninghill Park, especialmente (decía un miembro del personal) cuando "Sarah descubrió que Andrés no volvía a su casa en algunas de sus licencias. Iba a otro sitio y esa actitud la enloquecía. A Sarah no le agradaba el hecho de que se había convertido en viuda de los puertos, ni la complacía descubrir que se la ponía intencionalmente en esa situación; todo esto la irritaba enormemente". De acuerdo con la Duquesa, "La vida del Duque consiste en tripular helicópteros —dijo—. Mi marido me dijo que era príncipe y oficial naval primero y en segundo lugar marido." Lo cual no era una receta eficaz para un matrimonio estable.

"Intentaron encerrar en una jaula a la pequeña pelirroja", agregó Sarah en 1994. De modo que escapó al Lejano Oriente, a Nueva York, a puertos exóticos; después que se resolvieran a su favor las condiciones financieras de una separación formal. "Mis hijas son mi pasaporte a la seguridad", dijo astutamente Sarah a sus amigos. Por cierto, durante los dos años siguientes se la vio invariablemente en público arrastrando tras ella a sus dos pequeños pasaportes, las pequeñas con un aire un tanto desvalido, vestidas con prendas idénticas. Dos años después de la separación, ella continuaba viendo a John Bryan. También se sometía a psicoterapia "y todavía tengo que recorrer mucho trecho". Dijo que quizá podría enderezar las cosas, en una isla desierta adonde llevaría "por supuesto a mis hijas, la Biblia... ¡y a un hombre!" Pero no aclaró quién leería qué a quién.

Según dijo, la publicación de su aventura en la playa con Bryan había sido su "experiencia más humillante". Pero no pudo resistir la tentación de ensayar una autodefensa: "Durante los primeros seis años de nuestra vida conyugal [Andrés] pasó alrededor de cuarenta y dos días conmigo cada año. Y por consiguiente, las niñas en definitiva no lo vieron mucho". Cuando los York al fin se separaron, en marzo de 1992, la Duquesa recibió la suma global de 500.000 £, con 1.400.000 £ en fideicomiso para sus hijas y otro medio millón para pagar una casa. ¿Por qué la Familia Real la abandonó completamente durante los difíciles meses iniciales de su separación, y después invitó a sus hijas pero no a Sarah a las celebraciones de la familia y las festividades? "Es una buena pregunta —dijo Sarah—. Creo que con un poco menos de hostilidad y un poco más de apoyo, las cosas podrían haber sido más fáciles, menos complicadas y traumáticas."

Entretanto, Andrés continuó avanzando a tropezones, fiel a la tradición del pobre príncipe Eddy, ese torpe hijo mayor de Eduardo VII, cuya vida patética se vio abortada por la muerte a la edad de veintiocho años. Desde 1994, el Duque y la Duquesa de York, herederos del título perteneciente poco antes al disciplinado rey Jorge VI y a su consorte, una mujer que tenía un solo propósito en la vida, comenzaron a manifestar cierta indefinición. Cuál puede ser la salud emocional de las pequeñas Beatriz y Eugenia, como en el caso de los príncipes Guillermo y Enrique, está aún por verse.

Pero el matrimonio de los York no fue el primero en fracasar. La Reina se sentía "triste pero no sorprendida" cuando la princesa Ana y Mark Phillips se separaron formalmente, en 1989, después de dieciséis años de lo que un corresponsal de la realeza denominó "un falso matrimonio, una ficción", caracterizada por los amores extraconyugales, un juicio de paternidad promovido contra Mark por una neocelandesa llamada Heather Tonkin (a quien Phillips pagó 80.000 dólares neocelandeses anualmente durante cinco años), y un rumor fantasioso en el sentido de que uno de los guardaespaldas de Ana, el ex policía Peter Cross, era su amante (y de hecho el padre de uno de sus hijos).

Dos años después llegó el divorcio de los Phillips y más tarde Ana contrajo matrimonio con el comandante Timothy Laurence, uno de los ayudantes de la Reina. La situación recordó la relación existente entre la princesa Margarita y Peter Townsend, pero en este caso con un final feliz.

Después de varios años de gélidas críticas públicas, Ana conquistó el respeto considerable de la prensa, los políticos y el público. Inestable, de carácter franco, a menudo demasiado directa, Ana —que tenía más elementos de la personalidad de su padre que la de su madre— con frecuencia se había enfrentado con los medios a lo largo de años.

Pero en nombre de Salven a los Niños, un fondo internacional de emergencia destinado a aliviar el hambre, la carencia de techo y la enfermedad, viajaba hasta 25.000 kilómetros anuales durante las décadas de los ochenta y noventa. Soportaba las severas reacciones que solían ser la secuela de las inyecciones contra el cólera, la fiebre tifoidea y una serie de enfermedades exóticas, y afrontaba sin quejarse todas las incomodidades de las regiones más pobres de Africa, Medio Oriente, India y Rusia. En 1987 recibió de su madre el título honorífico de Princesa Real, y se convirtió en la "Princesa en Flor", como la prensa la llamaba. Pero era una flor con una gruesa espina: irritada por un fotógrafo cuando viajaba en tren, de regreso a Londres, se volvió hacia el hombre con una explosión de cólera: "¡Váyase a la mierda!", le gritó.

Era igualmente impaciente cuando recibía halagos o elogios por sus esfuerzos, afrontaba riesgos considerables, entrando y saliendo de zonas peligrosas e insalubres. El primer ministro Edward Heath menoscabó su trabajo heroico cuando la elogió como "una de las patrocinadoras reales más activa de todos los tiempos, capaz de viajar infatigablemente, sin temor a afrontar los peligros en los países aquejados por la sequía o infestados de enfermedades y desenvuelta cuando muestra su comprensión de los problemas de los niños, dondequiera los encuentre". Precisamente a causa de su generosidad madura y natural y de la distancia que intencionadamente ponía entre ella misma y la prensa, el matrimonio de Ana con Timothy Laurence en diciembre de 1992 no dio lugar a reproches ni comentarios piadosos. Y hacia 1993 era evidente que su enfoque de la vida con un concepto de sentido común había pasado a su hijo Pedro y su hija Zara, que —sin títulos regios u honoríficos y siempre protegidos de la publicidad por su madre— estaban avanzando en la adolescencia sin escándalos ni actitudes altivas.

De todos los hijos de la Reina, sólo la princesa Ana se ha forjado una vida admirablemente simple y concreta. Tampoco comparte la fascinación del mundo por Diana. "No me avengo a la idea de una princesa de cuento de hadas que se observa en el público —dijo derechamente en el momento culminante de la popularidad de su cuñada—. La Princesa de Gales sin duda ha llenado un vacío en la vida de los medios y yo no he cumplido esa función; pero nunca tuve la menor intención de cumplirla. Ya había adoptado la decisión de que en modo alguno esa actitud se ajustaba a mi persona." Su franqueza, su coraje, su actitud áspera con la prensa... fueron cualidades que le ganaron la aprobación de su padre; después de todo, eran características muy parecidas a las suyas.

Según se vio, Ana fue la única de los cuatro hijos de la Reina que expresó algo parecido a un interés serio y permanente en algo, y más de un comentarista real ha expresado el deseo imposible de que Ana sea la próxima soberana de la nación. Cuando comenzó la década del noventa, Carlos —el que estaba más atado a la tradición— continuaba pronunciando conferencias ocasionales acerca de la arquitectura y los cultivos orgánicos, pero en modo absoluto pudo convencer a la prensa o al público de que él no era un hombre intranquilo y desarraigado, cuyo destino todavía no se había manifestado.

Eduardo, que cumplió treinta años en 1994, también carecía de propósito, y debe señalarse que, a semejanza de Carlos y Andrés, no es un individuo muy inteligente, ni un hombre interesante; sólo es famoso. Pero en relación con Eduardo la prensa británica podía guiñar el ojo y lanzar risitas, pues su soltería persistente y su amistad con otros jóvenes solteros conducía al rumor permanente sobre su homosexualidad; sin embargo, no era un hombre especialmente feliz, pues su personalidad, incluso habiendo cumplido los treinta años, parecía infantil, blanda y amorfa. En apoyo de ese rumor estaba el hecho de que ninguna de las jóvenes a quienes acompañaba en circunstancias sociales daba a entender que la relación hubiese pasado los límites del vínculo platónico.

Como sus hermanos, Eduardo fue a Gordonstoun; después estudió en Nueva Zelanda y se diplomó en Cambridge, graduado en historia en junio de 1986. Por insistencia de su padre, Eduardo fue despachado después a la Infantería de Marina Real, pero renunció al cabo de catorce semanas. "Se trató de una decisión dolorosa —dijo—. Hace cuatro años deseaba incorporarme a ese cuerpo, pero una vez que estuve allí cambié de idea y decidí que en general las fuerzas armadas, y no sólo la infantería de marina, no eran la carrera que yo quería."

Su padre reaccionó con una cólera tan explosiva que el pobre Eduardo se derrumbó bañado en lágrimas. "Intenté hacerle comprender que no estoy hecho para la marina." Jorge, el Duque de Kent, tío abuelo de Eduardo, se había quejado varias décadas antes acerca de un contratiempo idéntico con su padre Jorge V. "Pero él no me comprende. ¿Qué puedo hacer?" Según se afirma, la historia se repetía; quizá tanto en la vida sexual de Eduardo como en la de Jorge de Kent; en efecto, tanto para Felipe como para Jorge V la homosexualidad era al mismo tiempo inconcebible e inaceptable. Hacia la primavera de 1994 incluso hubo algunos indicios en el sentido de que la Reina se sometería a la presión de su esposo y obligaría a casarse a su hijo menor, pues el palacio estaba emitiendo declaraciones acerca de una tierna relación entre Eduardo y una joven asesora de relaciones públicas llamada Sophie Rhys-Jones.

Después de un año de ociosidad, el príncipe Eduardo se convirtió en el primer hijo de un soberano que desempeñó un empleo al margen del servicio militar. "¿Piensas hacer *qué*?", gritó Felipe cuando Eduardo anunció sus planes de incorporarse a la compañía productora de Andrew Lloyd Webber, como colaborador administrativo. Entusiasmado con todo lo referido a la vida de Ana (y en una actitud siempre simpática frente a los intereses de la joven), el Duque de Edimburgo mostraba actitudes mucho menos favorables con sus hijos, y sobre todo con Eduardo. Felipe era una suerte de gélido martillo pilón. Que él deseara relacionarse con el *teatro* fue la gota que desbordó el vaso. De acuerdo con las palabras muy francas de una persona cercana a la familia, el Duque de Edimburgo era

una verdadera mierda frente a esos muchachos. Por eso Carlos siempre fue a pedir consejo a Mountbatten, en lugar de acudir a su padre. Felipe siempre era duro y prepotente, estaba absolutamente decidido a promover la educación de sus hijos en ese sentido y no conoce el significado de la compasión o la bondad. Todo proviene de su propia crianza y él está infligiendo sus tácticas prepotentes, que son una pantalla de su propia inseguridad, sobre todos los que lo rodean desde siempre.

"Toda la familia lo mira —dijo otro confidente de Felipe—, y todos están asustados."

La cuestión de la orientación sexual de Eduardo salió a relucir hacia 1990, cuando los periódicos hablaron de su "conmovedora amistad" con el actor Michael Ball, estrella de una pieza musical de Lloyd Webber, y también acerca del hecho de que sus compañeros de trabajo lo llamaban "Mavis". Como si tratase de protestar excesivamente, Eduardo infringió el protocolo real. En una declaración notablemente homofóbica que ganó los titulares, comentó los rumores con un periodista de Nueva York: "Eso es muy injusto conmigo y con mi familia. ¿Cómo se sentiría usted si alguien dijese que es homosexual? Los rumores son absurdos. ¡No soy homosexual!" En Inglaterra y Estados Unidos estas afirmaciones provocaron la misma reacción que podría obtener un hombre a quien sorprendieran robando y gritara histéricamente: "¡No soy ladrón!". Homosexual o no, quizá cabe esperar que solamente se preocupen por el asunto aquellos que se benefician con su favor. En 1994, con el nombre de Eduardo Windsor, era uno de los directores gerentes de Ardent Productions, una compañía de televisión que se ocupa especialmente de las artes; a pocas personas les importaba mucho lo que hacía.

Y quizá de un modo un tanto infortunado, Eduardo comenzó a adoptar algunos de los modales menos atractivos y más aparatosos de un joven de la Realeza. En 1986 organizó con fines de beneficencia una farsa televisiva; era un acontecimiento tosco, vergonzosamente chapucero, al que arrastró a su hermana y a la Duquesa de York, entre otras personas. Después de verse forzada a permanecer castigada por el viento y la lluvia durante catorce horas, observando el fiasco real, la prensa al fin fue invitada a formular unas pocas preguntas al príncipe Eduardo. "Espero que les haya agradado", dijo, y como no hubo una respuesta feliz, preguntó obstinadamente: "Bien, ¿les ha agradado?". Más silencio. "Bien —dijo Eduardo con un gesto burlón—, ¡gracias por mostrarse tan condenadamente entusiastas! ¿Qué han estado haciendo aquí el día entero?" Y dicho esto, Su Alteza Real salió. "Caminaba brincando como una bailarina que tiene un agujero en las calzas", dijo el periodista Andrew Morton.

Pero las noticias originadas en Ana, Andrés o Eduardo jamás desplazaron a Diana y Carlos de las primeras páginas de la prensa amarilla, por triviales que fueran los fragmentos publicados, y cuando el matrimonio de cuento de hadas de 1981 sufrió cierto colapso, una década después, la prensa se presentó y explicó la situación. CARLOS Y DIANA: MOTIVO DE PREOCUPACION, pregonó el titular del *Daily Mail* del 2 de julio de 1991, diecisiete meses antes de que el Primer Ministro anunciara oficialmente la separación. Y cuando se llegó a esa situación, el 9 de diciembre de 1992, momento en que la vida privada de la Familia Real fue lo sustancial de una declaración formal en la Cámara de los Comunes, de ahí en más ya no fue posible calmar la insaciable sed de chismografía. Según se vio, de hecho esa ansia se acentuó a causa de la lucha más sanguinaria por el aumento de la circulación y los lectores nuevos que se haya conocido en la historia de los medios. El periodismo sensacionalista era la nueva literatura.

Mientras la monarquía británica insistiera en mantener una identidad antigua en cuanto a la forma y rígida en cuanto a los privilegios que ella misma se asignaba, Carlos y Diana (y Andrés y Sarah) apenas podían abrigar la esperanza de algo parecido a un matrimonio normal de fines del siglo XX. Estaban aprisionados en la realidad de su propia cuna, separados unos de otros mucho más por el rango que por la voluntad, el temperamento o el carácter. Como heredero del trono e hijo de la Reina, Carlos fue educado para creer en su vocación única, y ninguna joven podía compartir sus pensamientos y sus temores más íntimos.

Sin embargo, Diana se elevó por encima de su propio nacimiento para convertirse en muchos aspectos en una Alteza verdaderamente Real y pudo anticipar un papel cada vez más activo como madre de dos príncipes reales. Pero su marido podía prever muy poco, y los rumores en el sentido de que, después de cuarenta años de soberana, Isabel abdicaría en favor de Carlos quedaron desechados definitivamente en 1991, cuando el palacio emitió una declaración de acuerdo con la cual "el renunciamiento voluntario al Trono afecta la raíz de la Monarquía. Por consiguiente, siempre se lo consideró como una amenaza especialmente grave a la institución misma. Las propuestas [de abdicación] aunque sean bien intencionadas, no armonizan realmente con la tradición o la mística de la Monarquía, según esta ha evolucionado en Gran Bretaña. Esas propuestas tenderían a destruir parte de la magia de la Monarquía". Ciertamente, al parecer el espectro de Bagehot era muy poderoso y la vida en aislamiento, efectiva desde los tiempos de Victoria, continuaba la norma de la existencia real. "Conozco a muy pocas personas —dijo incluso la expresiva princesa Ana—, con las cuales conversaría con cierto grado de libertad acerca de la Familia o de lo que uno hace en casa, porque esa es precisamente la clase de cosa que la gente tiende a recordar especialmente y a comentar." El resultado de todo esto ha sido, por referencia a generaciones de personajes reales, una cierta sofocante obsesión con sí mismos.

"Carlos estaba muy triste [acerca de la declinación de su matrimonio] —de acuerdo con la versión de un duque a quien el Príncipe hizo confidencias ese otoño—. Meneaba lentamente la cabeza, incapaz de comprender dónde se habían descarriado totalmente las cosas. Le pregunté si estaba seguro de que no había modo de recomponer el matrimonio, de mantenerlo vivo. No, creía que los hechos entre los dos habían llegado demasiado lejos. No había modo de retroceder. No había modo de conseguir que la unión funcionara."

En realidad, ni el Príncipe ni su Princesa habían ocultado los detalles del asunto. De acuerdo con varios amigos, Diana decía que "es muy difícil que Carlos diga 'te amo'. Parecía creer que la expresión de sentimientos, en privado o en público, era un signo de debilidad... Cuando Diana comprendió que Carlos no podía manifestar su amor, incluso en momentos en que las cosas funcionaban bien entre ellos, la relación se deterioró".

El Príncipe y la Princesa no habían compartido dormitorio desde febrero de 1987, cuando ambos tenían sus amantes: James Hewitt consolaba a la Princesa, Camilla asistía al Príncipe. El matrimonio mágico, como lo denominó Carlos ante trece millones de telespectadores el 29 de julio de 1994, se había "quebrado irremediablemente"; y sólo entonces él fue infiel a su esposa. Ese reconocimiento en público irritó a su familia.

Ese mismo invierno de 1987, Diana sintió los primeros síntomas del síndrome del nido vacío. Ese año sus hijos fueron a la escuela, un acontecimiento normal para muchas madres, pero al parecer traumático para la Princesa de Gales, que se volvía cada vez más hacia sus hijos con el fin de que estos fuesen el justificativo de su vida, es decir lo que no hallaba en su esposo y sus parientes políticos. Durante esta época, de acuerdo con Stephen Barry y otros, las rabietas de Diana eran tan violentas que algunas habitaciones de Althorp y Highgrove quedaban con los muebles destrozados, los espejos rajados y docenas de egos maltratados, pues despedía a los criados o estos renunciaban, pues estaban disgustados con los cambios de humor de la señora.

Entretanto, Carlos trataba de ignorar las escenas melodramáticas, quizá con la esperanza de que el tiempo serenara y madurase a Diana. Pero su táctica fue contraproducente. Carlos habló de su propio papel y su futuro: "Mi deber —según oyeron algunos decir a su esposa—, ocupa un lugar superior a la lealtad hacia ti". Un sentimiento semejante difícilmente sería aprobado por una esposa, pero una persona que sufría necesidades emocionales tan profundas como Diana sintió que era una actitud gélida. Así, en esa actitud distante con respecto a sus propios sentimientos (sin hablar de su falta de conciencia y de que su timidez contribuía al desaliento de Diana), Carlos era el hijo de su madre; y en su benigna condescendencia frente a las mujeres, era el retoño de su padre. "Es sabido que se trata de un machista encantador, que acepta que las mujeres son colaboradoras atractivas, pero no ve en ellas a iguales en el plano intelectual o laboral", dijo un ex ayudante del Príncipe.

Pero esto no era sólo una actitud: era una postura activa, que se reflejaba en la infidelidad permanente. Desde 1983 hasta 1989, el Príncipe había participado regularmente en aventuras con Camilla Parker Bowles, abandonos que dejaban a Diana "gritando", de acuerdo con Ronald Driver, amigo de Carlos, "y acusándolo de ser un egoísta, un bastardo; seguían luego algunos tacos muy expresivos". Al mismo tiempo, la bulimia de Diana, con sus peligrosos ciclos de comidas y purgas, era alarmante para todos los miembros de su entorno. Este y los restantes problemas de Diana llevaron al exasperado Carlos a quejarse ante su madre. "¿No comprendes que está loca? ¡Está *loca*!"

A medida que se acentuaban la confianza en sí misma y su importancia social, Diana comprobó que la situación le resultaba cada vez más insoportable y hacia 1990 estaba describiendo francamente su sufrimiento a los amigos. Y entonces, por primera vez en la historia, una Alteza Real se volvió hacia la prensa para explicar su difícil situación, para recabar simpatía y cortejar con el afecto público. Al parecer, Diana autorizó a sus amigos a hablar oficialmente a Andrew Morton, que preparó un libro en el cual se explicó al mundo la infortunada situación de la Princesa. Que él también tuvo acceso a la familia de Diana lo demuestra el hecho de que muchas de las fotografías de la versión definitiva del libro fueron aportadas por el padre de Diana, que las extrajo del álbum de la familia. El *best-seller* internacional de Morton, titulado *Diana: Her True Story*, pretendía ser solamente eso; una narración breve pero impresionante de las razones que explicaban el fracaso de su matrimonio con un marido cruel.

"No es una mujer feliz" —dijo de modo ominoso a Morton una amiga de Diana, Carolyn Bartholomew, y como prueba hizo ciertos relatos acerca de algunos intentos "infructuosos" de suicidio. Diana se tiró escaleras abajo, se lanzó contra un gabinete de paneles de cristal, se abrió las venas con un pequeño artefacto para rebanar limones. Nada que unos antisépticos y pequeñas vendas no pudieran curar fácilmente.

El libro de Morton, unido a la interminable avalancha de fotografías de color que presentaban a Diana en la prensa mundial, multiplicó enormemente la popularidad de la Duquesa. Confirmó a los británicos y los norteamericanos en su obsesión con la realeza, las últimas estrellas a las cuales podía adorarse en un mundo en el que las formas más profundas de la fe escaseaban. Pero los objetos de adoración no se distinguían de los actores de la televisión.

Por lo que concernía a la familia, Diana fue considerada inmediatamente traidora; sin embargo se trataba de una persona que, en su condición de madre del futuro Rey, no sería desterrada de manera sumaria. La Reina Madre no podía comprender que una joven que deseaba un matrimonio monógamo y que se sentía decepcionada por el fracaso de su intento, pudiera acudir al público con su queja. Diana, que acompañó a la familia en la ceremonia de Presentación de las Banderas de 1992, fue ignorada con frialdad. "Podría haber cortado la atmósfera con mi espada", dijo un testigo presencial. Sólo la princesa Margarita ofreció verdadera simpatía a la Princesa de Gales, convencida de que su sobrino había burlado los ideales de Diana y la había humillado en una actitud injustificable.

Carlos imitó el ejemplo y en 1994 cooperó de un modo sin precedentes (hasta llegar a incluir cartas y diarios) con el escritor Jonathan Dimbleby; y antes aun, hablando oficiosamente a los periodistas Penny Junor y Ross Benson, para explicar su versión de la historia y sugerir que cualquier intento de manchar el nombre de su esposa sería aceptable. En concordancia, los artículos de Junor en la revista *Today* describieron a la Princesa de Gales como una mujer histérica, responsable del fracaso de su propio matrimonio, una persona egoísta y tortuosa, que había enemistado a sus dos hijos con el padre. "Carlos merece muchísima simpatía —dijo Junor—. Veía a sus amigos alcanzando la cima de sus respectivas carreras, mientras él se preparaba para una tarea que quizá jamás asumiría. Estaba entrando en la crisis de la madurez y Diana no estaba allí para ayudarlo. Había pasado toda su vida como una estrella y la pérdida de imagen [en beneficio de Diana] lo menoscababa."

Y así, mientras los personajes reales anteriores libraban sus combates en la intimidad, aquí había algo nuevo: el Príncipe y la Princesa de Gales, la pareja más próxima al trono, utilizaba el método más contemporáneo pero menos confiable de presentar su propia argumentación; una actitud infantil, mutuamente mezquina, que trataba de comprometer al periodismo para confirmar su popularidad. "El Príncipe y la Princesa de Gales —dijo lord Rothermere, que sucedió a su padre como editor del *Daily Mail* y el *Evening Standard* en 1978—, reclutaron cada uno por su lado a los periódicos nacionales, con el fin de que narrasen la versión que cada uno tenía de la disputa conyugal." El propio primer ministro John Major se sumó a la riña y reprendió a Diana por su permanente manipulación del periodismo.[1] Por supuesto, no llegó tan lejos en el caso del Príncipe.

Por irónico que parezca, todos los críticos de la Familia Real ahora disponían de más munición, sobre todo después de la publicación de transcripciones de conversaciones grabadas entre los Gales y sus confidentes. Es posible que el hijo mayor de la reina Victoria haya comenzado a democratizar a la Familia Real; ahora, el heredero de la reina Isabel II la arrastraba por el fango.

El asunto alcanzó una lamentable masa crítica con la publicación en 1993 de las conversaciones telefónicas grabadas entre Carlos y Camilla Parker Bowles, en diciembre de 1989, y de las conversaciones (grabadas el mismo mes) entre Diana y James Gilbey, un acaudalado vendedor de coches usados en cuyo piso Diana había estado varias veces hasta bien entrada la noche. Lord Rees-Mogg, antes miembro de la BBC, y ahora director del Broadcasting Standards Council, opinó que el MI5, es decir la inteligencia británica, había estado vigilando a la Familia Real, y ahora permitía que se filtraran las grabaciones como prueba de que se estaba ante una generación de figuras reales incompetentes. Fuera cual fuese el origen y el modo en que se realizó la difusión, ni los secretarios de prensa de los Príncipes de Gales ni otro miembro cualquiera del Palacio de Buckingham negaron jamás la existencia de los llamados o los encuentros; no hubo gritos de dignidad ultrajada, con la concomitante afirmación de que se trataba de conversaciones falsas o inventadas, y no existieron reclamos reales exigiendo retractaciones. Era evidente que la boda mágica se había convertido en una sórdida farsa.[2]

La Reina y el príncipe Felipe estaban furiosos. Convocaron a reuniones de familia, tratando de parar a Carlos y a Diana, aconsejando silencio, recordándoles el llamado del deber; sin el menor resultado. Por supuesto, el tiempo atenuó el efecto de las conversaciones, pero en todo caso estas revelaron claramente que el heredero del trono podía hablar como el personaje de una novelita barata. "Deseo tantear mi camino junto a ti, sobre ti, de arriba a abajo, entrando y saliendo", murmuraba el Príncipe de Gales a Camilla en 1989. Y ella replicaba con idéntico ardor. "Es precisamente lo que necesito en este momento. No puedo soportar una noche de domingo sin tu presencia." Lo deseaba "desesperadamente, desesperadamente, desesperadamente", y eso provocaba en Carlos el infame comentario de que, si bien a él le agradaría vivir dentro de las bragas de Camilla, sentía que quizá sufriera la mala fortuna del tampón femenino, al que se expulsa de modo grosero.

Diana ("Squidgy" para su amigo Gilbey) no era tan atrozmente vulgar por teléfono. Ante la insistente afirmación de Gilbey en el sentido de que él "no podía afrontar la idea de verse privado de hablarle a cada rato", Diana contestaba: "Ese sentimiento es absolutamente mutuo". Y en la cuestión de sus parientes políticos, ella se mostraba franca: "Maldita sea, ¡después de todo lo que hice por esa familia de mierda!... No puedo soportar los límites que me impone este matrimonio. [Carlos] convierte mi vida en una auténtica tortura". De un modo más enigmático, decía —¿refiriéndose a su relación con Gilbey? ¿Con Carlos? ¿O justificando un momento de castidad autoimpuesta?— "No quiero quedar embarazada." Que Gilbey fuera su amante nunca se vio confirmado absolutamente, aunque los términos que usaban para expresar sus sentimientos no sugieren precisamente una relación platónica. Por cierto, James Hewitt suscitaba amor en Diana; o por lo menos una pasión ardiente. La relación de este hombre con ella (detallada en un libro de 1994 con el cual él cooperó) nunca fue negada por el Palacio de Buckingham.

Y así, mientras el mundo se enteraba de que el Príncipe de Gales fantaseaba en voz alta con Camilla acerca de su deseo de vivir eternamente "dentro de tus bragas; todo sería mucho más fácil", también salió a la luz que su esposa había entregado el corazón a algunos jóvenes ociosos, que los York eran poco más que vagabundos vacíos y que el príncipe Felipe exhibía su xenofobia como un distintivo meritorio, y advertía a los ingleses acerca de las relaciones con extranjeros que tenían "los ojos rasgados". Los partidarios firmes de la monarquía afrontaron su desafío más difícil desde la época del rey Guillermo IV.

Cada vez más las figuras reales parecían un grupo de tontos aburridos, inútiles para lo que no fuera proveer al público de escuálidos motivos de regocijo. La Duquesa de York salía a esquiar con sus amigos mientras el príncipe Andrés se divertía con sus amigotes de la marina. La princesa Ana se atareaba garabateando cartas de amor a su novio. El vizconde Linley (hijo de Margarita) protagonizaba travesuras en una fiesta caribeña. El hermano casado de Diana narraba lacrimosamente a la prensa los detalles de su propia relación adúltera en París. El capitán Mark Phillips pagaba a su amante para que callase. En medio de los horrores que estaban al alcance de todos los que quisieran escuchar el noticiario nocturno, la Familia Real suministraba poco más que emociones arcaicas o entretenimientos vacíos.

En último análisis, sencillamente no había ninguna mística que defender, ni misterio en el cual creer, ni dignidad que emular. En otras palabras, ya no era posible justificar a la Familia Real como símbolo vivo de una tradición grande y gloriosa.

La reina Isabel mantenía una actitud formal, impotente para influir sobre la conducta de sus hijos y las respectivas familias.

El príncipe Felipe, disgustado con el fracaso matrimonial de sus hijos y cansado después de casi cincuenta años de ser una especie de servidor de la reina, pasaba más tiempo en los trópicos, con amigos o con una amante, según el rumor que uno decidiera creer. Nadie parecía preocuparse mucho; algunos primos y ex ayudantes incluso le deseaban, en un momento en que Felipe rondaba los setenta, el confortamiento de alguna compañía femenina un poco más dulce.

En abril de 1994, la princesa Margarita —que se había mantenido tanto tiempo al margen del espectáculo— debió soportar una humillación considerable cuando se vio iluminada por la cruda luz del escrutinio público. Su relación adúltera con Robin Douglas-Home, que había comenzado en la Navidad de 1966 y apareció descrita en la correspondencia de los amantes, ganó los titulares de los diarios. "Pienso siempre en ti —escribía ella a Robin en su propio papel de cartas tan formal—. Confía en mí como confío en ti, ámame como te amo, y recuerda siempre que te necesito... Gracias por permitirme vivir de nuevo." El estilo no era tan tórrido como el de su sobrino y la amante de Carlos, pero así estaban las cosas.

Mucha gente encuestada quiso saber para qué servía la Familia Real, y en el curso de la consulta el nombre de Margarita apareció agregado a una lista que incluía a los Gales, los York y varios primos reales protagonistas de matrimonios desavenidos, que llevaban vidas desarraigadas e irresponsables. ¿Para qué *servían*, con todos sus millones? ¿Cuál era el propósito que explicaba la existencia de esa gente?

Incluso el gran incendio que en 1992 destruyó nueve habitaciones antiguas (incluyendo el salón de San Jorge y la Gran Sala de Recepción) en el Castillo de Windsor —que a los ojos de muchos fue un símbolo vivo del derrumbe real— no provocó mucha preocupación sentimental. Si es la casa de la Reina, ella debería pagar la restauración; esa fue la respuesta al presuntuoso anuncio oficial de que los contribuyentes debían aportar el dinero necesario para reparar los daños. Un vocero del palacio dijo: "Todos habíamos confiado en el hecho de que en el marco de una tragedia semejante sólo habría manifestaciones de simpatía. Sin duda nos equivocamos".

Sin embargo, la Reina pagó la mayor parte de la factura; del mismo modo que finalmente aceptó limitar la Lista Civil a su propia persona, su esposo y su madre. La novedad no reduciría el monto del efectivo que estaba a disposición de la monarca. En 1992 se estimaba su fortuna personal en 6.600 millones de libras esterlinas, lo cual aportaba un interés diario de 2 millones de libras esterlinas. Con respecto a los impuestos, Su Majestad aceptó pagar un impuesto personal; aunque quizá nunca pueda saberse cuál es el monto. La reina Victoria y el rey Eduardo VII tenían una actitud escrupulosa en relación con el pago de los impuestos, pero a principios de la década de 1930 el rey Jorge V concertó un acuerdo secreto con el ministro de Hacienda y en virtud del mismo se convino en que no pagaría impuestos por las rentas provenientes del ducado de Lancashire. Ese privilegio fue ampliado a su hijo el rey Jorge VI, quien a su vez decretó que la familia no pagaría impuestos sobre los ingresos personales.

En general se creía que los Windsor se habían convertido en figuras anacrónicas y ellos mismos habían dado pie a los mejores argumentos para justificar su retiro. Eran personas comunes y corrientes que carecían de derechos a gozar de privilegios extraordinarios.

A lo largo de siglos Inglaterra había sido una de las culturas más vibrantes de la historia, en áreas como el idioma y la literatura, la música y el arte. Ahora se cuestionaba la existencia misma de la monarquía. La reina Isabel parecía una mujer decente, pero su fiero sentido del deber en definitiva carecía de una base realista, pues su familia estaba fuera de su esfera de influencia y el gobierno más allá de su poder.

En cierto sentido, su lugar como monarca tenía un carácter especialmente acerbo, pues la saga de los Windsor es quizá —y sobre todo— la épica de varias mujeres enérgicas víctimas de un nivel considerable de malentendido; mujeres que superaron terribles obstáculos, que se vieron sorprendidas por un destino al que afrontaron con coraje notable e incluso con elegancia.

La reina Victoria, abuela de Europa y del primer monarca Windsor, había imaginado una vida entera con su amado Alberto. La viudez súbita casi la destruyó y destruyó la Corona, pero la Soberana consiguió volver para protagonizar cuarenta años de severa influencia; y finalmente demostró una conmovedora benevolencia que humanizó su sublime sentido del destino del reino.

Su nuera la reina Alejandra, con una pierna defectuosa, una sonrisa valiente y una fe serena, mantuvo unida a su familia a pesar de todos los contratiempos. Era una princesa danesa importada y poseía una radiante belleza que no era un elemento superficial; y la dulzura de su espíritu finalmente englobó los mejores elementos de su país adoptivo. Padecía sordera, pero escuchaba los más débiles gritos de los pobres y los enfermos; abandonada, fue la esencia misma de la ecuanimidad. ¿Qué persona que, conociéndola o consciente de sus características, podía no amar a Alix?

La reina María, la espalda erguida y los principios firmes, no evocaba la calidez de Alejandra, pero también ejercía influencia sobre su esposo y sus hijos; y ciertamente, sobre su nieta la reina Isabel. Para María, el país era su vida, y el Rey su vocación. No entendió ninguno de los aspectos de la jerga de mediados del siglo xx acerca de las necesidades emocionales; veía únicamente su deber y vivía en el marco del mismo como una monja enclaustrada en un convento. Por lo menos en cierto aspecto fundamental, la anciana reina María tenía razón. La entrega irrestricta de la propia persona confería a su vida su verdadero significado. Cuando falleció, se le rindieron tributos profundamente sentidos y en un gesto que expresaba más prodigalidad que todas las baratijas que colmaban sus habitaciones.

Victoria y Alix habían fallecido a los ochenta y un años, y María a los ochenta y seis. Nadie tuvo más conciencia de la longevidad de sus predecesoras que la reina madre Isabel. Considerada por algunos como la bienamada abuelita de Inglaterra entera, se había convertido en una reliquia sentimental, el signo de un pasado que, por desgracia, había cesado de influir sobre el presente. Ella sabía que Carlos y Diana se divorciarían. No llegó a tener alrededor de noventa y cinco años sin haber sobrevivido a una serie de conmociones y era una mujer "dura y dotada de múltiples recursos", como dijo su antiguo amigo lord Charteris (ex secretario privado de la Reina). También era una mujer "de fibra sólida. Probablemente porque tiene algunas características propias del avestruz, ha aprendido a protegerse. Lo que no quiere ver, no lo mira".

Su hija la Reina fue quizá la persona que vio el futuro con más realismo. "Advierto que a medida que pasan los años mi capacidad para sorprenderme se ha reducido", dijo en el curso de una reunión de jefes de gobierno de la Commonwealth,

421

en noviembre de 1993. Se hablaba seriamente de que Australia primero y después quizá Canadá cortarían todos sus vínculos con la Corona e Isabel no ignoraba el disenso. "En la actualidad, tengo suficiente experiencia, entre otras cosas en las carreras, para abstenerme de apostar mi dinero adivinando cuántos países permanecerán en la Commonwealth de aquí a cuarenta años, cuáles serán y dónde se celebrará la reunión. Ciertamente, no apostaré al número de ustedes que tendrán a la cabeza de la Commonwealth como Jefatura de Estado. Supongo que la única apuesta razonable es que habrá tres ausentes: el príncipe Felipe, el *Britannia* y yo misma. Pero nunca se sabe."

O como George Bernard Shaw tituló una de sus piezas, *You Never Can Tell* (Uno nunca puede saberlo).

A fines del siglo, los Windsor de ningún modo son símbolos de una nación que lucha para surgir de las cenizas de un Imperio muerto y convertirse en una democracia social. Muy sencillamente, sólo se representan a sí mismos y lo que han llegado a ser quizás es demasiado absurdo para tomarlo en serio. Victoria, Alejandra, María, las dos Isabel, todas creyeron en algo externo a ellas mismas y vivieron para algo que las trascendía.

Pero la nueva generación de Windsor —vivaz, amante de la diversión, los mimados de los medios, las caras más celebradas de la historia inglesa— parece incapaz de vivir para nada que no sea su propia celebridad. Espera lealtad, respeto y fidelidad absoluta de sus "súbditos", y sin embargo trasmiten al mundo el mensaje de que la Familia Real se define por la inmadurez, la irresponsabilidad, la frivolidad y la irrelevancia. No aportan a la nación ni la representación de una historia a menudo noble ni la guía necesaria en un presente confuso y un futuro dudoso.

En tales circunstancias, la acción de los revolucionarios violentos es innecesaria para abolir la monarquía, la cual quizá no se vea desplazada como las imágenes impopulares de Lenin o Stalin. No, todas las variaciones de la corona británica pueden convertirse en meras reliquias en la Torre de Londres y la monarquía resultará destruida por su propia mezquindad. No es posible tomar en serio a los jóvenes Windsor y por lo tanto la soberanía misma ya no es ni siquiera un provechoso auxiliar de las relaciones públicas.

Allí mismo, en los palacios y los castillos reales, viven los que están provocando la caída de la Casa de Windsor.

CAPÍTULO QUINCE

El reino mágico

1995

Los compadezco profundamente.
PRÍNCIPE CARLOS, refiriéndose a sus dos pequeños hijos

En junio y septiembre de 1995, los hijos de Carlos y Diana —Sus Altezas Reales, los príncipes Guillermo Arturo Luis y Enrique Carlos Alberto David— cumplieron trece y once años. Después de la celebración y de gozar de unas vacaciones estivales ampliadas, regresaron a cursar los nuevos períodos en Eton y Ludgrove, donde las rutinas eran exigentes pero no espartanas. Por ejemplo, en Ludgrove los estudiantes se levantan todas las mañanas a las 7.15, desayunan en un comedor común, asisten a clases, después concurren al campo de juego, se visten para cenar y apagan las luces a las 20. No se les otorgan privilegios extraordinarios y sus condiscípulos los llaman Wills y Harry. Según esta descripción, la vida de los niños parece bastante común y corriente, o por lo menos muy parecida a la vida de los alumnos que provienen de muchas familias inglesas cultas, que pueden permitirse un internado privado en el campo, lejos de la confusión de la vida urbana.

Pero pocas cosas son usuales incluso en Berkshire, donde un grupo de la Brigada de Protección Real siempre está al alcance de la mano. En otros lugares, los niños rara vez escapan a la mirada del público. Trátese de un parque de diversiones o de unas vacaciones para esquiar con su madre, pescar o caminar con su padre o practicar ciclismo en Kensington Gardens, los fotógrafos de modo invariable persiguen a Guillermo y Enrique con teleobjetivos, y los periodistas con grabadores y teléfonos celulares. Cierta primavera la madre los llevó a comer una hamburguesa en un restaurante popular que encontraron al paso; media hora después, cuando salieron, trescientas personas ocupaban la calle y un grupo cinematográfico había instalado cámaras y cables. La vida de estos niños famosos está documentada con más meticulosidad que lo que sucedía con Shirley Temple hace varias décadas o ahora la de Macaulay Culkin. Antes aun de que hayan hecho nada, ya son estrellas.

Wills, que ocupa el segundo lugar en la línea sucesoria del trono, es un jovencito reservado y serio, cauteloso e introvertido, que ya se ha fatigado de la prensa y teme la publicidad. Consciente de su posición y su futuro, está convirtiéndose en un adolescente de actitud digna, un tanto severa; sus ojos a menudo muestran una tristeza prematura, presciente. Y el tío ha dicho, refiriéndose a su sobrino, que es "un niño muy seguro de sí mismo, inteligente y maduro, absolutamente formal y serio, que aparenta más edad que la que tiene cuando atiende el teléfono". Adopta una actitud protectora con Diana, con quien mantiene relaciones estrechas, y más de una vez Wills ha dicho: "No quiero ser rey. Quiero ser policía, de modo que pueda cuidar a mi madre". A menudo le telefonea desde la escuela; no para pedirle favores o quejarse, sino para comprobar que ella está bien. Al parecer, cree que esa es su principal responsabilidad después de la separación de sus padres. "Ojalá que ambos ahora sean felices", les dijo cuando recibió la noticia.

De acuerdo con una encuesta nacional de opinión, más del treinta por ciento de los británicos creen que el príncipe Guillermo debería ascender al trono cuando concluya el reinado de la Reina. Debería reemplazar a su padre, cualquiera fuese su edad. No es probable que ocurra tal cosa, a menos que Carlos abdique, una perspectiva que no parece atraerlo en absoluto.

Por su parte, Enrique es más expansivo y confiado; "un diablillo pícaro", según la opinión del hermano de Diana. A diferencia de Guillermo, Enrique se muestra audaz sobre las laderas cubiertas de nieve cuando esquía, no teme cuando monta a caballo, inspira terror con los pequeños coches de carrera tipo kart y con su mímica se burla de sus pares y sus mayores. "Enrique es maligno —según la opinión de la Princesa de Gales—. Se parece a mí." También como ella, ocupa un lugar subordinado en el orden jerárquico de la monarquía, y a menos que su hermano desaparezca a causa de una tragedia, siempre será una figura de reparto.

Por supuesto, a los dos muchachos jamás les faltará nada. La bisabuela les legó dos tercios de su fortuna privada de 26 millones de libras esterlinas; el resto irá a parar a manos de los restantes bisnietos.

La situación peculiar de los dos hermanos no ha sido ignorada por ciertos funcionarios oficiales importantes. Por ejemplo, cuando el Príncipe y la Princesa de Gales discutían acerca de la educación y la custodia de sus hijos, el miembro del Parlamento Frank Field, presidente del Comité Selecto de Servicios Sociales de la Cámara de los Comunes, exhortó al primer ministro John Major a intervenir de manera directa en la crianza y la educación de los jóvenes príncipes. Field insiste en que el futuro de los dos debe estar bajo la supervisión de "hombres sabios", expertos más sensibles que los del palacio; con esa expresión cabe presumir que alude a la participación de consejeros psicológicamente más sagaces que la Reina y sus cortesanos. "Los dos nietos de la Monarca deben estar en condiciones de ejercer el mismo derecho que todos los demás súbditos de la Reina. Su futuro no debe estar a cargo de la Corte Real y el círculo real inmediato, que ha desempeñado un papel tan importante en la desgracia de su familia." Quizás una observación aguda, pero también inútil.

Diana es una madre afectuosa que sale con sus hijos de vacaciones, se muestra generosa con los regalos, los viste con toda la sencillez que el clima permite y parece esforzarse para contrarrestar el formalismo de la vida con el padre: Carlos insiste en que sus hijos vistan como perfectos caballeritos, las chaquetas y las corbatas pulcras, los modales decorosos y discretos. Pero como en otras cuestiones, no tiene conciencia del conflicto. "Los compadezco mucho —ha dicho con cierta inquietud—. Espero que se sientan bien. Antes de que pase mucho tiempo serán más altos que yo."

A Carlos le agrada llevar a los jóvenes príncipes a las brumosas montañas escocesas. Diana prefiere llevarlos con algunos amigos a Disneylandia, en Florida. Allí, los Windsor jóvenes de buena gana navegan en los rápidos, ven una "Guerra de las Galaxias" con sus correspondientes viajes espaciales, charlan con un actor que representa el papel de "Indiana Jones" o estrechan la mano de la Bella y la Bestia. De acuerdo con la gente de prensa de Disney, los jovencitos se convierten en los "Príncipes que aparecen de repente"; súbitamente aparecen a la cabeza de las filas, después de haber sido traídos desde el hotel atravesando túneles subterráneos seguros, que los conducen a las principales atracciones del parque.

Pero cuando están en Disneylandia, los muchachos no abandonan las habitaciones del hotel durante la noche. De acuerdo con las órdenes de la Reina, las normas de seguridad exigen que se aíslen después de anochecer. Sirven la cena a la princesa Diana, el príncipe Guillermo y el príncipe Enrique, y desde su comedor privado contemplan a través del lago, durante la noche, los últimos fuegos artificiales sobre las almenas del castillo de Cenicienta. Del dominio fantástico de Disney se ha dicho que es "el lugar más feliz de la tierra". Todos desean creer en esta minúscula parcela del mundo, siempre segura y reglamentada, eficiente y serena. Para la próxima generación de Figuras Reales de Windsor, es posible que esto sea lo más cercano que pueden estar de un reino mágico.

NOTAS

CAPITULO UNO

1   Alberto no llegó por cuenta propia a estas teorías políticas. Se vio muy influido por el barón Friedrich Christian von Stockman, eminencia gris en Coburgo y en Windsor, que había sido consejero de Leopoldo y Victoria. Concibió una monarquía constitucional llevada por Alberto "a alturas de poder, estabilidad y equilibrio que nunca han sido alcanzadas... [un monarca que sería] no la figura de un mandarín que sólo debe asentir con la cabeza para aprobar... sino que intervendrá en la iniciación y el desarrollo de las medidas oficiales".

2   Cuando se clausuró la exposición, el Palacio de Cristal fue desmantelado panel por panel y el edificio fue reconstruido en Sydenham, al sur de Londres.

3   Victoria creía equivocadamente que los anillos distraerían la atención; que así no se concentraría esta en sus dedos regordetes y poco atractivos. Melbourne le señaló que las joyas sencillamente concentraban la atención en los dedos.

4   Además de Wilde, John Stuart Mill, Matthew Arnold, John Ruskin y Charles Dickens se burlaron de la hipocresía victoriana y la tendencia a ignorar las realidades desagradables en la sociedad. Un ejemplo adecuado es el señor Podsnap, de Dickens (en *Our Mutual Friend*), un hombre de negocios complaciente, que "tenía conciencia de que ofrecía un brillante ejemplo social al sentirse especialmente satisfecho con la mayoría de las cosas y por encima de todo consigo mismo".

5   A los trece años, Victoria visitó las ciudades industriales de Gales y las Midlands, y regresó a Londres horrorizada por lo que vio: "las casas completamente negras [a causa] del humo y los montones de carbón encendido... chozas ruinosas y niños harapientos". La excursión señaló el comienzo de una conciencia social.

6 La princesa Alicia fue también la bisabuela del príncipe Felipe de Grecia, que como teniente Felipe Mountbatten se casó con la princesa Isabel (más tarde reina Isabel II) en 1947 y ulteriormente recibió el título de duque de Edimburgo.

7 En el momento de su muerte, le sobrevivían seis de sus nueve hijos, y tenía cuarenta nietos y treinta y siete bisnietos. De este total había cuatro futuros soberanos: su hijo Eduardo VII, su nieto Jorge V y sus bisnietos Eduardo VIII y Jorge VI.

Capitulo Tres

1 La letra *I* fue agregada después de la *R* cuando la Reina aceptó la designación de Emperatriz de India en 1876; así, ella era *Victoria, Regina [et] Imperatrix*, es decir, Reina y Emperatriz. Del mismo modo, los descendientes masculinos que ocuparían el trono serían *Rex* e *Imperator* hasta la independencia de India en 1947. Por consiguiente, la reina Isabel II siempre firmó "Isabel R."

2 Cuando se convirtió en Reina, la princesa Victoria María abandonó definitivamente su primer nombre de pila, pues la expresión "reina Victoria" sin duda era inapropiada. "May" era sólo un sobrenombre familiar, de modo que se tomó el nombre de "reina María". Para evitar la confusión con tantas Victorias a esta altura de la narración utilizaremos aquí "May" hasta su ascenso al trono real y después la llamaremos "María".

3 A su muerte, el rey Jorge V poseía la más completa colección británica de sellos existente en el mundo: un cuarto de millón de piezas contenidas en más de 325 volúmenes. Siendo de un valor incalculable, con el tiempo se convirtió en parte de la herencia nacional.

4 Además de Inglaterra, Escocia, Gales e Irlanda, el Imperio Británico a fines del siglo XIX abarcaba diecinueve territorios en Africa; Antártida; Australia y Nueva Zelanda; Canadá; dieciocho islas o grupos de islas en el Caribe; India y Ceilán; ocho grupos de islas en el Océano Indico; Chipre, Gibraltar, Malta y las islas Jónicas; Kuwait y Qatar; las islas Malvinas y otras islas en el Atlántico Sur; seis protectorados en el mar de la China Meridional; y dieciocho territorios y grupos de islas en el Pacífico Sur.

Capítulo Cuatro

1 En esta narración no lo llamaremos Bertie y en cambio usaremos su nombre real. Su nieto, el príncipe Alberto de York, segundo hijo de Jorge, también recibía de su familia el nombre de Bertie.

2 De las tres hijas de Eduardo y Alejandra, las princesas Luisa y Maud tuvieron dos hijas y un varón, respectivamente; la princesa Victoria nunca se casó.

3 La ruta que siguieron los llevó (entre otras escalas) a Gibraltar, Malta, Ceilán, Singapur, Melbourne, Brisbane, Sydney, Auckland, Adelaida, Perth, Mauricio, Durban, Ciudad del Cabo, Quebec, Montreal, Ottawa, Vancouver, Toronto, Niágara y Halifax.

4 Su abuelo pronto moriría como consecuencia del consumo de tabaco y lo mismo sucedería con su padre, su hermano y finalmente el propio Eduardo. La tendencia a padecer los peores efectos del vicio de fumar comenzó con su tío, el príncipe Alfredo, y quizás incluso con su tía Vicky. Tampoco puede afirmarse que en esa época se desconocieran los peligros del tabaco: las enérgicas cruzadas de la reina Victoria contra el tabaco fijaron la pauta y en todos los reinados siguientes los médicos de la Corte (sobre todo los homeópatas) nunca se mostraron tan severos como cuando exhortaron a sus pacientes reales a reducir el número de cigarros y cigarrillos cotidianos. Eran palabras que el viento se llevaba. La Constitución exige obediencia a los primeros ministros y los miembros del Gabinete; pero no impone el sometimiento a los médicos.

Capítulo Cinco

1 Ella sería más tarde una de las damas de compañía de la reina María.

2 Más tarde, su esposa diría a la gente con bastante franqueza que su marido no estaba "condicionado para ser heredero".

Capítulo Seis

1 El hermano de Maud era un empresario anglonorteamericano llamado Ernest Simpson, que más tarde representaría un importante papel complementario en esta historia.

2 El príncipe Alberto fue el primer personaje real que se convirtió en piloto diplomado, una tradición continuada por el siguiente Duque de York, su nieto el príncipe Andrés.

3   En el mismo ensayo, Battine pidió que "a los príncipes más cercanos a la línea sucesoria y sobre todo al heredero de la Corona deben asignárseles obligaciones que pongan a prueba su fidelidad y ejerciten su criterio. A semejanza de otros funcionarios, debe permitírseles que actúen por propia iniciativa y que cometan errores. A veces debe permitirse al rey que se equivoque [o dejará] de ser rey, o cualquier otra cosa que no sea la quinta rueda del carruaje del Estado".

4   Hubo dudas acerca del auténtico lugar de nacimiento de Isabel Bowes-Lyon y este es uno de los interrogantes que ella misma nunca resolvió. Se hallará el resumen más reciente del asunto en Michael De-la-Noy, *The Queen Behind the Throne* (Londres: Hutchinson, 1994), páginas 49-50.

5   Channon nació en Chicago, y después de asistir a la Universidad de Oxford residió en Londres y se convirtió en el norteamericano anglófilo más ardiente y el ciudadano británico naturalizado desde Henry James. Estableció relaciones reales y aristocráticas del mismo modo que Jorge V coleccionaba sellos, con verdadera afición y avaricia. Channon tomó por amante al príncipe Pablo de Serbia y como esposa a la hija de un conde. Fue elegido miembro del Parlamento, más tarde se lo designó caballero y silenciosamente, a lo largo de varias décadas escribió notables diarios, publicados después de su muerte, que contienen algunos de los comentarios más importantes y esclarecedores acerca de la sociedad inglesa del siglo xx.

6   El conde de Harewood era primo de Alan "Tommy" Lascelles, secretario privado ayudante del príncipe Eduardo (y más tarde secretario privado del rey Jorge VI).

7   "Madame" es la forma adecuada para dirigirse personalmente a la Reina después del primer saludo, es decir, "Su Majestad".

8   Noël Coward afirmó que había ciertas inclinaciones homosexuales en el Príncipe de Gales, quien a veces acompañaba a Jorge a los lugares en que se reunían los gays. "Finge que no me odia —dijo Coward—, pero lo hace, y es porque yo soy homosexual y también lo es él, pero a diferencia de él, yo no finjo que no lo soy." El comentario de Coward es sugestivo; pero no es fácil confirmarlo.

CAPITULO SIETE

1   Los peligros especiales de los últimos días del embarazo de la Duquesa y la probable necesidad de que interviniese un equipo médico la obligaron a abandonar el incómodo White Lodge.

2   Durante años se murmuró que Gervase, hijo de Beryl, tenía como padre al príncipe Enrique, un rumor que ella nunca se molestó en desmentir, quizá

porque el matrimonio con Mansfield Markham pronto se deterioró y finalmente concluyó en el divorcio. Pero Gervase nació, después de un embarazo que cumplió todo su ciclo, el 25 de febrero de 1929, y por lo tanto fue concebido meses antes de que el Príncipe conociera a Beryl.

3   En realidad, Wallis y su primer marido habían sido presentados al Príncipe de Gales varios años antes. Al regresar de su gira a través de Australia, Eduardo había sido agasajado en una recepción naval norteamericana, el 7 de abril de 1920, en San Diego. El teniente Spencer y su señora eran dos de los miembros de una larga fila. Ella recordaba el hecho; el Príncipe no.

4   Era casi imposible pregrabar para la radio con cierto nivel de calidad en 1932; sólo podían oírse las trasmisiones en vivo y estas no siempre alcanzaban cierto nivel de claridad.

CAPITULO OCHO

1   Esposa del conocido agente Robin Fox y madre de los actores James, Edward y Robert.

2   En el caso de las cartas informales dirigidas a la familia y los amigos, la conclusión escrita al completo se abreviaba, pero los títulos del monarca perduraban siempre, y en este caso, en la carta dirigida a Alicia, las abreviaturas significaban: G[eorgius]. R[ex]. I[mperator]; Jorge, Rey-Emperador.

3   El rey Jorge V jamás confiaría a ninguna persona fuera del ámbito de la Familia Real el hecho de la esterilidad de Eduardo; y en realidad, creía que era una condición irremediable.

4   El Duque de York era el Presunto Heredero (no el Heredero Virtual), porque su derecho a suceder al hermano podía verse frustrado por el nacimiento de una persona que tuviese un derecho superior; en este caso, cualquier hijo varón todavía por nacer (así se lo esperaba) siendo su padre Eduardo VIII.

CAPITULO NUEVE

1   En su evidente indiferencia hacia lo que representaba el Tercer Reich, el Rey no era el único que asumía tal posición en Gran Bretaña, aunque por cierto era moderado (e incluso casi liberal) comparado con los desvaríos de sir Oswald Mosley, el ardiente nazi que reclamaba una dictadura fascista en Inglaterra.

2   En 1936, Churchill tenía sesenta y dos años y había sido miembro del Parlamento, presidente de la Junta de Comercio, secretario del Interior, Primer Lord del Almirantazgo, ministro de Municiones y ministro de Hacienda.

3   La Iglesia de Inglaterra permitía que la parte ofendida se divorciara y volviese a contraer matrimonio con la bendición de la Iglesia; otros casos se resolvían individualmente, pero en ningún caso la Iglesia podía contradecir la ley civil, que permitía (por mucho que los condenase) el divorcio y el nuevo matrimonio. Pero hasta 1937, las leyes de divorcio eran tortuosas e hipócritas, como lo demuestran los movimientos ulteriores de Ernest Simpson. En este sentido, es interesante recordar que la Iglesia de Inglaterra nació cuando un monarca (Enrique VIII) quiso divorciarse y volver a contraer matrimonio.

4   La Duquesa tenía buenos motivos para sentirse irritada, pues ella y el Duque habían reemplazado al Rey en una obligación oficial a la que él había declinado, alegando el duelo de la Corte por su padre. Mientras los York inauguraban el nuevo centro sanitario de Aberdeen, fotografiaron al Rey después de recorrer cien kilómetros en coche desde Balmoral, para recibir el tren en el que viajaba Wallis.

5   En esa época, la fortuna personal del rey Eduardo podía estimarse en por lo menos algo más de un millón de libras esterlinas, es decir en 5 millones de dólares de entonces, o alrededor de mil millones de dólares a los valores de 1994. La mayor parte de ese monto provenía de las importantes rentas anuales que le correspondían como Duque de Cornwall y Lancaster.

6   Después de su conversión al catolicismo romano y en vista de la llamada Gloriosa Revolución, el rey Jacobo II fue depuesto y huyó a Francia en 1688. Después, el Parlamento declaró que había abdicado voluntariamente, lo cual era absolutamente falso. Puede señalarse que Jacobo, como su descendiente Eduardo, salió de Inglaterra un 11 de diciembre.

CAPITULO DIEZ

1   Una figura real o una pareja que se casa en un nivel "inferior" al propio puede conservar su propio título como cortesía. Así, para citar un ejemplo, cuando la princesa Alejandra (hija de Su Alteza Real el príncipe Jorge, Duque de Kent) se casó con sir Angus Ogilvy, continuó siendo la princesa Alejandra. Es una dama admirable que rechaza la afectación y prefiere que se la conozca como la señora Ogilvy, y permite que se agregue la designación "la princesa Alejandra" (sin duda porque no quiere ofender la memoria de sus padres y la dignidad de su prima la Reina).

2   El 26 de agosto de 1936, la BBC había difundido la primera transmisión mundial televisada de alta definición a los pocos hogares que tenían televisores.

3   Puesto que el lugar de la princesa Isabel, en cuanto le correspondía el segundo puesto en la línea sucesoria, en teoría podía haberse desplazado si sus padres tenían un varón, ella era sólo la "Heredera Presunta"; en ese caso, el nuevo pequeño príncipe habría sido el "Heredero Aparente", pues nadie hubiera podido anteponérsele.

4   Con respecto a los hermanos del Rey, el Duque de Gloucester desempeñó distintas funciones como enlace, cargos poco importantes, hasta que fue designado dos años gobernador general de Australia, a principios de 1945. El Duque de Kent recorrió bases de la RAF y fábricas. La princesa María, hermana de los anteriores, era de lejos la más eficaz, y trabajaba de modo infatigable como supervisora-comandante del Servicio Territorial Auxiliar, que la enviaba a todos los rincones de Gran Bretaña en giras de inspección y saludo a los soldados y servicios de cantina.

5   Acerca de la historia del fracasado plan de Joachim von Ribbentrop para secuestrar al duque de Windsor en España y devolverlo al trono británico, véase Michael Bloch, *Operation Willi* (Londres: Weidenfeld y Nicolson, 1984).

6   La Jarretera es la principal y más prestigiosa orden de caballería del reino. Su origen, muy discutido y con muchos aditamentos románticos, muy probablemente fue sólo una cinta o cinturón utilizado para asegurar a la armadura los distintivos de la fraternidad de los caballeros. El lema de la orden, *Honi soit qui mal y pense* ("Vergüenza a quien tenga malos pensamientos) probablemente se refiere a las pretensiones de Eduardo III al trono de Francia.

Capitulo Once

1   Con respecto a las objeciones de su madre a la bebida de Margarita, la Reina no estaba en condiciones de reprenderla. "Le agrada el gin y le encanta el champaña —escribió un biógrafo en actitud admirativa—. Se ha visto que le agrada beber dos copas de vino blanco en una recepción al mediodía, antes de ir a comer, y allí, mientras recorre algunas habitaciones, bebe por lo menos tres diferentes cócteles preparados con gin y Dubonnet, antes de gozar de una copa de excelente champaña. En la misma comida, dos copas de borgoña blanco parecerían normales, seguidos por una copa de clarete. Cuando le ofrecieron una copa de vino Chateau Yquem *[sic]* con el pastel, exclamó: 'Oh, no, no debo beber más. Aceptaré sólo otra copa de champaña. Eso me parece bien'." (De-la-Noy, página 177).

2   Y así firmaría en adelante: Isabel R[egina].

3   El itinerario incluía Bermudas, Jamaica, Panamá, Balboa, Fiji, Tonga, Auckland y Wellington, Sydney, Melbourne, Adelaida y Fremantle, Tasmania, Ceilán, Adén, Uganda y Libia, Malta y Gibraltar. La estadística revela que no fueron unas vacaciones: la Reina perdió siete kilos, recorrió 51 tramos en avión, 75 en barco, 702 en coche o jeep y 44 por ferrocarril. Asistió a 234 recepciones, pronunció 157 discursos y estrechó más de 5.000 manos.

CAPITULO TRECE

1   Cuando tenía diez años, la princesa Isabel había tenido un breve encuentro informal con Wallis. La que ahora relatamos fue la primera presentación formal.

2   Por otra extraña coincidencia, Earl Spencer también había sido el nombre real del primer esposo de Wallis Simpson.

3   Era la misma lady Fermoy que estaba dando a luz a su hija Frances cuando la reina María preguntaba en momentos en que el marido de esta agonizaba, en enero de 1936.

CAPITULO CATORCE

1   Por esa época, Carlos después fue exculpado de toda responsabilidad por las filtraciones al periodismo.

2   Según se comprobó, la llamada grabación Squidgy fue realizada por un operador de radio aficionado llamado Cyril Reenan desde su casa en Oxfordshire. Algunos creían que el señor Reenan había reproducido una cinta grabada antes y que estaba siendo transmitida por una persona del palacio (o en la órbita del gobierno o la inteligencia británica); en todo caso, nunca se acusó al señor Reenan por haber utilizado su equipo con esa finalidad.

FUENTES

Alice, princesa, condesa de Athlone. *For my Grandchildren*. Londres: Evans, 1966.

Alice, princesa, duquesa de Gloucester. *Memoirs*. Londres: Collins, 1983.

———. *Memories of Ninety Years*. Londres: Collins & Brown, 1991.

Allison, Ronald y Sarah Riddell, comps. *The Royal Encyclopedia*. Londres: Macmillan, 1991.

Alsop, Susan Mary. *To Marietta from Paris*. Nueva York: Doubleday, 1975.

Altrincham, lord (más tarde John Grigg). *Kenya's Opportunity*. Londres: Faber & Faber, 1955.

———. "The Monarchy Today", en *The National & English Review*, agosto de 1957.

Amory, Cleveland. *The Best Cat Ever*. Boston: Little, Brown, 1993.

———. *Who Killed Society?* Nueva York: Harper & Bros., 1960.

Arnold, Harry. "How Those Gay Rumors Started", en *Daily Mirror*, 10 de abril de 1990.

Arnstein, Walter L. "Queen Victoria Opens Parliament: The Disinvention of Tradition", en *Historical Research*, junio de 1990.

Aronson, Theo. *Royal Family: Years of Transition*. Londres: John Murray, 1983.

———. *The Royal Family At War*. Londres: John Murray, 1993.

Asquith, lady Cynthia. *The King's Daughters*. Londres: Hutchinson, 1937.

Atkinson, A. B. *Unequal Shares*. Harmondsworth: Penguin, 1974.

Austin, Victoria. "Charles, Diana and the Dilemmas of Divorce", en *Royalty*, otoño de 1993.

Bagehot, Walter. *The English Constitution*. Londres: Kegan Paul, 1898; también Oxford: The University Press, edición de 1929.

Bailey, Gilbert. "She Could Charm the Pearl Out of an Oyster", en *The New York Times Magazine*, 21 de agosto de 1949.

Barker, Malcolm J. con T. C. Sobey. *Living With The Queen*. Fort Lee, Nueva Jersey: Barricade Books, 1991.

Barry, Stephen. *Royal Service*. Nueva York: Avon, 1983.

Battine, Cecil. "Our Monarchy and Its Alliances", en *The Fortnightly Review*, septiembre de 1917.

Battiscombe, Georgina. *Queen Alexandra*. Londres: Constable, 1969.

Baxter, A. B. *Destiny Called to Them*. Oxford: The University Press, 1939.

Beard, Madeleine. *English Landed Society in the 20th Century*. Londres: Routledge, 1989.

Bedfordshire Times and Independent, agosto de 1921.

Benson, E. F. *Queen Victoria*. Londres: Longmans, Green, 1935.

Bentley-Cranch, Dana. *Edward VII*. Londres: HMSO, 1992.

Birkenhead, lord. *Walter Monckton*. Londres: Hamish Hamilton, 1969.

Bloch, Michael. *The Reign and Abdication of Edward VIII*. Londres: Black Swan, 1991.

Bloch, Michael, comp. *Wallis and Edward: Letters 1931-1937*. Nueva York: Summit, 1986.

Blundell, Nigel y Susan Blackhall. *Fall of the House of Windsor*. Londres: Blake, 1992.

Boothroyd, Basil. *Philip, An Informal Biography*. Londres: Longman, 1971.

Botham, Noel. *Margaret: The Untold Story*. London: Blake, 1994.

Bradford, Sarah. *The Reluctant King: The Life & Reign of George VI, 1895-1952*. Nueva York: St. Martin's, 1989.

British Medical Journal, mayo de 1910.

Broad, Lewis. *The Abdication: Twenty-five Years After*. Londres: Frederick Muller, 1961.

Bryan, J., III y Charles J. V. Murphy. *The Windsor Story*. Nueva York: William Morrow, 1979.

Buckle, G. E., comp. *The Letters of Queen Victoria: A Selection from Her Majesty's Correspondence Between the Years 1862 and 1885*. Londres: John Murray, 1926.

Campbell, lady Colin. *Diana in Private*. Londres: Smith Gryphon, 1993.

Cannadine, David. *The Decline and Fall of the British Aristocracy*. New Haven: Yale University Press, 1990.

Cannon, John y Ralph Griffiths. *The Oxford Illustrated History of the British Monarchy*. Oxford y Nueva York: Oxford University Press, 1992.

Carey, M. C. *Princess Mary*. Londres: Nisbet, 1922.

Cathcart, Helen. *The Queen Herself*. Londres: W. H. Allen, 1983.

———. *The Queen Mother*. Londres. W. H. Allen, 1965.

———. *The Queen and Prince Philip: Forty Years of Happiness*. Londres: Coronet/Hodder y Stoughton, 1987.

———. *The Royal Bedside Book*. Londres: W. H. Allen, 1969.

"Charles: The Private Man, The Public Role", producción documental de televisión (Reino Unido), 29 de junio de 1994.

Chase, Edna Woolman e Ilka Chase. *Always in Vogue*. Londres: Victor Gollancz, 1954.

Christopher, príncipe de Grecia. *Memoirs of HRH Prince Christopher of Greece*. Londres: Hurst and Blackett, 1938.

Clark, Stanley. *Palace Diary*. Londres: Harrap, 1958.

Clarke, Mary. *Diana Once Upon A Time*. Londres: Sidgwick & Jackson, 1994.

Colville, John. *The Fringes of Power: Downing Street Diaries*, vol. 2, abril de 1941-abril de 1955. Londres: Hodder and Stoughton, 1985.

Corby, Tom. *H. M. Queen Elizabeth the Queen Mother*. Londres: Award Publications, 1990.

Coughlan, Robert. "Britain's National Deb", en *Life*, 31 de octubre de 1949.

Crawford, Marion. *The Little Princesses*. Londres: Cassell, 1950.

——. *Queen Elizabeth II*. Londres: George Newnes, 1952.

Critchfield, Richard. *An American Looks At Britain*. Nueva York: Doubleday, 1990.

Crosland, Susan. *Tony Crosland*. Londres: Jonathan Cape, 1982.

Davenport-Hines, Richard. "Margaret", en *Tatler*, junio de 1992.

Davies, Nicholas. *Diana: A Princess and Her Troubled Marriage*. Nueva York: Carol/Birch Lane, 1992.

De-la-Noy, Michael. *The Queen Behind the Throne*. Londres: Hutchinson, 1994.

Delderfield, Eric. R. *Kings and Queens of England and Great Britain*. Newton Abbot y Londres: David & Charles, 1990.

Dell, John. "Prince Philip", en *Cosmopolitan*, marzo de 1953.

Dempster, Nigel y Peter Evans. *Behind Palace Doors*. Nueva York: Putnam, 1993.

——. *HRH The Princess Margaret: A Life Unfulfilled*. Londres: Quartet, 1981.

Dimbleby, Jonathan. *The Prince of Wales: A Biography*. Londres: Little, Brown, 1994.

Dimbleby, Richard. *Elizabeth Our Queen*. Londres: University of London Press, 1953.

Donaldson, Frances. *Edward VIII*. Londres: Weidenfeld and Nicolson, 1974.

——. *King George VI and Queen Elizabeth*. Londres: Weidenfeld and Nicolson, 1977.

Duff, David. *Queen Mary*. Londres: Collins, 1985.

Dullea, Georgia. "Mercy, Mischief and a Royal Fiction", en *The New York Times*, 16 de febrero de 1994.

Duncan, Andrew. *The Reality of Monarchy*. Londres: Heinemann, 1970.

Edgar, Donald. *The Queen's Children*. Middlesex: Hamlyn Paperbacks, 1979.

Edwards, Anne. *Royal Sisters*. Nueva York: Jove, 1991.

Elliott, Caroline, comp. *The BBC Book of Royal Memories*. Jersey City: Parkwest, 1994.

Ellis, Jennifer, comp., Mabell, condesa de Airlie, *Thatched with Gold*. Londres: Hutchinson, 1962.

Ellison, John. "Wallis Windsor, Duchess in Exile", en *Daily Express*, 13 de febrero de 1979.

Erlich, Henry. "Anne of the Twenty Years", en *Look*, 28 de julio de 1970.

Esher, vizconde Reginald. *Cloud-Capp'd Towers*. Londres: John Murray, 1927.

———. *The Girlhood of Queen Victoria*. Londres: John Murray, 1912.

———. *Journals and Letters*, 4 vols. Londres: Nicholson & Watson, 1934-1938.

Ferguson, Ronald. *The Galloping Major: My Life and Singular Times*. Londres: Macmillan, 1994.

Fisher, barón J. A. F. *Memories*. Londres: Hodder & Stoughton, 1919.

Fisher, Clive. *Noël Coward*. Londres: Weidenfeld and Nicolson, 1992.

Fisher, Graham y Heather. "Princess Anne: Britain's Royal Swinger", en *Good Housekeeping*, julio de 1970.

Flanner, Janet. *An American in Paris*. Nueva York: Simon & Schuster, 1940.

———. *London Was Yesterday, 1934-1939*. Londres: Michael Joseph, 1975.

Frankland, Noble. *Prince Henry, Duke of Gloucester*. Londres: Weidenfeld and Nicolson, 1980.

Friedman, Dennis. *Inheritance*. Londres: Sidgwick & Jackson, 1993.

Frischauer, Willi. *Margaret: Princess Without a Cause*. Londres: Michael Joseph, 1977.

Fry, Plantagenet Somerset. *The Kings and Queens of England and Scotland*. Nueva York: Grove Weidenfeld, 1990.

Fulford, Roger, comp. *Dearest Child: Private Correspondence of Queen Victoria and the Princess Royal*. Londres: Evans, 1964.

———. *Dearest Mama: Letters Between Queen Victoria and the Crown Princess of Prussia*. Londres: Evans, 1968.

Gilbert, Martin. *Winston S. Churchill*, 5 vols. Londres: Heinemann, 1976.

Giles, Frank. *Sundry Times*. Londres: John Murray, 1986.

Golby, J. W. y A. W. Purdue. *The Monarchy and the British People*. Londres: B. T. Batsford, 1988.

Gore, John. *King George the Fifth: A Personal Memoir*. Londres: John Murray, 1941.

Graham, Caroline. *Camilla —the King's Mistress: A Love Story*. Londres: Blake, 1994.

Green, Michelle. "Royal Watch", en *People*, 22 de agosto de 1994.

Green, Michelle y Terry Smith. "Diss and Tell", en *People*, 17 de octubre de 1994.

Greenslade, Roy. "Elizabeth the Last? —Down the Royals! Up the Republic!", en *The Guardian*, 28 de marzo de 1994.

Grigg, John. "Queen Elizabeth II", en *The Listener*, 24 de diciembre de 1970.

Hall, Phillip, *Royal Fortune: Tax, Money and the Monarchy*. Londres: Bloomsbury, 1992.

Hall, Unity. *The Private Lives of Britain's Royal Women: Their Passions and Power*. Chicago: Contemporary Books, 1991.

Hall, Unity e Ingrid Seward. *Royalty Revealed*. Nueva York: St. Martin's Press, 1989.

Hamilton, Ronald. *Now I Remember*. Londres: Hogarth, 1984.

Hamilton, Willie. *Blood on the Walls*. Londres: Bloomsbury, 1992.

Hardinge, Helen. *Loyal to Three Kings*. Londres: William Kimber, 1967.

Harewood (conde de), George (Lascelles). *The Tongs and the Bones*. Londres: Weidenfeld and Nicolson, 1981.

Heald, Tim. *Philip: A Portrait of the Duke of Edinburgh*. Nueva York: William Morrow, 1991.

Hibbert, Christopher. *Edward VIII —A Portrait*. Londres: Penguin, 1982.

Hindley, Geoffrey. *The Guinness Book of British Royalty*. Londres: Guinness, 1989.

Hoey, Brian. *All the King's Men*. Londres: HarperCollins, 1992.

————. *Monarchy: Behind the Scenes with the Royal Family*. Londres: BBC Books, 1987.

Holden, Anthony. *Charles*. Londres: Weidenfeld and Nicolson, 1988.

————. *A Princely Marriage*. Londres: Bantam, 1991.

————. *The Tarnished Crown*. Nueva York: Random House, 1993.

————. *Their Royal Highnesses*. Londres: Weidenfeld and Nicolson, 1981.

Holland, Henrietta. "The Royal Collection", en *The Tatler*, marzo de 1994.

Hough, Richard. *Born Royal: The Lives and Loves of the Young Windsors*. Nueva York: Bantam, 1988.

————. *Edward and Alexandra: Their Private and Public Lives*. Londres: John Curtis/Hodder and Stoughton, 1992.

Hull, Fiona Macdonald. "Diana's Battle Royal", en *Ladies' Home Journal*, abril de 1994.

Hutchins, Chris y Peter Thompson. *Sarah's Story: The Duchess Who Defied the Royal House of Windsor*. Londres: Smith Gryphon, 1992.

Inglis, Brian. *Abdication*. Londres: Hodder & Stoughton, 1966.

James, Paul. *Margaret: A Woman of Conflict*. Londres: Sidgwick and Jackson, 1990.

————. *Princess Alexandra*. Londres: Weidenfeld and Nicolson, 1992.

James, Robert Rhodes, comp. *Chips: The Diaries of Sir Henry Channon*. Londres: Weidenfeld and Nicolson, 1967.

Jay, Antony. *Elizabeth R*. Londres: BBC Books, 1992.

Jones, Thomas. *Whitehall Diary*, 2 vols. Oxford: The University Press, 1969 y 1971.

Judd, Denis. *The House of Windsor*. Londres: Macdonald, 1973.

————. *The Life and Times of George V*. Londres: Weidenfeld and Nicolson, 1993.

————. *Prince Philip*. Londres: Sphere, 1991.

Jullian, Philippe. *Edward and the Edwardians*. Londres: Sidgwick & Jackson, 1967.

Kay, Richard. "Anne Wanted Her Freedom", en *Daily Mail*, 1 de septiembre de 1989.

————. "Revealed: secret heroism of Prince Philip's mother", en *Daily Mail*, 26 de julio de 1993.

Keay, Douglas. *Royal Pursuit: The Palace, The Press and The People.* Londres: Severn House Books, 1983.

Kenyon, J. P., comp. *Dictionary of British History.* Ware, Inglaterra: Wordsworth Editions, 1992.

King, Stella. *Princess Marina, Her Life and Times.* Londres: Cassell, 1969.

"King's Story, A.", documental de television producido por Jack Le Vien en 1965.

Lacey, Robert. "The King and Mrs. Simpson", en *Radio Times*, 3-10 de diciembre de 1976.

———. *Majesty.* 1977.

———. *Princess.* Toronto: McClelland and Stewart, 1982.

———. *Queen Mother.* Boston: Little, Brown, 1986.

Laguerre, Andre. "Clues to a Princess's Choice", en *Life*, 10 de octubre de 1955.

Lancet, The, 18 de febrero de 1911.

Latham, Caroline y Jeannie Sakol. *The Royals.* Nueva York: Congdon & Weed, 1987.

Lee, Sydney. *King Edward VII*, 2 vols. Londres: Macmillan, 1927.

———. *Queen Victoria.* Londres: John Murray, 1904.

Lees-Milne, James. *The Enigmatic Edwardian: Life of Reginald Brett, Viscount Esher.* Londres: Sidgwick & Jackson, 1986.

———. *Harold Nicolson.* Londres: Chatto & Windus, 1981.

Levy, Alan. "Queen Elizabeth and Philip", en *Good Housekeeping*, noviembre de 1957.

Lewis, Brenda Ralph. "Queen Consort of England", en *Royalty*, vol. 12, N° 8 (1993).

Life and Times of Lord Louis Mountbatten, The. Documental de televisión, 1969.

Litvinoff, Sarah y Marianne Sinclair, comps. *The Wit and Wisdom of the Royal Family.* Londres: Plexus, 1990.

Lloyd George, David. *War Memoirs*, 6 vols. Londres: Nicholson and Watson, 1933-1936.

Lockhart, J. G. *Cosmo Gordon Lang.* Londres: Hodder & Stoughton, 1949.

Longford, Elizabeth. *Louisa, Lady-in-Waiting.* Londres: Roxby & Lindsey, 1979.

———. *The Oxford Book of Royal Anecdotes.* Oxford: The University Press, 1991.

———. *The Queen Mother.* Londres: Weidenfeld and Nicolson, 1981.

———. *The Royal House of Windsor.* Londres: Book Club Associates, 1974.

———. *Royal Throne.* Londres: John Curtis/Hodder & Stoughton, 1993.

———. *Victoria, R. I.* Londres: Weidenfeld and Nicolson, 1964.

Lovell, Mary. *Straight On Till Morning: The Life of Beryl Markham.* Londres: Century Hutchinson, 1987.

Maclean, Veronica. *Crowned Heads.* Londres: Hodder & Stoughton, 1993.

Magnus, Philip. *Edward the Seventh*. Londres: John Murray, 1964.

Manchester, William. *The Last Lion*. Boston: Little, Brown, 1983.

María Luisa, princesa. *My Memories of Six Reigns*. Londres: Evans, 1956.

Martin, Kingsley. "The Evolution of Popular Monarchy", en *The Political Quarterly*, abril de 1936.

———. "Strange Interlude: Edward VIII's Brief Reign", en *The Atlantic*, mayo de 1962.

Martin, Theodore. *Queen Victoria as I Knew Her*. Edimburgo, 1908.

Menkes, Suzy. *The Windsor Style*. Londres: Grafton, 1987.

Mercer, Derek, comp. *Chronicle of the Royal Family*. Londres: Chronicle Communications, 1991.

Metcalfe, James. *All the Queen's Children*. Londres: Star/W. H. Allen, 1981.

Middlemas, Keith. *The Life and Times of George VI*. Londres: Weidenfeld and Nicolson, 1974.

Middlemas, Keith y John Barnes. *Baldwin*. Londres: Weidenfeld and Nicolson, 1969.

Montgomery-Massingberd, Hugh. *Burke's Guide to the British Monarchy*. Londres: Burke's Peerage, 1977.

———. *Debrett's Great British Families*. Exeter: Webb & Bower, 1988.

Monypenny, W. F. y G. E. Buckle, comps. *The Life of Benjamin Disraeli, Earl of Beaconsfield*, 6 vols. Londres: 1910-1920.

Morley, Sheridan. *Gertrude Lawrence*. Londres: Weidenfeld and Nicolson, 1981.

Morrah, Dermot. *Princess Elizabeth*. Londres: Odhams, 1947.

Morrow, Ann. *Princess*. Londres: Chapman, 1991.

———. *The Queen*. Suffolk: Book Club Associates/Granada, 1983.

Morton, Andrew. *Diana: Her New Life*. Londres: Michael O'Mara, 1994.

———. *Diana: Her True Story*. Londres: Michael O'Mara, 1992.

———. *Inside Buckingham Palace*. Londres: Michael O'Mara, 1991.

———. *Theirs Is the Kingdom*. Londres: Michael O'Mara, 1989.

Moye, Hedda. "Hair: By Royal Appointment", en *OK!*, mayo de 1994.

Munro-Wilson, Broderick. "In Praise of Camilla", en *Daily Mail*, 24 de noviembre de 1994.

Murray-Brown, Jeremy, comp. *The Monarchy and Its Future*. Londres: Allen and Unwin, 1969.

Nairn, Tom. *The Enchanted Glass*. Londres: Picador, 1990. *New Idea*, 22 de enero de 1993.

Nicolson, Harold. *King George the Fifth*. Londres: Constable, 1952 (reimpresión: Pan, 1967).

Nicolson, Nigel, comp. *Harold Nicolson, Diaries and Letters*. Londres: Collins, 1968.

Parker, Eileen. *Step Aside For Royalty*. Maidstone, Inglaterra: Bachman and Turner, 1982.

Parker, John. *Prince Philip*. Londres: Sidgwick & Jackson, 1990.

————. *The Princess Royal*. Londres: Coronet/ Hodder and Stoughton, 1989.

————. *The Queen*. Londres: Headline, 1992.

Pasternak, Anna. *Princess in Love*. Londres: Bloomsbury, 1994.

Payn, Graham y Sheridan Morley, comps. *The Noël Coward Diaries*. Boston: Little, Brown, 1983.

Pearson, John. *The Ultimate Family*. Londres: Michael Joseph, 1986.

Petrie, sir Charles. *The Modern British Monarchy*. Londres: Eyre and Spottiswode, 1961.

Player, Leslie, con William Hall. *My Story: the Duchess of York, Her Father and Me*. Londres: Grafton/HarperCollins, 1993.

Ponsonby, Arthur. *Henry Ponsonby: His Life from His Letters*. Londres: Macmillan, 1942.

Ponsonby, Frederick. *Recollections of Three Reigns*. Londres: Eyre Methuen, 1951.

Pope-Hennessy, James. *Lord Crewe: The Likeness of a Liberal*. Londres: Constable, 1955.

————. *Queen Mary*. Londres: George Allen and Unwin, 1959.

"Power of the Royals, The", en *The Guardian*, 9 de enero de 1995.

"Prince of Wales, The", en *The Spectator*, 17 de octubre de 1925.

Pryce-Jones, David. "TV Tale of Two Windsors", en *The New York Times Magazine*, 18 de marzo de 1979, pág. 112.

Quennell, Peter, comp., James Pope-Hennessy. *A Lonely Business*. Londres: Weidenfeld and Nicolson, 1981.

Rocco, Fiametta. "A Strange Life: a profile of Prince Philip", en *The Independent*, 13 de diciembre de 1992.

Romanones, Aline de. "The Dear Romance", en *Vanity Fair*, junio de 1986.

Rose, Kenneth. *King George V*. Londres: Macmillan, 1983.

————. *Kings, Queen and Courtiers*. Londres: Weidenfeld and Nicolson, 1986.

Royal Family In Wartime, The. Londres: Odhams, 1945.

Ryan, Ann. "Prince Charles And The Ladies In Waiting", en *Harper's Bazaar*, octubre de 1972.

St. Aubyn, Giles. *Edward VII*. Londres: Collins, 1979.

————. *Queen Victoria*. Londres: Sinclair-Stevenson, 1991.

Salway, Lance. *Queen Victoria's Grandchildren*. Londres: Collins and Brown, 1991.

Seward, Ingrid. "Diana", en *Majesty*, octubre de 1994.

————. *Royal Children*. Londres: HarperCollins, 1993.

————. *Sarah HRH The Duchess of York*. Londres: Fontana/HarperCollins, 1991.

Shew, Betty Spencer. *Queen Elizabeth, the Queen Mother*. Londres: Macdonald, 1955.

Shupbach, W. "The Last Moments of HRH The Prince Consort", en *Medical History 26* (1982).

Sinclair, David. *Two Georges: The Making of the Modern Monarchy*. Londres: Hodder & Stoughton, 1988.

Sinclair, Marianne y Sarah Litvinoff, comps. *The Wit and Wisdom of the Royal Family: A Book of Quotes*. Londres: Plexus, 1990.

Small, Collie. "The Blooming of Margaret", en *Collier's*, 17 de julio de 1948.

Sondern, Frederic (h.). "Royal Matriarch", en *Life*, 15 de mayo de 1939.

Stoeckl, baronesa Agnes de. *Not all Vanity*. Londres: John Murray, 1952.

Strachey, Lytton. *Queen Victoria*. Londres: Chatto & Windus, 1921.

Taylor, Noreen. "Saying What Everyone Thinks", en *The Spectator*, 7 de enero de 1995.

Thornton, Michael. *Royal Feud*. Londres: Michael Joseph, 1985.

Tomlinson, Richard. *Divine Right: The Inglorious Survival of British Royalty*. Londres: Little, Brown, 1994.

Townsend, Peter. *Time and Chance*. Londres: Collins, 1978.

Trzebinski, Errol. *The Lives of Beryl Markham*. Londres: Heinemann, 1993.

Van der Kiste, John. *Edward VII's Children*. Phoenix Mill, Inglaterra: Alan Sutton, 1989.

———. *George V's Children*. Phoenix Mill, Inglaterra: Alan Sutton, 1991.

Vanderbilt, Gloria y Thelma lady Furness. *Double Exposure*. Londres: Frederick Muller, 1958.

Vansittart, Peter. *Happy and Glorious!* Londres: Collins, 1988.

Varney, Michael, con Max Marquis. *Bodyguard to Charles*. Londres: Robert Hale, 1989.

Vickers, Hugo. *Cecil Beaton*. Londres: Weidenfeld and Nicolson, 1986.

Walker, John. *The Queen Has Been Pleased: The Scandal of the British Honours System*. Londres: Sphere, 1986.

Wallace, Irving. "Princess Elizabeth", en *Collier's*, 22 de marzo de 1947.

Warwick, Christopher. *The Abdication*. Londres: Sidgwick & Jackson, 1986.

———. *George and Marina*. Londres: Weidenfeld and Nicolson, 1988.

Watson, Francis. "The Death of George V", en *History Today*, diciembre de 1986.

Weinreb, Ben y Christopher Hibbert. *The London Encyclopedia*. Londres: Papermac/Macmillan, 1987.

Weintraub, Stanley. *Victoria*. Nueva York: Dutton, 1988.

Weir, Alison. *Britain's Royal Families*. Londres: The Bodley Head, 1989.

Wheeler-Bennett, John. *King George VI: His Life and Reign*. Londres: Macmillan, 1958.

Whitaker, James. *Diana v. Charles*. Londres: Signet, 1993.

Whiting, Audrey. *The Kents*. Londres: Futura, 1985.

Who's Who 1992. Londres: A & C Black, 1992.

Wilson, A. N. *The Rise and Fall of the House of Windsor*. Londres: Sinclair-Stevenson, 1993.

Wilson, Edgar. *The Myth of British Monarchy*. Londres: Journeyman/Republic, 1989.

Windsor, Duquesa de. *The Heart Has Its Reasons*. Londres: Michael Joseph, 1956.

Windsor, Su Alteza Real Duque de. *A Family Album*. Londres: Cassell, 1960.

————. *A King's Story*. Londres: Cassell, 1951.

————. "My Garden", en *Life*, 16 de julio de 1956.

The Windsors. Serie de televisión en cuatro capítulos emitida en el Reino Unido y Estados Unidos en 1994; productores y directores: Kathy O'Neill y Stephen White.

Winter, Gordon y Wendy Kochman. *Secrets of the Royals*. Londres: Robson, 1990.

Woman's Own, 16 de junio de 1987.

Woodham-Smith, Cecil. *Queen Victoria: Her Life and Times*. Londres: Hamish Hamilton, 1972.

Woon, Basil. *The Real Sarah Bernhardt*. Nueva York: Boni and Liveright, 1924.

Wrench, John Evelyn. *Geoffrey Dawson and Our Times*. Londres: Hutchinson, 1955.

Young, Kenneth, comp. *The Diaries of Sir Robert Bruce-Lockhart 1915-1938*. Londres: Macmillan, 1973.

Ziegler, Philip. *Diana Cooper*. Londres: Hamish Hamilton, 1981.

————. *King Edward VIII*. Nueva York: Random House, 1991.

Index

Alicia, princesa (esposa del príncipe Andrés de Grecia), 196.
Alicia, princesa (hija de Victoria), 44, 49, 71, 73, 93, 121, 150.
Allday, señora F. M., 318.
Allen, George, 265.
Altrincham, John Grigg, lord, 346-349, 368.
Amory, Cleveland, 216.
Ana de Cleves, reina de Enrique VIII, 379.
Ana, Princesa Real, 319, 321, 333, 339-340, 351, 357, 360, 375-378, 382, 396, 398, 400, 411-415, 419.
Ana, reina, 27-28.
Anderson, Mabel, 317.
Andrés de Grecia, príncipe, 196, 292-293.
Andrés, príncipe, Duque de York, 20, 25, 360, 381, 405-410, 412, 414, 419.
Antonio y Cleopatra (Shakespeare), 42.
Ardent Producciones, 414.
Argentina, 203, 407.
Argyll, duque de, 44-45, 95.
Aribert de Anhalt, príncipe, 399.
Armstrong-Jones, Antony, lord Snowdon, 357-361, 365-366, 372, 377-379.
Armstrong-Jones, David, vizconde Linley, 360.
Armstrong-Jones, Sarah, 360, 365.
Arturo, príncipe, duque de Connaught (hijo de Victoria), 44, 49.
Arturo, príncipe (hijo de Enrique VII), 79, 96.
Asociación del Bienestar Industrial, 177.
Asquith, Herbert, 104, 120-121, 124-125, 136-137, 140, 160.
Astor, Elizabeth, 380.
Astor, Nancy, 192, 254.
Astrid, reina de Bélgica, 383.
Athlone, conde de, 161.
Attlee, Clement, 323.
Australia, 130, 173, 197-198, 250, 318, 356, 376, 378, 391, 393, 397, 422.
Austria, 149-150, 164, 279.
Austrohúngaro, Imperio, 149.
Austroprusiana, Guerra, 114.
Autoridad de Rememoración del Holocausto, 293.
Aylesford, lady, 69.
Aylesford, lord, 69.

B

Badminton House, 303-305.
Bagehot, Walter, 17, 25, 54-55, 170, 176, 222, 240, 334, 369, 396, 415.

Baillie-Grohman, capitán, 295.
Baldwin, Stanley, 139, 196, 199, 204, 220, 243, 251, 257, 260-261, 264, 268-271, 274-275, 277-278.
Balfour, Arthur, 104-105, 115, 120.
Ball, Ian, 377.
Ball, Michael, 413.
Balmoral, Castillo de, 22, 38-39, 52, 64, 92, 111, 115, 209, 265, 288, 306, 346, 353, 368, 381, 388, 390, 398, 400-401.
Banco de Inglaterra, 220.
Barker, Malcolm, 406.
Barrantes, Héctor, 407.
Barry, Stephen, 360, 370, 380-381, 388, 391, 416.
Bartered Bride, The (Smetana), 342.
Bartholomew, Carolyn, 416.
Barton, Anthony, 365-366.
Barucci, Giulia, 65.
Bassey, Shirley, 18.
Battine, Cecil, 180-181.
Beard, Thomas Septimus, 60, 62, 164.
Beaton, Cecil, 233, 251, 281, 283.
Beatriz, princesa (hija de Andrés), 408, 411.
Beatriz, princesa (hija de Victoria), 44-46, 49, 99.
Beaufort, duquesa de, 303.
Beaverbrook, lord, 263, 267.
Bedford, duque de, 28, 354.
Beecham, Thomas, 190.
Beethoven, Ludwig van, 150.
Bélgica, 35, 337, 341.
Benenden, Escuela, 375.
Bennett, Barbara, 206.
Bennett, Constance, 206.
Bennett, Joan, 206.
Bennett, Richard, 206.
Benson, Ross, 417.
Bernardo de los Países Bajos, príncipe, 316.
Bernhardt, Sarah, 113.
Bigge, Arthur, lord Stamfordham, 107, 129, 138, 142, 151, 156, 160, 163, 209, 221.
Bill, Charlotte (Lala), 88, 118, 123, 135, 155, 176, 316.
Birch, Henry, 45.
Bircham, Halsey, 249.
Bismarck, Otto von, 91, 121.
Blandford, "Sunny", 314.
Blixen, Karen (Isak Dinesen), 200.
Blunt, A. W. F., obispo de Bradford, 273.
Boer, Guerra, 92, 94, 104, 108, 112, 121.
Bogart, Humphrey, 388.
Bonham-Carter, Mark, 314.
Bonn, Universidad de, 36.
Boughey, James, 389.

Bowes-Lyon, lady Isabel, *véase* Isabel, reina de Jorge VI.
Boy Scouts, 192.
Bradford, Sarah, 288.
Brando, Marlon, 357.
British Broadcasting Company (BBC), 222, 245, 247, 301, 321, 330, 380, 418.
Broadcasting Standards Council, 418.
Brooks-Baker, Harold, 19, 387-388.
Brown, John, 45, 61-62, 71.
Brownlow, lord, 251.
Bryan, John, 409-410.
Buccleuch, duque de, 241, 314.
Buckingham, Palacio de, 20, 22, 33, 35, 37-39, 43, 52-53, 102, 105-106, 112, 115, 126, 135-136, 154, 156, 158, 160, 163, 166, 169, 180, 196, 198-199, 201, 203, 219-220, 222, 236-237, 251, 255, 274, 282, 284, 287-288, 296-298, 306, 311-313, 320, 327-328, 330-333, 338, 346-349, 355, 357, 360, 365, 368-369, 377-378, 382-383, 385, 391, 404, 406, 409-410, 418-419.
Burke, Maud, *véase* Cunard, Emerald.
Burke, Kevin, 383.
Burke's Peerage, 285, 387-388.
Burton, Richard, 361, 367.
Butler, lord, 356.
Butler, R. A. ("Rab"), 331.

C

Cadogan, lady Sybil, 153.
Caernavon, Castillo de, 142-143, 368.
Cambridge, marqués de, 161.
Cambridge, Universidad de, 40, 47-48, 56-57, 72, 177-178, 356, 412.
Cameron, James, 308.
Campbell-Bannerman, Henry, 104, 120.
Canadá, 45, 47, 173, 197, 199, 202, 247, 250, 269, 291, 296, 320, 339, 371, 422.
Carlos, Príncipe de Gales, 17-25, 311, 316-317, 319, 321, 331, 333, 339-340, 345-346, 351-357, 360, 363-364, 368-370, 373-376, 380-393, 395-403, 407, 412-418, 420-421, 423-425.
Carlos I, rey, 274, 333.
Carlos II, rey, 118, 388.
Carlota de Prusia, princesa, 71, 134.
Carlota, reina de Jorge III, 29.
Carolina, reina, 19, 28.
Carroll, Madeleine, 253.
Carta Magna, 12, 15, 284.
Cartas Patentes, 284-285.

Cartland, Bárbara, 386, 391.
Catalina de Aragón, reina de Enrique VIII, 79.
Catholic Times, The, 274.
Cavendish, lady, 113, 315.
Ceilán, 338.
Chamberlain, Neville, 287, 298, 302.
Channon, Henry ("Chips"), 184-185, 188, 190, 192, 216, 227, 232, 244, 258, 266, 268, 276, 283, 286, 295.
Chaplin, Charles, 252.
Charteris, lord, 19-20, 349, 421.
Cheam, escuela, 352-353, 356, 360.
China, 112, 215.
Chippendale, Thomas, 77.
Christopher, príncipe de Grecia, 234.
Churchill, Jennie, 113.
Churchill, lady (esposa de Winston), 336.
Churchill, lady Jane, 94.
Churchill, lord Randolph, 69-70, 336.
Churchill, Winston, 69, 120, 150, 199, 232, 261-262, 266, 268, 296-298, 320-321, 323, 328, 330, 332, 335-336, 338, 388.
Clarence House, 311, 319, 327, 357, 392.
Clarendon, conde de, 274.
Clark-Kerr, Archie, 183.
Clarke, Mary, 387.
Cleveland, Grover, 388.
Clifden, Nellie, 48, 58.
Clutterbuck, Beryl, 200-202.
Coke, lady Marion, 153.
Colefax, Sibyl, 254, 266, 276.
Colegio de Heraldos, 372.
Colegio Real de Heraldos, 160.
Colman, Ronald, 222.
Columbia, Universidad de, 339.
Colville, John, 302, 327, 335, 338.
Colville, lady Cynthia, 135.
Colville, Richard, 338, 346, 367.
Comité Consultivo de la Moneda, 322.
Como gustéis (Shakespeare), 56.
Comunes, Cámara de los, 54, 85, 112, 120, 122, 124, 159, 195, 277, 319, 414, 425.
Comunistas, 242.
Conferencia Imperial, 197, 220.
Connaught, duque de, 160.
Conroy, capitán sir John, 31, 33.
Consejo Privado, 101, 129, 245.
Conservador, Partido, 65, 124, 220.
Constantino, rey de Grecia, 164.
Constitución inglesa, La (Bagehot), 54, 176.
Cooper, Diana, 254, 261, 263-264, 266.
Cooper, Duff, 254, 261.
Cooper, Gary, 253.
Cordet, Hélène, 294, 315.

448

J

Jacob, general Ian, 298.
Jacobo I, rey, 28, 388.
Jacobo II, rey, 388.
Jagger, Bianca, 20.
Jagger, Mick, 20.
Jamagne, Marie-Luce, 358.
James, Henry, 258, 344.
James, lord, 94.
Japón, 70, 112, 172, 202.
Joel, Billy, 401.
John, Elton, 18.
Jones, Edmund, 38-39.
Jones, Sandi, 405-406.
Jordan, Dorothea, 29.
Jorge, príncipe, Duque de Kent, 86, 118, 135, 145, 167-169, 177-178, 189-190, 199, 202-203, 218, 225-227, 234-235, 243, 277, 364, 378, 413.
Jorge I, rey, 28, 56, 164.
Jorge I, rey de Grecia, 136, 226, 293.
Jorge II, rey, 19, 28-29, 56.
Jorge III, rey, 29, 31, 37, 46, 60, 76, 108, 247.
Jorge IV, rey, 29, 37, 262.
Jorge V, rey, 18, 51, 62-63, 72-74, 79-88, 101, 107-111, 114, 116-119, 121-122, 125, 127, 129-138, 140-152, 154-156, 158-160, 163-170, 174, 176-178, 180-181, 184, 186-189, 191-198, 204-205, 209, 219-223, 225, 233, 236-240, 242-243, 245-246, 248-249, 281, 284, 296, 299, 303, 306, 312, 319, 325, 328-329, 332, 339-340, 346, 348-349, 374-375, 386, 413, 420.
Jorge VI, rey (anteriormente príncipe Alberto, Duque de York), 51, 79, 85, 88, 107, 110, 135, 138, 145, 148-149, 154, 167, 169-170, 173, 176-190, 195, 197, 202-203, 205-206, 208, 211, 218, 225, 243-244, 250, 253, 259-260, 263, 268, 272, 274, 276-277, 281-286, 288, 291-292, 296-300, 302, 307, 321, 324, 326, 331-332, 334, 342-343, 346, 350, 376, 386, 388, 403, 411, 420.
Josefina Carlota, princesa de Luxemburgo, 383.
Joynson-Hicks, William, 195.
Juan, príncipe, 86, 118, 155, 176, 193.
Judíos durante la Segunda Guerra Mundial, 293.
Junor, Penny, 417.
Just So Stories (Kipling), 398.
Jutlandia, Batalla de, 154.

K

Kaye, Danny, 364.
Keble, John, 141.
Kenia, 131, 200-201, 321-322.
Kensington, Palacio de, 22, 31-32, 66, 76, 84, 159, 259, 359, 365-366, 379, 399-401.
Kent, Duquesa de (madre de la reina Victoria), 31-32, 43.
Keppel, Alice, 89, 103, 106, 113, 120, 124, 126-127, 257, 383.
Kerr-Smiley, Maud, 171, 214, 218.
Keyser, Agnes, 90, 126.
Kilensky, George, 229-230.
Kilpatrick, Laura, 206.
Kingsley, Charles, 47.
Kipling, Rudyard, 221-222, 237, 398.
Kirkwood, Pat, 315.
Kitchener, lord, 142, 152.
Knatchbull, Amanda, 387.
Knight, Clara ("Alá"), 182, 197-198, 209-211, 299.
Knollys, William, 71.
Korda, Vincent, 288.

L

La flauta mágica (Mozart), 40.
Laboratorio Nacional de Física, 314.
Lancet, The, 138.
Lang, Cosmo, arzobispo de Canterbury, 237, 247.
Langtry, Lillie, 70, 89, 113.
Lascelles, Alan ("Tommy"), 139, 199-200, 204, 246-247, 265, 270, 285, 330, 332, 335-336, 341, 343, 346-347, 367.
Lascelles, Gerald, 185, 205.
Lascelles, George, conde de Harewood, 134, 185, 196, 205, 286, 362, 365, 372, 379.
Lascelles, Henry, conde de Harewood, 184-185.
Laurence, comandante Timothy, 411-412.
Lawrence, Gertrude, 329.
Lawrence, Walter, 118.
Lee, Sidney, 33, 52.
Legión Británica, 242.
Lehzen, baronesa Louise, 31, 43.
Lenin, V. I., 158, 422.
León XIII, papa, 114-115.
Leonor de Aquitania, 24.
Leopoldo, príncipe, 44, 48-49, 71, 93.
Leopoldo I, rey de Bélgica, 31, 35, 52.
Leopoldo III, rey de Bélgica, 383.

Molony, John, 356.
Monckton, Walter, 229, 261, 268, 271.
Monkman, Phyllis, 178.
Montague, Alice, 214, 241.
Moran, lord, 320.
Mordaunt, Charles, 64-65.
Mordaunt, Harriet, 64-65.
Morgan, Hary Hays, 206.
Morshead, Owen, 88, 206.
Morton, Andrew, 414, 416-417.
Mosley, lady, 364.
Mountbatten, Edwina, 319.
Mountbatten, lord Louis, 150, 168-169, 276, 283, 292-293, 295, 297, 319, 327-328, 353, 359, 363, 374, 383, 387-388, 403, 413.
Movietone News, 282.
Movimiento de Oxford, 141.
Mozart, Wolfgang Amadeus, 40, 150.
Muggeridge, Malcolm, 348.
Munro-Wilson, Broderick, 383.
Mylius, E. F., 137.

N

National and English Review, The, 346.
Nepal, 349.
Nevill, Guy, 376.
New York Mirror, 267.
New York Times, The, 263, 265, 267.
Newman, John Henry, 96, 141.
News Chronicle, de Londres, 273, 325.
Newsweek, 318.
Nicholson, Jack, 17-18.
Nicolás de Grecia, príncipe, 226.
Nicolás I, zar de Rusia, 79, 315.
Nicolás II, zar de Rusia, 44, 121, 159, 226.
Nicolson, Harold, 139, 229, 246, 252, 266, 275, 288, 297.
Niven, David, 364.
Nixon, Richard y señora, 376.
Norfolk, duquesa de, 330.
Norfolk, duque de, 330, 370.
Northcliffe, lord, 122.
Northumberland, duque de, 380.
Noruega, invasión alemana a, 296.
Novarro, Ramón, 252.
Nueva Zelanda, 198, 269, 338, 393, 412.
Nureyev, Rudolph, 359.

O

Oficina de Guerra (o Departamento), 54.
Oficina de Prensa del Palacio, 307, 318.
Oklahoma! (musical), 306, 313.
Olga, princesa, 236.
Olga, reina de los Helenos, 130.
Olivier, Laurence, 335.
Osborne House, 38-39, 52, 62, 92-94, 122-124, 143.
Osborne, John, 346.
Otomano, Imperio, 53-54.
Owen, Henry, 205, 291.
Oxford, Margot, 254.
Oxford, lord, 314.
Oxford, Universidad de, 47, 56, 116, 121, 147-148.

P

Pablo de Yugoslavia, príncipe, 226.
Pacto de Munich, 298.
Países Bajos, 316, 334.
Pakistán, 349.
Palmerston, lord, 40.
Paraguay, 342.
París, conde de, 73.
Parker Bowles, Andrew, 383.
Parker Bowles, Camilla, 19-20, 385, 390-391, 398-399, 403, 414-415, 418-419.
Parker, Eileen, 314, 317, 328, 339, 351.
Parker, Michael, 294, 311-312, 314, 316, 322, 351.
Partido Laborista, 124, 220.
Partido Liberal, 34, 54, 120, 122.
Partido Whig, 34.
Peebles, Catherine ("Mispy"), 317, 340, 351.
Peel, Robert, 34.
People, The, 336.
Percy, lady Victoria, 380.
Petry, Ella, 359.
Phillips, Mark, 377-378, 411, 419.
Phillips, Peter, 378, 412.
Phillips, Zara, 378, 412.
Phipps, Simon, 326.
Pío IX, papa, 115.
Plumptre, George, 389.
Plunket, Patrick, 26.
Ponsonby, Arthur, 61, 128.
Ponsonby, Frederick, 151, 153, 156, 164, 169-170, 178.
Ponsonby, Henry, 61.

Soma, Batalla del, 152.
Somervell, Donald, 259.
Sorcière, La, 113.
South Pacific (musical), 321.
Spectator, The, 191.
Spencer, Charles, 233.
Spencer, conde Edward John, 382, 386, 388.
Spencer, conde Winfield (h.), 215, 217.
Spencer, lady Diana (esposa de Carlos), *véase* Diana, Princesa de Gales.
Spencer, lady Diana, esposa del duque de Bedford, 28-29.
Spencer, lady Sarah, 386-388.
Stalin, 422.
Stallone, Sylvester, 18.
Stanley, Edward, 153.
Stanley, lord, 304.
Star, 81.
Stark, Koo, 405-406.
Stein, Marion, 362.
Stern, Der, 355.
Stevens, Jocelyn, 365.
Stonor, Julie, 73.
Strachey, Lytton, 33.
Strathmore, lady, 182-184, 195.
Strathmore y Kinghorne, conde de, 181, 184, 209.
Streisand, Barbra, 18.
Stroessner, general Alfredo, 342.
Stuart, James, 183.
Sunday Mirror, de Londres, 390, 395.
Sunday Times, The, 140, 358.
Sunninghill Park, 409-410.
Swift, Jonathan, 191.

T

Taylor, Elizabeth, 361.
Teck, duque de, 161.
Tempest, lady Vane, 65.
Temple, Frederick, 101.
Temple, Shirley, 424.
Tennyson, lord Alfred, 59.
Tenzing, Norgay, 332.
Terry, Ellen, 92.
Thaw, Benjamin (h.), 206, 213.
Thaw, Consuelo, 206, 213.
Thomas, Godfrey, 174, 199, 248, 270, 272.
Thorpe, Jeremy, 358.
Tilley, Vesta, 89.
Timbertop, escuela, 355.
Time, revista, 205, 263, 292, 341.

Times, The, 52, 71, 75, 100, 122, 188, 221, 245-246, 273-274, 282, 334-335, 337, 342.
Today, revista, 417.
Tonkin, Heather, 411.
Tosca (Puccini), 200.
Townsend, Peter, 305, 307, 313, 320, 326-327, 331-332, 335-338, 341-344, 349-350, 358, 362, 372, 379, 392, 411.
Townsend, Rosemary, 305, 314.
Trotski, León, 158.
Truman, Harry S., 320-321.
Tryon, lady, 356, 381.
Trzebinski, Errol, 201.
Tuckwell, Patricia, 362.
Tudor, los, *véase también* Isabel I; Enrique VIII, 56, 64.
Twentieth Century-Fox, 17.

U

Uganda, 201.
Unión de Madres, 318.
Uriburu, José Evaristo, 202-203, 215, 219.

V

Valentino, diseñador, 359.
Valentino, Rodolfo, 252.
Vanderbilt, Consuelo, 112.
Vanderbilt, Gloria (señora de Reginald), 206, 228.
Vane-Tempest-Steward, lady Maureen, 179.
Varney, Michael, 354.
Versalles, Tratado de, 242, 260.
Victoria, emperatriz de Federico de Prusia (princesa Vicky; hija de la reina Victoria), 37, 45-46, 49, 53, 59, 61-62, 87, 94.
Victoria, princesa (hija de Eduardo VII), 63, 108, 131, 193-194, 243.
Victoria, princesa (hija de la princesa Alicia), 150.
Victoria, reina, 18-19, 22-23, 27, 30-32, 34-44, 46-49, 51-58, 60-62, 65-66, 69, 71-72, 74-76, 79-81, 83-85, 89-97, 99-105, 107, 110-111, 113, 115, 130, 137, 150-151, 160-161, 163-164, 169, 177, 180, 184, 192, 220, 239-240, 257, 267, 273, 281, 293, 304, 309, 323-324, 326, 328, 330, 332, 334, 348, 360, 375, 388, 399, 415, 418, 420-422.
Vladimir, gran duque, 113, 226.
Vogue, revista, 21, 400.

W

Wallace, Anna, 382, 385, 387, 391.
Wallace, Billy, 314.
Walpole, Robert, 28.
Warfield, Teackle, 214.
Warren, Herbert, 147.
Washington, George, 388.
Washington Square (James), 344.
Watkins, Laura Jo, 382.
Wellesley, lady Jane, 382.
Wellington, duque de, 33, 42, 300, 382.
Wells, H. G., 159, 334.
West with the Night (Markham), 200.
Westminster, duque de, 381.
Westmoreland, condesa de, 315.
Wiggin, Daniel, 389.
Wigram, Clive, 163-166, 168, 193, 219, 221, 237, 244-245, 249, 277.
Wild One, The (película), 357.
Wilde, Oscar, 42.
Wilson, Harold, 362.
Wilson, Woodrow, 164.
Windsor, Castillo de, 22, 36, 38-39, 46, 52, 59, 62, 84, 92-93, 111, 113, 115, 130, 151, 161, 166, 190, 195, 199, 236, 249, 259, 277, 282-284, 288, 295-296, 299-300, 304, 326, 346, 382, 420.
Windsor, Duque de (*anteriormente* Eduardo VIII), 18, 20, 85, 116, 118-120, 122-125, 131, 134-135, 138-142, 147-149, 152-156, 167-175, 178-179, 184-185, 189, 191-192, 200-201, 203-204, 206-208, 215, 218-219, 223, 225-234, 237, 242-272, 274-277, 279, 281, 283-287, 298, 306, 321-322, 332, 336, 342, 344, 346, 370, 373-375, 380, 390, 403.
Windsor, Duquesa de (Wallis Warfield Simpson), 20, 214-219, 225-235, 237, 242, 244-277, 279, 283-287, 298, 363-365, 373-375.
Winter's Tale, A (Shakespeare), 52.
Württemberg, duque de, 76.
Wyatt, Steve, 409.

Y

Yad Vashem, 293.
York House, 81, 116, 130, 132-133, 135, 160, 169, 187, 190, 197.
Yorkshire Post, 273.
Young, B. A., 346.
Yugoslavia, 44.

Z

Ziegler, Philip, 139, 174, 229, 327.